Les Enfa

DU MÊME AUTEUR

Aux Éditions Stock :

LA HONTE.
LE SOURIRE DU JAGUAR.

SALMAN RUSHDIE

Les Enfants de minuit

ROMAN

TRADUIT DE L'ANGLAIS
PAR JEAN GUILOINEAU

STOCK

Titre original :

MIDNIGHT'S CHILDREN
(Jonathan Cape 1981)

Pour Zafar Rushdie qui contrairement à toute attente est né l'après-midi

LIVRE PREMIER

LE DRAP TROUÉ

Il était une fois... je naquis à Bombay. Non, ça ne marche pas, il ne faut pas perdre la date de vue : je suis né dans la maternité du docteur Narlikar, le 15 août 1947. Et l'heure ? L'heure a également de l'importance. D'accord : la nuit. Non, il est important d'être plus... A minuit sonnant, exactement. Les bras de la pendule ont joint les mains pour m'accueillir avec respect. Il faut tout dire : A l'instant précis où l'Inde accédait à l'indépendance, j'ai dégringolé dans le monde. Il y avait des halètements. Et, dehors, de l'autre côté de la fenêtre, des feux d'artifice et la foule. Quelques secondes plus tard, mon père se cassa le gros orteil ; mais cet incident ne fut qu'une vétille comparé à ce qui m'était arrivé, dans cet instant nocturne, parce que grâce à la tyrannie occulte des horloges affables et accueillantes, j'avais été mystérieusement enchaîné à l'histoire, et mon destin indissolublement lié à celui de mon pays. Pendant les trente années qui ont suivi il ne devait y avoir aucune échappatoire. Les devins avaient prophétisé ma venue, les journaux la fêtèrent, les politiciens ratifièrent mon authenticité. Je n'eus absolument pas voix au chapitre. Moi, Saleem Sinai, appelé successivement par la suite, Morve-au-nez, Bouille-sale, Déplumé, Renifleux, Bouddha et même Quartier-de-lune, je fus étroitement mêlé au destin — dans le meilleur des cas, un type d'implication très dangereux. Et, à l'époque, je ne pouvais même pas me moucher.

Maintenant, cependant, le temps (ne sachant plus que faire de moi) tire à sa fin. J'aurai bientôt trente et un ans. Peut-être. Si mon corps croulant et hors d'usage le permet. Mais je n'ai aucun espoir de me sauver, et je n'ai même pas mille et une nuits devant moi. Il faut que je travaille vite, plus vite que Schéhérazade, si je veux y comprendre — oui, comprendre — quelque chose. Ce que je redoute le plus, c'est l'absurdité.

Et il y a tant d'histoires à raconter, trop, tant de vies, d'événements, de miracles, de lieux, de rumeurs, tous entrelacés, une telle imbrication de l'improbable et du terrestre ! J'ai été un avaleur de vies ; et pour me connaître, moi seul, il va vous falloir avaler également l'ensemble. Des multitudes disparues se bousculent et se fraient un chemin en moi ; et guidé par le seul souvenir d'un grand drap blanc, avec un trou de sept pouces de diamètre découpé au centre, accroché au rêve de ce morceau de toile, troué et mutilé, qui est mon talisman, mon Sésame-ouvre-toi, je dois commencer à reconstituer l'histoire de ma vie à partir du moment où elle a vraiment débuté, quelque trente-deux ans avant une chose aussi évidente, aussi *présente* que ma naissance, placée sous l'empire des pendules et entachée de crime.

(Soit dit en passant, le drap est lui aussi taché de trois gouttes rouges et délavées. Comme nous l'enseigne le Coran : *Prie, au nom du Seigneur ton Créateur, qui a créé l'homme à partir d'un caillot de sang.*)

Dans le Cachemire, un matin du printemps de 1915, mon grand-père Aadam Aziz, en essayant de prier, se cogna le nez dans une motte de terre durcie par le gel. Trois gouttes de sang, plouf, plouf, plouf, tombèrent de sa narine gauche et, durcies immédiatement dans l'air glacé, elles roulèrent sur son tapis de prière, transformées en rubis. Il se redressa en titubant et s'aperçut que les larmes qui avaient jailli de ses yeux s'étaient également solidifiées ; et, à l'instant où il ôtait avec mépris les diamants de ses cils, il prit la résolution de ne plus jamais embrasser la terre devant un dieu ou un homme. Cependant, cette décision fit un vide en lui, une vacance dans une part essentielle de son être, et le rendit vulnérable aux femmes et à l'histoire. Sans s'en rendre compte tout de suite, bien qu'il eût récemment terminé ses études de médecine, il se releva, roula son tapis de prière comme un gros cigare de Manille, puis, l'ayant placé sous son bras gauche, il contempla la vallée avec des yeux débarrassés de diamants.

Le monde reprenait vie. Après une gestation hivernale dans son œuf de glace, la vallée s'était ouvert à coups de bec un chemin vers l'air humide et doré. L'herbe nouvelle attendait son heure sous la terre ; les montagnes se retiraient dans les hauteurs pour la belle saison. (En hiver, quand la vallée se refermait sous la glace, les montagnes se rapprochaient et grondaient comme des mâchoires en colère, autour de la ville au bord du lac.)

A cette époque, on n'avait pas encore construit le pylône de la radio, et le temple de Sankara Acharya, une petite coupole noire sur une colline vert kaki, dominait toujours les rues et le lac de Srinagar. A cette époque, il n'y avait pas de camp militaire au bord du lac, aucun convoi interminable de camions et de jeeps camouflés ne serpentait sur les étroites routes de montagne, aucun soldat ne se cachait derrière les crêtes au-delà de Baramulla et de Gulmarg. A cette époque, on ne fusillait pas les voyageurs en tant qu'espions s'ils photographiaient des ponts et, en dehors des péniches des Anglais sur le lac, la vallée avait à peine changé depuis l'empire moghol, tout au long de ces renouveaux printaniers ; mais les yeux de mon grand-père, qui comme le reste de sa personne n'avaient que vingt-deux ans, virent les choses différemment... et son nez commença à le démanger.

Voici le secret de ce qui modifiait la façon de voir de mon grand-père : il avait passé cinq années, cinq printemps, loin de chez lui. (La motte de terre décisive, bien qu'elle se trouvât par hasard sous le tapis de prière sur lequel il s'était agenouillé, fut à l'origine de rien moins qu'un cataclysme.) Maintenant, de retour, il voyait avec des yeux de voyageur. Au lieu de la jolie petite vallée encerclée de dents de géant, il fut sensible à l'étroitesse et à la proximité de l'horizon ; et se retrouver chez lui et se sentir aussi complètement enfermé le rendit triste. Il eut aussi — inexplicablement — l'impression que ces anciens lieux lui reprochaient son retour d'homme instruit et stéthoscopé. Sous la glace de l'hiver, son pays avait été froidement neutre, mais maintenant il n'y avait plus de doute : les années passées en Allemagne le rendaient à un environnement hostile. Bien des années plus tard, quand le vide qui était en lui serait comblé par la haine, et qu'il viendrait offrir des sacrifices au tombeau du Dieu de la pierre noire, dans le temple de la colline, il essaierait de se rappeler les printemps paradisiaques de son enfance, avant que le voyage, la motte de terre et les tanks gâchent tout.

Ce matin-là, alors que la vallée gantée d'un tapis de prière le frappait dans le nez, il avait essayé, de façon absurde, de faire comme si rien n'avait changé. Et il s'était levé dans un froid de 2° 5, il s'était lavé de façon prescrite, s'était habillé et avait revêtu la toque d'astrakan de son père ; il avait ensuite emporté le tapis de prière, roulé comme un cigare de Manille, dans le petit jardin au bord du lac, en face de leur vieille maison de couleur sombre, et l'avait déroulé sur la motte de terre qui attendait. Il fut trompé par le sol meuble sous ses pieds et il se sentit en même temps hésitant et imprudent. « Au nom de Dieu, compatissant et miséricordieux... » — cette entrée en matière, prononcée les mains jointes devant lui, comme un livre ouvert, réconforta une partie de lui-même, mais en laissa une plus grande mal à l'aise — « Allah soit loué, le Maître de la Création... » — mais voilà que Heidelberg lui envahit l'esprit ; il y avait Ingrid, brièvement son Ingrid, au visage méprisant devant son bavardage de perroquet tourné vers La Mecque ; il y avait leurs amis, Oskar et Ilse Lubin, les anarchistes qui, avec leur hostilité à toute idéologie, se moquaient de ses prières — « ... compatissant et miséricordieux, roi du Jugement dernier... » — Heidelberg où il avait appris, en même temps que la médecine et la politique, que l'Inde — comme le radium — avait été « découverte » par les Européens ; et Oskar était même plein d'admiration pour Vasco de Gama, et c'est finalement ce qui l'avait séparé de ses amis, cette croyance qu'ils avaient qu'il était en quelque sorte une invention de leurs ancêtres — « ... nous n'adorons que Toi, et à Toi seul nous demandons aide... » — ainsi, malgré leur présence dans sa tête, il essayait de retrouver un ancien moi, qui ignorait leur influence, mais qui savait tout ce qu'il faut savoir, par exemple sur la soumission, sur ce qu'il était en train de faire en ce moment, tandis que ses mains, guidées par d'anciens souvenirs, s'agitaient, les pouces pressés contre ses oreilles, les doigts écartés et qu'il tombait à genoux — « ... guide-nous sur la voie juste, la voie de ceux que tu as choisis... » — mais ça n'allait pas, il était entre deux eaux, coincé entre croyance et incroyance, et tout cela n'était après tout qu'une charade — « ... pas ceux qui se sont attiré ton courroux, pas ceux qui se sont dévoyés. » Mon grand-père se pencha en avant, et la terre, couverte du tapis de prière, se souleva vers lui. Et ce fut le moment de la motte de terre. Comme un blâme d'Ilse-Oskar-Ingrid-Heidelberg, et de la vallée-et-Dieu, elle le frappa sur le bout du nez. Trois gouttes de sang tombèrent. Il y eut des rubis et des diamants. Et mon grand-père, se redressant tout d'un coup, prit une résolution. Il se leva. Roula son tapis de prière. Regarda de l'autre côté du lac. Et resta pour toujours fixé entre deux eaux, incapable d'adorer un dieu dont il ne pouvait mettre absolument en doute l'existence. Un changement définitif : un trou.

Le jeune et frais émoulu docteur Aadam Aziz faisait face au lac du printemps, aspirant les bouffées du changement ; tandis qu'il tournait le dos (qu'il avait extrêmement raide) à d'autres changements. Pendant son séjour à l'étranger, son père avait eu une attaque et sa mère avait gardé l'événement secret. La voix de sa mère murmurant avec stoïcisme : « ... parce que tes études étaient trop importantes, mon fils. » Cette mère qui avait passé sa vie à la maison, en *purdah*[1], avait soudain fait preuve d'une énergie extraordinaire pour faire marcher le petit commerce de pierres précieuses (turquoises, rubis,

1. *Purdah :* rideau ou voile qu'utilisent certains Hindous et certains Musulmans pour cacher leur femme aux étrangers. C'est aussi, pour une femme, le fait d'être voilée par un homme. (Cf. *Burqa,* ci-dessous.) (*N.d.T.*)

diamants) qui avait permis à Aadam, avec l'aide d'une bourse, d'aller dans une faculté de médecine ; il en revint pour retrouver l'ordre de sa famille, apparemment immuable, sens dessus dessous, sa mère allait travailler et son père, assis derrière le rideau que l'attaque avait laissé tomber sur son cerveau... sur une chaise en bois, dans une pièce obscure, faisait des bruits d'oiseaux. Trente espèces différentes d'oiseaux venaient lui rendre visite et se posaient sur le rebord extérieur de sa fenêtre aux volets clos, et parlaient avec lui de choses et d'autres. Il avait l'air heureux.

(... Et je vois déjà les répétitions qui commencent ; parce que ma grand-mère ne trouvait pas énorme... et l'attaque n'était pas la seule... et le Singe de Cuivre avait déjà ses oiseaux... la malédiction commence déjà, et nous n'en sommes pas encore au nez !)

Le lac n'était plus pris par les glaces. Le dégel était arrivé rapidement, comme d'habitude ; beaucoup de petits bateaux, les *shikaras,* avaient été surpris, ce qui était aussi habituel. Mais tandis que ces fainéants dormaient, tirés au sec, en ronflant paisiblement à côté de leurs propriétaires, le plus vieux bateau s'activait comme le font souvent les vieilles gens et était par conséquent le premier à traverser le lac dégelé. Le shikara de Tai, ce qui était également habituel.

Voyez comment le vieux passeur, Tai, se dépêche sur l'eau brumeuse, penché à l'arrière de son bateau ! Comme son aviron, un cœur de bois au bout d'une perche jaune, saute au milieu des herbes ! Dans la région, on l'estime très vieux, parce qu'il rame debout... entre autres choses. Tai, qui apporte un appel urgent au docteur Aziz, s'apprête à mettre l'histoire en marche... tandis qu'Aadam qui regarde dans l'eau se souvient de ce que lui a enseigné Tai, il y a des années : « La glace attend toujours, mon petit Aadam, juste sous la surface de l'eau. » Aadam a les yeux bleu clair, le bleu étonnant du ciel des montagnes, qui a l'habitude de laisser tomber quelques gouttes dans les pupilles des hommes du Cachemire ; ils n'ont pas oublié de regarder. Ils voient — ici ! comme le squelette d'un fantôme, juste sous la surface du lac

Dal ! — le réseau délicat, l'entrelacs confus de lignes transparentes, les nervures froides de l'avenir qui attendent. Ses années allemandes, qui auraient brouillé la vue à tant d'autres, ne lui ont pas ôté le don de voir. Le don de Tai. Il lève les yeux, aperçoit le sillage du bateau de Tai qui s'approche, et il le salue d'un geste. Le bras de Tai se lève — mais c'est un ordre : « Attends ! » Mon grand-père attend ; et je dois profiter de ce répit, alors qu'il connaît les dernières années de paix de son existence, une sorte de paix de mauvais augure, pour le décrire.

Si j'ôte de ma voix l'envie naturelle de l'homme laid pour la beauté impressionnante, je me souviens que le docteur Aziz était grand. Appuyé contre le mur de sa maison, il mesurait vingt-cinq briques (une brique pour chaque année de sa vie) soit un peu plus de six pieds deux pouces, soit un mètre quatre-vingt-six. Il était fort aussi. Il portait une épaisse barbe rousse — ce qui ennuyait sa mère, qui disait que seuls les Hajis, les hommes qui ont fait le pèlerinage de La Mecque, devraient se laisser pousser une barbe rousse. Cependant, ses cheveux étaient plus sombres. Vous connaissez ses yeux couleur de ciel. Ingrid avait dit : « Ils sont devenus fous avec les couleurs quand ils ont fait ton visage. » Mais le trait central de l'anatomie de mon grand-père n'était ni la couleur, ni le poids, ni la force de ses bras, ni la droiture de son dos. C'était, se réfléchissant dans l'eau, ondulant comme une tige folle de plantain au milieu de son visage... Aadam Aziz, attendant Tai, regardait son nez. Il aurait surmonté plus facilement des visages moins dramatiques que le sien ; et même sur le sien, c'était la première chose qu'on voyait et on s'en souvenait longtemps. « Un cyranose », disait Ilse Lubin, et Oskar ajoutait : « Trompissime. »

Le nez de mon grand-père : des narines évasées, rondes comme des danseuses. Entre elles s'élevait l'arc de triomphe du nez, tout d'abord vers le haut et l'extérieur, puis vers le bas et le dessous, pour venir toucher la lèvre inférieure d'une pichenette superbe et maintenant rouge. Un nez avec lequel il était facile de se cogner contre une motte de terre. Je veux exprimer toute ma reconnaissance à ce fameux organe — sans lui, qui aurait jamais cru que j'étais le fils de ma mère, le petit-fils de mon grand-père ? — ce colossal appareil qui allait être également mon acte de naissance. Le nez du docteur Aziz — qu'on ne pouvait comparer qu'à la trompe de Ganesh, le dieu à tête d'éléphant — établissait, sans controverse possible, son droit à être un patriarche. C'est Tai qui lui avait aussi appris cela. Quand le jeune Aadam avait à peine fini sa puberté, le vieux batelier décrépit lui avait dit : « Voilà un nez sur lequel on peut bâtir une famille, mon petit prince. Aucune erreur possible pour savoir à quelle nichée appartiendront les descendants. Les empereurs moghols auraient donné leur main droite en échange d'un nez comme celui-là. A l'intérieur, il y a des dynasties qui attendent... » et Tai était retombé dans la grossièreté : « ... et de la morve. »

Le nez donnait à Aadam Aziz une allure patriarcale. Chez ma mère, il avait un air noble de douce et longue souffrance ; poseur chez ma tante Emerald ; intellectuel chez ma tante Alia ; chez mon oncle Hanif, c'était l'organe d'un génie raté ; mon oncle Mustapha en fit un renifleur de première classe ; le Singe de Cuivre y échappa complètement ; mais chez moi — chez moi, c'était encore quelque chose d'autre. Mais il ne faut pas que je révèle tous mes secrets d'un seul coup.

(Tai se rapproche. Lui qui a signalé le pouvoir du nez, et qui maintenant apporte à mon grand-père le message qui va le catapulter dans son avenir, fait avancer son bateau dans le petit matin du lac...)

Personne ne pouvait se rappeler quand Tai avait été jeune. Il conduisait le même bateau, courbé de la même façon, sur les lacs Dal et Nageen... depuis toujours. Autant que chacun pouvait le savoir. Il vivait quelque part, dans les entrailles insalubres du vieux quartier de maisons de bois, et sa femme faisait pousser des racines de lotus et d'autres légumes étranges dans un des nombreux « jardins flottants » qui se balançaient joyeusement à la surface de l'eau, au printemps et en été. Tai avouait lui-même gaiement qu'il n'avait aucune idée de son âge. Sa femme également — il était, disait-elle, déjà tanné comme un vieux cuir quand ils s'étaient mariés. Son visage était une sculpture du vent sur l'eau : des ondulations sur de la peau. Il n'avait plus que deux dents en or. Il avait peu d'amis en ville. Rares étaient les bateliers ou les marchands qui l'invitaient à partager un narguilé quand il passait près des mouillages de shikaras, ou près d'une des nombreuses boutiques ou maisons de thé délabrées du bord de l'eau.

Il y a bien longtemps, le père d'Aadam Aziz, le marchand de pierres précieuses, avait exprimé l'opinion générale sur Tai en disant : « Il a perdu son cerveau avec ses dents. » (Mais maintenant, le vieux sahib Aziz était assis parmi le gazouillis des oiseaux, et Tai continuait avec simplicité et grandeur.) C'était une impression que le batelier entretenait par son bavardage fantastique, grandiloquent et sans fin, et le plus souvent adressé à lui-même. Le son porte sur l'eau, et les gens du lac riaient de ses monologues ; mais à mi-voix, de crainte et même d'effroi. De crainte, parce que le vieil imbécile connaissait les lacs et les collines mieux que n'importe lequel de ses détracteurs ; d'effroi, parce qu'il se réclamait d'une si ancienne antiquité qu'elle défiait le compte des ans et que, en outre, elle lui pendait si légèrement autour de son cou de poulet qu'elle ne l'avait pas empêché de conquérir une femme fort désirable, et de lui faire quatre fils... et quelques autres, disait-on, à des femmes de l'autre côté du lac. Aux mouillages des shikaras, les jeunes étaient convaincus qu'il avait de l'argent caché quelque part — peut-être un magot inestimable de dents en or s'entrechoquant dans un sac, comme des noix. Des années plus tard, quand oncle Pouf essaya de me vendre sa fille en me proposant de lui faire arracher les dents pour les remplacer par d'autres en or, j'ai pensé au trésor oublié de Tai... et, quand il était enfant, Aadam Aziz l'avait aimé.

Malgré les rumeurs de richesse, il vivait simplement en tant que passeur et transportait sur les lacs, contre de l'argent, du foin, des chèvres, des légumes et du bois ; des gens aussi. Quand il était de service, il dressait au centre du shikara un petit dais très joli, un rideau à fleurs avec des coussins assortis ; et il désodorisait son bateau avec de l'encens. La vue du shikara de Tai qui s'avançait, les rideaux volant au vent, avait toujours été pour le docteur Aziz une image précise de la venue du printemps. Les sahibs anglais arriveraient bientôt et Tai les transporterait aux jardins de Shalimar et du Printemps du Roi, bavard, ironique et penché. Il était l'antithèse vivante de la croyance d'Oskar-Ilse-Ingrid dans l'aspect inévitable du changement... un esprit de la vallée, sarcastique, familier et éternel. Un Caliban des eaux, grand amateur d'eau-de-vie bon marché du Cachemire.

Souvenir du mur bleu de ma chambre : sur lequel, près de la lettre du Premier ministre, était accroché depuis de nombreuses années le portrait de Raleigh, fixant extasié un vieux pêcheur vêtu de ce qui ressemblait à un pagne rouge, assis sur — sur quoi ? sur un tronc d'arbre ? — et montrant la mer du doigt en racontant des histoires de pêche... et Aadam enfant, qui deviendrait mon grand-père, tomba amoureux du batelier Tai, précisément à cause de ce bavardage sans fin qui faisait penser aux autres qu'il était timbré. C'était une parole magique, des mots qui coulaient de sa bouche comme de la monnaie de singe, par-delà ses deux dents en or, auxquels se mêlaient des hoquets d'alcool, qui remontaient jusqu'aux Himalayas les plus éloignés du passé, et qui redescendaient avec perspicacité sur quelque détail présent, le nez d'Aadam par exemple, pour en faire la vivisection comme s'il s'était agi d'une souris. A cause de cette amitié, Aadam a eu chaud plus d'une fois. (Chaud, au sens littéral du terme. En le trempant dans l'eau bouillante, sa mère lui disait : « Nous allons tuer les poux de ce passeur avant qu'ils te tuent. ») Mais le vieux monologueur continuait à flâner dans son bateau, près des berges des jardins en bordure du lac, et Aziz restait assis à ses pieds jusqu'à ce que des voix lui ordonnent de rentrer pour lui faire la leçon sur la saleté de Tai et pour l'avertir sur les dangers de ces armées de germes pillards que sa mère voyait sauter du vieux corps accueillant sur le pantalon blanc et amidonné de son fils. Mais Aadam retournait toujours au bord de l'eau pour scruter les brumes du regard, à la recherche de la silhouette penchée, en haillons et interdite, qui dirigeait son bateau sur les eaux enchantées du matin.

« Mais quel âge as-tu vraiment, Taiji ? » (Le docteur Aziz, adulte, à barbe rousse, penché vers l'avenir, se souvient du jour où il a posé la question interdite.) Pendant un instant le silence, plus bruyant qu'une chute d'eau. Le monologue interrompu. Le claquement de l'aviron dans l'eau. Il était dans le shikara, avec Tai, accroupi au milieu des chèvres, sur un tas de paille, pleinement conscient du martinet et du bain chaud qui l'attendaient à la maison. Il était venu entendre des histoires et, avec une seule question, il avait réduit le conteur au silence.

« Dis-moi, Tai, combien, *vraiment ?* » Et, maintenant, une bouteille d'eau-de-vie venant de nulle part : de l'alcool bon marché, une bouteille sortie des plis de la grande et chaude houppelande. Puis un frisson d'horreur, un rot, un coup d'œil irrité. Le reflet de l'or. Et — enfin — une réponse : « Quel âge ? Tu me demandes mon âge, blanc-bec, grand-nez... » Tai comme anticipant le pêcheur sur le mur de ma chambre, montra les montagnes du doigt : « Aussi vieux qu'elles, jeunot ! » Aadam, le jeunot au grand nez, suivit son doigt. « J'ai vu naître les montagnes, mourir les empereurs. Ecoute. Ecoute, jeunot... » — à nouveau la bouteille d'eau-de-vie, suivie d'une voix à l'eau-de-vie, et de mots plus grisants que l'alcool — « ...j'ai vu cet Isaac, ce Christ, quand il est venu au Cachemire. Souris, souris, c'est notre histoire que je garde dans ma tête. Autrefois, on l'a mise dans des livres. Autrefois, je savais où était une tombe avec des pieds percés gravés dans la pierre tombale, et qui saignaient une fois par an. Mais, aujourd'hui, je perds la mémoire ; pourtant je sais, bien que je ne sache pas lire. » L'analphabétisme rejeté d'un geste superbe ; la littérature balayée d'un revers de main. Puis un geste vers la houppelande. Vers la bouteille d'eau-de-vie, et vers les lèvres gercées par le froid. Tai avait toujours des lèvres de femme. « Ecoute, jeunot, écoute. J'ai vu beaucoup de choses. Tu aurais dû voir cet Isaac quand il est venu, avec une barbe qui lui descendait jusqu'aux couilles, et le dessus de la tête chauve comme un œuf. Il était vieux et éreinté, mais il connaissait les manières. “ Toi d'abord, Taiji ”, il a dit, et :

“ Assieds-toi, s’il te plaît. ” Toujours un langage respectueux, il ne m’a jamais traité de cinglé, pas de *tu* non plus. Toujours *aap*. Poli, tu vois ? Et quel appétit ! Si j’avais une telle faim, je me boucherais les oreilles d’effroi. Saint ou démon, je jure qu’il pouvait avaler un gosse d’une seule bouchée. Et alors ? Je lui ai dit : mange tout ton saoul, un homme vient au Cachemire pour profiter de la vie, ou pour l’achever, ou les deux à la fois. Il avait fini son travail. Il était venu ici pour vivre un peu. » Hypnotisé par le portrait à l’eau-de-vie d’un Christ chauve et goulu, Aziz écoutait et, plus tard, répétait chaque mot, à la plus grande consternation de ses parents, qui s’occupaient de pierres précieuses et n’avaient pas de temps à perdre en « parlotes ».

« Oh ! Tu ne me crois pas ? » — il léchait ses lèvres douloureuses en souriant et savait très bien que c’était exactement le contraire — « Tu penses à autre chose ? » — là encore, il savait qu’Aziz était pendu à ses lèvres. « Peut-être que la paille te pique les fesses ? Oh ! je suis désolé, *babaji,* de ne pas t’avoir donné des coussins de soie avec du brocart d’or, des coussins comme ceux de l’empereur Jehangir ! » Et Tai accusait mon grand-père : « Tu penses sans doute que l’empereur Jehangir n’était qu’un jardinier parce qu’il a construit Shalimar ? C’est stupide ! Qu’est-ce que tu sais ? Son nom signifie Celui-qui-ceint-la-terre. Est-ce que c’est un nom de jardinier ? Dieu seul sait ce qu’on vous apprend aujourd’hui. Tandis que moi… » Ici, il souffle un peu… « tandis que moi, je connaissais son poids exact, au *tola*[1] près ! Demande-moi le nombre de *maunds,* le nombre de *seers !* Quand il était heureux, il devenait plus lourd, et c’est au Cachemire qu’il était le plus heureux. J’avais l’habitude de transporter sa litière… Non, non, tu vois bien, tu ne me crois pas, ce gros concombre au milieu de ta figure est en train de frétiller comme le petit qui est dans ton pantalon ! Alors, vas-y, pose-moi des questions ! Fais-moi passer un examen ! Demande-moi

1. *Tola :* unité de poids égale à 11,66 grammes, le poids de la roupie d’argent. *Maund :* unité de poids égale à 82,28 livres. *Seer :* unité de poids égale à 2,06 livres. (*N.d.T.*)

combien de fois les lanières de cuir étaient enroulées autour des poignées de la litière — la réponse, c'est trente et une fois. Demande-moi quel a été le dernier mot de l'empereur — je te dis que ce fut " Cachemire ". Il avait mauvaise haleine et bon cœur. Qui crois-tu que je suis ? Un quelconque chien sauvage, ignorant et menteur ? Allez, descends du bateau maintenant, ton nez est trop lourd, je ne peux plus ramer ; il y a aussi ton père qui t'attend pour te retirer de la tête avec des coups tout ce que je t'ai dit, et ta mère pour t'ébouillanter la peau. »

Dans la bouteille d'eau-de-vie de Tai, je vois, prédestinée, la possession de mon propre père par les djinns... et il y aura un autre étranger chauve... et les bavardages de Tai en prophétisent d'autres, qui furent la consolation de la vieillesse de ma grand-mère et qui lui apprirent des histoires... et les chiens sauvages ne sont pas loin... ça suffit. Je me fais peur.

Malgré les coups et l'eau chaude, Aadam Aziz accompagna à nouveau Tai dans son shikara, parmi les chèvres, le foin, les fleurs, les meubles, les racines de lotus, mais jamais avec les sahibs anglais, et il entendit à nouveau les réponses miraculeuses à cette simple et terrifiante question : « Mais Tai, *honnêtement,* quel âge as-tu ? »

Tai apprit à Aadam les secrets du lac — là où l'on peut nager sans être tiré au fond par les herbes ; les onze variétés de serpents d'eau ; là où s'élève la brume ; comment faire cuire des racines de lotus ; et l'endroit où les trois Anglaises s'étaient noyées quelques années auparavant. « C'est une tribu d' " estringères " qui sont venues ici pour se jeter à l'eau, disait Tai. Parfois elles le savent, parfois elles ne le savent pas, mais je l'ai compris dès que je les ai senties. Elles se cachent sous l'eau, Dieu sait de quoi ou de qui — mais elles ne peuvent pas se cacher de moi, baba ! » Le rire de Tai, s'élevant pour contaminer Aadam — un rire énorme, tonitruant, qui semblait macabre quand il sortait, fracassant, de ce vieux corps desséché, mais qui était si naturel chez mon géant de grand-père que, plus tard, personne ne savait qu'il n'était pas vraiment le sien (mon oncle Hanif hérita du même rire ; si bien que, jusqu'à sa mort, une part de Tai vécut à Bombay). Et, par Tai, mon grand-père entendit aussi parler de nez.

Tai tapotait sa narine gauche. « Tu sais ce que c'est, jeunot ? C'est l'endroit où le monde extérieur rencontre ton monde intérieur. S'ils ne s'entendent pas, c'est là que tu le sens. Alors, tu te frottes le nez pour faire partir la démangeaison. Un nez comme ça, petit imbécile, c'est un don inestimable. Je te le dis : fais-lui confiance. Quand il te prévient, ouvre l'œil, sinon tu es fini. Suis ton nez, et tu iras loin. » Il s'éclaircissait la gorge ; ses yeux s'en allaient dans les montagnes du passé. Aziz se réinstallait dans la paille. « Une fois, j'ai connu un officier — dans l'armée d'Iskandar le Grand. Je n'ai jamais su son nom. Il avait un concombre comme le tien qui lui pendait entre les deux yeux. Quand l'armée s'est arrêtée près de Gandhara, il est tombé amoureux d'une putain du coin. Son nez s'est mis à le démanger comme un fou. Il s'est gratté, mais ça n'a servi à rien. Il s'est fait des inhalations de feuilles d'eucalyptus écrasées. Toujours rien, baba ! La démangeaison le rendait fou ; mais cette espèce d'imbécile n'a rien compris et il est resté avec sa petite putain quand l'armée s'en est allée. Il est devenu — quoi ? — un crétin, un moins que rien, avec une femme hargneuse et un nez qui le démangeait et, à la fin, il s'est enfoncé son épée dans le ventre. Qu'est-ce que tu penses de ça ? »

... En 1915, le docteur Aziz, dont les rubis et les diamants étaient devenus moins que rien, se souvient de cette histoire tandis que Tai arrive à portée de voix. Son nez le démange encore. Il se gratte, hausse les épaules et relève la tête d'un air dédaigneux ; et Tai crie :

« Ohé ! Docteur sahib ! La fille de Ghani, le propriétaire, est malade. »

Le message, délivré sèchement, hurlé sans cérémonie à la surface du lac, et cela bien que le passeur et son élève ne se soient pas vus depuis dix ans, déclamé par des lèvres de femme qui ne sourient pas de façon accueillante, il-y-a-si-longtempsqu'on-ne-s'était-pas-vus, fait tourner le temps à toute vitesse, dans une agitation et un remue-ménage fous.

... « Pense un peu, mon fils », dit la mère d'Aadam, tandis qu'elle boit à petites gorgées un jus de citron frais, en s'appuyant sur son dossier dans une attitude d'épuisement résigné, « à ce que la vie est devenue. Pendant tant d'années, même mes chevilles étaient secrètes et, maintenant, je dois me faire voir à des étrangers qui ne sont même pas membres de la famille. »

... Et Ghani, le propriétaire terrien, est debout sous une peinture à l'huile qui représente Diane chasseresse, dans un cadre d'or à fioritures. Il porte d'épaisses lunettes noires, et son célèbre sourire empoisonné, et parle d'art : « Je l'ai acheté à un Anglais dans la déveine, docteur sahib. Seulement cinq cents roupies — je ne me suis pas soucié de discuter le prix. Qu'est-ce que cinq cents billets ? Vous voyez, je suis passionné de culture. »

... « Tu vois, mon fils, dit la mère d'Aadam alors qu'il commence à l'examiner, qu'est-ce qu'une mère ne ferait pas pour son fils. Regarde comme je souffre. Tu es médecin... regarde ces boutons, ces rougeurs, j'ai mal à la tête matin, midi et soir. Remplis mon verre, mon enfant. »

... Mais au cri du batelier, le jeune docteur a connu les angoisses de l'excitation la moins hippocratique qui soit et il hurle : « J'arrive tout de suite ! Je prends mes affaires ! » La proue du shikara touche la rive du jardin. Aadam se précipite dans la maison, son tapis de prière roulé sous un bras, et cligne ses yeux bleus dans l'obscurité de l'intérieur ; il a placé le tapis roulé sur une haute étagère, sur une pile d'exemplaires de *Vorwärts,* de *Que faire ?,* de Lénine, et autres pamphlets, lointains échos de sa vie en Allemagne à demi oubliée ; il sort de dessous son lit une trousse de cuir achetée d'occasion, que sa mère appelle son « porte-médecine », et tandis qu'il la précipite à l'extérieur avec lui derrière, on peut voir rapidement le mot *Heidelberg* marqué au fer dans le cuir de la trousse, sur le fond. La fille d'un propriétaire terrien est en effet une bonne nouvelle pour un médecin qui a une carrière à faire, même si elle est malade. Non : *parce qu'elle* est malade.

... Tandis que je suis assis comme un pot de saumure vide dans une mare, habité par cette vision de mon grand-père qui exige d'être consignée, les narines pleines de la puanteur âcre de l'embarras de sa mère qui lui ont donné des abcès, avec la détermination d'Aadam Aziz de réussir afin qu'elle n'ait jamais à retourner dans la boutique de pierres précieuses, dans l'odeur de renfermé d'une grande maison obscure dans laquelle le docteur, mal à l'aise, se tient devant une peinture représentant une fille aux yeux vifs et, derrière elle, un cerf cloué sur l'horizon, transpercé par un trait tiré par son arc. La plupart des choses qui ont de l'importance dans notre vie se passent en notre absence : mais il me semble que j'ai trouvé quelque part le truc pour tout savoir afin que tout soit dans ma tête, jusqu'au moindre détail, comme le brouillard semble se déverser dans l'air du matin... tout, et pas seulement les quelques indications qui permettent d'avancer, comme par exemple d'ouvrir une vieille malle couverte de toiles d'araignées et bien close.

... Aadam remplit le verre de sa mère et continue à l'ausculter, inquiet. « Mets un peu de crème sur ces boutons et ces rougeurs, maman. Pour le mal de tête, il y a des cachets. Il faut ouvrir les abcès. Mais peut-être que si tu portais un purdah quand tu es à la boutique... comme ça aucun regard irrespectueux... de telles douleurs commencent souvent dans l'esprit... »

... Le claquement de l'aviron sur l'eau. Le plouf d'un crachat dans le lac. Tai s'éclaircit la gorge et marmonne, mécontent : « Une bonne affaire. Un blanc-bec de jeunot s'en va avant d'avoir rien appris et quand il revient c'est un grand docteur sahib, avec un gros sac plein de machins étrangers, et il est toujours aussi bête qu'une chouette. Je le jure, c'est pas beau à voir. »

... Le docteur Aziz danse d'un pied sur l'autre, mal à l'aise, sous l'emprise du sourire du propriétaire terrien, devant qui il est impossible d'être détendu ; et il attend un geste, un tic, en réponse à son apparition. Il est habitué à voir des réactions involontaires devant sa taille, les couleurs de son visage, son nez... Mais aucun signe chez Ghani, et le jeune docteur décide en retour de ne pas laisser voir qu'il est mal à l'aise. Il arrête de déplacer son poids. Ils se font face, chacun cesse (ou c'est ce qu'il semble) de voir l'autre et ils établissent les bases de leurs futures relations. Et Ghani change, et l'amateur d'art se transforme en dur. « C'est une sacrée chance pour vous, jeune homme », dit-il. Les yeux d'Aziz se sont égarés sur Diane. On peut voir de grands morceaux de sa peau rose et tachée...

... Sa mère geint en secouant la tête. « Non, mon petit, qu'est-ce que tu sais ? Tu es devenu un docteur, un gros bonnet, mais le commerce des pierres précieuses, c'est différent. Qui achèterait une turquoise à une femme qui se cache sous une cagoule noire ? C'est une question de confiance. Alors, il faut qu'ils puissent me voir ; et il faut que je souffre et que j'aie des abcès. Va, va, ne te tourmente pas pour ta pauvre mère. »

... « Gros bonnet », Tai crache dans le lac, « gros sac, gros bonnet. Peuh ! On n'a pas assez de sacs chez nous que tu as dû rapporter ce truc en peau de porc qui rend impur rien qu'à le regarder ? Et, à l'intérieur, Dieu seul sait ce qu'il y a. » Le docteur Aziz, assis au milieu des rideaux à fleurs et de l'odeur de l'encens, est arraché à ses pensées qui allaient vers sa patiente, celle qui attend de l'autre côté du lac. L'amer monologue de Tai pénètre dans sa conscience et le frappe violemment, comme l'odeur d'une salle de chirurgie qui domine celle de l'encens... La main du vieil homme est manifestement furieuse à propos de quelque chose, possédée d'une fureur incompréhensible qui semble se diriger vers son acolyte d'autrefois, ou, plus précisément et bizarrement, vers sa trousse. Le docteur Aziz essaie de dire quelque chose... « Ta femme va bien ? Est-ce qu'on parle toujours de ton sac de dents en or ? »... il essaie de renouer une vieille amitié ; mais Tai est en plein désarroi, un flot d'injures lui coule de la bouche. Le sac de Heidelberg tremble sous un torrent d'insultes. « Saleté de sac de peau de porc de l'étranger, plein de trucs étrangers. Le sac d'un gros bonnet. Maintenant, si un homme se casse le bras, ce sac ne laissera jamais le rebouteux l'attacher dans des feuilles. Maintenant, un homme devra laisser sa femme allongée à côté de ce sac et regarder les couteaux lui ouvrir le ventre. Une sacrée affaire, ce que les étrangers mettent dans la tête de nos jeunes. Je le jure : une sacrée saleté ! C'est un sac qui ira frire en enfer avec les impies. »

... Ghani, le propriétaire terrien, passe ses pouces dans ses bretelles et les fait claquer. « Une sacrée chance, en effet. On dit beaucoup de bien de vous en ville. De bonnes études de médecine. Une bonne... une assez bonne... famille. Et maintenant, votre vieille mère est malade, une bonne occasion. Toujours malade ces derniers temps, cette femme, trop vieille, je pense. Moi, je dis : médecin, soigne-toi toi-même. Et je vous dis ceci : je suis toujours objectif dans mes relations d'affaires. Les sentiments, l'amour, je les garde pour ma famille. Si quelqu'un ne fait pas pour moi un travail de première classe, dehors ! Vous me comprenez ? Alors, voilà : ma fille, Naseem, n'est pas bien. Vous allez la soigner de façon impeccable. Souvenez-vous, j'ai des amis. »

... « Est-ce que tu fais toujours mariner des serpents d'eau dans l'alcool pour garder ta virilité, Taiji ? Est-ce que tu manges toujours des racines de lotus sans aucune épice ? » Des questions hésitantes, balayées par le torrent de la fureur de Tai. Le docteur Aziz commence à faire son diagnostic. Pour le passeur, le sac représente l'étranger ; c'est une chose venue d'ailleurs, un envahisseur, le progrès. Et, en effet, il a pris possession de l'esprit du jeune docteur ; et, en effet, il contient des couteaux, des médicaments, contre le choléra, la malaria et la variole ; et, en effet, il est posé entre le docteur et le passeur, et il les a rendus antagonistes. Le docteur Aziz se met à lutter contre la tristesse, et contre la colère de Tai qui commence à le contaminer, à devenir sienne, lui qui n'entre en éruption que rarement, mais qui explose, quand il explose, sans prévenir, d'une colère montant du plus profond de lui-même et dévastant tout ; puis elle disparaît et il s'étonne que tout soit tourneboulé... Ils approchent de la maison de Ghani. Un serviteur attend, les mains jointes, sur une petite jetée en bois. Aziz concentre son attention sur l'affaire en cours.

... « Votre docteur habituel est-il d'accord pour ma visite, Ghani sahib ? »... A nouveau une question hésitante, rapidement balayée. Le propriétaire dit : « Oh ! elle sera d'accord. Maintenant, suivez-moi, s'il vous plaît. »

... Le serviteur attend sur la jetée. Il tient le shikara tandis qu'Aadam Aziz descend, son sac à la main. Et maintenant, enfin, Tai parle directement à mon grand-père. Tai demande avec mépris : « Dis-moi, docteur sahib, dans ta trousse en porc crevé, est-ce que tu as un de ces appareils dont les médecins étrangers se servent pour sentir ? » Aadam secoue la tête sans comprendre. La voix de Tai a de nouveaux accents de dégoût : « Tu sais bien, monsieur, un truc comme une trompe d'éléphant. » Aziz voyant ce qu'il veut dire, répond : « Un stéthoscope ? Evidemment. » Tai éloigne le shikara de la jetée. Il crache. Il commence à ramer pour s'éloigner. « Je le savais, dit-il. Tu vas utiliser un machin comme ça au lieu de ton grand nez. »

Mon grand-père ne prend pas la peine de lui expliquer qu'un stéthoscope est plus une paire d'oreilles qu'un nez. Il essaie de calmer sa propre irritation, le ressentiment de l'enfant rejeté ; en outre une patiente attend. Le temps s'arrête et se concentre sur l'importance du moment.

La maison était opulente mais mal éclairée. Ghani était veuf et, manifestement, les serviteurs en profitaient. Il y avait des toiles d'araignée dans les coins et des couches de poussière sur les rebords. Ils descendirent un long corridor ; une des portes était entrouverte et Aziz vit une chambre dans un désordre indescriptible. Ce coup d'œil et un reflet de lumière sur les lunettes noires de Ghani apprirent soudain à Aziz que le propriétaire terrien était aveugle. Ceci augmenta sa sensation de malaise : un aveugle qui prétendait apprécier la peinture européenne ? Il était également impressionné parce que Ghani ne s'était cogné nulle part... Ils s'arrêtèrent devant une épaisse porte de teck. Ghani dit : « Attendez-moi deux petites secondes », et il entra dans la chambre, de l'autre côté de la porte.

Plus tard, le docteur Aziz jura que pendant ces deux petites secondes de solitude, dans ces couloirs obscurs qui ressemblaient à des pattes d'araignée, dans la résidence du propriétaire terrien, il fut pris d'une envie presque incontrôlable de faire demi-tour et de se sauver aussi vite que ses jambes le pourraient. Troublé par l'énigme de l'amateur d'art aveugle, de petits insectes lui grattant les entrailles, insidieux résultat du monologue venimeux de Tai, ses narines le démangeant au point de le convaincre qu'il avait dû contracter une maladie vénérienne, il sentit ses pieds commencer à tourner lentement, comme s'ils étaient pris dans des bottes de plomb ; il sentit le sang battre à ses tempes ; et il fut saisi par une sensation si forte d'être à un point de non-retour qu'il faillit mouiller son pantalon de laine allemand. Il commença, sans s'en rendre compte, à rougir ; et, à ce moment-là, sa mère lui apparut, assise par terre devant une table basse, et une rougeur s'étalait en travers de son visage tandis qu'elle levait une turquoise dans la lumière. Le visage de sa mère avait la même expression de mépris que celui du passeur Tai. « Allez, vas-y, lui dit-elle, avec la voix de Tai. Ne te fais pas de souci pour ta pauvre vieille mère. » Le docteur Aziz se mit à bredouiller : « Oh ! Maman, tu as un fils inutile ; est-ce que tu ne vois pas qu'au milieu de moi, il y a un trou gros comme un melon ? » Sa mère eut un sourire douloureux. « Tu as toujours été un garçon sans cœur », soupira-t-elle, puis elle se transforma en lézard sur le mur du corridor et sa langue s'allongea pour le piquer. Le vertige du docteur Aziz cessa sans qu'il sache s'il avait vraiment parlé à voix haute, et il se demanda ce qu'il avait voulu dire avec cette histoire de trou, puis il découvrit que ses pieds ne cherchaient plus à s'enfuir et il se rendit compte qu'on l'observait. Une femme avec des biceps de lutteur le regardait et lui fit signe de la suivre dans la chambre. A son sari, il vit que c'était une servante ; mais elle n'était pas servile. « Tu es vert comme un poisson, dit-elle. Ah ! Ces jeunes docteurs !

Vous entrez dans une maison étrangère et votre foie se transforme en marmelade ! Venez, docteur sahib, ils vous attendent. » Il serra sa trousse un peu trop fort et franchit derrière elle la sombre porte de teck.

... Il entra dans une chambre à coucher aussi mal éclairée que le reste de la maison ; cependant des rais de soleil, où dansaient des poussières, filtraient par une haute imposte dans un des murs. Cette lumière poussiéreuse éclairait une des scènes les plus extraordinaires qu'avait jamais vues le docteur Aziz : un tableau d'une telle étrangeté que ses pieds commencèrent à nouveau à se tourner vers la porte. Deux autres femmes, également bâties comme des lutteurs professionnels, étaient raides dans la lumière, et chacune d'elles tenait le coin d'un immense drap de lit, les bras levés au-dessus de la tête pour que le drap retombe entre elles comme un rideau. M. Ghani jaillit des ténèbres qui entouraient le drap éclairé et laissa Aadam décontenancé fixer stupidement ce tableau singulier, pendant peut-être une demi-minute, à la fin de laquelle, et avant qu'un mot ait été échangé, le docteur Aziz fit une découverte :

En plein centre du drap, on avait découpé un trou, un cercle grossier d'environ sept pouces de diamètre.

« Ferme la porte », ordonna Ghani à la première des lutteuses, puis, se tournant vers Aziz, il devint confidentiel : « Dans cette ville, il y a beaucoup de bons à rien qui, une fois, ont essayé de grimper dans la chambre de ma fille. Elle a besoin », il désigna de la tête les trois femmes musclées, « de protection. »

Aziz regardait toujours le drap troué. Ghani dit : « Allons, venez, vous allez examiner ma Naseem, maintenant, *pronto*. »

Mon grand-père jeta un coup d'œil tout autour de la pièce. « Mais où est-elle, Ghani sahib ? » laissa-t-il finalement échapper. Les lutteuses prirent un air hautain et, ce fut son impression, bandèrent leurs muscles, au cas où il aurait l'intention d'entreprendre quelque folie.

« Ah ! je comprends votre embarras », dit Ghani, et son sourire empoisonné s'élargit. « Vous, les petits drôles de retour d'Europe, vous oubliez certaines choses. Docteur sahib, ma fille est honnête, cela va sans dire. Elle ne fait pas l'étalage de son corps, sous le nez d'étrangers. Vous comprendrez qu'on ne peut vous laisser la voir, en aucune circonstance ; en conséquence, je lui ai demandé de se tenir derrière ce drap. Elle est là, comme une bonne fille. »

D'après le ton de sa voix, le docteur Aziz semblait hors de lui quand il demanda : « Dites-moi, Ghani sahib, comment vais-je pouvoir l'ausculter sans la regarder ? » Ghani continua à sourire.

« Soyez assez aimable pour m'indiquer quelle partie de ma fille vous voulez ausculter. Je lui demanderai alors de présenter la partie requise devant le trou que vous voyez ici. Et de cette façon, la chose pourra se réaliser.

« Mais de quoi se plaint la dame ? » — mon grand-père est désespéré. A quoi M. Ghani, les yeux levés, le sourire se tordant en grimace de douleur, répond : « La pauvre enfant ! Elle a un terrible, abominable mal d'estomac. »

« Dans ce cas, dit le docteur Aziz avec une certaine retenue, qu'elle me fasse voir son estomac. »

MERCUROCHROME

Padma — notre grosse Padma — boude magnifiquement. (Elle ne sait pas lire et, comme tous ceux qui aiment le poisson, elle déteste que les autres sachent des choses qu'elle ignore. Padma : forte, gaie, la consolation de mes vieux jours. Mais qui fait toujours comme la chienne du jardinier.) Elle essaie, en me cajolant, de me faire quitter mon bureau : « Mange, la nourriture va s'abîmer. » Je reste obstinément penché sur ma feuille de papier. « Mais qu'est-ce qu'elles ont de si précieux », demande Padma exaspérée, et sa main droite fend l'air de haut en bas, « ces écritures de merde » ? Je réponds : maintenant que j'ai noté tous les détails de ma naissance, maintenant que le drap troué pend entre le docteur et sa patiente, je ne peux plus revenir en arrière. Padma renifle. Son poignet claque sur son front. « Très bien, meurs de faim, on s'en soucie comme de deux *pice*[1]. » Un autre reniflement, plus fort, en guise de conclusion... Mais je n'ai rien à redire. Elle fait des bulles toute la journée pour pouvoir vivre ; ce soir, elle est échauffée et amère. Une taille lourde, un peu poilue sur les avant-bras, elle entre en coup de vent, gesticule et sort. Pauvre Padma. Tout l'irrite. Même son nom : ce qui est compréhensible, parce que sa mère lui a dit, quand elle était encore enfant, qu'on lui avait donné le nom de la

1. *Pice* : 1/64 de roupie. (*N.d.T.*)

déesse Lotus, dont l'appellation la plus courante chez les villageois est : « celle qui a de la bouse ».

Dans le silence revenu, je retourne à mes feuilles qui ont une petite odeur de safran, bien décidé à achever le récit qu'hier j'ai laissé en suspens — exactement comme Schéhérazade, dont la survie dépendait qu'elle laisse le prince Shahryar dévoré de curiosité, faisait nuit après nuit ! Je commencerai en disant que les pressentiments de mon grand-père dans le corridor n'étaient pas sans fondement. Dans les mois et les années qui ont suivi, il tomba sous ce que je ne peux qu'appeler l'envoûtement de cet immense — et cependant immaculé — drap troué.

« Encore ? dit la mère d'Aadam en roulant les yeux. A mon avis, mon fils, cette fille n'est malade que d'une vie trop douce. Trop de bons petits plats, trop gâtée, à cause de l'absence d'une ferme main maternelle. Mais va, va soigner ta patiente invisible, ta mère n'a qu'un petit mal de tête de rien du tout. »

A cette époque, vous voyez, Naseem Ghani, la fille du propriétaire terrien, contracta un nombre extraordinaire de petites maladies et, chaque fois, on envoyait un passeur chercher le jeune et grand docteur sahib au long nez, qui se faisait une si bonne réputation dans la vallée. Les visites d'Aadam Aziz dans la chambre au rayon de soleil et aux trois lutteuses devinrent presque des événements hebdomadaires ; et, chaque fois, on lui accordait d'entrevoir, par le trou du drap, un nouveau cercle de sept pouces de la jeune femme. Au mal d'estomac initial succédèrent une légère foulure de la cheville droite, puis un ongle incarné au gros orteil gauche, une petite coupure en bas du mollet gauche. (« Le tétanos ne pardonne pas, docteur sahib, dit le propriétaire terrien, ma Naseem ne peut pas mourir d'une égratignure. ») Il y eut la raideur du genou droit que le docteur fut obligé de toucher par le trou du drap... Puis au bout de quelque temps, le mal sauta plus haut, en évitant certaines zones dont on ne peut parler, et proliféra dans la moitié supérieure. Elle souffrit de quelque chose de mystérieux, que son père appelait le « piétin des doigts » et qui entraînait une désquamation de la peau des mains ; de faiblesses dans les articulations des poignets, pour lesquelles le docteur Aziz prescrivit des comprimés de calcium ; de constipation, contre laquelle il lui donna un laxatif puisqu'il n'était pas question qu'il fût autorisé à lui administrer un lavement. Elle eut la fièvre ainsi que des températures anormalement basses. A ce moment, elle plaçait le thermomètre sous son aisselle et il tournait autour du pot pour faire comprendre la relative inefficacité de la méthode. Sous l'aisselle opposée, se développa un léger eczéma sur lequel il mit de la poudre jaune ; après ce traitement — qui l'obligea, pour faire pénétrer la poudre, à la masser doucement mais fermement, et le corps doux et secret commença à se secouer et à frissonner, et il entendit un rire derrière le rideau, car Naseem était très chatouilleuse —, après ce traitement donc, la douleur s'en alla, mais Naseem trouva bientôt d'autres motifs de plainte. Elle eut une anémie en été et une bronchite en hiver. (« Elle a les bronches très fragiles, expliqua Ghani, comme de petites flûtes. ») Au loin, la Grande Guerre allait de crise en crise, et dans la maison aux toiles d'araignée, le docteur Aziz était également engagé dans une guerre totale contre les plaintes intarissables de sa patiente en morceaux. Et, pendant toutes ces années de guerre, Naseem n'eut jamais deux fois la même maladie. « Cela nous montre une chose, lui dit Ghani, c'est que vous êtes un bon docteur. Quand vous la soignez, elle est guérie pour de bon. Mais hélas ! — il se frappait le front — elle languit pour sa mère disparue, pauvre petite, et elle souffre dans son corps. C'est une enfant trop tendre. »

Ainsi, petit à petit, le docteur Aziz finit par avoir dans l'esprit un portrait de Naseem, un assez mauvais collage des différentes parties qu'il avait auscultées. Le fantasme d'une femme morcelée commença à le hanter et pas seulement dans ses rêves. Rassemblée par son imagination, elle l'accompagna dans ses tournées, elle devint sa principale pensée et, éveillé ou endormi, il sentait au bout de ses doigts la douceur de sa peau chatouilleuse, ou la perfection de ses poignets délicats, ou la beauté de ses chevilles ; il sentait son parfum de lavande ; il entendait sa voix, son rire étouffé de petite fille ; mais elle était sans tête car il n'avait jamais vu son visage.

Sa mère était allongée sur son lit, aigle éployée, sur le ventre. « Viens, viens me masser, dit-elle, mon fils, mon docteur, dont les doigts peuvent détendre les muscles de sa vieille mère. Masse, masse, mon fils à la mine d'oie constipée. » Il lui malaxa les épaules. Elle grogna, se contracta, puis se détendit. « Plus bas, dit-elle, plus haut maintenant. A droite. Bien. Mon fils si doué qui ne se rend pas compte de ce qu'est en train de faire ce propriétaire terrien. Il est intelligent, mon enfant, mais il ne se demande pas pourquoi cette fille est toujours malade pour des futilités. Ecoute-moi, mon garçon : regarde le nez que tu as au milieu de la figure : ce Ghani pense que tu es une bonne prise pour elle. Etudes à l'étranger et tout. J'ai travaillé à la boutique, des yeux étrangers m'ont déshabillée pour que tu puisses épouser cette Naseem ! Evidemment que j'ai raison ; sinon pourquoi est-ce qu'ils regarderaient deux fois notre famille ? » Aziz massait sa mère. « O Dieu ! Arrête maintenant, ce n'est pas la peine de me tuer parce que je dis la vérité ! »

En 1918, Aadam Aziz en était arrivé à ne plus vivre que pour ses traversées régulières du lac. Son désir devenait même plus pressant parce qu'il était clair qu'après trois ans, le propriétaire terrien et sa fille commençaient à baisser certaines barrières. Pour la première fois, Ghani lui dit : « Une grosseur au sein droit. Est-ce que c'est grave, docteur ? Regardez. Regardez bien. » Et là, encadré dans le trou, merveilleusement formé, lyrique et adorable, il y avait un... « Je dois y toucher », dit Aziz, en essayant de maîtriser sa voix. Ghani lui donna une tape dans le dos. « Touchez ! Touchez ! cria-t-il. La main du médecin ! Le contact qui guérit, hein, docteur ! » Et Aziz tendit la main... « Pardonnez-moi de poser cette question ; mais n'est-ce pas, pour la dame, la période du mois... ? » De petits sourires discrets apparurent sur le visage des lutteuses. Ghani approuva avec affabilité. « Ne soyez pas gêné, mon vieux. Vous êtes maintenant le médecin de la famille. » Et Aziz : « Alors, ne vous inquiétez pas. Les grosseurs vont disparaître quand la période sera finie... » La fois suivante : « Un muscle froissé derrière la cuisse, docteur sahib. Quelle douleur ! » Et là, dans le trou du drap, un derrière qui attendait le regard d'Aadam Aziz... Et Aziz : « Est-il possible que... » Un mot de Ghani ; une réponse obéissante s'élevant derrière le drap ; une ceinture qu'on dénoue ; un pyjama qui tombe de la croupe céleste qui remplit merveilleusement le trou du drap. Aadam Aziz s'oblige à ne penser qu'à la médecine... il tend la main... touche. Et il se jure à lui-même, stupéfait, qu'il a vu les fesses rougir de timidité et de soumission.

Ce soir-là, Aadam Aziz médita sur la fesse rougissante. La magie du drap avait-elle opéré des deux côtés du trou ? Tout excité, il imagina sa Naseem sans tête, vibrant sous l'examen de ses yeux, de son thermomètre, de son stéthoscope, de ses doigts, et essayant de reconstruire dans son esprit une image de *lui*. Evidemment, elle n'avait pas l'avantage, n'ayant vu que ses mains... Aadam se mit à espérer, avec un désespoir interdit, que Naseem eût une migraine ou s'écorchât le menton jamais vu, afin qu'ils puissent se regarder en plein visage. Il savait que de telles pensées n'étaient pas professionnelles ; mais il ne fit rien pour les étouffer. Il ne pouvait pas faire grand-chose. Ils avaient leur propre vie. En bref, mon grand-père était tombé amoureux et en était venu à penser au drap troué comme à quelque chose de sacré et de magique, parce qu'à travers il avait vu les choses qui avaient rempli le trou creusé en lui depuis qu'une motte de terre lui avait cogné le nez et qu'il avait été insulté par Tai, le batelier.

Le jour où prit fin la guerre mondiale, Naseem eut le mal de tête depuis si longtemps désiré. De telles coïncidences historiques ont bouleversé et peut-être gâté l'existence de ma famille.

Il osait à peine regarder ce qui était encadré dans le trou du drap. Elle était peut-être hideuse ; cela aurait expliqué toute cette mise en scène... Il regarda. Et vit un doux visage qui n'était pas du tout repoussant, un écrin capitonné pour ses yeux, étincelantes pierres précieuses, qu'elle avait bruns avec des éclats d'or : des yeux de tigre. La défaite du docteur Aziz fut totale. Et Naseem s'écria : « Mais, docteur, mon Dieu, quel *nez !* » Ghani irrité : « Ma fille, tiens ta... » Mais patiente et docteur riaient ensemble et Aziz disait : « Oui, oui, c'est un remarquable spécimen. On m'a dit qu'à l'intérieur il y avait des dynasties qui attendaient... » Il se mordit la langue parce qu'il allait ajouter : « ... et de la morve. »

Et Ghani qui était resté pendant trois longues années près du drap sans rien voir, souriant, souriant, souriant, reprit à nouveau son sourire secret qui se refléta sur les lèvres des lutteuses.

Pendant ce temps, Tai le passeur avait pris la décision inexplicable d'arrêter de se laver. Dans une vallée arrosée de lacs d'eau fraîche, où même les plus pauvres peuvent se vanter (et se vantent) de leur propreté, Tai choisit de puer. Depuis trois ans maintenant, il ne s'était ni baigné ni lavé après avoir répondu aux appels de la nature. Il portait les mêmes vêtements, non lavés, toute l'année ; sa seule concession à l'hiver était d'enfiler sa houppelande par-dessus son pantalon en voie de putréfaction. Le petit brasero rempli de charbons ardents qu'il mettait sous sa houppelande, à la manière du Cachemire, pour avoir chaud par les froids les plus rigoureux, ne faisait que réveiller et accentuer les terribles odeurs. Il prit l'habitude, en passant en bateau devant chez Aziz, de se laisser glisser doucement au fil de l'eau en déversant les horribles émanations de son corps dans le petit jardin et la maison. Les fleurs moururent ; les oiseaux s'enfuirent du rebord de la fenêtre du vieux père Aziz. Naturellement Tai perdit son travail ; les Anglais en particulier répugnaient à être transportés par un tas de fumier humain. Une histoire fit le tour du lac : la femme de Tai mise hors d'elle par la soudaine saleté du vieil homme avait essayé de le raisonner. Il avait répondu : « Demande à notre médecin retour-de-l'étranger, demande à ce jeunot, cet Aziz allemand. » Etait-ce une tentative pour offenser les narines hypersensibles du docteur (dans lesquelles la démangeaison, signe de danger, avait quelque peu persisté sous les administrations anesthésiantes de l'amour) ? Ou un geste de défi de ce qui représentait le permanent devant l'intrusion du porte-médecine venant de Heidelberg ? Un jour, Aziz demanda sans ambages au vieil homme quel était son but ; mais Tai se contenta de lui souffler dessus et s'éloigna. Le souffle faillit abattre Aziz ; il était tranchant comme une hache.

En 1918, le père du docteur Aziz, privé de ses oiseaux, mourut dans son sommeil ; et, soudain sa mère, qui avait pu vendre son commerce de pierres précieuses grâce à la réussite d'Aziz et qui voyait la mort de son mari comme un soulagement bienvenu après une vie de responsabilités, s'allongea sur son lit de mort et suivit son mari avant les quarante jours de deuil réglementaire. Quand les régiments indiens revinrent de la guerre, le docteur Aziz était orphelin, et libre — sinon que son cœur était tombé dans un trou de sept pouces de diamètre.

Conséquences désolantes du comportement de Tai : il ruina complètement les bonnes relations entre le docteur Aziz et la population du lac. Lui qui, lorsqu'il était enfant, avait bavardé librement avec les femmes des pêcheurs et les marchands de fleurs, fut regardé de travers. « Demande à ce jeunot, cet Aziz allemand. » Tai l'avait désigné comme étranger et, par conséquent, quelqu'un à qui on ne pouvait faire entièrement confiance. Ils n'aimaient pas le batelier, mais ils pensaient que sa transformation, dans laquelle le docteur avait évidemment une responsabilité, était encore plus troublante. Aziz se rendit compte que les pauvres le soupçonnaient et même l'évitaient ; et cela lui fit beaucoup de peine. Il comprit l'intention de Tai : l'homme essayait de le chasser de la vallée.

L'histoire du drap troué se répandit également. Les lutteuses étaient évidemment moins discrètes qu'elles le paraissaient. Aziz remarqua que les gens le montraient du doigt. Les femmes ricanaient bêtement derrière leurs mains...

« J'ai décidé de laisser Tai remporter la victoire », dit-il. Les trois lutteuses, deux tenaient le drap, la troisième était près de la porte, tendirent leurs oreilles pleines de coton. (« J'ai demandé à mon père d'y veiller, lui avait dit Naseem. Désormais ces bavardes vont arrêter leurs potins et leurs cancans. ») Les yeux de Naseem encadrés dans le trou du drap, s'agrandirent.

... Exactement comme les siens quand, quelques jours plus tard, alors qu'il marchait dans les rues de la ville, il avait vu arriver le dernier autocar de l'hiver, recouvert d'inscriptions — sur le devant : *S'il plaît à Dieu,* peint en vert souligné de rouge ; sur l'arrière, bleu et jaune : *Merci, mon Dieu!* et dans un marron agressif : *Au revoir!* — et qu'il avait reconnu, derrière un réseau de cernes et de rides, Ilse Lubin qui en descendait...

Maintenant, Ghani, le propriétaire terrien, le laissait seul avec les lutteuses aux oreilles bouchées. « Pour parler un peu ; la relation médecin-patient ne peut que s'approfondir dans une plus grande intimité. Je m'en rends compte, Aziz sahib, veuillez pardonner mes intrusions précédentes. » Maintenant Naseem avait chaque fois la langue plus libre. « Qu'est-ce que cela veut dire ? Qui êtes-vous, un homme ou une souris ? Vous en aller à cause d'un passeur qui pue... »

« Oskar est mort, lui dit Ilse, en buvant une citronnade fraîche. Comme un acteur. Il est allé parler aux soldats pour leur dire de ne pas se laisser traiter comme des pions. Cet imbécile pensait vraiment que les soldats allaient jeter leurs fusils et se sauver. Nous regardions par une fenêtre et je priais pour qu'ils ne le piétinent pas. En atteignant le coin de la rue, il a marché sur son lacet de chaussure et il est tombé. Une voiture de l'état-major l'a écrasé et il est mort. Ses lacets n'étaient jamais attachés, l'idiot... » Quelques diamants se figèrent dans ses cils... « C'était le genre de type qui donne mauvaise réputation aux anarchistes. »

« Très bien, admit Naseem, ainsi vous avez une bonne chance d'obtenir un travail intéressant. L'Université d'Agra est célèbre, ne croyez pas que je ne le sache pas. Professeur de médecine en faculté !... Cela sonne bien. Dites que c'est la raison de votre départ, et c'est autre chose ! » Des cils qui se baissent dans le trou. « Vous allez me manquer, naturellement... »

« Je suis amoureux », dit Aadam Aziz à Ilse Lubin. Et plus tard : « ... Je ne l'ai vue que par un trou dans un drap, un morceau à la fois, et je te jure que j'ai vu son derrière rougir.

— Ils ont dû mettre quelque chose dans l'air par ici », dit Ilse.

« Naseem, j'ai obtenu le poste, dit Aadam tout joyeux. La lettre est arrivée aujourd'hui. A partir d'avril 1919. Votre père dit qu'il peut trouver un acheteur pour ma maison et la boutique de pierres précieuses.

— Merveilleux, répondit Naseem en faisant la moue. Maintenant, il faut que je me trouve un autre docteur. A moins que je reprenne cette vieille sorcière qui ne connaît rien à rien. »

« Je suis orphelin, dit le docteur Aziz, et je dois venir moi-même au lieu des membres de ma famille. Cependant, Ghani sahib, pour la première fois, je suis venu sans qu'on m'envoie chercher. Ce n'est pas une visite professionnelle.

— Cher ami ! » et Ghani lui donna une grande claque dans le dos. « Bien sûr que vous devez l'épouser. Avec une dot de première ! On ne regardera pas à la dépense ! Ça va être le mariage de l'année, pas de doute. »

« Je ne veux pas vous abandonner », dit Aziz à Naseem. Ghani dit : « Assez plaisanté ! Plus besoin de ce drap stupide ! Laissez tomber, femmes ! Ils sont fiancés maintenant ! »

« Enfin, dit Aadam Aziz, je vous vois enfin tout entière. Mais je dois m'en aller. Ma tournée... et j'ai une vieille amie chez moi, il faut que je lui dise, elle sera très heureuse pour nous. Une amie d'Allemagne. »

« Non, Aadam baba, lui dit son domestique, je n'ai pas vu Ilse begum depuis ce matin. Elle a loué le bateau du vieux Tai pour faire une promenade. »

« Qu'est-ce qu'on peut dire ? marmonna humblement Tai. Je suis très honoré qu'on me demande de venir dans la maison d'un si grand personnage que vous. Monsieur, la dame a loué mon bateau pour une traversée jusqu'aux jardins de Moghol, avant que le lac soit gelé. Une dame très calme, docteur sahib, pas un mot pendant le voyage. Et j'étais perdu dans mes pensées sans intérêt comme font les vieux fous, et, soudain, quand j'ai regardé, elle n'était plus sur le siège. Sahib, on ne peut pas voir au-delà du dossier. Croyez-en un pauvre vieux passeur qui a été votre ami quand vous étiez jeune... »

« Excusez-moi, dit le domestique, mais je viens de trouver ce papier sur la table. »

« Je sais où elle est, dit le docteur Aziz en regardant fixement Tai. Je ne sais pas comment tu fais pour rester mêlé à ma vie ; mais autrefois, tu m'as montré l'endroit. Tu as dit : Certaines étrangères viennent ici pour se noyer.

— Moi, sahib ? » Tai scandalisé, malodorant, innocent. « La douleur te tourne la tête ! Comment est-ce que je saurais cela ? »

Ensuite, quand un groupe de bateliers au visage blême eurent ressorti le corps gonflé et recouvert d'herbes, Tai se rendit au mouillage des shikaras et dit aux hommes qui y étaient et qui reculaient devant son haleine de bœuf atteint de dysenterie : « Il m'a accusé, vous vous rendez compte ! Il amène des débauchées d'Européennes ici et dit que c'est de ma faute quand elles sautent dans le lac !... Et moi je demande : comment est-ce qu'il savait où il fallait chercher ? Oui, demandez-lui à ce jeunot d'Aziz ! »

Elle avait laissé un mot qui disait : « Je ne l'ai pas fait exprès. »

Je ne fais aucun commentaire ; ces événements qui me sont tombés de la bouche, altérés par l'émotion et la hâte, c'est aux autres de les juger. Permettez-moi d'être direct maintenant et de dire que pendant le long et dur hiver de 1918-1919, Tai tomba malade, il attrapa une forme violente de maladie de peau qui ressemblait à ce fléau européen qu'on appelle les écrouelles ; mais il refusa de voir le docteur Aziz et fut soigné par un homéopathe local. Et en mars, quand le lac dégela, eut lieu un mariage dans une grande tente dressée dans les jardins de Ghani, le propriétaire terrien. Le contrat de mariage assurait à Aadam Aziz une respectable somme d'argent qui l'aiderait à acheter une maison à Agra, et la dot comprenait, à la demande expresse du docteur Aziz, un certain drap de lit troué. Les jeunes mariés étaient assis sous un dais, couverts de fleurs et immobiles, tandis que les invités leur jetaient des roupies en passant devant eux. Cette nuit-là, mon grand-père plaça le drap troué sous lui et sa jeune femme et, au matin, il était orné de trois gouttes de sang qui formaient un petit triangle. On exposa le drap et, après la cérémonie de la consommation, une limousine louée par le propriétaire terrien vint chercher mes grands-parents pour les conduire à Amritsar où ils pourraient prendre le train de la frontière. Les montagnes se pressaient et regardaient mon grand-père quitter sa maison pour la dernière fois. (Il y reviendrait, une fois, mais pour n'en plus repartir.) Aziz crut voir un passeur qui les suivait des yeux — mais c'était certainement une erreur parce que Tai était malade. La coupole d'un temple au sommet de Sankara Acharya, que les musulmans appelaient le Takht-e-Sulaiman, ou le Siège de Salomon, ne leur prêta pas attention. Les peupliers dénudés de l'hiver et les champs de safran couverts de neige ondulaient autour d'eux tandis que la voiture descendait vers le sud avec, rangé dans le coffre, un vieux sac de cuir contenant, entre autres choses, un stéthoscope et un drap. Le docteur Aziz sentit au creux de l'estomac une sensation voisine de l'apesanteur.

Ou de la chute.

(... Et maintenant, je me transforme en fantôme. J'ai neuf ans et toute la famille, mon père, ma mère, le Singe de Cuivre, et moi-même, nous sommes dans la maison de mon grand-père à Agra, et les petits-enfants — dont je fais partie — donnent le spectacle traditionnel du Nouvel An ; et on m'a confié le rôle d'un fantôme. En conséquence — et clandestinement afin de garder secrète la future représentation —, je fouille la maison à la recherche d'un déguisement de spectre. Mon grand-père est en tournée. Je suis dans sa chambre. Et là, au-dessus de cette armoire, il y a un vieux coffre couvert de poussière et de toiles d'araignée, mais non fermé à clef. Et là, à l'intérieur, il y a la réponse à mes prières. Pas seulement un drap, mais un drap avec déjà un trou ! Le voici, à l'intérieur de cette sacoche en cuir, dans ce coffre, juste sous un vieux stéthoscope et un inhalateur de Vicks moisi... L'apparition du drap dans le spectacle fit sensation. Au premier coup d'œil, mon grand-père sauta sur ses pieds en hurlant. Il monta sur la scène et me défantômisa devant tout le monde. Ma grand-mère pinçait tellement les lèvres qu'on croyait qu'elles allaient disparaître. L'un mugissait avec la voix d'un ancien batelier, l'autre exprimait sa fureur dans la disparition de ses lèvres, et ils réduisirent l'impressionnant fantôme en une épave en pleurs. J'ai pris mes jambes à mon cou et je me suis enfui dans le petit champ de maïs sans savoir ce qui s'était passé. Je suis resté assis — peut-être à l'endroit exact où Nadir Khan s'était lui-même assis ! — pendant plusieurs heures, en jurant que je n'ouvrirai plus jamais un coffre interdit, vaguement irrité qu'on ne l'ait pas d'abord fermé à clef. Mais d'après leur fureur, je sus que ce drap était effectivement quelque chose de très important.)

J'ai été interrompu par Padma, qui m'a apporté à dîner et qui m'a empêché d'y toucher en me faisant du chantage : « Si tu es décidé à passer tout ton temps à t'abîmer les yeux avec tes gribouillages, tu dois au moins me les lire. » J'avais réclamé mon dîner — mais peut-être que notre Padma sera utile car il est impossible de l'empêcher d'être critique. Mes remarques à propos de son nom l'irritent tout particulièrement. « Qu'est-ce que tu sais, enfant des villes ? a-t-elle crié, la main fendant l'air. Dans mon village, il n'y a aucune honte à porter le nom de la déesse de la Bouse. Ecris que tu as tort, complètement. » Conformément au désir de mon Lotus, j'insère ici un péan solennel à la Bouse.

Bouse qui fertilises et fais pousser les moissons ! Bouse, bien aplatie comme un gâteau, quand tu es encore fraîche et humide et qu'on te vend aux maçons du village qui t'utilisent pour renforcer les murs de kachcha faits de boue ! Bouse, tu fais un long chemin avant de sortir à la partie inférieure des vaches pour en expliquer le statut divin et sacré ! Oh oui ! J'avais tort, je reconnais que je te portais préjudice, sans aucun doute à cause de ta malheureuse odeur qui offensait mon nez sensible — quelle merveille, quel bonheur ineffable cela doit être de porter le nom de la Pourvoyeuse de Bouse !

... Le 6 avril 1919, la cité sainte d'Amritsar sentait (glorieusement, Padma, de façon céleste) l'excrément. Et peut-être que le (merveilleux) fumet n'offensait pas le nez de mon grand-père — après tout, les paysans du Cachemire l'utilisaient ainsi qu'il est dit plus haut, comme une sorte de plâtre. Même à Srinagar, des marchands ambulants poussant de petites voitures pleines de bouses n'étaient pas un spectacle extraordinaire. Mais la marchandise était sèche, muée, utile. La bouse d'Amritsar était fraîche et (ce qui est pire) très abondante. Elle n'était pas seulement d'origine bovine. Elle sortait des croupes des chevaux, entre les limons des nombreux *tongas, ikkas* et *gharries* [1] municipales ; et les mules, les hommes et les chiens écoutaient l'appel de la nature et se mêlaient dans la fraternité de la merde. Mais il y avait aussi les vaches : êtres sacrés, errant dans les rues poussiéreuses, chacune sur son propre territoire, et le jalonnant de ses excréments. Et les mouches ! Ennemi public numéro un, bourdonnant joyeusement d'étron fumant en étron fumant, fêtant et fertilisant ces cadeaux offerts gratuitement. La ville grouillait également, comme une réplique de l'agitation des mouches. Le docteur Aziz regardait ce spectacle de la fenêtre de sa chambre d'hôtel, tandis qu'un jaïn [2], au visage de masque, balayait la chaussée avec un balai de branches, afin de ne pas marcher sur une fourmi ou même sur une mouche. Des odeurs douces et épicées montaient d'une petite cantine ambulante. « *Pakoras* chauds ! Pakoras chauds ! » Une Blanche achetait de la soie dans une boutique de l'autre côté de la rue et des hommes en turban la lorgnaient du coin de

1. *Tongas, ikkas* et *gharries :* voitures à cheval utilisées en Inde. (*N.d.T.*)
2. Jaïn : adepte du jaïnisme, religion hindoue. (*N.d.T.*)

l'œil. Naseem — maintenant Naseem Aziz — avait un violent mal de tête ; c'était la première fois qu'elle répétait un malaise, mais la vie en dehors de sa paisible vallée l'avait profondément choquée. Il y avait près de son lit une carafe de citronnade fraîche, qu'elle vidait rapidement. Aziz resta à la fenêtre, inhalant les odeurs de la ville. La flèche du Temple d'or miroitait dans le soleil. Mais son nez le démangea : quelque chose n'allait pas.

Gros plan sur la main droite de mon grand-père : les ongles, les jointures, les doigts eux-mêmes, tous plus grands qu'on ne l'aurait cru. Des touffes de poils roux. Le pouce et l'index serrés l'un contre l'autre et séparés seulement par l'épaisseur d'une feuille de papier. En bref : mon grand-père tenait un tract. On le lui avait mis dans la main (plan d'ensemble — toute personne à Bombay a un vocabulaire cinématographique de base) quand il entrait dans le foyer de l'hôtel. Galopade d'un gamin par la porte tournante, les tracts qui tombent dans son sillage, alors que le *chaprassi*[1] le poursuit. Et la porte qui tourne à toute vitesse, et ça tourne ; jusqu'à ce que la main du chaprassi nécessite un gros plan, parce que le pouce serre l'index et qu'ils ne sont séparés que par l'épaisseur de l'oreille d'un gamin. Expulsion du jeune disséminateur de tracts de bas étage ; mais mon grand-père a gardé le message. Maintenant, alors qu'il regarde par la fenêtre, il en voit la réplique exacte sur le mur d'en face ; et là, sur le minaret d'une mosquée ; et en gros titre sur un journal, sous le bras d'un vendeur. Le tract, le journal, la mosquée et le mur hurlent : *Hartal !* Ce qui veut dire, littéralement, jour de deuil, de repos, de silence. Mais c'est l'Inde de la jeunesse du Mahatma, et la langue elle-même obéit aux instructions de Gandhi, et le mot, sous son influence, a acquis de nouvelles résonances. *Hartal, 7 avril,* disent la mosquée, le journal, le mur et le tract, parce que Gandhi a décidé que, ce jour-là, toute l'Inde devrait s'arrêter. Pour se lamenter, dans le calme, de la présence des Anglais.

« Je ne comprends pas ce hartal, alors que personne n'est

1. *Chaprassi :* portier de l'hôtel. (*N.d.T.*)

mort. » Naseem pleure doucement. « Pourquoi est-ce que le train ne roule pas ? Combien de temps allons-nous être coincés ici ? »

Le docteur Aziz voit un jeune homme à l'allure martiale, dans la rue, et il pense — les Indiens se sont battus pour les Britanniques ; il y en a tant qui ont vu le monde maintenant et qui ont été corrompus par l'étranger. Ils ne réintégreront pas facilement l'ancien monde. Les Britanniques ont tort d'essayer de faire tourner la pendule à l'envers.

« C'était une erreur de voter le Rowlatt Act, murmure-t-il.

— Quel Rowlatt ? gémit Naseem. C'est absurde.

— Contre l'agitation politique », explique Aziz et il retourne à ses pensées. Tai avait dit une fois : « Les gens du Cachemire sont différents. Ils sont lâches, par exemple. Mettez un fusil dans les mains d'un homme du Cachemire, l'arme devra fonctionner toute seule — il n'osera jamais appuyer sur la détente. Nous ne sommes pas comme les Indiens, toujours en train de se battre. » Avec Tai dans l'esprit, Aziz ne se sentait pas indien. Après tout, le Cachemire ne fait pas à proprement parler partie de l'empire ; c'est une principauté indépendante. Aziz n'est pas sûr que le hartal du tract mosquée mur journal soit son combat, même si maintenant, il se trouve dans un territoire occupé. Il quitte la fenêtre...

... pour voir Naseem qui pleure dans son oreiller. Elle n'a pas cessé de pleurer depuis qu'il lui a demandé, pendant leur deuxième nuit, de bouger un peu. « Bouger comment ? Pour aller où ? » a-t-elle demandé. Et il s'est senti maladroit, et a dit : « Bouge seulement, je veux dire, comme une femme... » Elle a hurlé d'horreur. « Mon Dieu ! qu'est-ce que j'ai épousé ? Je vous connais, vous les retour-d'Europe. Vous trouvez des filles terribles et vous voudriez qu'on soit comme elles ! Ecoutez-moi, docteur sahib, mari ou pas, je ne suis pas une fille. » Ce fut un combat que mon grand-père ne gagna jamais ; et cela a donné le ton à leur mariage, qui se transforma rapidement en un lieu de conflits, fréquents et dévastateurs, dans lesquels la jeune fille sous le drap et le jeune docteur maladroit se transformaient rapidement en êtres différents, étrangers... « Et alors, femme ? » demande le docteur Aziz. Naseem enfonce son visage dans l'oreiller. « Quoi encore ? dit-elle d'une voix étouffée. Tu veux que je me promène nue devant des étrangers ? » (Il lui avait demandé de ne plus mettre de purdah.)

Il dit : « Ta robe te couvre du cou aux poignets et aux genoux. Ton pantalon te cache jusqu'en dessous des chevilles. Ce qui nous reste, ce sont tes pieds et ton visage. Femme, est-ce que tes pieds et ton visage sont obscènes ? » Mais elle geint : « Ils en verront plus ! Ils verront ma honte profonde ! »

Et maintenant un accident qui nous lance dans le monde du mercurochrome.

... Aziz, sentant qu'il perd son sang-froid, prend tous les purdah de sa femme dans la valise, les jette dans une corbeille à papier en métal, avec un portrait du gourou Nanak peint sur le côté, et y met le feu. Les flammes jaillissent par surprise et commencent à lécher un rideau. Aadam se précipite à la porte et appelle au secours tandis que le rideau bon marché s'enflamme... Des serveurs, des clients et des laveuses se précipitent dans la chambre et tapent sur le feu avec des chiffons à épousseter et le linge qui était à la blanchisserie. On apporte des seaux d'eau ; le feu est éteint ; et Naseem se blottit sur le lit, car près de trente-cinq sikhs, hindous et intouchables[1] s'entassent dans la chambre pleine de fumée. Ils s'en vont enfin, et Naseem lâche deux phrases avant de se fermer obstinément les lèvres :

« Tu es fou. Je veux encore de la citronnade. »

Mon grand-père ouvre la fenêtre et se tourne vers sa nouvelle épouse. « La fumée mettra du temps à se dissiper ; je vais faire un tour. Tu viens ? »

Lèvres closes ; yeux fermés ; seul un *non* violent de la tête.

1. Sikhs : adeptes d'une religion (croyance en un seul dieu et rejet du système des castes) ;
hindous : adeptes de l'hindouisme ;
intouchables : membres de la caste inférieure avec lesquels les autres ne peuvent avoir de contacts. (*N.d.T.*)

« Ne cherche plus à être une bonne fille du Cachemire. Pense à être une Indienne moderne. »

... Pendant ce temps, dans la caserne, au quartier général de l'armée britannique, un général R. E. Dyer se lisse la moustache.

Nous sommes le 7 avril 1919, et à Amritsar, le grand projet du Mahatma est détourné. Les boutiques sont fermées ; les gares sont fermées ; mais une foule d'émeutiers est en train de les mettre à sac. Le docteur Aziz, sacoche de cuir à la main, est dans les rues et apporte du secours chaque fois que c'est possible. Des corps piétinés sont restés là où ils sont tombés. Il panse les blessures et les barbouille littéralement de mercurochrome, ce qui les rend encore plus sanglants, mais cela au moins les désinfecte. Il retourne à sa chambre d'hôtel, les vêtements couverts de taches rouges, ce qui met Naseem dans une véritable panique.

« Laisse-moi t'aider, laisse-moi t'aider ! Allah ! Quel homme ai-je épousé, qui va se battre avec des voyous, dans le ruisseau ! » Elle s'affaire autour de lui avec des morceaux de coton imbibés d'eau. « Je ne comprends pas pourquoi tu n'es pas un médecin respectable comme les gens normaux, en soignant les maladies importantes et tout ça ? Oh ! Dieu ! Tu es couvert de sang ! Assieds-toi, assieds-toi, laisse-moi te laver au moins !

— Ce n'est pas du sang, femme.

— Tu crois que je ne peux pas voir avec mes propres yeux ? Pourquoi est-ce que tu te moques de moi même quand tu es blessé ? Est-ce que ta femme ne doit pas veiller sur toi ?

— C'est du mercurochrome, Naseem, un médicament rouge. »

Naseem qui était devenue un tourbillon d'activités, attrapant des morceaux de chiffon, tournant le robinet, Naseem se fige sur place. « Tu l'as fait exprès, dit-elle, pour que je sois ridicule. Je ne suis pas stupide. J'ai lu plusieurs livres. »

Nous sommes le 13 avril et ils sont toujours à Amritsar.

« Ce n'est pas fini, dit Aadam à Naseem. Nous ne pouvons pas partir : ils peuvent encore avoir besoin de médecins.

— Alors, il faut qu'on s'asseye ici pour attendre la fin du monde ? »

Il se frotte le nez.

« Non, pas si longtemps, j'en ai peur. »

L'après-midi, la foule emplit les rues, tout d'un coup, tous marchent dans le même sens en défiant les règlements de la nouvelle loi martiale de Dyer. Aadam dit à Naseem :

« Il doit y avoir un meeting — les militaires vont intervenir. Les meetings sont interdits.

— Pourquoi est-ce que tu dois y aller ? Pourquoi ne pas attendre d'être appelé ? »

... Un lieu clos peut être n'importe quoi, depuis un terrain vague jusqu'à un jardin public. Le plus grand d'Amritsar est appelé Jallianwala Bagh. Il n'y a pas d'herbe, mais partout des pierres, des boîtes de conserve, des bouteilles et d'autres choses. Pour y entrer, vous devez descendre une ruelle étroite entre deux immeubles. Le 13 avril, plusieurs milliers d'Indiens s'entassent dans la ruelle. « C'est une manifestation pacifique », dit quelqu'un au docteur Aziz. Poussé par la foule, il arrive à l'entrée de la ruelle. Un sac de Heidelberg à la main droite. (Un gros plan n'est pas nécessaire.) Il a, je le sais, très peur, parce que son nez le démange comme il ne l'a jamais fait ; mais c'est un médecin expérimenté, il n'y pense pas et entre dans le jardin. Quelqu'un fait un discours passionné. Des marchands ambulants se faufilent dans la foule en vendant du *chana* et des bonbons. L'air est plein de poussière. Il ne semble pas y avoir de voyous ni de trublions, autant que mon grand-père peut s'en rendre compte. Un groupe de sikhs a étendu une couverture par terre et ils mangent assis autour. Il y a une odeur d'ordure qui flotte. Aziz entre dans la foule, alors que le général R. E. Dyer arrive à l'entrée de la ruelle, suivi de cinquante soldats. C'est le chef de la loi martiale d'Amritsar — un homme important après tout ; les pointes gominées de sa moustache sont raides d'importance. Tandis que les cinquante et un hommes descendent la ruelle, un chatouillement remplace la démangeaison dans le nez de mon grand-père. Les cinquante et un hommes entrent dans le jardin et prennent position, vingt-cinq à la droite de Dyer et vingt-cinq à sa gauche ; et Aadam Aziz cesse de se concentrer sur les événements qui l'entourent, car le chatouillement atteint une intensité insupportable. Au moment où le général Dyer donne un ordre, l'éternuement monte dans le nez de mon grand-père. « Aaaaatchoum ! » Il éternue, il est entraîné en avant, perd l'équilibre, suit son nez et par là même sauve sa vie. Son « porte-médecine » vole grand ouvert ; les bouteilles, le liniment et les seringues atterrissent dans la poussière. Il joue des pieds et des mains au milieu des gens pour essayer de sauver ses affaires avant qu'elles soient écrasées. Il y a un bruit, comme des dents qui claquent en hiver, et quelqu'un lui tombe dessus. Quelque chose de rouge coule sur sa chemise. Il y a des cris et des pleurs et l'étrange claquement de dents continue. De plus en plus de gens semblent trébucher et tomber sur mon grand-père. Il a peur pour son dos. La fermeture de sa sacoche lui entre dans la poitrine et lui fait un bleu si profond et si mystérieux qu'il le gardera jusqu'à sa mort, bien des années plus tard, sur la colline de Sankara Acharya ou Takht-e-Sulaiman. Il a le nez écrasé contre une bouteille de pilules rouges. Le claquement de dents s'arrête et il est remplacé par le bruit de la foule et celui des oiseaux. On n'entend pas la circulation. Les cinquante hommes du général Dyer baissent leurs pistolets-mitrailleurs et s'en vont. Ils ont tiré au total mille six cent cinquante balles sur une foule désarmée. Parmi elles, mille cinq cent seize atteignirent leur cible, tuant ou blessant quelques personnes. « Vous avez bien tiré, dit Dyer à ses hommes. Nous avons fait du bon boulot. »

Quand mon grand-père est rentré ce soir-là, ma grand-mère s'efforça d'être une femme moderne pour lui plaire ; elle ne bougea pas en le voyant.

« Je vois que tu as encore renversé du mercurochrome, maladroit, dit-elle, apaisante.

— C'est du sang », répondit-il, et elle s'évanouit. Quand il eut réussi à la faire revenir à elle avec des sels, elle dit :
« Es-tu blessé ?
— Non.
— Mais où es-tu allé, mon Dieu ?
— Nulle part », et il se mit à trembler dans ses bras.

Ma propre main, je l'avoue, a commencé à trembler elle aussi, pas seulement à cause du sujet, mais parce que j'ai remarqué une petite crevasse, comme un cheveu, sous la peau de mon poignet... Peu importe. Nous devons tous mourir. Permettez-moi de conclure avec le bruit non vérifié selon lequel le batelier Tai, dont les écrouelles guérirent juste après que mon grand-père eut quitté le Cachemire, ne mourut qu'en 1947, quand (dit l'histoire) la guerre entre l'Inde et le Pakistan, pour la possession de sa vallée, le rendit furieux et qu'il alla à Chhamb avec l'intention expresse de se mettre entre les forces opposées pour leur dire leur fait. Le Cachemire aux Cachemirois : c'est ce qu'il pensait. Naturellement, ils le tuèrent. Oskar Lubin aurait probablement approuvé son geste ; R. E. Dyer a peut-être commandé ses meurtriers.

Je dois aller au lit maintenant. Padma attend ; et j'ai besoin d'un peu de chaleur.

ATTEINDRE-LE-CRACHOIR

Croyez-moi si je vous dis que je me désintègre.

Et je ne parle pas métaphoriquement ; ce n'est pas non plus une entrée en matière avantageuse qui annoncerait je ne sais quel recours mélodramatique et véreux à la pitié. Je veux dire que je suis en train de me craqueler de partout, comme un vieux pot — que mon pauvre corps, bizarre et disgracieux, ballotté par trop d'histoire, asséché par en haut et par en bas, mutilé par les portes, assommé à coups de crachoirs, a commencé à craquer aux entournures. En bref, je me désintègre littéralement, lentement pour l'instant, bien qu'il y ait des signes d'accélération. Je ne vous demande que d'accepter le fait (comme je l'ai moi-même accepté) qu'en fin de compte je vais m'émietter en (à peu près) six cent trente millions de particules de poussière anonymes qui seront nécessairement oubliées. C'est pour cela que je me suis résolu à me confier au papier, avant d'avoir tout oublié. (Nous sommes une nation d'oublieurs.)

Il y a des moments de terreur, mais ils s'en vont. De la panique, comme un monstre marin qui vient faire des bulles à la surface mais qui finit toujours par retourner dans les profondeurs. Il m'est très important de rester calme. Je mâche une noix de bétel et je crache dans la direction d'un bol couleur de cuivre et bon marché, et je joue à l'ancien jeu : atteindre-le-crachoir. Le jeu de Nadir Khan, que lui avaient enseigné les vieux d'Agra... De nos jours, vous pouvez vous acheter des *rocket paans*[1], dans lesquels vous trouvez, en même temps que la pâte rouge du bétel, la consolation de la cocaïne. Mais ce ne serait pas bien.

... L'odeur nauséabonde et facilement reconnaissable du *chutney*[2]monte de mes pages. Aussi, ne nous laissons pas troubler plus longtemps : moi, Saleem Sinai, propriétaire de l'organe olfactif le plus doué de l'histoire, j'ai consacré mes derniers jours à la préparation en gros de condiments. Et vous dites, horrifié : « Un cuisinier ? Un simple *khansama*[3] ? Comment est-ce possible ? » Je vous l'accorde, il est rare en effet de posséder à la fois des dons culinaires et le don du langage ; et cependant, je les possède tous. Vous êtes étonné ; mais vous le voyez, je ne suis pas un de ces marmitons à deux cents roupies par mois, je suis mon propre maître, et je travaille sous le néon clignotant, jaune safran et vert, de ma déesse personnelle. Et mes chutneys et mes *kasaundies*[4] sont, en fin de compte, en relation avec mes gribouillages nocturnes — le jour devant mes cuves, la nuit devant ces feuillets, je passe mon temps à préserver les choses. Les souvenirs et les fruits sont sauvés de la corruption des pendules.

Mais Padma se tient près de moi et elle me ramène brutalement dans le monde de la narration linéaire, l'univers des « et-après ? ». « A cette vitesse-là, se plaint-elle, tu auras deux cents ans avant d'avoir atteint ta naissance. » Elle affecte la nonchalance et tend vers moi une hanche insouciante, mais je ne suis pas dupe. Malgré toutes ses affirmations, je sais qu'elle a mordu à l'appât. Il n'y a aucun doute : elle est prise par mon histoire et, tout à coup, elle cesse de me quereller pour que je rentre à la maison, pour que je prenne plus de bains, pour que j'enlève mes vêtements puant le vinaigre, pour que je quitte, ne serait-ce qu'un moment, le sombre atelier où

1. *Paan :* noix de bétel écrasée, enveloppée dans une feuille. *Rocket paan :* terme argotique, paans auxquels on ajoute de l'opium ou une autre drogue. (*N.d.T.*)
2. *Chutney* (hindi) : condiments épicés. (*N.d.T.*)
3. *Khansama :* cuisinier, chef. (*N.d.T.*)
4. *Kasaundies :* conserves au vinaigre. (*N.d.T.*)

flottent les odeurs d'épices… Maintenant, ma déesse de la Bouse s'installe dans un coin et me prépare mes repas sur deux ronds de gaz noircis, et n'interrompt mes écritures éclairées par un ange, que pour me dire sur un ton de reproche : « Tu ferais bien de te dépêcher, ou tu seras mort avant d'être né. » Réussissant à vaincre l'orgueil propre aux conteurs à succès, j'entreprends son éducation : « Les choses et les personnes ont une façon à elles de couler les unes dans les autres. Comme les saveurs, quand tu cuisines. Le suicide d'Ilse Lubin, par exemple, a coulé dans le vieil Aadam et il est resté assis dans une flaque jusqu'à ce qu'il voie Dieu. C'est ainsi que le passé est tombé en moi, goutte à goutte, et nous ne pouvons l'ignorer… » Son haussement d'épaules, qui fait plaisamment onduler sa poitrine, m'arrête : « Pour moi, crie-t-elle, c'est une façon absurde de raconter ta vie, si tu ne peux même pas dire où ton père a rencontré ta mère ! »

… Et Padma coule en moi. Comme l'histoire s'écoule de mon corps fissuré, mon Lotus coule en moi, doucement, avec son côté terre à terre, sa superstition paradoxale, son amour contradictoire pour le fabuleux — et il est temps que je raconte l'histoire de la mort de Mian Abdullah. Le bourdon au funeste destin : une légende de notre époque.

… Et Padma est une femme généreuse, parce qu'elle reste à mes côtés pendant ces derniers jours, bien que je ne puisse pas faire grand-chose pour elle. C'est vrai — et à nouveau il est juste que je le signale avant de me lancer dans l'histoire de Nadir Khan — je fonds devant elle. Malgré les soins nombreux et variés de Padma, je n'arrive pas à couler en elle, même pas quand elle pose son pied gauche sur mon pied droit, qu'elle enroule sa jambe gauche autour de ma taille, qu'elle lève la tête vers moi en roucoulant ; même pas quand elle me murmure à l'oreille : « Maintenant que tes écrivailleries sont terminées, si on essayait de faire fonctionner ton autre stylo ! » Mais malgré tous ses efforts, je n'arrive pas à atteindre son crachoir.

Assez de confessions. Je cède aux pressions irrésistibles de l'et-aprésisme de Padma, et me souvenant du peu de temps qui me reste, je quitte le mercurochrome et me retrouve en 1942. (J'ai aussi très envie de faire se rencontrer mes parents.)

Il semble qu'en cette fin d'année, mon grand-père, le docteur Aadam Aziz, ait contracté une forme très dangereuse d'optimisme. Il se promenait à bicyclette dans les rues d'Agra et sifflait de façon aiguë, mal, mais avec bonheur. Il n'était pas du tout le seul, parce qu'en dépit des efforts acharnés des autorités qui voulaient étouffer la virulente épidémie, elle s'était répandue dans toute l'Inde cette année-là, et des choses irrémédiables allaient être commises avant qu'on reprenne la situation en main. Les vieux dans la *paan-shop* au coin de la rue Cornwallis mâchaient du bétel et soupçonnaient un piège. « J'ai vécu deux fois plus longtemps que je n'aurais dû », dit le plus âgé, et sa voix craquait comme un vieux poste de radio parce que les décennies se frottaient les unes aux autres près de ses cordes vocales, « et je n'ai jamais vu autant de gens de bonne humeur dans une si mauvaise époque. C'est l'œuvre du démon. » C'était, en fait, un virus élastique — seule la température aurait pu décourager de tels germes de naître, car il était évident que les pluies avaient fait défaut. La terre était craquelée. La poussière mangeait le bord des routes, et certains jours d'énormes fissures apparaissaient au milieu des carrefours goudronnés. Les mâcheurs de bétel de la paan-shop avaient commencé à parler de présages ; ils se calmaient en jouant au jeu « atteindre-le-crachoir », et spéculaient sur les innombrables et inconnus dieu sait quoi qui pouvaient sortir de la terre fissurée. On disait qu'un sikh de l'atelier de réparation de bicyclettes avaient perdu son turban dans la chaleur de l'après-midi, quand ses cheveux, sans aucune raison, s'étaient dressés sur sa tête. Et, plus prosaïquement, le manque d'eau était tel que les laitiers ne trouvaient plus assez d'eau propre pour frelater le lait... Au loin, il y avait une autre guerre mondiale. A Agra, la chaleur montait. Mais mon grand-père sifflait toujours. Et, étant donné les circonstances, les vieux de la paan-shop trouvaient son sifflement de mauvais goût.

(Et comme eux, je me lève et crache au-dessus des fissures.)

A califourchon sur sa bicyclette, son attaché attaché sur le porte-bagages, mon grand-père sifflait. Malgré les irritations de son nez, il avait la bouche en cul de poule. Malgré un bleu à la poitrine qui depuis vingt-trois ans refusait de partir, sa bonne humeur était intacte. De l'air passait par ses lèvres et se transformait en son. Il sifflait un vieil air allemand : *O Tannenbaum.*

L'épidémie d'optimisme avait été causée par un seul homme, dont le nom, Mian Abdullah, n'était utilisé que par les journalistes. Pour tous les autres, il était le Bourdon, une créature impossible à imaginer si elle n'avait pas existé. « Magicien devenu prestidigitateur, écrivaient les journalistes, Mian Abdullah est sorti du célèbre ghetto de magiciens de Delhi, et est maintenant l'espoir des cent millions d'Indiens musulmans. » Le Bourdon était le fondateur, le président, l'unificateur et l'animateur du Rassemblement islamique libre ; et, en 1942, on allait dresser de grandes tentes et des estrades sur le *maidan*[1] d'Agra, où allait se tenir la seconde assemblée annuelle du Rassemblement. Mon grand-père, cinquante-deux ans, les cheveux blancs à cause du poids des ans et autres revers, avait commencé à siffler en passant devant le maidan. Maintenant, il prenait ses virages sur l'aile d'un air désinvolte, en se frayant un chemin entre les bouses de vache et les enfants... Ailleurs, à un autre moment, il avait dit à son amie la *rani* de Cooch Naheen[2] : « J'ai commencé comme homme du Cachemire et pas tellement comme musulman. Puis j'ai eu un bleu sur la poitrine qui m'a fait devenir indien. Je ne suis toujours pas très musulman, mais je suis de tout cœur avec Abdullah. Son combat est le mien. » Il avait toujours les yeux bleus comme le ciel du Cachemire... Il arriva chez lui et, bien qu'une lueur de joie restât dans son regard, il s'arrêta de siffler ; parce que dans la cour pleine d'oies méchantes, l'attendait le visage désapprobateur de ma grand-mère, Naseem Aziz, qu'il avait fait l'erreur d'aimer par

1. *Maidan :* place ou champ de foire. (*N.d.T.*)
2. *Rani :* femme de *rajah,* c'est-à-dire d'un prince ou d'un chef. (*N.d.T.*)

fragments, qui maintenant étaient réunis et transformés dans la formidable silhouette de celle qu'elle serait toujours, et qu'on connaissait sous le nom étrange de Révérende Mère.

Elle était devenue prématurément une vieille et large femme, avec deux énormes grains de beauté sur le visage, comme des seins de sorcière ; elle vivait dans une forteresse invisible, qu'elle s'était construite, une citadelle blindée, de traditions et de certitudes. Au début de cette année-là, Aadam Aziz avait fait faire des portraits photographiques, grandeur nature, de sa famille, afin d'en décorer le mur du living-room ; les trois filles et les deux garçons avaient posé avec obéissance, mais la Révérende Mère s'était rebellée quand son tour était venu. Finalement, le photographe avait essayé de la prendre à son insu, mais elle lui avait attrapé son appareil photo et le lui avait cassé sur la tête. Par chance, il n'en était pas mort, mais il n'y avait aucune photographie de ma grand-mère sur la terre. Elle n'était pas de ceux qui se font prendre au piège dans la petite boîte noire de n'importe qui. C'était déjà suffisant qu'elle fût obligée de vivre sans voile, le visage à découvert, avec impudeur — il n'était pas question en plus qu'on la photographie.

C'était peut-être le fait d'être obligée de vivre à visage découvert, auquel venaient s'ajouter les demandes pressantes d'Aziz de bouger quand elle se trouvait sous lui, qui l'avaient amenée à se barricader ; et les règles domestiques qu'elle avait établies étaient un système d'autodéfense, à ce point inexpugnable qu'Aziz, après beaucoup de tentatives infructueuses, avait plus ou moins abandonné l'attaque de ses demi-lunes et de ses bastions, et il la laissait diriger le domaine qu'elle s'était choisi, comme une grosse araignée satisfaite. (Ce n'était peut-être pas un système d'autodéfense, mais un moyen de se défendre contre elle-même.)

Parmi les choses auxquelles elle refusait de s'intéresser, il y avait tout ce qui concernait la politique. Quand le docteur Aziz souhaitait en parler, il allait voir son amie la rani, et la Révérende Mère boudait ; mais pas trop, parce qu'elle savait que ces visites représentaient une victoire pour elle.

Le cœur jumeau de son royaume était sa cuisine et son garde-manger. Je ne suis jamais entré dans le second, mais je me souviens d'avoir regardé par le trou de la serrure dans ce monde énigmatique, un univers de paniers suspendus recouverts d'un tissu pour empêcher les mouches d'y pénétrer, de boîtes que je savais pleines de *gur*[1] et autres douceurs, de caisses fermées à clef avec de belles étiquettes carrées, de noix, de navets et de sacs de farine, d'œufs d'oie et de balais de genêt. Le garde-manger et la cuisine formaient son territoire inaliénable ; et elle les défendait avec férocité. Quand elle était enceinte de son dernier enfant, ma tante Emerald, son mari lui avait proposé de la soulager en supervisant le travail de la cuisine. Elle n'avait pas répondu ; mais le lendemain, quand Aziz s'approcha de la cuisine, elle en sortit avec un pot de fer à la main et lui en barra l'accès. Elle était grosse et enceinte, et elle bouchait toute la porte. Aadam Aziz fronça le sourcil. « Que se passe-t-il, femme ? » Ce à quoi ma grand-mère répondit : « Ça, comment dire, c'est un pot très lourd ; et, si je t'attrape une seule fois dans ma cuisine, comment dire, je te mets la tête dedans, j'y ajoute un peu de *dahi,* et je fais, comment dire, un *korma*[2]. » Je ne sais pas comment ma grand-mère avait adopté le leitmotiv de « comment dire », mais au fur et à mesure que les années passèrent il ne cessa d'envahir de plus en plus ses phrases. J'aime penser que c'était un inconscient appel au secours... une question extrêmement sérieuse. La Révérende Mère voulait nous dire que, malgré sa présence imposante, elle était à la dérive dans le monde. Et, voyez-vous, elle ne savait pas comment dire.

... Et elle continuait à diriger avec autorité pendant les repas. On ne mettait pas de nourriture sur la table, on n'y posait aucun plat. Le curry et la vaisselle étaient rangés sur une table basse à sa droite, et Aziz et les enfants mangeaient ce qu'elle mettait dans leur assiette. Le pouvoir de cette coutume faisait que même quand son mari était constipé,

1. *Gur :* bonbons au sucre brut. (*N.d.T.*)
2. *Dahi :* yaourt. *Korma :* ragoût à base de curry et de yaourt.

elle ne lui permettait pas de choisir ses aliments et n'admettait ni reproche ni conseil. Une forteresse ne peut bouger. Même quand les mouvements de ceux qu'elle protège se dérèglent.

Pendant la longue retraite de Nadir Khan, pendant la visite rue Cornwallis du jeune Zulfikar qui tomba amoureux d'Emerald, et celle du riche marchand de plastique et de Formica, nommé Ahmed Sinai et qui blessa si cruellement ma tante qu'elle lui en garda rancune pendant vingt-cinq ans avant de s'en décharger sur ma mère, la poigne de fer de la Révérende Mère ne faillit jamais ; et, avant que l'arrivée de Nadir Khan brise ce grand silence, Aadam Aziz avait tenté de s'y opposer et il avait dû partir en guerre contre sa femme. (Tout cela permet de se rendre compte du caractère tout à fait remarquable de son optimisme.)

... En 1932, dix ans plus tôt, il avait pris le contrôle de l'éducation de ses enfants. La Révérende Mère était épouvantée ; mais c'était le rôle traditionnel des pères et elle n'avait rien à dire. Alia avait onze ans ; la seconde fille, Mumtaz, avait presque neuf ans. Les deux garçons, Hanif et Mustapha, avaient huit et six ans, et la jeune Emerald à peine cinq. La Révérende Mère confia ses craintes au cuisinier de la famille, Daoud : « Il leur remplit la tête avec je ne sais quelles langues étrangères, comment dire, et d'autres choses sans intérêt. » Daoud remuait ses casseroles, et la Révérende Mère hurlait : « Tu te rends compte, comment dire, la plus petite s'appelle Emerald ! En anglais, comment dire ! Cet homme va me gâter mes enfants. Mets moins de cumin, comment dire, tu ferais mieux d'être plus attentif à ta cuisine et de moins t'occuper des affaires des autres ! »

Elle n'exigea qu'une chose : l'éducation religieuse. Contrairement à Aziz, déchiré par le doute, elle était restée pieuse. « Tu as ton Bourdon, lui dit-elle, mais moi, comment dire, j'ai l'appel de Dieu. Et c'est un bruit plus agréable que, comment dire, le bourdonnement de cet homme. » Ce fut l'un de ses rares commentaires politiques... et le jour vint où Aziz mit à la porte l'instructeur religieux. Le pouce et l'index serrés sur l'oreille du *maulvi*[1]. Naseem Aziz vit son mari reconduire le pauvre diable à la barbe en broussaille jusqu'à la porte du jardin ; elle reprit son souffle ; puis hurla quand le pied de son mari toucha la divine partie charnue. Et la Révérende Mère se lança dans la bataille comme la foudre qui se déchaîne.

« Homme sans dignité ! cria-t-elle à son mari. Homme sans, comment dire, *vergogne !* » Les enfants regardaient, bien à l'abri sous la véranda. Et Aziz : « Sais-tu ce que cet homme apprenait à tes enfants ? » Et la Révérende Mère, répondant du tac au tac : « Que ne feras-tu pas pour attirer le désastre, comment dire, sur nos têtes ? » Mais Aziz : « Tu crois qu'il s'agissait de *nastaliq*[2], hein ? » Et sa femme s'échauffant : « Tu veux manger du porc ? Comment dire ? Tu veux cracher sur le Coran ? » Et le docteur riposte en élevant la voix : « Ou des versets de la Vache ? C'est ce que tu crois ?... » Ne prêtant aucune attention à ses propos, la Révérende Mère atteint le comble de l'indignation : « Tu veux marier tes filles à des Allemands ? » Et elle s'arrête pour reprendre son souffle, et mon grand-père lui annonce : « Il leur enseignait la haine, femme. Il leur disait de haïr les hindous, les bouddhistes, les jaïns et les sikhs et je ne sais quels autres végétariens. Veux-tu avoir des enfants qui haïssent, femme ? — Veux-tu avoir des enfants athées ? » La Révérende Mère imagine les légions de l'archange Gabriel descendant une nuit pour emmener ses enfants en enfer. Elle a de vivantes images de l'enfer. Il y fait aussi chaud que dans le Rajputana[3] au mois de juin, et chacun doit y apprendre sept langues... « Je fais le serment, comment dire, affirme ma grand-mère, je jure qu'aucun aliment n'ira de ma cuisine à tes lèvres ! Aucun, pas un seul *chapati*[4], tant que tu n'auras pas ramené le Maulvi sahib et que tu ne lui auras pas embrassé, comment dire, les pieds ! »

1. *Maulvi :* instructeur religieux. (*N.d.T.*)
2. *Nastaliq :* l'écriture de l'ourdou et du farsi (l'ourdou est aujourd'hui la langue officielle du Pakistan. C'est une variante de l'hindi écrite avec des caractères arabes.) (*N.d.T.*)
3. Rajputana : région au nord-ouest de l'Inde, en partie dans l'Etat du Rajasthan. (*N.d.T.*)
4. *Chapati :* petite galette de pain sans levain. (*N.d.T.*)

La guerre de la faim qui commença ce jour-là se transforma presque en un duel à mort. Fidèle à sa parole, la Révérende Mère ne tendit plus à son mari, à l'heure des repas, qu'une assiette vide. Le docteur Aziz exerça immédiatement des représailles en refusant de se nourrir à l'extérieur. Jour après jour, les enfants regardaient leur père disparaître, tandis que leur mère gardait les plats d'un air menaçant. « Est-ce que tu veux disparaître complètement ? » lui demanda Emerald avec intérêt, en ajoutant avec sollicitude : « Ne le fais pas si tu ne sais pas comment revenir. » Son visage se crevassa ; même son nez sembla devenir plus fin. Son corps se transforma en champ de bataille et, chaque jour, un morceau en fut arraché. Il dit à Alia, l'aînée, la futée : « Dans toute guerre, le champ de bataille subit plus de dégâts que les armées en présence. C'est naturel. » Il fit ses tournées en rickshaw. Hamdard le conducteur commença à s'inquiéter.

La rani de Cooch Naheen envoya des émissaires pour négocier avec la Révérende Mère. « N'y a-t-il pas assez de gens qui meurent de faim en Inde ? » demandèrent les messagers à Naseem, et elle leur lança un regard de basilic[1] qui était déjà légendaire. Les mains croisées, un *dupatta*[2] musulman serré autour de la tête, elle transperçait ses visiteurs du regard, sans ciller. Leurs voix devinrent de pierre ; leurs cœurs se glacèrent ; et, seule dans une pièce entourée d'hommes étranges, ma grand-mère triomphait au milieu des regards abattus. « Ça suffit, comment dire ? finit-elle par avouer d'un air victorieux. Peut-être. Mais peut-être pas. »

En vérité, Naseem Aziz était très inquiète ; d'un côté, la mort d'Aziz serait une démonstration évidente de la supériorité de ses idées à elle sur le monde ; mais, d'un autre côté, elle ne voulait pas être veuve pour une simple question de

1. Basilic : reptile auquel les anciens attribuaient le pouvoir de tuer avec son seul regard. (*N.d.T.*)

2. *Dupatta :* écharpe en mousseline de soie que portent les femmes en Inde et au Pakistan. (*N.d.T.*)

principe. Cependant, elle ne voyait pas comment se sortir de cette situation sans reculer et perdre la face, et ayant appris à se la dévoiler elle redoutait par-dessus tout de la perdre.

« Pourquoi est-ce que tu ne tombes pas malade ? » Alia, la petite futée, trouva la solution. La Révérende Mère entama une retraite tactique, se plaignit de douleurs, des douleurs à vous tuer sur place, comment dire, et s'alita. En son absence, Alia tendit le rameau d'olivier à son père, sous la forme d'un bol de soupe au poulet. Deux jours plus tard, la Révérende Mère se leva (ayant pour la première fois de sa vie refusé d'être examinée par son mari), elle reprit ses pouvoirs et, avec un haussement d'épaules, elle accepta la décision de sa fille. Elle tendit une assiette pleine à Aziz comme s'il s'était agi d'une chose sans importance.

Cela se passait dix ans plus tôt ; mais cependant, en 1942, le docteur en train de siffler rappelle encore aux vieux de la paan-shop, qui en ricanent bêtement, des souvenirs du temps où sa femme l'avait presque fait disparaître, et il ne savait même pas comment revenir. Et, tard dans la soirée, ils se poussent du coude en se disant : « Tu te souviens quand... » et : « Sec comme un squelette sur une corde à linge ! Il ne pouvait même plus enfourcher sa... » et : « C'est moi qui te le dis, baba, cette femme peut faire des choses terribles. J'ai même entendu dire qu'elle pouvait rêver les rêves de ses filles, simplement pour savoir ce qu'elles mijotent ! » Mais, quand le soir descend, les commérages cessent parce que c'est l'heure du concours. Les mâchoires des vieillards s'agitent en rythme et en silence ; puis tout à coup des lèvres s'avancent, mais ce qui en sort ce n'est pas un sifflement. C'est un long jet rouge de jus de bétel qui, avec une précision absolue, va tomber dans le vieux crachoir de cuivre. On se tape sur les cuisses et on pousse des « Oh ! Ah ! » d'admiration. « Un vrai coup de maître ! » Autour d'eux la ville disparaît dans les passe-temps futiles du soir. Des enfants jouent au cerceau et au *kabaddi*[1] et

1. *Kabaddi :* jeu très populaire en Inde, à mi-chemin entre jouer à chat et lutter. (*N.d.T.*)

dessinent sur les affiches des barbes à Mian Abdullah. Et les vieillards mettent le crachoir dans la rue, de plus en plus loin de l'endroit où ils sont accroupis, et lancent des jets de plus en plus longs. Mais ils visent juste. « Oh ! Merveilleux ! » Les gamins des rues jouent à traverser la trajectoire en évitant les jets rouges, superposant leur jeu de gosses, à l'art éminemment sérieux appelé : atteindre-le-crachoir... Mais voici qu'une voiture de l'état-major disperse les enfants... voici le général Dodson, commandant militaire de la ville, suffoquant de chaleur... et son aide de camp, le major Zulfikar, lui passe une serviette. Dodson s'essuie le visage ; les gosses se dispersent ; la voiture renverse le crachoir. Un liquide rouge sombre, avec des caillots, comme du sang, se coagule dans la poussière de la rue, comme une main rouge qui se tend en signe d'accusation vers le pouvoir du *raj*[1].

Souvenir d'une vieille photographie jaunie (peut-être l'œuvre du pauvre photographe assommé, dont les portraits grandeur nature ont bien failli lui coûter la vie) : Aadam Aziz, enflammé par la fièvre de l'optimisme, serre la main d'un homme d'une soixantaine d'années, un type enjoué, avec une mèche de cheveux blancs en travers du front comme une cicatrice. C'est Mian Abdullah, le Bourdon. (« Vous voyez, docteur sahib, je suis en bonne santé. Vous voulez me frapper à l'estomac ? Essayez, essayez. Je suis en pleine forme... » Sur la photographie, les plis d'une ample chemise blanche cachent l'estomac, et le poing de mon grand-père n'est pas fermé, mais il disparaît dans la main de l'ex-prestidigitateur.) Et derrière eux, le regard doux, la rani de Cooch Naheen, couverte de taches blanches, une maladie qui coula dans l'histoire et prit d'importantes proportions après l'indépendance... « Je suis la victime », chuchote la rani de Cooch Naheen, par des lèvres plus photogéniques que jamais, « l'infortunée victime de mes préoccupations culturelles croisées. Ma peau est l'expression extérieure de l'internationalisme de mon esprit. » Oui, une

1. *Raj :* la loi, l'autorité. (*N.d.T.*)

conversation se poursuit sur cette photographie, alors que, comme des ventriloques experts, les optimistes rencontrent leur chef. A côté de la rani — écoutez bien ; l'histoire et l'avenir vont se rencontrer ! — se tient un type bizarre, mou et ventru, des yeux comme des trous d'eau stagnante, et les cheveux longs comme ceux d'un poète. Nadir Khan, le secrétaire personnel du Bourdon. Si ses pieds n'étaient pas fixés par la photographie, on les verrait s'agiter de gêne. Avec un sourire figé et bête, il déclame : « C'est vrai, j'ai écrit des vers... » Et Mian Abdullah l'interrompt en hurlant et dans sa bouche ouverte on voit luire des dents pointues : « Mais quels vers ! Pas une seule rime dans toutes ces pages !... » Et la rani, doucement : « De la poésie moderne, alors ? » Et Nadir, timidement : « Oui. » Que de tension dans cette scène immobile et calme ! Que d'ironie mordante dans les paroles du Bourdon : « Qu'importe tout cela ; l'art devrait nous élever ; il devrait nous rappeler notre glorieux héritage littéraire ! » Et est-ce une ombre ou un froncement de sourcils sur le visage du secrétaire ?... La voix basse et lente de Nadir s'élève de la photographie un peu passée. « Je ne crois pas au grand art, Mian sahib. Aujourd'hui, l'art doit se situer au-delà de toute catégorie ; ma poésie et le jeu atteindre-le-crachoir sont égaux... » Et la rani en femme aimable plaisante : « Bien, je vais peut-être réserver une place, pour manger du paan et jouer à atteindre-le-crachoir. J'ai un magnifique crachoir d'argent, incrusté de lapis-lazuli, et vous viendrez tous vous exercer. Qu'importe que les murs soient souillés par nos expectorations imprécises ! Ce seront au moins des taches sincères. » Et, maintenant, la photographie se tait ; et je remarque, avec les yeux de mon esprit, que pendant tout ce temps le Bourdon a regardé vers la porte, au-delà de l'épaule de mon grand-père, à l'extrême limite de la photo. Au-delà de la porte, l'histoire est en marche. Le Bourdon est impatient de s'en aller... mais il est resté avec nous, et sa présence nous a ouvert deux voies qui guideront toute ma vie : une conduit au ghetto des magiciens ; l'autre à Nadir, le poète sans rime ni vocabulaire, et à un crachoir inestimable.

« C'est absurde, dit Padma. Comment une photo pourrait-elle parler ? Assez maintenant ; tu dois être fatigué de penser. » Mais quand je lui dis que Mian Abdullah avait l'étrange caractéristique de bourdonner sans faire de pause, de bourdonner de façon bizarre, ni musicale ni dissonante, mais un peu mécanique, le bourdonnement d'un moteur ou d'une dynamo, elle accepte sans trop faire de problèmes, et dit judicieusement : « Si c'était un homme vraiment énergique, cela ne m'étonne pas. » Elle est à nouveau toute ouïe ; aussi je m'anime, et je lui raconte que le bourdonnement de Mian Abdullah s'élevait et retombait, en relation directe avec le rythme de son travail. C'était un bourdonnement qui pouvait descendre jusqu'à vous faire mal aux dents, et quand il s'élevait au maximum, il pouvait entraîner des érections chez tous ceux qui étaient dans le voisinage. (« *Arré baap*[1] ! dit Padma en riant. Pas étonnant qu'il fût aussi populaire parmi les hommes ! ») Nadir Khan, en sa qualité de secrétaire, était agressé en permanence par la particularité vibratoire de son maître, et ses oreilles, ses mâchoires et son pénis s'accordaient continuellement aux commandements du Bourdon. Pourquoi Nadir restait-il alors, malgré des mâchoires douloureuses, malgré des érections gênantes devant des étrangers et un emploi du temps qui l'occupait souvent vingt-quatre heures sur vingt-quatre ? Ce n'était pas, je crois, parce qu'il pensait que sa vocation poétique l'obligeait à rester au centre des événements afin de les transmuer en littérature. Ce n'était pas parce qu'il voulait se forger une renommée. Non. Mais Nadir avait une chose en commun avec mon grand-père, et cela suffisait. Lui aussi était atteint d'optimisme.

Comme Aadam Aziz, comme la rani de Cooch Naheen, Nadir Khan détestait la Ligue musulmane. (« Ce ramassis de lèche-bottes ! » criait la rani de sa voix d'argent, en glissant sur les octaves comme un skieur. « Des propriétaires terriens qui

1. *Arré baap !* (hindi) : expression familière, qui signifie mot à mot : « Oh ! mon père ! », et qui marque la surprise ou l'étonnement. (*N.d.T.*)

veulent protéger leurs intérêts ! Qu'ont-ils à faire avec les musulmans ? Ils rampent devant les Anglais comme des crapauds, et forment des gouvernements pour eux, maintenant que le Congrès refuse de le faire ! » C'était l'année du slogan : « Quittez l'Inde ! » « Et ce qu'il y a de pire, disait la rani sur un ton sans appel, c'est qu'ils sont fous. En outre, pourquoi veulent-ils la partition de l'Inde ? »)

Mian Abdullah, le Bourdon, avait créé le Rassemblement islamique libre presque tout seul. Il invita les chefs de douzaines de petits groupes musulmans afin de former une fédération plus vaste, en alternance au dogmatisme et aux intérêts privés des gens de la Ligue. C'était un merveilleux tour de prestidigitation, parce qu'ils étaient tous venus. Ce fut le premier rassemblement à Lahore ; le second se tiendrait à Agra. Les membres des mouvements agraires, les syndicats ouvriers urbains et les groupes religieux et régionaux s'entasseraient sous les grandes tentes. Cela confirmerait ce que le premier rassemblement avait indiqué : la Ligue, en exigeant la partition de l'Inde, ne parlait au nom de personne, mais seulement au sien. « Ils nous ont tourné le dos, disaient les affiches du Rassemblement, et maintenant ils prétendent que nous sommes derrière eux ! » Mian Abdullah était contre la partition.

Dans les affres de l'épidémie d'optimisme, la protectrice du Bourdon ne faisait jamais allusion aux nuages qui s'amassaient à l'horizon. Elle ne faisait jamais remarquer qu'Agra était une forteresse de la Ligue musulmane ; elle disait seulement : « Aadam, mon garçon, si le Bourdon veut convoquer le Rassemblement ici, je ne vais pas lui suggérer qu'il aille à Allahabad. » Elle assumait toutes les dépenses sans se plaindre ni intervenir ; sans non plus, qu'on se le dise, se faire d'ennemis dans la ville. La rani ne vivait pas comme les autres princes indiens. Au lieu de chasse au *teetar*[1], elle s'occupait de scolarisation. Elle ne faisait pas de scandales dans les hôtels, mais de la politique. Et les rumeurs allaient bon train. « Les

1. *Teetar :* oiseau de la famille de la caille. (*N.d.T.*)

élèves qu'elle entretient, tout le monde sait bien qu'ils doivent étudier des matières extrascolaires. Ils vont dans sa chambre la nuit, et elle ne leur laisse jamais voir son visage couvert de taches, mais elle les attire dans son lit avec sa voix de sorcière ! » Aadam Aziz n'avait jamais cru aux sorcières. Et il se plaisait dans son brillant cercle d'amis qui étaient autant chez eux en Perse qu'en Allemagne. Mais Naseem Aziz, qui croyait à moitié aux histoires qu'on racontait sur la rani, n'accompagnait jamais son mari chez la princesse. « Si Dieu avait voulu qu'on parle plusieurs langues, disait-elle, pourquoi ne nous en a-t-il mis qu'une dans la tête ? »

Et c'est ainsi qu'aucun des optimistes du Bourdon n'était préparé à ce qui se passa. Ils jouaient à atteindre-le-crachoir et ignoraient les crevasses de la terre.

Parfois, les légendes deviennent réalité, et sont plus utiles que les faits. D'après la légende — d'après les bavardages distingués des vieux de la paan-shop —, Mian Abdullah dut sa chute à l'achat, à la gare d'Agra, d'un éventail en plumes de paon, et cela bien que Nadir Khan l'eût prévenu que ça portait malheur. Et, qui plus est, c'était le premier quartier ; Abdullah et Nadir avaient travaillé toute la nuit et, quand la lune s'était montrée, ils l'avaient vue tous deux à travers une vitre. « Ce sont des choses qui comptent, disent les mâcheurs de bétel. Nous avons vécu longtemps, nous savons. » (Padma approuve en hochant la tête.)

Les bureaux du Rassemblement étaient au rez-de-chaussée de la faculté d'histoire, sur le campus universitaire. Abdullah et Nadir arrivaient à la fin de leur nuit de travail ; le bourdonnement du Bourdon était dans les graves, et Nadir grinçait des dents. Il y avait une affiche sur le mur du bureau qui exprimait le sentiment antipartitionniste d'Abdullah, par une citation du poète Iqbal : « Où pourrons-nous trouver une terre étrangère à Dieu ? » C'est alors que les assassins entrèrent dans le campus.

Des faits : Abdullah avait quantité d'ennemis. L'attitude des Britanniques à son égard était toujours ambiguë. Le général Dodson ne voulait pas de lui en ville. On frappa à la porte et Nadir répondit. Six premiers quartiers de lune entrèrent dans la pièce, six couteaux que tenaient six hommes vêtus de noir, le visage masqué. Deux hommes se saisirent de Nadir tandis que les autres s'avançaient vers le Bourdon.

« A ce moment-là, disent les mâcheurs de bétel, le bourdonnement d'Abdullah monta. De plus en plus haut, et les yeux des assassins s'agrandirent et leurs membres tendirent leurs robes comme des piquets de tente. Alors — Allah, alors ! — les couteaux se mirent à chanter et Abdullah bourdonna plus fort, haut, haut, plus haut qu'il n'avait jamais bourdonné. Il avait le corps très dur et les longues lames recourbées eurent du mal à le tuer ; une se brisa sur une côte, mais les autres devinrent vite rouges de sang. Mais alors — écoutez bien ! — le bourdonnement d'Abdullah dépassa le seuil de ce qui est audible par l'oreille humaine et tous les chiens de la ville l'entendirent. A Agra, il y a environ huit mille quatre cent vingt chiens. Cette nuit-là, il est sûr que certains étaient en train de manger, d'autres en train de mourir ; certains forniquaient et d'autres encore n'entendirent pas l'appel. Disons environ deux mille ; il restait donc six mille quatre cents corniauds qui filèrent vers l'université ; beaucoup accoururent de l'autre côté de la ville, en traversant les rails des tramways. Il est bien connu que tout cela est vrai. Tout le monde en ville les a vus, sauf ceux qui dormaient. Ils accouraient bruyamment comme une armée, et leur piste était jonchée d'os, de crottes et de poils..., et pendant tout ce temps, Abdullah bourdonnait, bourdonnait et les couteaux chantaient. Et sachez ceci : soudain l'œil d'un des assassins éclata et jaillit de son orbite. Plus tard, on retrouva des morceaux de verre enfoncés dans le tapis ! »

Ils disent : « Quand les chiens sont arrivés, Abdullah était presque mort et les couteaux émoussés... Ils sont arrivés comme des bêtes sauvages, ils ont sauté par les fenêtres, dont les vitres avaient éclaté à cause du bourdonnement... Ils se sont jetés contre la porte jusqu'à ce que le bois cède... Il y en avait partout, baba !... certains sans pattes, d'autres sans poils, mais la plupart avaient encore des dents et certaines étaient pointues... Et, maintenant, voyez la scène : les assassins n'imaginaient pas qu'on viendrait les interrompre, et ils n'avaient pas posté de guetteurs ; et les chiens les ont attaqués par surprise... Les deux hommes qui tenaient Nadir Khan, ce poltron, ont été écrasés sous le poids des bêtes ; ils avaient environ soixante-huit chiens chacun sur le dos... On a retrouvé les meurtriers dans un tel état que personne n'a pu les identifier. »

« A un moment, disent-ils, Nadir a plongé par la fenêtre et s'est sauvé en courant. Les chiens et les assassins étaient trop occupés pour le suivre. »

Des chiens ? Des assassins ?... Vérifiez si vous ne me croyez pas. Renseignez-vous sur Mian Abdullah et sur le Rassemblement. Vous découvrirez comment on a mis son histoire sous le tapis, avec les balayures... et maintenant, laissez-moi vous raconter comment Nadir Khan, son lieutenant, a passé trois ans sous les couvertures de ma famille.

Quand il était jeune homme, il avait partagé une chambre avec un ami peintre dont les toiles étaient devenues de plus en plus grandes au fur et à mesure qu'il essayait de mettre la totalité de la vie dans son art. « Regardez-moi, dit-il avant de se suicider, je voulais devenir un peintre de miniatures, et je suis atteint d'éléphantiasis ! » L'importance qu'avaient prise les événements de la nuit rappela à Nadir Khan son camarade de chambre, parce qu'à nouveau la vie avait refusé de rester grandeur nature. Elle était devenue mélodramatique et cela le déconcertait.

Comment Nadir Khan réussit-il à traverser la ville plongée dans la nuit sans se faire remarquer ? A mon avis parce que c'était un mauvais poète et, partant, quelqu'un né pour vivre. Et, tandis qu'il courait tout en semblant s'excuser de se comporter comme dans un mauvais roman policier, il avait conscience des différents colporteurs dans les gares, qui vendaient ou qui donnaient gratuitement des bouteilles de médicaments verts soignant les rhumes, la typhoïde, l'impuissance, le mal du pays et la pauvreté... la nuit était douce, rue

Cornwallis. Des conducteurs de rickshaw avaient abandonné un brasero vide. La paan-shop était fermée et les vieillards dormaient sur le toit en rêvant au concours de demain. Une vache insomniaque, qui mâchait paresseusement un paquet de cigarettes *Rouge et Blanc,* passa près d'un dormeur des rues, ce qui signifiait qu'il se réveillerait demain matin, parce qu'une vache ignore un homme qui dort sauf s'il est en train de mourir. Dans ce cas, elle commence à fouiller du museau. Les vaches mangent n'importe quoi.

La grande maison de mon grand-père, achetée grâce à la boutique de pierres précieuses et à la dot de Ghani l'aveugle, était située à distance respectable de la rue, dans l'obscurité. Derrière, il y avait un jardin clos de murs et, près de la porte, se trouvait la maison basse louée peu cher à la famille du vieux Hamdard et à son fils Rashid, le conducteur de pousse-pousse. En face, il y avait le puits, avec une roue à aubes entraînée par une vache, puits d'où partaient des canaux d'irrigation qui descendaient vers le petit champ de maïs bordant la maison jusqu'à la porte de la rue Cornwallis. Entre la maison et le champ, il y avait un petit chemin pour les piétons et les pousse-pousse. A Agra, ces voitures, tirées par un seul homme entre deux brancards, étaient maintenant remplacées par des cyclo-pousses. Il y avait encore des tongas tirés par des chevaux, mais leur utilisation diminuait... Nadir Khan se précipita par la porte et s'accroupit quelques instants, le dos appuyé au mur. Puis, apparemment bouleversé par la vulgarité de sa décision, il fila dans le champ de maïs et y plongea. En partie dissimulé par les tiges desséchées au soleil, il se coucha dans la position fœtale.

Rashid, le conducteur de cyclo-pousse, avait dix-sept ans et rentrait du cinéma. Le matin même, il avait vu une voiture sur laquelle on avait installé dos à dos deux énormes affiches peintes à la main qui annonçaient un nouveau film, *Gai wallah,* avec Dev, l'acteur préféré de Rashid. *Après cinquante semaines d'un extraordinaire succès à Delhi ! Après cinquante-trois semaines fracassantes à Bombay !* affirmaient les affiches. *Deuxième année fantastique !* Le film était un western oriental[1]. Le héros, Dev, qui n'était plus très mince, parcourait le pays seul à cheval. Cela ressemblait à la plaine du Gange. *Gai wallah* veut dire « cow-boy », et Dev jouait à lui tout seul le rôle d'une sorte de groupe de surveillance chargé de la protection des vaches. Avec un seul fusil à deux coups il poursuivait fièrement les troupeaux qu'on conduisait à l'abattoir à travers le pays, tuait les convoyeurs et libérait les animaux sacrés. (Le film était réalisé pour un public hindou ; à Delhi il avait causé des émeutes. Les membres de la Ligue musulmane avaient conduit des bœufs à l'abattoir en passant devant le cinéma et avaient été molestés par la foule.) Les danses et les chants étaient beaux, et il y avait une danseuse professionnelle qui aurait encore été plus élégante si on ne lui avait pas fait porter un chapeau de cow-boy d'au moins quarante litres. Rashid s'assit sur un banc, dans les premiers rangs, et siffla et applaudit avec les autres. Il mangea deux *samosas*[2]et dépensa trop d'argent ; sa mère ne serait pas contente mais il s'était bien amusé. En rentrant à cyclo-pousse, il fit comme dans le film : il se pencha sur le côté et descendit la rue en roue libre en se servant de son cyclo-pousse comme le gai wallah se servait de son cheval pour se cacher devant ses ennemis. Il arriva enfin, tourna le guidon et à sa grande surprise le cyclo-pousse passa lentement la porte et descendit le chemin le long du champ de maïs. Le gai wallah avait utilisé cette ruse pour fondre sur une bande de convoyeurs de bétail qui buvaient et jouaient, cachés dans les buissons. Rashid serra les freins, se laissa rouler dans le champ de blé et — boum ! — il se précipita vers les convoyeurs qui ne s'y attendaient pas, et sortit ses armes. En s'approchant de leur feu de camp, il poussa son « cri de haine », Yaaaaaaaaa ! pour leur faire peur. Evidemment, il ne pouvait pas hurler aussi près de la maison du docteur sahib, mais il ouvrit grand la bouche et cria silencieusement : Baamm ! baamm ! Nadir

1. En anglais : *eastern western*, jeu de mots intraduisible. Mot à mot : « un occidental oriental ». (*N.d.T.*)

2. *Samosa :* petit casse-croûte. On roule quelques légumes et un peu de viande dans une feuille de pâte triangulaire qu'on fait frire.

Khan avait eu du mal à s'endormir et il ouvrit de grands yeux. Il vit — aaaah ! — une silhouette indistincte qui fonçait sur lui comme un train postal, en hurlant à pleins poumons — mais il était peut-être devenu sourd parce qu'il n'y avait pas de bruit ! Il se leva et un cri passa ses lèvres au moment où Rashid le vit et retrouva la voix, lui aussi ! Ils mugirent à l'unisson, tournèrent les talons et s'enfuirent. Puis, chacun ayant remarqué que l'autre s'enfuyait, ils s'arrêtèrent et s'observèrent entre les épis racornis. Rashid reconnut Nadir Khan, vit ses vêtements déchirés et en fut profondément troublé.

« Je suis un ami, dit bêtement Nadir. Il faut que je voie le docteur Aziz.

— Mais le docteur dort ; il n'est pas dans le champ. » Reprends tes esprits et cesse de dire des absurdités, se dit Rashid. C'est l'ami de Mian Abdullah !... Mais Nadir Khan ne semblait pas avoir remarqué ; il grimaçait en essayant de sortir des mots qui se coinçaient entre ses dents comme des morceaux de poulet. « Ma vie... est en... danger », réussit-il à dire enfin.

Et Rashid, toujours avec l'exemple du gai wallah dans la tête, vint à son secours. Il conduisit Nadir vers une porte de côté. Elle était fermée et verrouillée ; mais Rashid tira et la serrure lui resta dans la main. « Fabrication indienne », chuchota-t-il, comme si cela expliquait tout. Et tandis que Nadir entrait, Rashid dit : « Comptez sur moi, sahib. Motus et bouche cousue ! je le jure sur les cheveux gris de ma mère ! »

Il referma la porte. Avoir sauvé le bras droit du Bourdon !... Mais de quoi ? De qui ?... Parfois, la vie est encore mieux que le cinéma.

« C'est lui ? » demande Padma un peu étonnée. « C'est ce gros lâche tout mou qui allait devenir ton père ? »

SOUS LE TAPIS

Ce fut la fin de l'épidémie d'optimisme. Le matin, une balayeuse entra dans le bureau du Rassemblement islamique libre et découvrit le Bourdon, réduit au silence, sur le plancher, entouré d'empreintes de pattes de chiens et des restes de ses meurtriers. Elle hurla ; mais, plus tard, quand les autorités furent venues et reparties, on lui dit de nettoyer la pièce. Après avoir enlevé les innombrables poils de chien, avoir écrasé des milliers de mouches et avoir retiré du tapis les morceaux d'un œil de verre éclaté, elle alla se plaindre auprès de l'administrateur de l'université de ce qu'on lui donne de telles tâches et que, si ce genre de choses devait se reproduire, elle méritait une petite augmentation. Ce fut sans aucun doute la dernière victime du microbe de l'optimisme et, pour ce qui la concernait, la maladie ne dura pas longtemps parce que l'administrateur, qui était un homme très dur, la flanqua à la porte.

On n'identifia jamais les assassins ni ceux qui les avaient payés. Le major Zulfikar, aide de camp du général Dodson, convoqua mon grand-père sur le campus pour qu'il rédige le certificat de décès de son ami. Le major Zulfikar promit de rendre visite au docteur Aziz pour lui demander quelques renseignements ; mon grand-père se moucha et partit. Sur le maidan, les tentes tombaient comme des espoirs dégonflés ; l'assemblée n'aurait jamais lieu. La rani de Cooch Naheen se mit au lit. Après toute une vie pendant laquelle elle avait pris ses maladies à la légère, elle les laissa s'emparer d'elle et resta alitée pendant des années, se regardant prendre lentement la couleur des draps. Pendant ce temps, la vieille maison de la rue Cornwallis était remplie de mères potentielles et de pères en puissance. Tu vois, Padma : tu vas être renseignée, maintenant.

Grâce à mon nez (parce que s'il a perdu les pouvoirs qui lui permettaient, il n'y a pas longtemps, de faire l'histoire, il a acquis d'autres dons qui compensent), en le tournant vers l'intérieur, j'ai humé l'atmosphère de la maison de mon grand-père à l'époque qui a suivi la mort de l'espoir bourdonnant de l'Inde ; et, venu du fond des âges, un curieux mélange d'odeurs m'arrive, plein d'inquiétudes, l'odeur des choses cachées qui se mêle au parfum des amours naissantes, à la violente puanteur de la curiosité et de la force de ma grand-mère... et, tandis que la Ligue musulmane se réjouit, en secret bien sûr, de la chute de son adversaire, on peut voir mon grand-père (mon nez le découvre) assis chaque matin sur ce qu'il appelle sa « boîte à foudre », les larmes aux yeux. Mais ce ne sont pas des larmes de chagrin ; Aadam Aziz a simplement payé le prix d'être indianisé et souffre d'une horrible constipation. Et il jette un regard sinistre à l'appareil à lavement qui est accroché au mur.

Pourquoi ai-je violé l'intimité de mon grand-père ? Pourquoi, alors que j'aurais pu décrire comment, après la mort de Mian Abdullah, il s'est enfermé dans son travail, soignant les gens du bidonville près de la voie ferrée — les sauvant des mains des charlatans qui leur injectaient de l'eau poivrée et qui affirmaient que les araignées frites pouvaient guérir les aveugles — tout en continuant d'assurer son travail à l'université ; alors que j'aurais pu broder sur la passion qui avait commencé à naître entre mon grand-père et sa seconde fille, Mumtaz, dont la peau sombre la séparait de l'affection de sa mère, mais dont les qualités naturelles de gentillesse et d'attention et la fragilité la rapprochaient de son père, qui avec ses tourments cachés avait un besoin vital de sa tendresse aveugle ; pourquoi, alors que j'aurais pu décrire l'irritation maintenant chronique de son nez, ai-je choisi de me vautrer dans les excréments ? Parce que c'est là que se trouvait Aadam Aziz, cet après-midi-là, après avoir signé un certificat de décès quand, tout à coup, une voix — douce, poltronne, gênée, la voix d'un poète ignorant la rime — s'adressa à lui, du fond du vieux coffre à linge sale qui était dans un coin de la pièce, et cela eut sur lui un effet laxatif et il n'eut pas besoin de décrocher la poire à lavement. Rashid, le conducteur de cyclo-pousse, avait conduit Nadir Khan dans la pièce où se trouvait la boîte à foudre, par l'entrée de la balayeuse, et Nadir s'était caché dans le coffre à linge sale. Tandis que le sphincter étonné de mon grand-père se relâchait, ses oreilles entendirent qu'on demandait un refuge, une voix étouffée par le linge, les sous-vêtements sales, les vieilles chemises et la gêne de celui qui parlait. Et c'est ainsi qu'Aadam Aziz décida de cacher Nadir Khan.

Maintenant, me parvient l'odeur d'une querelle, parce que la Révérende Mère pense à ses filles, Alia qui a vingt-deux ans, la sombre Mumtaz qui en a dix-neuf, et Emerald, jolie et écervelée qui n'en a que quinze mais dont le regard a quelque chose qui fait qu'elle semble plus âgée que ses sœurs. En ville, les spécialistes de crachoirs, les conducteurs de pousse-pousse et ceux qui tirent des voitures portant des affiches de cinéma, ainsi que les collégiens, les appellent les « Teen Batti », les « Trois Lumières »... alors, comment la Révérende Mère peut-elle accepter qu'un étranger habite sous le même toit qu'Alia la sérieuse, que Mumtaz à la peau sombre et lumineuse, et qu'Emerald aux beaux yeux ?... « Tu es fou, mon mari ; cette mort t'a dérangé le cerveau. » Mais Aziz, d'un air déterminé : « Il reste. » Dans la cave... parce que la dissimulation a toujours été une précaution fondamentale en Inde, et que la maison d'Aziz a un immense sous-sol qu'on ne peut atteindre que par des trappes dans le plancher, recouvertes de tapis et de nattes... Et Nadir Khan entend le sourd grondement de la querelle et craint pour son sort. Mon Dieu (je sens les pensées du poète aux mains moites), le monde perd la tête… Sommes-nous des hommes dans ce pays ? Sommes-nous des bêtes ? Et si je dois partir, quand les couteaux arriveront-ils ?… Et dans son esprit l'image d'un éventail de plumes de paon et celle d'un quartier de lune à travers la vitre, qui se transforme en poignard à la lame rouge de sang… Là-haut, la Révérende Mère dit : « La maison est pleine de jeunes filles, comment dire ; est-ce une façon de respecter tes filles ? » Et maintenant l'arôme d'un sang-froid qu'on perd ; la fureur destructrice d'Aadam Aziz est lâchée et, au lieu de faire remarquer que Nadir Khan restera au sous-sol, sous le tapis où il ne pourra souiller les filles ; au lieu de se référer au sens de la propriété du poète sans verbe, qui est si développé qu'il ne peut pas penser faire des avances malhonnêtes sans rougir jusqu'à la pointe des oreilles ; au lieu d'emprunter les chemins de la raison, mon grand-père beugle : « Tais-toi, femme ! Cet homme a besoin que nous l'abritions ; il restera ! » Sur ce, un implacable parfum, un sombre nuage de détermination s'installe au-dessus de ma grand-mère qui dit : « Très bien. Tu m'as demandé, comment dire, de me taire ; alors, aucun mot, comment dire, ne franchira plus mes lèvres. » Et Aziz gémit : « Oh ! Sacrebleu, femme ! Epargne-nous tes serments stupides ! »

Mais les lèvres de la Révérende Mère restèrent closes et le silence s'installa. L'odeur du silence, comme un œuf d'oie pourri, m'emplit les narines ; dominant toute chose, elle prend possession de la terre… Tandis que Nadir Khan se cache dans son enfer peu éclairé, son hôtesse se cache, elle aussi, derrière un mur de silence assourdissant. Au début, mon grand-père testa le mur, y cherchant des fissures. Il n'en trouva aucune. A la fin, il abandonna et attendit que ses phrases viennent lui donner quelques aperçus, comme autrefois il avait regardé avec concupiscence de petits morceaux de son corps par le trou d'un drap ; et le silence emplit la maison, d'un mur à l'autre, du plancher au plafond, et on eut l'impression que les mouches s'arrêtaient de voler et que les moustiques ne bourdonnaient plus avant de piquer ; le silence calma les oies dans la cour. Au début, les enfants parlèrent à voix basse, puis ils se turent ; et, dans le champ de maïs, Rashid, le conducteur de cyclo-pousse, hurlait son silencieux « cri de haine » et respectait son serment de silence, celui qu'il avait juré sur les cheveux gris de sa mère.

C'est dans ce marécage du mutisme qu'arriva, un soir, un petit homme dont la tête était aussi plate que la casquette qui la couvrait ; dont les jambes étaient aussi arquées que des roseaux sous le vent ; dont le nez touchait presque le menton relevé vers le haut ; et dont la voix était, par conséquent, petite et aiguë — par conséquent, car elle devait se glisser dans l'espace étroit qui séparait l'appareil respiratoire de la mâchoire... Un homme dont la petite taille l'obligeait à vivre pas à pas, ce qui lui avait valu une réputation de dureté et de lenteur et le rendait cher à ses supérieurs car ils pouvaient être obéis sans se sentir menacés ; un homme dont l'uniforme amidonné respirait la droiture et autour duquel, bien qu'on l'eût cru sorti d'un spectacle de marionnettes, flottait le parfum évident de la réussite : le major Zulfikar, un homme avec un avenir, venait comme il l'avait promis. Il pensait au meurtre d'Abdullah et à la disparition mystérieuse de Nadir Khan et, comme il savait qu'Aadam Aziz avait été touché par le microbe de l'optimisme, il prit le silence qui régnait dans la maison pour une manifestation de deuil et ne resta pas longtemps. (Dans la cave, Nadir Khan était blotti parmi les cafards.) Calmement assis dans le salon, avec les cinq enfants, sa casquette et sa canne posées à côté de lui sur le poste de radio Telefunken, sous les photographies grandeur nature des enfants Aziz qui le regardaient, le major Zulfikar tomba amoureux. Il était petit, mais il n'était pas aveugle, et dans le regard d'adulte de la jeune Emerald, la plus brillante des « Trois Lumières », il vit qu'elle avait deviné son avenir et lui avait pardonné, par conséquent, sa petite taille ; avant de partir, il décida de l'épouser après un temps convenable (« C'est elle ? demande Padma. C'est cette coquine qui est ta mère ? » Mais il y a d'autres mères potentielles, d'autres futurs pères qui traversent le silence jusqu'à moi.)

Dans cette période marécageuse, privée de mots, la vie affective de la sérieuse Alia, l'aînée, se développait elle aussi ;

et la Révérende Mère, enfermée dans sa cuisine et son garde-manger, cloîtrée derrière ses lèvres closes, était incapable — à cause de son serment — d'exprimer la méfiance que lui inspirait le jeune marchand d'articles de plastique qui venait rendre visite à sa fille. (Aadam Aziz avait toujours insisté pour que ses filles aient des amis de l'autre sexe.) Ahmed Sinaï — « Ah ! » s'écria Padma triomphale qui a reconnu le nom — avait rencontré Alia à l'université et semblait assez intelligent pour cette fille studieuse et réfléchie, et dans le visage de qui le nez de mon grand-père avait acquis un air de sagesse excessive ; mais Naseem Aziz s'inquiétait à son sujet car il avait divorcé à vingt ans. (« Tout le monde peut faire une erreur », lui avait dit Aadam, et cela s'était presque transformé en bagarre parce qu'elle avait pensé un moment discerner une allusion directement personnelle dans le ton de sa voix. Mais Aadam avait ajouté : « Il n'y a qu'à laisser le souvenir de ce divorce s'estomper pendant un an ou deux et nous donnerons à cette maison son premier mariage, avec une grande tente dans le jardin, et des chanteurs et de bons petits plats et tout. » Et cela, malgré les apparences, ne déplut pas à Naseem.) Tout en se promenant dans le jardin clos de murs de silence, Ahmed Sinaï et Alia communiaient sans paroles ; tout le monde attendait qu'il fît sa demande en mariage, mais il semblait que le silence l'avait gagné lui aussi et la question n'était toujours pas posée. C'est à ce moment que le visage d'Alia acquit une certaine lourdeur. Le pessimisme d'un groin qu'elle n'a jamais perdu. (Et Padma me fait des reproches : « Ce n'est pas comme ça qu'on parle de sa mère respectée ! »)

Encore une chose : Alia avait hérité de sa mère une tendance à grossir. Elle deviendrait ronde comme une bonbonne avec les années.

Et Mumtaz qui était sortie du sein de sa mère, noire comme la nuit ? Mumtaz n'avait jamais été très intelligente ; ni aussi belle qu'Emerald ; mais elle était bonne, soumise et solitaire. Elle passait plus de temps avec son père qu'aucune de ses sœurs et elle l'aidait à lutter contre son mauvais caractère qui n'avait fait que s'amplifier à cause de l'irritation chronique de son nez ; et c'est elle qui se chargea de prendre soin de Nadir Khan. Elle descendit chaque jour dans ses bas-fonds pour lui apporter son repas sur un plateau, balayer et même vider sa boîte à foudre personnelle afin que même ceux qui nettoyaient les toilettes ne puissent soupçonner sa présence. Quand elle descendait, il baissait les yeux ; et, dans cette maison muette, ils n'échangeaient aucun mot.

Qu'est-ce que disaient les cracheurs à propos de Naseem Aziz ? « Elle épiait les rêves de ses filles pour savoir à quoi elles pensaient. » Oui, il n'y a pas d'autre explication, on sait qu'il se passe des choses étranges dans notre pays. Prenez n'importe quel journal et voyez comment chaque jour on raconte un miracle qui a eu lieu dans tel ou tel village — la Révérende Mère commença à rêver les rêves de ses filles. (Padma accepte cela sans broncher ; mais ce que les autres laisseront passer comme une lettre à la poste, Padma pourra le refuser aussi facilement. Aucun auditeur n'est dépourvu de ses petites manies.) Ainsi donc, la nuit, endormie dans son lit, la Révérende Mère visita les rêves d'Emerald et découvrit qu'ils n'étaient pas seuls — il y avait aussi ceux du major Zulfikar qui voulait une grande maison moderne avec une baignoire près de son lit. C'était l'apogée des ambitions du major ; et c'est ainsi que la Révérende Mère découvrit que non seulement sa fille avait rencontré Zulfy en secret, dans des endroits où il était impossible de parler, mais qu'en outre Emerald avait de plus grandes ambitions que son homme. Et (pourquoi pas ?) dans les rêves d'Aadam Aziz, elle vit son mari gravir tristement une montagne du Cachemire avec dans l'estomac un trou de la grosseur d'un pays et elle se demanda s'il avait cessé de l'aimer et pressentit sa mort. Et quand, des années plus tard, on la lui apprit, elle se contenta de dire : « Oh ! je le savais après tout. »

La Révérende Mère pensa qu'Emerald parlerait bientôt au major de l'hôte de la cave ; et alors, je pourrai reparler. Mais une nuit, elle pénétra dans les rêves de sa fille Mumtaz, la noiraude, qui n'avait jamais su aimer à cause de sa peau de femme de pêcheur du Sud, et elle se rendit compte que les ennuis n'étaient pas finis ; parce que Mumtaz — comme son soupirant sous le tapis — était elle aussi en train de tomber amoureuse.

Il n'y avait aucune preuve. La violation des rêves — ou le savoir d'une mère, ou l'intuition féminine, appelez ça comme vous voulez — n'est pas quelque chose qu'on peut utiliser devant un tribunal, et la Révérende Mère savait qu'accuser une de ses filles de faire la maligne sous le toit paternel était une affaire sérieuse. En outre, la Révérende Mère avait pris une résolution inflexible ; elle avait décidé de ne rien faire, de garder le silence et de laisser Aadam Aziz découvrir comment ses épouvantables idées modernes étaient en train de ruiner ses enfants — de le laisser découvrir cela tout seul, lui qui avait passé sa vie à lui dire d'oublier ses conceptions démodées de décence. « C'est une femme amère », dit Padma. Et je suis d'accord.

« C'était vrai ? » demande Padma.

Oui, vrai, à peu près.

« On faisait les petits malins ? Dans la cave ? Sans chaperon ? »

Il faut prendre en compte les circonstances — atténuantes, si jamais circonstances l'ont été. Ce qui aurait paru absurde ou immoral à la lumière du jour, semblait autorisé dans le sous-sol.

« Le gros poète a fait ça à la pauvre noiraude ? Il lui a fait *ça ?* »

Il était là depuis longtemps — assez longtemps pour parler aux cafards, pour craindre qu'un jour on lui demande de partir, pour rêver de croissants de couteaux et de hurlements de chiens, pour ne cesser de souhaiter que le Bourdon fût toujours vivant afin de lui dire ce qu'il fallait faire, et pour se rendre compte qu'on ne peut pas écrire de poésie sous terre ; et puis cette fille vient apporter les repas, et elle nettoie votre pot, et vous baissez les yeux mais vous voyez une cheville que la grâce semble illuminer, une cheville noire comme la nuit du sous-sol…

« Je n'aurais jamais pensé qu'il était capable de ça. » Padma a l'air admiratif. « Ce gros bon à rien ! »

Et finalement, dans cette maison où chacun, même celui qui fuit dans la cave ses ennemis sans visage, a la langue sèche et qui colle au palais, où même les fils doivent aller dans le champ de maïs avec le conducteur de cyclo-pousse pour faire des plaisanteries sur les putains et comparer la longueur de leur membre et pour rêver à voix basse qu'ils sont metteurs en scène de cinéma (le rêve d'Hannif qui scandalise sa mère dévoreuse de rêves parce qu'elle croit que le cinéma est une extension des bordels), où à cause de l'irruption de l'histoire, la vie est devenue grotesque, finalement donc, dans l'obscurité du sous-sol, il n'arrive pas à se décider et ses yeux s'élèvent, des sandales délicates et du pantalon ample, jusqu'au large *kurta* et au dupatta, le vêtement de la pudeur, jusqu'à ce qu'enfin leurs yeux se rencontrent, et alors...

« Et alors ? Et alors, baba ? »

Il lui sourit timidement.

« Quoi ? »

Et, à partir de ce moment, il y a des sourires dans le sous-sol, et quelque chose a commencé.

« Oh ! quoi ? Tu veux dire que c'est tout ? »

C'est tout. Jusqu'au jour où Nadir Khan demanda à voir mon grand-père — ses phrases sont à peine audibles dans la brume de silence — pour lui demander la main de sa fille.

« Pauvre fille, conclut Padma. Généralement, les filles du Cachemire sont claires comme la neige des montagnes, mais elle était noire. Très bien, très bien. Sa peau l'empêchait certainement d'être un bon parti ; et Nadir Khan n'était pas fou. Maintenant, ils devront le garder, le nourrir, lui assurer un toit sur la tête, et tout ce qu'il aura à faire ce sera de rester caché sous terre comme un gros ver. Non, il n'était pas fou. »

Mon grand-père s'efforça de convaincre Nadir Khan qu'il n'était plus en danger, les assassins étaient morts, et leur cible c'était bien Mian Abdullah ; mais Nadir Khan rêvait toujours du chant des couteaux et suppliait : « Pas encore, docteur sahib ; encore un petit peu, s'il vous plaît. » Et une nuit, à la fin de l'été 1943 — il n'avait toujours pas plu — mon grand-père réunit ses enfants dans le salon où étaient accrochés leurs portraits, et sa voix semblait lointaine et étrange dans cette maison où l'on échangeait si peu de mots. Quand ils entrèrent, ils virent que leur mère était absente ; elle avait choisi de rester emmurée dans sa chambre, dans son silence ; mais il y avait un homme de loi et (malgré sa répugnance, Aziz s'était conformé aux désirs de Mumtaz) un mollah, tous deux fournis par la souffrante rani de Cooch Naheen, tous deux d'une « discrétion absolue ». Et leur sœur Mumtaz était là, dans sa parure nuptiale et près d'elle, sur une chaise devant le poste de radio, la silhouette gênée et ventripotente de Nadir Khan. Ainsi, pour le premier mariage qui avait lieu dans la maison, il n'y avait ni tente, ni chanteurs, ni bons petits plats, et seulement quelques invités ; et quand la cérémonie fut terminée, quand Nadir Khan eut levé le voile de sa femme — cela donna un choc à Aziz qui se sentit redevenir tout jeune et qui se retrouva au Cachemire, assis sur une estrade tandis que des gens lui jetaient des roupies — Aziz leur fit jurer de ne pas révéler la présence dans la cave de leur nouveau beau-frère. Emerald promit la dernière et à contrecœur.

Ensuite, Aziz demanda à ses fils de l'aider à descendre par la trappe tout un ameublement : des tentures et des coussins, des lampes et un grand lit confortable. Et, quand ce fut fini, Nadir et Mumtaz descendirent sous les voûtes ; on referma la trappe et on remit le tapis à sa place, et Nadir Khan qui aimait sa femme avec toute la tendresse possible, l'avait emmurée dans son monde souterrain.

Mumtaz Aziz commença à mener une double vie. Pendant le jour, c'était une jeune fille qui vivait chastement entre ses parents et qui faisait de médiocres études à l'université tout en cultivant ses dons d'assiduité, de noblesse et d'abstinence, qui resteraient les traits dominants de sa vie, jusques et y compris l'époque où elle fut assaillie par les paroles d'un coffre à linge de son passé et qu'elle devint aussi plate qu'un gâteau de riz ; mais le soir, elle passait par la trappe et descendait dans la chambre nuptiale clandestine, éclairée par une seule lampe et que son mari secret appelait le Taj Mahal, parce qu'autrefois une autre Mumtaz avait porté le surnom de Taj Bibi — Mumtaz Mahal, femme de l'empereur Shah Jehan, dont le nom signifiait « roi de l'univers ». Quand elle mourut, il fit construire le mausolée, immortalisé par les cartes postales et les boîtes de chocolat, dont les corridors extérieurs empestent l'urine, dont les murs sont couverts de graffiti et dont les guides montrent aux visiteurs l'extraordinaire écho bien que des pancartes en trois langues demandent le silence. Comme Shah Jehan et sa Mumtaz, Nadir et sa dame sombre s'allongeaient côte à côte, et une œuvre d'art incrustée de lapis-lazuli était leur seule compagne, parce que la rani de Cooch Naheen, alitée et agonisante, leur avait envoyé comme cadeau de mariage, merveilleusement ciselé, et donc incrusté de lapis-lazuli et de pierres précieuses, tout en argent, un crachoir. Dans leur retraite faiblement éclairée, mari et épouse jouaient au vieux jeu des hommes et des femmes.

Mumtaz faisait les paans pour Nadir mais n'y goûtait pas. Elle crachait du jus de *nibu-pani* [1]. Ses crachats étaient gluants, ceux de Nadir étaient rouges. Ce fut la plus belle époque de sa vie. Et, ensuite, après le long silence, elle dit : « Nous aurions eu des enfants à la fin ; mais, alors, il n'en était pas question, c'est tout. » Mumtaz aima les enfants toute sa vie.

Pendant ce temps, la Révérende Mère traversait les mois dans le plus grand silence, qui était devenu si complet qu'elle donnait ses instructions par signes aux serviteurs ; et, une fois, Daoud le cuisinier la regardait en essayant de comprendre ses gestes frénétiques et il ne vit pas le pot de sauce bouillante lui tomber sur le pied qui se transforma en un œuf à la coque à cinq orteils ; il ouvrit la bouche pour hurler, mais aucun son n'en sortit et, ensuite, il fut persuadé que la vieille envoûteuse avait des dons de sorcellerie et eut trop peur pour s'en aller. Il resta jusqu'à sa mort à clopiner dans la cour et à se faire attaquer par les oies.

1. *Nibu-pani :* jus de citron doux très sucré. (*N.d.T.*)

Ce n'étaient pas des années faciles. La sécheresse entraînait le rationnement et, avec l'augmentation des repas sans viande et des jours sans riz, il devint difficile de nourrir une bouche supplémentaire et clandestine. La Révérende Mère fut obligée de faire un gros trou dans son garde-manger, ce qui épaississait sa fureur comme le fait la chaleur sous la sauce. Des poils poussèrent sur les grains de beauté de son visage. Mumtaz remarqua avec inquiétude que sa mère grossissait mois après mois. Les mots non dits qui restaient en elle la faisaient gonfler... Mumtaz eut l'impression que la peau de sa mère se tendait dangereusement.

Et le docteur Aziz passait ses journées à l'extérieur, loin du silence assourdissant ; aussi Mumtaz, qui elle passait ses nuits sous terre, vit très peu à cette époque ce père qu'elle aimait ; et Emerald tint sa promesse, elle ne dit rien au major du secret familial ; mais, réciproquement, elle ne dit rien à sa famille de ses relations avec Zulfikar, ce qui, pensait-elle, était équitable ; et, dans le champ de maïs, Mustapha, Hanif et Rashid le conducteur de cyclo-pousse furent infectés par l'apathie générale ; et la maison de la rue Cornwallis continua ainsi jusqu'au 9 août 1945, et les choses changèrent.

Evidemment, l'histoire de la famille a ses propres lois diététiques. On ne peut en avaler et en digérer que ce qui est permis, les parts halal du passé, dont on a extrait le sang. Malheureusement, cela rend les histoires moins juteuses ; aussi je suis en passe de devenir le premier et le seul membre de la famille à faire fi des lois de l'halal. Je ne laisse pas le sang quitter le corps du récit et j'en arrive à la partie indicible ; et, nullement intimidé, j'appuie dessus.

Que se passa-t-il en août 1945 ? La rani de Cooch Naheen mourut, mais ce n'est pas ce dont je veux parler, bien que, quand elle s'éteignit, elle fût devenue blanche comme un linge et qu'il fût difficile de la voir sur les draps ; ayant rempli sa fonction en léguant à mon histoire un crachoir d'argent, elle a la bonne grâce de partir rapidement... En 1945 également, la mousson eut bien lieu. Dans la jungle de Birmanie, Orde

Wingate et ses chindits, ainsi que l'armée de Subhas Chandra Bose, qui combattaient du côté japonais, se firent saucer par le retour des pluies. A Jullundur, les manifestants de Satyagraha[1], couchés de façon non violente en travers des rails, furent trempés jusqu'aux os. Les craquelures de la terre desséchée commencèrent à se refermer ; on avait mis des serpillières aux portes et aux fenêtres de la rue Cornwallis et il fallait les tordre constamment et les remettre à leur place. Des moustiques naissaient dans les trous d'eau du bord des routes. La cave — le Taj Mahal de Mumtaz — devint humide et à la fin elle tomba malade. Pendant quelques jours, elle n'en parla à personne, mais quand elle eut les yeux bordés de rouge et qu'elle commença à trembler de fièvre, Nadir, ayant peur de la pneumonie, la supplia d'aller se faire soigner par son père. Elle passa les nombreuses semaines suivantes à nouveau dans son lit de jeune fille et Aadam Aziz s'asseyait près d'elle et lui posait des compresses fraîches sur le front. Le 6 août, la maladie cessa. Le matin du 9, Mumtaz était suffisamment remise pour prendre des aliments solides.

Et mon grand-père alla chercher un vieux sac de cuir sur le fond duquel avait été marqué au fer le mot « Heidelberg », parce qu'il avait décidé, vu son état de faiblesse, qu'il valait mieux lui faire un examen complet. Dès qu'il ouvrit le sac, elle se mit à pleurer.

(Et maintenant, nous y voilà, Padma : ça y est.)

Dix minutes plus tard, le long silence prit fin pour toujours alors que mon grand-père jaillissait de la chambre de la malade. Il beugla pour appeler sa femme, ses filles, ses fils. Il avait du souffle et le son parvint jusqu'à Nadir Khan dans la cave. Il ne lui était pas difficile de deviner la cause du tapage.

La famille se réunit dans le salon, autour du poste de radio, sous les photographies sans âge. Aziz conduisit Mumtaz dans la pièce et l'installa sur le divan. Il avait un visage terrible. Pouvez-vous imaginer ce qu'il ressentait dans le nez ? Parce qu'il avait à annoncer une nouvelle qui était une

1. Satyagraha : résistance passive ; doctrine de Gandhi. (*N.d.T.*)

vraie bombe : après deux ans de mariage, sa fille était toujours vierge.

La Révérende Mère n'avait pas parlé depuis trois ans. « Est-ce que c'est vrai, ma fille ? » Le silence qui était resté suspendu dans les coins de la maison, comme des toiles d'araignée déchirées, était enfin balayé ; mais Mumtaz se contenta d'approuver d'un hochement de tête : oui, vrai.

Puis elle parla. Elle dit qu'elle aimait son mari et que l'autre chose finirait bien par arriver. C'était un homme bon et, quand il serait possible d'avoir des enfants, il pourrait sans doute faire la chose. Elle dit qu'elle avait pensé qu'un mariage ne devait pas dépendre de la chose, et qu'elle avait préféré ne pas en parler, et que son père avait eu tort de crier cela sur les toits comme il l'avait fait. Elle en aurait dit plus, mais la Révérende Mère explosa.

Trois années de mots jaillirent de sa bouche (mais son corps tendu par la nécessité de les dire ne diminua pas de volume). Mon grand-père resta très calme près du poste de radio tandis que la tempête s'abattait sur lui. Qui avait eu cette idée ? Qui avait imaginé cette combinaison absurde, comment dire, de laisser s'installer dans la maison cette chiffe molle qui n'était même pas un homme ? De la laisser ici, comment dire, libre comme un oiseau, nourrie et logée pendant trois ans ? Sans compter les jours sans viande, comment dire, le prix du riz ? Qui était le débile, comment dire, oui, le débile à cheveux blancs qui avait autorisé ce mariage inique ? Qui avait mis sa fille dans le, comment dire, lit de ce chenapan ? Qui avait la tête bourrée de toutes ces choses absurdes et incompréhensibles, comment dire, qui avait le cerveau assez ramolli par les idioties de l'étranger pour entraîner son enfant dans un mariage contre nature ? Qui avait passé sa vie à offenser Dieu, comment dire, et sur la tête de qui Son jugement était suspendu ? Qui avait fait s'abattre le désastre sur sa maison ?... Elle se déchaîna ainsi contre mon grand-père pendant une heure et dix-neuf minutes et, quand elle eut fini, les nuages avaient lâché toute leur eau et il y avait des flaques dans toute la maison. Et, avant qu'elle eût fini, sa plus jeune fille, Emerald, fit une chose très curieuse.

Elle leva ses deux poings serrés de chaque côté de son visage, mais ses deux index étaient tendus. Elle les plaça dans l'orifice de ses oreilles et elle sembla être soulevée de sa chaise et fonça à toute vitesse, sans dupatta, entre les flaques d'eau, devant la remise du cyclo-pousse, la paan-shop où les vieillards sortaient prudemment dans l'air frais d'après la pluie, et elle allait si vite que les gamins prêts à s'élancer entre les crachats de jus de bétel en furent stupéfaits parce que personne n'avait jamais vu une jeune fille, encore moins une des trois « Teen Batti », courir comme une folle dans les rues détrempées par la pluie, les doigts enfoncés dans les oreilles, sans dupatta sur les épaules. De nos jours, les villes sont remplies de jeunes filles modernes, à la mode et sans dupatta ; mais, à l'époque, les vieillards firent claquer leur langue parce qu'une femme sans dupatta était une femme sans honneur. Et pourquoi Emerald Bibi avait-elle choisi de laisser son honneur à la maison ? Les vieillards étaient déconcertés, mais Emerald le savait. Elle voyait clairement, dans l'air frais d'après la pluie, que la source de tous les ennuis de la famille c'était ce gros poltron (oui, Padma) qui vivait dans le sous-sol. Si elle avait pu s'en débarrasser, tout le monde aurait retrouvé le bonheur... Emerald courut sans s'arrêter jusqu'à la caserne. Le *Cantt*[1] où stationnait l'armée ; où serait le major Zulfikar ! Ma tante, rompant son serment, entra dans son bureau.

Zulfikar est un nom célèbre chez les musulmans. C'était le nom de l'épée à deux lames d'Ali, le neveu du prophète Mahomet. C'était une arme comme le monde n'en avait jamais vu.

Oh oui ! Quelque chose d'autre se passait dans le monde ce jour-là. Une arme comme le monde n'en avait jamais vu était lancée sur le Japon. Mais à Agra, Emerald utilisait une arme secrète, une arme à elle. Elle avait les jambes arquées et la tête plate ; son nez touchait presque son menton ; elle rêvait d'une maison moderne avec une baignoire juste à côté du lit.

Le major Zulfikar n'avait jamais su vraiment s'il croyait ou

1. *Cantt :* abréviation pour « cantonnement ». (*N.d.T.*)

non que Nadir Khan était derrière le meurtre du Bourdon ; mais cela le démangeait de découvrir la vérité. Quand Emerald lui parla du Taj Mahal souterrain d'Agra, il en fut tellement excité qu'il en oublia sa colère et qu'il se précipita rue Cornwallis avec quinze hommes. Ils entrèrent dans le salon, Emerald en tête. Ma tante : la trahison avec un beau visage, sans dupatta sur les épaules, avec un pantalon large et rose. Aziz regarda sans mot dire les soldats qui roulaient le tapis du salon et qui soulevaient la trappe, tandis que ma grand-mère tentait de consoler Mumtaz. « Les femmes doivent épouser des hommes, disait-elle. Pas des souris, comment dire ? Il n'y a pas de honte à quitter ce, comment dire, ver. » Mais sa fille continuait à pleurer.

Absence de Nadir au sous-sol ! Alerté par le premier hurlement d'Aziz, accablé par la honte qui s'abattait sur lui avec plus de force que la mousson, il disparut. Une trappe était ouverte dans les toilettes — oui, les mêmes, pourquoi pas, dans lesquelles il s'était adressé au docteur Aziz du fond d'un coffre à linge sale. Une boîte à foudre en bois — un trône — était renversée, un pot de peinture vide avait roulé sur un tapis-brosse. Les toilettes avaient une porte qui donnait à l'extérieur, sur le canal d'irrigation près du champ de maïs ; la porte était ouverte. Elle était ordinairement fermée à clef de l'extérieur, mais comme la serrure était de fabrication indienne, il avait été facile de la forcer... et, dans la retraite faiblement éclairée du Taj Mahal, brillait un crachoir, et un petit mot attendait Mumtaz, signé par son mari, trois mots, six syllabes, et trois points d'exclamation :

« *Talaaq ! Talaaq ! Talaaq !* »

La langue anglaise n'a pas ce bruit de coup de tonnerre de l'ourdou, mais de toute façon vous savez ce que cela signifie : Je divorce. Je divorce. Je divorce.

Nadir Khan avait fait la chose qui s'imposait.

O l'horrible fureur du major Zulfy quand il découvrit que l'oiseau s'était envolé ! O colère, tout à fait comparable à la rage de mon grand-père, qui s'exprimait par de petits gestes ! Tout d'abord, le major Zulfy sauta sur place, dans un accès de colère impuissante ; il finit par se dominer ; puis il traversa les toilettes, passa près du trône, longea le champ de maïs et sortit dans la rue. Aucune trace d'un gros poète à cheveux longs et sans rimes. A gauche : rien. A droite : zéro. Hors de lui, Zulfy se décida et se précipita au-delà du cyclo-pousse resplendissant. Les vieux jouaient à atteindre-le-crachoir et le crachoir était dans la rue. Les gamins passaient entre les jets de jus de bétel. Le major Zulfy courait. Il passa entre les vieillards et leur cible, mais il n'avait pas l'adresse des gosses. Quel malheureux instant ! Un long jet de liquide rouge l'atteignit à l'entrejambes. Une tache en forme de main s'étala sur son pantalon d'uniforme ; il fut stoppé net dans sa toute-puissante colère. Et plus malheureux encore ; car un deuxième joueur, pensant que le soldat allait continuer à courir, avait lancé un second jet. Une seconde main rouge vint rejoindre la première et acheva la journée du major Zulfy... Lentement, après mûre réflexion, il s'avança vers le crachoir et d'un coup de pied le renversa dans la poussière. Il sauta dessus — une fois ! deux fois ! encore ! — et l'écrasa sans faire voir qu'il s'était fait mal au pied. Puis, avec une certaine dignité, il s'éloigna en boitant et revint vers la voiture, rangée devant la maison de mon grand-père. Les vieillards ramassèrent leur récipient écrasé et commencèrent à le marteler pour lui redonner sa forme.

« Comme je vais me marier, dit Emerald à Mumtaz, ce ne serait pas bien de ta part si tu n'essayais pas de t'amuser. Et tu pourras me donner des conseils, et tout. » Mumtaz souriait mais elle pensait qu'Emerald ne manquait pas de toupet pour lui dire une chose pareille ; et, peut-être sans le faire exprès, elle appuya plus fort sur le crayon de henné avec lequel elle faisait des dessins sur la plante des pieds de sa sœur. Emerald poussa un cri : « Hé ! Ce n'est pas la peine de t'énerver ! Je pensais seulement que nous pouvions essayer d'être amies. »

Les relations entre les deux sœurs s'étaient quelque peu tendues depuis la disparition de Nadir Khan ; et Mumtaz n'avait pas apprécié que le major Zulfikar (qui avait décidé de ne pas accuser mon grand-père pour avoir caché un homme recherché et qui avait arrangé les choses avec le général Dodson) ait demandé et obtenu la permission d'épouser Emerald. « C'est du chantage, pensait-elle. Et Alia ? L'aînée ne peut quand même pas se marier la dernière. Quelle patience avec son marchand ! » Mais elle ne dit rien, se contentant d'arborer son sourire ancestral, et consacra son don d'assiduité aux préparatifs du mariage et fut d'accord pour essayer de bien s'amuser, ce qu'elle fit effectivement ; et Alia continua d'attendre Ahmed Sinai. (« Elle risque d'attendre longtemps », dit Padma avec raison.)

Janvier 1946. Des tentes, de bons petits plats, des invités, des chansons, une fiancée qui s'évanouit, des serviteurs au garde-à-vous : un beau mariage... au cours duquel le marchand de plastique, Ahmed Sinai, discuta longuement avec Mumtaz, la nouvelle divorcée. « Vous aimez les enfants ? Quelle coïncidence, moi aussi... » « Et vous n'en avez pas, ma pauvre ? A vrai dire, ma femme ne pouvait pas. — Oh non ! Comme c'est triste pour vous ; n'y pensez pas ; et elle devait avoir très mauvais caractère !... — Oh ! l'enfer... excusez-moi. La force de l'émotion me bouleverse. — ... Très bien, très bien. N'y pensez plus. Est-ce qu'elle vous jetait des assiettes à la figure ? — Est-ce qu'elle m'en jetait ? Au bout d'un mois nous avons dû manger sur des journaux ! — Non ! Mon Dieu ! Vous me racontez des histoires ! — Vous êtes trop fine pour moi. Mais elle me jetait des assiettes quand même ! — Mon pauvre ! — Non, c'est vous qu'il faut plaindre. » Et elle pense : « Quel charmant garçon. Quand il est avec Alia, il a toujours l'air de s'ennuyer... » Et lui : « ...Cette fille, je n'ai jamais fait attention à elle, mais mon Dieu... » Et elle : « ... Il aime les enfants ; et je pourrais... » Et lui : « ... La peau, ce n'est pas important... » Il faut remarquer que, quand vint le moment de chanter, Mumtaz chanta avec tout le monde ; mais Alia resta silencieuse. Elle avait été blessée plus cruellement que son père l'avait été à Jallianwala Bagh ; et vous n'auriez pu trouver une seule marque sur elle.

« Alors, ma triste petite sœur, tu t'es quand même bien amusée. »

En juin, Mumtaz se remaria. Sa sœur — prenant exemple sur sa mère — ne lui adressa plus la parole et attendit, jusqu'à ce qu'elles meurent toutes les deux, une occasion de se venger. Aadam Aziz et la Révérende Mère essayèrent en vain de la persuader que c'étaient des choses qui arrivaient, qu'il valait mieux s'en apercevoir avant qu'après, que Mumtaz avait été cruellement blessée et qu'elle avait besoin d'un homme pour se remettre... en outre, elle était intelligente et tout irait bien pour elle.

« Mais, disait Alia, personne ne s'est jamais marié avec un livre. »

« Change de nom, dit Ahmed Sinai. Il faut prendre un nouveau départ. Balance Mumtaz et son Nadir Khan par la fenêtre. Je vais te choisir un nom. Amina. Amina Sinai. Tu aimes ? »

— Je ferais tout ce que tu diras, mon époux », dit ma mère.

« De toute façon, écrivit Alia, la petite futée, dans son journal, qui veut s'embarrasser de ces histoires de mariage ? Pas moi ; jamais ; non. »

Mian Abdullah fut une mauvaise affaire pour quantité d'optimistes ; son bras droit (dont il était interdit de prononcer le nom chez mon père) était l'erreur majeure dans la vie de ma mère. Mais il s'agissait des années de sécheresse ; beaucoup de moissons qu'on planta à cette époque ne donnèrent rien.

« Qu'est-ce qui est arrivé au petit gros ? me demande tout à coup Padma. J'espère que tu n'as pas l'intention de ne pas me raconter. »

UNE DÉCLARATION PUBLIQUE

Puis suivit une illusion de mois de janvier, une période si calme en surface qu'on pouvait croire que 1947 n'avait pas commencé. (Pendant ce temps, en fait, bien sûr...) Un mois de janvier pendant lequel la commission ministérielle — le vieux Pethick-Lawrence, l'habile Cripps, le martial A. V. Alexander — vit échouer sa combinaison pour le transfert du pouvoir. (Mais, bien sûr, il ne se passerait que six mois avant que...) Un mois de janvier pendant lequel le vice-roi, Wavell, comprit qu'il était fini, liquidé. (Ce qui ne fit que précipiter les choses, car cela permit l'arrivée du dernier vice-roi qui...) Un mois de janvier pendant lequel M. Attlee sembla trop occupé à décider de l'avenir de la Birmanie avec M. Aung Sam. (Evidemment, pendant ce temps, il donnait ses instructions au dernier vice-roi, avant d'annoncer sa nomination ; le futur-dernier-vice-roi allait voir le roi qui lui accordait des pouvoirs plénipotentiaires ; et, ainsi, très bientôt...) Un mois de janvier pendant lequel l'assemblée constituante s'ajourna elle-même sans avoir rédigé de constitution. (En fait, le comte Mountbatten, le dernier vice-roi, viendrait chez nous avec son inexorable tic-tac, son poignard de soldat capable de couper des sous-continents en trois, et sa femme qui mangeait secrètement du blanc de poulet derrière la porte des toilettes, fermée à clef.) Et, au milieu de ce calme semblable à la surface d'un miroir dans lequel il était impossible de voir la machinerie qui se mettait en marche, ma mère, la toute nouvelle Amina Sinai, qui semblait elle aussi calme et pareille à elle-même malgré les grandes choses qui s'étaient mises en route sous la surface de sa peau, s'éveilla un beau matin, la tête bourdonnante après une nuit d'insomnie, la langue épaisse de n'avoir pas dormi, et dit tout haut sans s'en rendre compte : « Qu'est-ce que le soleil fait ici, Allah ? Il s'est levé du mauvais côté. »

... J'ai dû m'arrêter. Ça ne marchait pas aujourd'hui, parce qu'à chaque fois que ma narration s'affirme comme telle, à chaque fois que, comme un marionnettiste maladroit, je montre les mains qui tiennent les fils, Padma s'énerve ; et je dois noter une protestation. Aussi, interrompant un chapitre qu'heureusement j'ai intitulé : « Une déclaration publique », je publie (dans les termes les plus forts possible) l'avertissement médical suivant : « Un certain docteur, du nom de N. Q. Baligga — ai-je envie de hurler sur les toits ! Dans le porte-voix des minarets ! — est un charlatan. Il mérite qu'on l'enferme, qu'on le radie, qu'on le défenestre. Ou, pire, il mérite qu'on le soumette à son propre charlatanisme en lui faisant prendre une des pilules qu'il prescrit à tort et qui donnent la lèpre. » Et j'insiste en disant : « Un stupide imbécile qui ne voit pas plus loin que le bout de son nez. »

Ayant épanché ma bile, je dois encore laisser ma mère s'interroger à propos de l'étrange comportement du soleil pour expliquer que notre Padma, inquiète de m'entendre parler de mes crevasses, s'est confiée secrètement à ce Baligga — ce porteur de gris-gris ! Ce guérisseur ! — que je ne daignerai pas honorer d'une description, et il m'a rendu visite. Moi, naïvement et par égard pour Padma, je l'ai laissé m'examiner. J'aurais dû craindre le pire ; car le pire est ce qu'il a fait. « Je ne vois pas de crevasses », a-t-il psalmodié lugubrement, différent de Nelson à Copenhague en ce qu'il n'avait plus d'œil valide, sa cécité n'étant pas le choix d'un génie entêté mais l'inévitable malédiction de sa folie ! Il contesta aveuglément ma disposition d'esprit, jeta le doute sur ma qualité de témoin, et Dieu sait quoi d'autre. « Je ne vois pas de crevasses. »

C'est Padma qui l'a mis à la porte. « Ça ne fait rien, docteur sahib, dit-elle. Nous nous débrouillerons tout seuls. » Je vis sur son visage qu'elle se reconnaissait coupable... Exit Baligga qui ne reviendra jamais dans ces pages. Mais Dieu ! la médecine — la profession d'Aadam Aziz — est-elle tombée si bas ? Ce cloaque de Baligga ? Si cela est vrai, tout le monde finira par se passer de médecins... ce qui me ramène à Amina Sinai s'éveillant un beau matin en parlant du soleil.

« Il s'est levé du mauvais côté ! » glapit-elle ; et, dans le bourdonnement de sa mauvaise nuit, elle comprit comment, dans ce mois d'illusion, elle était tombée dans un piège parce que ce qui s'était passé, c'est qu'elle s'était réveillée à Delhi, dans la maison de son nouvel époux, orientée à l'est, vers le soleil levant ; et la vérité, c'est que le soleil était à la bonne place et que c'était sa position à elle qui avait changé... mais même après avoir compris cette chose élémentaire et l'avoir chassée ainsi que les nombreuses erreurs semblables qu'elle avait faites depuis son arrivée (parce que sa confusion à propos du soleil avait été fréquente, comme si son esprit refusait d'accepter les changements intervenus dans sa vie, la nouvelle position de son lit, au-dessus du sol), elle garda en elle quelque chose de confus qui l'empêcha de se sentir tout à fait à l'aise.

« Chacun peut se débrouiller sans son père », confia le docteur Aziz à sa fille en lui disant au revoir ; et la Révérende Mère ajouta : « Un autre orphelin dans la famille, comment dire, mais qu'importe, Mahomet était orphelin lui aussi ; et, au moins, ton Ahmed Sinai, comment dire, est à moitié du Cachemire. » Puis le docteur Aziz avait porté de ses propres mains une cantine verte dans le compartiment où Ahmed Sinai attendait sa nouvelle épousée. « La dot n'est ni grosse ni petite, dit mon grand-père. Nous ne sommes pas des millionnaires, comprenez-vous. Mais nous avons déjà beaucoup donné ; Amina vous en donnera plus. » Dans la cantine verte : des samovars d'argent, des saris de brocart, des pièces d'or que des malades reconnaissants avaient données au docteur Aziz, un vrai musée dans lequel les objets exposés représentaient des maladies soignées et des vies sauvées. Et maintenant, Aadam Aziz souleva sa fille (de ses propres mains) et la remit, comme la dot, aux bons soins de cet homme qui l'avait rebaptisée et réinventée, devenant par conséquent à la fois son père et son mari... Puis Aadam marcha sur le quai (avec ses propres pieds) le long du train qui démarrait. Et comme un coureur de relais à la fin de son tour de piste, il s'arrêta perdu au milieu de la fumée, des vendeurs d'illustrés, d'éventails en plumes de paon et de casse-croûte chauds, tandis que le train gagnait de la vitesse et se dirigeait vers la capitale. Dans le compartiment, la nouvelle Amina Sinai (état neuf) était assise les pieds sur la cantine verte, trop haute de deux pouces pour pouvoir être glissée sous le siège. Ses sandales reposant sur le musée fermé à clef des exploits de son père, elle filait vers sa nouvelle vie, laissant derrière elle Aadam Aziz se consacrer à une tentative ayant pour but d'associer les médecines occidentale et *hakimi*[1], tentative qui l'userait petit à petit, le convainquant que la toute-puissance de la superstition, des idoles et autres magies ne serait jamais brisée en Inde, parce que les hakimi refusaient de collaborer ; et, au fur et à mesure qu'il s'avança en âge et que le monde perdit de sa réalité, il commença à douter de ses propres certitudes, ainsi quand il vit le Dieu qu'il n'avait jamais pu accepter ou refuser, il y était sans aucun doute préparé.

Quand le train quitta la gare, Ahmed Sinai se leva, verrouilla la porte du compartiment et baissa les rideaux au plus grand étonnement d'Amina ; mais, soudain, on frappa à l'extérieur, des mains appuyèrent sur la poignée de la porte et des voix dirent : « Laissez-nous entrer, maharaj ! Maharajin, si vous êtes là, demandez à votre mari d'ouvrir ! » Et dans tous les trains, il y avait ces poings frappant aux portes et ces voix qui suppliaient ; dans le train postal qui allait de la frontière à Bombay et dans tous les express, cette année-là ; et ce fut toujours effrayant, jusqu'à ce que je sois celui qui était à l'extérieur, craignant pour ma vie et suppliant : « Hé ! Maharaj ! Laissez-moi entrer, seigneur ! »

1. *Hakimi :* médecins dans les pays musulmans. (*N.d.T.*)

« Des resquilleurs », dit Ahmed Sinai, mais ils étaient bien plus. Ils étaient une prophétie. Il y en aurait bientôt d'autres.

... Et maintenant, le soleil n'était pas à la bonne place. Elle, ma mère, était au lit et ne se sentait pas bien ; mais elle était aussi émue par ce qui s'était passé en elle et qui, actuellement, était son secret. A côté d'elle, Ahmed Sinai ronflait profondément. Pas d'insomnie pour lui ; absolument aucune, malgré les ennuis qui l'avaient incité à rapporter un sac plein d'argent et à le cacher sous le lit, à un moment où il croyait qu'Amina ne regardait pas. Mon père dormait bruyamment, enveloppé dans la douceur du plus grand des dons de ma mère, qui se révéla être d'un plus grand prix que tout ce que contenait la cantine verte : Amina Sinai offrit à Ahmed le don de son inépuisable assiduité.

Personne ne se donnait du mal comme Amina. La peau sombre, les yeux flamboyants, ma mère était par nature la personne la plus méticuleuse de la terre. Assidûment elle mettait des bouquets dans les couloirs et les chambres de la maison de Delhi ; les tapis étaient choisis avec un soin infini. Elle pouvait passer vingt-cinq minutes à chercher la bonne place pour une chaise. Quand elle eut fini d'arranger son petit nid, ajoutant une chose ici, changeant quelque chose là, Ahmed Sinai trouva son logement d'orphelin transformé en quelque chose d'accueillant et d'adorable. Amina se levait avant lui et sa diligence la conduisait à tout épousseter, même le store de bambou, jusqu'à ce qu'il se décide à prendre un *hamal*[1] ; mais ce qu'Ahmed Sinai ne sut jamais, ce fut que sa femme ne consacra pas l'essentiel de ses talents à leurs vies extérieures, mais à Ahmed Sinai lui-même.

Pourquoi l'avait-elle épousé ? — pour la consolation et pour les enfants. Mais au début, l'insomnie recouvrant son cerveau fit obstacle à son premier objectif ; et les enfants ne vinrent pas tout de suite. Et Amina se mit à rêver du visage d'un poète peu fait pour inspirer des rêves et se réveilla avec, sur les lèvres, un nom impossible à prononcer. Vous me demandez : qu'en

1. *Hamal :* porteur, serviteur. (*N.d.T.*)

faisait-elle ? Je vous réponds : elle grinçait des dents et se raidissait. Voici ce qu'elle disait : « Espèce d'imbécile ingrate, tu ne vois pas qui est ton mari maintenant ? Ne sais-tu pas ce que mérite un mari ? » Afin d'éviter de vaines controverses pour savoir quelles sont les réponses correctes à ces questions, laissez-moi vous dire que, d'après ma mère, un mari méritait une loyauté aveugle et un amour sans réserve et absolu. Mais il y avait une difficulté : Amina, l'esprit envahi par Nadir Khan et l'insomnie, se rendait compte qu'elle ne pouvait offrir cela à Ahmed Sinai. Et c'est alors qu'elle appliqua son don d'assiduité et s'exerça à l'aimer. Pour cela, elle le divisa, mentalement, en chacune des parties qui composaient sa personne, aussi bien sur le plan physique que sur celui du comportement, elle le compartimenta en tics labiaux et verbaux, en préjugés et ainsi de suite... En bref, elle tomba victime de l'envoûtement du drap troué de ses parents, en se résolvant à aimer son mari par morceaux.

Chaque jour, elle choisissait une partie d'Ahmed Sinai, et concentrait tout son être dessus jusqu'à ce qu'elle lui devienne tout à fait connue ; jusqu'à ce qu'elle sente monter en elle une grande tendresse qui se transformait en affection et enfin en amour. C'est ainsi qu'elle finit par adorer sa voix forte, et la façon dont elle lui agressait les tympans et la faisait trembler ; et, chaque matin, sa bonne humeur systématique jusqu'à ce qu'il se rase — après cela, il devenait sévère, bourru, sérieux et distant ; et ses yeux à paupières de vautour qui cachaient, elle en était sûre, une bonté profonde derrière un regard triste et ambigu ; et la façon dont sa lèvre inférieure faisait saillie sur sa lèvre supérieure ; et sa petite taille qui l'amena à interdire à sa femme de porter des talons hauts... « Mon Dieu, se disait-elle, j'ai l'impression qu'il y a un million de choses différentes à aimer dans chaque homme ! » Mais cela ne la troublait pas. Elle se disait : « Après tout, qui peut connaître vraiment un autre être humain ? » Et elle continua à apprendre à aimer et à admirer son goût pour les aliments frits, la facilité avec laquelle il citait des poètes persans, la ride profonde de la colère entre ses sourcils... « A cette vitesse-là, pensait-elle, il y aura toujours quelque chose de nouveau à aimer en lui ; et notre couple restera toujours comme au premier jour. » Et c'est ainsi que ma mère commença à vivre dans la vieille cité. Et la cantine verte restait fermée dans une vieille armoire.

Et l'épouse modifia petit à petit son époux, qui sans rien soupçonner finit par ressembler — et par vivre dans un endroit qui ressemblait — à un homme qu'il n'avait jamais rencontré et à une chambre souterraine qu'il n'avait jamais vue. Sous l'influence d'un enchantement assidu, et si peu visible que même Amina ne s'en rendait pas compte, Ahmed Sinai vit ses cheveux s'éclaircir et ceux qui restèrent étaient raides et graisseux ; il découvrit qu'il voulait les laisser pousser jusqu'à ce qu'ils lui atteignent le sommet des oreilles. Son estomac commença à grossir jusqu'à ce qu'il devienne une bedaine molle et souple sur laquelle je m'endormis si souvent et qu'aucun de nous ne songea jamais à comparer à la rondeur de Nadir Khan. Zohra, sa cousine éloignée, lui disait d'un air provocateur : « Tu devrais te mettre au régime, cousin, sinon nous ne pourrons plus atteindre ton visage pour t'embrasser ! » Mais cela ne changea rien... et petit à petit, Amina reconstitua à Delhi un monde de coussins et de draperies qui laissaient passer le moins possible de lumière par les fenêtres... Elle doubla les stores de tissu noir ; et ces infimes transformations l'aidèrent dans sa tâche herculéenne ; accepter d'aimer morceau par morceau un autre homme. (Mais elle resta toujours prédisposée aux rêves interdits... et attirée par les hommes ayant bedaine et cheveux raides.)

Vous ne pouviez pas distinguer la nouvelle ville de l'ancienne. Dans la nouvelle ville, une vague de conquérants avaient construit des immeubles de pierre rose ; mais les maisons des ruelles étroites de la vieille ville levaient la tête, entassées, emmêlées, et se cachaient mutuellement la vue sur les édifices roses du pouvoir. Ce n'est pas que jamais quelqu'un regardât dans cette direction, cependant. Dans les *muhallas*[1] musulmans, qui s'entassaient autour de Chandni

1. *Muhallas :* quartiers. (*N.d.T.*)

Chowk, les gens se contentaient de regarder dans les cours ; de descendre des stores devant leurs fenêtres et leurs vérandas. Dans les ruelles étroites, de jeunes voyous se tenaient par la main ou le bras, quand ils se rencontraient, ils s'embrassaient et formaient des cercles, collés hanche contre hanche, tournés vers l'intérieur. Il n'y avait pas d'herbe et les vaches restaient à l'écart, sachant qu'ici elles n'étaient pas sacrées. Les sonnettes des vélos tintaient continuellement. Et, dominant leur cacophonie, on entendait les cris des marchands de fruits : « Mangez mes belles dattes ! Voilà de la belle date ! »

Et ce matin de janvier, quand ma mère et mon père se cachaient mutuellement leurs secrets, il fallait ajouter le bruit des pas de M. Mustapha Kemal et de M. S. P. Butt ; et le roulement incessant du *dugdugee drum* [1] de Lifafa Das.

La première fois qu'on entendit claquer les pas dans les caniveaux du muhalla, Lifafa Das, son kaléidoscope et son tambour étaient encore loin. Les claquements descendirent d'un taxi et se précipitèrent dans les ruelles étroites ; à ce moment-là, dans la maison de l'angle, ma mère était dans sa cuisine et remuait du *khichri* [2] pour le petit déjeuner, et surprenait une conversation entre mon père et Zohra, sa cousine éloignée. Le bruit des pas croisa les marchands de fruits et les voyous se tenant par la main ; ma mère entendit : « Ah ! les jeunes mariés, *chi chympathiques* que je ne peux m'empêcher de venir vous voir. » Les pas s'approchaient, et mon père rougit. A cette époque-là il avait beaucoup de charme ; sa lèvre inférieure ne remontait pas encore trop et la ride entre ses yeux était peu marquée... et Amina, tout en tournant le khichri, entendit Zohra dire d'une voix aiguë : « Oh ! Il rougit ! Mais tu es si beau, cousinji !... » Et il la laissait écouter Radio-Inde ce qu'elle-même n'était pas autorisée à faire ; Lata Mangeshkar chantait une chanson d'amour gémissante. « Exactement comme moi, continua Zohra,

1. *Dugdugee drum :* petit tambour. (*N.d.T.*)
2. *Khichri :* plat de riz et de poisson. (*N.d.T.*)

tucroispas ? Nous aurons d'adorables bébés roses, nous sommes très bien assortis, non, cousinji, de jolis couples blancs ? » Et les pas claquaient, et on remuait la casserole. « Comme c'est affreux d'être noir, cousinji, de s'éveiller chaque matin et de voir ça qui vous regarde comme une preuve de votre infériorité dans la glace ! Oh ! évidemment, ils le savent ; même les négrillons savent que le blanc est plus beau, tucroispas ? » Maintenant les pas sont tout près et Amina entra dans la salle à manger, un pot à la main, en s'efforçant de rester calme et en pensant Pourquoi a-t-il fallu qu'elle vienne aujourd'hui quand j'ai une nouvelle à lui apprendre, et il va falloir aussi que je lui demande de l'argent devant elle. Ahmed Sinai aimait qu'on lui demande de l'argent gentiment, qu'on le lui soutire avec des caresses et des mots doux jusqu'à ce que sa serviette commence à se dresser entre ses jambes et que quelque chose se mette à bouger dans son pantalon ; et cela ne la gênait pas, elle apprit avec assiduité à aimer cela aussi, et, quand elle avait besoin d'argent, il y avait des caresses et des « ma vie, s'il te plaît... » et des « ... un petit peu pour que je puisse acheter à manger et payer les factures... » et des « un homme généreux comme toi, donne-moi ce que tu veux, je sais que ce sera suffisant... ». Les techniques des mendiants des rues, et elle devrait faire cela devant quelqu'un avec des yeux en boules de loto, une voix bébête et qui médisait des Noirs. Les pieds sont presque à la porte, et Amina est dans la salle à manger, le pot de khichri chaud à la main, prêt à partir, à côté de la tête de linotte de Zohra, et Zohra s'écrie : « Sauf les personnes présentes, *bien entendu !* » à tout hasard, parce qu'elle ne sait pas si on l'a entendue ou non, et « Oh ! Ahmed, cousinji, tu es vraiment affreux d'imaginer que je pouvais penser à notre adorable Amina, qui n'est d'ailleurs pas si noire que ça, mais seulement comme une femme blanche qui se tient à l'ombre ! » et Amina avec son pot à la main regarde la jolie tête et pense Est-ce que je dois ? et Est-ce que j'ose ? Et elle se calme en se disant : « C'est un grand jour pour moi ; et elle a au moins abordé la question des enfants ; maintenant, ce sera plus facile pour moi... » Mais il est trop tard, la voix languissante de Lata à la radio a couvert le bruit de la sonnette et ils n'ont pas entendu le vieux Musa, le serviteur, qui va répondre ; la voix de Lata a couvert le bruit des pas anxieux qui montent l'escalier ; mais, tout à coup, les voilà, les pieds de M. Mustapha Kemal et de M. S. P. Butt qui s'arrêtent en traînant.

« Les canailles ont perpétré un attentat ! » M. Kemal, qui est l'homme le plus maigre qu'Amina ait jamais vu, déclenche avec sa phraséologie curieuse et archaïque (cela lui vient de son penchant pour la chicane qui l'a contaminé et il parle comme dans un tribunal) une sorte de réaction en chaîne de panique bouffonne, à laquelle S. P. Butt, le petit homme criard, qui a une lueur folle comme un singe dans le regard, ajoute beaucoup en disant ces trois mots : « Oui, les incendiaires ! » Et Zohra d'un geste bizarre et mécanique serre le poste de radio sur sa poitrine et la voix de Lata est étouffée entre ses seins, et elle hurle : « Mon Dieu ! Mon Dieu ! Quels incendiaires ? Où ? Dans cette maison ? Oh ! mon Dieu ! Je sens la chaleur ! » Amina reste stupéfaite, khichri en main, et regarde fixement les deux hommes dans leurs vêtements de travail, tandis que son mari, rasé mais pas encore habillé, se dresse sur ses pieds et demande : « L'entrepôt ? »

Dès qu'Ahmed Sinai a posé sa question, un grand silence s'abat sur la pièce, on n'entend que la voix de Lata Mangeshkar qui sort toujours de l'échancrure de Zohra ; parce que ces trois hommes partagent un de ces immenses bâtiments situés dans la zone industrielle, dans les faubourgs de la ville. « Non, pas l'entrepôt, Dieu ne le permettrait pas », se dit Amina silencieusement, parce que le commerce de plastique marchait bien — par l'intermédiaire du major Zulfikar qui était maintenant aide de camp au quartier général à Delhi, Ahmed Sinai avait obtenu un contrat pour la fourniture de vestes et de couvertures imperméables pour l'armée elle-même — et d'importants stocks dont dépendait leur vie étaient dans l'entrepôt. « Mais qui pourrait faire une chose pareille ? » gémit Zohra, en harmonie avec la chanson de ses seins. « Le monde est plein de fous en liberté de nos jours... » Et c'est ainsi qu'Amina entendit, pour la première fois, le nom que son mari lui avait caché et qui, à cette époque, frappait de terreur beaucoup de cœurs. « C'est Ravana », dit S. P. Butt... mais Ravana est le nom d'un démon à plusieurs têtes ; alors est-ce que les démons se promènent dans le pays ? « C'est stupide ! » dit Amina avec la haine de son père pour la superstition, exigeant une réponse ; et M. Kemal la lui fournit : « C'est le nom d'une bande de criminels, madame ; des incendiaires. Nous vivons des jours troublés, des jours troublés. »

Dans l'entrepôt : des entassements de rouleaux de tissu imperméable ; et des marchandises qu'a fait rentrer M. Kemal, riz thé lentilles — il en ramassait d'immenses quantités dans tout le pays, comme une sorte de protection contre ce monstre à plusieurs têtes et à plusieurs bouches qu'est le public qui, si on le laissait faire, obligerait les prix à baisser si bas en période d'abondance que les pieux entrepreneurs crèveraient de faim tandis que le monstre grossirait... « L'économie, c'est la pénurie, soutenait M. Kemal, par conséquent, non seulement je maintiens les prix à un niveau décent, mais en outre j'étaye la structure même de l'économie. » — Il y avait aussi dans l'entrepôt les piles de boîtes de carton de S. P. Butt, sur lesquelles on pouvait lire *Aag*. Je n'ai pas besoin de vous dire que *aag* veut dire « feu ». S. P. Butt fabriquait des allumettes.

« Nos informations, dit M. Kemal, ne font que signaler un incendie. L'entrepôt exact n'est pas spécifié.

— Mais pourquoi est-ce que ce serait le nôtre ? demande Ahmed Sinai. Pourquoi, puisque nous avons encore du temps pour payer ?

— Payer ? l'interrompt Amina. Payer qui ? Payer quoi ? Mon mari, ma vie, *janum*[1], que se passe-t-il ?... » Mais : « Nous devons y aller », dit S. P. Butt, et Ahmed Sinai s'en va, avec son pantalon froissé, les bruits de pas s'éloignent de la maison, et il laisse derrière lui du khichri auquel on n'a pas

1. *Janum* : chéri, en ourdou. (*N.d.T.*)

touché, des femmes ouvrant de grands yeux, Lata étouffé et, en l'air, le nom de Ravana... « Une bande de vauriens, madame ; des coupe-jarrets prétentieux et sans scrupule ! »

Et la voix chevrotante de S. P. Butt : « Des imbéciles d'hindous incendiaires, bégum sahiba. Que pouvons-nous faire, nous, les musulmans ? »

Que sait-on sur la bande de Ravana ? Qu'elle se fait passer pour un mouvement antimusulman fanatique, ce qui, à cette époque, avant les émeutes pour la partition, quand on pouvait jeter impunément des têtes de porc dans la cour des mosquées, le vendredi, n'était pas une chose exceptionnelle. Qu'en pleine nuit, la bande envoyait des hommes peindre des slogans aussi bien sur les murs de villes anciennes que sur ceux des neuves : « Non à la partition ! Les musulmans sont les juifs d'Asie ! » et ainsi de suite. Et que la bande mettait le feu aux usines, aux boutiques, aux entrepôts possédés par des musulmans. Mais il y a plus et ceci n'est pas très connu : derrière cette façade de haine raciale, la bande de Ravana était une entreprise commerciale remarquablement bien conçue. Des appels téléphoniques anonymes, des lettres écrites avec des mots découpés dans des journaux, étaient adressés à des hommes d'affaires musulmans, à qui on offrait de choisir entre payer une certaine somme ou voir leur entreprise brûler. Il était intéressant de noter l'éthique de la bande. Il n'y avait jamais de seconde exigence. En l'absence de sacs pleins de billets, des flammes léchaient des devantures de boutiques, d'usines ou d'entrepôts. La plupart des gens payaient, préférant cela à la solution risquée consistant à faire appel à la police. En 1947, les musulmans ne pouvaient pas faire confiance à la police. Et on disait (je ne peux en être sûr) que, quand les lettres de chantage arrivaient, elles contenaient une liste de « clients satisfaits » qui avaient payé et qui n'avaient pas eu de problèmes. La bande de Ravana — comme tous les professionnels — donnait ses références.

Un homme en pantalon froissé, deux autres habillés comme des hommes d'affaires couraient vers le taxi qui attendait à

Chandni Chowk. Ils attiraient les regards curieux : pas seulement à cause des vêtements différents, mais parce qu'ils essayaient de ne pas courir. « Pas de panique, dit M. Kemal, ayons l'air calme. » Mais leurs pieds ne cessaient d'échapper à leur contrôle et se mettaient à courir. Ils avancèrent ainsi par à-coups, de petits accès de vitesse suivis de quelques pas mal disciplinés, et quittèrent le muhalla ; en chemin, ils croisèrent un jeune homme avec un kaléidoscope en métal noir monté sur roues, un homme tenant un tambour : Lifafa Das qui se rendait sur les lieux de l'importante déclaration qui donne son titre à ce chapitre. Lifafa Das tapait sur son tambour et criait : « Venez voir ! Venez tout voir ! Venez voir ! Venez voir Delhi, venez voir l'Inde, venez voir ! Venez voir ! »

Mais Ahmed Sinai avait d'autres choses à regarder.

Les enfants du muhalla donnaient des noms à la plupart des habitants du coin. Un groupe de trois voisins était connu sous le nom de « coqs de combat », parce que parmi eux se trouvaient un Sindhi et un Bengali[1], dont les maisons étaient séparées par celle d'un des rares hindous du muhalla. Le Sindhi et le Bengali avaient très peu de chose en commun — ils ne parlaient pas la même langue, ne mangeaient pas la même cuisine ; mais tous deux étaient musulmans et tous deux détestaient l'Hindou interposé. De leurs terrasses, ils jetaient des ordures sur sa maison. De leurs fenêtres, ils l'accablaient d'insultes polyglottes. Ils lançaient des morceaux de viande devant sa porte... et lui, en retour, payait des galopins pour qu'ils jettent des pierres dans leurs fenêtres, des pierres qu'on avait enveloppées dans des messages. « Attendez, disaient ces messages, votre tour viendra. »... Les enfants du muhalla n'appelaient pas mon père par son vrai nom. Ils l'appelaient « l'homme qui ne sait suivre son nez ».

Ahmed Sinai avait si peu le sens de l'orientation que, livré à lui-même, il était capable de se perdre dans les ruelles ventées

1. Sindhi : originaire de la région de Karachi (aujourd'hui au Pakistan). Bengale : ancien Pakistan oriental, aujourd'hui Bangladesh. (*N.d.T.*)

du voisinage. Les gamins l'avaient souvent croisé, errant désespérément, et il leur avait donné une pièce pour qu'ils le raccompagnent chez lui. Je mentionne cela parce que je crois que le don qu'avait mon père pour tourner aux mauvais coins de rue n'a pas fait que le désoler pendant sa vie ; ce fut également une des raisons de son attirance pour Amina Sinai (grâce à Nadir Khan, elle avait montré qu'elle aussi savait prendre de mauvais tournants) ; et, qui plus est, son incapacité à suivre son nez s'écoula en moi, voilant jusqu'à un certain point l'héritage nasal que j'ai reçu d'ailleurs et me rendant, année après année, incapable de trouver ma route... Mais cela suffit pour l'instant, parce que j'ai laissé assez de temps aux trois hommes d'affaires pour arriver à l'entrepôt. Je dois ajouter que (à mon avis, c'était une conséquence directe de son absence de sens de l'orientation) mon père était un homme au-dessus de qui, même dans ses moments de triomphe, planait l'odeur fétide de l'échec à venir, l'odeur du mauvais tournant juste au coin, un arôme que ses bains fréquents ne pouvaient laver. M. Kemal disait en privé à S. P. Butt : « Ces gens du Cachemire, mon vieux ! Ils ne se lavent jamais, c'est bien connu. » Et cette calomnie rattache mon père au batelier Tai... Tai dont la rage autodestructrice l'amena à renoncer à se laver.

Dans la zone industrielle, les veilleurs de nuit dormaient paisiblement dans le bruit des voitures de pompiers. Pourquoi ? Comment ? Parce qu'ils avaient conclu un marché avec les voyous de Ravana et, quand l'arrivée de la bande était imminente, ils prenaient leur sac de couchage et leur lit de camp et s'en allaient. De cette façon, la bande évitait la violence et les veilleurs de nuit arrondissaient leurs fins de mois. C'était un accord amiable et pas stupide.

Au milieu des veilleurs de nuit endormis, M. Kemal, mon père et S. P. Butt contemplaient des bicyclettes calcinées monter au ciel sous forme de nuages épais et noirs. Butt père Kemal restaient près des voitures des pompiers tandis que le soulagement se répandait en eux, parce que c'était l'entrepôt des bicyclettes indiennes Arjuna qui brûlait — la marque

Arjuna, d'après un héros de la mythologie indienne, n'avait pas réussi à cacher que la société était la propriété de musulmans. Soulagés, père Kemal Butt respiraient l'air empli de bicyclettes incendiées, toussaient et postillonnaient alors que les fumées de roues brûlées, les esprits vaporisés des chaînes, sonnettes, sacoches, guidons, les formes transsubstantiées des bicyclettes indiennes Arjuna entraient et sortaient de leurs poumons. Sur un poteau télégraphique, en face de l'entrepôt en flammes, on avait cloué un masque grossier — un masque à plusieurs visages — un masque de démon aux faces grimaçantes, avec de grosses lèvres rondes et des narines rouges. Les visages du monstre à plusieurs têtes, Ravana, le roi démon, regardaient de façon coléreuse les corps des veilleurs qui dormaient si profondément que personne, ni les pompiers, ni Kemal, ni Butt, ni mon père n'eut le cœur de les déranger ; et des cendres de pédales et de chambres à air tombaient des cieux.

« Sale affaire », dit M. Kemal. Il ne sympathisait pas. Il critiquait les propriétaires de la société des bicyclettes indiennes Arjuna.

Regardez : le nuage du désastre (qui est aussi un soulagement) s'élève dans le ciel décoloré du matin. Voyez-le s'en aller vers l'ouest, vers le centre de la vieille ville ; il se tend comme un doigt, seigneur, vers le muhalla musulman près de Chandni Chowk !... Où, juste en ce moment, Lifafa Das hurle dans la ruelle même des Sinai :

« Venez voir, venez voir le monde, venez voir ! »

Le moment de la déclaration publique est presque arrivé. Je ne nierai pas que je suis excité : il y a trop longtemps que j'erre à l'arrière-plan de ma propre histoire et, bien qu'il soit encore un peu tôt pour que je prenne la suite, il n'est pas désagréable d'y jeter un coup d'œil. Aussi, avec beaucoup d'espoir, je suis dans le ciel le doigt pointé sur le quartier de mes parents, au-dessus des bicyclettes, des vendeurs des rues proposant des pois chiches grillés dans des cornets de papier, au-dessus des voyous se tenant par la main et balançant des hanches, au-dessus des papiers gras volant au vent et des tourbillons de mouches autour des étals des marchands de bonbons... tout cela réduit, à cause de mon point de vue très élevé. Et il y a des enfants, des essaims d'enfants, attirés dans la rue par les roulements de tambour et la voix de Lifafa Das : « *Dunya dekho !* » Venez voir le monde entier ! Des garçons sans culotte, des filles sans chemise, et d'autres, plus élégants, avec les vêtements blancs de l'école, les culottes soutenues par des ceintures élastiques avec des boucles en forme de serpent, de gros petits garçons avec des doigts boudinés ; tous se regroupent autour de la boîte noire montée sur roues, y compris une petite fille, une fille avec d'épais sourcils qui vont d'un œil à l'autre sans discontinuer, la fille de huit ans de ce Sindhi impoli qui en ce moment même lève le drapeau du Pakistan, pays encore imaginaire, qui lance des injures à son voisin, tandis que sa fille court dans les rues avec son *chavanni*[1] dans la main, l'allure d'une reine naine et le meurtre juste derrière les lèvres. Quel est son nom ? Je ne le connais pas ; mais je connais ses sourcils.

Lifafa Das : qui par un malheureux concours de circonstances a installé son kaléidoscope contre un mur sur lequel quelqu'un a peint une svastika (à cette époque-là, on en voyait partout ; les extrémistes du parti R.S.S.S.[2] en mettaient sur tous les murs ; pas la svastika nazie qui tournait dans le mauvais sens, mais l'ancien symbole hindou du pouvoir. En sanskrit *svasti* veut dire « bon »)... Ce Lifafa Das, dont j'ai annoncé l'arrivée à coups de trompette, était un jeune homme, invisible jusqu'à ce qu'il sourie, qu'il devienne beau, ou qu'il fasse vibrer son tambour et, à ce moment-là, il devenait irrésistible aux enfants. Dans toute l'Inde, ils criaient : « *Dilli dekho !* », « Venez voir Delhi ! » Mais on était à Delhi, et Lifafa Das avait modifié le cri en conséquence : « Venez voir le monde entier, venez voir tout ! » Après un certain temps, l'emphase de la formule commença à

1. *Chavanni :* pièce de monnaie. (*N.d.T.*)
2. R.S.S.S. Rashtviga Svayamsevak Saugh, organisation hindoue d'extrême droite. (*N.d.T.*)

le travailler ; et, tandis qu'il essayait désespérément de fournir ce qu'il avait promis, de tout mettre dans sa boîte, les cartes postales envahirent son kaléidoscope. (Et cela me rappelle soudain l'ami peintre de Nadir Khan : est-ce une maladie indienne, ce besoin de condenser toute la réalité ? Pire : suis-je contaminé moi aussi ?)

Dans le kaléidoscope de Lifafa Das, il y avait des images du Taj Mahal, du temple Meenakshi et du Gange sacré ; mais Lifafa Das avait éprouvé le besoin d'inclure à côté de ces sites célèbres des images plus contemporaines — Stafford Cripps quittant la résidence de Nehru ; des intouchables qu'on touchait ; des gens instruits couchés sur des voies ferrées ; une actrice européenne avec une montagne de fruits sur la tête — Lifafa l'appelait Carmen Verandah ; même une photo de journal, collée sur un carton — et montrant un incendie dans la zone industrielle. Lifafa Das ne croyait pas qu'il fallait épargner à son public les images pas — toujours — agréables de l'époque... et souvent, quand il était dans les ruelles, des adultes aussi bien que des enfants venaient voir ce qu'il y avait de nouveau dans la boîte montée sur roues, et parmi ses habitués il y avait begum Amina Sinai.

Mais aujourd'hui, il y a quelque chose d'hystérique dans l'air ; quelque chose de fragile et de menaçant s'est installé sur le muhalla avec le nuage de bicyclettes brûlées... : et cela se libère quand cette fille avec un seul grand sourcil se met à crier en zézayant avec une innocence qu'elle n'a pas : « Ze suis la première ! Ranzez-vous... ze peux pas voir ! » Parce qu'il y a déjà des yeux à chaque trou, des enfants qui sont absorbés à regarder défiler les cartes postales, et Lifafa Das dit (sans s'arrêter dans son travail — il continue à tourner la manivelle qui fait bouger les cartes postales à l'intérieur de la boîte) : « Quelques minutes, ma petite ; chacun son tour ; attends un peu. » Ce à quoi la reine naine à un seul sourcil répond : « Non ! Non ! Ze veux z'être la première ! » Lifafa cesse de sourire — il devient invisible — et hausse les épaules. Une fureur sans retenue apparaît sur le visage de la reine naine. Et maintenant voici une injure : « Tu en as du toupet de venir dans ze muhalla ! Ze te connais : mon père te connaît. Tout le monde zait que tu es z'hindou ! »

Lifafa reste silencieux et tourne la manivelle ; mais maintenant, la Walkyrie à queue de cheval et au sourcil unique se met à psalmodier en tendant ses doigts boudinés, et les garçons avec leurs vêtements blancs et leurs ceintures à boucles-serpents se joignent à elle : « Hindou ! Hindou ! Hindou ! » Et des stores se lèvent ; et le père de la fille se penche à la fenêtre et crie en bengali : « Violeur de mères ! Suborneur de nos filles !... » Et, se souvenant des journaux qui ont parlé d'enfants musulmans agressés, une voix s'écrie soudain — une voix de femme, peut-être celle de l'idiote de Zohra : « Le violeur ! Ah ! Mon Dieu ! Ils ont trouvé le violeur ! C'est *lui !* » Et la folie du nuage en forme de doigt pointé et le désordre irréel de l'époque s'abat sur le muhalla et on peut entendre des cris à chaque fenêtre et les écoliers se sont mis à chanter : « Vio-leur ! Vio-leur ! Vieux-lard ! » Sans savoir vraiment ce qu'ils disent ; les enfants se sont éloignés de Lifafa Das, et lui aussi s'en va avec sa boîte montée sur roues, essayant de partir, mais les voix avides de sang l'entourent, et les voyous se dirigent vers lui, des hommes descendent de bicyclette, un pot passe près de lui et va s'écraser sur le mur ; il a le dos contre une porte et un type avec un toupet de cheveux graisseux lui sourit doucement et lui dit : « Alors, monsieur : c'est vous ? Monsieur l'hindou, qui souillez nos filles ? Monsieur l'idolâtre qui couchez avec votre sœur ? » Et Lifafa Das : « Non, pour l'amour de... » Il sourit comme un fou... et, derrière lui, la porte s'ouvre et il tombe à la renverse, et atterrit dans un corridor sombre et frais, près de ma mère Amina Sinai.

Elle avait passé la matinée seule avec Zohra qui ricanait et l'écho du nom de Ravana, sans savoir ce qui se passait sur la zone industrielle, et laissant vagabonder son esprit sur la façon dont le monde semblait devenir fou ; et quand les cris commencèrent et que Zohra — avant qu'on ait pu l'arrêter — s'y joignit, elle comprit qu'elle était la fille de son père, et quelque chose se durcit en elle, quelque souvenir-esprit de

Nadir Khan fuyant dans un champ de blé des poignards en croissants de lune, quelque irritation de ses fosses nasales, et elle se précipita à son secours malgré les cris perçants de Zohra : « Qu'est-ce que tu fais, petite sœur, cette bête brute, pour l'amour de Dieu, ne le laisse pas entrer, tu as perdu l'esprit ?... » Ma mère ouvrit la porte et il tomba à l'intérieur.

Imaginez ma mère ce matin-là, une ombre noire entre la populace et sa proie, le ventre plein de son secret invisible et gardé silencieux. « Bravo ! Bravo ! dit-elle à la foule, en applaudissant. Voilà des héros ! Des héros, je le jure ! Seulement cinquante contre ce terrible monstre ! J'en ai les yeux qui brillent d'orgueil ! » ... Et Zohra : « Reviens, petite sœur ! » ... et le toupet graisseux : « Pourquoi défendre ce crétin, begum sahiba ? Ce n'est pas bien. » Et Amina : « Je connais cet homme. Il est honnête. Allez-vous-en ; vous n'avez rien à faire ? Vous mettriez un homme en pièces, dans un muhalla musulman ? Allez-vous-en ! » Mais l'effet de surprise est passé, et la foule s'avance à nouveau.

« *Ecoutez,* crie ma mère, *écoutez bien. J'attends un enfant. Je suis une mère qui va avoir un enfant et qui va donner refuge à cet homme. Venez maintenant et, si vous voulez tuer, tuez aussi une mère et montrez au monde que vous êtes des hommes !* »

C'est donc ainsi que ma venue — la venue de Saleem Sinai — fut annoncée à la foule avant que mon père en eût entendu parler. Il semble que j'ai été propriété publique depuis le moment de ma conception.

Mais, bien que ma mère eût raison en faisant cette déclaration publique, elle avait aussi tort. Voici pourquoi : le bébé qu'elle portait n'allait pas devenir son fils.

Ma mère vint à Delhi ; elle s'efforça assidûment d'aimer son mari ; Zohra, le khichri et des bruit de pas l'empêchèrent d'annoncer la nouvelle à son mari ; elle entendit des cris ; et fit une déclaration publique. Et cela a marché. L'annonce de mon arrivée a sauvé une vie.

Quand la foule eut disparu, le vieux Musa, le serviteur, alla dans la rue et récupéra le kaléidoscope de Lifafa Das, tandis qu'Amina donnait au jeune homme, avec son plus beau sourire, des verres et des verres de citronnade fraîche. On aurait dit que l'épreuve lui avait tiré du corps, non seulement toute humidité, mais aussi toute douceur, car il mettait quatre cuillerées de sucre brut dans chaque verre, tandis que Zohra, terrorisée, était blottie sur un sofa. A la fin, Lifafa (réhydraté par la citronnade et radouci par le sucre) dit :

« Begum sahiba, vous êtes une grande dame. Si vous me le permettez, je vais bénir votre maison ; ainsi que votre enfant à naître. Mais aussi — si vous me le permettez — je vais faire encore une chose pour vous.

— Merci, dit ma mère. Mais vous ne devez rien faire. »

Mais il poursuivit (la douceur du sucre lui épaississait la langue.) « Mon cousin, Shri Ramram Seth, est un grand prophète, begum sahiba. Chiromancien, astrologue, diseur de bonne aventure. Si vous voulez bien venir le voir, il vous révélera l'avenir de votre fils. »

Ainsi, des devins m'ont prophétisé... en janvier 1947, on fit à ma mère le cadeau d'une prophétie, en échange du cadeau d'une vie qu'elle avait fait. Et malgré l'avertissement de Zohra : « C'est de la folie d'aller avec lui, ma petite Amina, n'y pense pas, parfois il faut être prudent » ; malgré les souvenirs du scepticisme de son père et de son poucetindex serrant l'oreille d'un maulvi, la proposition toucha ma mère à un endroit qui répondit oui. Prise dans l'étonnement illogique de sa maternité toute neuve, dont elle était maintenant certaine, elle dit : « Oui, Lifafa Das, voulez-vous que nous nous retrouvions dans quelques jours à la porte du Fort-Rouge ? Et vous me conduirez près de votre cousin. — Je vous attendrai chaque jour. » Il joignit les paumes ; et s'en alla.

Zohra était tellement stupéfaite que, quand Ahmed Sinai rentra, elle ne put que secouer la tête et dire : « Vous les jeunes mariés, vous êtes aussi bêtes que des hiboux ; je dois vous laisser ensemble. »

Musa le vieux serviteur tint sa langue lui aussi. Il resta toujours à l'arrière-plan de nos vies, sauf deux fois... Une fois quand il nous quitta ; une fois quand il revint et détruisit le monde par hasard.

LES MONSTRES À PLUSIEURS TÊTES

A moins, évidemment que le hasard n'existe pas ; auquel cas Musa — avec son âge et sa servilité — n'était rien d'autre qu'une bombe à retardement, tictaquant doucement en attendant son heure ; auquel cas nous devrions soit — dans l'hypothèse optimiste — nous lever et applaudir, parce que, si tout est prévu d'avance, nous avons tous une signification et la terreur de nous savoir aller à l'aventure nous est épargnée ; ou alors nous devrions — dans l'hypothèse pessimiste — tout abandonner tout de suite, en comprenant la futilité de la pensée décision action, puisque, quoi que nous pensions, cela ne change rien ; les choses seront ce qu'elles seront. Alors, où est l'optimisme ? Dans le destin ou dans le chaos ? Mon père était opti- ou pessi-miste quand ma mère lui apprit la nouvelle (tout le monde dans le voisinage la connaissait déjà) et qu'il répondit : « Je te l'avais dit ; ce n'était qu'une question de temps. » Il semble que la grossesse de ma mère était fatale ; cependant ma naissance dut beaucoup au contingent.

« Ce n'était qu'une question de temps », dit mon père, avec toutes les marques extérieures du plaisir ; mais, en ce qui me concerne, le temps a toujours été quelque chose d'instable, sur lequel on ne pouvait pas compter. Il pouvait même être victime de la partition : les pendules du Pakistan auraient une demi-heure d'avance sur les indiennes... M. Kemal, qui ne voulait pas entendre parler de partition, aimait dire : « Cela prouve bien la sottise de la combinaison ! Les gens de la Ligue veulent soustraire une demi-heure ! Le Temps sans Partition ! A la bonne heure ! » Et S. P. Butt disait : « S'ils peuvent changer le temps comme ça, qu'est-ce qui sera réel désormais ? Je vous le demande ? Qu'est-ce qui est vrai ? »

Le jour semble propice pour les grandes questions. Par-delà les années sur lesquelles on ne peut compter, je répondrai à S. P. Butt qui pendant les émeutes pour la Partition s'est fait couper la gorge et qui a cessé de s'intéresser au temps : « Ce qui est réel et ce qui est vrai ne sont pas nécessairement la même chose. » Pour moi, depuis mon plus jeune âge, le *vrai* était ce qui se cachait dans les histoires que me racontait Mary Pereira. Mary, mon *ayah* [1], était à la fois plus et moins qu'une mère ; Mary qui connaissait tout à notre sujet. Le *vrai* était une chose dissimulée juste derrière l'horizon vers lequel se tendait le doigt du pêcheur dans le dessin accroché au mur, tandis que le jeune Raleigh écoutait ses histoires. Aujourd'hui, ce sont ces choses d'autrefois qui me servent à prendre la mesure de la vérité. Est-ce ce qu'aurait raconté Mary ? Je me le demande. Est-ce ce qu'aurait dit le pêcheur ?... Et d'après ces critères, il est indéniablement vrai qu'un jour de janvier 1947, ma mère apprit tout à mon sujet, six mois avant que je fasse mon apparition, tandis que mon père affrontait un roi démon.

Amina Sinai avait attendu un moment favorable pour accepter l'offre de Lifafa Das ; mais, pendant les deux jours qui suivirent l'incendie de l'usine des bicyclettes indiennes, Ahmed Sinai resta chez lui, il n'alla même pas à son bureau de la place Connaught, comme s'il voulait s'endurcir dans la perspective d'une mauvaise rencontre. Pendant deux jours, le sac gris plein d'argent resta soi-disant secrètement sous le lit, du côté d'Ahmed Sinai. Mon père semblait ne pas vouloir parler des raisons de sa présence ; aussi Amina se dit : « Laissons-le faire ; qu'importe ? » Elle aussi avait son secret, qui attendait patiemment près des portes du Fort-Rouge, au

1. *Ayah :* nourrice. (*N.d.T.*)

sommet de Chandni Chowk. Irritée, ma mère gardait Lifafa Das pour elle. Elle se disait : « A moins et jusqu'à ce qu'il me dise ce qu'il veut faire, pourquoi est-ce que je lui dirais quelque chose ? »

Puis, un soir très froid de janvier, Ahmed Sinai dit : « Il faut que je sorte cette nuit » ; et, malgré les récriminations d'Amina, « Il fait froid — tu vas attraper du mal... », il mit son costume d'homme d'affaires et son manteau, sous lequel le mystérieux sac gris faisait une bosse énorme et ridicule ; finalement, elle lui dit : « Couvre-toi bien », et le laissa partir là où il voulait aller en lui demandant : « Tu rentreras tard ? » Ce à quoi il répondit : « Oui, sûrement. » Cinq minutes après son départ, Amina Sinai s'en alla vers le Fort-Rouge, au plein cœur de l'aventure.

Un voyage commença à un fort ; un autre aurait dû s'achever à un fort, et ne le fit pas. Un prédisait l'avenir ; l'autre déterminait sa situation géographique. Au cours d'un des voyages, des singes dansaient de façon amusante ; dans l'autre, un singe dansait également, mais avec des résultats désastreux. Des vautours jouèrent un rôle dans les deux aventures. Et, à l'extrémité des deux routes, étaient cachés des monstres à plusieurs têtes.

Un seul à la fois... et voici Amina sous les hauts murs du Fort-Rouge d'où l'on proclamerait la naissance de la nouvelle nation... n'étant ni monarque ni héraut, ma mère est cependant accueillie avec chaleur (malgré la température). Dans les derniers reflets du jour, Lifafa Das s'écrie : « Begum sahiba ! Vous êtes venue, c'est merveilleux ! » Peau sombre et sari blanc, elle lui fait signe d'aller vers un taxi ; il ouvre la portière arrière ; mais le conducteur le rembarre : « Tu penses à quoi ? Pour qui tu te prends ? Viens t'asseoir devant, petit malin, et laisse la dame s'asseoir derrière ! » Et ainsi, Amina partage son siège avec un kaléidoscope monté sur roues, tandis que Lifafa Das s'excuse : « Je suis désolé, begum sahiba. Je ne voulais pas vous offenser. »

Mais voilà que, refusant d'attendre son tour, arrive un

second taxi ; il s'arrête devant un autre fort, il libère son chargement, trois hommes en costume, chacun d'eux portant un énorme sac gris sous son manteau... L'un d'eux est long comme un jour sans pain et maigre comme un clou, le deuxième est tout mou et le troisième a une lèvre inférieure proéminente, un ventre trop mûr, des cheveux rares et graisseux qui lui descendent jusqu'à la pointe des oreilles, et entre les sourcils une ride secrète qui avec l'âge se creusera pour devenir la profonde cicatrice d'un homme amer. Le chauffeur de taxi est échauffé malgré le froid. « Purana Qila ! crie-t-il. Tout le monde descend, s'il vous plaît ! Nous sommes au Vieux Fort !... » Delhi est une succession de villes anciennes, et le Vieux Fort, ces ruines noircies, est si ancien qu'auprès de lui notre Vieille Cité est à peine un enfant au berceau. C'est vers ces ruines d'une antiquité improbable que Kemal, Butt et Ahmed Sinai ont été appelés par un coup de téléphone anonyme qui leur a ordonné : « Ce soir. Au Vieux Fort. Juste après le coucher du soleil. Mais pas de police... sinon, l'entrepôt !... » Ils serrent leurs sacs gris et entrent dans un monde ancien qui s'effondre.

...Serrant son sac à main, ma mère est assise à côté d'un kaléidoscope, et Lifafa Das, devant, près du chauffeur intrigué et irascible, guide le taxi et le dirige de l'autre côté du bureau de poste central. Et, quand elle pénètre dans les ruelles où la pauvreté ronge le goudron comme la sécheresse, où les gens mènent des vies invisibles (car ils partagent avec Lifafa Das la malédiction de l'invisibilité, mais peu parmi eux ont de beaux sourires), quelque chose de nouveau assaille ma mère. A cause de ces rues étroites et surpeuplées, elle a perdu ses « yeux de citadine ». Quand vous avez des « yeux de citadin » vous ne pouvez pas voir les gens invisibles, les hommes atteints de l'éléphantiasis des couilles et les mendiants en petites voitures ne vous bousculent pas, et les futurs égouts en ciment ne ressemblent pas à des dortoirs. Ma mère perdit ses yeux de citadine et la nouveauté de ce qu'elle voyait la fit rougir, la nouveauté comme de la grêle lui piquant les joues. Mon Dieu, ces beaux enfants ont des dents noires ! Et ces petites filles découvrant leurs seins ! Quelle horreur ! Et, Allah, juste ciel, des balayeuses avec — Non ! quelle horreur ! — des dos bossus, des balais de brindilles, et pas de marques de caste ; des intouchables, mon Dieu !... et des estropiés partout, mutilés par des parents qui les aimaient et qui voulaient leur assurer pour toute leur vie une situation de mendiants... oui, des mendiants dans des petites voitures, des adultes avec des jambes de nourrissons, dans des caisses montées sur roues, faites avec des patins à roulettes trouvés aux ordures et de vieux cageots à mangues ; ma mère crie : « Lifafa Das, demi-tour ! »... mais il fait son plus beau sourire et dit : « Il faut partir d'ici. » Voyant cela, elle dit au chauffeur de taxi d'attendre, et le conducteur au mauvais caractère dit : « Bien sûr, qu'est-ce que je peux faire d'autre qu'attendre une grande dame et quand vous reviendrez il faudra que je fasse tout le chemin en marche arrière, car il n'y a pas la place de faire demi-tour ! »... Des enfants qui tirent sur son sari, des têtes partout qui regardent ma mère, et elle pense C'est comme d'être entouré par un monstre terrible, une créature avec des têtes, des têtes, des têtes ; mais elle se reprend, non, pas un monstre bien sûr, ces pauvres gens — et puis ? Une puissance qui ne connaît pas sa force, qui s'est transformée en faiblesse pour n'avoir jamais été utilisée... Non, ce ne sont pas des gens dégénérés, malgré tout. « J'ai peur », se dit ma mère au moment où une main lui touche le bras. Elle se retourne et regarde le visage — c'est impossible ! — d'un Blanc qui tend une main couverte de guenilles et dit d'une voix aiguë comme dans une chanson étrangère, « Donne quelque chose, begum sahiba... » et il répète et répète sa phrase comme un disque rayé, tandis qu'elle regarde avec embarras ce visage blanc aux longs cils et au nez busqué — avec embarras parce qu'il est blanc et que la mendicité n'est pas pour les Blancs. « ... Depuis Calcutta à pied, disait-il, couvert de cendres, comme vous le voyez, begum sahiba, à cause de ma honte d'avoir été ici pour le massacre — en août dernier, vous vous souvenez, begum sahiba, des milliers poignardés en quatre jours... » Lifafa Das est là, impuissant, sans savoir quoi faire avec un

Blanc, même un mendiant, et « ... avez-vous entendu parler de l'Européen ? demande le mendiant, ... oui, parmi les assassins, begum sahiba, traversant la ville, la nuit, avec du sang sur sa chemise, un homme blanc perturbé par la futilité des gens de son espèce ; en avez-vous entendu parler ? »... la voix troublante fait une pause, et ajoute : « C'était mon mari. » C'est alors seulement que ma mère a vu les seins sous les guenilles... « Donne quelque chose pour ma honte. » Et elle tira sur le bras de ma mère. Lifafa Das tirait sur l'autre en murmurant, c'est un travelo, partons, begum sahiba ; et Amina, tirée des deux côtés, ne bouge pas et a envie de dire : « Attendez, femme blanche, attendez que j'aie fini, et je vous emmènerai chez moi, je vous nourrirai, vous habillerai, vous renverrai dans notre monde » ; mais, à ce moment, la femme hausse les épaules et s'en va les mains vides dans la rue qui se rétrécit, puis elle disparaît dans ce monde de misère. Et Lifafa Das, avec une curieuse expression sur le visage, dit : « Ce sont des rigolos ! Ils sont finis ! Bientôt, ils partiront ; alors, on sera libres de s'entre-tuer. » Une main posée sur le ventre, elle le suit dans une entrée obscure, le visage en feu.

... Au Vieux Fort, Ahmed Sinai attend Ravana. Mon père dans le soleil couchant : debout dans l'entrée obscure de ce qui fut autrefois une pièce dans les murs en ruine du fort, la lèvre inférieure charnue et proéminente, les mains derrière le dos, la tête pleine de problèmes d'argent. Il n'a jamais été heureux. Il avait une légère odeur d'échec à venir ; il maltraitait les domestiques ; peut-être souhaitait-il, plutôt que d'avoir pris la suite de son père dans l'affaire de plastique, avoir eu la force de poursuivre son ambition originale, le classement du Coran dans l'ordre chronologique exact. (Une fois, il m'avait dit : « Quand Mahomet prophétisait, les gens écrivaient ce qu'il disait sur des feuilles de palmier, qu'on rangeait n'importe comment dans une boîte. Après sa mort, Abu Bakr[1] et les autres ont essayé de se souvenir de l'ordre correct. Mais ils

1. Abu Bakr : beau-père et successeur de Mahomet. Le premier des califes. (*N.d.T.*)

n'avaient pas de bonnes mémoires. » Encore un mauvais choix : au lieu de réécrire un livre sacré, mon père se cachait dans des ruines en attendant des démons. Pas étonnant qu'il ne fût pas heureux ; et je ne serais d'aucune aide. En naissant, je lui ai cassé le gros orteil.)... Mon malheureux père, je le répète, pense avec mauvaise humeur à l'argent. A sa femme qui lui soutire de l'argent et qui, la nuit, lui fait les poches. Et à son ex-femme (qui par la suite est morte de façon accidentelle ; alors qu'elle se disputait avec le conducteur d'une charrette attelée d'un chameau, l'animal lui a mordu le cou), qui lui écrit des lettres interminables pour quémander de l'argent malgré les dispositions du divorce. Et Zohra, sa cousine éloignée, qui a besoin qu'il lui fasse une dot, afin qu'elle puisse élever des enfants pour les marier aux siens et ainsi enfoncer encore plus ses griffes dans son argent. Et il y a les promesses du major Zulfikar (à ce moment-là, le major Zulfy et mon père s'entendaient très bien). Le major avait écrit dans des lettres : « Vous devez opter pour le Pakistan quand le moment viendra, et il viendra sûrement. Ce sera une vraie mine d'or pour des hommes comme nous. Laissez-moi vous présenter à M. A. J. lui-même... » Mais Ahmed Sinai ne faisait pas confiance à Muhammad Ali Jinnah et il n'accepta jamais l'offre de Zulfy ; aussi, quand Jinnah deviendrait président du Pakistan, il y aurait une erreur supplémentaire à laquelle réfléchir. Enfin, il eut des lettres du vieil ami de mon père, le gynécologue Narlikar de Bombay. « Les Anglais s'en vont en foule. Les maisons ne valent plus rien ! Vendez tout ; venez ici ; achetez ; et passez le reste de votre vie dans le luxe ! » Dans un esprit aussi préoccupé par l'argent, il n'y avait pas de place pour les versets du Coran... et, en attendant, il est là, près de S. P. Butt qui mourra dans un train en route pour le Pakistan, et de Mustapha Kemal qui sera assassiné par des hommes de main dans sa grande maison de Flagstaff Road et qu'on retrouvera avec les mots « spéculateur du sommeil de sa mère » écrits sur la poitrine avec son propre sang... Près de ces deux hommes au destin funeste, attendant dans l'ombre secrète des ruines l'arrivée d'un maître chanteur venant chercher son argent, pour l'espionner. « Le coin sud-ouest, avait-on dit au téléphone. Une tourelle. A l'intérieur, un escalier en pierre. Vous montez. Vous arrivez au sommet. Vous y laissez l'argent. Vous partez. Compris ? » Défiant les ordres, ils se sont cachés dans les ruines ; là-haut, au sommet de la tourelle, trois sacs gris attendent dans les ombres qui se rassemblent.

... Dans les ombres qui se rassemblent d'une cage d'escalier sans air, Amina Sinai monte vers une prophétie. Lifafa Das la réconforte ; parce que, maintenant qu'elle est venue en taxi et qu'elle est à sa merci, il a l'impression d'un léger changement en elle, comme si elle regrettait sa décision ; il la rassure tandis qu'elle monte. La cage d'escalier obscure est pleine d'yeux, des yeux qui luisent à travers les portes fermées vers la dame sombre, des yeux qui s'enroulent autour d'elle comme les langues rêches des chats ; et, tandis que Lifafa parle, de façon apaisante, ma mère sent que sa volonté l'abandonne. Que ce qui doit arriver, arrive, sa force de caractère et sa prise sur le monde la quittent, aspirées par l'immense éponge de la cage d'escalier. Ses pieds suivent paresseusement jusqu'en haut de cet immeuble en piteux état dans lequel Lifafa Das et ses cousins ont un petit coin, tout au sommet... et là, près du sommet, elle voit une obscure clarté qui filtre sur les têtes des blessés qui font la queue. « Mon deuxième cousin, dit Lifafa Das, est rebouteux. » Elle dépasse des hommes aux bras cassés, des femmes aux pieds tordus dans des angles impossibles, des laveurs de carreaux qui sont tombés, des poseurs de briques aux membres fracturés, une fille de médecin entre dans un univers plus vieux que les seringues et les hôpitaux ; jusqu'à ce qu'enfin Lifafa Das dise : « Nous y voilà, begum », et il lui fait traverser une pièce dans laquelle le rebouteux attache des membres fracassés dans des feuilles et des attelles, enveloppe des têtes dans des feuilles de palmier, jusqu'à ce que ses patients finissent par ressembler à des arbres artificiels, laissant pousser de la végétation par leurs blessures... puis ils sortent sur une terrasse cimentée. Amina cligne des yeux dans la lumière des lanternes et transforme les ombres du toit en formes folles : des singes qui dansent ; des mangoustes qui bondissent ; des serpents qui se balancent dans des paniers ; et, sur le parapet, la silhouette de grands oiseaux dont les corps sont aussi courbés et cruels que leurs becs : des vautours.

« *Arré baap !* s'écrie-t-elle, où m'emmenez-vous ?

— Il n'y a rien à craindre, begum, s'il vous plaît, dit Lifafa Das. Ce sont mes cousins. Mes troisième et quatrième cousins. Celui-ci fait la danse du singe…

— Juste pour s'exercer, begum, dit une voix. Regardez : le singe va à la guerre et meurt pour sa patrie !

— … Et ici, l'homme-serpent-et-mangouste.

— Regardez le saut de la mangouste, sahiba, la danse du cobra !

— … Mais les oiseaux ?…

— Ce n'est rien, madame. La Tour du Silence des parsis[1] est tout près ; et, quand il n'y a pas de morts, les vautours viennent ici. Ils dorment ; le jour, je crois qu'ils aiment voir mes cousins s'entraîner. »

Une petite pièce de l'autre côté de la terrasse. La lumière passe par la porte entrouverte quand Amina entre… à l'intérieur, elle découvre un homme du même âge que son mari, un gros homme avec plusieurs mentons, qui porte des pantalons blancs tachés, une chemise rouge à carreaux et pas de chaussures ; il mâche des grains d'anis et boit au goulot d'une bouteille ; il est assis les jambes croisées dans une pièce dont tous les murs sont recouverts de peintures de Vishnu dans chacun de ses avatars, et des avertissements qui disent : *écrire instruit,* ou *cracher pendant les visites est une très mauvaise habitude.* Il n'y a pas de meubles… et Shri Ramram Seth est assis, les jambes croisées, six pouces au-dessus du sol…

Je dois l'avouer : à sa grande honte, ma mère cria…

… Pendant ce temps, les singes crient sur les remparts du Vieux Fort. La ville en ruine ayant été désertée par ses

1. Tour du Silence : les parsis (ou zoroastriens) déposent les corps de leurs morts au sommet de « Tours de Silence » où ils sont dévorés par des vautours. (*N.d.T.*)

habitants, elle est devenue la demeure des singes. Des singes à grande queue et à face noire qui possèdent un sens de leur mission qui surpasse tout. Hop ! hop ! hop ! Ils escaladent les ruines jusqu'au sommet, ils marquent leur territoire et ensuite ils commencent à démolir, pierre après pierre, toute la forteresse. C'est vrai, Padma : tu n'y es jamais allée, tu n'as jamais observé dans le crépuscule des créatures furieuses, déterminées, qui arrachent les pierres, qui tirent et se balancent, se balancent et tirent, arrachent les pierres d'un seul coup... Chaque jour, les singes lançaient des pierres qui roulaient en bas des murs, sautaient aux angles et aux saillies et s'écrasaient dans les fossés. Un jour, il n'y aura plus de fort ; à la fin, il ne restera plus qu'un tas de pierres, avec dessus des singes hurlant de triomphe... et voici un singe qui court sur les remparts — je vais l'appeler Hanuman, comme le dieu singe qui a aidé le prince Rama à vaincre le Ravana de l'origine... Regardez-le arriver dans la tourelle, son territoire ; il court, crie, saute d'un coin à l'autre de son royaume, en se frottant le derrière sur les pierres ; puis il s'arrête, renifle quelque chose qui ne devrait pas être là... et il se précipite au sommet où les trois hommes ont déposé trois choses molles, grises et étrangères. Et, tandis que des singes dansent sur une terrasse derrière la poste, Hanuman le singe danse de rage. Il se jette sur les choses grises. Elles ne tiennent pas beaucoup, ce sera facile de les arracher... Regardez Hanuman qui maintenant traîne les pierres molles et grises vers le bord du mur extérieur du fort. Regardez-le les déchirer : cric ! crac ! croc !... regardez avec quelle adresse il ramasse des papiers dans les choses grises et comme il les jette en bas, comme de la pluie qui va baigner les pierres tombées dans le fossé ! ... des papiers qui tombent paresseusement et comme à contrecœur, comme un bon souvenir s'en va dans l'obscurité ; et maintenant un coup de pied, boum ! et un autre coup de pied ! Les trois pierres molles et grises basculent au-dessus du rebord, tombent-tombent dans le noir, et à la fin on entend un plouf triste et mou. Une fois son travail fait, Hanuman s'en désintéresse, il se précipite sur un sommet de son royaume et se met à secouer une pierre.

... Cependant, en bas, mon père a vu une silhouette grotesque émerger des ténèbres. Ne sachant rien du désastre qui a eu lieu en haut, il observe le monstre, caché dans les ombres des ruines : une créature au pantalon en lambeaux avec une tête de démon, une tête en papier mâché avec des visages ricanant de tous les côtés... Le représentant désigné de la bande de Ravana. L'encaisseur. Le cœur battant, les trois hommes d'affaires regardent ce spectre sorti d'un cauchemar de paysan disparaître dans l'escalier qui conduit au sommet de la tourelle ; et, après quelques instants, dans le silence de la nuit, ils entendent les jurons tout à fait humains du démon. « Eunuques !... » Sans comprendre, ils voient leur étrange bourreau apparaître, s'enfuir dans la nuit et disparaître. Ses imprécations... « Sodomiseurs d'ânes ! Fils de porcs ! Mangeurs de merde ! »... flottent un instant dans le vent. Ils se redressent et partent, l'esprit troublé ; mais Butt trouve un morceau de tissu gris ; Mustapha Kemal s'arrête devant une roupie froissée ; et peut-être, oui, pourquoi pas, mon père voit un singe qui s'agite... et ils s'interrogent.

Et maintenant, leurs gémissements et les injures de M. Butt qui font écho aux jurons du démon ; et sous leur crâne se déroule une tempête muette : argent ou entrepôt ou entrepôt ou argent ? Les hommes d'affaires pèsent, dans une panique muette, cette question fondamentale — mais même s'ils abandonnent l'argent aux déprédations des hommes et des chiens qui fouillent les ordures, comment arrêter les incendiaires ? — et, en fin de compte, sans qu'un mot ait été échangé, ils sont vaincus par la loi inexorable de « l'argent-qu'on-tient-vaut-mieux... » ; ils descendent les escaliers quatre à quatre, les pelouses herbues, ils passent des portes en ruine, et arrivent — dans le désordre ! — au fossé, et commencent à s'emplir les poches de roupies, ils écopent, grattent, saisissent, en ignorant les trous d'urine et les fruits pourris, et ils croient contre toute vraisemblance, que cette nuit — par la grâce de — cette nuit seulement, la bande ne mettra pas sa menace à exécution. Mais bien sûr...

... Mais bien sûr, Ramram le prophète n'était pas vraiment

en l'air, six pouces au-dessus du sol. Le cri de ma mère s'éteignit ; elle regarda mieux et aperçut la petite planche fixée dans le mur. « Ruse grossière », se dit ma mère, et « qu'est-ce que je fais dans cet endroit oublié de Dieu, avec des vautours endormis et des danseurs-singes, attendant qu'un gourou qui fait de la lévitation en s'asseyant sur une étagère me dise on ne sait quelles bêtises ? »

Ce qu'Amina Sinai ne savait pas, c'est que pour la seconde fois dans l'histoire j'allais faire sentir ma présence. (Non : pas le têtard frauduleux qui était dans son ventre ; non, je veux dire moi-même, dans mon rôle historique, sur lequel des premiers ministres ont écrit : « ... d'une certaine façon, il est notre miroir. » De grandes forces étaient à l'ouvrage cette nuit-là ; et tous ceux qui étaient là allaient bientôt en sentir la puissance et en être effrayés.)

Des cousins (du numéro un au numéro quatre), groupés dans la porte qu'avait empruntée la dame sombre, attirés comme des papillons de nuit par la chandelle de son cri... la regardant tranquillement tandis qu'elle s'avançait, guidée par Lifafa Das, vers l'improbable devin, étaient rebouteux, charmeurs de cobras et homme-singe. Puis des murmures d'encouragement (et y avait-il également de petits rires nerveux derrière des mains grossières ?) : « Il va vous annoncer un si beau destin, sahiba ! » et : « Allez, cousinji, la dame attend ! » Mais qui était ce Ramram ? Un petit trafiquant, un chiromancien de quat' sous, un donneur de petites prévisions à des femmes stupides — ou un homme de vérité, celui qui possède les clefs ? Et Lifafa Das : avait-il vu en ma mère une femme qu'on peut satisfaire avec un boniment à deux roupies, ou avait-il vu plus profondément en elle, dans le cœur souterrain de sa faiblesse ? — Et quand vint la prophétie, les cousins furent-ils étonnés eux aussi ? — Et l'écume à la bouche ? Qu'en est-il ? Et est-il vrai que ma mère, sous l'influence troublante de cette soirée d'hystérie, abandonna son habituel contrôle d'elle-même — qu'elle avait senti la quitter dans l'éponge absorbante de la cage d'escalier sans air et sans lumière — et qu'elle fut dans un état d'esprit où tout peut arriver et être cru ? Et il y a une autre possibilité, plus horrible encore ; mais, avant d'exprimer mes soupçons, je dois décrire aussi près possible de la réalité, malgré ce mince rideau d'ambiguïtés, ce qui se passa réellement : je dois décrire ma mère les mains ouvertes tendues vers le diseur de bonne aventure qui s'avançait, les yeux grands ouverts et sans bouger un cil — et les cousins (ricanant ?) « Quelles révélations on va vous faire, sahiba ! » et « Parle, cousinji, parle ! » — mais le rideau redescend et je ne peux être sûr de rien — est-ce qu'il commence comme un bonimenteur de foire avec des banalités sur la ligne de vie ligne de cœur et les enfants qui seront millionnaires, et les cousins applaudissent, « Bravo ! Bravo ! » et « Magistral ! Yara ! » — et alors, est-ce qu'il change ? — est-ce que Ramram se raidit ? — les yeux roulant vers le haut jusqu'à ce qu'ils soient blancs comme des œufs durs — est-ce qu'il demande d'une voix aussi étrange que celle d'un miroir, « Permettez-vous, madame, que je touche l'endroit ? » — et les cousins deviennent aussi silencieux que des vautours endormis — et est-ce que ma mère, tout aussi étrangement, répond, « Oui, je vous permets », et le prophète devient le troisième homme à l'avoir touchée de sa vie, sauf les membres de sa famille ? — et est-ce à ce moment-là qu'une brève décharge d'électricité est passée entre les doigts boudinés et la peau maternelle ? Et le visage de ma mère, un lapin effrayé, regardant le prophète avec sa chemise à carreaux qui commence à tourner en rond, les yeux toujours comme des œufs et à nouveau cette voix haute et étrange alors que ces mots sortent de ces lèvres (il faut que je décrive aussi ces lèvres, mais plus tard, car maintenant...) « Un fils. »

Les cousins silencieux — des singes en laisse qui cessent leurs bavardages — des cobras enroulés dans des paniers — et le diseur de bonne aventure qui tourne, et l'histoire parle par ses lèvres. (Comment était-ce ?) Pour commencer : « Un fils... et quel fils ! » Puis il continue : « Un fils, sahiba, qui ne sera jamais plus vieux que sa patrie — ni plus vieux ni plus jeune. » Et maintenant, il y a de la peur parmi les charmeurs de serpents danseurs mangoustes rebouteux montreurs de kaléidoscope, parce qu'ils n'ont jamais entendu Ramram parler ainsi, tandis qu'il continue de sa voix monocorde et aiguë : « Il y aura deux têtes — mais vous n'en verrez qu'une — il y aura des genoux et un nez. » Nez et genoux genoux et nez... Ecoute bien, Padma ; il ne s'est jamais trompé. « Un journal fait son éloge, deux mères l'élèvent ! Les cyclistes l'aiment — mais la foule le repoussera ! Des sœurs pleureront ; le cobra rampera... » Ramram tourne de plus en plus vite tandis que les quatre cousins murmurent : « Qu'est-ce que c'est, baba ? » Et : « Que Shiva nous protège ! » Et Ramram : « Du linge sale le cachera, des voix le guideront ! Des amis le mutileront, le sang le trahira ! » Et Amina Sinai : « Qu'est-ce qu'il veut dire ? Je ne comprends pas — Lifafa Das — qu'est-ce qui lui arrive ? » Mais inexorablement, Ramram Seth, l'œil comme un œuf, continue à tourner autour d'elle : « Des crachoirs lui défonceront le crâne — des soldats le mettront à l'épreuve — des tyrans le feront frire... » Et Amina supplie pour qu'on lui donne des explications et les cousins ont peur et secouent les mains, impuissants, et personne n'ose toucher Ramram Seth qui tourne à toute vitesse : « Il aura des fils sans avoir de fils ! Il sera vieux avant d'être vieux ! *Et il mourra avant d'être mort !* »

Est-ce ainsi que tout s'est passé ? Est-ce alors que Ramram Seth anéanti par le passage en lui d'une force plus puissante que la sienne, tomba soudain sur le sol, l'écume aux lèvres ? Etait-ce le bâton de l'homme-mangouste qu'il avait entre ses dents serrées ? Lifafa Das a-t-il dit : « Begum sahiba, il faut partir, s'il vous plaît ; notre cousin est malade. »

Et, finalement, l'homme-cobra, ou l'homme-singe, ou le rebouteux, ou même Lifafa Das, l'homme au kaléidoscope sur roues — a dit : « Trop de prophéties. Notre Ramram a fait trop de prophéties ce soir. »

Bien des années plus tard, au moment de son gâtisme précoce, quand tous les fantômes jaillissaient de son passé pour danser devant ses yeux, ma mère vit à nouveau l'homme au kaléidoscope qu'elle avait sauvé en annonçant ma venue, et qui s'acquitta de sa dette en la conduisant vers trop de prophéties, et elle lui parla doucement, sans rancune : « Ainsi tu es revenu. Laisse-moi te dire une chose : j'aurais bien aimé comprendre ce que ton cousin voulait dire quand il parlait de sang, de genoux et de nez. Parce que, qui sait, j'aurais pu avoir un autre fils. »

Comme mon grand-père, au début, dans un couloir plein de toiles d'araignée, et à nouveau à la fin ; comme Mary Pereira après qu'elle eut perdu son Joseph et comme moi, ma mère voyait facilement des esprits.

... Mais maintenant, parce qu'il y a encore plus de questions et d'ambiguïtés, je suis obligé de dire certains soupçons. Le soupçon, lui aussi, est un monstre avec trop de têtes ; pourquoi, alors, ne puis-je m'empêcher de le lâcher sur ma propre mère ?... Et je demande, qu'est-ce qui serait une bonne description du ventre du prophète ? Et la mémoire — ma mémoire nouvelle et qui sait tout, et qui renferme les vies de mes mère père grand-père grand-mère et tous les autres — me répond : mou ; flasque comme un pouding à la farine de maïs. Et à nouveau, je demande à contrecœur : comment étaient ses lèvres ? Et la réponse inévitable : pleines ; charnues ; poétiques. J'interroge mes souvenirs une troisième fois : comment étaient ses cheveux ? La réponse : clairsemés ; noirs ; plats ; recouvrant ses oreilles. Et maintenant mon soupçon déraisonnable pose l'ultime question... Est-ce qu'Amina, vraiment... à cause de sa faiblesse pour les hommes qui ressemblaient à Nadir Khan, a pu... dans cet état d'esprit, émue par la maladie du prophète, n'a-t-elle pas pu... « Non ! crie Padma furieuse. Comment oses-tu insinuer ?... Cette brave femme — ta mère ? Qu'elle aurait... Tu ne sais rien et tu le dis quand même ? » Et, bien sûr, elle a raison, comme toujours. Si elle savait, elle dirait que ce n'était que pour me venger de ce que j'ai vu faire Amina, des années plus tard, par les fenêtres crasseuses du café du Pionnier ; et c'est peut-être là qu'est née ma notion irrationnelle de remonter dans le temps, et d'arriver adulte à cette aventure — certainement innocente — du tout début. Oui, ce doit être cela. Mais le monstre ne se laisse pas faire... « Ah ! dit-il, et quand elle se mit en colère — le jour où

Ahmed lui dit qu'ils s'en allaient à Bombay ? » Et il l'imite : « C'est toujours toi, toi qui décides ! Et moi ? Et si je ne veux pas... Je viens juste de finir d'arranger cette maison... et déjà... »

Alors, Padma : Etait-ce le zèle d'une maîtresse de maison ou une mascarade ?

Oui, un doute subsiste. Le monstre demande : « Pourquoi n'a-t-elle jamais parlé à son mari, d'une façon ou d'une autre, de cette visite ? » Réponse de l'accusée (par l'intermédiaire de Padma en l'absence de ma mère) : « Rends-toi compte comme il se serait mis en colère, mon Dieu ! Même sans cet incendie qui l'inquiétait ! Les hommes sont étranges ; une femme seule ; il serait devenu fou ! Complètement fou ! »

Soupçons indignes... Je dois les chasser ; je dois garder mes critiques pour plus tard quand, sans plus d'ambiguïtés, elle me donnera des preuves claires et irréfutables.

Mais bien sûr, mon père rentra très tard cette nuit-là, dégageant une odeur de vase qui dominait son habituelle puanteur d'échec à venir, les yeux et les joues pleins de larmes et la tête couverte de cendres... parce qu'évidemment, ils avaient mis le feu à l'entrepôt.

« Mais les veilleurs de nuit ? » — Dors, Padma, dors. On les avait prévenus, juste au cas où... Ces braves Pathans[1], nés en ville et qui n'avaient jamais vu le Khyber[2], ils ouvraient de petits paquets de papier et versaient une poudre rouge dans leur thé. Ils traînèrent leurs sacs de couchage loin de l'entrepôt de mon père pour éviter les poutres qui tombaient et les étincelles ; et, allongés sur leurs paillasses, ils sirotèrent leur thé et se laissèrent aller dans l'univers vertigineux de la drogue. Au début, d'une voix rauque ils firent l'éloge de leurs putains préférées, en pachtoun ; puis ils eurent de petits rires nerveux alors que les doigts mous et palpitants de la drogue

1. Pathans : peuple d'Afghanistan et du Pakistan, de langue pachtoun. (*N.d.T.*)

2. Khyber : col dans les montagnes Hindu-Kush, à la frontière du Pakistan et de l'Afghanistan, région d'origine des Pathans. (*N.d.T.*)

leur chatouillaient les côtes... jusqu'à ce que le rire cède la place aux rêves et ils errèrent sur les frontières de la drogue, chevauchèrent les chevaux de la drogue et finalement atteignirent un oubli sans rêves dont rien sur terre ne pouvait les tirer avant que la drogue ait fini son effet.

Ahmed, Butt et Kemal arrivèrent en taxi — le chauffeur, effrayé par les trois hommes qui serraient des liasses de billets froissés et puants, n'aurait pas attendu, mais ils refusèrent de le payer.

« Laissez-moi partir, messieurs, supplia-t-il. Je ne suis qu'un petit, ne m'obligez pas à rester ici... »

Mais déjà leurs dos s'éloignaient et s'en allaient vers l'incendie. Il les regardait courir, serrant leurs roupies pleines de jus de tomate et de merde de chien ; il contemplait, bouche bée, l'entrepôt en flammes, les nuages dans le ciel obscur et, comme tout le monde, il devait respirer l'air empli de polyvinyle, de bâtons d'allumettes et de riz en train de brûler. Les mains sur les yeux, regardant entre ses doigts, le petit chauffeur de taxi avec sa moustache incompétente vit M. Kemal, maigre comme un crayon en démence, donner des coups de pied aux veilleurs de nuit endormis ; et il faillit abandonner le prix de la course et s'enfuir de terreur quand mon père hurla : « Regardez !... » Mais, restant là malgré tout, il vit l'entrepôt s'effondrer sous la force des flammes, il vit jaillir de l'entrepôt un improbable flot de lave fait d'un mélange de riz lentilles pois chiches vestes imperméables boîtes d'allumettes et marinade, il vit les fleurs rouges et chaudes du feu bondir vers le ciel tandis que le contenu de l'entrepôt se répandait sur le sol jaune comme la main carbonisée du désespoir. Oui, l'entrepôt avait brûlé ; il leur retombait sur la tête en cendres, il s'engouffrait dans les bouches ouvertes des veilleurs de nuit pleins d'ecchymoses, mais qui ronflaient toujours... « Que Dieu nous aide... », dit M. Butt, mais Mustapha Kemal, plus pragmatiquement, répondit : « Grâce à Dieu, nous sommes assurés. »

« C'est juste à ce moment-là, raconta plus tard Ahmed Sinai à sa femme, « juste à ce moment-là que j'ai décidé d'abandonner cette affaire de plastiques. Oublier le bureau, la clientèle, et tout ce que je sais du commerce du plastique. Et à ce moment-là — pas avant, pas après — j'ai décidé de ne plus penser au baratin de Zulfy sur le Pakistan. Dans la chaleur de cet incendie, dit mon père — déclenchant l'ire de son épouse — j'ai décidé d'aller à Bombay et de me mettre dans l'immobilier. Ça vaut une bouchée de pain, là-bas, lui expliqua-t-il avant qu'elle n'eût le temps de commencer à protester. C'est Narlikar qui me l'a dit. »

(Plus tard, il considérerait Narlikar comme un traître !) Dans ma famille, nous allons toujours où le vent nous pousse — le froid de 1948 est la seule exception à cette règle. Le batelier Tai a fait partir mon grand-père du Cachemire ; le mercurochrome l'a chassé d'Amritsar ; le désastre de sa vie sous les tapis entraîna le départ immédiat de ma mère d'Agra ; et un monstre à plusieurs têtes envoya mon père à Bombay, ce qui allait me permettre d'y naître. A la fin de ce mois de janvier, l'histoire en était enfin, à la suite d'une série de poussées, arrivée au point où il m'était presque possible de faire mon entrée. Trois mystères ne pourraient être éclaircis avant que je marche sur la scène… par exemple, le mystère de la remarque la plus énigmatique de Shri Ramram : « Il y aura un nez et des genoux : des genoux, et un nez. »

L'argent de l'assurance arriva ; le mois de janvier s'acheva ; et, dans le temps qui leur fut nécessaire pour liquider leurs affaires à Delhi et pour se rendre dans la ville où — d'après le docteur Narlikar, le gynécologue — les maisons valaient une bouchée de pain, ma mère se concentra sur son plan fragmenté pour apprendre à aimer son mari. Elle finit par éprouver une grande affection pour les points d'interrogation de ses oreilles ; pour la remarquable profondeur de son nombril, dans lequel elle pouvait enfoncer son doigt jusqu'à la première phalange, sans même avoir besoin de pousser ; elle aima la nouosité de ses genoux ; mais, en dépit de tous ses efforts, il y eut une partie qu'elle ne réussit jamais à aimer, bien que ce fût la seule chose qu'il possédât, en parfait ordre de marche, qui vraisemblablement faisait défaut à Nadir Khan ; pendant ces nuits où il se hissait sur elle — alors que dans son ventre le bébé n'était pas plus gros qu'une grenouille — ça n'allait pas du tout.

... « Non, pas si vite, janum, ma vie, encore un peu s'il te plaît », dit-elle ; et Ahmed, afin de faire traîner un peu, essaie de repenser à l'incendie, à la dernière chose qui s'est passée dans cette nuit embrasée ; au moment où il s'apprêtait à s'en aller, il entendit un cri horrible dans le ciel et, levant les yeux, il eut le temps d'apercevoir un vautour — la nuit ! — un vautour venant de la Tour du Silence et qui laissa tomber la main à peine mangée d'un Parsi, une main droite, la même main qui — maintenant ! — le gifla en plein visage en tombant ; et pendant ce temps, dans le lit, sous lui, Amina se fait des reproches : pourquoi est-ce que tu ne peux pas prendre de plaisir, femme stupide, à partir de maintenant, il va falloir vraiment essayer.

Le 4 juin, mes parents mal assortis partirent pour Bombay par le train. (Il y avait des coups dans la porte, des voix qui suppliaient, des poings qui hurlaient : « Maharaj ! Ouvre, un instant seulement ! Ohé ! Dans ta grande bonté, fais-nous cette faveur ! » Et il y avait aussi — cachée sous la dot, dans une cantine verte — un crachoir d'argent finement ciselé, incrusté de lapis-lazzuli, et interdit). Et le même jour, lord Mountbatten tint une conférence de presse au cours de laquelle il annonça la partition de l'Inde et commença le compte à rebours : soixante-dix jours pour le transfert du pouvoir... soixante-neuf... soixante-huit... tic-tac...

METHWOLD

Les pêcheurs étaient les premiers. Avant le compte à rebours de Mountbatten, avant les monstres et les déclarations publiques ; quand les mariages souterrains étaient encore impensables et les crachoirs inconnus ; avant le mercurochrome ; bien avant les lutteuses tenant des draps troués ; et, en remontant ainsi, avant Dalhousie [1] et Elphinstone [2], avant que l'East India Company construise son fort, avant le premier William Methwold ; à l'aube des temps, quand Bombay n'était qu'une île en forme d'haltère, fuselée au centre pour devenir une grève étroite et lumineuse, au-delà de laquelle on pouvait voir le plus beau et le plus grand port naturel d'Asie, quand Mazagoon et Worli, Matunga et Mahim, Salsette et Colaba étaient également des îles — en bref, avant que l'assèchement des terrains transforme les sept îles en une longue presqu'île, comme une main, tendue dans la mer d'Oman ; dans ce monde de l'origine, avant les pendules municipales, les pêcheurs — qu'on appelait *kolis* — naviguaient dans des dhows arabes et déployaient leurs voiles rouges dans le soleil couchant. Ils attrapaient des brêmes de mer et des crabes, et ils ont fait de nous des amateurs de poisson. (Ou de la plupart d'entre nous.

1. Dalhousie, James, Andrew (1812-1860), homme politique anglais, gouverneur de l'Inde de 1847 à 1859. (*N.d.T.*)
2. Elphinstone, Montstuart (1779-1859), gouverneur de Bombay de 1819 à 1827. (*N.d.T.*)

Padma a succombé aux sorcelleries de leurs viviers ; mais chez nous, nous étions contaminés par un sang étranger venu du Cachemire, avec la discrétion glacée du ciel du Cachemire, et nous sommes restés des mangeurs de viande jusqu'au dernier.)

Il y avait aussi des noix de coco et du riz. Et, par-dessus tout, l'influence protectrice et favorable de la déesse Mumbadevi, dont le nom — Mumbadevi, Mumbabai, Mumbai — aurait pu devenir celui de la ville. Mais les Portugais appelèrent l'endroit Bom Bahia, à cause de son port et non à cause de sa déesse... Les Portugais ont été les premiers envahisseurs ; ils utilisaient le port pour abriter leurs navires de commerce et leurs vaisseaux de guerre ; mais, un jour de 1633, un officier de l'East India Company, du nom de Methwold, eut une vision. Il rêva d'un Bombay anglais et fortifié, fermant à l'ouest la route à tous ceux qui viendraient — et cette vision était si forte que l'histoire se mit en mouvement. L'histoire bouillonnait à l'horizon ; Methwold mourut ; et, en 1660, Charles II d'Angleterre fut fiancé à Catherine de Portugal, de la maison de Bragance — la même Catherine qui pendant toute sa vie joua les sous-fifres pour Nell le marchand d'oranges. Mais elle eut une consolation : sa dot, qui mit Bombay dans les mains des Anglais, peut-être dans une cantine verte, et rapprocha la vision de Methwold de la réalité. Il se passa peu de temps et, le 21 septembre 1668, la compagnie mit finalement la main sur l'île... et ils continuèrent ainsi, et en un clin d'œil il y eut une ville, Bombay, dont une vieille chanson disait :

Prima in Indis
Porte de l'Inde
Etoile de l'Orient
Tournée vers l'Occident.

Notre Bombay, Padma ! C'était très différent à l'époque, il n'y avait pas de night-clubs, ni de conserveries, ni d'hôtel Sheraton, ni de studios de cinéma ; mais la ville grandit à une vitesse vertigineuse, on la dota d'une cathédrale et d'une statue équestre du roi guerrier Mahratta Sivaji, qui (c'est ce que nous croyons) est né une nuit et a parcouru à cheval toutes les rues de la ville — jusqu'à Marine Drive ! Sur la plage de Chowpatty ! Il est passé devant les imposantes demeures de Malabar Hill, a tourné à Kemp Corner et a continué sans réfléchir jusqu'à Scandal Point ! Et, oui, pourquoi pas, jusque dans mon Warden Road, le long des piscines réservées de Breach Candy, en haut, jusqu'à l'énorme temple Mahalaxmi et l'ancien club Willingdon... D'un bout à l'autre de mon enfance, à chaque fois qu'un malheur s'abattait sur Bombay, quelque promeneur insomniaque disait qu'il avait vu la statue bouger ; dans la ville de mon enfance, les désastres dansaient au rythme des sabots de pierre grise d'un cheval.

Et où sont-ils maintenant, les premiers habitants ? Les noix de coco se sont accommodées de tout. On leur coupe toujours la tête sur la plage de Chowpatty ; et sur la plage de Juhu, sous le regard langoureux des stars de cinéma de l'hôtel du Sable et du Soleil, de petits garçons grimpent toujours au tronc des cocotiers pour en rapporter les fruits barbus. Les noix de coco ont même leur fête, qui a lieu quelques jours avant ma naissance synchrone. Soyez tranquilles pour les noix de coco. Le riz n'a pas eu autant de chance ; aujourd'hui, les rizières sont sous le béton ; les tours d'habitation étaient autrefois des rizières boueuses près de la mer. Mais, en ville, nous sommes toujours de gros mangeurs de riz. Le riz de Patna, de Basmati, du Cachemire vient chaque jour dans la métropole ; ainsi le riz a laissé son empreinte sur nous et on ne peut pas dire qu'il est mort en vain. La même chose pour Mumbadevi — aujourd'hui, elle n'est plus si populaire, car elle a été remplacée dans l'affection des gens par Ganesh, l'éléphant à plusieurs têtes. Le calendrier des fêtes montre bien son déclin : Ganesh — « Ganpati Baba » — a la fête de Ganesh Chaturthi, au cours de laquelle d'énormes processions s'en vont jusqu'à Chowpatty en portant des effigies en plâtre du dieu que l'on jette dans la mer. La fête de Ganesh est une cérémonie pour faire tomber la pluie, elle rend la mousson possible, qui elle aussi avait sa fête avant ma naissance, à la fin du compte à rebours, tic-tac... Mais où est la fête de Mumbadevi ? Elle ne figure pas sur le calendrier. Où sont les prières des mangeurs de brêmes, les dévotions des pêcheurs de crabes ?... parmi tous les premiers habitants, les pêcheurs kolis sont ceux qui ont le moins bien réussi. Entassés dans un village minuscule, dans le pouce de la presqu'île en forme de main, ils ont donné leur nom à un district : Colaba. Suivez le chemin de Colaba jusqu'au bout — au-delà des boutiques de vêtements bon marché, des restaurants iraniens et des appartements modestes pour professeurs, journalistes et employés — et vous les trouverez, coincés entre la base navale et la mer. Et parfois, des femmes kolis, les mains puant l'entraille de brême et le crabe, bousculent tout le monde avec arrogance pour se mettre en tête des queues aux arrêts de bus, leur sari rouge (ou pourpre) effrontément remonté entre les jambes, avec l'éclair douloureux des défaites et des dépossessions anciennes dans leurs yeux globuleux et vitreux. Un fort puis une ville ont pris leur terre ; les pilotis leur ont volé (des tétrapodes leur voleront) une partie de leur mer. Mais il y a toujours des dhows arabes qui chaque soir lèvent leurs voiles dans le soleil couchant... en août 1947, les Anglais ayant cessé d'exercer leur autorité sur les filets des pêcheurs, les noix de coco, le riz et Mumbadevi, s'apprêtaient à s'en aller ; aucune autorité n'est éternelle.

Et le 19 juin, deux jours après leur arrivée, mes parents entrèrent dans de curieuses négociations avec un des Anglais qui s'en allaient. Il s'appelait William Methwold.

La route qui conduisait au domaine de Methwold (maintenant nous entrons dans mon royaume, au cœur de mon enfance ; j'en ai la gorge serrée) tourne au coin de Warden Road, entre un arrêt de bus et une rangée de boutiques. La boutique de jouets de Chimalker ; le paradis du lecteur ; la bijouterie de Chimanbhoy Fatbhoy ; et surtout la boutique de Bombelli, le confiseur, avec ses marquises au chocolat ! Un nom tout-puissant ; mais je n'ai pas le temps de m'y arrêter. Après le groom en carton de la blanchisserie Vit'net, la rue nous conduit à la maison. A cette époque, on ne pensait pas encore au gratte-ciel rose de Narlikar (horrible réplique de la maison de la radio de Srinagar) ; la rue montait sur une petite colline, de la hauteur d'un immeuble de deux étages ; puis elle tournait droit vers la mer pour regarder en bas le club de natation de Breach Candy, où des gens roses nageaient dans une piscine qui avait la forme des Indes britanniques, sans crainte de se frotter à des peaux noires ; et c'est là que, noblement construit autour d'un rond-point, se trouvaient les palais de William Methwold, sur lesquels on avait accroché des pancartes qui — grâce à moi — réapparaîtraient bien des années plus tard, des pancartes sur lesquelles étaient écrits deux mots ; deux mots seulement, mais qui attirèrent mes parents inconscients dans le jeu de Methwold : A VENDRE.

Le domaine de Methwold : quatre maisons semblables construites dans un style qui convenait à leurs premiers résidents (des maisons de conquérants ! Des demeures romaines ; des maisons de trois étages pour des dieux se tenant sur un Olympe haut de deux étages, un Kailash[1] rabougri !) — de vastes résidences à toits rouges avec des tourelles à chaque angle, des tours d'une blancheur d'ivoire recouvertes de chapeaux pointus en tuiles (des tours faites pour y enfermer des princesses !) — des maisons avec vérandas, communs pour les domestiques qu'on atteignait grâce à des escaliers en colimaçon cachés derrière les bâtiments — des maisons que le propriétaire, William Methwold, avait baptisées d'après les palais d'Europe : Versailles, Buckingham, Escorial, Sans-souci. Des bougainvillées rampaient entre les bâtiments ; des poissons rouges nageaient dans des bassins bleu pâle ; des cactus poussaient sur des rocailles ; les fleurs minuscules des myosotis croissaient à profusion sous les tamaris ; il y avait des papillons, des roses et des sièges de rotin sur les pelouses. Et, en ce jour de mi-juin, M. Methwold vendait ses palais vides pour un prix ridiculement bas — mais il y avait des conditions.

1. Kailash : montagne légendaire sur laquelle vivaient le dieu Shiva et sa femme Parvati. (*N.d.T.*)

Aussi, sans plus de façons, je vous le présente, y compris sa raie au milieu... un titan de six pieds, ce Methwold, le visage rose et éternellement jeune. Ses cheveux noirs, épais et brillantinés, étaient séparés au milieu. Nous reparlerons de cette raie au milieu, tirée au cordeau et dont la précision rendait Methwold irrésistible aux femmes, qui ne pouvaient s'empêcher de désirer lui ébouriffer les cheveux... les cheveux de Methwold, avec une raie au milieu, qui ont eu une si grande importance pour mes débuts dans le monde. Une de ces raies que suivent l'histoire et la sexualité. Comme la corde du funambule. (Mais malgré tout, même moi, qui ne l'ai jamais vu, qui n'ai jamais posé les yeux sur ses dents brillantes ou ses cheveux à rendre fou, suis incapable de lui garder rancune.)

Et son nez ? A quoi ressemblait-il ? Saillant ? Oui, sans doute, legs d'une grand-mère française et patricienne — originaire de Bergerac ! — dont le sang bleu coulait dans les veines et assombrissait son charme aristocratique d'une touche de cruauté, l'ombre meurtrière et douce de l'absinthe.

La résidence de Methwold était vendue à deux conditions : qu'on achète les maisons avec tout ce qu'elles contenaient, sans toucher à rien ; et que le transfert n'ait lieu que le 15 août, à minuit.

« Tout ? demanda Amina Sinai. Je ne peux même pas jeter une petite cuiller ? Allah ! Cet abat-jour... Je ne peux même pas me débarrasser d'un peigne ?

— Tout, sans exception, dit Methwold, ce sont mes conditions. Un caprice, monsieur Sinai... vous permettrez à un colonial qui s'en va de jouer un peu. Il ne nous reste pas grand-chose d'autre à faire, à nous autres Britanniques, que de jouer un peu. »

« Ecoute, Amina, écoute, dit Ahmed plus tard. Tu veux rester dans cette chambre d'hôtel jusqu'à la fin de tes jours ? C'est un prix fantastique ; absolument fantastique. Qu'est-ce qu'il pourra faire quand il aura signé les actes notariés ? Tu pourras jeter tous les abat-jour que tu voudras. A peine deux mois... »

« Vous prendrez un cocktail dans le jardin, dit Methwold, tous les soirs à 6 heures. C'est l'heure du cocktail. Elle n'a jamais varié en vingt ans. »

« Mais... les armoires sont pleines de vieux vêtements, Janum... il va falloir qu'on vive avec nos valises ; il n'y a pas une place pour pendre un costume ! »

« Sale coup, monsieur Sinai ! » Methwold boit son scotch au milieu des cactus et des roses. « On n'a jamais vu ça. Des centaines d'années d'un gouvernement honnête et, tout à coup, plus rien. Vous devrez reconnaître que nous n'étions pas que mauvais : nous vous avons construit des routes. Les écoles, les chemins de fer, le système parlementaire, ce sont des choses de valeur. Le Taj Mahal se serait effondré si un Anglais n'était allé le visiter. Et maintenant, tout d'un coup, l'indépendance. Soixante-dix jours pour partir. Pour ce qui me concerne, j'y suis tout à fait opposé, mais que faire ? »

« ... et les taches sur les tapis, Janum ; il va falloir qu'on vive comme ces Britanniqueurs pendant deux mois ? Tu as jeté un coup d'œil dans les salles de bains ? Il n'y a pas d'eau près du pot ! Je ne l'avais jamais cru, mais c'est vrai, mon Dieu, ils ne s'essuient le derrière qu'avec du papier !... »

« ... et partout des portraits de vieilles Anglaises, baba ! Pas un mur pour accrocher la photo de mon père !... »

« On dirait, monsieur Sinai », M. Methwold remplit les verres et le soleil descend dans la mer d'Oman, « on dirait que derrière cette stricte apparence britannique se cache un esprit possédant un goût typiquement indien pour l'allégorie. »

« Et ce n'est pas bon, Janum..., de boire autant. »

« Je ne suis pas sûr, monsieur Methwold... Qu'entendez-vous exactement par...

— ... Oh ! Vous savez, tant bien que mal, moi aussi je transfère mes pouvoirs. Cela m'a pris en même temps que le raj. Comme je le disais : un jeu. Acceptez, s'il vous plaît, Sinai. Après tout, vous l'admettrez, le prix est une affaire. »

« Est-ce qu'il a perdu la boule, Janum ? Qu'en penses-tu : Ce n'est pas dangereux de faire des affaires avec lui, s'il est timbré ?

— Ecoute-moi bien, femme, dit Ahmed Sinai. Cela a assez duré. M. Methwold est un homme respectable ; une personne bien élevée ; un homme d'honneur... en outre, les autres acheteurs ne font pas tant d'histoires... de toute façon, je lui ai dit oui ; aussi, il n'y a pas à revenir dessus. »

« Prenez un biscuit, dit M. Methwold, en présentant un plat. Allez, monsieur Sinai, décidez-vous. Oui, c'est une curieuse affaire. Je n'ai jamais rien vu de semblable. Mes anciens locataires — tous aux Indes depuis longtemps — tout d'un coup, plus personne. Pas beau à voir. Ils ne tiennent plus à l'Inde. Du jour au lendemain. Stupéfiant pour quelqu'un comme moi. Comme s'ils s'en lavaient les mains... pas voulu me quereller avec eux. “ Laissons tomber ”, disaient-ils. Prêts à rentrer chez eux. Ils ne manquaient pas d'argent, aucun d'eux, vous comprenez. C'est pas ordinaire ! Ils m'ont laissé le bébé sur les bras. Mais j'avais mon idée. »

« ... Oui, décide, décide ! dit Amina avec enthousiasme. Je suis là comme une grosse dondon avec mon bébé, qu'est-ce que cela peut me faire ? Il faut que je vive dans une maison étrangère avec cet enfant, et alors ?... Oh ! Qu'est-ce que tu me fais faire !...

— Ne pleure pas, dit Ahmed, en tournant en rond dans la chambre d'hôtel. C'est une très bonne maison. Tu l'aimes, tu le sais bien. Et deux mois... même pas... il donne des coups de pied ? Laisse-moi sentir... Où ? Ici ?

— Ici, dit Amina, en s'essuyant le nez. Un grand coup de pied. »

« J'ai ma propre conception, explique M. Methwold, en regardant le soleil couchant. Cela consiste à mettre en scène mon transfert de biens. Laisser derrière moi tout ce que vous voyez. Choisir des personnes convenables — comme vous, monsieur Sinai ! — et leur transmettre tout, absolument intact : en parfait état de marche. Regardez autour de vous : tout est impeccable, n'est-ce pas ? Ça baigne dans l'huile, comme nous disons ! Ou comme vous dites en hindi : *Sabkuch tic-tac hai.* Tout va bien. »

« Les gens qui achètent les maisons sont très bien, dit

Ahmed Sinai en prêtant son mouchoir à Amina. De nouveaux voisins parfaits... Ce M. Homi Catrack à Versailles, un Parsi, mais un propriétaire de chevaux de courses. Il produit des films et tout. Et les Ibrahim à Sans-souci, Nussie Ibrahim attend un enfant elle aussi, vous pourrez être amies... et le vieil Ibrahim a d'énormes plantations de sisal en Afrique. Une excellente famille.

— ... Ensuite, je pourrai faire ce que je veux dans la maison ?...

— ... Oui, bien sûr. Il sera parti... »

« Tout s'arrange à merveille, dit M. Methwold. Savez-vous que mon ancêtre est l'homme qui a eu l'idée de construire cette ville ? A ce moment historique, en tant que son descendant, je ressens le, comment dire, besoin de jouer mon rôle. Oui, à merveille... Quand emménagez-vous ? Vous n'avez qu'un mot à dire et je vais à l'hôtel Taj. Demain ? Très bien. *Sabkuch tic-tac hai.* »

Voici les gens parmi lesquels j'ai passé mon enfance : M. Homi Catrack, un magnat du cinéma, propriétaire de chevaux de courses, et sa fille idiote qu'on devait garder enfermée avec sa nurse, Bi-Appah, la femme la plus redoutable que j'ai connue ; les Ibrahim à Sans-souci, le vieil Ibrahim avec sa barbiche et le sisal, ses fils Ismaïl et Ishaq, et la femme d'Ismaïl, petite, nerveuse, malheureuse, qu'on appelait Nussie-canard, à cause de sa démarche en canard, et dans le ventre de qui poussait mon ami Sonny et qui s'approchait chaque jour un peu plus d'une mésaventure avec une paire de forceps... L'Escorial était divisé en plusieurs appartements. Les Dubash habitaient au rez-de-chaussée ; lui était physicien et deviendrait une des lumières de la base de recherches nucléaires de Trombay : elle, était une nullité qui cachait sous son néant une véritable fanatique en matière de religion — mais, d'eux, je ne mentionnerai que le fait qu'ils étaient les parents de Cyrus (qui ne serait conçu que dans quelques mois), mon premier guide, qui jouait les rôles de filles dans les spectacles de l'école et qui était connu sous le nom de Cyrus-le-Grand. Au-dessus, il y avait l'ami de mon père, le docteur Narlikar qui, lui aussi, avait acheté un appartement... il était aussi noir que ma mère ; avait la particularité de rougir à chaque fois qu'il s'excitait ou s'énervait ; haïssait les enfants, bien qu'il nous eût mis au monde ; et dont la mort lâcherait sur la ville cette foule de femmes capables de tout et que rien n'arrêterait. Et, enfin, au dernier étage, il y avait le commandant Sabarmati et Lila — Sabarmati, un des meilleurs pilotes de la marine, et sa femme aux goûts de luxe ; il n'arrivait pas à croire à la chance de lui avoir trouvé un logis si bon marché. Ils avaient deux fils, âgés de dix-huit et de quatre mois, qui grandiraient et seraient lents et bruyants et qu'on surnommerait Œil-fendu et Cheveux-gras ; et ils ne savaient pas que je détruirai (comment l'auraient-ils su ?) leurs vies... Choisis par William Methwold, ces gens qui formeraient le centre de mon univers emménagèrent dans le domaine et respectèrent l'étrange lubie de l'Anglais — parce qu'après tout le prix était correct.

... Il reste trente jours avant le transfert du pouvoir et Lila Sabarmati est au téléphone, « Comment pouvez-vous supporter cela, Nussie ? Dans chaque pièce, ici, il y a des perruches qui jacassent et dans les placards j'ai trouvé des vêtements mangés aux mites et des vieux soutiens-gorge ! »... et Nussie dit à Amina, « Un poisson rouge, par Allah ! Je ne supporte pas ces bêtes-là, mais Methwold Sahib vient le nourrir tous les jours... Il y a des pots de Bovril[1] à moitié vides, et il dit que je ne peux pas les jeter... C'est de la folie, Amina, que sommes-nous en train de faire ? »... et le vieil Ibrahim refuse de faire marcher le ventilateur dans sa chambre, en disant dans ses dents : « Cette machine va tomber — elle va me couper la tête en tranches dans la nuit — combien de temps une chose aussi lourde peut-elle rester collée à un plafond ? »... et Homi Catrack qui est une sorte d'ascète est obligé de se coucher sur un matelas moelleux et il souffre de lumbago et de manque de sommeil ; les cercles sombres qui lui entourent les yeux et qu'il doit à la consanguinité sont entourés par le cercle de l'insom-

1. Bovril : marque commerciale d'un extrait de viande. (*N.d.T.*)

nie et son serviteur lui dit, « Pas étonnant que les étrangers sahibs soient tous partis, sahib, ils devaient avoir envie de dormir. » Mais ils tiennent bon ; et s'il y a des problèmes, il y a aussi des avantages. Ecoutez Lila Sabarmati (« Celle-là... trop belle pour être vraie », dit ma mère)... « Un pianola, Amina ! Et il marche ! Je reste assise là toute la journée, à jouer Dieu sait quoi ! " Les mains pâles que j'ai aimées près de Shalivar "... C'est si amusant, il n'y a qu'à appuyer sur les pédales ! »... et Ahmed Sinai découvre un placard à alcools, à Buckingham (qui était la maison de Methwold avant d'être la nôtre) ; et il découvre par la même occasion les délices du whisky écossais et s'écrie, « Et alors ? M. Methwold est un peu excentrique, c'est tout — ne peut-on lui passer une petite fantaisie ? Ne pouvons-nous être aussi civilisés que lui, avec notre ancienne civilisation ? »... et il vide son verre d'un trait. Avantages et désavantages : « Tous ces chiens dont il faut s'occuper, Nussie, se plaint Lila Sabarmati. Je déteste les chiens, absolument. Et ma petite chatte, je le jure, elle est absolument terrifiée ! »... et le docteur Narlikar, qui brille de dépit, « au-dessus de mon lit ! Des portraits d'enfants, monsieur Sinai ! Et croyez-moi : gros ! roses ! Trois ! Est-ce que c'est honnête ? »... mais il n'y a plus que vingt jours à attendre, les choses se calment, les angles aigus des objets s'effacent et personne ne se rend compte de ce qui arrive : le domaine, le domaine de Methwold, est en train de les changer. Tous les soirs, à 6 heures, ils sortent dans leur jardin pour l'heure du cocktail et, quand William Methwold téléphone, ils imitent sans effort l'accent d'Oxford ; et ils apprennent des choses, sur les ventilateurs accrochés au plafond, sur les cuisinières à gaz, sur l'alimentation des perruches, et Methwold supervise toute cette transformation en marmonnant dans ses dents. Ecoutez attentivement. Que dit-il ? Oui, c'est ça : « *Sabkuch tic-tac hai* », marmonne William Methwold. Tout va bien.

Quand l'édition de Bombay du *Times of India,* cherchant un exemple qui éveille l'intérêt pour les prochaines fêtes de l'indépendance, annonce qu'on décernera un prix à toute mère de Bombay qui donnera naissance à un enfant à l'instant précis où naîtra la nouvelle nation, Amina Sinai, qui venait de s'éveiller d'un rêve mystérieux d'attrape-mouches, tomba en arrêt devant le journal. On mit le journal sous le nez d'Ahmed Sinai ; et Amina, le doigt pointé triomphalement sur la page, soulignant la certitude absolue de la voix : « Tu vois, Janum ? annonça Amina. Ce sera moi ! »

Puis soudain, s'éleva devant ses yeux la vision d'un gros titre audacieux : Une charmante attitude du petit Sinai — L'enfant de l'heure de gloire ! — Des instantanés du bébé, première qualité, première page, grande taille ; mais Ahmed commença à discuter, « Pense à tous les impondérables, begum ! » jusqu'à ce qu'Amina pince les lèvres d'un air obstiné et répète : « Il n'y a pas de mais ! Ce sera moi ! J'en suis sûre. Ne me demande pas pourquoi ! »

Et, bien qu'Ahmed Sinai eût répété la prophétie de sa femme à William Methwold, comme une plaisanterie à l'heure du cocktail, Amina resta ferme, même quand Methwold s'écria en riant, « L'intuition féminine, c'est une chose admirable, monsieur Sinai ! Mais vraiment, vous ne pouvez pas attendre que nous... » Même sous la pression du regard courroucé de sa voisine, Nussie-canard, enceinte elle aussi, et qui avait lu le *Times of India,* Amina n'en démordit pas, parce que la prédiction de Ramram s'était ancrée profondément dans son cœur.

Pour dire la vérité, tandis que la grossesse d'Amina suivait son cours, elle avait senti que les mots du diseur de bonne aventure lui pesaient lourdement sur les épaules, sur la tête et sur son ventre gonflé, si bien qu'elle se retrouva prise au piège d'une toile d'araignée de soucis, ayant peur de donner naissance à un enfant à deux têtes, et, par là même, elle échappa à la magie subtile du domaine de Methwold, n'étant pas touchée par l'épidémie de l'heure du cocktail, des perruches, des pianolas et des accents d'Oxford... Au début, il y avait quelque chose de louche dans sa certitude de gagner le prix du *Times* parce qu'elle s'était convaincue que, si cette partie des prédictions du diseur de bonne aventure était vérifiée, cela prouverait que le reste serait également juste, quelle qu'en puisse être la signification. Aussi ce ne fut pas sur le ton du pur orgueil que ma mère dit : « Qu'importe l'intuition, monsieur Methwold. Cela est un fait garanti. »

Et elle ajouta pour elle-même : « Et ceci aussi : je vais avoir un fils. Mais il aura besoin qu'on prenne grand soin de lui. »

J'ai l'impression que, courant dans les veines de ma mère, et sans doute plus profondément qu'elle en avait conscience, les réflexions exceptionnelles de Naseem Aziz avaient commencé à influencer sa pensée et sa conduite — ces réflexions qui avaient persuadé la Révérende Mère que les aéroplanes étaient une invention du diable, que les appareils photo pouvaient vous voler votre âme, que les esprits faisaient évidemment partie de la réalité ainsi que le paradis, et que placer certaines oreilles sacrées entre le pouce et l'index n'était rien d'autre qu'un péché, chuchotaient dans la tête sombre de sa fille. « Même si nous sommes assis au milieu de toutes ces ordures anglaises, commençait à se dire ma mère, nous sommes toujours en Inde, et les gens comme Ramram Seth savent ce qu'ils savent. » Et c'est ainsi que le scepticisme de son père bien-aimé fut remplacé par la crédulité de ma grand-mère ; et, au même moment, l'étincelle d'aventure, dont Amina avait hérité du docteur Aziz, était éteinte et remplacée par un poids aussi lourd.

Fin juin, au moment des pluies, le fœtus était entièrement formé dans son ventre. Les genoux et le nez étaient là ; et toutes les têtes qui pousseraient étaient déjà en place. Ce qui (au début) n'avait été qu'un point avait grandi pour devenir une virgule, un mot, une phrase, un paragraphe, un chapitre ; maintenant, cela explosait en développements plus complexes et devenait un livre — peut-être une encyclopédie — et même tout un langage... cela pour dire que la masse qui était au centre de ma mère était devenue si grosse et si lourde qu'au moment où le pied de notre colline haute de deux étages était inondé par une eau de pluie jaune et sale, que des bus échoués commençaient à rouiller, que des enfants nageaient sur la route liquide, et que les journaux détrempés flottaient entre deux eaux, Amina se retrouva dans une pièce circulaire, au premier étage de la tour, à peine capable de bouger sous le poids de son ventre de plomb.

Une pluie sans fin. L'eau s'infiltrait sous les fenêtres, dans lesquelles des tulipes entourées de plomb dansaient dans les vitraux. Des serviettes, tassées sous le cadre des fenêtres, s'imbibaient jusqu'à devenir lourdes, saturées, inutiles. La mer : grise et lourde s'étalait pour rejoindre les nuages lourds de pluie à l'horizon étroit. La pluie tambourinant dans les oreilles de ma mère, s'ajoutant à la confusion du diseur de bonne aventure, à la crédulité maternelle et à la présence dérangeante d'objets étrangers, lui faisait imaginer toute sorte de choses étranges. Prisonnière de son enfant, Amina s'imaginait être un meurtrier du temps de Moghol, quand la mort par écrasement sous un énorme bloc de pierre était une punition courante... et, dans les années à venir, à chaque fois qu'elle se pencha sur l'époque où elle allait devenir mère, cette époque dans laquelle le tic-tac du compte à rebours poussait tout le monde vers le 15 août, elle dit : « Je ne sais rien de tout ça. Pour moi, c'était comme si le temps s'était arrêté totalement. Le bébé dans mon ventre arrêta les pendules. J'en suis sûre. Ne ris pas : tu te souviens de la pendule de la tour au sommet de la colline ? Après cette mousson, elle n'a plus jamais fonctionné. »

... Et Musa le vieux serviteur de mon père, qui avait accompagné le couple à Bombay, sortit pour aller dire aux autres serviteurs, dans les cuisines des palais couverts de tuiles rouges, dans les communs de Versailles, de l'Escorial et de Sans-souci : « Ce sera un vrai bébé de prix ; oui, monsieur ! » Les serviteurs étaient contents parce qu'une naissance est une bonne chose et un bon gros bébé est mieux que tout...

... Et Amina dont le ventre avait arrêté les pendules, était assise, immobilisée, dans une pièce, dans une tour, et elle dit à son mari : « Mets ta main ici pour sentir... ici, tu sens ?... Un garçon très fort... »

Avant la fin de la pluie, et Amina était si lourde qu'il fallait deux serviteurs pour la soulever sur leurs mains croisées, Wee Willie Winkie retourna sur la piste de cirque entre les quatre maisons ; et ce n'est qu'à ce moment-là qu'Amina se rendit compte qu'elle n'avait pas une, mais deux rivales sérieuses (deux qu'elle connaissait) pour le prix du *Times of India* et que, prophétie ou pas prophétie, ça se jouerait très serré.

« Wee Willie Winkie je m'appelle ; je chante pour remplir ma gamelle ! »

D'anciens prestidigitateurs, des montreurs de kaléidoscopes magiques et des chanteurs... le moule était prêt bien avant ma naissance. Des amuseurs orchestraient ma vie.

« Il per-sé-vère... ou il perd-ses-dents ? Oh ! Plaisanteries, plaisanteries, mesdames et messieurs ! Eh bien, riez maintenant ! »

Grand sombre et beau, un clown avec un accordéon se tenait debout au centre de la piste. Dans les jardins de Buckingham, le gros orteil de mon père (en compagnie de ses neuf collègues) se baladait avec la raie au milieu de William Methwold... ensandalé, bulbeux, un doigt de pied ignorant son funeste destin. Et Wee Willie Winkie (dont on n'a jamais su le vrai nom) faisait des plaisanteries et chantait. A un balcon du premier étage, Amina regardait et écoutait ; et on pouvait sentir, venant du balcon voisin, l'aiguillon curieux et concurrent du regard de Nussie-canard.

... Et, à mon bureau, je sens le dard de l'impatience de Padma. (Parfois, je souhaite un auditoire plus pénétrant, quelqu'un qui ressentirait la nécessité du rythme, de l'allure, l'introduction subtile de voix secondaires qui, plus tard, s'élèveront, s'enfleront, et qui s'empareront de la mélodie ; un auditoire qui saurait, par exemple, que, bien que le poids d'un bébé et les moussons aient réduit au silence la pendule du domaine, le battement régulier du tic-tac de Mountbatten est toujours là, doux mais inexorable, et ce n'est plus qu'une question de temps avant qu'il nous remplisse les oreilles de sa musique tambourinante et métronomique.) Padma dit : « Je ne veux rien savoir sur ce Winkie ; cela fait des jours et des nuits que j'attends et tu n'es pas encore né ! » Mais je lui recommande la patience ; j'admoneste mon lotus-bouse ; chaque chose à sa place, parce que Winkie, lui aussi, a sa raison d'être ; le voici qui taquine les femmes enceintes sur leurs balcons, et il s'arrête de chanter pour leur dire : « Avez-vous entendu parler du prix, mesdames ? Ma Vanita va bientôt être à terme, très, très bientôt ; ce sera peut-être elle et pas vous qui aura sa photo dans le journal ! »... et Amina fronce le sourcil, et Methwold sourit (est-ce un sourire forcé ? pourquoi ?), et la lèvre de mon père s'avance judicieusement tandis que son gros orteil se promène et il dit, « C'est un effronté ; il va trop loin. » Mais voilà que Methwold qui semble très embarrassé — coupable même — donne tort à Ahmed Sinai, « Pensez-vous, mon vieux ! La tradition du fou, vous savez. On l'autorise à provoquer et à taquiner. Une soupape de sécurité très importante pour la société. » Et mon père, haussant les épaules, « Hum ! » Mais ce Winkie est très malin parce que maintenant il passe de la pommade en disant, « Une naissance est une chose merveilleuse. Mesdames et messieurs, comment pouvez-vous vous sentir bien ici, au milieu du long passé de M. Methwold sahib ? Croyez-moi, cela est étrange, irréel ; mais cet endroit est nouveau, et un endroit nouveau ne devient réel qu'avec une naissance. Avec la première naissance vous vous sentirez chez vous. » Puis une chanson : « Marguerite, Marguerite... » Et M. Methwold chante avec lui, et pourtant il a toujours le sourcil froncé...

... Et voici ce dont il s'agit : oui, il est coupable, parce que notre Winkie est peut-être très malin et très drôle, mais il ne l'est pas assez, et il est temps maintenant de révéler le premier secret de M. Methwold, parce qu'il a fini par lui salir tout le visage : un jour, bien avant le compte à rebours et la vente totale, M. Methwold a invité Winkie et sa Vanita afin qu'ils chantent pour lui, en privé, dans ce qui est aujourd'hui la plus grande salle de réception de mes parents ; et, après un petit moment, il a dit : « Wee Willie, voulez-vous être gentil, mon brave : j'ai besoin de cette ordonnance, des maux de tête terribles, allez au coin de chez Kemp et demandez au pharmacien de vous donner les pilules, les serviteurs sont tous au lit avec un rhume. » Winkie étant pauvre a dit oui sahib, tout de suite sahib, et il est parti ; Vanita resta seule avec M. Methwold et sentit une force qui lui tirait le bout des doigts et à laquelle elle ne pouvait résister. Methwold était assis dans un fauteuil de rotin et portait un costume beige très léger, avec une rose à la boutonnière, et Vanita s'aperçut qu'elle s'approchait de lui, et ses doigts tendus rencontrèrent M. Methwold, touchèrent ses cheveux et commencèrent à les ébouriffer.

Et ainsi, neuf mois plus tard, Wee Willie Winkie plaisantait sur le futur bébé de sa femme et une ombre apparaissait sur le front d'un Anglais.

« Et alors ? dit Padma. Ils ne m'intéressent pas, ce Winkie et sa femme dont tu ne m'as jamais parlé ! »

Il y a des gens qui ne sont jamais contents ; mais Padma le sera très bientôt.

Cependant, elle va être encore un peu plus frustrée ; parce que nous arrachant aux événements qui se déroulent dans le domaine de Methwold — loin des poissons rouges et des chiens, des concours de nouveau-nés, loin des gros orteils et des toits de tuiles — je vole au-dessus de la ville, fraîche et propre après les pluies ; je laisse Ahmed Sinai et Amina aux chansons de Wee Willie Winkie, et je vole vers le quartier du Vieux Fort au-delà de la fontaine Flora et j'arrive devant un grand bâtiment rempli de la douce lumière, de la grandeur et du parfum des encensoirs... parce qu'ici, dans la cathédrale Saint-Thomas, Mlle Mary Pereira est en train d'apprendre la couleur de Dieu.

« Bleu, dit très sérieusement le jeune prêtre. Toutes les connaissances actuelles, ma fille, nous incitent à penser que Notre-Seigneur Jésus-Christ était du plus beau bleu, comme un ciel pâle. »

La petite femme, derrière le croisillon de bois, dans le confessionnal, se plonge dans le silence. Un silence d'angoisse et de réflexion. Puis : « Mais comment, mon père ? Les gens ne sont pas *bleus*. Personne n'est bleu dans le vaste monde ! »

L'étonnement de la petite femme n'a d'égal que la perplexité du prêtre... parce que ce n'est pas ainsi qu'elle est supposée devoir réagir. L'évêque avait dit : « Des problèmes avec les nouveaux convertis... quand ils posent des questions sur la couleur, ils sont presque toujours... il est important de jeter des ponts, mon fils. Souvenez-vous, Dieu est amour », ainsi parlait l'évêque ; « et le dieu hindou de l'amour, Krishna, est toujours dépeint avec une peau bleue. Dites-leur *bleu;* ce sera une sorte de pont entre les fois ; allez-y doucement, vous comprenez ; en outre, le bleu est une sorte de couleur neutre, cela permet d'éviter les problèmes habituels de couleur, ne parlez pas de blanc ni de noir. Je suis sûr que le bleu est la couleur qu'il faut choisir ». Même les évêques peuvent se tromper, se dit le jeune père qui est dans le pétrin, parce que la jeune femme se met manifestement dans tous ses états et fait de sévères réprimandes à travers le croisillon de bois : « Qu'est-ce que ça veut dire, bleu, mon père ? Qui peut croire ça ? Vous devriez écrire à notre Saint-Père le pape à Rome, il vous dirait sûrement la vérité ; mais on n'a pas besoin d'être pape pour savoir que les hommes ne sont pas bleus ! » Le jeune prêtre ferme les yeux ; respire profondément ; contre-attaque : « On a teint des peaux en bleu, dit-il d'une voix hésitante. Les Pictes ; les Arabes nomades du désert, ils sont bleus ; les bienfaits de l'éducation te feront comprendre, ma fille... » Mais on entend un cri, comme un défi qui sort du confessionnal. « Quoi, mon père ? Vous comparez Notre-Seigneur à des sauvages de la jungle ? Oh ! Seigneur ! Je dois me boucher les oreilles de honte ! »... Mais il y a plus, bien plus, quand le jeune père, qui a horriblement mal à l'estomac, se rend compte soudain qu'autre chose se cache derrière cette histoire de bleu et il pose la question ; et la tirade cède la place aux larmes et le jeune père, paniqué, dit : « Allons, allons, la divine splendeur de Notre-Seigneur n'est pas une question de pigmentation. »... Puis une voix réussit à traverser l'eau salée des larmes : « Oui, mon père, vous n'êtes pas si mauvais après tout ; c'est ce que je lui ai dit, exactement, mais il m'a parlé durement et n'a pas voulu m'écouter... » Et le voici, *il* est entré dans l'histoire, et tout s'effondre, et Mlle Mary Pereira, minuscule, virginale, affolée, fait une confession qui nous donne des informations cruciales sur ses motivations quand, la nuit de ma naissance, elle fit la dernière et la plus importante contribution à toute l'histoire contemporaine de l'Inde, depuis le coup sur le nez de mon grand-père jusqu'à ce que je devienne adulte.

La confession de Mary Pereira : comme toute Marie, elle avait son Joseph. Joseph D'Costa, aide-infirmier à la clinique de Pedder Road, qu'on appelait maternité du docteur Narlikar (« Ah ! Ah ! » Padma voit enfin une relation) où elle travaillait comme sage-femme. Les choses s'étaient bien passées au début, il lui avait payé des tasses de thé, des *lassi,* des *falooda* et lui avait dit des mots doux. Il avait les yeux comme des billes de loto, durs et pleins de tacatac, mais il parlait bien et d'une voix douce. Mary, minuscule, toute ronde, virginale, s'était délectée de ses attentions ; mais tout avait changé.

« Tout d'un coup, il ne cesse de renifler, d'une drôle de façon en levant le nez. Je lui demande, " Qu'est-ce qui t'arrive, Joe, tu es enrhumé ? " Mais il dit non ; non, dit-il, il hume le vent du nord. Mais je lui dis, Joe, à Bombay, le vent vient de la mer, de l'ouest, Joe... » Et Mary Pereira décrit d'une voix faible la fureur de Joseph D'Costa qui lui dit : « Tu n'y connais rien. Aujourd'hui, le vent souffle du nord et il est chargé de mort. Cette indépendance n'est que pour les morts ; on pousse les pauvres à s'entre-tuer comme des mouches. Au Punjab, au Bengale. Des émeutes, des émeutes, les pauvres contre les pauvres. C'est dans le vent. »

Et Mary : « Tu parles comme un fou, Joe. Pourquoi est-ce que tu t'inquiètes pour ces vilaines choses ? Nous pouvons vivre tranquillement, non ?

— Qu'importe, il y a une chose que tu ne sais pas.

— Mais Joseph, même si c'est vrai, tous ces massacres, ce ne sont que des hindous et des musulmans ; pourquoi est-ce que de bons chrétiens devraient se mêler de leurs guerres ? Ils s'entre-tuent depuis toujours.

— Toi et ton Christ ! Tu n'arrives pas à te mettre dans la

tête que c'est la religion des Blancs. Laisse les dieux blancs aux hommes blancs. Aujourd'hui, ce sont les nôtres qui meurent. Nous devons lutter ; nous devons montrer aux gens contre qui se battre, plutôt que nous entre-tuer, tu comprends ? »

Et Mary : « C'est pourquoi je vous ai demandé la couleur, mon père... et j'ai dit à Joseph que ce n'était pas bien de se battre, et de laisser ces idées de violence ; mais il a cessé de me parler et il traîne avec des types dangereux, et il y a des bruits qui courent sur lui, mon père. On dit qu'il jette des briques et des bouteilles enflammées sur les grosses voitures, qu'il devient fou, mon père, on dit qu'il aide à brûler des autobus et à faire sauter des trams, et je ne sais plus quoi. J'ai demandé à ma sœur ce que je devais faire, mon père. Je lui ai dit : " Ce Joe, il vit près d'un abattoir, c'est peut-être l'odeur qui lui est entrée dans le nez et qui lui a embrouillé l'esprit. " Alors Alice est allée le voir. " Je vais lui parler ", qu'elle a dit ; mais alors, oh ! mon Dieu ! qu'est-ce qui arrive au monde ?... Je suis sincère, mon père... Oh ! Baba... », et le flot noie ses mots, ses secrets s'écoulent de ses yeux avec le sel, car Alice est revenue lui dire qu'à son avis, Mary était la seule à blâmer pour avoir fait des reproches à Joseph au point qu'il ne veuille plus d'elle, et cela au lieu de le soutenir dans sa tâche patriotique qui consistait à éveiller son peuple. Alice était plus jeune que Mary ; et plus jolie ; ensuite, il y eut encore plus de rumeurs, des histoires sur Alice-et-Joseph, et Mary ne sut plus à quel saint se vouer.

« Celle-là ! dit Mary. Qu'est-ce qu'elle y connaît en politique ? Elle répète n'importe laquelle de ses bêtises pour pouvoir mettre le grappin dessus, cette tête de linotte. Je le jure mon père...

— Attention, ma fille. Tu es à deux doigts du blasphème...

— Non, mon père, je le jure devant Dieu, je ne sais pas ce dont je suis capable pour récupérer cet homme. Oui, malgré... qu'importe ce qu'il... Ouououou ! »

De l'eau salée lave le sol du confessionnal... et est-ce un nouveau dilemme pour le jeune prêtre ? Malgré l'horrible douleur d'un estomac dérangé, est-il en train de comparer la sainteté du confessionnal aux dangers d'un homme comme Joseph D'Costa ? va-t-il demander à Mary l'adresse de Joseph, et révéler... en un mot comme en cent, est-ce que ce jeune prêtre trompé par son évêque, tourmenté par son estomac, va se conduire comme, ou différemment, de Montgomery Clift dans *La Loi du silence ?* (En voyant le film, il y a quelques années au cinéma Empire, je n'ai pas pu le savoir.) Mais non ; une nouvelle fois, je dois écarter mes soupçons sans fondement. Ce qui est arrivé à Joseph lui serait arrivé de toute façon. Et, selon toute vraisemblance, ce jeune prêtre, et c'est le seul rapport entre lui et mon histoire, fut le premier étranger à entendre parler de la haine virulente de Joseph D'Costa pour les riches et du douloureux désespoir de Mary Pereira.

Demain, je prendrai un bain et je me raserai ; je mettrai un kurta flambant neuf, brillant et empesé. J'enfilerai des pantoufles à la pointe recourbée, j'aurai les cheveux parfaitement coiffés (mais non séparés au milieu), mes dents brilleront... en un mot, je n'aurai jamais été aussi bien. (« Grâce à Dieu », dit Padma boudeuse.)

Demain, enfin, s'achèveront ces histoires que je (n'ayant pas été présent à leur naissance) dois tirer des recoins de mon esprit ; parce qu'on ne peut ignorer plus longtemps la musique métronomique du compte à rebours de Mountbatten. Au domaine de Methwold, le vieux Musa tictaque toujours comme une bombe à retardement ; mais on ne peut pas l'entendre, car maintenant il y a un autre bruit qui s'enfle, assourdissant, insistant ; le bruit de secondes qui passent, le bruit d'un minuit qui s'approche inexorablement.

TIC-TAC

Padma peut l'entendre ; il n'y a rien comme un compte à rebours pour créer le suspense. Aujourd'hui, j'ai regardé ma déesse de la Bouse qui travaillait, en remuant des bassines comme un ouragan, comme si cela devait accélérer le temps. (Et peut-être cela le faisait-il ; dans ma vie, le temps a été aussi variable et inconstant que l'électricité à Bombay. Téléphonez à l'horloge parlante si vous ne me croyez pas — comme elle dépend de l'électricité, il y a en général quelques heures d'écart. A moins que nous soyons les seuls à nous tromper... ceux qui utilisent pour dire « hier » le même mot que pour dire « demain » n'ont jamais eu une bonne prise sur le temps.)

Mais aujourd'hui, Padma a entendu le tic-tac de Mountbatten... de fabrication anglaise, il bat avec une implacable précision. Et maintenant, la fabrique est vide ; des fumées s'élèvent encore, mais les bassines sont immobiles ; j'ai tenu parole. Tiré à quatre épingles, j'accueille Padma qui se précipite vers mon bureau, s'assoit près de moi avec impatience et ordonne : « Commence. » Je lui lance un petit sourire de satisfaction ; les enfants de minuit font la queue dans ma tête, en se bousculant et en jouant des coudes comme les femmes des pêcheurs kolis ; je leur dis d'attendre, ce ne sera plus long maintenant ; je m'éclaircis la gorge, je secoue mon stylo ; et je démarre.

Trente-deux ans avant le transfert du pouvoir, mon grand-père se cogna le nez sur la terre du Cachemire. Il y eut des rubis et des diamants. Il y avait la glace de l'avenir qui attendait sous la surface de l'eau. Il y eut un serment : ne plus jamais se courber devant un Dieu ou un homme. Le serment créa un trou, qui fut momentanément comblé par une femme derrière un drap troué. Un batelier qui autrefois avait prophétisé des dynasties tapies dans le nez de mon grand-père, se mit en colère et lui fit traverser un lac. Il y eut un propriétaire terrien aveugle et des lutteuses. Et il y eut un drap dans une chambre obscure. Ce jour-là, mon ascendance commença à se constituer — le bleu du ciel du Cachemire qui dégouttait dans les yeux de mon grand-père ; les longues souffrances de ma grand-mère qui deviendraient la patience de ma propre mère et la dureté finale de Naseem Aziz ; le don qu'avait mon grand-père de converser avec les oiseaux, don qui descendrait à travers un réseau sinueux dans les veines de ma sœur, le Singe de Cuivre ; le conflit entre le scepticisme grand-paternel et la crédulité grand-maternelle ; et, par-dessus tout, la présence spectrale du drap troué qui condamnera ma mère à aimer un homme par fragments, et qui m'a condamné à voir ma propre vie — sa signification et ses structures — également par fragments ; à tel point que, quand je l'ai comprise, il était bien trop tard.

Des années qui s'en vont en tictaquant — et mon ascendance s'accroît parce que, maintenant, j'ai les dents d'or mythiques du batelier Tai, et sa bouteille d'alcool qui annonce les esprits alcooliques de mon père ; j'ai Ilse Lubin qui se suicide et des serpents marinés pour la virilité ; j'ai le conservatisme de Tai opposé au progressisme d'Aadam ; et j'ai aussi l'odeur du batelier non lavé qui conduisit mes grands-parents au sud, et qui fit de Bombay une possibilité.

... Et maintenant, conduit par Padma et le tic-tac, je continue et j'acquiers Mahatma Gandhi et son hartal, j'avale le pouce-et-l'index et le moment où Aadam Aziz ne sait plus s'il est du Cachemire ou de l'Inde ; puis je bois du mercurochrome et des taches ayant la forme de mains en crachats de jus de bétel, et je gobe Dyer, moustaches comprises ; mon grand-père est sauvé par son nez et sa poitrine s'orne d'un bleu qui ne partira jamais, et lui et moi, nous y trouvons la réponse à la question : Indien ou du Cachemire ? Marqués par la fermeture d'un sac de Heidelberg, nous partageons le sort de l'Inde ; mais reste le bleu étranger des yeux. Tai est mort, mais sa magie reste suspendue au-dessus de nous, et fait de nous des hommes différents.

... Je saute les étapes et je m'arrête pour ramasser le jeu « atteindre-le-crachoir ». Cinq ans avant la naissance d'une nation, mon ascendance s'enrichit à nouveau et inclut une épidémie d'optimisme qui connaîtra une nouvelle flambée dans ma propre vie, des crevasses dans le sol que ma peau reproduira-a reproduites, et l'ex-prestidigitateur, le Bourdon qui commence la longue cohorte d'amuseurs des rues qui suivent une voie parallèle à ma vie et les grains de beauté de ma grand-mère comme des seins de sorcière, et sa haine des photographes, et, comment dire, et des guerres de la faim et du silence, et la sagesse de ma tante Alia qui se transforma en célibat et en amertume pour finalement devenir une vengeance implacable, et l'amour d'Emerald et de Zulfikar qui me permettra de lancer une révolution, et des poignards en croissants de lune, lunes funestes auxquelles fait écho l'amour de ma mère pour moi, son innocent chand-ka-tukra, son affectueux quartier-de-... plus grand maintenant, flottant dans le liquide amniotique du passé, j'ingurgite un bourdonnement qui devient de plus en plus fort jusqu'à ce que des chiens viennent à la rescousse et une fuite dans un champ de maïs, et une délivrance par Rashid le conducteur de cyclo-pousse qui imite le gai-wallah, en courant — en plein dedans — en hurlant en silence, et il révèle les secrets des serrures made in India et conduit Nadir Khan dans un réduit contenant un coffre à linge sale ; oui, je deviens plus lourd à chaque seconde, m'empiffrant de coffres à linge et d'amour sous le tapis de Mumtaz et du barde sans rime, et je grossis en avalant le rêve de Zulfikar d'une baignoire près de son lit et d'un Taj Mahal souterrain et d'un crachoir d'argent incrusté de lapis-lazuli ; un mariage se dissout et me nourrit ; une tante court traîtreusement dans les rues d'Agra en perdant son honneur, et cela me nourrit également ; et, maintenant, c'en est fini des faux départs et Amina n'est plus Mumtaz, et Ahmed Sinai est devenu, d'une certaine façon, son père et son mari... mon ascendance inclut ce don, le don de m'inventer de nouveaux parents à chaque fois que c'est nécessaire. Le pouvoir de donner naissance à des pères et à des mères : ce qu'Ahmed voulait et n'eut jamais.

Par mon cordon ombilical, j'ingère des billets de train et les dangers que représente l'achat d'un éventail en plumes de paon ; l'assiduité d'Amina s'infiltre en moi et des choses plus menaçantes — des pas qui claquent, le besoin qu'a ma mère de supplier pour qu'on lui donne de l'argent, jusqu'à ce que la serviette posée sur les genoux de mon père se mette à frémir et à se dresser comme une petite tente — et les cendres des bicyclettes indiennes d'Arjuna, et un kaléidoscope dans lequel Lifafa Das essaie de mettre le monde entier, et des canailles perpétrant des outrages ; des monstres à plusieurs têtes se gonflent en moi — des Ravana masqués, des fillettes de huit ans qui zézayent et un sourcil d'un seul bloc, une populace criant au violeur. Une déclaration publique me nourrit, et je m'avance dans le temps, et il ne reste que sept mois à parcourir.

Nous transportons avec nous dans le monde tant de choses, de gens, de notions, tant de possibilités et aussi de restrictions de possibilités ! — parce que tout cela était les parents de l'enfant né à minuit, cette nuit-là, et il y en avait autant pour tous les enfants de minuit. Parmi les parents de minuit : l'échec de l'arrangement de l'envoyé ministériel ; la détermination de M. A. Jinnah, qui était mourant et qui voulait voir le Pakistan de son vivant, et qui aurait fait n'importe quoi pour en assurer le succès — ce même Jinnah que mon père, ratant comme d'habitude une occasion exceptionnelle, avait refusé de rencontrer ; et Mountbatten avec sa hâte extraordinaire et sa femme mangeuse-de-blanc-de-poulet ; et encore, et encore — le Fort Rouge et le Vieux Fort, des singes, des vautours laissant tomber des mains, et des travestis blancs, des rebouteux et Shri Ramram Seth qui faisait trop de prophéties. Et le rêve de mon père de réorganiser le Coran a aussi sa place ; et l'incendie d'un entrepôt qui fera de lui un propriétaire ; et la partie d'Ahmed qu'Amina n'arrivait pas à aimer. Pour comprendre une seule existence, il nous faut avaler le monde entier. C'est moi qui vous le dis.

Et les pêcheurs, et Catherine de Bragance et Mumbadevi, les noix de coco et le riz ; la statue de Sivaji et le domaine de Methwold ; une piscine avec la forme de l'Inde britannique et une colline de la hauteur de deux étages ; un nez venant de Bergerac ; une tour d'horloge en panne et une petite piste de cirque ; l'amour d'un Anglais pour une allégorie indienne et la séduction de la femme d'un accordéoniste. Des perruches, des ventilateurs de plafond, le *Times of India,* tous font partie des bagages que j'ai apportés dans le monde... Quoi d'étonnant alors que je sois un bébé très lourd ? Jésus-le-bleu a coulé en moi ; et le désespoir de Mary et la folie révolutionnaire de Joseph D'Costa et l'inconstance d'Alice Pereira... tout cela aussi m'a fait.

Si cela semble un peu bizarre, rappelez-vous la profusion extraordinaire de mon ascendance... Peut-être que, si l'on veut rester un individu parmi les multitudes grouillantes, on se rend grotesque.

« Tu as enfin appris à dire les choses très vite », conclut Padma avec satisfaction.

13 août 1947. Mécontentement dans les cieux : Jupiter, Saturne et Vénus sont d'humeur querelleuse ; en outre, les trois étoiles sont dans la maison la plus funeste de toutes. Les astrologues de Benarsi désignent cela avec crainte : « Karamstan ! Elles entrent en Karamstan ! »

Tandis que les astrologues font d'horribles exposés aux chefs du parti du Congrès, ma mère se couche pour sa petite sieste. Tandis que le comte Mountbatten déplore le manque d'astrologues dans son état-major général, les ombres mouvantes d'un ventilateur de plafond endorment Amina. Tandis que M. A. Jinnah, sachant que son Pakistan va naître dans onze heures, un jour avant l'indépendance de l'Inde, pour laquelle il faut encore attendre trente-cinq heures, se moque des protestations des marchands d'horoscopes, en secouant la tête, amusé, la tête d'Amina, elle aussi, se secoue.

Mais elle dort. Depuis quelques jours, dans cette fin de grossesse, un rêve énigmatique de papier attrape-mouches n'a cessé de la tourmenter pendant son sommeil... Elle y erre actuellement, comme avant, dans une sphère de cristal pleine de bandes de papier qui collent à ses vêtements et qui les déchirent, et elle trébuche dans cette forêt de papier impénétrable ; puis elle se débat, déchire les papiers, mais ils s'accrochent à elle jusqu'à ce qu'elle soit nue, avec le bébé qui lui donne des coups à l'intérieur, et de grandes vrilles de papier attrape-mouches sortent à flots pour la saisir par le ventre et le papier se colle à ses cheveux dents seins nez cuisses, et, au moment où elle ouvre la bouche pour hurler, un bâillon adhésif vient se coller sur ses lèvres entrouvertes.

« Amina begum ! dit Musa. Réveillez-vous ! Mauvais rêve, Amina begum ! »

Incidents de ces dernières heures — la lie de mon ascendance : alors qu'il n'y avait plus que trente-cinq heures à attendre, ma mère rêvait qu'elle était prise dans du papier collant, comme une mouche. Et à l'heure du cocktail (plus que trente heures à attendre) William Methwold rendit visite à mon père dans le jardin de Buckingham. La raie au milieu marchait à côté et au-dessus du gros orteil, et M. Methwold se souvenait. Les histoires du premier Methwold, qui avait rêvé la ville, emplissaient l'air du soir dans le pénultième coucher de soleil. Et mon père — imitant l'accent d'Oxford pour impressionner l'Anglais qui s'en allait — répondait en disant : « C'est vrai, mon vieux, notre famille est également très distinguée. » Methwold écoute : tête dressée, rose rouge au revers crème, chapeau à large bord dissimulant les cheveux séparés, une pointe d'amusement dans les yeux... Ahmed Sinai, un peu ivre de whisky, imbu de sa propre importance, s'échauffe : « Le sang des Moghol, pour dire la vérité. » Ce à quoi Methwold répond : « Non ! Vraiment ? Vous me faites marcher ! » Et Ahmed, au-delà du point de non-retour, est obligé de continuer. « De façon illégitime, bien sûr ; mais Moghol sans aucun doute. »

Ce fut ainsi que trente-cinq heures avant ma naissance, mon père démontra que lui aussi désirait des ancêtres de fiction... ainsi qu'il en vint à inventer un pedigree familial qui, plus tard, quand le whisky ayant effacé les limites de sa mémoire et les esprits des bouteilles l'ayant embrouillé, toute trace de réalité disparut... ainsi qu'il introduisit dans nos vies l'idée de la malédiction familiale.

« Oh oui ! dit mon père tandis que William Methwold dressait une tête grave et peu souriante, beaucoup de familles possédaient de telles malédictions. Chez nous, elle est transmise par les fils les plus âgés — par écrit seulement, parce qu'au moindre mot, vous libérez son pouvoir, vous comprenez. » Methwold maintenant : « Stupéfiant ! Et vous en connaissez le texte ? » Mon père dit oui d'un signe de tête, la lèvre protubérante, l'orteil au repos tandis qu'il se tape le front pour souligner ce qu'il dit : « Tout est ici ; tout dans la mémoire. On ne l'a pas utilisée depuis qu'un ancêtre s'est disputé avec l'empereur Babar et a jeté la malédiction sur son fils Humayun... une histoire terrible, que tout écolier connaît. »

Et le temps viendrait où mon père, dans les angoisses de sa retraite définitive contre la réalité, s'enfermerait dans une chambre bleue pour essayer de se souvenir d'une malédiction dont il avait rêvé un soir, dans les jardins de sa maison, tandis qu'il se frappait le front, à côté d'un descendant de William Methwold.

Maintenant, encombré de rêves d'attrape-mouches et d'ancêtres imaginaires, j'en suis encore à un jour de ma naissance... mais maintenant, le tic-tac impitoyable réaffirme sa présence : encore vingt-neuf heures, vingt-huit, vingt-sept...

Quels autres rêves a-t-on encore rêvés au cours de cette dernière nuit ? Etait-ce à ce moment-là — oui, pourquoi pas ? — que le docteur Narlikar, ignorant le drame qui allait se jouer dans sa maternité, rêva pour la première fois de tétrapodes ? Etait-ce au cours de cette dernière nuit — tandis que le Pakistan naissait au nord et à l'ouest de Bombay — que mon oncle Hanif, qui était venu (comme sa sœur) à Bombay et qui était tombé amoureux d'une actrice, la divine Pia (« Son visage est sa fortune ! » dit une fois *The Illustrated Weekly*[1]), pensa pour la première fois à son nouvel appareil cinématographique qui bientôt lui fournirait son premier film à succès ?... Cela est vraisemblable ; des mythes, des cauchemars, des idées fantasques étaient dans l'air. Ceci en tout cas est certain : pendant cette dernière nuit, mon grand-père, Aadam Aziz, seul maintenant dans la grande et vieille maison de la rue Cornwallis — avec seulement une femme dont la volonté semblait augmenter au fur et à mesure qu'Aadam Aziz était écrasé par les ans, et une fille, Alia, dont la virginité aigrie ne prendrait fin que dix-huit ans plus tard quand une bombe la couperait en deux — se retrouvait soudain emprisonné dans les grands cercles métalliques de la nostalgie, et restait éveillé tandis qu'ils lui écrasaient la poitrine ; jusqu'à ce que finalement, à 5 heures du matin, le 14 août — encore dix-neuf heures — il soit tiré du lit par une force irrésistible et traîné devant une vieille cantine métallique. Il l'ouvrit et y trouva : de vieux exemplaires de magazines allemands ; *Que faire ?* de Lénine ; un tapis de prière roulé ; et, enfin, l'objet qu'il avait eu un besoin irrépressible de revoir une fois encore — blanc et plié, doucement lumineux dans l'aube — mon grand-père sortit de la cantine de son passé un drap taché et troué, et découvrit que le trou s'était agrandi ; qu'il y en avait d'autres, plus petits, tout autour ; et, en proie à une fureur violente et nostalgique, il réveilla sa femme et la stupéfia en hurlant et en lui secouant son histoire sous le nez :

« Mangé aux mites ! Regarde, begum : mangé aux mites ! Tu as oublié d'y mettre de la naphtaline ! »

Mais, maintenant, on ne peut plus ignorer le compte à rebours... dix-huit heures ; dix-sept ; seize... et déjà, à la clinique du docteur Narlikar, on peut entendre les hurlements

1. *La Semaine illustrée.* (*N.d.T.*)

d'une femme qui a commencé le travail. Wee Willie Winkic est là ; et sa femme Vanita ; huit heures de travail prolongé et improductif. Elle a senti les premières contractions juste à l'instant où, à des centaines de miles de là, M. A. Jinnah annonçait à minuit la naissance d'une nation musulmane... mais elle se tord toujours de douleur sur un lit dans la « salle de charité » de la maternité du docteur Narlikar (réservée aux bébés des pauvres)... elle a les yeux qui lui sortent à moitié de la tête ; son corps est brillant de sueur, mais le bébé ne montre aucun signe de sortie, et son père n'est pas là ; il est 8 heures du matin, mais, étant donné les circonstances, le bébé peut n'arriver qu'à minuit.

Des bruits en ville : « La statue a galopé la nuit dernière ! »... « Et la conjonction des étoiles est néfaste ! »... mais, malgré tous ces mauvais présages, un nouveau mythe brillait au coin des yeux de la ville. Août à Bombay : un mois de fêtes, le mois de la naissance de Krishna et de la fête de la noix de coco ; et cette année — encore quatorze heures, treize, douze — il y avait une fête supplémentaire sur le calendrier, un nouveau mythe à célébrer, car une nation qui n'avait jamais existé auparavant était sur le point d'acquérir sa liberté, nous précipitant dans un monde qui, malgré ses cinq mille ans d'histoire et bien qu'il ait inventé le jeu d'échecs et fait du commerce avec l'Egypte du moyen empire, n'en restait pas moins tout à fait imaginaire ; dans une terre mythique, un pays qui n'aurait jamais existé sans les efforts d'une volonté collective extraordinaire — sauf pour un rêve sur lequel nous nous accordions tous ; c'était une idée bizarre, partagée à des degrés divers par les gens du Bengale, du Punjab, de Madras et les Jât, et qui nécessiterait périodiquement la sanctification et le renouveau que seuls les rituels du sang peuvent fournir. L'Inde, le nouveau mythe, une fiction collective dans laquelle tout était possible, une fable avec laquelle seules deux autres bizarreries pouvaient rivaliser : l'argent et Dieu.

J'ai été, à mon époque, la preuve vivante de la nature fabuleuse de ce rêve collectif ; mais, pour l'instant, je dois abandonner ces notions générales et macrocosmiques pour me concentrer sur un rituel plus privé ; je ne décrirai pas l'hémorragie en cours sur les frontières du Punjab (là où les nations séparées se lavent dans le sang les unes des autres et où un certain major Zulfikar à visage de polichinelle achète la propriété d'un réfugié à un prix ridiculement bas, posant les fondations d'une fortune qui rivalisera avec celle de Nizam d'Hyderabad) ; je détournerai les yeux des violences du Bengale et de la longue marche de paix de Mahatma Gandhi. Egoïsme ? Etroitesse d'esprit ? Peut-être ; mais à mon avis, c'est excusable. Après tout, on ne naît pas tous les jours.

Encore douze heures. Amina Sinai s'étant éveillée de son cauchemar d'attrape-mouches ne se rendormira pas jusqu'à... Ramram Seth lui emplit la tête, elle dérive sur une mer démontée et les vagues de l'émotion succèdent aux creux profonds, vertigineux et sombres de la peur. Mais quelque chose d'autre est en cours. Regardez ses mains — sans aucune indication consciente elles appuient très fort sur son ventre ; regardez ses lèvres qui marmonnent sans qu'elle s'en rende compte : « Allez, lambin, tu ne vas quand même pas faire attendre les journalistes ! »

Encore huit heures... à 4 heures, cet après-midi, William Methwold grimpe la colline haute de deux étages, dans sa Rover noire de 1946. Il se range sur la piste de cirque entre les quatre nobles villas ; mais, aujourd'hui, il ne rend visite ni aux poissons rouges ni aux cactus ; il ne salue pas Lila Sabarmati avec son habituel : « Comment marche le pianola ? Tout va comme sur des roulettes ? » — il ne salue pas non plus le vieil Ibrahim qui est assis à l'ombre de la véranda et qui se balance dans un rocking-chair en rêvant de sisal ; il ne regarde ni Catrack ni Sinai, et s'installe au centre exact de la piste de cirque. Une rose au revers, le chapeau clair tenu étroitement contre la poitrine, la raie au milieu luisant dans la lumière de l'après-midi, William Methwold regarde droit devant lui, au-delà de la tour de l'horloge et de Warden Road, au-delà de la piscine de Breach Candy en forme de carte, dans les vagues d'or de 4 heures de l'après-midi, et salue ; au loin, au-dessus de l'horizon, le soleil commence sa longue descente vers la mer.

Encore dix heures. L'heure du cocktail. Les successeurs de William Methwold sont dans leurs jardins — sauf Amina qui est assise dans sa chambre de la tour, évitant que les regards concurrents de sa voisine Nussie ne viennent jusqu'à elle, Nussie qui, elle aussi, est peut-être en train d'inviter son Sonny à sortir entre ses jambes ; ils regardent avec curiosité l'Anglais qui se tient aussi immobile et aussi raide que la baguette de fusil à laquelle nous avons précédemment comparé sa raie au milieu ; jusqu'à ce qu'ils soient distraits par un nouvel arrivant. Un homme grand et maigre qui porte trois rangées de perles autour du cou et une ceinture d'os de poulet autour de la taille ; sa peau noire est couverte de cendres, ses longs cheveux pendent librement — nu, si ce ne sont les perles et les cendres, le *sadhu*[1] marche à grandes enjambées entre les demeures couvertes de tuiles rouges. Musa, le vieux serviteur, s'avance vers lui pour le chasser ; mais il recule ne sachant pas comment donner un ordre à un saint. S'immisçant entre les voiles de l'indécision de Musa, le sadhu entre dans le jardin de Buckingham ; il passe près de mon père stupéfait ; s'assoit, jambes croisées, sous le robinet du jardin qui dégoutte.

« Que désirez-vous, sadhuji ? » — Musa est incapable d'éviter la déférence ; ce à quoi le sadhu, calme comme un lac, répond : « Je suis venu attendre la venue de l'Unique. Le mubarak — Celui-qui-est-béni. Cela arrivera bientôt. »

Croyez-le ou non : ma venue fut prophétisée deux fois ! Et ce jour-là, où chaque chose était si remarquablement réglée, le sens du temps que possédait ma mère ne lui fit pas défaut ; dès que le dernier mot eut quitté les lèvres du sadhu, un cri perçant, un cocktail contenant en égale proportion panique, joie et triomphe, jaillit dans une chambre de la tour du premier étage avec des tulipes de verre dansant dans les fenêtres... « Arré Ahmed ! hurla Amina Sinai, Janum, le bébé ! Il arrive — juste à l'heure ! »

Des ondes électriques traversent le domaine de Methwold... et voici Homi Catrack qui accourt au petit trot : « Ma

1. *Sadhu :* un saint de l'hindouisme. (*N.d.T.*)

Studebaker est à votre disposition, Sinai sahib ; prenez-la — allez-y ! »... et, alors qu'il ne reste plus que cinq heures et trente minutes à attendre, les Sinai, mari et femme, descendent la colline de deux étages dans la voiture empruntée ; le gros orteil de mon père appuie sur l'accélérateur ; les mains de ma mère appuient sur son ventre rond comme la lune ; et on les perd de vue, ils tournent, ils passent devant le Paradis du lecteur, les bijoux de Fatbhoy et les jouets de Chimalker, les portes de Breach Candy, et ils filent vers la maternité du docteur Narlikar où, dans une salle pour les pauvres, la Vanita de Wee Willie Winkie pousse et se raidit, le dos courbé, les yeux lui sortant de la tête, et une sage-femme du nom de Mary Pereira attend près d'elle... ainsi ni Ahmed à la lèvre boudeuse, au ventre mou et aux ancêtres fictifs, ni Amina à la peau sombre et sous l'emprise des prophéties n'étaient présents quand finalement le soleil se coucha sur le domaine de Methwold et, au moment précis de sa disparition — encore cinq heures et deux minutes — William Methwold leva un bras long et blanc au-dessus de sa tête. Une main blanche pendit au-dessus de ses cheveux noirs et brillantinés ; ses longs doigts blancs et effilés se crispèrent vers la raie au milieu et le dernier secret fut révélé, car les doigts se courbèrent et saisirent les cheveux ; puis, quittant la tête, ils ne lâchèrent pas leur proie ; et, dans l'instant qui suivit la disparition du soleil, M. Methwold se tenait dans les dernières lueurs de son domaine, la perruque à la main.

« Un chauve ! s'écrie Padma. Des cheveux si bien coiffés... Je connais ça ; trop beau pour être vrai ! »

Chauve, chauve ; un crâne luisant ! Dévoilée la ruse qui avait trompé une femme d'accordéoniste. La force de Methwold, comme celle de Samson, résidait dans ses cheveux ; mais, maintenant, sa calvitie luisant au crépuscule, il jette son toit de chaume par la portière de sa voiture ; il distribue, avec ce qui semble de la négligence, les actes signés de ses palais ; et s'en va. Personne ne le reverra plus jamais au domaine ; mais moi, qui ne l'ai jamais vu, il m'a été impossible de l'oublier.

Soudain, tout est safran et vert. Amina Sinai dans une chambre aux murs safran et aux boiseries vertes. Dans une chambre voisine, la Vanita de Wee Willie Winkie, la peau verte, le blanc des yeux couleur safran, et le bébé qui a enfin commencé sa descente par les voies intérieures, qui sont sans aucun doute de la même couleur. Des minutes safran et des secondes vertes tictaquent sur les pendules accrochées aux murs. A l'extérieur de la maternité du docteur Narlikar, il y a des feux d'artifice et la foule, eux aussi en accord avec les couleurs de cette nuit — des fusées jaune safran, des pluies d'étincelles vertes ; les hommes portant des chemises safran et les femmes des saris jaune citron. Sur un tapis jaune safran et vert, le docteur Narlikar parle à Ahmed Sinai : « Je vais passer voir votre begum, personnellement, dit-il d'une voix en harmonie avec les couleurs du soir. Aucune crainte à avoir. Attendez ici ; il y a beaucoup de place pour marcher. » Le docteur Narlikar, qui déteste les bébés, est cependant un excellent gynécologue. Dans son temps libre, il fait des conférences, écrit des pamphlets, réprimande la nation à propos de la contraception. « Le contrôle des naissances, dit-il, est la “ priorité nationale numéro un ”. Le jour viendra où je réussirai à faire entrer ça dans la tête des gens et, à ce moment-là, je n'aurai plus de travail. » Ahmed Sinai sourit, maladroit, nerveux. « Pour ce soir, dit mon père, oubliez vos conférences et mettez mon enfant au monde. »

Encore vingt-deux minutes pour atteindre minuit. La maternité du docteur Narlikar fonctionne avec une équipe squelettique ; il y a beaucoup d'absents, beaucoup d'employés qui ont préféré fêter la naissance imminente de la nation et qui, cette nuit, n'assisteront pas à la naissance des enfants. En robe jaune safran ou verte, ils se pressent dans les rues illuminées, sous l'infini des balcons de la ville sur lesquels de petites lampes de terre cuite ont été remplies d'huiles mystérieuses ; des mèches flottent dans ces lampes et soulignent l'alignement des balcons et des toits, et ces mèches, elles aussi, se conforment aux deux couleurs de la soirée : la moitié des lampes a une lumière jaune safran, l'autre une lumière verte.

Une voiture de police se fraie un chemin à travers le monstre à nombreuses têtes de la foule, le jaune et le bleu des uniformes de ses occupants sont transformés en safran et en vert par la lueur des lampes en terre. (Nous sommes pour quelques instants sur le chemin de Colaba, pour montrer qu'à vingt-sept minutes de minuit la police recherche un dangereux criminel. Son nom : Joseph D'Costa. L'aide-infirmier est absent ce soir, de son travail à la maternité, de sa chambre près des abattoirs et de la vie d'une vierge Mary affolée.)

Vingt minutes passent, avec les « Aaaaah ! » d'Amina Sinai qui sont plus violents et plus rapides à chaque minute, et dans la salle d'à côté les « Aaaaah » faibles et épuisés de Vanita. Dans les rues, le monstre a déjà commencé à faire la fête ; le nouveau mythe court dans ses veines et remplace son sang par des globules safran et verts. Et, à Delhi, un homme sec et sérieux s'assoit à l'Assemblée nationale et se prépare à faire un discours. Dans le domaine de Methwold, les poissons rouges sont immobiles dans les bassins et les résidents vont de maison en maison en s'offrant des bonbons à la pistache, en se serrant dans les bras, en s'embrassant. Deux enfants empruntent des passages secrets tandis qu'à Agra un médecin assez âgé est assis avec sa femme qui a deux grains de beauté sur le visage, comme des tétons de sorcière et, au milieu des oies endormies et des souvenirs mangés aux mites, ils sont silencieux et ne trouvent rien à dire. Et dans toutes les villes, tous les villages, brûlent les petites lampes sur l'appui des fenêtres, les porches, les vérandas, tandis que des trains brûlent dans le Punjab avec les grandes flammes vertes de la peinture qui se cloque et le jaune safran éclatant du fuel enflammé, comme les plus belles lampes du monde.

Et la ville de Lahore, elle aussi, brûle.

L'homme sec et sérieux se lève. Oint par l'eau sacrée du fleuve Tanjore, il se met debout ; le front barbouillé de cendres saintes, il s'éclaircit la gorge. Sans aucun papier, sans rien avoir appris par cœur, Jawaharlal Nehru commence : « ... Il y a de longues années, nous avons pris rendez-vous avec le destin ; maintenant, voici le temps où nous retrouvons notre bien — pas entièrement, mais de façon très substantielle... »

Encore deux minutes. A la maternité du docteur Narlikar, le sombre docteur, accompagné d'une sage-femme du nom de Flory, une petite femme sans importance, encourage Amina Sinai : « Poussez ! Plus fort !... Je vois la tête ! » Et, pendant ce temps, dans la chambre voisine, un certain docteur Bose — avec Mary Pereira à côté de lui — surveille les dernières étapes du travail de vingt-quatre heures de Vanita... « Oui ; maintenant ; plus qu'une fois, allez ; encore une fois et ce sera fini !... » Des femmes gémissent et hurlent tandis que dans une autre pièce des hommes se taisent. Wee Willie Winkie — incapable de chanter — est accroupi dans un coin et se balance d'avant en arrière... et Ahmed Sinai cherche une chaise. Mais il n'y a pas de chaise dans la pièce ; c'est une pièce faite pour marcher de long en large ; alors Ahmed Sinai ouvre une porte, trouve une chaise au bureau désert d'une réceptionniste, la soulève et la rapporte dans la pièce faite pour marcher, où Wee Willie Winkie se balance, se balance, les yeux aussi vides que ceux d'un aveugle... vivra-t-elle ? Va-t-elle mourir ?... et, enfin, il est minuit.

Dans les rues, le monstre a commencé à rugir, tandis qu'à Delhi un homme sec dit : « ... au douzième coup de minuit, tandis que le monde sommeille, l'Inde s'éveille à la vie et à la liberté... » et, sous les rugissements du monstre, il y a deux hurlements, deux cris, deux mugissements, deux vagissements de bébés qui viennent au monde, deux protestations vaines qui se mêlent au vacarme de l'indépendance, jaune safran et vert dans le ciel nocturne — « Il vient un moment, très rare dans l'histoire, où nous quittons l'ancien pour entrer dans le nouveau ; où un âge prend fin ; et où l'âme d'une nation, longtemps réprimée, peut enfin s'exprimer... » et, dans une pièce avec un tapis jaune safran et vert, Ahmed Sinai serre toujours une chaise quand le docteur Narlikar entre et lui dit : « Au douzième coup de minuit, frère Sinai, votre begum sahiba a donné naissance à un gros bébé bien-portant, un fils ! » Et mon père commence à penser à moi (sans avoir...) ; l'image de mon visage lui occupe l'esprit et il en oublie la chaise ; rempli d'amour pour moi (même si...), de la tête aux pieds, il laisse tomber la chaise.

Oui, ce fut ma faute (en dépit de tout)... ce fut la puissance de mon visage, le mien et aucun autre, qui fit que les mains d'Ahmed Sinai lâchèrent la chaise ; ce qui entraîna la chute de la chaise, avec une accélération de trente-deux pieds par seconde, et au moment où Jawaharlal Nehru disait à l'Assemblée nationale, « nous achevons aujourd'hui une période de malheur », au moment où la nouvelle de la liberté retentissait, ce fut à cause de moi que mon père cria lui aussi, parce que la chaise en tombant lui écrasa l'orteil

Le bruit fit accourir tout le monde ; mon père et sa blessure détournèrent un instant les feux de la rampe des deux mères souffrantes, des deux naissances synchronisées à minuit — parce que finalement Vanita avait mis au monde un bébé d'une taille remarquable : « Vous ne l'auriez pas cru, dit le docteur Bose, ça ne cessait d'avancer et le garçon se frayait un chemin, un énorme bébé ! » Et Narlikar en train de se laver : « Le mien aussi ! » Mais cela se passait un tout petit peu plus tard — en ce moment, Bose et Narlikar soignaient l'orteil d'Ahmed Sinai ; on avait demandé à des sages-femmes de laver et d'emmailloter les deux nouveau-nés ; et Mlle Mary Pereira était mise à contribution.

« Va, va, dit-elle à la pauvre Flory, va voir si tu peux être utile. Je peux m'en sortir seule ici. » Et une fois seule — deux bébés sur les bras — deux vies en son pouvoir — elle fit pour Joseph un acte révolutionnaire privé, en se disant : « il m'aimera sans aucun doute pour ça », et elle changea les deux étiquettes où étaient inscrits les noms des énormes bébés, donnant au pauvre une vie de privilèges et condamnant le riche aux accordéons et à la pauvreté... « Aime-moi, Joseph ! » pensait Mary Pereira, et ce qui fut dit fut fait. Sur la cheville d'un gros bébé aux yeux aussi bleus que le ciel du Cachemire — qui étaient également des yeux aussi bleus que ceux de Methwold — et au nez aussi théâtral que celui d'un grand-père du Cachemire — mais qui était aussi le nez d'une grand-mère française — elle mit le nom : *Sinai.*

Le safran m'emmaillota quand, grâce au crime de Mary Pereira, je fus l'enfant de minuit qu'on choisit, dont les parents n'étaient pas ses parents, dont le fils ne serait pas... Mary prit l'enfant du ventre de ma mère, l'enfant qui ne serait pas son fils, mais avec des yeux qui devenaient déjà bruns, et des genoux aussi noueux que ceux d'Ahmed Sinai, l'enveloppa de vert et l'apporta à Wee Willie Winkie — qui regardait fixement en voyant à peine son fils et qui ne sut jamais rien sur les raies au milieu... Wee Willie Winkie qui venait juste d'apprendre que Vanita n'avait pas survécu à la naissance. A minuit et trois minutes, tandis que les médecins s'affairaient autour d'un orteil cassé, Vanita était morte d'une hémorragie.

Et l'on m'apporta à ma mère ; et elle ne douta jamais un seul instant de mon authenticité. Ahmed Sinai, le doigt de pied dans des attelles, s'assit sur son lit au moment où elle demanda : « Regarde, janum, le pauvre petit, il a le nez de son grand-père. » Il regarda désorienté tandis qu'elle s'assurait qu'il n'y avait qu'une tête ; alors elle se détendit complètement, comprenant que même les diseurs de bonne aventure avaient des dons limités.

« Janum, dit ma mère toute joyeuse, il faut que tu téléphones aux journaux. Appelle le *Times of India.* Qu'est-ce que je t'avais dit ? J'ai gagné ! »

« ... le temps n'est pas à la critique mesquine ou destructive, dit Jawaharlal Nehru à l'Assemblée, ni à la mauvaise volonté. Nous avons à bâtir la noble demeure de l'Inde libre, où pourront habiter tous les enfants. » Un drapeau se déploie. Il est jaune safran, blanc et vert.

« Un Anglais ? s'écrie Padma avec horreur. Qu'est-ce que tu me racontes ? Tu es un Anglo-Indien ? Tu ne portes pas ton vrai nom ? »

Je lui dis : « Je suis Saleem Sinai. Morve-au-nez, bouille-sale, déplumé, quartier-de-lune. Qu'est-ce que tu veux dire — je ne porte pas mon vrai nom ?

— Tout ce temps, gémit Padma en colère, tu m'as trompée. Ta mère, comme tu disais ; ton père, ton grand-père ; tes tantes. Mais qui es-tu ? Tu n'as même pas pris la peine de me dire la vérité à propos de tes parents ? Tu te moques que ta mère soit morte en te mettant au monde ? Que ton père soit sûrement encore en vie quelque part, sans le sou, pauvre ? Tu es un monstre ou quoi ? »

Non : je ne suis pas un monstre. Je ne suis non plus ni coupable ni trompeur. J'ai fourni des indices... mais il y a plus important. Voilà ce que c'est : quand, par hasard, on a découvert le crime de Mary Pereira, tout le monde a pensé que *ça ne faisait aucune différence !* J'étais toujours leur fils ; ils restaient mes parents. Dans une sorte de manque d'imagination collectif, nous avons appris que nous ne pouvions penser à notre avenir en dehors de notre passé... si vous aviez demandé à mon père (même lui, malgré tout ce qui est arrivé !) qui était son fils, rien au monde ne l'aurait décidé à tendre le doigt vers le fils mal lavé et aux genoux cagneux de l'accordéoniste. Quand bien même il aurait grandi pour devenir une sorte de héros.

Ainsi : il y avait des genoux et un nez, un nez et des genoux. En fait, dans toute la nouvelle Inde, notre rêve commun, des enfants naissaient qui n'étaient que partiellement les descendants de leurs parents — les enfants de minuit étaient aussi les enfants du temps : engendrés, comprenez-vous, par l'histoire. Cela peut arriver. En particulier dans un pays qui est lui-même une sorte de rêve.

« Assez, dit Padma en boudant. Je ne veux pas écouter. » Elle espérait une sorte d'enfant à deux têtes, et elle est irritée qu'on lui propose autre chose. Cependant, qu'elle écoute ou non, j'ai des choses à dire.

Trois jours après ma naissance, Mary Pereira était bourrelée de remords. Joseph D'Costa, fuyant les voitures de police, avait clairement abandonné sa sœur Alice, comme il l'avait abandonnée, elle, Mary, auparavant ; et la petite femme grassouillette — incapable dans sa frayeur, de confesser son crime — comprit qu'elle s'était comportée comme unc folle. Elle s'injuria : « Espèce d'imbécile ! » Mais elle garda son secret. Elle décida cependant de réparer le tort commis. Elle abandonna son travail à la maternité et aborda Amina Sinai avec ces mots : « Madame, je n'ai vu votre enfant qu'une seule fois, et j'en suis amoureuse. Avez-vous besoin d'une ayah ? » Et Amina, les yeux brillants de sentiments maternels : « Oui. » A partir de cet instant, Mary Pereira (« Tu peux aussi bien dire qu'*elle* est ta mère, m'interrompt Padma, prouvant par là qu'elle est toujours intéressée. Elle t'a fait, tu sais ») a dévoué sa vie à m'élever, consacrant le reste de ses jours au souvenir de son crime.

Le 20 août, Nussie Ibrahim suivit ma mère dans la clinique de Pedder Road, et le petit Sonny me suivit dans le monde — mais il n'émergea qu'à contrecœur ; on dut se servir de forceps pour aller le chercher et le sortir ; le docteur Bose, dans la chaleur de l'action, appuya un peu trop fort, et le petit Sonny arriva avec de petites marques de chaque côté des tempes, les creux peu profonds des forceps qui le rendraient aussi irrésistible que William Methwold avec sa perruque. Les filles (Evie, le Singe de Cuivre, et d'autres) voulaient toutes caresser ses petites vallées... et cela créerait quelques difficultés entre nous.

Mais j'ai gardé le meilleur pour la fin. Permettez-moi de vous dire comment, le lendemain de ma naissance, deux personnes du *Times of India* (édition de Bombay) nous rendirent visite, à ma mère et à moi, dans une chambre jaune safran et vert. J'étais allongé dans un berceau, emmailloté de safran et je les regardais. Il y avait un journaliste qui passa son temps à interviewer ma mère ; et un grand photographe, au nez aquilin, qui ne s'occupa que de moi. Le lendemain, les mots et les photos parurent dans la presse...

Très récemment, je visitais un jardin de cactus où une fois, bien des années auparavant, j'avait enterré un petit globe terrestre en fer-blanc, tout bosselé et réparé avec du Scotch ; et j'en ai sorti les choses que j'y avais mises des années plus tôt. Aujourd'hui, tandis que j'écris, je les tiens dans ma main gauche et je peux toujours voir — bien qu'elles soient jaunies — qu'une est une lettre personnelle, signée par le Premier ministre de l'Inde ; mais l'autre est une coupure de presse.

C'est un gros titre : L'ENFANT DE MINUIT.

Et un texte : « Une charmante attitude du petit Saleem Sinai, qui est né la nuit dernière, au moment exact de l'indépendance de notre nation — l'heureux enfant de cette heure de gloire ! »

Puis une grande photo : première qualité-première page-grande taille-instantané de bébé, sur lequel il est encore possible de voir un enfant qui vient de naître avec un nez luisant qui coule. (On peut lire en dessous : Photo de Kalidas Gupta.)

Malgré le gros titre, le texte et la photo, je dois accuser nos visiteurs du crime d'insignifiance ; simples journalistes ne voyant pas plus loin que la copie du lendemain, ils n'avaient aucune idée de l'importance de l'événement qu'ils couvraient. Pour eux, il ne s'agissait que d'un drame humain.

Comment est-ce que je sais cela ? Parce qu'à la fin de l'interview le photographe offrit un chèque à ma mère — un chèque de cent roupies.

Cent roupies ! Est-il possible d'imaginer somme plus futile, plus dérisoire ? C'est une somme avec laquelle on peut se sentir insulté. Quoi qu'il en soit, je les remercie tout simplement d'avoir fêté mon arrivée et je leur pardonne d'avoir manqué à ce point du sens de l'histoire.

« Ne sois pas vaniteux, me dit Padma d'un ton maussade. Cent roupies, ce n'est pas rien ; après tout, tout le monde naît, ce n'est pas une affaire extraordinaire ! »

LIVRE II

LE DOIGT TENDU DU PÊCHEUR

Est-il possible d'être jaloux de mots écrits ? S'offenser de gribouillages nocturnes, comme s'ils étaient la chair et le sang d'un rival ? Je ne peux expliquer autrement l'étrange comportement de Padma ; et, au moins, cette explication a le mérite d'être aussi bizarre que la fureur qui l'a prise quand, ce soir, j'ai fait l'erreur d'écrire (et de lire à haute voix) un mot qui n'aurait pas dû être prononcé… même si, depuis l'épisode de la visite du charlatan, j'ai senti un curieux mécontentement chez Padma, qui exsudait son odeur énigmatique pas ses glandes exocrines (ou endocrines). Affligée peut-être par l'inutilité de ses tentatives nocturnes pour ressusciter mon « autre stylo », le concombre inutile caché dans mon pantalon, elle s'est mise en colère. (Et puis, la nuit dernière, il y a eu sa réaction de mauvaise humeur quand j'ai révélé les secrets de ma naissance, et son irritation devant le peu de cas que je faisais de cent roupies.) J'ai eu tort : plongé dans mon entreprise autobiographique, j'ai négligé de prendre ses sentiments en considération et, ce soir, j'ai commencé avec la pire des fausses notes.

« Condamné par un drap troué à une vie de fragments », ai-je écrit et lu à haute voix, « j'ai cependant fait mieux que mon grand-père ; parce que, si Aadam Aziz est resté la victime du drap, j'en suis devenu le maître — et c'est Padma qui est maintenant sous son charme. Assise dans mes ombres ensorcelées, je lui permets chaque jour de m'apercevoir fugitivement — tandis qu'elle, mon admiratrice accroupie, est prisonnière, impuissante comme une mangouste fascinée par le balancement d'un cobra aux yeux fixes, paralysée — oui ! — par l'amour. »

C'était le mot *amour.* Ecrit et lu, cela lui fit élever la voix jusqu'à une hauteur inhabituelle ; il sortit de ses lèvres une violence qui m'aurait blessé si j'avais été vulnérable aux mots. « T'aimer, *toi ?* siffla notre Padma avec mépris, et pour quoi faire, mon Dieu ? A quoi est-ce que tu sers... », et maintenant, le coup de grâce, « ... comme *amant ?* » Le bras tendu, les cheveux rougeoyant dans la lumière de la lampe, elle pointa un index dédaigneux dans la direction de mes organes reconnus comme non fonctionnels ; un doigt, long, épais, raide de jalousie, qui malheureusement ne faisait que me rappeler un autre doigt perdu depuis longtemps... et, voyant que sa flèche avait manqué son but, elle hurla : « Espèce d'imbécile ! Le docteur avait raison ! » et elle quitta la pièce comme une folle. Je l'entendis descendre l'escalier métallique qui conduit au rez-de-chaussée de la fabrique ; des pieds couraient entre les sombres bassines de marinade ; puis une porte qu'on ouvre et qu'on claque.

Abandonné ainsi, n'ayant pas le choix, je suis retourné à mon travail.

Le doigt tendu du pêcheur : partie inoubliable du tableau qui était accroché sur un mur bleu ciel de Buckingham, juste au-dessus du berceau bleu ciel dans lequel j'ai passé mes premiers jours, quand j'étais le petit Saleem, l'enfant de minuit. Le jeune Raleigh — et qui d'autre ? — était assis, dans le cadre de teck, aux pieds d'un vieux marin noueux réparant un filet — avait-il une moustache tombante ? — dont le bras droit était tendu vers l'horizon liquide, tandis que ses histoires de mer clapotaient aux oreilles fascinées de Raleigh — et qui d'autre ? Parce qu'il y avait certainement un autre garçon sur la gravure, assis, les jambes croisées, avec un col plissé et une tunique entièrement boutonnée... et un souvenir me revient : une fête d'anniversaire dans laquelle une mère très fière et une nourrice également fière habillent un enfant pourvu d'un nez gargantuesque, avec un col et une tunique exactement semblables. Un tailleur était assis dans une chambre bleu ciel, sous le doigt tendu, et copiait la parure des milords anglais... « Regardez, ch'est chi mignon ! s'écria Lila Sabarmati pour ma mortification éternelle, exactement comme sur la gravure ! »

Dans une gravure accrochée au mur d'une chambre, je suis assis à côté de Walter Raleigh et mes yeux suivent le doigt tendu d'un pêcheur ; mes yeux, tendus vers l'horizon, derrière lequel attend — quoi ? — mon avenir, peut-être ; mon destin particulier, que je connais depuis le début comme une présence miroitante dans cette chambre bleu ciel, indistincte tout d'abord, mais impossible à ignorer... parce que le doigt est même pointé au-delà de cet horizon miroitant, au-delà du cadre de teck, il traverse une petite étendue de mur bleu ciel, et guide mes yeux vers un autre cadre, dans lequel est accroché mon inévitable destin, fixé pour toujours sous une vitre : une photo de bébé grand format, avec son titre prophétique, et, à côté, une lettre sur vélin première qualité, avec le sceau de l'Etat en relief — les lions de Sarnath sc dressant au-dessus du *dharma-chakra*[1], sur la lettre du Premier ministre qui arriva, via Vishwanath le postier, une semaine après la publication de ma photo en première page du *Times of India*.

Les journaux m'ont fêté ; les politiciens m'ont ratifié. Jawaharlal Nehru écrivait : « Cher bébé Saleem, mes félicitations tardives pour l'heureux hasard de l'instant de votre naissance ! Vous êtes le plus jeune à porter le visage antique de l'Inde qui est aussi éternellement jeune. Nous veillerons sur votre vie avec la plus grande attention ; elle sera, d'une certaine façon, le miroir de la nôtre. »

Et Mary Pereira, profondément intimidée : « Le gouvernement, Madame ? Il gardera un œil sur le petit ? Mais pourquoi, Madame ? Qu'est-ce qui ne va pas ? » — et Amina qui ne comprend pas la note de panique dans la voix de l'ayah :

1. *Dharma-chakra :* symbole en forme de roue qu'on trouve sur le drapeau de l'Inde. *Dharma* représente la droiture, la vérité, la loi. (*N.d.T.*)

« C'est juste une façon de parler, Mary ; ça ne veut pas dire qu'on le fera. » Mais Mary n'est pas rassurée ; et toujours, chaque fois qu'elle entre dans la chambre du bébé, elle jette un coup d'œil à la lettre dans son cadre ; puis elle regarde autour d'elle pour voir si le gouvernement surveille ; des yeux étonnés ; que savent-ils ? est-ce que quelqu'un a vu ?... Quant à moi, en grandissant, je n'ai jamais accepté l'explication de ma mère ; mais elle m'a donné un faux sentiment de sécurité ; ainsi, même si quelque chose des soupçons de Mary Pereira est entré en moi, j'ai quand même été pris par surprise, quand...

Le doigt du pêcheur n'était peut-être pas tendu vers la lettre dans son cadre ; parce que, si on le suivait plus loin, il conduisait par la fenêtre en bas de la colline haute de deux étages, de l'autre côté de Warden Road, au-delà des piscines de Breach Candy, vers une autre mer qui n'était pas celle de la gravure ; une mer sur laquelle les voiles des dhows de koli rougeoyaient dans le soleil couchant... Un doigt accusateur, qui nous obligeait alors à regarder les dépossédés de la cité.

Ou c'était peut-être — et cette idée me fait frissonner malgré la chaleur — un doigt d'avertissement, dont le but était d'attirer l'attention sur lui-même ; oui, cela aurait pu être, pourquoi pas, une prophétie pour un autre doigt, un doigt tout à fait semblable à lui-même, dont l'entrée dans mon histoire libérerait la logique effroyable de l'Alpha et de l'Oméga... O Dieu ! Quelle idée ! Quelle part de mon avenir est accrochée au-dessus de mon lit d'enfant, attendant que je la comprenne ? Combien m'a-t-on donné d'avertissements ? Combien en ai-je ignorés ?... Mais non. Je ne serai pas une « espèce d'imbécile » pour parler comme Padma. Je ne succomberai pas aux digressions imbéciles.

Quand Amina Sinai et le petit Saleem revinrent à la maison, dans une Studebaker empruntée, Amina rapportait une enveloppe de papier bulle — dans l'enveloppe : un bocal de conserve vide, ayant contenu du citron, lavé, bouilli, purifié — et rempli à nouveau. Un pot bien fermé, avec un caoutchouc tendu sur le couvercle de fer et tenu en place par un élastique.

Qu'est-ce qui est enfermé sous le caoutchouc, protégé par le verre et dissimulé par le papier bulle ? Ceci : revenant à la maison avec papa, maman et bébé, il y a de l'eau salée, dans laquelle flotte un cordon ombilical. (Mais était-ce le mien ou celui de l'autre ? Je suis incapable de vous le dire.) Tandis que la nourrice nouvellement engagée, Mary Pereira, se rendait au domaine de Methwold en autobus, un cordon ombilical voyageait en grand apparat, dans la boîte à gants de la Studebaker d'un magnat du cinéma. Tandis que le petit Saleem grandissait et devenait un homme, le cordon ombilical restait inchangé dans l'eau salée du bocal, au fond d'un placard en teck. Et quand, des années plus tard, notre famille commença son exil dans le Pays de la Pureté, alors que je me battais contre la pureté, des cordons ombilicaux auraient brièvement leur moment de gloire.

Rien ne fut jeté ; bébé et placenta furent gardés tous deux ; tous deux vinrent au domaine de Methwold ; tous deux attendirent leur moment.

Je n'étais pas un beau bébé. Les photos montrent que ma face de lune était trop grande ; trop parfaitement ronde. Il manquait quelque chose dans la région du menton. J'avais une peau claire, mais enlaidie par des taches de naissance ; des marques sombres qui s'étalaient au départ des cheveux, côté ouest, et une tache sombre colorait mon oreille, côté est. Et mes tempes : trop proéminentes, des dômes byzantins bulbeux. (Sonny Ibrahim et moi, nous étions faits pour être amis — quand nos fronts se cognaient, mes tempes en bulbe allaient se nicher dans les creux des forceps de Sonny, aussi précisément que des mortaises.) Amina Sinai, immensément soulagée par ma tête unique, la contemplait avec une tendresse maternelle redoublée, la voyant à travers un brouillard embellissant, et ignorait la bizarrerie glacée de mes yeux bleu ciel, mes tempes qui ressemblaient à des cornes arrêtées en pleine croissance, elle ignorait même le concombre exubérant qui me servait de nez.

Le nez du petit Saleem : il était monstrueux ; et coulait.

Etonnante physionomie de mes jeunes années : gros et laid

comme je l'étais, il semble que cela ne suffisait pas. Dès les premiers jours, je me suis lancé dans un programme d'auto-accroissement. (Comme si j'avais su que pour porter le fardeau de ma vie à venir, j'avais besoin d'être gros.) Vers la mi-septembre, j'avais épuisé la faible quantité de lait des seins de ma mère. On engagea une nourrice, mais elle battit en retraite, asséchée comme un désert au bout de quinze jours seulement, accusant le petit Saleem d'essayer de lui croquer l'extrémité des seins avec ses gencives sans dents. Je passai au biberon, avalant d'énormes quantités de lait en poudre ; les tétines souffrirent elles aussi confirmant les plaintes de la nourrice. Le carnet de santé de bébé fut tenu avec soin : il montre que je me développais presque à vue d'œil, que je grossissais jour après jour ; mais malheureusement, on ne fit aucune mesure nasale, aussi je suis incapable de dire si mon appareil respiratoire se développa au même rythme ou plus vite que le reste. Je dois dire que j'avais un solide métabolisme. Les déchets étaient abondamment évacués par les orifices appropriés ; une morve luisante me coulait du nez. Des armées de mouchoirs, des régiments de couches s'empilaient dans l'immense coffre à linge de ma mère... prenant les déchets à toutes les ouvertures, je gardais les yeux secs. « Un si bon bébé, Madame, disait Mary Pereira. Il ne pleure jamais. »

Le bon bébé Saleem était un enfant sage ; je riais souvent, mais sans bruit. (Comme mon propre fils, j'ai commencé par dresser l'inventaire avant de gargouiller et, plus tard, de parler.) Pendant quelque temps, Amina et Mary eurent peur que l'enfant soit muet ; mais, au moment même où elles s'apprêtaient à en parler à son père (elles ne lui avaient pas fait part de leurs inquiétudes — aucun père ne veut d'un enfant amoché), il se mit à hurler et devint, sur ce point en tout cas, parfaitement normal. « C'est comme s'il avait décidé de dissiper nos craintes », chuchota Amina à Mary.

Il y avait encore un problème sérieux. Amina et Mary eurent besoin de quelques jours pour le remarquer. Occupées par le processus puissant et complexe de se tranformer en mère à deux têtes, la vue bouchée par un brouillard émanant de sous-vêtements puants, elles ne remarquèrent pas l'immobilité de mes paupières. Amina, se souvenant comment, pendant sa grossesse, le poids de son enfant avait arrêté le temps, comme l'eau verte d'un étang, commença à se demander si le contraire ne pouvait pas se produire maintenant — si le bébé avait quelque pouvoir magique sur le temps de son entourage immédiat et pouvait l'accélérer, pour que sa mère et sa nourrice n'aient jamais le temps de faire ce qu'il fallait faire et pour que le bébé puisse grandir à une vitesse apparemment fantastique ; perdue dans de tels rêves chronologiques, elle ne remarqua pas mon problème. Ce n'est que lorsqu'elle chassa cette idée d'un haussement d'épaules et qu'elle se dit que j'étais un beau garçon bien costaud, avec un bon appétit, et qui se développait vite, que les voiles de l'amour maternel s'écartèrent suffisamment pour qu'elle et Mary s'écrient à l'unisson : « Regardez, *baap-re-baap !* Regardez, Madame ! Regardez, Mary ! Le petit ne bat jamais des paupières ! »

Les yeux étaient trop bleus : le bleu du Cachemire, le bleu des fées, le bleu palpitant ; quand la virginale Mary me mettait sur ses épaules en criant : « Oh ! Comme il est lourd, le petit Jésus ! », je rotais sans ciller. Quand Ahmed Sinai, le doigt de pied enveloppé, boitait jusqu'à mon lit, je succombais à la lèvre proéminente avec un regard perçant et fixe... « C'est peut-être une erreur, suggéra Mary. Peut-être que le petit sahib fait comme nous... il ne cligne que quand nous clignons. » Et Amina : « Nous allons cligner des yeux l'une après l'autre et le regarder. » Leurs paupières s'ouvrant et se fermant alternativement, elles observèrent le bleu glacé de mes yeux ; mais pas le moindre frémissement ; jusqu'à ce qu'Amina prenne les choses en main et vienne près du berceau pour m'abaisser les paupières. Elles fermaient : ma respiration changea aussitôt, et prit le rythme satisfait du sommeil. Après cela, pendant plusieurs mois, mère et ayah m'ouvrirent et me fermèrent les paupières chacune à son tour. « Il apprendra, Madame, disait Mary pour réconforter Amina. C'est un gentil petit garçon, bien obéissant, il va saisir le truc. » J'ai appris ; la première leçon de ma vie : personne ne peut regarder le monde avec les yeux toujours ouverts.

Maintenant, regardant à nouveau avec des yeux d'enfant, je vois tout parfaitement — le nombre de choses dont on se souvient, quand on essaie, est stupéfiant. Ce que je peux voir : la ville, se chauffant au soleil d'été comme un lézard suceur de sang. Notre Bombay : elle ressemble à une main, mais en fait c'est une bouche, toujours ouverte, toujours affamée, avalant la nourriture et le talent venant de toute l'Inde. Une sangsue charmeuse ne produisant que des films, des sahariennes, du poisson... au lendemain de la partition, je vois Vishwanath, le postier, roulant à bicyclette vers notre colline haute de deux étages, une enveloppe de papier bulle dans son sac, passant sur sa vieille bicyclette indienne Arjuna près d'un autobus rouillé — abandonné bien que ce ne soit pas encore la mousson parce que le conducteur, ayant soudain décidé de partir pour le Pakistan, avait coupé le moteur et s'en était allé, laissant en plan un plein chargement de passagers, pendant aux fenêtres, accrochés au porte-bagages du toit, entassés dans la porte... Je peux entendre leurs jurons, fils de porc, frère de baudet ; mais ils restèrent accrochés à leur place durement gagnée pendant deux heures, avant d'abandonner l'autobus à son destin. Et puis, et puis : voici le premier Indien à avoir traversé la Manche à la nage, M. Pushpa Roy, qui arrive devant les portes des piscines de Breach Candy. Un bonnet jaune safran sur la tête, un maillot de bain vert, enveloppé dans une serviette à la couleur du drapeau, ce Pushpa a déclaré la guerre à la politique des piscines réservées aux Blancs. Il tient à la main un savon de Mysore parfumé au santal ; il se redresse de toute sa hauteur ; il passe fièrement la porte... Sur quoi des employés pathans se saisissent de lui, comme d'habitude des Indiens protègent des Européens contre une révolte d'Indiens, et il sort en se battant vaillamment, retourne dans Warden Road et s'écrase dans la poussière. Le nageur du Pas-de-Calais dans la rue, ratant de peu chameaux taxis bicyclettes (Vishwanath fait un écart pour éviter le morceau de savon)... mais il n'est pas découragé ; il se relève ; brosse la poussière qui le recouvre ; et promet de revenir demain. Dans les yeux de mon enfance, les jours étaient ponctués par le spectacle de Pushpa le nageur, bonnet safran et serviette couleur du drapeau, plongeant contre son gré dans Warden Road. Et, à la fin, sa campagne indomptable remporte une victoire parce qu'aujourd'hui la piscine autorise certains Indiens — parmi les « mieux » — à marcher dans les eaux en forme de carte ; aujourd'hui, vieux et oublié, il observe la piscine de loin... et maintenant les multitudes m'envahissent de plus en plus — comme Bano Devi, la célèbre lutteuse qui ne luttait que contre des hommes et qui menaçait d'épouser celui qui la battrait, et, comme résultat de ce serment, elle ne perdit jamais une rencontre ; et (plus près de la maison) le sadhu sous le robinet du jardin, dont le nom était Purushottam et que nous (Sonny, Yeux-fendus, Cheveux-gras, Cyrus et moi) appellerions toujours Puru-le-gourou — qui croyait que j'étais le Mubarak, Celui-qui-est-béni, il consacra sa vie à garder un œil sur moi et passa ses jours à enseigner à mon père la chiromancie et à faire disparaître les verrues de ma mère ; puis il y a la rivalité entre le vieux serviteur Musa et la nouvelle nourrice Mary, qui s'amplifiera jusqu'à exploser ; en bref, à la fin de 1947, la vie à Bombay foisonnait, aussi diverse, informe et innombrable que toujours... mais j'étais arrivé ; j'avais déjà commencé à prendre ma place au centre de l'univers ; et quand j'aurais fini, je donnerais un sens à tout cela. Vous ne me croyez pas ? Ecoutez : près de mon berceau, Mary Pereira chante une berceuse :

Ce que tu veux être tu peux l'être :
Tu peux être ce que tu veux.

Au moment de ma circoncision par un barbier avec un palais fendu, venu du salon royal de Gowalia Road (j'avais juste deux mois), j'étais déjà très recherché dans le domaine de Methwold. (Entre parenthèses, au sujet de ma circoncision : je jure que je me souviens encore du barbier au grand sourire, qui me tenait par le prépuce tandis que mon membre s'agitait frénétiquement comme un serpent ; et le rasoir qui s'abattit, et la douleur ; mais on m'a dit qu'à ce moment-là je n'ai pas cligné des yeux.)

Oui, j'étais très populaire : mes deux mères, Amina et Mary, ne pouvaient se passer de moi. Dans tout ce qui était pratique, elles étaient les alliées les plus intimes. Après ma circoncision, elles me baignèrent ensemble ; elles ricanèrent bêtement en voyant mon petit organe mutilé s'agiter dans l'eau du bain avec colère. « Nous avons intérêt à le surveiller, Madame, dit Mary d'un ton grivois, sa petite chose vit toute seule ! » Et Amina : « Tst ! Tst ! Mary, vous êtes terrible, vraiment... » Mais parmi les hoquets et le fou rire : « Regardez, Madame, son pauvre petit zizi ! » Parce qu'il s'agitait à nouveau, battant l'eau, comme un poulet à l'œsophage fendu... Ensemble, elles prirent merveilleusement soin de moi ; mais dans le domaine de l'émotion, elles étaient des rivales implacables. Une fois, elles m'emmenèrent me promener en landau dans les jardins suspendus de la colline de Malabar, et Amina surprit Mary qui disait aux autres ayahs : « Regardez : voici mon gros garçon » — et elle se sentit bizarrement menacée. Après cela, bébé Saleem devint le champ de bataille de leur amour ; elles s'efforçaient de se surpasser l'une l'autre, dans des démonstrations d'affection ; tandis que lui, clignant des yeux maintenant, faisait des gargouillis bruyants et se nourrissait de leurs émotions afin d'accélérer sa croissance, avalant d'infinis baisers étreintes guili-guili sous le menton, attendant le moment où il aurait acquis les caractéristiques essentielles d'un être humain : chaque jour, et seulement dans ces rares moments où on me laissait seul avec le doigt tendu du pêcheur, j'essayais de me mettre debout dans mon petit lit.

(Et, tandis que je faisais de vains efforts pour me dresser sur mes pieds, Amina, elle aussi, était sous l'emprise d'une résolution inutile — elle essayait de chasser de son esprit le rêve d'un mari impossible à nommer, qui avait remplacé le rêve du papier attrape-mouches la nuit de ma naissance ; un rêve qui submergeait tant la réalité qu'il l'accompagnait pendant les heures de veille. Dans ce rêve, Nadir Khan venait dans son lit et la fécondait; mais le rêve était si pervers qu'Amina s'embrouillait sur la paternité de son enfant et me fournit, à moi, l'enfant de minuit, un quatrième père à mettre à côté de Winkie Methwold Ahmed Sinai. Troublée mais impuissante dans les griffes du rêve, ma mère Amina commença à cette époque à former cette brume de culpabilité qui plus tard lui ceindrait la tête comme une couronne sombre et noire.

Je n'ai jamais entendu Wee Willie Winkie au mieux de sa forme. Après la perte de son œil, quelque chose de dur et d'amer se glissa dans sa voix. Il nous dit que c'était de l'asthme et continua à venir au domaine de Methwold, une fois par semaine, pour chanter des chansons qui étaient, comme lui, des reliques de l'ère Methwold. « Bonne nuit, mesdames », chantait-il ; pour rester à la mode, il ajouta à son répertoire : « Les nuages s'en iront bientôt » et, un peu plus tard, « Combien pour ce chien dans la vitrine ? » Posant près de lui, sur une petite natte, un nouveau-né de belle taille, aux genoux qui s'entrechoquaient de façon menaçante, il chantait des chansons nostalgiques et personne n'avait le cœur de le renvoyer. Winkie et le doigt tendu du pêcheur étaient deux des rares survivants du temps de William Methwold, parce qu'après la disparition de l'Anglais ses successeurs vidèrent ses palais de leur contenu abandonné. Lila Sabarmati conserva son pianola ; Ahmed Sinai garda son whisky ; le vieil Ibrahim finit par s'accommoder du ventilateur de plafond ; mais les poissons rouges moururent, certains de faim, les autres d'être trop nourris, ils finirent par exploser en petits nuages d'écailles et de nourriture pour poissons non digérée ; les chiens redevinrent sauvages et cessèrent même d'errer dans le domaine ; et on distribua les vêtements aux couleurs passées des grandes garde-robes aux balayeuses et autres servantes du domaine, et pendant des années les héritiers de William Methwold furent servis par des hommes et des femmes portant des chemises et des vêtements s'en allant de plus en plus en lambeaux et qui avaient été ceux de leurs anciens maîtres. Mais Winkie et la gravure de mon mur survécurent ; le chanteur et le pêcheur devinrent des institutions dans nos vies, comme l'heure du cocktail qui était déjà devenue une habitude trop puissante pour être brisée. « Chaque larme et chaque peine, chantait Winkie, ne fait que te rapprocher de moi... » et sa voix était de pire en pire, jusqu'à ce qu'elle ressemble à un sitar, à la caisse de résonance faite dans une citrouille, laquée et mangée par les souris. « C'est l'asthme », disait-il avec obstination. Il perdit complètement la voix avant de mourir ; les médecins corrigèrent son diagnostic en cancer de la gorge ; cependant, eux aussi se trompaient, car Winkie ne mourut d'aucune maladie mais d'amertume après avoir perdu une épouse dont il n'avait jamais suspecté la fidélité. Son fils, nommé Shiva d'après le Dieu de la procréation et de la destruction, restait assis à ses pieds, dans ces premiers jours, et portait silencieusement le fardeau d'être la cause (c'était du moins ce qu'il pensait) du lent déclin de son père ; et graduellement, au long des années, nous avons vu ses yeux s'emplir d'une colère qui ne pouvait être dite ; nous avons vu ses poings se serrer sur des cailloux et les lancer, de façon inefficace au début, plus dangereuse tandis qu'il grandissait, dans le voisinage désert. Quand le fils aîné de Lila Sabarmati eut huit ans, il osa se moquer de l'air maussade du jeune Shiva, de ses shorts froissés, de ses genoux noueux ; le garçon que le crime de Mary avait destiné à la pauvreté et aux accordéons, lança une pierre pointue et plate, avec un bord tranchant comme un rasoir, et creva l'œil droit de son bourreau. Après l'accident d'Œil-fendu, Wee Willie Winkie vint seul au domaine de Methwold, laissant son fils entrer dans les sombres labyrinthes dont seule une guerre le sauverait.

Pourquoi les habitants du domaine de Methwold continuèrent-ils à tolérer Wee Willie Winkie malgré le délabrement de sa voix et la violence de son fils ? Une fois, il leur avait donné une indication importante sur leurs vies. « La première naissance, leur avait-il dit, vous rendra réels. »

Comme résultat direct de l'indication de Winkie, je fus très recherché pendant ma première enfance. Amina et Mary se disputaient pour attirer mon attention ; mais, dans chaque maison du domaine, il y avait des gens qui voulaient me connaître ; et, finalement, la fierté d'Amina devant ma popularité l'emporta sur sa répugnance à me perdre de vue et elle accepta de me prêter, avec une sorte de roulement, aux différentes familles de la colline. Poussé par Mary Pereira dans un landau bleu ciel, j'entamai une marche triomphale autour des palais couverts de tuiles rouges, honorant chacun à son tour de ma présence, et les rendant réels à leurs propriétaires. Et aujourd'hui, regardant avec les yeux du petit Saleem, je peux révéler la plupart des secrets du voisinage, parce que les adultes vivaient leur vie devant moi, sans crainte d'être observés, sans savoir que, des années plus tard, quelqu'un regarderait à nouveau par les yeux du bébé et déciderait d'éventer la mèche.

Voici le vieil Ibrahim qui meurt dans l'inquiétude, parce qu'en Afrique les gouvernements nationalisent des plantations de sisal ; voici son fils aîné, Ishaq, qui est en train de manger son affaire d'hôtellerie, car il est couvert de dettes et il est obligé d'emprunter de l'argent aux gangsters locaux ; voici les yeux d'Ishaq qui convoitent la femme de son frère ; quant à savoir pourquoi Nussie-canard pouvait éveiller un intérêt sexuel chez quelqu'un est pour moi un mystère ; et voici le mari de Nussie, Ismail l'avocat, qui a appris une leçon importante avec la naissance de son fils aux forceps : « Rien ne vient directement en vie, dit-il à son canard de femme, sauf si on l'y oblige. » Appliquant cette philosophie à sa carrière d'homme de loi, il se met à acheter les juges et à graisser la patte aux jurés ; tous les enfants ont le pouvoir de changer leurs parents, et Sonny fit de son père un escroc heureux. Et, se déplaçant dans Versailles, voici Mme Dubash avec son autel au dieu Ganesh installé dans un coin de l'appartement dans lequel règne un tel désordre que chez nous, le mot « dubash » est devenu un verbe signifiant « mettre tout en désordre ». « ... Oh ! Saleem ! Tu as encore " dubashé " ta chambre ! »

hurlait Mary. Et la cause du désordre se penche sur la capote de mon landau pour me chatouiller sous le menton : Adi Dubash, le physicien, un génie de l'atome et du fouillis. Sa femme qui est déjà enceinte de Cyrus-le-Grand, reste un peu en arrière, et quelque chose de fanatique luit dans ses yeux en attendant son heure ; cela ne sortira pas avant que M. Dubash, qui passait chaque jour de sa vie à manipuler les substances les plus dangereuses du monde, meure d'étouffement en mangeant une orange dont sa femme avait oublié d'enlever les pépins. Je n'ai jamais été invité dans l'appartement du docteur Narlikar, le gynécologue qui haïssait les enfants ; mais, chez Lila Sabarmati et chez Homi Catrack, je suis devenu un voyeur, une infime partie des mille et une infidélités de Lila, et finalement un témoin des débuts de la liaison entre la femme de l'officier de marine et le magnat-du-cinéma-propriétaire-de-chevaux-de-course ; ce qui, en temps opportun, me serait utile, quand je mettrais au point une certaine vengeance.

Un nouveau-né aussi est affronté au problème de se définir lui-même ; et je dois dire que ma popularité précoce avait des aspects problématiques, parce que j'étais bombardé avec une troublante multiplicité de vues sur le sujet, étant Celui-qui-est-béni pour un gourou sous un robinet, un voyeur pour Lila Sabarmati ; aux yeux de Nussie-canard, j'étais un rival, et un rival encore plus chanceux pour son fils Sonny (bien que, pour son honneur, elle n'ait jamais montré de rancœur et ait demandé à m'emprunter comme n'importe qui d'autre) ; pour ma mère à deux têtes, j'étais toute sorte de choses puériles — elles m'appelaient Jounou-mounou, Pou-poutch, et petit-morveux-de-lune.

Mais que peut faire un bébé sinon avaler tout ça en espérant le comprendre plus tard ? Patiemment, les yeux secs, je m'imprégnais de la lettre de Nehru et de la prophétie de Winkie ; mais l'impression la plus profonde de toutes, je l'eus le jour où la fille idiote de Homi Catrack exprima ses pensées sur la piste de cirque et dans ma tête d'enfant.

Toxy Catrack, à la tête d'une grosseur exceptionnelle et à la bouche baveuse ; Toxy, qui se tenait derrière une fenêtre fermée d'une barrière, nue comme un ver, en se masturbant avec l'expression du plus profond dégoût ; qui crachait entre les barres et qui nous atteignait souvent sur la tête... Elle avait vingt et un ans, une simple d'esprit qui produisait des sons incompréhensibles, le résultat de multiples croisements consanguins. Mais, dans ma tête, elle était belle, car elle n'avait pas perdu les dons que possède chaque enfant à la naissance et que la vie ne cesse de ronger. Je ne peux rien me rappeler de ce que me chuchotait Toxy ; ce n'était sans doute rien d'autre que des gargouillis et des crachotements ; mais elle donna un petit coup de coude à une porte de mon esprit, et, quand un accident eut lieu dans un coffre à linge, ce fut sans doute possible grâce à Toxy.

Cela suffit pour le moment, avec les premiers jours du petit Saleem — ma seule présence a déjà un effet sur l'histoire ; déjà, le petit Saleem effectue des changements sur les gens qui l'entourent ; et, dans le cas de mon père, je suis convaincu que c'est moi qui l'ai poussé dans les excès qui conduisaient, peut-être inévitablement, aux temps terribles du gel.

Ahmed Sinai n'a jamais pardonné à son fils son orteil cassé. Même après qu'on eut retiré l'attelle, il resta une légère claudication. Mon père se pencha au-dessus de mon petit lit et dit, « Alors, mon fils, tu commences déjà à frapper ton pauvre vieux père ! » A mon avis, ce n'était pas seulement une plaisanterie. Parce qu'avec ma naissance, tout changea pour Ahmed Sinai. Sa position dans la famille fut sapée par mon arrivée. Soudain l'assiduité d'Amina eut plusieurs buts ; elle ne lui soutira plus jamais d'argent en le cajolant et, la serviette sur ses genoux, à la fin du petit déjeuner, connut les affres de la nostalgie en pensant aux jours anciens. Maintenant, c'était : « Ton fils a besoin de ceci et de cela », ou « Janum, tu dois me donner de l'argent pour cela et ceci. » Quelle tristesse, pensait Ahmed Sinai. Mon père était un homme présomptueux.

Et c'est à cause de moi que, dans les jours qui suivirent ma naissance, mon père tomba dans ces visions fantasques et jumelles qui seraient sa perte, l'univers irréel des djinns et le pays sous la mer.

Je me souviens de mon père, un soir assez frais, assis sur le bord de mon lit (j'avais sept ans) et me racontant, d'une voix un peu épaisse, l'histoire du pêcheur qui avait trouvé un djinn dans une bouteille échouée sur une plage... « Ne crois jamais la promesse d'un djinn, mon fils ! Tu les laisses sortir de la bouteille et ils te dévorent ! » Et moi, timidement — parce que je pouvais sentir le danger dans la respiration de mon père : « Mais, *Abba*[1], est-ce qu'un djinn peut vraiment vivre dans une bouteille ? » Sur quoi, mon père, changeant subitement d'humeur, éclata de rire et quitta la chambre, puis il revint tenant une bouteille vert foncé, avec une étiquette blanche. « Regarde, dit-il d'une voix sonore, tu veux voir le djinn qui est à l'intérieur ? » J'ai hurlé de frayeur : « Non ! » Mais : « Oui ! » cria à tue-tête, dans le lit voisin, ma sœur, le Singe de Cuivre... et, blottis l'un contre l'autre de plaisir et de terreur, nous l'avons regardé dévisser la bouchon et couvrir de façon théâtrale le goulot avec la paume de sa main ; et, dans l'autre main, apparut un briquet. « Ainsi périssent les djinns ! » cria mon père ; puis il enleva sa paume et mit la flamme au trou du goulot. Le Singe de Cuivre et moi, nous avons regardé, terrorisés, une flamme étrange, d'un bleu-vert jaune, descendre lentement en cercle en suivant la paroi intérieure de la bouteille ; en atteignant le fond, elle vacilla et mourut. Le lendemain, je déclenchai une explosion de rires quand je racontai à Sonny, à Œil-fendu et à Cheveux-gras, « Mon père combat les djinns ; c'est vrai »... et c'était vrai. Ahmed Sinai, privé de cajoleries et d'attentions, commença, peu de temps après ma naissance, une longue lutte avec les bouteilles de djinns. Mais je me trompais sur une chose : il ne fut pas vainqueur.

Le placard des cocktails avait stimulé son appétit ; mais c'est mon arrivée qui l'y a conduit... A cette époque, la prohibition

1. *Abba* : papa. (*N.d.T.*)

avait été décrétée à Bombay. La seule façon de se procurer de l'alcool était d'avoir un certificat disant qu'on était alcoolique ; une nouvelle race de médecins fit son apparition, des médecins-djinns, et l'un d'eux, le docteur Sharabi, fut présenté à mon père par Homi Catrack, notre voisin. A la suite de cela, le premier de chaque mois, mon père et M. Catrack, ainsi que quantité d'hommes parmi les plus respectables de la ville, faisaient la queue devant la porte vitrée du cabinet de consultation du docteur Sharabi, entraient et en ressortaient avec les petits tickets roses des alcooliques. Mais la ration autorisée était insuffisante pour les besoins de mon père ; et il commença par y envoyer ses domestiques, et les jardiniers, les chauffeurs (nous avions maintenant une voiture, une Rover 1946, avec marchepieds, exactement comme celle de William Methwold), même le vieux Musa et Mary Pereira rapportèrent à mon père de plus en plus de tickets roses, qu'il portait aux magasins Vijay, juste en face du barbier circonciseur de Gowalia Tank Road, où il les échangeait pour les sacs de papier brun de l'alcoolisme dans lesquels se trouvaient les bouteilles vertes et tintantes, pleines de djinns. Et aussi de whisky ; Ahmed Sinai effaçait ses limites en buvant les bouteilles vertes et les étiquettes rouges de ses serviteurs. Les pauvres, n'ayant rien d'autre à proposer, vendaient leur identité sur de petits morceaux de papier rose ; et mon père les transformait en liquide et les avalait.

Tous les soirs à 6 heures, Ahmed Sinai entrait dans le monde des djinns ; et chaque matin, les yeux rouges, le cœur battant à cause de ses longues nuits de combat, il arrivait non rasé à la table du petit déjeuner ; et avec les années qui passaient, sa bonne humeur quand il n'était pas rasé fut remplacé par une fatigue irritable venant de sa guerre avec les esprits des bouteilles.

Après le petit déjeuner, il descendait. Il s'était réservé deux pièces au rez-de-chaussée comme bureau, parce que son sens de l'orientation était toujours aussi mauvais, et il n'arrivait pas à se faire à l'idée de se perdre dans Bombay en allant travailler ; c'est à peine s'il pouvait trouver son chemin dans l'escalier. Limites effacées, mon père traitait ses affaires d'immobilier ; et sa colère grandissante contre sa femme uniquement préoccupée de son enfant trouva un nouveau dérivatif derrière la porte de son bureau — Ahmed Sinai commença à flirter avec ses secrétaires. Après des nuits pendant lesquelles sa lutte avec les bouteilles éclatait souvent dans un langage violent — « Quelle bonne femme j'ai trouvée ! J'aurai dû m'acheter un fils et engager une nourrice ! Qu'est-ce que ça aurait changé ? » Et puis des larmes, et Amina, « Oh ! Janum... ne me torture pas ! » Ce qui en retour déclenchait, « Torture, mon œil ! Tu penses que c'est torturer sa femme que de lui réclamer un peu d'attention ? Que Dieu me protège des femmes stupides ! »... mon père descendait au rez-de-chaussée en boitant, pour faire les yeux doux aux filles de Colaba. Après quelque temps, Amina commença à remarquer que les secrétaires ne restaient pas longtemps, elles partaient tout d'un coup et descendaient notre avenue, indignées ; vous devez vous dire qu'elle avait décidé d'être aveugle ou qu'elle prenait cela comme une punition, mais elle ne remarqua rien et continua à me consacrer tout son temps ; elle se contenta de donner un nom collectif aux filles. « Ces Anglos, dit-elle à Mary avec une pointe de snobisme, avec leurs drôles de prénoms, Fernanda, et Alonso, et tout ça, et leurs noms, mon Dieu ! Sulaca et Colaco, et je ne sais pas quoi. Pourquoi est-ce que je devrais m'inquiéter pour elles ? Des femmes qui ne valent pas cher. Je les appelle les Coca-Cola-girls — c'est à ça qu'elles ressemblent. »

Tandis qu'Ahmed pinçait des fesses, Amina devint patiente ; mais il aurait peut-être été heureux qu'elle s'inquiétât.

Mary Pereira dit : « Ce ne sont pas des noms si drôles, Madame, excusez-moi, mais ce sont des noms chrétiens. » Et Amina se souvint de la cousine d'Ahmed, Zohra, qui se moquait des peaux sombres — et essayant de s'excuser elle tomba dans la même erreur : « Oh ! Pas *vous !* Mary, comment avez-vous pu penser que je me moquais de vous ? »

Tempes cornues, nez en concombre, j'étais allongé dans

mon petit lit et j'écoutais ; et tout ce qui arrivait, arrivait à cause de moi... Un jour, en janvier 1948, à 5 heures de l'après-midi, mon père reçut la visite du docteur Narlikar. Il y eut des étreintes comme d'habitude et des claques dans le dos. « Une petite partie d'échecs ? » demanda mon père rituellement, parce que ces visites tendaient à devenir une habitude. Ils joueraient aux échecs, à l'ancienne façon indienne, le jeu de Shatranj, et, libéré des complications de sa vie par la simplicité de l'échiquier, Ahmed rêvasserait pendant une heure sur la refonte du Coran ; et il serait 6 heures, l'heure du cocktail, l'heure des djinns... Mais cette fois Narlikar dit : « Non. » Et Ahmed : « Non ? Pourquoi ce *non ?* Allons, asseyons-nous, jouons, bavardons... » Narlikar l'interrompit : « Ce soir, frère Sinai, je dois vous montrer quelque chose. » Maintenant, ils sont dans une Rover 1946, Narlikar fait tourner la manivelle et saute dans la voiture ; ils se dirigent vers le nord en suivant Warden Road, ils laissent le temple Mahalaxmi sur la gauche et le terrain de golf du Willington Club, ils laissent le champ de courses derrière eux, le stade de Vallabhbhai Patel est en vue, avec ses lutteuses géantes découpées dans du carton, Bano Devi, la femme invincible, et Dara Singh, la plus puissante de toutes... Le long de la mer, il y a des vendeurs de *channa*[1] et des promeneurs de chiens. « Stop ! » ordonne Narlikar, et ils descendent. Ils se plantent debout devant la mer ; la brise marine rafraîchit leur visage ; et devant eux, au bout d'un petit passage cimenté au milieu des vagues, il y a l'île où se trouve la tombe de Haji Ali le mystique. Les pèlerins flânent près de la tombe.

« Ici », dit Narlikar et il tend le doigt, « que voyez-vous ? » et Ahmed, désorienté, « Rien. La tombe. Des gens. Qu'est-ce qu'il y a, mon vieux ? » Et Narlikar, « Pas ça. Là-bas ! » Et Ahmed voit que le doigt de Narlikar est pointé sur le passage de ciment... « Le passage ? demande-t-il. Et alors ? Dans quelques minutes la marée l'aura recouvert ; tout le monde le sait... » Narlikar, la peau rose comme un jambon, devient

1. *Channa :* pois chiches grillés. (*N.d.T.*)

philosophe. « Justement, Ahmed, justement. La terre et la mer ; la mer et la terre ; la lutte éternelle. » Ahmed, embarrassé, reste silencieux. « Autrefois, il y avait sept îles, lui rappelle Narlikar. Worli, Mahim, Salsette, Matunga, Colaba, Mazagaon, Bombay. Les Anglais les ont reliées. La mer, frère Sinai, est devenue la terre. La terre s'est soulevée et n'est plus recouverte par la marée ! » Ahmed s'inquiète pour son whisky ; sa lèvre commence à s'avancer tandis que les pèlerins se dépêchent sur le passage qui se rétrécit. « Quelle est la question ? » demande-t-il. Et Narlikar, ébloui par la lumière : « La question, Ahmed Sinai, la voici ! »

Et il la sort de sa poche : un petit moulage de deux pouces de hauteur : le tétrapode ! Comme une petite enseigne de Mercedes-Benz en trois dimensions, trois pieds qui reposent sur sa paume, un quatrième se dressant dans l'air du soir à la façon d'un *lingam*[1], et mon père en reste cloué au sol. « Qu'est-ce que c'est ? » demande-t-il ; et Narlikar lui raconte : « C'est l'enfant qui va nous rendre plus riches que Hyderabad, bhai ! Le petit truc qui va faire de nous, vous et moi, les maîtres de ça ! » et il tend le doigt là où la mer est en train de recouvrir le passage de ciment désert... « La terre sous la mer, mon ami ! Nous devons fabriquer ça par milliers — par dizaines de milliers ! Nous devons soumissionner des contrats d'assèchement, une fortune nous attend ; ne ratez pas cela, c'est la chance de votre vie ! »

Pourquoi mon père est-il entré dans les rêves d'un gynécologue qui se voulait entrepreneur ? Pourquoi la vision de tétrapodes grande taille et en ciment posés sur les digues, des conquérants à quatre pieds triomphant de la mer, finit-elle par en faire son prisonnier, comme elle l'avait fait avec le docteur coloré ? Peut-être parce qu'il avait peur de rater un autre tournant ; peut-être par amitié pour son partenaire au jeu de Shatranj ; ou peut-être parce que les arguments de Narlikar semblaient plausibles — « Votre capital et mes relations, Ahmed bhai, quel problème peut-il y avoir ? Dans cette ville,

1. *Lingam :* symbole phallique utilisé dans le culte du dieu Çiva. (*N.d.T.*)

chaque homme important a un fils que j'ai mis au monde ; aucune porte ne se fermera. Vous fabriquez ; j'établis les contacts ! Moitié, moitié ; c'est normal. » Mais à mon avis, il y a une autre explication plus simple. Mon père, privé des soins de son épouse, supplanté par son fils, un peu perdu à cause du whisky et des djinns, essayait de rétablir sa position dans le monde ; et le rêve des tétrapodes lui en offrait l'occasion. Il se lança sincèrement dans cette grande sottise ; on écrivit des lettres, on frappa à des portes, on paya des pots-de-vin ; tout cela fit qu'Ahmed Sinai fut connu dans les couloirs de la Sachivalaya — dans les couloirs du Gouvernement de l'État, des bruits coururent sur un musulman qui jetait les roupies par les fenêtres. Et Ahmed Sinai, buvant jusqu'à ce qu'il dorme, ignorait le danger dans lequel il se trouvait.

A cette époque, nos vies étaient façonnées par la correspondance. Le Premier ministre m'écrivit quand j'ai eu sept jours — avant même que je puisse m'essuyer le nez, je recevais des lettres d'admirateurs, lecteurs du *Times of India ;* et un matin, en janvier, Ahmed Sinai reçut, lui aussi, une lettre qu'il n'oublierait jamais.

Aux yeux rouges du petit déjeuner, succéda le menton rasé de la journée de travail ; des pas qui descendent l'escalier ; les petits rires nerveux des Coca-Cola-girls. Le grincement d'une chaise qu'on tire devant un bureau recouvert de cuir vert. Le bruit métallique d'un coupe-papier qu'on ramasse, momentanément couvert par la sonnerie du téléphone. Le crissement d'une enveloppe qu'on ouvre ; et, une minute plus tard, Ahmed Sinai remontait les escaliers en courant, appelant ma mère, hurlant :

« Amina ! Viens ! Les salauds m'ont mis les couilles dans un seau à glace ! »

Dans les jours qui suivirent l'arrivée de la lettre officielle informant Ahmed du gel de ses biens, tout le monde parla en même temps... « Pour l'amour de Dieu, janum, quel langage ! » dit Amina... et est-ce mon imagination, ou un bébé peut-il rougir dans un berceau bleu ciel ?

Et Narlikar arrive recouvert d'écume tellement il sue, « C'est entièrement ma faute ; nous nous sommes trop fait connaître. Les temps sont durs, Sinai bhai — gelez les biens d'un musulman, qu'ils disent, et vous le ferez fuir au Pakistan, laissant toutes ses richesses derrière lui. Attrapez la queue du lézard, et il la coupera d'un coup de dents ! Cet Etat soi-disant laïque a quelques idées très habiles !

— Tout, dit Ahmed Sinai, le compte bancaire ; les bons de caisse d'épargne ; les loyers de Kurla — tout est bloqué, gelé ; par commandement, dit la lettre. Par commandement, ils ne me laissent pas quatre *annas,* ma femme — même pas un *chavanni*[1] pour voir la lanterne magique !

— Ce sont les photos dans le journal, décide Amina. Sinon, comment est-ce que ces petits malins de flics parvenus sauraient qui persécuter ? Mon Dieu, janum, c'est ma faute...

— Même pas dix pice, pour un rouleau de channa, ajoute Ahmed Sinai, pas un anna pour faire l'aumône à un mendiant. Gelé — comme dans le frigo !

— C'est ma faute, dit Ismail Ibrahim, j'aurais dû vous avertir Sinai bhai. J'ai entendu parler de ces gels — on ne choisit que des musulmans riches, évidemment. Vous devez vous battre...

— ... Dents et ongles ! ajoute Catrack. Comme un lion ! Comme Aurangzeb[2] — votre ancêtre, n'est-ce pas ? — comme la rani de Jhansi ! Et nous verrons dans quel genre de pays nous avons échoué !

— Il y a des tribunaux dans ce pays ! » dit Ismail Ibrahim ; Nussie-canard a un sourire bovin en donnant le sein à Sonny ; elle bouge les doigts d'un air distrait et caresse ses creux sur un rythme régulier...

« Prenez-moi comme avocat, dit Ismail à Ahmed. Gratuit, mon cher ami. Non, non, je ne veux pas en entendre parler. Pensez-vous ! Nous sommes voisins !

— Fauché, dit Ahmed Sinai. Gelé comme de l'eau.

1. *Anna* = 1/16 de roupie ; 4 annas = *1 chavanni* (!). (*N.d.T.*)
2. Aurangzeb (1618-1707) : un des derniers empereurs de l'Hindoustan. (*N.d.T.*)

— Allez », l'interrompit Amina ; son dévouement s'élevant jusqu'à de nouveaux sommets, elle le conduit vers sa chambre... « Janum, tu as besoin de t'allonger quelque temps. » Et Ahmed : « Qu'est-ce que c'est, femme ? A un moment comme ça — lessivé ; fini ; pilé comme de la glace — et tu penses à... » Mais elle a fermé la porte ; ses pantoufles sont loin ; elle tend les bras vers lui ; et, quelques instants plus tard, ses mains descendent, descendent, descendent ; et « Oh ! mon Dieu, janum, je croyais que ce n'était qu'une question de langage, mais c'est vrai ! C'est froid, Allah, si froâââââd ! Comme de petits cubes de glace ! »

De telles choses arrivent ; quand l'Etat eut gelé les biens de mon père, ma mère commença à les sentir devenir de plus en plus froids. Le Singe de Cuivre fut conçue le premier jour — juste à temps, parce qu'après, bien qu'Amina se couchât chaque nuit avec son mari pour le réchauffer, bien qu'elle se serrât étroitement contre lui quand elle le sentait frissonner au moment où les doigts glacés de la rage et de l'impuissance montaient de ses reins, elle ne put supporter plus longtemps d'étendre la main pour toucher, parce que ses petits cubes de glace étaient maintenant trop glacés.

Il — nous — au-raient-rions dû savoir que quelque chose de mauvais allait arriver. Ce mois de janvier-là, les plages de Chowpatty, de Juhu et de Trombay furent envahies par des cadavres sinistres de brêmes crevées, qui flottaient, sans une ombre d'explication, le ventre en l'air, comme des doigts couverts d'écailles.

SERPENTS ET ÉCHELLES[1]

Et d'autres présages : on avait vu exploser des comètes au-dessus de Back Bay ; on disait avoir vu des fleurs saigner du vrai sang ; et, en février, les serpents s'échappèrent de l'institut Schaapsteker. Une rumeur se répandit, disant qu'un charmeur de serpents fou, originaire du Bengale, un Tubriwallah, voyageait dans le pays pour libérer les serpents qui étaient en captivité, et il les conduisait hors des élevages (comme l'institut Schaapsteker où l'on étudiait les vertus médicinales du venin et où l'on mettait au point des contre-poisons) en jouant de la flûte, comme châtiment pour son Bengale bien-aimé. Après quelque temps, la rumeur ajouta que le Tubriwallah avait sept pieds de haut et une peau bleu clair. C'était Krishna venu pour châtier son peuple ; c'était le Jésus bleu des missionnaires.

Il semble qu'après ma naissance merveilleuse, tandis que je grossissais à une vitesse de casse-cou, tout ce qui le pouvait commença à aller de travers. Dans l'hiver, au début de 1948,

1. « Serpents et échelles » : il s'agit d'un jeu anglais traditionnel, comparable au jeu de l'oie. Chaque joueur fait avancer un pion, selon le résultat obtenu par des dés, sur un tableau formé par des cases numérotées. Mais sur les cases « positives » (celles qui font avancer plus loin) sont dessinées des *échelles,* et sur les cases « négatives » (celles qui font reculer ou qui bloquent) il y a des *serpents.* Tout ce chapitre est construit sur des plaisanteries et une comparaison entre le jeu et la vie. Il était impossible de traduire « Serpents et échelles » ou de trouver un équivalent. (*N.d.T.*)

et dans les saisons suivantes, chaudes ou pluvieuses, les événements succédèrent aux événements et, au moment de la naissance du Singe de Cuivre, en septembre, nous étions tous épuisés et prêts pour quelques années de repos.

Les cobras enfuis disparurent dans les égouts de la ville ; on trouva des *kraits*[1] rayés sur les autobus. Des chefs religieux disaient que l'évasion des serpents était un avertissement — le dieu Naga avait été libéré, psalmodiaient-ils, en punition, parce que la nation avait renoncé à ses dieux. (« Nous sommes un état laïque », déclara Nehru, et Morarji, Patel et Menon, tous furent d'accord ; mais Ahmed Sinai continuait à frissonner à cause du gel.) Et un jour, alors que Mary avait demandé, « Comment allons-nous vivre maintenant, Madame ? », Homi Catrack nous présenta au docteur Schaapsteker lui-même. Il avait quatre-vingt-un ans ; sa langue ne cessait d'entrer et de sortir entre ses lèvres fines ; il était prêt à payer comptant pour un appartement au dernier étage avec vue sur la mer d'Oman. A ce moment-là, Ahmed Sinai était alité ; le froid glacé du gel imprégnait ses draps ; il avalait de grandes quantités de whisky dans un but médical, mais cela ne réussisait pas à le réchauffer... et c'est donc Amina qui donna son accord pour laisser le dernier étage de Buckingham au spécialiste des serpents. Fin février, du poison de serpent entra dans nos vies.

Le docteur Schaapsteker était un homme qui faisait naître d'incroyables histoires. L'infirmier le plus superstitieux de son institut jurait que chaque nuit il avait la capacité de rêver qu'il était mordu par des serpents, et ainsi il était immunisé. D'autres chuchotaient qu'il était lui-même à moitié serpent, le fils de l'union surnaturelle entre une femme et un cobra. Son obsession du venin du krait rayé — *bungarus fasciatus* — devenait légendaire. On ne connaît aucun antidote à la morsure du *bungarus ;* mais Schaapsteker avait consacré sa vie à en découvrir un. Il achetait de vieux chevaux à Catrack (et à d'autres) et leur injectait de petites doses de poison ; mais,

1. *Krait :* petit serpent au venin mortel, pris très souvent pour le petit du cobra auquel il ressemble. (*N.d.T.*)

désespérément, les chevaux ne réussissaient pas à fabriquer d'anticorps et, l'écume à la bouche, ils mouraient debout avant d'être transformés en colle forte. On disait que le docteur Schaapsteker avait maintenant le pouvoir de tuer les chevaux simplement en s'approchant d'eux avec une seringue hypodermique... mais Amina ne prêtait aucune attention à ces histoires. « C'est un vieux gentleman, disait-elle à Mary Pereira. Pourquoi devrait-on s'occuper de ceux qui veulent le noircir ? Il paie son loyer et nous permet de vivre. » Amina était reconnaissante à cet Européen spécialiste des serpents, surtout en ces temps de gel alors qu'Ahmed ne semblait pas avoir l'énergie de se battre.

Amina écrivit : « Père et mère chéris, je jure sur mes yeux et sur ma tête que je ne sais pas pourquoi de telles choses nous arrivent... Ahmed est un brave homme, mais cette affaire lui a donné un fameux coup. Si vous avez un conseil à donner à votre fille, elle en a bien besoin. » Trois jours après avoir reçu la lettre, Aadam Aziz et la Révérende Mère arrivaient à la gare centrale de Bombay par l'express de la frontière ; et Amina, tout en les conduisant dans un but médical, mais cela ne réussissait pas à le réchauf-laxmi par la fenêtre, et elle eut pour la première fois son idée téméraire.

« Cette décoration moderne, c'est très bien pour vous, les jeunes, comment dire, mais donne-moi un bon vieux takht pour m'asseoir. Ces chaises sont si douces, comment dire, j'ai l'impression de tomber », dit la Révérende Mère.

« Il est malade ? demanda Aadam Aziz. Est-ce que je dois l'examiner et lui prescrire un médicament ?

— Ce n'est pas le moment de se cacher dans un lit, déclara la Révérende Mère. Il faut qu'il se décide à être un homme, comment dire, et à se conduire comme un homme.

— Vous avez l'air en pleine forme, tous les deux », s'écria Amina, en se disant que son père était en train de vieillir, et qu'il semblait rapetisser avec les années qui passaient ; la Révérende Mère était devenue si large que les fauteuils, bien que doux, gémissaient sous son poids… et parfois, à cause d'un effet de lumière, Amina pensait voir, au centre du corps de son père, une ombre noire, comme un trou.

« Que reste-t-il dans cette Inde ? » demanda la Révérende Mère, une main fendant l'air. Allons, quittez tout ça, allez au Pakistan. Regardez comme Zulfikar se débrouille bien — il vous aidera à redémarrer. Sois un homme, mon fils — lève-toi et repars !

— Il ne veut pas parler, dit Amina. Il a besoin de repos.

— Du repos ? hurla Aadam Aziz. Cet homme est mou comme une chique !

— Même Alia, comment dire, ajouta la Révérende Mère, toute seule, elle est partie au Pakistan — même elle mène une vie honnête, elle enseigne dans une très bonne école. Ils disent qu'elle sera bientôt directrice.

— Chut, maman, il veut dormir… passons à côté…

— Il y a un moment pour dormir, comment dire, et un moment pour se réveiller ! Ecoute : Mustapha gagne plusieurs centaines de roupies par mois, comment dire, dans l'administration. Qu'est-ce que c'est ton mari ? Il est trop bien pour travailler ?

— Mère, il est bouleversé. Sa température est si basse…

— Qu'est-ce que tu lui donnes à manger ? A partir d'aujourd'hui, comment dire, je vais m'occuper de la cuisine ! Les jeunes de maintenant — des bébés, comment dire !

— Comme vous voudrez, mère.

— Je te le dis moi, comment dire, ce sont ces photos dans le journal. J'ai écrit — je n'ai pas écrit ? — qu'il ne sortirait rien de bon de tout ça. Les photos prennent des morceaux de vous. Mon Dieu, comment dire, quand j'ai vu votre photo, vous étiez devenus si transparents que je pouvais voir ce qui était écrit de l'autre côté, à travers votre visage !

— Mais ce n'est que…

— Ne me raconte pas d'histoires, comment dire ! Je remercie Dieu que vous ayez récupéré depuis cette photographie ! »

A partir du lendemain, Amina fut libérée des exigences de tenir sa maison. La Révérende Mère, assise au bout de la table, distribuait parcimonieusement la nourriture (Amina portait des plateaux à Ahmed qui était toujours au lit et qui gémissait de temps en temps : « Ecrasé, femme ! Brisé — comme un petit glaçon !) ; et, à la cuisine, Mary Pereira prenait le temps de préparer, pour le plus grand bénéfice des visiteurs, quelques-unes des meilleures et des plus délicates marinades de mangues, des chutneys au citron et des concombres kasaundies. Et ramenée au statut de fille dans sa propre maison, Amina commença à ressentir les émotions de la nourriture des autres s'infiltrer en elle — parce que la Révérende Mère distribuait le curry et les boulettes de viande de l'intransigeance, et des plats pénétrés de la personnalité de leur créatrice ; Amina mangea les poissons de l'entêtement et les *birianis* [1] de la détermination. Et, bien que les marinades de Mary eussent un contre-effet — car elle y mettait la culpabilité qui était en son cœur, et la peur de la divulgation, et bonnes comme elles l'étaient elles avaient le pouvoir de rendre ceux qui les goûtaient sujets à des incertitudes sans nom et à des rêves de doigts accusateurs — la nourriture dispensée par la Révérende Mère emplissait Amina d'une sorte de fureur et produisait même de légers signes d'amélioration chez son mari vaincu. Et, finalement, vint le jour où Amina, qui m'avait observé en train de jouer maladroitement avec des chevaux en bois de santal dans l'eau du bain, tout en inhalant le doux parfum que l'eau dégageait, redécouvrit en elle ce sens de l'aventure qu'elle avait hérité de son père affaibli, mais qui avait fait descendre Aadam Aziz de ses montagnes ; Amina se tourna vers Mary Pereira et dit : « J'en ai plein le dos. Si personne dans cette maison ne veut arranger les choses, alors il va falloir que je m'y mette ! »

Des chevaux en bois de santal galopaient derrière les yeux d'Amina tandis qu'elle laissait Mary me sécher et qu'elle allait dans sa chambre. Des images du champ de courses de Mahalaxmi lui trottaient dans la tête tandis qu'elle écartait les

1. *Biriani :* un des plats les plus célèbres de la cuisine du nord de l'Inde : du riz auquel on ajoute du poulet, des pois, des épices et du safran. (*N.d.T.*)

saris et les jupes. Un plan téméraire l'enfiévrait et lui rougissait les joues tandis qu'elle ouvrait le couvercle d'une vieille cantine... elle emplit son porte-monnaie avec les pièces et les billets des patients reconnaissants et des invités du mariage, et ma mère alla aux courses.

Avec le Singe de Cuivre grossissant en elle, ma mère traversa d'un pas majestueux le paddock du champ de courses qui portait le nom de la déesse de la Richesse ; affrontant les malaises du petit matin et les varices, elle fit la queue devant le guichet qui enregistrait les paris, et joua de l'argent sur des favoris et sur des outsiders très cotés. Ignorant tout des chevaux, elle misait sur des juments connues pour ne pouvoir gagner de longues courses ; elle engageait de l'argent sur des jockeys parce qu'elle aimait leur sourire. Serrant dans sa main sa dot à laquelle on n'avait pas touché depuis que sa mère l'avait déposée dans la cantine, elle risquait de grosses sommes sur des étalons qui semblaient destinés à l'institut Schaapsteker... et gagnait, gagnait, gagnait.

« De bonnes nouvelles, dit Ismail Ibrahim. J'ai toujours pensé que vous deviez vous battre contre ces salauds. Je vais commencer l'action en justice tout de suite... mais il faut de l'argent, Amina. Avez-vous de l'argent ?

— J'en aurai.

— Ce n'est pas pour moi, explique Ismail. Mes services sont, comme je l'ai dit, gratuits, absolument gratuits. Mais, pardonnez-moi, vous savez comment ça se passe, on doit faire de petits cadeaux aux gens pour aplanir la voie...

— Voici. » Amina lui tend une enveloppe. « Est-ce que ça suffira pour l'instant ?

— Mon Dieu ! » De surprise, Ismail laisse tomber le paquet, et des billets s'éparpillent sur le plancher de son salon. « Où avez-vous... » Et Amina, « Il vaut mieux ne pas poser de questions et je ne vous demanderai pas comment vous le dépensez. »

L'argent de Schaapsteker payait les notes pour la nourriture ; mais les chevaux payaient la guerre. Ma mère eut tant de chance aux courses, un filon si riche que, si cela n'était pas arrivé, ce ne serait pas croyable... pendant des mois et des mois, elle misa sur les cheveux bien coiffés d'un jockey ou sur la jolie robe pie d'un cheval ; et elle ne quitta jamais le champ de courses sans une grande enveloppe pleine de billets.

« Les choses vont très bien, lui dit Ismail Ibrahim. Mais, sœur Amina, Dieu seul sait ce que vous faites. Est-ce honnête ? Est-ce légal ? » Et Amina : « Ne vous tracassez pas. Ce qu'on ne peut soigner, on doit le supporter. Je fais ce qui doit être fait. »

Pas une seule fois, ma mère ne prit plaisir à ses victoires ; parce qu'elle n'était pas écrasée que par le poids d'un enfant — mangeant le curry de la Révérende Mère plein d'anciens reproches, elle était maintenant convaincue que le jeu était une des pires choses sur terre, avec l'alcool ; aussi, bien qu'elle ne fût pas criminelle, elle se sentait dévorée par le péché.

Elle avait les pieds envahis de verrues, bien que Purushottam le sadhu, assis sous le robinet du jardin, et les gouttes qui tombaient avait dégagé une tonsure au milieu de sa luxuriante toison, fît merveille pour les chasser ; mais tout au long de l'hiver des serpents, et de la saison chaude, ma mère assuma le combat de son mari.

Vous vous demandez : comment est-ce possible ? Comment une maîtresse de maison, quoique assidue, quoique déterminée, pouvait-elle gagner des fortunes aux courses, jour après jour, mois après mois ? Vous vous dites : Ah ! ah ! Homi Catrack est propriétaire de chevaux ; et tout le monde sait que la plupart des courses sont arrangées d'avance ; Amina demandait les bons tuyaux à son voisin ! C'est plausible ; mais M. Catrack gagnait aussi souvent qu'il perdait ; il vit ma mère au champ de courses et fut stupéfait par son succès. (« S'il vous plaît, lui dit Amina, que cela reste secret entre nous. Le jeu est une chose terrible ; et, si ma mère l'apprenait, j'aurais tellement honte. » Et Catrack, « Comme vous voulez. ») Ce n'était donc pas le Parsi qui était derrière tout ça — mais je peux, peut-être, donner une autre explication. Voici, dans un berceau bleu ciel, dans une chambre bleu ciel, avec le doigt tendu d'un pêcheur sur le mur : à chaque fois que sa mère s'en va, en serrant contre elle une bourse pleine de secrets, il y a le petit Sinai, qui a acquis une expression de la plus grande concentration, dont les yeux semblent n'avoir qu'un seul but mais d'un pouvoir tellement énorme qu'ils en sont assombris et sont devenus bleu marine, et dont le nez se crispe de façon étrange quand il semble observer un événement lointain, pour le diriger de loin, comme la lune contrôle les marées.

« Cela passera très bientôt au tribunal, dit Ismail Ibrahim. Je pense que vous pouvez avoir pleinement confiance... Mon Dieu, Amina, avez-vous découvert les mines du roi Salomon ? »

Quand j'ai été assez âgé pour jouer, je me suis passionné pour « Des serpents et des échelles ». O équilibre parfait entre les récompenses et les sanctions ! O choix apparemment dus au hasard et déterminés par les dés qui tombent ! En escaladant des échelles, en redescendant sur des serpents, j'ai passé quelques-uns des plus heureux jours de ma vie. Quand, à l'âge des épreuves, mon père me défia au jeu de Shatranj, je l'ai rendu furieux en préférant l'inviter, à la place, à tenter sa chance parmi les échelles et les serpents.

Tous les jeux ont leur morale ; le jeu des serpents et des échelles contient, comme aucune autre activité ne peut le faire, la vérité éternelle, car pour chaque échelle que vous escaladez, un serpent vous attend juste au coin ; et pour chaque serpent, une échelle compensera. Mais il y a plus ; ce n'est pas seulement la carotte et le bâton ; car le jeu contient implicitement la dualité des choses, la dialectique du haut et du bas, du bien et du mal ; à la solide rationalité des échelles correspondent les sinuosités occultes des serpents ; dans l'opposition de l'escalier et du cobra, nous pouvons voir métaphoriquement toutes les oppositions concevables, l'Alpha contre l'Oméga, le père contre la mère ; c'est la guerre de Mary et de Musa, la polarité des genoux et du nez... mais, très tôt dans ma vie, j'ai découvert qu'il manquait à ce jeu une dimension cruciale, celle de l'ambiguïté... et les événements vont le montrer très bientôt. Cependant, sans vouloir compliquer les choses pour le moment, je note que, dès que ma mère découvrit le moyen d'atteindre la victoire représentée par sa chance aux courses, elle se rappela aussitôt que les ruisseaux du pays étaient toujours infestés de serpents.

Hanif, le frère d'Amina, n'était pas allé au Pakistan. Suivant son rêve d'enfance, dont il avait parlé à Rashid le conducteur de cyclo-pousse, dans un champ de maïs d'Agra, il était venu à Bombay et avait cherché un emploi dans les grands studios de cinéma. Très confiant, il avait non seulement réussi à être le plus jeune réalisateur à qui on ait jamais donné un film à diriger dans toute l'histoire du cinéma indien ; mais il avait aussi fait la cour et épousé une des plus brillantes stars des cieux de celluloïd, la divine Pia, dont le visage était toute sa fortune et dont les saris étaient fabriqués dans des ateliers où les dessinateurs avaient manifestement voulu prouver qu'il était possible d'incorporer toutes les couleurs connues dans un seul modèle. La Révérende Mère n'appréciait pas la divine Pia, mais, de toute la famille, Hanif était le seul à avoir échappé à son influence ; un homme joyeux et costaud, avec le rire du batelier Tai et les colères violentes et inoffensives de son père Aadam Aziz ; il l'avait emmenée vivre simplement dans un petit appartement non cinématographique sur Marine Drive et lui avait dit : « Nous aurons bien le temps de vivre comme des empereurs quand je me serai fait un nom. » Elle avait acquiescé ; elle était la vedette de son premier film, financé en partie par Homi Catrack et en partie par D. W. Rama Studios Ltd — il s'appelait *Les Amants du Cachemire ;* et un soir, au milieu de sa période de courses, Amina assista à la première. Ses parents n'y allèrent pas à cause de la répugnance de la Révérende Mère pour le cinéma, contre laquelle Aadam Aziz n'avait plus la force de lutter — lui qui avait combattu avec Mian Abdullah contre le Pakistan, ne discutait plus avec elle quand elle en faisait l'éloge, ayant juste assez de force pour maintenir sa position et refuser d'émigrer ; Ahmed Sinai, ressuscité grâce à la cuisine de sa belle-mère, mais irrité par sa présence, se leva et accompagna sa femme.

Ils s'assirent près de Hanif et de Pia et de la vedette masculine du film, un des « amants » les plus célèbres de l'Inde, I. S. Nayyar. Ils ne le savaient pas, et pourtant un serpent attendait en coulisses... mais laissons Hanif avoir son heure de gloire ; parce que le film *Les Amants du Cachemire* contenait un élément qui allait donner à mon oncle un moment de triomphe, bref mais spectaculaire. A cette époque, les amants et leurs dames n'avaient pas le droit de se toucher sur un écran, de peur que leurs auscultations ne corrompent la jeunesse de la nation... mais trente-trois minutes après le début des *Amants du Cachemire,* le public de la première commença sous le choc à émettre un sourd bourdonnement, parce que Pia et Nayyar avaient commencé à embrasser — pas l'un l'autre — mais des choses.

Pia embrassa une pomme, sensuellement, avec toute la richesse et la plénitude de ses lèvres fardées ; puis elle la donna à Mayyar qui posa de l'autre côté une bouche virilement passionnée. Ce fut la naissance de ce qui serait connu comme le baiser indirect — et c'était quelque chose de bien plus complexe que tout ce qu'il y a dans le cinéma actuel ; quelque chose porteur de désir d'érotisme ! Le public (qui aujourd'hui éclaterait d'un rire gras en voyant un jeune couple plonger derrière un buisson et le buisson se mettre à s'agiter de façon ridicule — parce que notre faculté de suggérer est tombée bien bas) regardait, les yeux rivés sur l'écran, tandis que l'amour de Pia et de Nayyar, sur fond de lac Dal et de Ciel bleu glacier du Cachemire, s'exprimait en baisers posés sur des tasses de thé du Cachemire ; près des fontaines de Shhimar, ils pressèrent leurs lèvres sur une épée... mais, au moment du plus grand triomphe de Hanif Aziz, le serpent refusa d'attendre ; sous son influence, les lumières se rallumèrent. Devant les silhouettes plus grandes que nature de Pia et de Nayyar qui embrassaient des mangues en déclamant sur de la musique en play-back, on vit la silhouette d'un homme craintif avec une barbe rare, qui marchait sur la scène, sous l'écran, le micro à la main. Le serpent peut prendre les formes les plus inattendues ; sous l'apparence du petit directeur, il lâcha son venin. Pia et

Nayyar s'effacèrent et disparurent ; et la voix amplifiée du barbu dit : « Mesdames et messieurs, je vous prie de m'excuser ; mais je dois vous annoncer une terrible nouvelle. » Sa voix se brisa — un sanglot du serpent pour mieux mordre ! — et il reprit, « Cet après-midi, à Delhi, notre bien-aimé Mahatma a été assassiné. Un fou lui a tiré dans le ventre — mesdames et messieurs — notre Bapu n'est plus ! »

Les spectateurs avaient commencé à crier avant qu'il ait fini ; le poison de ses paroles était entré dans leurs veines — des hommes, des adultes se roulaient par terre dans les allées en se tenant le ventre, non pas pour rire mais pour crier, Hai Ram ! Hai Ram ! — des femmes s'arrachaient les cheveux ; les plus belles coiffures de la ville pendaient sur les oreilles des dames empoisonnées — des vedettes de cinéma hurlaient comme des harangères, et une terrible odeur planait dans l'air — et Hanif murmura : « Sortons d'ici, petite sœur, si c'est un musulman qui a fait le coup, la vengeance sera terrible. »

Pour chaque échelle, il y a un serpent... et pendant les quarante-huit heures qui suivirent la fin avortée des *Amants du Cachemire,* notre famille resta derrière les murs de Buckingham (« Mettez les meubles contre les portes, comment dire ! ordonna la Révérende Mère. S'il y a des domestiques hindous, qu'ils rentrent chez eux ! ») ; et Amina n'osa pas aller aux courses.

Mais, pour chaque serpent, il y a une échelle : la radio donna enfin un nom : Nathuram Godse. « Grâce à Dieu, s'écria Amina, ce n'est pas un nom musulman ! »

Ahmed Sinai, après avoir quitté son prétendu lit de malade, continua à se comporter comme un invalide. D'une voix brumeuse il dit à Amina : « Ainsi tu as dit à Ismail d'aller au tribunal ; très bien, très bien ; mais nous allons perdre. Dans les tribunaux, il faut acheter les juges... » Et Amina, se précipitant vers Ismail : « Jamais — sous aucun prétexte — vous ne parlerez de l'argent à Ahmed. Un homme doit garder sa fierté. » Et, plus tard, « Non, janum, je ne vais nulle part ; non, le bébé n'est pas fatigant du tout ; repose-toi, il faut que j'aille acheter quelque chose — j'irai peut-être voir Hanif — tu sais, nous les femmes, il faut bien que nous occupions nos journées. »

Et revenant à la maison avec des enveloppes pleines de roupies jusqu'aux bords... « Prenez, Ismail, maintenant qu'il est debout, nous devons aller vite et faire attention ! » Et le soir, s'asseyant avec soumission auprès de sa mère : « Oui, bien sûr, tu as raison et bientôt Ahmed va devenir très riche, tu verras ! »

Et au tribunal les choses traînent sans fin ; et les enveloppes se vident ; et le bébé grossit au point qu'Amina ne peut plus se glisser derrière le volant de la Rover 1946 ; mais peut-elle arrêter sa chance ? Et Musa et Mary se battent comme de vieux tigres.

Qu'est-ce qui commence les batailles ?

Quels restes de culpabilité peur honte, aigris par le temps dans l'intestin de Mary, la conduisent, de plein gré ? ou contre son gré ? à provoquer le vieux domestique d'une douzaine de façons — en relevant le menton pour bien montrer la supériorité de son statut ; en récitant des chapelets sous le nez de ce musulman fervent ; en acceptant le titre de *mausi,* petite mère, que lui ont décerné les autres serviteurs du domaine, et que Musa voyait comme une menace à son statut ; en étant trop familière avec la begum sahiba — des petits rires chuchotés dans les coins, juste assez fort pour que Musa, protocolaire, raide, correct, les entende et pense qu'on se moque de lui ?

Quel minuscule grain de sable, dans l'océan du grand âge qui s'abattait maintenant sur le vieux domestique, se logeait entre ses lèvres pour grossir et devenir la perle sombre de la haine — dans quelles torpeurs inhabituelles sombrait Musa, et ses mains et ses pieds devenaient de plomb et des vases étaient brisés, des cendriers renversés, et une insinuation voilée de son prochain renvoi — sortant consciemment ? inconsciemment ? des lèvres de Mary ? — devenait une obsession qui ricochait sur la personne qui l'avait lancée ?

Et (pour ne pas omettre les facteurs sociaux) quel était

l'effet abrutissant du statut de domestique, d'une chambre de domestique, située derrière une cuisine au poêle noirci, dans laquelle Musa était obligé de dormir avec un jardinier, un homme à tout faire, et hamal — tandis que Mary dormait sur une natte de jonc près d'un nouveau-né ?

Et Mary était-elle innocente ou non? Est-ce que son incapacité à se rendre à l'église — parce que dans les églises, on trouve des confessionnaux, et dans les confessionnaux on ne garde pas les secrets — ne s'aigrit pas en elle, en la rendant un peu acerbe, un peu blessante ?

Ou devons-nous regarder plus loin que la psychologie en cherchant dans des affirmations telles que, il y avait un serpent qui attendait Mary et Musa était destiné à apprendre l'ambiguïté des échelles ? Ou allant encore plus loin, devons-nous voir dans cette querelle la main du destin — et afin que Musa devienne un esprit explosif, il était nécessaire de manigancer un départ... ou descendant de telles sublimités jusqu'au ridicule, serait-ce qu'Ahmed Sinai — que le whisky entraînait, que les djinns poussaient à des excès de grossièreté — ait tellement exaspéré le vieux serviteur que son crime, avec lequel il égala le secret de Mary, fut commis sans rapport avec l'honneur blessé d'un vieux serviteur maltraité — et n'eut absolument rien à voir avec Mary ?

J'arrête les questions et je m'en tiens aux faits : Musa et Mary étaient perpétuellement à couteaux tirés. Et : Ahmed offensa Musa et les efforts d'Amina pour apaiser les choses n'ont peut-être pas eu de succès ; et : les ombres grisantes de l'âge l'avaient convaincu qu'on allait le congédier, sans avertissement, à n'importe quel moment ; et c'est ainsi qu'un matin d'août, Amina découvrit qu'on avait cambriolé la maison.

La police vint. Amina fit la liste de ce qui manquait : un crachoir d'argent incrusté de lapis-lazuli ; des pièces d'or ; des samovars incrustés de pierres et un service à thé en argent ; le contenu d'une cantine verte. Les domestiques furent alignés dans le vestibule et soumis aux menaces de l'inspecteur Johnny Vakeel. « Allez, avouez », — il tapait sur sa jambe avec un *lathi-stick*[1]— « ou vous allez voir ce qu'on peut vous faire. Vous voulez rester toute la nuit debout sur une seule jambe ? Vous voulez qu'on vous arrose avec de l'eau chaude puis avec de l'eau glacée ? Nous avons plein de méthodes dans la police… » et une cacophonie venant de domestiques, Pas moi, inspecteur sahib, je suis honnête ! par pitié, fouillez toutes mes affaires, sahib ! Et Amina : « C'en est trop, monsieur, vous allez trop loin. Je sais que Mary est innocente, de toute façon. Elle ne sera pas interrogée. » Irritation réprimée de l'officier de police. On décide d'une fouille — « A tout hasard, madame. Ces gens ne sont pas très intelligents — et vous découvrirez peut-être le voleur avant qu'il ait eu le temps de disparaître avec le butin ! »

La fouille réussit. Dans la chambre de Musa : un crachoir en argent. Enveloppé dans ses vêtements : des pièces d'or, un samovar en argent. Caché sous son lit : un service à thé disparu. Et Musa s'est jeté aux pieds d'Ahmed Sinai ; Musa supplie : « Pardonne, sahib ! J'étais fou ! Je pensais que vous alliez me jeter à la rue ! » Mais Ahmed Sinai n'écoutera pas ; le gel ; « Je me sens si faible », dit-il et il quitte la pièce ; et Amina consternée, demande : « Mais, Musa, pourquoi as-tu fait ce terrible serment ? »

… Parce que dans l'intervalle, entre l'alignement dans l'entrée et la découverte chez les domestiques, Musa a dit à son maître : « Ce n'est pas moi, sahib, je le jure. Si je vous ai volé, que je devienne lépreux ! Que ma vieille peau se couvre de plaies ! »

Amina, le visage horrifié, attend que Musa réponde. Le vieux visage du serviteur se tord de colère ; il s'écrie : « Begum sahiba ! Je n'ai fait que vous prendre des objets précieux, mais vous, et votre sahib, et son père, vous m'avez pris ma vie entière ; et dans ma vieillesse vous m'avez humilié avec une nourrice chrétienne. »

La villa de Buckingham est silencieuse — Amina a refusé de

1. *Lathi-stick :* bâton de bambou armé de fer utilisé comme matraque par la police aux Indes. (*N.d.T.*)

porter plainte, mais Musa s'en va. Son baluchon sur l'épaule, il descend une cage d'escalier métallique ; puis il s'éloigne en bas d'une colline et maudit la maison.

Et (était-ce l'effet de la malédiction ?) Mary Pereira est sur le point de découvrir que, même quand vous gagnez une bataille, même quand les escaliers jouent en votre faveur, vous ne pouvez pas éviter le serpent.

Amina dit : « Je ne peux plus vous donner d'argent, Ismail ; en avez-vous assez ? » Et Ismail : « Je l'espère — mais on ne sait jamais — est-il possible que... ? » Mais Amina : « L'ennui, c'est que je suis si grosse, je ne peux plus monter en voiture. Il faudra que ça suffise. »

... A nouveau le temps ralentit pour Amina ; à nouveau, elle regarde à travers des vitraux où des tulipes rouges à tige verte dansent à l'unisson ; pour la deuxième fois, ses yeux s'attardent sur une tour d'horloge qui n'a plus fonctionné depuis les pluies de 1947 ; à nouveau il pleut. La saison des courses est finie.

Une tour d'horloge bleu pâle : trapue, écaillée, inutile. Elle se dresse sur du béton goudronné, derrière la piste de cirque — le toit plat du dernier étage des immeubles bordant Warden Road, qui sont mitoyens avec notre colline haute de deux étages, de telle façon que, si vous grimpez sur le mur de clôture de Buckingham, vous vous retrouvez sur un plan de béton goudronné. Et, sous le goudron, le jardin d'enfants de Breach Candy d'où, chaque après-midi, s'élevaient les tintements du piano de Miss Harrisson jouant les mêmes airs pour enfants ; et, en dessous, les boutiques, le paradis du lecteur, la bijouterie Fatbhoy, Chimalker le marchand de jouets et la boutique de Bombelli, avec ses vitrines pleines de chocolats. La porte de la tour de l'horloge était supposée fermée à clef, mais c'était une serrure bon marché, du genre que Nadir Khan aurait reconnue ; *made in India.* Et trois soirs de suite, juste avant mon premier anniversaire, Mary Pereira, debout devant ma fenêtre, remarqua une ombre qui se déplaçait sur les toits, les mains pleines d'objets non reconnaissables, une ombre qui l'emplit d'une terreur non identifiable. Elle en parla à ma mère, après la troisième nuit ; on appela la police ; et l'inspecteur Vakeel revint au domaine de Methwold, accompagné d'une brigade spéciale d'excellents policiers — « Ils ne ratent jamais leur coup, begum sahiba ; laissez-nous faire ! » — qui, déguisés en balayeurs, avec des pistolets sous leurs haillons, gardèrent la tour de l'horloge sous surveillance tout en balayant la piste de cirque.

La nuit tomba. Derrière les rideaux et les stores, les habitants du domaine de Methwold regardaient la tour avec crainte. De façon tout à fait absurde, les balayeurs continuaient leur travail dans le noir. Johnny Vakeel s'installa sur notre véranda, en dissimulant son fusil... et, à minuit, une ombre escalada le mur de l'école de Breach Candy puis se dirigea vers la tour, en portant un sac sur l'épaule... « Il faut qu'il entre, avait dit Vakeel à Amina ; nous devons attraper le véritable type [1]. » Le johnny, marchant à pas de loup, traversa le toit goudronné, arriva à la tour ; entra.

« Inspecteur sahib, qu'est-ce que vous attendez ?

— Chut ! Begum, c'est l'affaire de la police ; rentrez, s'il vous plaît. Nous le prendrons quand il sortira ; vous m'entendez bien. Pris, dit Vakeel avec satisfaction, comme un rat dans un piège.

— Mais qui est-ce ?

— Qui sait ? dit Vakeel en haussant les épaules. Un voyou sûrement. Il y a des sales types partout de nos jours. »

Puis un cri solitaire déchire la nuit ; quelqu'un tombe dans la tour ; la porte est enfoncée ; il y a un craquement ; et quelque chose traverse le goudron comme un éclair. L'inspecteur Vakeel se précipite en tirant le fusil à la hanche, comme John Wayne ; les balayeurs sortent de leurs balais leurs armes de tireurs d'élite et tirent... les cris des femmes, les hurlements des domestiques... le silence.

Qu'est-ce qui est allongé, sombre et noir, tordu comme un

1. Jeu de mots intraduisible : *the proper johnny*. Johnny veut dire (en langue populaire) un type, un individu ; mais c'est aussi le prénom connu *Johnny* (qui est celui de l'inspecteur !)

serpent, sur le goudron noir ? Qu'est-ce qui, perdant un sang noir, fait crier le docteur Schaapsteker du haut de son belvédère du dernier étage : « Vous êtes complètement fous ! Fils de cafards ! Bandes de travelos ! »... Quel être à la langue tremblante meurt tandis que Vakeel se précipite sur le toit goudronné ?

Et à l'intérieur de la tour ? Quel est le poids qui en tombant produit un craquement aussi puissant ? Quelle est la main qui enfonce une porte ; dans son talon on peut voir les deux trous rouges pleins d'un venin contre lequel on ne connaît aucun antidote, un poison qui a tué des écuries entières de vieux chevaux ? Dont le corps est transporté à l'extérieur par des hommes en civil, dans une marche funèbre sans cercueil, et des balayeurs portent les cordons du poêle ? Pourquoi est-ce que Mary Pereira s'évanouit dramatiquement en tombant sur le sol comme un sac de pommes de terre, les yeux retournés dans les orbites, quand la lueur de la lune tombe sur le visage du mort ?

Et, à l'intérieur de la tour, quels sont ces étranges dispositifs accrochés aux mécanismes bon marché de l'horloge — pourquoi y a-t-il tant de bouteilles avec un morceau de chiffon dans le goulot ?

« Une sacrée chance que vous ayez appelé mes gars, begum sahiba, dit l'inspecteur Vakeel. C'est Joseph D'Costa — un des types les plus recherchés. Un an à peu près qu'on court derrière lui. Un type très dangereux. Vous devriez voir les murs à l'intérieur de la tour ! Du sol au plafond, des étagères remplies de bombes de fabrication artisanale. Assez pour faire sauter cette colline dans la mer. »

Les mélodrames s'entassaient sur les mélodrames ; la vie prenait les couleurs d'un film parlant de Bombay ; les serpents succédaient aux échelles, les échelles aux serpents ; en plein milieu d'un trop grand nombre d'incidents, le petit Saleem tomba malade. Comme s'il avait été incapable d'assimiler autant d'événements, il ferma les yeux et devint rouge. Tandis qu'Amina attendait les résultats de l'action intentée par Ismail contre l'État ; tandis que le Singe de Cuivre grossissait dans son ventre ; tandis que Mary entrait dans un état de choc dont elle ne sortirait que lorsque le fantôme de Joseph reviendrait la hanter ; tandis qu'un cordon ombilical flottait dans le vinaigre et que les épices de Mary emplissaient nos rêves avec des doigts tendus ; tandis que la Révérende Mère s'occupait de la cuisine, mon grand-père m'examina et dit : « Il n'y a aucun doute ; le pauvre petit a la typhoïde. »

« Oh ! Dieux du ciel, s'écria la Révérende Mère, quel diable noir est venu s'asseoir, comment dire, sur cette maison ? »

Voici comment on m'a raconté l'histoire de la maladie qui a failli m'arrêter avant même que je sois parti : jour et nuit, fin août 1948, ma mère et mon grand-père veillèrent sur moi ; Mary, réussissant à s'arracher à son sentiment de culpabilité, me posait des compresses sur le front ; la Révérende Mère chantait des berceuses et me faisait manger à la petite cuiller ; même mon père, oubliant momentanément son propre désarroi, s'agitait impuissant dans l'entrée. Mais vint une nuit où le docteur Aziz, épuisé comme un vieux cheval, dit : « Je ne peux plus rien faire. Il sera mort demain matin. »

Et, alors que les femmes gémissaient, que ma mère avait les premières douleurs de l'accouchement à cause de son chagrin, que Mary Pereira s'arrachait les cheveux, on frappa à la porte ; un serviteur annonça le docteur Schaapsteker ; il tendit une petite bouteille à mon grand-père et lui dit : « Je ne l'ai jamais essayé ; ça va le guérir ou le tuer. Deux gouttes ; et vous attendez. »

Mon grand-père, assis, la tête dans les mains, au milieu des décombres de son savoir médical, demanda : « Qu'est-ce que c'est ? » Et le docteur Schaapsteker, près de quatre-vingt-deux ans, la langue tremblant aux commissures des lèvres : « Du venin de cobra royal dilué. On dit que ça peut marcher. »

Les serpents peuvent mener au triomphe, exactement comme on peut descendre des échelles. Mon grand-père sachant que de toute façon j'allais mourir, m'administra du venin de cobra. La famille immobile regarda le poison se répandre dans le corps de l'enfant... et, six heures plus tard, ma température était redevenue normale. Ensuite, mon rythme de croissance perdit son caractère phénoménal ; mais je reçus quelque chose en échange : la vie, et une conscience précoce de l'ambiguïté des serpents.

Ma sœur naissait à la clinique du docteur Narlikar, alors que ma température baissait. C'était le 1er septembre ; et la naissance se passa si simplement, si facilement qu'on ne la remarqua presque pas au domaine Methwold ; parce que le même jour Ismail Ibrahim vint voir mes parents à la clinique et leur annonça qu'ils avaient gagné leur procès... tandis qu'Ismail faisait la fête, je saisissais les barreaux de mon lit d'enfant ; tandis qu'il criait, « Tout ça pour un gel ! Vos biens sont à nouveau à vous ! Par ordre de la haute cour ! », je me hissais, le visage rouge, contre la pesanteur ; et, tandis qu'Ismail déclarait, le visage très sérieux, « Sinai bhai, la loi a remporté une grande victoire », et il évitait le regard enchanté et triomphant de ma mère, moi, le petit Saleem, âgé exactement d'un an, deux semaines et un jour, je me mis debout dans mon lit.

Les conséquences furent doubles : je grandis avec des jambes irrémédiablement torses, parce que je m'étais mis debout trop tôt ; et le Singe de Cuivre (surnommée ainsi à cause de son épaisse tignasse rouge qui ne s'assombrira pas avant l'âge de neuf ans) apprit que, si elle voulait qu'on s'occupe un peu d'elle au cours de sa vie, il lui faudrait faire beaucoup de bruit.

UN ACCIDENT DANS UN COFFRE À LINGE

Depuis deux jours entiers Padma est sortie de ma vie. Depuis deux jours une autre femme a pris sa place devant la cuve de marinade de mangue — une femme elle aussi à la taille épaisse et aux avant-bras poilus ; mais, pour moi, aucun remplacement ! — pendant que ma déesse de la Bouse avait disparu je ne sais où. Un équilibre a été détruit ; je sens des fissures qui s'élargissent sur toute la longueur de mon corps ; parce que tout d'un coup je suis tout seul, sans mon oreille nécessaire, et ce n'est pas assez. Je suis pris d'un soudain accès de fureur : pourquoi serais-je traité d'une façon si peu raisonnable par un de mes disciples ? Avant moi, d'autres hommes ont raconté des histoires ; on ne les a pas abandonnés de façon aussi impétueuse. Quand Valmiki, l'auteur de *Râmâyana,* dicta son chef-d'œuvre à Ganesh à tête d'éléphant, est-ce que le dieu l'abandonna ? Certainement pas. (Remarquez que, malgré mes origines musulmanes, je suis suffisamment bombayote pour bien connaître les histoires hindoues, et j'adore littéralement l'image de Ganesh, nez en trompe, oreilles battantes, écrivant solennellement sous la dictée !)

Comment se passer de Padma ? Comment renoncer à son ignorance et à sa superstition, contrepoids nécessaires à mon omniscience miraculeuse ? Comment faire sans son esprit paradoxalement terre à terre, qui m'aide — m'aidait ? — à conserver les pieds sur terre ? J'ai l'impression d'être devenu le sommet d'un triangle isocèle, soutenu par deux moitiés jumelles, le dieu sauvage du souvenir et la déesse-lotus du présent... mais dois-je maintenant me réconcilier avec l'étroitesse unidimensionnelle de la ligne droite ?

Je me cache peut-être derrière toutes ces questions. Oui, peut-être est-ce exact. Je devrais parler franchement, sans le manteau d'un point d'interrogation. Notre Padma est partie et elle me manque. Oui, c'est ça.

Mais il reste du travail à faire ; par exemple :

Pendant l'été de 1959, alors que la plupart des choses dans le monde étaient encore plus grandes que moi, ma sœur, le Singe de Cuivre, prit la curieuse habitude de mettre le feu aux chaussures. Tandis que Nasser coulait des bateaux dans le canal de Suez, ralentissant ainsi les mouvements du monde en obligeant à faire le tour par le cap de Bonne-Espérance, ma sœur essayait également d'entraver nos progrès. Obligée de se battre pour attirer l'attention, possédée par le besoin de se placer au centre d'événements même s'ils étaient désagréables (c'était ma sœur, après tout ; mais aucun premier ministre ne lui écrivit de lettre, aucun sadhu ne la surveilla sous le robinet du jardin ; non prophétisée, non photographiée, dès le début, sa vie fut un combat), elle porta la guerre dans le monde des chaussures, espérant peut-être qu'en brûlant nos chaussures elle nous obligerait à rester immobiles assez longtemps pour qu'on remarque qu'elle était là... elle n'essaya pas de cacher son crime. Quand mon père entra dans sa chambre, et trouva une paire de richelieu en feu, le Singe était debout à côté, les allumettes à la main. Mon père eut les narines agressées par l'odeur sans exemple des chaussures de cuir en feu, à laquelle se mêlait l'odeur du cirage Fleur de cerisier... « Regarde, abba ! dit le Singe d'une façon charmante, c'est exactement de la couleur de mes cheveux ! »

Malgré toutes les précautions, les jolies fleurs rouges de l'obsession de ma sœur ont éclos dans tout le domaine cet été-là, dans les sandales de Nussie-canard, et dans les chaussures du magnat du cinéma, Homi Catrack ; des flammes, couleur de cheveux, léchèrent les chaussures de daim éculées de

M. Dubash et les talons aiguilles de Lila Sabarmati. On cacha les allumettes et les domestiques montèrent la garde, mais, malgré cela, le Singe de Cuivre trouva un moyen, tout à fait indifférente aux punitions et aux menaces. Pendant un an, le domaine de Methwold fut envahi à différentes reprises par la fumée de chaussures incendiées ; jusqu'à ce que ses cheveux s'assombrissent et deviennent d'un brun anonyme ; alors elle sembla ne plus s'intéresser aux allumettes.

Amina Sinai, ayant en horreur l'idée de battre ses enfants, incapable par nature d'élever la voix, ne savait plus à quel saint se vouer ; et, jour après jour, le Singe était condamnée au silence. C'était la méthode disciplinaire préférée de ma mère : ne pouvant nous frapper, elle nous interdisait de parler. Un lointain écho, sans aucun doute, du grand silence avec lequel sa propre mère avait tourmenté Aadam Aziz, lui résonnait encore dans les oreilles — parce que le silence, lui aussi, a un écho, plus profond et plus long que les réverbérations de n'importe quel son — et avec un « chut ! » autoritaire elle posait le doigt sur ses lèvres et ordonnait à nos langues de rester en repos. C'était une punition qui ne manquait jamais de me dompter ; mais le Singe de Cuivre était d'une étoffe plus souple. Silencieusement, derrière des lèvres aussi hermétiquement closes que celles de sa grand-mère, elle complotait l'incinération du cuir — exactement comme autrefois, bien longtemps auparavant, un autre singe dans une autre ville avait accompli l'acte qui rendait inévitable l'incendie d'un entrepôt de vêtements imperméables...

Elle était aussi belle (quoique un peu maigre) que j'étais laid ; mais, dès le début, elle fut méchante comme une teigne et bavarde comme une pie. Comptez les vitres et les vases cassés accidentellement-exprès ; faites le nombre, si vous le pouvez, des repas qui tombèrent de ses assiettes traîtresses, pour aller tacher des tapis persans de grand prix ! Le silence était en fait la pire des punitions qu'on pût lui infliger ; mais elle la supportait de bon cœur, debout, l'air innocent, parmi les restes des chaises fracassées et des ornements brisés.

Mary Pereira disait, « Celle-là ! Ce Singe ! Elle aurait dû

naître avec quatre jambes ! » Mais Amina, qui n'avait jamais pu oublier qu'elle avait bien failli donner naissance à un fils à deux têtes, s'écriait : « Mary ! Que dites-vous ? Ne pensez jamais de telles choses ! » Cependant, malgré les protestations de ma mère, il était vrai que le Singe de Cuivre tenait autant de l'animal que de l'humain ; et, ainsi que le savaient tous les domestiques et les enfants du domaine, elle avait le pouvoir de parler aux oiseaux et aux chats. Aux chiens aussi : mais après avoir été mordue à l'âge de six ans par un chien errant, soi-disant enragé, et avoir été traînée, hurlant et donnant des coups de pied, chaque après-midi pendant trois semaines, à l'hôpital de Breach Candy où on lui faisait un lavage d'estomac, il semble que, soit elle oublia leur langage, soit elle refusa désormais d'avoir affaire à eux. Avec les oiseaux, elle apprit à chanter ; avec les chats, elle apprit à se faire une dangereuse indépendance. Le Singe de Cuivre n'était jamais autant hors d'elle que quand quelqu'un lui disait des mots d'amour ; ayant un besoin désespéré d'affection, dont mon ombre écrasante la privait, elle avait tendance à se détourner de toute personne qui lui donnait ce qu'elle voulait, comme si elle se protégeait de la possibilité d'être trompée.

... A tel point que, quand Sonny Ibrahim prit son courage à deux mains pour lui dire : « Hé ! Ecoute, la sœur de Saleem — t'es vachement bien. Heu... tu sais... tu me plais bien... » elle alla trouver immédiatement son père et sa mère qui buvaient du thé dans le jardin de Sans-souci et leur dit, « Tante Nussie, je ne sais pas ce que Sonny est en train de faire. Mais je viens de le voir avec Cyrus derrière un buisson, en train de se frotter drôlement leurs zizis ! »...

Le Singe de Cuivre avait de mauvaises manières à table ; elle piétinait les plates-bandes ; elle était l'enfant à problèmes par excellence ; mais nous étions très liés, malgré les lettres encadrées venant de Delhi et le sadhu-sous-le-robinet. Dès le début j'ai décidé de la traiter comme une alliée, non comme une concurrente ; et, en retour, elle ne me reprocha jamais ma prééminence dans la maison, disant, « Qu'y a-t-il à te reprocher ? Est-ce ta faute s'ils pensent que tu es tellement important ? » (Mais quand, des années plus tard, je fis la même erreur que Sonny, elle me traita de la même façon.)

Et ce fut le Singe qui, en répondant à un appel téléphonique qui était une erreur, mit en branle les événements conduisant à mon accident dans un coffre à linge sale blanc, fait de lattes de bois.

Déjà, à près de neuf ans, je savais parfaitement ceci : tout le monde m'attendait. Minuit et les photos de bébé, les prophètes et les premiers ministres avaient créé autour de moi une brume rougeoyante d'expectative d'où il était impossible de s'échapper… dans laquelle mon père me tirait sur son ventre mou dans la fraîcheur de l'heure des cocktails et disait : « De grandes choses ! Mon fils : qu'est-ce qui t'est interdit ? De hauts faits, une vie extraordinaire ! » Tandis que moi, me tortillant entre la lèvre proéminente et le gros orteil, mouillant sa chemise avec mon nez éternellement morveux, je devenais écarlate et m'écriais : « Laisse-moi, abba ! Tout le monde va *voir !* » Et lui, m'embarrassant au-delà de ce qu'on peut croire, beuglait, « Mais qu'ils voient ! Que le monde entier voie comment j'aime mon fils ! »… et ma grand-mère, nous rendant visite un hiver, me donna également un conseil : « Si tu remontais tes chaussettes, comment dire, tu serais mieux que n'importe qui dans le monde entier ! »… Errant à la dérive dans ces brumes de l'anticipation, j'avais déjà ressenti en moi les premiers mouvements de cet animal informe qui, dans ces nuits sans Padma, me ronge et me griffe encore l'estomac : affligé d'une multitude d'espoirs et de sobriquets (j'ai déjà acquis ceux de Renifleux et de Morve-au-nez), j'ai eu peur que tout le monde se trompe — que mon existence annoncée à coups de trompe puisse se révéler parfaitement inutile, vide et sans aucun but. Et c'est pour échapper à cette bête sauvage que je me suis mis à me cacher, tout jeune, dans le grand coffre à linge sale de ma mère ; si la créature était toujours en moi, la présence réconfortante du linge sale et enveloppant semblait la bercer et l'endormir.

En dehors du coffre à linge sale, environné de gens qui

semblaient posséder un but clair et accablant, je m'enfermais dans des contes de fées. Hatim Tai et Batman, Superman et Sindbad m'aidèrent à traverser les neuf premières années de ma vie. Quand j'allais faire les courses avec Mary Pereira — impressionné par sa capacité à deviner l'âge d'un poulet en lui regardant le cou, par la détermination avec laquelle elle fixait des brêmes mortes dans les yeux — je devenais Aladin dans une grotte aux trésors ; en voyant les domestiques épousseter des vases avec un dévouement aussi majestueux qu'imcompréhensible, j'imaginais les quarante voleurs d'Ali Baba cachés dans les urnes poussiéreuses ; dans le jardin, voyant Purushottam le sadhu usé par l'eau, je devenais le génie de la lampe et ainsi j'évitais, pour la plus grande part, l'idée que, seul dans l'univers, je ne savais absolument pas ce que je serais ni comment je devrais me comporter. Un but : il se glissait furtivement derrière moi quand je voyais par la fenêtre des Européens faire des galipettes dans la piscine en forme de carte, près de la mer. « Où est-ce que tu l'as eu ? » ai-je glapi ; le Singe de Cuivre qui partageait ma chambre bleu ciel, en tressaillit. J'avais près de huit ans, elle en avait presque sept. C'était un âge précoce pour être troublé par la signification des choses.

Mais les serviteurs sont exclus des coffres à linge sale ; les cars de ramassage scolaire sont, eux aussi, absents. Dans ma presque neuvième année, j'avais commencé à aller à la cathédrale et au collège de garçons John Connon sur l'Outram Road, dans le quartier du Vieux Fort ; chaque matin, lavé et brossé, j'attendais en bas de notre colline haute de deux étages, short blanc, ceinture élastique bleue à boucle en forme de serpent, cartable sur l'épaule, goutte au bout de mon énorme concombre de nez ; Œil-fendu et Cheveux-gras, Sonny Ibrahim et le précoce Cyrus-le-Grand attendaient aussi. Et dans le car, au milieu du claquement des sièges et du craquement nostalgique des vitres, que de certitudes ! Que de certitudes de neuf ans à propos de l'avenir ! Sonny fanfaronnait : « Je serai torero ; l'Espagne ! Chiquitas ! Hé ! Toro, toro ! » Il tenait son cartable devant lui comme la muleta de

Manolete et jouait son avenir tandis que le bus brinquebalait au coin de chez Kemp, passait devant chez Kemp and C° (pharmaciens), sous l'affiche d'Air India (« A bientôt, alligator ! Je vais à Londres par Air India ! ») ; sur une autre affiche pendant toute mon enfance, l'enfant Kolynos, un lutin aux dents brillantes dans de la chlorophylle verte, proclamait les vertus du dentifrice Kolynos : « Des dents propres, des dents brillantes ! Dentifrice Kolynos, super blanc ! » Le gosse sur l'affiche, les enfants dans l'autocar : unidimensionalisés, écrasés par la certitude, ils savaient ce qui les attendait. Voici Keith Colaco-la-glande, un hyper-thyroïdien rond comme une boule, et de la moustache qui lui poussait déjà sur la lèvre : « Je reprendrai les cinémas de mon père ; si vous voulez voir des films, bande de petits cons, il faudra me supplier pour avoir des places ! »... Et le gros Perce Fishwala, obèse parce qu'il mange trop et qui occupe avec Keith-la-glande la position privilégiée de brute de la classe : « Bah ! C'est rien ! j'aurai des diamants, des émeraudes et des pierres de lune ! Des perles grosses comme mes couilles ! » Le père du gros Perce dirige l'autre entreprise de bijouterie de la ville ; son grand ennemi c'est le fils de M. Fatbhoy qui, étant petit et intellectuel, se tire très mal de la guerre des enfants aux testicules comme des perles... et Œil-fendu qui dit que plus tard il sera joueur international de cricket, sans tenir compte de son orbite vide ; et Cheveux-gras, qui a les cheveux aussi lisses et soignés que son frère les a frisés et ébouriffés, dit, « Quels petits cons égoïstes ! J'irai dans la marine, comme mon père ; je défendrai mon pays ! » Et il reçoit une pluie de règles, de compas, de boulettes trempées dans l'encre... dans le car scolaire, qui brinquebale devant Chowpatty Beach, qui tourne à gauche dans Marine Drive, près de chez mon oncle préféré Hanif, qui se dirige au-delà de la gare Victoria vers Flora Fountains, qui passe la gare de Churchgate et le marché Crawford, je restais silencieux. Je protégeais timidement mon identité secrète ; mais que se passait-il ? « Hé ! Morve-au-nez ! hurlait Keith-la-glande, hé ! Qu'est-ce que vous croyez qu'i' s'ra, Renifleux ? » Et le gros Perce Fishwala qui s'esclaffait : « Pinocchio ! » Et les autres se joignaient à eux pour chanter d'une voix éraillée la chanson de Pinocchio… Cyrus-le-Grand est assis, calme comme un génie, et imagine la future direction du centre de recherches nucléaires du pays.

Et, à la maison, il y avait le Singe de Cuivre avec ses incendies de chaussures ; et mon père qui était ressorti des profondeurs de sa torpeur pour retomber une nouvelle fois dans la folie des tétrapodes… « Où le trouvez-vous ? » suppliais-je devant ma fenêtre ; le doigt du pêcheur se tendait de façon trompeuse vers la mer.

Chassé des coffres à linge sale : des cris de « Pinocchio ! Nez-de-concombre ! Morveux ! » Dissimulé dans ma cachette, j'étais protégé du souvenir de Mlle Kapadia, l'institutrice du jardin d'enfants de Breach Candy, qui, lors de mon premier jour à l'école, s'était détournée du tableau noir pour m'accueillir, et qui voyant mon nez avait d'inquiétude laissé tomber l'éponge montée sur un morceau de bois, s'écrasant l'ongle du gros orteil, souvenir précis mais cependant moins grave de la mésaventure de mon père ; enfoui dans les mouchoirs sales et les pantalons froissés, je pouvais oublier, pendant quelque temps, ma laideur.

La thyphoïde m'a attaqué ; le poison du cobra m'a guéri ; et mon rythme de croissance surchauffé s'est refroidi. Quand j'avais presque neuf ans, Sonny Ibrahim avait un pouce et demi de plus que moi. Mais une partie du petit Saleem semblait à l'abri de la maladie et de l'extrait de serpent. Entre mes yeux, ça champignonnait vers le haut et vers le bas, comme si toutes mes forces de croissance, chassées du reste de mon corps, avaient décidé de se concentrer dans cette unique et incomparable poussée… entre mes yeux et au-dessus de mes lèvres, mon nez fleurissait comme une courgette de concours. (Mais, alors, je n'avais pas de dents de sagesse ; on devrait toujours s'estimer heureux avec ce qu'on a !)

Qu'y a-t-il dans un nez ? La réponse habituelle : « C'est simple. Un système respiratoire ; des organes olfactifs ; des poils. » Mais, dans mon cas, la réponse était encore plus simple, bien que, je suis forcé de le reconnaître, quelque peu répugnante : ce qu'il y avait dans mon nez, c'était de la morve. En m'excusant, je dois malheureusement insister sur les détails : la congestion nasale m'obligeait à respirer par la bouche, ce qui me donnait l'air d'un poisson qui suffoque ; un nez bouché en permanence me condamna à une enfance sans parfums, à des jours ignorant l'odeur du musc, du *chambeli*[1], de la mangue marinée et des glaces fabrication maison : et aussi du linge sale. Ce qui est une infirmité dans le monde, hors des coffres à linge sale, peut devenir un avantage quand vous êtes dedans. Mais seulement le temps que vous y restez.

Obsédé par la recherche d'un but, je m'inquiétais de mon nez. Portant les amers vêtements que nous envoyait régulièrement ma tante Alia, directrice d'école, j'allais en classe, je jouais au cricket, je me battais, je croyais aux contes de fées... et je m'inquiétais. (A cette époque ma tante Alia s'était mise à nous envoyer des vêtements d'enfant, dans les coutures desquels elle avait mis son fiel de vieille fille ; le Singe de Cuivre et moi avons été vêtus de ses cadeaux, portant au début les langes de l'amertume et les barboteuses de la rancœur ; j'ai grandi dans des culottes courtes empesées avec l'amidon de la jalousie, et le Singe de Cuivre portait les jolies robes à fleurs de l'envie lumineuse d'Alia... ignorant que notre garde-robe nous enfermait dans les toiles de sa vengeance, nous étions bien habillés.) Mon nez : éléphantesque comme la trompe de Ganesh, j'aurais dû être, je pensais, un respireur sans pareil ; un flaireur sans problème ; mais, au lieu de ça, mon nez était perpétuellement bouché, aussi inutile qu'une brochette en bois.

Suffit. J'étais assis dans le coffre à linge sale et j'oubliais mon nez ; j'oubliais l'ascension du mont Everest en 1953 — quand ce crasseux d'Œil-fendu dit en ricanant : « Hé ! Les gars, vous croyez que Tensing pourrait escalader la face du Renifleux ? » — et les querelles entre mes parents à propos de mon nez, mon père ne se lassait jamais d'en accuser le père d'Amina. « Jusqu'ici, il n'y a jamais eu un nez comme ça dans

1. *Chambeli* : fleur très odoriférante. (*N.d.T.*)

ma famille ! Nous avons d'excellents nez ; des nez fiers ; royaux ! » A cette époque, Ahmed Sinai avait déjà commencé à croire aux ancêtres fictifs, qu'il avait inventés pour William Methwold ; abruti par les djinns, il voyait le sang de Moghol couler dans ses veines... Oubliée également la nuit, j'avais huit ans et demi, où mon père l'haleine empestant les djinns vint dans ma chambre, arracha mes draps et me demanda : « Qu'est-ce que tu fais ? Cochon ! Espèce de cochon ! » J'avais l'air endormi, innocent ; étonné. Il hurla : « Dégoûtant ! Dieu punit ceux qui font ça ! Il t'a déjà donné un nez grand comme un peuplier ! il va arrêter ta croissance ; ton zizi va se ratatiner ! » Et ma mère, arrivant en chemise de nuit dans la chambre en émoi, « Janum, pour l'amour de Dieu ! Il dormait. » Le djinn rugissait par la bouche de mon père, le possédant complètement. « Regarde son visage ! Qui a jamais eu un nez comme ça en dormant ? »

Il n'y a pas de miroir dans un coffre à linge sale ; les plaisanteries grossières n'y entrent pas, ni les doigts tendus. La fureur des pères y est étouffée par des draps sales et des soutiens-gorge abandonnés. Un coffre à linge sale est un trou dans le monde ; un endroit que la civilisation a mis hors d'elle, au ban de la société ; cela en fait la meilleure des cachettes. Dans le coffre à linge sale, j'étais comme Nadir Khan dans son sous-sol, à l'abri de toute pression, loin des exigences des parents et de l'histoire...

... Mon père m'attira contre son ventre mou et parla d'une voix étranglée par l'émotion : « Très bien, très bien, là, là, tu es un bon garçon ; tu pourras être ce que tu veux ; tu n'as qu'à le vouloir avec assez de force ! Dors maintenant... » Et Mary Pereira lui faisant écho avec sa berceuse : « Ce que tu veux être, tu peux l'être, tu peux être ce que tu veux ! » Je m'étais déjà rendu compte que notre famille croyait implicitement aux bons principes des affaires ; ils espéraient que ce qu'ils investissaient en moi leur rapporterait gros. Les enfants ont nourriture abri argent de poche grandes vacances et amour, tout apparemment gratis, et la plupart de ces petits imbéciles pensent que c'est en compensation de ce qu'ils sont nés. « Je n'ai aucun fil », chantent-ils comme Pinocchio ; mais, moi, Pinocchio, je voyais les fils. Les parents sont poussés par le sens du profit — rien de plus, rien de moins. Pour leurs soins, ils espéraient de ma part les immenses dividendes de la grandeur. Ne vous méprenez pas. A cette époque, j'étais un enfant respectueux. Je désirais ardemment leur donner ce qu'ils voulaient, ce que les devins et les lettres encadrées leur avaient promis ; simplement, je ne savais pas comment faire. D'où venait la grandeur ? Comment en avoir un peu ? Quand ?... Lorsque j'ai eu sept ans, Aadam Aziz et la Révérende Mère vinrent nous rendre visite. Pour mon septième anniversaire, respectueusement, je me suis laissé habiller comme les petits garçons dans la gravure du pêcheur ; étouffant et engoncé dans ce costume étrange, je souriais et souriais. « Regardez mon petit-morceau-de-lune ! » s'écria Amina en découpant un gâteau recouvert d'animaux de ferme en sucre. « *Chi* gentil ! Jamais une larme ! » Retenant avec des sacs de sable les larmes qui restaient tapies juste derrière mes yeux, les larmes de la chaleur désagréable et de l'absence de chocolats dans le tas de cadeaux, je portai une tranche de gâteau à la Révérende Mère qui était malade et au lit. On m'avait offert un stéthoscope ; je l'avais autour du cou. Elle me laissa l'examiner ; je lui prescrivis plus d'exercice. « Tu dois traverser la chambre, jusqu'à la grande armoire et revenir au lit, une fois par jour. Tu peux t'appuyer sur moi ; je suis médecin. » Le milord anglais stéthoscopé guida la grand-mère aux grains de beauté de sorcière à travers la chambre. Elle obéit en boitillant et en grinçant. Elle se rétablit tout à fait après des mois d'un tel traitement. Les voisins vinrent fêter l'événement, en apportant des *rasgullas,* des *gulab-jamans* et autres friandises. La Révérende Mère, assise royalement sur un takht dans le salon, déclara : « Vous voyez mon petit-fils ? Il m'a guérie, comment dire. Un génie ! Un génie, comment dire : c'est un don de Dieu ! » Etait-ce cela ? Aurais-je dû cesser de m'inquiéter ? Le génie était-il quelque chose de totalement indépendant de ce qu'on veut, de ce qu'on apprend, de ce qu'on sait, ou de ce dont on est capable ?

Quelque chose qui à l'heure dite flotterait autour de mes épaules comme un châle de Pashima, immaculé et délicatement ouvragé. La grandeur comme un manteau : qui n'a jamais besoin d'être envoyé au lavoir. On ne doit pas battre le génie sur une pierre... cette indication venant de ma grand-mère était mon seul espoir ; et il apparut qu'elle ne se trompait pas de beaucoup. (L'accident est presque là ; et les enfants de minuit attendent.)

Des années plus tard, au Pakistan, la nuit même où le toit allait s'effondrer sur sa tête et la laisser plus plate qu'une crêpe à la farine de riz, Amina eut une vision du vieux coffre à linge sale. Quand il surgit derrière ses yeux, elle l'accueillit comme un cousin indésirable. « C'est encore toi, lui dit-elle. Pourquoi pas ? Les choses ne cessent de me revenir, ces jours-ci. On dirait que tu ne peux rien abandonner. » Elle avait vieilli prématurément, comme toutes les femmes de notre famille ; le coffre lui rappela l'année où la vieillesse s'était approchée d'elle. La grande chaleur de 1956 — qui fut causée, me dit Mary Pereira, par de petits insectes de feu invisibles — bourdonna à nouveau à ses oreilles. « Mes cors aux pieds ont commencé à me faire souffrir le martyre », dit-elle à haute voix, et l'officier de la protection civile, qui avait demandé qu'on applique la défense passive, sourit tristement et se dit : « Pendant une guerre, les vieux se réfugient dans le passé ; comme ça, ils sont prêts à mourir à chaque fois que c'est nécessaire. » Il se fraya un chemin entre les montagnes de serviettes de toilette défectueuses qui remplissaient presque toute la maison et laissa Amina se débattre avec son linge sale en privé... Nussie Ibrahim — Nussie-canard — l'admirait : « Quelle allure, ma chère ! Quelle attitude ! Je vous jure que je n'en reviens pas : vous glissez au milieu de tout ça comme si vous étiez sur un chariot invisible ! » Mais dans l'été des insectes de chaleur, mon élégante mère perdit définitivement sa guerre contre les verrues, parce que soudain le sadhu Purushottam perdit ses pouvoirs magiques. L'eau lui avait usé une grande partie des cheveux ; l'égouttement régulier des années l'avait usé. Etait-il désillusionné à cause de son enfant béni, le Mubarak ? Etait-ce ma faute si ses mantras avaient perdu leur pouvoir ? L'air très affligé, il dit à ma mère : « Ne vous inquiétez pas ; il n'y a qu'à attendre. Je vais vous guérir les pieds. » Mais les cors d'Amina empirèrent ; elle alla voir des médecins qui les lui brûlèrent avec du bioxyde de carbone ; mais cela les fit réapparaître avec une vigueur redoublée et elle commença à boitiller, les années où elle glissait étaient parties à jamais ; et elle reconnut l'arrivée de la vieillesse sur laquelle on ne peut se méprendre. (Plein d'imagination, je l'ai transformée — « Maman, tu es peut-être vraiment une sirène qui prend une forme humaine pour l'amour d'un homme et, à chaque pas, c'est comme si tu marchais sur des lames de rasoir ! » Ma mère a souri mais n'a pas ri.)

1956. Ahmed Sinai et le docteur Narlikar jouaient aux échecs et discutaient — mon père était un adversaire acharné de Nasser et Narlikar l'admirait ouvertement. « Il n'est pas bon en affaires » dit mon père. « Mais il a du style, répondit Narlikar, en luisant de passion, personne ne l'influence. » Au même moment, Jawaharlal Nehru consultait des astrologues à propos du plan quinquennal afin d'éviter un autre Karamstan ; et, tandis que le monde associait l'agressivité et l'occultisme, j'étais caché dans un coffre à linge sale, trop petit maintenant pour que j'y sois bien ; et Amina Sinai se sentit coupable.

Elle essayait déjà de chasser de son esprit son aventure du champ de courses ; mais elle ne pouvait échapper au sens du péché qu'avait mis en elle la cuisine de sa mère ; et il ne lui était pas difficile de voir dans des verrues une sorte de punition... pas seulement pour l'escapade d'autrefois au temple de Mahalaxmi, mais aussi pour son incapacité à sauver son mari des tickets roses de l'alcoolisme ; pour les manières sauvages et peu féminines du Singe de Cuivre ; et pour la taille du nez de son unique fils. Quand je repense à elle aujourd'hui, j'ai l'impression qu'une brume de culpabilité a commencé à se former autour de sa tête — sa peau sombre exsudant un nuage sombre qui resta devant ses yeux. (C'est ce que croira Padma ; Padma saura ce que je veux dire !) Et quand sa culpabilité augmentait, la brume s'épaississait — pourquoi pas ? — il y avait des jours où l'on pouvait à peine voir sa tête au-dessus de son cou !... Amina était devenue une de ces rares personnes qui prennent le fardeau du monde sur leurs épaules ; elle commença à exsuder le magnétisme de la culpabilité volontaire ; et, à partir de ce moment, toute personne qui entra en contact avec elle ressentit la puissante nécessité de confesser ses propres fautes. Quand les gens succombaient à ses pouvoirs, elle leur accordait un sourire doux triste brumeux, et ils s'en allaient, allégés, ayant laissé leur fardeau sur ses épaules ; et la brume de culpabilité s'épaississait. Amina entendait parler de domestiques qu'on battait et de fonctionnaires qu'on achetait ; quand mon oncle Hanif et sa femme, la divine Pia, téléphonaient, ils racontaient leurs disputes dans les moindres détails ; Lila Sabarmati confiait ses infidélités à l'oreille pleine de grâce, penchée et douloureuse de ma mère ; et Mary Pereira devait lutter continuellement contre la tentation presque irrésistible de lui confesser son crime.

Confrontée aux fautes du monde, ma mère souriait brumeusement et fermait les yeux ; et, quand le toit lui tomba sur la tête, sa vue avait considérablement baissé ; mais elle pouvait encore voir le coffre à linge sale.

Qu'est-ce qui était vraiment à l'origine de la culpabilité de ma mère ? Je veux dire, vraiment, au-delà des verrues, des djinns et des confessions ? C'était un malaise impossible à dire, un désespoir qui ne pouvait même pas être nommé et qui ne restait plus enfermé dans les rêves d'un mari souterrain... ma mère était tombée (comme le ferait bientôt mon père) victime de l'appel du téléphone.

Pendant les après-midi de cet été-là, après-midi aussi chauds que des serviettes, le téléphone sonnait. Tandis qu'Ahmed Sinai dormait dans sa chambre, ses clefs sous son oreiller, ses cordons ombilicaux dans son armoire, la sonnerie aiguë du téléphone traversait le bourdonnement des insectes de chaleur ; et ma mère, boitillant sur ses cors, venait dans l'entrée pour répondre. Et quelle est cette expression qui rend le visage de ma mère couleur de sang séché ?... Ne se sachant pas observée, quelles sont ces lèvres vibrant comme des poissons, ces mouvements de bouche étranglée ?... Et pourquoi, après avoir écouté pendant cinq bonnes minutes, ma mère dit-elle d'une voix qui ressemble à du verre brisé : « Désolée, c'est une erreur » ? Pourquoi des diamants brillent-ils dans ses cils ?... Le Singe de Cuivre me chuchota : « La prochaine fois que ça sonne, il faut qu'on sache. »

Cinq jours plus tard. C'est à nouveau l'après-midi ; mais aujourd'hui, Amina est partie rendre visite à Nussie-canard et le téléphone sonne. « Vite ! Vite, ou ça va le réveiller ! » Le Singe, agile comme son nom l'indique, prend le récepteur avant même qu'Ahmed Sinai ait modifié le rythme de ses ronflements... « Allô ? Ouais ? C'est le soixante-dix cinq cent soixante et un ; allô ? » Nous écoutons, les nerfs à fleur de peau ; mais pendant un moment il n'y a absolument rien. Et, quand nous sommes prêts à abandonner, on entend une voix. « ... Oh... oui... allô... » Et le Singe de Cuivre, hurlant presque, « Allô ? Qui est à l'appareil, s'il vous plaît ? » A nouveau le silence ; la voix qui n'a pas pu s'empêcher de parler, réfléchit à la réponse ; puis, « Allô ?... C'est la société de location de camions Shanti Prasad, s'il vous plaît ?... » Et le Singe, rapide comme l'éclair : « Oui. Que désirez-vous ? » Une autre pause ; la voix, apparemment embarrassée, s'excusant presque, dit : « Je voudrais louer un camion. »

O faible excuse de la voix téléphonique ! O transparente stupidité des fantômes ! La voix du téléphone n'était pas celle d'un loueur de camions ; elle était douce, un peu épaisse, la voix d'un poète... mais, après cela, le téléphone sonna régulièrement ; parfois ma mère répondait, elle écoutait en silence tandis que sa bouche faisait des mouvements de poisson et, finalement, bien trop tard, elle disait, « Désolée, c'est une erreur » ; d'autres fois, le Singe et moi, nous nous groupions autour de l'appareil, deux oreilles pour un écouteur, et le Singe prenait commande pour des locations de camions. Je demandais, « Hé, le Singe, qu'est-ce que tu en penses ? Le type ne s'étonne jamais de ne pas voir arriver les camions ? » Et elle, grands yeux, voix frémissante : « Est-ce que tu crois... peut-être qu'ils arrivent ! »

Mais je ne comprenais pas comment ; et une minuscule graine de soupçon se planta en moi, une minuscule lueur disant que ma mère avait peut-être un secret — notre maman ! Qui disait toujours : « Si vous gardez des secrets ils se gâteront en vous ; s'il y a des choses que vous ne dites pas, elles vous donneront mal au ventre ! » — une étincelle que mon expérience dans le coffre à linge allait transformer en incendie de forêt. (Parce que cette fois-là, voyez-vous, elle me fournit une preuve.)

Et maintenant, enfin, c'est le moment du linge sale. Mary Pereira adorait me dire, « Si tu veux grandir, baba, tu dois être très propre. Change de linge, me conseillait-elle, prends des bains. Allez, baba, ou je t'enverrai au laveur et il te flanquera une tournée sur la pierre. » Elle me menaçait aussi de tous les parasites. « Très bien, reste sale, il n'y a que les mouches qui t'aimeront. Elles se poseront sur toi quand tu dormiras ; elles pondront leurs œufs sous ta peau ! » Dans une certaine mesure, le choix de ma cachette était un acte de défi. Bravant les laveuses et les mouches, je me cachais dans un endroit sale ; je tirais de la force des draps et des serviettes ; mon nez coulait librement dans le linge destiné au lavoir ; et, quand je ressortais de ma baleine de bois pour entrer dans le monde, la sagesse triste du linge sale s'accrochait à moi et m'enseignait sa philosophie faite de sang-froid et de dignité-en-dépit-de-tout, et l'inévitabilité terrible du savon.

Un après-midi de juin, je descendis sur la pointe des pieds le couloir de la maison endormie, pour gagner mon refuge choisi ; je me glissai furtivement dans le silence des carreaux blancs de la salle de bains de ma mère endormie ; je soulevai le couvercle de mon objectif ; et je plongeai dans son contenu mou de textiles (où le blanc prédominait). Je refermai le couvercle et laissai les caleçons et les maillots apaiser ma douleur d'être en vie, sans but, et d'avoir près de neuf ans.

De l'électricité dans l'air. De la chaleur bourdonnant comme des abeilles. Un manteau accroché dans le ciel qui attend de tomber doucement sur mes épaules... Quelque part, un doigt touche le cadran d'un téléphone ; un cadran tourne, tourne, des décharges électriques s'élancent dans des câbles, sept, zéro, cinq, six, un. Le téléphone sonne. Le bruit étouffé d'une sonnerie pénètre dans le coffre à linge, dans lequel un petit garçon de presque-neuf-ans est inconfortablement caché... Moi, Saleem, je me raidis de peur d'être découvert, parce que maintenant d'autres bruits entrent dans le coffre à linge : le grincement d'un sommier ; le sourd glissement de pantoufles dans le couloir ; le téléphone se tait au milieu d'une sonnerie ; et — ou est-ce le fruit de l'imagination ? Sa voix était-elle trop faible pour être entendue ? — les mots dits trop tard comme d'habitude : « Désolée, c'est une erreur. »

Et des pas boitillants qui reviennent dans la chambre ; et le garçon caché a la pire des peurs. Des poignées de porte qu'on tourne l'avertissent ; des pas tranchants comme des lames de rasoir l'entaillent profondément en traversant le carrelage froid. Il est frigorifié, comme un glaçon, raide comme un bâton ; son nez coule en silence dans le linge sale. Un cordon de pyjama — comme un serpent messager du destin — entre dans sa narine gauche. Renifler serait mourir ; il refuse d'y penser.

... Pris dans les griffes de la terreur, son œil regarde par un trou dans le linge sale... et il voit une femme qui pleure dans une salle de bains. Des gouttes de pluie tombent d'un nuage noir et épais. Et maintenant plus de bruit, plus de mouvement : la voix de sa mère s'élève, deux syllabes, encore et encore ; et ses mains s'agitent. Les oreilles emmitouflées dans le linge de corps se tendent pour mieux saisir les sons — celui-là : Dir ? Bir ? Dil ? — et l'autre : Ha ? Ra ? Non — Na. Ha et Ra sont écartés ; Dil et Bir disparaissent à jamais ; et le garçon entend, dans ses oreilles, un nom qui n'a plus jamais été prononcé depuis que Mumtaz Aziz est devenue Amina Sinai : Nadir. Nadir. Na. Dir. Na.

Et ses mains s'agitent. Perdues dans leurs souvenirs d'autrefois, de ce qui arriva après les parties d' « atteindre-le-crachoir » dans une cave d'Agra, elles frémissent, heureuses, près de ses joues ; elles tiennent ses seins plus serrés que n'importe quel soutien-gorge ; et, maintenant, elles caressent son estomac nu, elles s'égarent sous la parure... Oui, c'est ce que nous faisions, mon amour, c'était assez, assez pour moi, même si mon père nous a surpris, et tu t'es enfui, et maintenant le téléphone, Nadirnadirnadirnadirnadirnadir.

Les mains qui ont tenu le téléphone tiennent maintenant de la chair, tandis qu'ailleurs, que fait une autre main ? Vers quoi, après avoir reposé le récepteur, s'élève une autre main ?... Peu importe ; parce qu'ici, dans cette intimité qu'on espionne, Amina Sinai répète un ancien nom, encore et encore, jusqu'à ce qu'à la fin, elle s'écrie : « Arré Nadir Khan, d'où viens-tu ? »

Des secrets. Le nom d'un homme. Mouvements des mains jamais vus. L'esprit d'un enfant empli de pensées qui n'ont pas de forme, torturé par des idées qui refusent de se mettre en mots ; et, dans une narine gauche, un cordon de pyjama se tortille et monte, monte, monte, et refuse de se laisser ignorer...

Et — O mère impudique ! Révélatrice d'une duplicité, d'émotions qui n'ont pas leur place dans la vie familiale ; et encore plus : Amina Sinai, séchant ses yeux, est soumise à une nécessité plus triviale ; et, au moment où l'œil droit de son fils jette un regard entre deux lames du coffre à linge, ma mère déroule son sari ! Et moi, silencieux dans le coffre à linge : « Ne fais pas ça ne fais pas ça ne fais pas ça ne le fais pas ! »... Mais je ne peux fermer les yeux. Des pupilles qui ne cillent pas enregistrent l'image sens dessus dessous d'un sari qui tombe sur le sol, une image qui est comme d'habitude inversée par l'esprit ; par mes yeux bleus et glacés, je vois un slip suivre le sari ; et alors — ô horreur ! — ma mère, encadrée par le linge sale et les lattes de bois, se penche pour ramasser ses vêtements ! Et voici, marquant ma rétine au fer rouge — la croupe de ma mère, noire comme la nuit, arrondie et convexe, ressemblant comme deux gouttes d'eau à une mangue gigantesque. Dans le coffre à linge, troublé par ce que je vois, je lutte contre moi-même... le contrôle de soi devient à la fois impératif et impossible... mes nerfs craquent sous la violence du coup de tonnerre ; le cordon de pyjama remporte la victoire ; et au moment où Amina s'assoit, je... quoi ? Pas un éternuement ; moins qu'un éternuement. Pas un petit coup sec non plus ; plus que ça. Il est temps de parler franchement : les nerfs ébranlés par une voix à deux syllabes et des mains frémissantes, dévasté par une mangue, le nez de Saleem Sinai, sensible à la duplicité maternelle, tressaillant devant la présence de la croupe, laissa passer un cordon de pyjama et fut possédé par un reniflement cataclysmique, irréversible, capable de changer la face du monde. Le cordon de pyjama monta douloureusement un pouce plus haut dans la narine. Mais d'autres choses montaient elles aussi : entraînés par cette fiévreuse inhalation, des liquides nasaux sont aspirés impitoyablement de plus en plus haut, haut, haut, la morve remonte, contre les lois de la pesanteur, contre la nature. Les sinus sont soumis à une pression insupportable... jusqu'à ce que dans la tête de presque-neuf-ans, quelque chose explose. Des fusées de morve traversent un barrage rompu et entrent dans de nouveaux canaux. Le mucus s'élève plus haut que jamais mucus ne s'est élevé. Du fluide en excès atteint peut-être les frontières du cerveau... Il y a un choc. Quelque chose d'électrique a été humidifié.

Une douleur.

Et le bruit, assourdissant, mutilingué, terrifiant, *à l'intérieur de la tête !...* A l'intérieur d'un coffre à linge sale, dans l'auditorium assombri de mon crâne, mon nez se mit à chanter.

Mais, à ce moment-là, il ne reste pas une seconde pour écouter ; parce qu'une voix est très proche. Amina Sinai a ouvert la porte inférieure du coffre ; et je dégringole avec du linge sale autour de la tête comme un enfant qui naît coiffé. Un cordon de pyjama me jaillit du nez ; et des éclairs déchirent les nuages sombres qui entourent ma mère — et j'ai perdu à jamais un refuge.

Je crie dans les chaussettes et les draps : « Je n'ai pas regardé ! Je n'ai rien vu, maman, je le jure ! »

Et, des années plus tard, dans un fauteuil de rotin, parmi les serviettes jetées, tandis que la radio annonce des victoires militaires tout à fait exagérées, Amina se souviendrait comment, son pouce et son index autour de l'oreille de son menteur de fils, elle le conduisit à Mary Pereira, qui dormait comme d'habitude sur une natte dans une chambre bleu ciel ; comment elle dit, « Ce petit âne ; ce bon à rien ne parlera pas pendant toute une journée... » Et juste avant que le toit s'effondre sur elle, elle dit à haute voix : « C'était ma faute. Je l'ai mal élevé. » Et, au moment où l'explosion de la bombe déchirait le silence, elle ajouta, doucement mais fermement, adressant ses dernières paroles à l'esprit du coffre à linge : « Va-t'en maintenant. Je t'ai assez vu. »

Sur le mont Sinai, le prophète Musa ou Moïse entendit des commandements désincarnés ; sur le mont Hira, le prophète Muhammad (également connu sous le nom de Mohammed, Mahomet, l'Avant-dernier, et Mahound) parla à l'archange. (Gabriel ou Jibreel, comme vous voulez.) Et sur la scène de la cathédrale et du collège de garçons John Connon, dirigé « sous les auspices » de la Société anglo-écossaise pour l'éducation, mon ami Cyrus-le-Grand, jouant un rôle féminin comme d'habitude, entendit la voix de sainte Jeanne disant les phrases de Bernard Shaw. Mais Cyrus est le seul : contrairement à Jeanne qui entendit ses voix dans un champ, mais comme Musa ou Moïse, comme Muhammad le Pénultième, j'ai entendu des voix sur une colline.

Muhammad (que la paix soit avec lui ; je ne veux offenser personne) entendit une voix qui disait : « Récite ! » et il pensa qu'il devenait fou ; tout d'abord, j'ai entendu une pleine tête de langues bredouillantes, comme une radio mal réglée ; et les lèvres closes par un ordre maternel, j'étais dans l'impossibilité de demander une aide. Muhammad, à quarante ans, rechercha et reçut du réconfort de la part de sa femme et de ses amis : « En vérité, lui dirent-ils, tu es le messager de Dieu » ; moi, supportant ma punition à près-de-neuf-ans, je ne pouvais ni rechercher le secours du Singe de Cuivre ni solliciter les paroles apaisantes de Mary Pereira. Muet pour un soir, une nuit et une matinée, j'ai lutté seul pour comprendre ce qui m'était arrivé ; jusqu'à ce qu'à la fin je voie descendre le châle du génie comme un papillon brodé, le manteau de la grandeur venir se poser sur mes épaules.

Dans la chaleur du silence de cette nuit (j'étais silencieux ; à l'extérieur de moi, la mer bruissait comme un papier au loin ; des corbeaux poussaient des cris rauques dans les affres de leurs cauchemars de plumes ; le ronronnement de taxis nonchalants dans Warden Road venait jusqu'à moi ; avant de s'endormir, le visage fixé en masque de curiosité, le Singe de Cuivre me supplia : « Allez, Saleem ; personne n'écoute ; qu'est-ce que tu as fait ? Dis-le-moi, dis-le-moi, dis-le-moi... » Et, à l'intérieur de moi, des voix rebondissaient contre les parois de mon crâne) j'étais pris par les doigts brûlants de la surexcitation — les insectes agités de la surexcitation dansaient dans mon estomac — parce qu'enfin, à l'époque, je ne comprenais pas parfaitement, la porte à laquelle Toxy Catrack avait un jour donné un coup de coude avait été ouverte en grand ; et je pouvais apercevoir — encore dans l'ombre, indéfinie, énigmatique — la raison pour laquelle j'étais né.

Gabriel ou Jibreel dit à Muhammad : « Raconte ! » et il commença le récit, connu en arabe sous le nom d'Al-Qur'ân : « Raconte : Au nom du Seigneur, ton créateur, qui a créé l'homme d'après des caillots de sang... » C'était sur le mont Hira, près de La Mecque ; sur une colline haute de deux étages, en face des piscines de Breach Candy, des voix m'ordonnèrent aussi de raconter. « Demain ! pensais-je surexcité. Demain ! »

Au lever du soleil, j'avais découvert qu'on pouvait contrôler les voix — j'étais un récepteur de radio, et je pouvais augmenter ou baisser le volume ; je pouvais choisir des voix particulières ; je pouvais même, par un effort de volonté, fermer cette oreille intérieure nouvellement découverte. Ce fut étonnant de voir avec quelle rapidité la peur me quitta ; le matin, je pensai, « Mon vieux, c'est mieux que Radio Inde, mieux que Radio Ceylan ! »

Pour montrer la loyauté des sœurs : quand les vingt-quatre heures furent terminées, le Singe de Cuivre courut immédiatement dans la chambre de ma mère (je crois que c'était un dimanche : pas d'école. Peut-être pas — c'était l'été où eurent lieu les manifestations pour les problèmes linguistiques, et les écoles étaient souvent fermées à cause des dangers sur le parcours des autocars.)

« C'est fini ! s'écria-t-elle en secouant ma mère pour la réveiller. Réveille-toi, *Amma*[1] c'est l'heure. Est-ce qu'il peut parler maintenant ?

— Très bien, dit ma mère, en venant dans la chambre bleu ciel pour m'embrasser. Je te pardonne. Mais ne te cache jamais plus là-dedans...

— Amma, dis-je avec ardeur, maman, écoute, s'il te plaît. Je dois te dire quelque chose. Quelque chose d'important. Mais d'abord, avant tout, réveille papa. »

Après un moment de « Quoi ? », « Pourquoi ? » et de « Certainement pas ! », ma mère distingua quelque chose d'extraordinaire dans mes yeux et alla anxieusement réveiller Ahmed Sinai, en lui disant, « Janum, viens, s'il te plaît. Je ne sais pas ce qu'a Saleem. »

La famille et la nourrice se réunirent dans le salon. Parmi les vases en verre taillé et les coussins moelleux, debout sur un tapis persan, sous les ombres tournoyantes d'un ventilateur de plafond, je souriais devant leurs regards anxieux et je me préparais à faire ma révélation. C'était le début du remboursement de leur investissement ; mon premier dividende — le premier, j'en étais sûr, d'un grand nombre... ma mère à la peau noire, mon père à la lèvre proéminente, mon Singe de sœur et ma nourrice au crime caché attendaient en grand émoi.

Allons-y, sans façons. « Vous deviez être les premiers à savoir », dis-je en essayant de donner à mes paroles l'intonation de celles d'un adulte. Et c'est alors que je leur ai dit : « Hier, j'ai entendu des voix. Des voix qui me parlaient à

1. *Amma* : maman. (*N.d.T.*)

l'intérieur de ma tête. Je pense — maman, papa, je pense vraiment — que des archanges me parlent. »

Ça y est ! ai-je pensé. Ça y est ! je l'ai dit ! Maintenant, il va y avoir des tapes amicales dans le dos, des sucreries, des déclarations publiques, et peut-être d'autres photographes ; maintenant, ils vont bomber le torse avec orgueil. Ô candeur aveugle de l'enfance ! A cause de ma sincérité — pour mon désespoir à cœur ouvert — j'ai été attaqué de tous côtés. Même le Singe : « Oh, mon Dieu ! Saleem, tout ce *tamasha,* tout ce spectacle, pour une de tes plaisanteries stupides ! » Et, pire que le Singe, il y avait Mary Pereira : « Jésus-Christ ! Aie pitié de nous, Seigneur ! Saint Père de Rome, entendre un tel blasphème ! » Et pire que Mary Pereira, il y avait ma mère, Amina Sinai : des noms imprononçables encore chauds sur les lèvres, elle cria : « Que les cieux nous protègent ! Cet enfant fera s'écrouler le toit sur nos têtes ! » (Etait-ce également ma faute ?) Et Amina poursuivit : « Imbécile ! Ô Saleem, qu'as-tu fait de ton cerveau ? Qu'est-ce qui est arrivé à mon petit garçon — est-ce que tu deviens fou ? Est-ce que tu vas devenir un tortionnaire ? » Et, pire que les hurlements d'Amina, il y avait le silence de mon père ; pire que la peur de ma mère, il y avait cette violente colère sur son front ; et, pire que tout, il y avait la main de mon père qui partit soudain, les doigts épais, les jointures lourdes, forte-comme-un-bœuf, pour me donner un violent coup sur le côté de la tête et, depuis ce jour, je n'ai jamais plus entendu correctement de l'oreille gauche ; et je suis tombé sur le côté dans la pièce en émoi et, dans l'air scandalisé, en fracassant un dessus de table en verre opaque ; et, ayant été sûr de moi pour la première fois de ma vie, j'ai plongé dans un monde de morceaux de verre fumé et vert aux arêtes tranchantes, un monde dans lequel je ne pouvais plus dire aux gens pour qui ça comptait le plus ce qui se passait dans ma tête ; des morceaux de verre me lacérèrent les mains quand j'entrai dans cet univers tourbillonnant, dans lequel j'allais être, jusqu'à ce qu'il soit trop tard, assailli par des doutes perpétuels sur ce à quoi j'étais destiné.

Dans une salle de bains au carrelage blanc, près d'un coffre à linge, ma mère me barbouilla de mercurochrome ; de la gaze dissimula mes coupures, tandis que la voix de mon père ordonnait à travers la porte : « Que personne ne lui donne à manger aujourd'hui. Tu m'entends ? Qu'il s'amuse de sa plaisanterie le ventre vide ! »

Cette nuit-là, Amina Sinai rêverait de Ramram Seth, qui flottait à six pouces au-dessus du sol, les orbites pleines de blanc d'œuf, psalmodiant : « Du linge sale le cachera... des voix le guideront »... mais quand, après plusieurs jours pendant lesquels le rêve resta posé sur ses épaules où qu'elle aille, elle s'arma de courage pour demander à son fils en pénitence quelques détails sur ses affirmations invraisemblables, il lui répondit d'une voix aussi contenue que ses larmes d'enfant : « C'étaient des bêtises, Amma. Une plaisanterie stupide, comme tu as dit. »

Elle mourut neuf ans plus tard sans avoir découvert la vérité.

RADIO INDE

La réalité est une question de perspective ; plus vous remontez dans le passé, plus il semble concret et plausible — mais, quand vous vous rapprochez du présent, cela semble inévitablement de plus en plus incroyable. Imaginez que vous êtes dans une grande salle de cinéma, assis tout d'abord dans la rangée du fond, et petit à petit, rangée par rangée, vous avancez jusqu'à ce que votre nez touche l'écran. Petit à petit, le visage des vedettes se dissout en gros points qui dansent ; les plus infimes détails prennent des proportions grotesques ; l'illusion se dissout — ou, plutôt, il devient clair que l'illusion elle-même est réalité... nous sommes allés de 1915 à 1956, aussi nous sommes bien plus près de l'écran... abandonnant ma métaphore, je répète, sans aucune honte, mon incroyable affirmation : après un curieux accident dans un coffre à linge, je suis devenu une sorte de poste de radio.

... Mais aujourd'hui, tout s'embrouille. Padma n'est pas revenue — devrais-je prévenir la police ? Est-ce une personne « portée disparue » ? — et pendant son absence mes certitudes s'effondrent. Même mon nez m'a joué des tours — aujourd'hui, en marchant entre les cuves de marinades dont s'occupe notre armée de femmes solides, aux bras poilus et tout à fait compétentes, j'ai été incapable de distinguer le citron du limon. Les travailleuses ricanent derrière leurs mains : le pauvre sahib est malheureux en — en quoi ? — sûrement pas *en amour*... Padma et les fissures qui se répandent sur moi, rayonnant comme une toile d'araignée à partir de mon nombril ; et la chaleur... une petite confusion est sans doute tolérable dans de telles circonstances. Relisant ce que j'ai écrit, j'ai découvert une erreur de chronologie. L'assassinat de Mahatma Gandhi a eu lieu, dans les pages qui précèdent, à une mauvaise date. Mais, maintenant, je suis incapable de dire quel aurait dû être le déroulement exact des faits ; dans mon Inde, Gandhi continuera à mourir à la mauvaise date.

Est-ce qu'une seule erreur invalide l'édifice entier ? Suis-je allé si loin dans ma recherche désespérée de signification, que je suis prêt à tout déformer — à réécrire toute l'histoire de mon époque simplement pour me donner un rôle central ? Aujourd'hui, dans ma confusion, je ne peux juger. Je devrai laisser cela aux autres. Pour moi, il ne peut y avoir de retour en arrière ; je dois achever ce que j'ai commencé, même si, inévitablement, ce que je termine n'est pas ce que j'ai commencé...

Yé Akashavani hai. Ici Radio Inde.

Je suis sorti dans les rues surchauffées pour manger un morceau dans un café iranien tout proche et je suis revenu m'asseoir dans ma lumière nocturne avec comme seule compagnie un transistor bon marché. Une nuit chaude ; l'air est empli des relents émanant des cuves silencieuses ; des voix dans la nuit. Les vapeurs lourdes des marinades, oppressantes dans la chaleur, stimulent les sucs du souvenir, accentuant les différences et les similitudes entre maintenant et alors... il faisait chaud alors ; il fait chaud maintenant (malgré la saison). Alors, comme maintenant, quelqu'un était éveillé dans l'obscurité et entendait des voix désincarnées. Lui, le jeune-Saleem-d'alors, avait peur d'une chose — que ses parents outragés lui retirent leur amour ; que, même s'ils commençaient à le croire, ils voient son don comme une sorte de malformation honteuse... Tandis que moi, maintenant, sans-Padma, j'envoie ces paroles dans l'obscurité et j'ai peur de n'être pas cru. Lui et moi, moi et lui... je n'ai plus son don ; il n'a jamais eu le mien. Parfois, il semble étranger, presque... il n'avait aucune crevasse. Aucune toile d'araignée ne s'étalait en lui dans la chaleur.

Padma me croirait ; mais il n'y a pas de Padma. Alors, comme maintenant, il y a la faim. Mais d'une autre sorte : maintenant, pas la faim-d'alors, d'avoir été privé de dîner, mais celle d'avoir perdu ma cuisinière.

Et une autre différence, plus évidente : alors, les voix n'arrivaient pas par les tubes oscillatoires d'un transistor (qui ne cessera jamais dans notre région du monde de symboliser l'impuissance — depuis les campagnes de stérilisation contre un transistor gratuit, l'appareil hurleur a représenté ce que les hommes pouvaient faire avant que les ciseaux coupent et qu'on ait noué les fils)... Alors, l'enfant-de-presque-neuf-ans, dans son lit de minuit, n'avait pas besoin d'appareils.

Différents et similaires, nous sommes réunis par la chaleur. Une brume de chaleur miroitante, alors et maintenant, mêle son temps-d'alors avec le mien... ma confusion, traversant les vagues de chaleur, est aussi la sienne.

Ce qui pousse le mieux dans la chaleur : la canne à sucre ; les cocotiers ; certains millets comme le *bajra,* le *ragi* et le *jowar;* le lin, et (avec de l'eau) le thé et le riz. Notre chaud pays est aussi le second producteur mondial de coton — il l'était au moins quand j'ai étudié la géographie sous l'œil dément de M. Emil Zagallo et le regard d'acier d'un conquistador espagnol. Mais l'été tropical fait aussi pousser d'étranges fruits : les fleurs exotiques de l'imagination s'épanouissent pour remplir les nuits transpirantes d'odeurs aussi lourdes que le musc et qui donnent aux hommes les sombres rêves du mécontentement... Alors, comme maintenant, le mécontentement était dans l'air. Les manifestants pour les questions linguistiques exigeaient la partition de l'Etat de Bombay en suivant les frontières des langues — le rêve de Maharashtra était à la tête de certains défilés, le mirage de Gujarat conduisait les autres. La chaleur, rongeant les divisions entre imagination et réalité, faisait que chaque chose semblait possible ; le chaos à demi éveillé des siestes de l'après-midi embrumait le cerveau des hommes et l'air était plein de la viscosité des désirs stimulés.

Ce qui pousse le mieux à la chaleur : la fantaisie ; la déraison ; le désir.

En 1956, alors, les militants des questions linguistiques défilaient dans les rues de l'après-midi ; la nuit, ils se révoltaient dans ma tête. *Nous veillerons sur votre vie avec la plus grande attention ; elle sera, en un sens, le miroir de la nôtre...*

Il est temps de parler des voix.

Mais si seulement Padma était ici...

J'avais tort à propos des archanges, bien sûr. La main de mon père — frappant mon oreille (consciemment ? sans intention ?) en imitation d'une autre main, sans corps, qui une fois le frappa en plein visage — eut au moins un effet salutaire : cela m'obligea à reconsidérer et finalement à abandonner la position originale d'imitateur de prophète. Au lit, la nuit même de ma disgrâce, je me retirai au plus profond de moi-même, malgré le Singe de Cuivre qui emplissait notre chambre bleue de ses questions casse-pieds : « Mais qu'est-ce que tu as fait, Saleem ? Toi qui es toujours trop bon et tout ? »... Jusqu'à ce qu'elle sombre dans un sommeil insatisfait en remuant la bouche en silence et que je me retrouve seul avec les échos de la violence de mon père, qui bourdonnaient dans mon oreille gauche, qui chuchotaient, « Ni Michel, ni Anael, ni Gabriel ; oublie Cassiel, Sachiel et Samael ! Les archanges ne parlent plus aux mortels ; le Récit s'est achevé, il y a longtemps, en Arabie ; le dernier prophète ne viendra que pour annoncer la Fin. » Cette nuit-là, comprenant que les voix dans ma tête dépassaient en nombre les légions d'anges, je décidai, sans soulagement, qu'après tout je n'avais pas été choisi pour présider la fin du monde. Mes voix, loin d'être sacrées, se révélèrent profanes et aussi innombrables que les grains de la poussière.

De la télépathie alors ; le genre de chose dont parlent toujours les magasines à sensation. Mais je demande votre patience — attendez. Attendez seulement. C'était de la télépathie ; mais aussi plus que de la télépathie. Ne m'écrivez pas.

De la télépathie alors : les monologues intérieurs des multitudes dites grouillantes, des masses et des classes, jouant des coudes pour avoir un peu d'espace dans ma tête. Au début, quand je me contentais d'être un public — avant que je commence à *agir* — il y avait un problème de langue. Les voix jacassaient en n'importe quoi, depuis le dialecte malayalam [1] jusqu'au naga [2], depuis le pur ourdou de Lucknow [3] jusqu'aux baragouinages du tamil [4] au sud. Je ne comprenais qu'une partie de ce qu'on disait entre les parois de mon crâne. Ce n'est que plus tard, quand je commençai à sonder, que j'appris que sous les transmissions de surface le langage s'effaçait et était remplacé par des formes de pensée universellement intelligibles qui transcendaient les mots... mais c'était après que j'eus entendu, sous la frénésie polyglotte de ma tête, ces autres signaux précieux, absolument différents de toute autre chose, la plupart d'entre eux faibles et lointains, comme les roulements de tambours éloignés dont le rythme insistant arrivait parfois à percer la cacophonie de marché aux poissons de mes voix... ces appels secrets et nocturnes... les balises inconscientes des enfants de minuit ne signalent rien d'autre que leur existence, transmettant simplement : « Moi. » Loin dans le nord : « Moi. » Et dans le sud est ouest : « Moi. » « Moi. » « Et moi. »

Mais il ne faut pas que je prenne de l'avance sur moi-même. Au début, avant que je découvre le plus-que-télépathie, je me contentais d'écouter ; et très vite je fus capable de régler mon oreille intérieure sur ces voix que je pouvais comprendre ; et je ne fus pas long non plus à repérer dans la cohue les voix de ma propre famille ; et de Mary Pereira ; et d'amis, de camarades de classe, de professeurs. Dans la rue, j'appris à identifier les

1. Malayalam : langue parlée sur la côte de Malabar. (*N.d.T.*)
2. Naga : langue parlée sur la frontière avec la Birmanie. (*N.d.T.*)
3. Lucknow : ville du nord de l'Inde, capitale de l'Etat d'Uttar Pradesh. (*N.d.T.*)
4. Tamil : langue parlée dans l'Etat de Madras. (*N.d.T.*)

esprits des étrangers qui passaient — les lois de Doppler continuaient d'opérer dans ces royaumes du paranormal, et les voix grossissaient et diminuaient quand les étrangers passaient.

Je gardai tout cela pour moi. Me rappelant chaque jour (par le bourdonnement de mon oreille gauche, ou sinistre) la colère de mon père et, soucieux de conserver mon oreille droite en bon état de marche, je me tus. Pour un garçon de presque-neuf-ans, les difficultés qu'il y a à cacher une connaissance sont presque insurmontables ; mais, heureusement, mes chers et mes proches étaient aussi soucieux d'oublier mon éclat que moi de cacher la vérité.

« O toi, Saleem ! Tu as dit de telles choses hier ! Tu n'as pas honte ? Tu ferais mieux d'aller te laver la bouche avec du savon ! »... Le lendemain matin, après ma disgrâce, Mary Pereira, tremblant d'indignation comme un de ses pots de gelée, suggéra le meilleur moyen pour ma réhabilitation. Baissant la tête avec contrition, je me rendis sans un mot dans la salle de bains, et là, sous les regards stupéfaits de l'ayah et du Singe, je récurai langue palais gencives avec une brosse à dents recouverte de savon noir acide infect moussant. La nouvelle de mon expiation dramatique fit rapidement le tour de la maison, colportée par Mary et le Singe ; et ma mère me prit dans ses bras : « Allez, mon garçon ; on n'en parle plus », et Ahmed Sinai hocha la tête d'un air rébarbatif à la table du petit déjeuner, « Au moins cet enfant a le mérite de reconnaître quand il va trop loin. »

Comme mes coupures infectées guérirent, ma déclaration s'effaça ; et, à mon neuvième anniversaire, personne en dehors de moi ne se souvenait du jour où j'avais prononcé le nom des archanges pour rien. Le goût du détergent resta sur ma langue pendant des semaines, me rappelant la nécessité de la discrétion.

Même le Singe de Cuivre était satisfaite par ma démonstration de contrition — à ses yeux, j'étais à nouveau moi-même. Pour montrer sa bonne volonté pour rétablir l'ordre ancien, elle mit le feu aux pantoufles préférées de ma mère et reprit sa place légitime dans la niche familiale. En plus, devant les étrangers — affichant un conservatisme qu'on n'aurait jamais soupçonné chez ce garçon manqué — elle serra les rangs avec mes parents, et ne parla jamais à ses amis ni aux miens de ma seule aberration.

Dans un pays où toute particularité physique ou mentale chez un enfant est une source de honte profonde pour la famille, mes parents, qui s'étaient habitués aux taches de naissance sur le visage, au nez-concombre et aux jambes torses, refusèrent tout net de voir d'autres choses plus embarrassantes en moi ; pour ma part, je n'ai pas mentionné une seule fois le bourdonnement de mon oreille, les sonneries de cloches occasionnelles de la surdité, la douleur intermittente. J'avais appris que les secrets n'étaient pas toujours une mauvaise chose.

Mais imaginez la confusion dans ma tête ! Où, derrière le hideux visage, au-dessus d'une langue sentant le savon, endurci par le tympan perforé, restait tapi un esprit pas très en ordre, aussi plein de bric-à-brac que des poches de neuf ans... imaginez-vous à l'intérieur de moi, regardant par mes yeux, entendant les bruits, les voix, et imaginez maintenant l'obligation de ne pas laisser les autres savoir, le plus dur étant de réagir par surprise, comme quand ma mère disait Hé Saleem si on allait faire un pique-nique et je devais répondre Oh ! chouette ! alors que je le savais déjà parce que j'avais entendu sa voix intérieure Et le jour de mon anniversaire voyant tous les cadeaux dans l'esprit des donateurs avant même qu'ils soient déballés Et la chasse au trésor gâchée parce que dans la tête de mon père il y avait toutes les indications Et des choses plus difficiles comme d'aller voir mon père dans son bureau du rez-de-chaussée, nous y voici, et quand je suis entré, ma tête est pleine de dieusaitquelle bêtise parce qu'il pense à sa secrétaire, Alice ou Fernanda, sa dernière Coca-Cola-girl, il la déshabille lentement dans sa tête, et dans ma tête aussi, elle est assise toute nue sur une chaise cannée et maintenant elle se lève, et elle a les marques entrecroisées sur les fesses, c'est ce que pense mon père, MON PÈRE, maintenant il me regarde l'air amusé Qu'est-ce qu'il se passe mon fils, ça ne va pas Si très bien papa, il faut que je parte, IL FAUT QUE JE M'EN AILLE du travail à faire, abba, et dehors, Sauve-toi avant qu'il voie la lumière sur ton visage (mon père dit toujours que, quand je mens, il y a une lumière rouge qui s'allume sur mon front)... vous voyez comme c'est dur, mon oncle Hanif vient me chercher pour m'emmener à la lutte, et avant même que nous soyons arrivés au stade Vallabhbai Patel, je me sens triste Nous marchons dans la foule devant les silhouettes géantes en carton de Dara Singh et de Tagra Baba et les autres et sa tristesse la tristesse de mon oncle préféré se déverse sur moi elle vit comme un lézard juste en dessous de sa gaieté cachée par son rire retentissant qui fut autrefois celui du batelier Tai nous sommes assis à d'excellentes places et la lumière des projecteurs danse sur le dos des lutteuses emmêlées l'une dans l'autre et je suis pris dans l'étau indesserrable de la douleur de mon oncle sa douleur à cause de l'échec de sa carrière de cinéaste bide après bide il ne refera sans doute plus jamais de film Mais je dois chasser la tristesse de mes yeux Il se cogne dans mes pensées *he phaelwan* hé petit lutteur qu'est-ce qui te fait baisser la tête elle est plus longue qu'un mauvais film tu veux du channa ? des pakoras ? quoi ? Et moi secouant la tête Non rien Hanif *mamu* et il se détend se retourne crie Allez Dara à la bonne heure vas-y Dara *yara !* Et de retour à la maison ma mère accroupie dans le couloir avec le bac d'ice-cream dit avec sa véritable voix extérieure Tu veux m'aider à faire ton parfum préféré pistache et je tourne la poignée mais sa voix intérieure rebondit à l'intérieur de ma tête je vois comment elle essaie de remplir chaque coin et recoin de ses pensées avec les choses de tous les jours le prix des brêmes la distribution des tâches domestiques il faut appeler l'électricien pour réparer le ventilateur de la salle à manger elle se concentre désespérément sur des morceaux de son mari pour les aimer mais le mot imprononçable finit par trouver une place les deux syllabes qui lui avaient échappé dans la salle de bains Na Dir Na Dir elle trouve qu'il est de plus en plus difficile de reposer le téléphone quand c'est une erreur de numéro MA MÈRE quand un enfant est habité de pensées d'adulte elles peuvent l'embrouiller complètement Et même la nuit pas de répit je m'éveillais sur le coup de minuit avec dans la tête les rêves de Mary Pereira Nuit après nuit Toujours à mon heure personnelle de magie qui signifiait aussi quelque chose pour elle Ses rêves sont harcelés par l'image d'un homme mort depuis des années Joseph D'Costa le rêve me dit le nom il s'y attache une culpabilité que je ne peux pas comprendre la même culpabilité qui s'insinue en nous à chaque fois que nous mangeons ses chutneys il y a un secret mais comme il n'est pas à l'avant de son esprit je n'arrive pas à le découvrir et tandis que Joseph D'Costa est là chaque nuit quelquefois sous une forme humaine mais pas toujours quelquefois c'est un loup ou un escargot une fois un manche à balai mais nous (elle rêvant moi y regardant) savons que c'est lui sinistre implacable accusateur la maudissant dans le langage de ses incarnations hurlant quand il est Joseph-le-loup la couvrant de bave quand il est Joseph-l'escargot la frappant avec l'extrémité utile de son incarnation de balai... et le matin quand elle me dit de me baigner laver préparer pour aller à l'école il faut que je ravale mes questions j'ai neuf ans et je suis perdu dans la confusion de la vie des autres qui se mêlent dans la chaleur.

Pour terminer ce récit des premiers jours de ma vie transformée, je dois ajouter une confession douloureuse : il me vint à l'idée que je pouvais améliorer l'opinion que mes parents avaient de moi en utilisant ma nouvelle faculté pour m'aider dans mon travail scolaire — en bref, je commençais à tricher en classe. A savoir, je me branchai sur les voix intérieures de mes professeurs et sur celles des copains de classe les plus forts, et je leur volai des informations. Je découvris que peu de mes professeurs pouvaient poser une question sans répéter la réponse idéale dans leur tête — et je sus également que, dans les rares occasions où le professeur était préoccupé par autre chose, ses difficultés personnelles d'amour financières, on pouvait toujours trouver les solutions dans l'esprit précoce, prodigieux du génie de la classe, Cyrus-le-Grand. Mes notes commencèrent à s'améliorer dramatiquement — mais pas excessivement cependant, parce que je prenais soin de donner des versions différentes des originaux volés ; même quand je chipais télépathiquement un devoir d'anglais à Cyrus, j'ajoutais un certain nombre de marques personnelles assez médiocres. Mon but était d'éviter la suspicion ; je n'y réussissais pas mais j'évitais d'être découvert. Sous l'œil furieux et interrogateur d'Emil Zagallo, je restais innocemment séraphique ; devant la tête branlante perplexe et stupéfaite de M. Tandon le professeur d'anglais je trichais en silence — sachant qu'ils ne croiraient jamais la vérité même si, par hasard ou par sottise, je mettais les pieds dans le plat.

Résumons-nous : à un moment crucial de l'histoire de notre jeune nation, quand on allait établir des plans quinquennaux, que les élections approchaient, que les manifestants des questions linguistiques se battaient dans Bombay, un garçon de neuf ans du nom de Saleem Sinai acquit un pouvoir miraculeux. En dépit de toutes les utilisations extrêmement importantes auxquelles ses capacités auraient pu être employées par son pays pauvre et sous-développé, il choisit de cacher ses talents, les gaspillant dans un voyeurisme sans conséquences et des tricheries mesquines. Ce comportement — non, je le confesse, le comportement d'un héros — fut le résultat direct de la confusion de son esprit qui embrouillait invariablement toute moralité — le désir de faire ce qui est bien — et la popularité — le désir plutôt douteux de ne faire que ce qui plaît. Craignant l'ostracisme parental, il tut la nouvelle de sa transformation ; recherchant les félicitations de ses parents, il mésusa de ses talents à l'école. Cette imperfection de son caractère peut être en partie excusée si l'on tient compte de son jeune âge ; mais en partie seulement. Une pensée confuse allait tourmenter toute sa carrière.

Je peux être très dur dans les jugements que je porte sur moi-même quand je le veux.

Qu'est-ce qu'il y avait sur le toit du jardin d'enfants de Breach Candy — un toit, vous vous en souvenez, qu'on pouvait atteindre par le jardin de Buckingham en escaladant simplement un mur de clôture ? Qu'est-ce qui, incapable désormais d'assurer la fonction à laquelle il avait été destiné, nous observait cette année-là quand l'hiver lui-même avait oublié de se refroidir — qu'est-ce qui observait Sonny Ibrahim, Œil-fendu, Cheveux-gras et moi-même, quand nous jouions au babaddi, au cricket, aux sept tuiles, avec la participation occasionnelle de Cyrus-le-Grand et d'autres amis de passage : le gros Perce Fishwala et Keith-la-glande Colaco ? Qu'est-ce qui était présent les nombreuses fois où la nourrice de Toxy Catrack, Bi-Appah, hurlait du dernier étage de la maison de Homi : « Hé ! Les moutards ! Bande de bons à rien ! Arrêtez de faire ce boucan ! »... et nous nous sauvions en courant, et nous revenions (dès qu'elle avait disparu) faire des grimaces muettes devant la fenêtre où elle s'était tenue ? En un mot, qu'est-ce qui, grand, bleu et tout écaillé, surveillait nos vies, qui semblait depuis un moment arrêter le temps, attendant non seulement le moment prochain où l'on mettrait des pantalons longs, mais aussi, peut-être, la venue d'Evie Burns ? Peut-être aimeriez-vous avoir quelques renseignements : qui autrefois avait caché des bombes ? Dans quoi Joseph D'Costa était-il mort d'une morsure de serpent ?... Quand, après plusieurs mois de tourment intérieur, je cherchais enfin à m'abriter des voix des adultes, je trouvais refuge dans une tour d'horloge que personne ne s'inquiétait de fermer à clef ; et là, dans la solitude du temps qui rouillait, je fis paradoxalement mes premiers pas vers cet empêtrement, avec de puissants événements et des vies publiques, dont je ne me libérerais jamais plus... jamais plus, jusqu'à ce que la Veuve...

Banni des coffres à linge sale, je pris l'habitude, à chaque fois que c'était possible, de me faufiler sans être vu dans la tour aux heures paralysées. Quand la piste de cirque était vide, à cause de la chaleur, du hasard ou des yeux indiscrets ; quand Ahmed et Amina allaient au Club Willingdon pour des soirées de canasta ; quand le Singe de Cuivre n'était pas là, rôdant autour de ses nouvelles héroïnes, l'équipe féminine de natation et de plongeon de l'école Walsingham... c'est-à-dire quand les circonstances le permettaient, j'entrais dans ma cachette secrète, je m'étendais sur une paillasse que j'avais volée chez les domestiques, je fermais les yeux, et je laissais mon oreille intérieure nouvellement éveillée (reliée, comme toute oreille, à un nez) vagabonder en liberté dans la ville — et plus loin, au nord, au sud, à l'est, à l'ouest — écoutant toutes les façons de penser. Pour échapper aux pressions inévitables de l'écoute clandestine des gens que je connaissais, je pratiquais mon art sur des étrangers. Ainsi mon entrée dans les affaires publiques de l'Inde eut lieu pour des raisons parfaitement ignobles — troublé par trop d'intimité, j'utilisais le monde extérieur pour me soulager.

Le monde découvert d'une tour d'horloge cassée : au début, je ne fus rien de plus qu'un touriste, un enfant regardant par les trous d'un kaléidoscope fantastique. Des tambourins dugdugee crépitèrent dans mon oreille gauche (abîmée) quand je jetai mon premier coup d'œil au Taj Mahal par les yeux d'une grosse Anglaise qui souffrait du bedon ; après quoi, pour garder l'équilibre entre le sud et le nord, je sautai au temple Meenakshi à Madurai et je me nichai parmi les perceptions mystiques et vaseuses d'un prêtre en train de chanter. Je fis le tour de la place Connaught à New Delhi sous l'aspect d'un conducteur de rickshaw à moteur, en me plaignant amèrement du tarif de la course par rapport à l'augmentation de prix de l'essence ; à Calcutta, je dormis mal dans un tuyau d'écoulement des eaux. Puis, touché par le virus du voyage, je filai au cap Comorin et devins une femme de pêcheur dont le sari était aussi serré que sa morale était relâchée... debout sur du sable rouge, lavé par trois mers, je flirtai avec des Dravidiens, mendiants des plages, dans une langue que je ne comprenais pas ; puis dans l'Himalaya, dans la hutte néandertalienne couverte de mousse d'une tribu goojar, sous la gloire d'un arc-en-ciel parfaitement circulaire et la moraine du glacier Kolahoi. Dans la forteresse dorée de Jaisalmer, je goûtai à la vie intérieure d'une femme fabriquant des vêtements à miroirs, et à Khajuraho, je fus un villageois adolescent, profondément troublé par les sculptures érotiques du tantrisme des temples de Chandela, se dressant au milieu des champs, mais incapable de détourner les yeux... J'arrivais à trouver un peu de paix dans les niaiseries exotiques du voyage. Mais, à la fin, le tourisme ne me satisfit plus ; la curiosité commença à devenir tatillonne ; je me dis : « Voyons un peu ce qui se passe par ici. »

L'éclectisme de mes neuf ans m'aiguillonnant, je bondis dans la tête de vedettes de cinéma et de joueurs de cricket — j'appris la vérité sur les cachets du danseur Vyjayantimala, et j'étais sur la ligne de lancer avec Polly Umrigar au stade de Brabourne ; je fus Lata Mangeshkar, le chanteur en play-back ; et Bubu le clown... et inévitablement, au hasard de mes sauts dans les esprits, je découvris la politique.

Une fois, je fus un propriétaire terrien dans l'Etat d'Uttar Pradesh, le ventre débordant de ma ceinture, donnant à mes serfs l'ordre de mettre le feu à mes surplus de céréales... à un autre moment, j'endurai la faim dans l'Etat d'Orissa où il y avait, comme d'habitude, pénurie de nourriture : j'avais deux mois et ma mère n'avait plus de lait. J'occupai brièvement l'esprit d'un employé du parti du Congrès, achetant un instituteur de village afin qu'il fasse campagne pour le parti de Nehru et de Gandhi aux prochaines élections ; ainsi que les pensées d'un paysan de Keralan qui avait décidé de voter communiste. Mon audace augmenta : un après-midi j'envahis délibérément la tête du ministre d'Etat, et c'est ainsi que je découvris, vingt ans avant que cela devienne une plaisanterie nationale, que Morarji Desai « prenait ses eaux » chaque jour... j'étais à l'intérieur de lui, goûtant la chaleur du verre d'urine couvert d'écume qu'il buvait. Et, enfin, j'atteignis le sommet de ma carrière : je devins Jawaharlal Nehru, Premier ministre et auteur de lettres encadrées : je m'assis avec le grand homme au milieu d'une bande d'astrologues aux dents écartées et à la barbe rare, et j'arrangeai le plan quinquennal pour le mettre en harmonie avec la musique des sphères... La grande vie est une chose qui monte à la tête. J'exultai silencieusement : « Regardez-moi ! Je peux aller où je veux ! » Dans cette tour qui un jour avait été remplie à ras bords par les machines explosives de la haine de Joseph D'Costa, cette phrase (accompagnée par les bruits appropriés de tic-tac) tombait entièrement faite dans mes pensées : « Je suis la bombe de Bombay... regardez-moi exploser ! »

Parce que j'avais le sentiment que j'étais en train de créer un monde ; que les pensées dans lesquelles je sautais étaient *les miennes,* que les corps que j'occupai agissaient sur mon ordre ; que, comme les affaires courantes, les arts, les sports, toute la riche variété d'une station de radio de première classe se déversaient en moi, c'était comme si je les *faisais se produire*... c'est-à-dire que j'entrais dans l'illusion de l'artiste, et je pensais aux innombrables réalités du pays comme au matériau brut et informe de mon pouvoir. Je triomphais : « Je peux tout découvrir ! Il n'existe pas une seule chose que je ne peux savoir ! »

Aujourd'hui, avec la sagesse que donnent les années perdues, je peux dire que l'esprit d'auto-enrichissement qui me saisit alors était un réflexe venu tout droit de l'instinct de conservation. Si je n'avais pas cru que je contrôlais ces multitudes envahissantes, leurs identités réunies auraient annihilé la mienne... mais là, dans ma tour d'horloge, rempli de suffisance et d'allégresse, je devins Sin, l'ancien dieu-lune (non, pas indien : je l'ai importé de l'Hadhramaut[1] d'autrefois), capable d'agir à distance et de faire bouger les marées du monde.

Mais la mort, quand elle rendit visite au domaine de Methwold, s'arrangea toujours pour me prendre par surprise.

Même si le gel de ses biens était terminé depuis des années, la zone en dessous de la ceinture d'Ahmed Sinai restait aussi froide que de la glace. Depuis le jour où il s'était écrié : « Les salauds m'ont mis les couilles dans un seau à glace ! » où Amina les avait prises dans ses mains pour les réchauffer et où

1. Hadhramaut : région de la côte sud de l'Arabie. (*N.d.T.*)

ses doigts y étaient restés collés par le froid, son sexe était endormi, un éléphant tout mou dans un iceberg, comme celui qu'on a trouvé en Russie en 1956. Ma mère, Amina, qui s'était mariée pour avoir des enfants, sentait les enfants non créés qui pourrissaient dans son ventre et s'accusait de ne plus lui plaire, avec ses cors et le reste. Elle parla de son malheur à Mary Pereira, mais la nourrice lui dit qu'il n'y avait aucun bonheur à être gagnée aux hommes ; tout en parlant, elles faisaient des marinades et Amina touilla ses déceptions dans un chutney de citron doux qui fait toujours pleurer.

Bien que les heures de bureau d'Ahmed Sinai fussent remplies de rêves de secrétaires prenant des lettres dans le costume d'Eve, de visions de Fernanda ou de Poppy traversant la pièce dans le plus simple appareil, les fesses marquées par le cannage des chaises, son attirail refusait de répondre ; et un jour, alors que la vraie Fernanda ou Poppy était rentrée chez elle et qu'il jouait aux échecs avec le docteur Narlikar, sa langue (et son jeu) se relâchant à cause des djinns, il confia maladroitement, « Narlikar, je crois que j'ai perdu tout intérêt pour vous savez quoi. »

Le luisant gynécologue rayonna de plaisir ; son fanatisme pour le contrôle des naissances jaillit de ses yeux et il fit le discours suivant : « Bravo ! Frère Sinai ! Ça fait plaisir à entendre ! Vous — et puis-je ajouter moi-même ? — Oui, vous et moi, Sinai bhai, nous sommes des gens d'une rare spiritualité ! Loin de nous les pantelantes humiliations de la chair — n'est-ce pas une excellente chose, je vous le demande, de renoncer à la procréation — de s'abstenir d'ajouter encore une existence misérable aux vastes multitudes qui mendient actuellement dans notre pays — et, à la place, d'employer toute notre énergie à leur trouver plus de terre où vivre ? Je vous le dis, mon ami, vous et moi, et nos tétrapodes, nous allons tirer de la terre des océans eux-mêmes ! » Pour consacrer ce discours, Ahmed Sinai remplit les verres ; mon père et le docteur Narlikar portèrent un toast à leur rêve de ciment à quatre pattes.

« La terre, oui ! L'amour, non ! » dit le docteur Narlikar, en bafouillant un peu ; mon père remplit son verre.

A la fin de 1956, le rêve de récupérer de la terre sur la mer grâce à des milliers de grands tétrapodes de ciment entassés les uns sur les autres — le même rêve qui avait été la cause du gel — et qui était maintenant pour mon père une sorte de substitut à l'activité sexuelle que les suites du gel lui refusaient — semblait vraiment prêt à porter ses fruits. Cette fois, cependant, Ahmed Sinai dépensait son argent prudemment ; cette fois, il restait en arrière-plan et son nom n'apparaissait sur aucun document ; cette fois, il avait retenu la leçon du gel et était décidé à attirer le moins possible l'attention sur lui ; aussi quand le docteur Narlikar le trahit en mourant, ne laissant derrière lui aucun papier prouvant l'implication d'Ahmed Sinai dans l'affaire des tétrapodes, Ahmed Sinai (qui était enclin, comme nous l'avons vu, à très mal réagir en face des désastres) fut avalé par la gueule d'un déclin, long et sinueux comme un serpent, dont il ne ressortirait pas jusqu'à ce qu'enfin, au bout de sa vie, il tombe amoureux de sa femme.

Voici l'histoire qui revint au domaine de Methwold : le docteur Narlikar était allé rendre visite à des amis près de Marine Drive ; ensuite, il avait décidé de descendre à pied jusqu'à Chowpatty Beach et de s'acheter un peu de *bhel-puri*[1] et du lait de noix de coco. Il marchait avec entrain sur le trottoir près de la digue et il rattrapa la fin d'une manifestation pour les problèmes linguistiques, qui s'avançait lentement en chantant dans le calme. Le docteur Narlikar s'approcha de l'endroit où, avec l'accord du conseil municipal, il avait fait installer sur la digue un tétrapode symbolique, comme une sorte d'icône montrant la voie de l'avenir ; et c'est alors qu'il remarqua quelque chose qui lui fit perdre la raison. Un groupe de pauvresses s'étaient réunies autour du tétrapode et célébraient le rite de *puja*. Elles avaient allumé des lampes à huile au pied de l'objet ; une d'elles avait peint le symbole OM sur la pointe dressée ; elles psalmodiaient des prières tout en lavant avec soin le tétrapode en signe d'adoration. Un miracle

1. *Bhel-puri :* petit sandwich de légumes et d'oignons très pimentés. (*N.d.T.*)

technologique avait été transformé en Shiva-lingam ; le docteur Narlikar, l'adversaire de la fertilité, devint fou devant ce spectacle dans lequel il eut l'impression que toutes les vieilles forces phalliques de l'Inde ancienne de la procréation avaient été lâchées sur la beauté stérile du béton du XXe siècle... Il s'élança et couvrit les adoratrices d'injures, en luisant violemment ; puis il donna des coups de pied dans les petites lampes à huile ; on raconta même qu'il essaya de repousser les femmes. Et les yeux des manifestants des questions linguistiques le virent.

Les oreilles des manifestants entendirent la grossièreté de sa langue ; les pieds des manifestants s'arrêtèrent et leurs voix s'élevèrent pour le réprimander. On secoua des poings ; des jurons furent jurés. Sur quoi le bon docteur, rendu imprudent par la colère, se tourna vers la foule et insulta la cause des manifestants, leurs descendants et leurs sœurs. Le silence tomba et déploya ses pouvoirs. Un silence qui dirigea les pieds des manifestants vers le gynécologue luisant, qui se tenait entre le tétrapode et les femmes gémissantes. En silence, les mains des manifestants se tendirent vers le docteur Narlikar qui dans le calme profond s'accrocha au ciment à quatre pieds alors qu'ils essayaient de le tirer vers eux. Dans le silence absolu, la peur donna au docteur Narlikar la force des berniques ; ses bras collaient au tétrapode et il était impossible de les en détacher. Les manifestants s'attaquèrent au tétrapode... Silencieusement, ils commencèrent à le balancer ; la force muette de leur nombre était supérieure à son poids. Un soir de quiétude démoniaque, le tétrapode s'inclina, se préparant à devenir le premier de son espèce à entrer dans les eaux et à commencer l'immense œuvre de récupération de terre. Le docteur Suresh Narlikar, la bouche ouverte pour un A silencieux, accroché au tétrapode comme un mollusque phosphorescent... homme et ciment à quatre pattes churent sans bruit. Le plouf domina le cri.

On raconta que quand le docteur Narlikar fut tombé et écrasé sous le poids de son obsession adorée, on n'eut aucun problème à repérer le corps à cause de la lumière qui brillait dans l'eau comme du feu.

« Est-ce que vous savez ce qui se passe ? » « Hé ! qu'est-ce que c'est ? » — des enfants, moi compris, sont rassemblés près de la haie de l'Escorial, où se trouve l'appartement de célibataire du docteur Narlikar ; et un hamal de Lila Sabarmati, prenant un air grave et digne, nous informe, « Ils ont ramené sa dépouille mortelle à la maison, enveloppée dans de la soie. »

Je ne fus pas autorisé à voir la dépouille mortelle du docteur Narlikar, recouverte de fleurs jaunes sur son lit à une place ; mais j'ai réussi à savoir tout à son sujet parce que la nouvelle s'était répandue bien au-delà des limites de sa chambre. J'en entendis surtout parler par les serviteurs du domaine qui trouvaient parfaitement naturel de discourir ouvertement sur la mort, mais pas sur la vie, parce que dans la vie tout était évident. J'appris par le propre domestique du docteur Narlikar que le mort, en avalant de grandes quantités d'eau de mer, avait acquis les qualités de l'eau : il était devenu un fluide, et semblait heureux triste ou indifférent en fonction de la lumière. Le jardinier de Homi Catrack lança : « C'est dangereux de regarder la mort trop longtemps ; il en reste quelque chose en vous et il y a des effets. » Nous avons demandé : Des effets ? Quels effets ? Des effets de quoi ? Comment ? Et Purushottam le sadhu, qui pour la première fois depuis des années avait quitté sa place sous le robinet du jardin de Buckingham, dit : « Un mort oblige les vivants à se voir trop nettement ; après avoir été mis en sa présence, leurs défauts s'accentuent. » Cette affirmation extraordinaire fut, en fait, confirmée par les événements, parce que la nourrice de Toxy Catrack, Bi-Appah, qui avait aidé à laver le corps, devint par la suite plus criarde, plus acariâtre et plus terrifiante que jamais ; et il sembla que tous ceux qui avaient vu la dépouille mortelle du docteur Narlikar en furent affectés, Nussie Ibrahim devint encore plus stupide et plus canard, Lila Sabarmati qui vivait à l'étage au-dessus du mort, et qui avait aidé à ranger sa chambre, se laissa aller par la suite à la débauche, tendance qu'elle avait toujours dû réprimer, et elle s'engagea sur une route au bout de laquelle il y aurait des coups de feu, et son mari, le commandant Sabarmati, réglant la circulation avec un bâton tout à fait inhabituel.

Cependant notre famille se tint à l'écart du mort. Mon père refusa d'aller présenter ses condoléances et désormais n'appela plus son ancien ami par son nom, mais dit simplement : « le traître ».

Deux jours plus tard, quand la nouvelle eut paru dans les journaux, le docteur Narlikar acquit soudain une immense famille de femmes. Ayant été célibataire et misogyne toute sa vie, il fut englouti dans la mort par une mer de femmes énormes, bruyantes et archicompétentes, qui sortirent des coins les plus étranges de la ville, des laiteries où elles étaient trayeuses et des caisses des cinémas, des boutiques de rafraîchissements sur les trottoirs et de mariages malheureux ; dans une année de défilés, elles formèrent leur propre cortège, un flot énorme de femmes d'une taille exceptionnelle, gravissant notre colline haute de deux étages pour remplir l'appartement du docteur Narlikar, à un tel point que, de la route en bas, on pouvait voir leurs coudes qui faisaient éclater les vitres et leurs postérieurs qui débordaient sur la véranda. Personne ne put dormir pendant une semaine à cause des gémissements des femmes de Narlikar ; mais sous leurs hurlements, les femmes se montraient aussi compétentes qu'elles en avaient l'air. Elles prirent en main le fonctionnement de la maternité ; elles étudièrent les affaires du docteur Narlikar ; et elles supplantèrent froidement mon père dans l'affaire des tétrapodes. Après toutes ces années, mon père se retrouva sans rien, sauf un trou dans sa poche, tandis que les femmes conduisaient le corps de Narlikar à Bénarès pour l'incinérer, et les serviteurs me chuchotèrent comment les cendres du docteur furent répandues sur les eaux du Gange sacré à Manikarnika-ghat, au crépuscule, mais elles ne coulèrent pas et flottèrent à la surface de l'eau comme de minuscules insectes de feu avant d'être entraînées vers la mer où leur étrange luminosité avait dû effrayer les capitaines des navires.

Quant à Ahmed Sinai : je jure que c'est après la mort de Narlikar et l'arrivée des femmes qu'il commença littéralement à se faner… sa peau pâlit graduellement, ses cheveux perdirent leur couleur et, en l'espace de quelques mois, il devint totalement blanc, sauf pour les yeux qui restèrent noirs. (Mary Pereira dit à Amina : « Cet homme est gelé dans le sang ; sa peau a fait de la glace, comme dans un frigo. ») Je dois dire en toute honnêteté que, bien qu'il fît semblant de s'inquiéter de sa métamorphose en homme blanc et qu'il allât voir des médecins et ainsi de suite, il était secrètement ravi qu'ils fussent incapables d'expliquer le phénomène ou de lui prescrire un remède, parce qu'il avait toujours envié aux Européens leur pigmentation. Un jour, quand il fut permis de plaisanter à nouveau (on avait laissé s'écouler un intervalle décent après la mort du docteur Narlikar), il dit à Lila Sabarmati, à l'heure du cocktail : « Les meilleurs sont blancs sous leur peau ; j'ai tout bonnement cessé de faire semblant. » Ses voisins, qui étaient tous plus sombres que lui, rirent poliment et eurent curieusement honte.

Une preuve secondaire indique que le choc de la mort du docteur Narlikar fut responsable de m'avoir donné un père aux cheveux blancs comme neige pour s'asseoir à côté de ma mère noire comme l'ébène ; mais (bien que je ne sache pas si vous êtes prêts à avaler ça), je tenterai une autre explication, une théorie développée dans l'intimité abstraite de ma tour d'horloge… parce qu'au cours de mes fréquents voyages psychiques j'ai découvert quelque chose de plutôt étrange ; pendant les neuf premières années qui suivirent l'indépendance, un désordre similaire de pigmentation (dont la première victime enregistrée peut bien avoir été la rani de Cooch Naheem) affecta un très grand nombre de gens dans les milieux d'affaires du pays. Dans toute l'Inde, je rencontrais d'excellents hommes d'affaires, leur fortune se développant grâce au premier plan quinquennal, qui s'était concentré sur le commerce de l'immobilier… des hommes d'affaires qui étaient devenus ou qui devenaient très pâles ! Il semble que les efforts gargantuesques (et même héroïques), qu'ils déployaient en prenant la suite des Britanniques et en devenant maîtres de leur destinée, leur avaient ôté toute couleur aux joues... en ce cas, mon père était une des dernières victimes d'un phénomène très largement répandu quoique généralement passé inaperçu.

Il y a de quoi méditer pour la journée. Mais Evelyn Lilith Burns arrive ; le café du pionnier va se rapprocher douloureusement ; et — de façon plus vitale — les autres enfants de minuit, y compris mon alter ego Shiva, me pressent. Bientôt, les fissures seront suffisamment ouvertes pour qu'ils s'échappent...

A propos : vers la fin de l'année 1956, selon toute probabilité, le chanteur et cocu Wee Willie Winkie rencontra aussi la mort.

L'AMOUR À BOMBAY

Pendant Ramzán, le mois du jeûne, nous allions au cinéma aussi souvent que nous le pouvions. Après avoir été réveillés à 5 heures du matin par la main assidue de ma mère ; après le petit déjeuner d'avant l'aube fait de melon et de citron d'eau sucré, et surtout le dimanche matin, le Singe de Cuivre et moi, nous prenions notre tour (ou parfois nous le faisions à l'unisson) pour rappeler à Amina : « La séance de 10 heures et demie ! C'est le jour des louveteaux au Métro, maman, s'il te plaît ! » Puis le trajet en Rover jusqu'au cinéma où nous ne goûterions ni le Coca-Cola, ni les chips, ni les glaces Kwality, ni les samosas dans du papier graisseux ; mais au moins il y avait l'air conditionné, les insignes des louveteaux cousus à nos vêtements et des compétitions et des anniversaires annoncés par un compère avec une moustache insuffisante ; et enfin, le film, après les bandes annonces avec leurs titres « Prochain spectacle », et « Très bientôt », et le dessin animé (« dans un instant le grand film ; mais tout d'abord... ! ») : *Quentin Durward* peut-être, ou *Scaramouche*. « Des fanfaronnades ! » dirions-nous après, en jouant aux critiques de cinéma ; et, « Des histoires violentes et obscènes ! » — bien que nous ne connaissions rien aux fanfarons ni à l'obscénité. On ne priait pas beaucoup dans notre famille (sauf pour Eid-ul-Fitr[1],

1. Eid-ul-Fitr : grande fête musulmane à la fin du Ramadan (Ramzán). (*N.d.T.*)

quand mon père m'emmenait à la mosquée pour célébrer la fête, que je m'attachais un mouchoir autour de la tête et que je pressais mon front sur le sol)... mais nous voulions toujours bien jeûner, parce que nous aimions le cinéma.

Evie Burns et moi étions d'accord : la plus grande star de cinéma du monde c'était Robert Taylor. J'aimais aussi Jay Silverheels dans *Tonto;* mais son *kemo-sabay,* Clayton Moore, était trop gros, à mon avis, pour le ranger solitaire.

Evelyn Lilith Burns arriva le 1er janvier 1957 pour habiter avec son père veuf dans un appartement d'un des deux immeubles de béton trapus et laids qui avaient poussé presque sans qu'on s'en aperçoive au pied de notre colline et qui étaient étrangement isolés : les Américains et d'autres étrangers vivaient (comme Evie) à Noor Ville ; les histoires à succès d'Indiens arrivistes se terminaient à Laxmi Vilas. Des hauteurs du domaine de Methwold nous les regardions de haut, les Blancs et les gens de couleur ; mais personne n'avait jamais regardé Evie Burns de haut — sauf un. Une fois seulement quelqu'un l'avait dominée.

Avant d'avoir des pantalons longs, je suis tombé amoureux d'Evie ; mais cette année-là l'amour fut une curieuse réaction en chaîne. Pour gagner du temps, je vais nous placer dans la même rangée au cinéma le Métro ; Robert Taylor se reflète dans nos yeux, nous sommes en transe et nous tremblons — c'est un groupe symbolique : Saleem Sinai est-assis-près-et-amoureux-d'Evie Burns qui est-assise-près-et-amoureuse-de Sonny Ibrahim qui est-assis-près-et-amoureux-du Singe de Cuivre qui est assise près de l'allée et qui meurt de faim... J'aimais Evie depuis peut-être six mois ; deux ans plus tard elle serait rentrée en Amérique où elle donnerait des coups de couteau à une vieille femme et on l'enverrait dans une maison de redressement.

Il est normal que j'exprime rapidement ma reconnaissance à Evie : si elle n'était pas venue vivre avec nous, mon histoire ne serait pas allée au-delà d'une tour d'horloge et de plaisanteries de classe... et il n'y aurait pas eu d'apogée dans la pension d'une veuve, pas de preuve claire de ma signification, pas de coda dans une usine pleine de fumée au-dessus de laquelle danse la silhouette clignotante de néon, vert et safran, de la déesse Mumbadevi. Mais Evie Burns (était-elle serpent ou échelle ? La réponse crève les yeux : *les deux à la fois*) vint effectivement, avec la bicyclette argent qui non seulement me permit de découvrir les enfants de minuit, mais également d'assurer la partition de l'Etat de Bombay.

Commençons par le commencement : elle avait les cheveux comme de la paille d'épouvantail, la peau criblée de taches de rousseur et les dents dans une cage métallique. Il semblait que ces dents étaient les seules choses au monde devant lesquelles elle restait impuissante — elles poussaient n'importe comment, en se chevauchant malignement, et lui faisaient très mal quand elle mangeait une glace. (Je me permets cette généralisation : les Américains dominent l'univers, mais pas leurs bouches ; si l'Inde est impuissante, ses enfants ont d'excellentes bouches.)

Tourmentée par les maux de dents, mon Evie était au-dessus de la douleur. Refusant d'être dirigée par des os et des gencives, elle mangeait des gâteaux et buvait du Coca-Cola ; et elle ne se plaignait jamais. Une sacrée gosse, Evie Burns. Sa domination de la douleur confirmait sa souveraineté sur nous. On a remarqué que tous les Américains avaient besoin d'une frontière : la sienne c'était la douleur, et elle avait décidé de la repousser.

Une fois, je lui ai timidement donné un collier de fleurs (des belles-de-nuit pour mon lis-du-jour), acheté à une vieille marchande ambulante à Scandal Point avec mon argent de poche. « Je ne porte pas de fleurs », a dit Lilith, et elle a jeté la chaîne indésirable en l'air et l'a transpercée, avant qu'elle retombe, avec un plomb de son pistolet à air comprimé Daisy, tout à fait infaillible. En détruisant des fleurs avec un Daisy, elle faisait remarquer qu'on ne l'attacherait pas, même avec un collier.

Son arrivée : Sonny Ibrahim, Œil-fendu, Cheveux-gras Sabarmati, Cyrus Dubash, le Singe et moi, nous jouions au cricket sur la piste de cirque entre les quatre palais du domaine. Un cadeau de nouvel an : Toxy battait des mains derrière sa fenêtre fermée de barreaux ; même Bi-Appah était de bonne humeur et, pour une fois, pas en train de nous injurier. Le cricket — même joué par des enfants — est un jeu calme : une paix ointe à l'huile de lin. Le baiser du cuir et du bois de saule ; quelques applaudissements ; un cri, de temps en temps — « Tire ! Tire ! » — « Ça ? » mais Evie sur sa bicyclette n'avait rien de ça.

« Hé ! Qu'ez' qu'iz' passe ? Vous êtes sourds ou quoi ? »

J'avais la batte (avec l'élégance de Ranji et la puissance de Vinno Mankad) quand elle monta à l'assaut de la colline sur son vélo, ses cheveux de paille en bataille, ses taches de rousseur en feu, sa bouche métallique envoyant des signaux de sémaphore dans le soleil couchant, un épouvantail sur une balle d'argent... « Hé ! Toi, l' grand morveux ! Arrête de regarder chette balle chtupide ! J' vais t' faire voir quelque chose qu'en vaut la peine ! »

Impossible de décrire Evie Burns sans évoquer également une bicyclette ; et pas un simple vélo, mais un des derniers de ces grands copains, une bicyclette indienne Arjuna flambant neuve, avec un guidon tombant entouré de ruban adhésif opaque, un dérailleur avec cinq pignons et une selle en peau de léopard en plastique. Et un cadre d'argent (la couleur, je n'ai pas besoin de vous le dire, du cheval du ranger solitaire)... Œil-fendu le balourd, et Cheveux-gras l'impeccable, Cyrus le génie et le Singe, Sonny Ibrahim et moi — les meilleurs amis, les vrais enfants du domaine, ses héritiers par droit de naissance — Sonny avec la lente innocence qui était la sienne depuis que les forceps lui avaient bosselé le cerveau et moi avec le secret de mon dangereux savoir — oui, nous tous, les futurs toreros et amiraux, nous sommes restés figés, la bouche ouverte, tandis qu'Evie Burns montait sur sa bicyclette et se mettait à tourner de plus en plus-vite-vite-vite, autour de la piste de cirque. « Regardez-moi ! Ça vous la coupe ! »

Evie pédalait assise ou debout. Un pied sur la selle en peau de léopard, une jambe tendue derrière elle, elle tourbillonnait autour de nous ; elle prit de la vitesse et se mit toute droite, la tête sur la selle ! Elle pouvait se mettre à califourchon sur la roue avant, en regardant vers l'arrière et en pédalant à l'envers... La pesanteur était son esclave, la vitesse son élément, et nous savions qu'une puissance venait d'arriver parmi nous, une sorcière sur roues, et les haies en fleurs lui jetaient leurs pétales, la poussière de la piste de cirque restait suspendue en l'air en nuages d'ovations, parce que la piste de cirque avait également trouvé sa maîtresse.

Puis nous avons remarqué que notre héroïne avait un pistolet à air comprimé de marque Daisy attaché à la hanche... « Y en a qu'en veulent, les nullards ! » hurla-t-elle en sortant son arme. Ses plombs faisaient voler les pierres ; on jetait en l'air des anna et elle les descendait raides morts. « Des cibles ! Encore des cibles ! » — et Œil-fendu sacrifia sans un murmure son bien-aimé jeu de cartes pour qu'elle puisse ôter la tête des rois. Annie Oakley avec un appareil d'orthodontie — personne n'osait mettre en doute ses qualités de tireur d'élite, sauf un, et ce fut la fin de son règne, pendant la grande invasion des chats ; mais il y avait des circonstances atténuantes.

Rouge, en sueur, Evie Burns descendit de bicyclette et déclara : « A partir de maintenant, il y a un autre grand chef ici. Okay, les Indiens. Quelque chose à dire ? »

Rien à dire ; à ce moment-là j'ai su que j'étais tombé amoureux.

A Juhu Beach avec Evie : elle gagnait les courses de chameaux, pouvait boire plus de lait de noix de coco que n'importe lequel d'entre nous ; et pouvait ouvrir les yeux dans l'eau très salée de la mer d'Oman.

Est-ce que six mois font une si grande différence ? (Evie avait six mois de plus que moi.) Est-ce que cela vous donne le droit de parler aux adultes comme à des égaux ? On voyait Evie Burns bavarder avec le vieil Ibrahim ; elle prétendait que

Lila Sabarmati lui apprenait à se maquiller ; elle allait parler d'armes avec Homi Catrack. (L'ironie tragique de la vie de Homi Catrack était que, lui contre qui on pointerait un jour un pistolet, était un vrai *aficionado* des armes à feu... en Evie, il trouva une compagne, une mère sans enfant qui, contrairement à Toxy, avait l'esprit plus aigu qu'un couteau et aussi clair qu'une bouteille. Entre parenthèses, Evie Burns n'avait aucune sympathie pour la pauvre Toxy Catrack. « Ça va pas dans sa tête, nous disait-elle négligemment. Mérite d'être écrasée comme un rat. » Mais Evie : les rats ne sont pas faibles ! Il y avait plus du rat dans sa face de rat que dans tout le corps de la pauvre Toxy.)

Telle était Evelyn Lilith ; et, quelques semaines après son arrivée, j'avais déclenché la réaction en chaîne dont je ne me remettrais jamais tout à fait.

Cela commença avec Sonny Ibrahim, Sonny-le-voisin, Sonny aux creux de forceps, qui est resté gentiment assis sur le côté de mon histoire, attendant son moment. A cette époque, Sonny était un garçon salement touché : il n'y a pas que les forceps qui lui avaient fait des bosses. Aimer le Singe de Cuivre (même comme on l'entend à neuf ans) n'était pas une chose simple.

Comme je l'ai dit, ma sœur, née en second et non annoncée, avait commencé par réagir violemment à toute manifestation d'affection. Bien qu'elle fût supposée parler le langage des oiseaux et des chats, les mots doux des amoureux soulevaient en elle une fureur presque animale ; mais Sonny était trop simple pour être mis en garde. Depuis des mois, il lui cassait les pieds avec des affirmations du genre : « Hé ! La sœur de Saleem, t'es vachement bien ! » ou, « Tu veux être ma petite amie ? On pourrait aller au cinéma avec ta nourrice, peut-être... » et, pendant le même nombre de mois, elle l'avait fait souffrir à cause de son amour — racontant des histoires à sa mère, le poussant par hasard — exprès dans les flaques d'eau ; une fois l'agressant même physiquement, en lui laissant des griffures sur le visage et un air de chien battu dans les yeux ;

mais il ne voulait rien savoir. Et elle mit au point sa vengeance la plus terrible.

Le Singe allait à l'école de filles de Walsingham sur la Nepean Sea Road ; une école pleine de grandes Européennes bien musclées, qui nageaient comme des poissons et plongeaient comme des sous-marins. Pendant leur temps libre, on pouvait les voir par la fenêtre de notre chambre qui faisaient des galipettes dans la piscine en forme de carte, au club de Breach Candy, qui bien sûr, nous était interdit... et quand je découvris que le Singe était devenue une sorte de mascotte de ces nageuses séparées, elle m'a profondément chagrinée pour la première fois... mais il n'était pas question de discuter avec elle ; elle suivait son chemin. Les Blanches musclées de quinze ans la laissaient s'asseoir avec elles dans l'autocar de l'école Walsingham. Trois filles semblables attendaient chaque matin, là où Œil-fendu, Cheveux-gras, Cyrus-le-Grand et moi, nous attendions l'autocar.

Un matin, pour une raison quelconque, Sonny et moi étions les seuls garçons à l'arrêt. Il y avait peut-être un microbe qui se promenait dans le coin. Le Singe attendit que Mary Pereira nous ait laissés seuls, sous la protection des nageuses musclées ; et, soudain, ce qu'elle mijotait me sauta aux yeux quand, sans raison apparente, j'allais voir dans ses pensées ; et je criai : « Hé ! » — mais trop tard. Le Singe se mit à hurler : « Ne t'occupe pas de ça ! » et avec les trois nageuses, elles sautèrent sur Sonny Ibrahim ; les dormeurs des rues, les mendiants et les employés à bicyclette regardaient très amusés, parce qu'elles lui arrachaient ses vêtements... « Alors, est-ce que tu vas regarder sans rien faire ? » — Sonny appelait à l'aide, mais j'étais paralysé, comment prendre parti entre ma sœur et mon meilleur ami, et lui, « Je vais le dire à mon père ! » avec des larmes dans la voix, et le Singe, « Ça t'apprendra à dire toutes tes conneries », ses chaussures ; il n'avait déjà plus de chemise ; sa veste, enlevée par une spécialiste du grand plongeoir, « Et ça, ça t'apprendra à écrire tes lettres d'amour de pédé », plus de chaussettes et beaucoup de larmes, et, « Voilà ! » cria le Singe ; l'autocar de Walsingham arrivait et les agresseurs et ma sœur sautèrent dedans et il s'en alla. « Au revoir, le joli petit amoureux », hurlaient-elles, et Sonny resta dans la rue, en face de chez Chimalker et du Paradis du lecteur, nu comme au jour de sa naissance ; les creux des forceps reluisaient car de la vaseline de ses cheveux avait coulé dedans ; et ses yeux eux aussi étaient humides, et il dit, « Pourquoi elle a fait ça ? Pourquoi, alors que je lui ai seulement dit que je l'aimais bien... »

« Pas la moindre idée, ai-je répondu sans savoir où regarder. Elle fait des choses, c'est tout. » Et je ne savais pas non plus qu'il viendrait un temps où elle me ferait quelque chose de pire encore.

Mais ce fut neuf ans plus tard... début 1957, la campagne électorale avait commencé : le Jang Sangh faisait campagne pour obtenir des maisons de retraite pour les vieilles vaches sacrées ; dans l'Etat de Kerala, E.M.S. Namboodirapad promettait que le communisme donnerait à tous nourriture et travail ; à Madras, le parti Anna-D.M.K. de C.N. Annadurai attisait les flammes du régionalisme ; le Congrès répondait par des réformes comme la loi hindoue d'héritage, qui donnait aux femmes hindoues des droits égaux en matière d'héritage... en bref, tout le monde était occupé à plaider sa propre cause ; moi, cependant, je me retrouvais la langue liée devant Evie Burns, et j'allais voir Sonny Ibrahim pour lui demander de plaider ma cause.

En Inde, nous avons toujours été vulnérables devant les Européens... Evie n'était avec nous que depuis quelques semaines que déjà je me mettais à imiter de façon grotesque la littérature européenne. (Nous avions déjà joué une version simplifiée de *Cyrano* à l'école ; j'avais lu également les *Classiques illustrés* en bande dessinées.) Il serait peut-être juste de dire que l'Europe se répète elle-même, en Inde, comme une farce... Evie était américaine. Même chose.

« Hé ! C'est pas normal, mon vieux, pourquoi est-ce que tu le fais pas tout seul ?

— Allez, Sonny, t'es mon copain, non ?

— Ouais, mais tu m'as même pas aidé...

— C'était ma sœur, Sonny, comment est-ce que je pouvais ?

— Non, t'as qu'à faire tes...

— Hé ! Sonny, mon vieux ! Réfléchis. Réfléchis un peu. Ces filles-là, il faut les manier avec soin, mon vieux. Regarde comment le Singe est sortie de ses gonds ! T'as l'expérience maintenant, tu y es passé ! Tu vas savoir y aller doucement ce coup-ci. Qu'est-ce que j'y connais moi, mon vieux ? Peut-être qu'elle m'aime même pas. Tu veux qu'on m'arrache aussi mes vêtements ? Ça te ferait du bien ? »

Et Sonny, innocent, gentil : « ... eh ben, non... »

« Okay ! Alors, t'y vas ! Tu vas faire mon éloge un petit peu. Parle pas de mon nez. C'est le caractère qui compte. D'accord ?

— Eh ben... je... okay, mais tu vas parler à ta sœur.

— Je vais lui parler, Sonny. Je peux rien te promettre. Tu sais comment elle est. Mais je t'assure que je vais lui parler. »

Vous pouvez mettre votre stratégie au point avec tout le soin que vous voulez, les femmes détruiront tout d'un seul coup. Pour chaque campagne électorale victorieuse, il y en a le double qui échoue... de la véranda de Buckingham, j'espionnais Sonny Ibrahim à travers les lames du store tandis qu'il faisait de la propagande dans ma circonscription... et j'ai entendu la voix du corps électoral, la voix nasillarde d'Evie qui fendait l'air avec mépris : « Qui ? *Lui ?* Pourquoi est-ce que tu lui dis pas d'aller se moucher ? Ce renifleux ! I' sait même pas faire du vélo ! »

Ce qui était vrai.

Mais il allait y avoir pire ; parce que (même si un store découpait la scène en tranches) est-ce que je ne voyais pas le visage d'Evie changer et se radoucir ? — Est-ce que la main d'Evie (découpée dans le sens de la longueur par les lames du store) ne se tendait pas vers mon agent électoral ? — Est-ce que ce n'étaient pas les doigts d'Evie (aux ongles rongés jusqu'au sang) qui caressaient les tempes creuses de Sonny, en se couvrant de gouttes de vaseline ? — Et Evie ne disait-elle pas : « Oh ! Toi, tu es gentil » ? Je dois l'affirmer tristement : je le vis ; elle se tendit ; ils caressèrent ; elle dit.

Saleem Sinai aime Evie Burns ; Evie Burns aime Sonny Ibrahim ; Sonny est toqué du Singe de Cuivre ; mais que dit le Singe de Cuivre ?

« Ne me casse pas les pieds, par Allah ! » dit ma sœur quand j'essayai — plutôt noblement, si l'on considère à quel point il avait manqué à ses engagements — de plaider la cause de Sonny. Les votants avaient baissé leur pouce pour nous deux.

Je n'abandonnai pas encore. Evie Burns, la sirène tentatrice — qui ne fit jamais attention à moi, il faut bien que je l'avoue — me conduisit inexorablement vers ma chute. (Mais je ne lui en veux pas ; parce que ma chute me conduisit vers un sommet.)

Tout seul, dans ma tour d'horloge, j'excluais le temps de mes errances transsubcontinentales, pour réfléchir à ma façon de courtiser mon Eve aux taches de rousseur. Je me dis : « Plus d'intermédiaire ; tu dois faire cela personnellement. » Finalement, je mis mon plan au point : Je partagerais ses goûts, ses passions deviendraient les miennes... les armes ne m'avaient jamais attiré. Je décidai d'apprendre à faire du vélo.

A cette époque, Evie avait cédé aux nombreuses demandes des enfants de la colline pour qu'elle leur apprenne sa science de la bicyclette ; aussi, il ne me fut pas difficile de me mettre dans la queue pour les leçons. Nous nous réunissions sur la piste de cirque ; Evie, maîtresse suprême du lieu, se tenait au milieu de cinq cyclistes zigzaguant et extrêmement concentrés... et je restai à côté d'elle, sans vélo. Jusqu'à l'arrivée d'Evie, le vélo ne m'avait jamais intéressé, aussi on ne m'en avait jamais offert... humblement, je supportai l'ironie cinglante d'Evie.

« D'où est-ce que tu sors, Gros-Nez ? Je suppose que tu veux emprunter mon vélo ?

— Non », mentis-je, d'un air contrit, et elle se laissa attendrir.

« Okay, okay, dit Evie en haussant les épaules, en selle, et fais-nous voir ce que tu sais faire. »

Laissez-moi vous dire qu'en montant sur la bicyclette

indienne Arjuna couleur argent, j'étais dans une sorte d'ivresse ; que tandis qu'Evie tournait-et-tournait, en tenant le guidon du vélo et en criant : « Tu tiens maintenant ? Non ? On va pas tourner comme ça toute l'année ! » — tandis qu'Evie et moi, nous marchions ainsi, je me sentais... quel est le mot ?... heureux.

Et l'on tournait-et-tournait-et-tournait-et-tour... finalement, pour lui faire plaisir, j'ai bégayé, « Okay... je crois que je... lâche-moi », et instantanément, je me retrouvai seul, elle m'avait poussé et la créature d'argent, brillante et incontrôlable, traversa la piste de cirque... je l'entendis qui criait : « Le frein ! Freine, imbécile ! » — mais mes mains ne pouvaient pas bouger, j'étais raide comme une planche, et là ATTENTION juste en face de moi, il y avait le vélo bleu de Sonny Ibrahim, la collision, RANGE-TOI T'ES FOU, Sonny était sur la selle, il essaya de faire un écart pour m'éviter, mais le bleu filait vers l'argent, Sonny tourna à droite mais j'allai dans la même direction HAAA MON VÉLO et la roue d'argent caressa la roue bleue, un cadre embrassa un cadre, et je m'envolai par-dessus le guidon vers Sonny qui s'était embarqué sur une parabole identique vers moi PATATRAS les bicyclettes tombèrent par terre en dessous de nous étroitement embrassés PATATRAS Sonny et moi, nous nous rencontrâmes au milieu des airs et la tête de Sonny accueillit la mienne... neuf ans plus tôt, j'étais né avec des tempes bombées et les forceps avaient fait des creux à Sonny ; il semble que tout ait sa raison d'être, car mes tempes bosselées se placèrent dans les creux de Sonny. Un ajustage parfait. Les têtes bien emboîtées, nous avons amorcé notre descente vers la terre, loin des bicyclettes, heureusement, BOUM, et pendant quelques instants le monde disparut.

Puis Evie avec ses taches de rousseur en feu, « Oh ! Petit con, tas de morve, t'as cassé mon... » Mais je n'écoutais pas, parce que l'accident de la piste de cirque avait achevé ce que la calamité du coffre à linge sale avait commencé, et ils étaient là, maintenant, dans ma tête, devant, et ce n'était plus le bruit de fond étouffé que je n'avais jamais remarqué, tous, envoyant leurs appels, du nord sud est ouest... les autres enfants nés à minuit, criant, « Moi », « Moi », « Moi », et « Moi ».

« Hé ! Hé ! Morveux ! T'es okay ?... Hé ! Où est-ce qu'est sa mère ? »

Des interruptions, rien que des interruptions ! Les différentes parties de ma vie, quelque peu compliquée, refusent avec une obstination parfaitement absurde, de rester clairement chacune dans son compartiment. Des voix se déversent de la tour d'horloge et envahissent la piste de cirque, qui est considérée comme le domaine d'Evie... et maintenant, au moment même où je devrais décrire les fabuleux enfants du tic-tac, l'express de la frontière m'emporte au loin — escamotant le monde délabré de mes grands-parents, pour qu'Aadam Aziz apparaisse dans le déroulement naturel de mon histoire. Très bien. *On doit endurer ce qu'on ne peut pas soigner.*

Ce mois de janvier-là, pendant ma convalescence, suite au choc reçu dans mon accident de bicyclette, mes parents nous emmenèrent à Agra pour une réunion de famille qui fut pire que le célèbre (et vraisemblablement fictif) Trou noir de Calcutta [1]. Pendant deux semaines, nous fûmes obligés d'écouter Emerald et Zulfikar (qui était maintenant général de brigade et qui tenait à ce qu'on l'appelle général) faire allusion à leur fabuleuse richesse qui était devenue une des sept plus grandes fortunes du Pakistan ; leur fils Zafar essaya (mais une seule fois !) de tirer les nattes rouges du Singe. Et nous dûmes regarder, silencieux et horrifiés, mon oncle Mustapha, le fonctionnaire, et sa femme, à moitié iranienne, rosser et accabler de coups leur marmaille anonyme et sans sexe ; et l'arôme amer du célibat d'Alia emplissait l'air et gâtait la nourriture ; et mon père se retirait de bonne heure pour entamer son combat secret et nocturne contre les djinns ; et ainsi de suite.

1. *Le Trou noir de Calcutta :* dans la nuit du 20 juin 1756, 123 des 146 Européens enfermés dans un cachot de Calcutta moururent de la chaleur et du manque d'air. Depuis, l'expression signifie un cachot. (*N.d.T.*)

Une nuit, je m'éveillai à minuit et je trouvai mon grand-père en train de rêver dans ma tête, et je ne pus m'empêcher de le voir comme il se voyait lui-même — un vieil homme qui s'effondrait et au centre duquel, quand la lumière était bonne, on pouvait distinguer une ombre gigantesque. Au fur et à mesure que les convictions qui avaient donné sa force à sa jeunesse se desséchaient sous l'influence combinée de l'âge, de la Révérende Mère et de l'absence d'amis aux affinités communes, un trou ancien réapparaissait au milieu de son corps, le transformant en vieillard ratatiné et vide, sur lequel le Dieu (et d'autres superstitions) contre lequel il avait lutté pendant tant d'années était en train de réaffirmer Sa domination... et pendant les quinze jours, la Révérende Mère s'ingénia à insulter la femme de mon oncle Hanif, l'actrice de cinéma méprisée. Et c'est aussi à ce moment-là qu'on me donna à jouer le rôle d'un fantôme dans un spectacle d'enfants, et que je trouvai dans une vieille sacoche de cuir, sur l'armoire de mon grand-père, un drap mangé aux mites mais dont le plus grand trou avait été fait par la main de l'homme ; et je fus récompensé de ma découverte (vous vous en souvenez) par les hurlements de la fureur grand-paternelle.

Mais il y eut un exploit. J'étais devenu l'ami de Rashid, le conducteur de rickshaw (le même qui pendant sa jeunesse avait hurlé en silence dans un champ de maïs et avait aidé Nadir Khan à entrer dans les toilettes d'Aadam Aziz) : me prenant sous son aile — et sans en parler à mes parents qui l'auraient interdit si peu de temps après mon accident — il m'apprit à monter à vélo. Quand nous sommes partis, je rangeai ce secret avec les autres : mais je n'avais pas l'intention de le laisser secret pendant très longtemps.

... Et dans le train du retour, il y avait des voix à l'extérieur du compartiment, « Oh ! maharaj ! Ouvrez, mon seigneur ! » — les voix des resquilleurs qui luttaient avec celles que je voulais écouter, les nouvelles qui étaient dans ma tête — et le retour à la gare centrale de Bombay et le trajet jusqu'à la maison, devant le champ de courses et le temple, et maintenant Evelyn Lilith Burns demande que j'achève ce qui la concerne avant de me consacrer à des choses plus importantes.

« De nouveau chez nous ! » s'écrie le Singe. (Elle est en pénitence. A Agra, elle a incinéré les bottes du général.)

C'est un fait authentique que le Comité national de réorganisation avait soumis son rapport à M. Nehru dès octobre 1955 ; un an plus tard, ses recommandations avaient été mises en œuvre. L'Inde avait été découpée à nouveau, en quatorze Etats et en six « territoires » à administration centrale. Mais les frontières de ces Etats ne suivaient pas les rivières, les montagnes ou les caractéristiques du terrain ; elles étaient des murs de mots. La langue nous divisait : le Kerala était pour ceux qui parlaient malayalam, la seule langue sur terre à porter un nom palindromique ; dans le Karnátaka [1], vous étiez supposé parler le karanese ; et l'Etat amputé de Madras — connu aujourd'hui sous le nom de Tamil Nadu — renfermait les *aficionados* du tamil. Cependant, à cause de quelque oubli, on ne toucha pas à l'Etat de Bombay ; et, dans la ville de Mumbadevi, les manifestations pour la question linguistique s'allongèrent et firent plus de bruit, et finalement se transformèrent en partis politiques, le Samyukta Maharashtra Samiti (le parti Maharashtra unifié) qui soutenait la cause de la langue marathi et qui exigeait la création de l'Etat du Deccan de Maharashtra, et le Maha Gujarat Parishad (le parti du Grand Gujarat) qui défilait sous la bannière de la langue gujarati et qui rêvait d'un Etat au nord de la ville de Bombay, allant de la péninsule de Kathiawar jusqu'aux marécages de Kuch... Je m'échauffe sur cette histoire refroidie, ces vieilles bagarres entre l'angularité désertique de la langue marathi qui est née dans la chaleur aride des marécages du Deccan et du Gujarat, et la douceur du Kathiawari, pour expliquer pourquoi le lendemain de notre retour à Agra, en février 1957, le domaine de Methwold fut séparé de la ville par un flot humain

1. Nouveau nom de l'Etat de Mysore. (*N.d.T.*)

chantant, qui noyait Warden Road, plus que ne l'avaient fait les pluies de mousson, un défilé si long qu'il mit deux jours à s'écouler, et on disait que la statue de Sivaji s'était mise en mouvement pour en prendre la tête. Les manifestants portaient des drapeaux noirs ; beaucoup d'entre eux étaient des commerçants en hartal ; d'autres, des ouvriers du textile en grève, de Mazagaon et de Matunga ; mais sur notre colline, nous ne savions rien de leur travail ; pour nous, les enfants, cette file ininterrompue de manifestants dans Warden Road était aussi fascinante qu'une ampoule électrique pour un papillon de nuit. C'était une manifestation tellement immense, tellement intense dans ses passions, que tous les défilés précédents disparaissaient du souvenir comme s'ils n'avaient jamais existé — et nous, on nous avait interdit à tous de descendre de la colline, même pour jeter le plus petit coup d'œil. Aussi, qui fut le plus téméraire de nous tous ? Qui nous pressa pour descendre au moins à mi-pente, là où le chemin tournait en épingle à cheveux pour faire face à Warden Road ? Qui dit : « De quoi avoir peur ? On descend juste à mi-côte, pour jeter un coup d'œil » ?... Les Indiens désobéissants suivirent les yeux grands ouverts leur chef américain aux taches de rousseur. (« Ils ont tué le docteur Narlikar », nous prévint Cheveux-gras avec des frissons dans la voix. Evie lui cracha sur les chaussures.)

Mais, moi, Saleem Sinai, j'avais d'autres chats à fouetter. « Evie, dis-je avec une calme désinvolture, tu veux me voir faire du vélo ? » Pas de réponse. Evie était prise par le spectacle... et dans le creux gauche du forceps de Sonny Ibrahim, était-ce son empreinte digitale marquée dans la vaseline et que tout le monde pouvait voir ? Une deuxième fois, mais un peu plus fort, je dis : « Je sais en faire, Evie. Je vais prendre le vélo du Singe. Tu veux regarder ? » Et, Evie, avec cruauté, « C'est ça que je regarde. C'est bien. Pourquoi que je te regarderais ? » Et moi, un peu pleurnicheur maintenant, « Mais j'ai appris, Evie, il faut que tu... » Des hurlements dans Warden Road, en dessous de nous, ont couvert ce que je disais. Elle se détourne ; et je vois les dos d'Œil-fendu et de Cheveux-gras, l'arrière intellectuel de Cyrus-le-Grand... ma sœur qui elle aussi a vu l'empreinte digitale, et qui a l'air mécontent, me pousse : « Vas-y. Vas-y, montre-lui. Pour qui elle se prend ? » Et je saute sur son vélo... « J'y vais, Evie, regarde ! » Je fais des cercles autour du petit groupe d'enfants. « Tu vois ? Tu *vois ?* » Un instant d'exultation ; et Evie bouillant d'impatience : « Tire-toi de là ! C'est *ça* que je veux voir ! » Le doigt, ongle rongé, se tend dans la direction de la manifestation ; je suis rejeté pour un défilé du Samyukta Maharashtra Samiti ! Et malgré le Singe qui dit loyalement : « C'est pas chic ! Il en fait vraiment bien ! » quelque chose ne tourne pas rond en moi ; et je tourne autour d'Evie, de plus en plus vite-vite-vite, en criant essoufflé : « Alors, qu'est-ce qui t'arrive ? Qu'est-ce que j'en ai à faire de... » Et quelque chose d'autre se passe, parce que je me rends compte que je n'ai pas besoin de le lui demander, je n'ai qu'à aller voir dans sa tête aux taches de rousseur et à la bouche métallique, pour une fois, je saurai vraiment ce qui s'y passe... et j'y vais, toujours à bicyclette, mais le devant de son esprit est rempli par les manifestants du marathi, il y a des chansons populaires américaines dans les coins de ses pensées, mais rien qui m'intéresse ; et maintenant, maintenant seulement, pour la première fois, entraîné par les larmes d'un amour non partagé, je commence à explorer... je pousse, je plonge, je me fraie un chemin au-delà de ses défenses... à l'endroit secret où il y a une photo de sa mère qui porte une blouse rose et qui tient un petit poisson par la queue, et je furette de plus en plus profond-profond-profond, où est-ce, qu'est-ce qui la pousse, mais elle sursaute et se retourne pour me regarder tourner sur ma bicyclette en rond-rond-rond...

« Tire-toi ! » hurle Evie Burns. Elle lève les mains vers son front. Je suis à vélo, les yeux humides, je plonge-plonge-plonge : là où se tient Evie, dans la porte d'une chambre avec planches de recouvrement, et elle tient quelque chose de pointu et d'étincelant, avec des gouttes rouges qui tombent, dans la porte d'un, mon Dieu, et sur le lit une femme, qui, dans une blouse rose, mon Dieu, et Evie avec le, et du rouge tache le rose, et un homme arrive, mon Dieu, non non non non non...

« TIRE-TOI TIRE-TOI TIRE-TOI ! » Des enfants ahuris regardent Evie hurler, oubliée la manifestation, mais soudain on s'en souvient parce qu'Evie a saisi l'arrière de la bicyclette du Singe QU'EST-CE QUE TU FAIS EVIE et elle la pousse TIRE-TOI D'ICI VA AU DIABLE ! — Elle m'a poussé violemment et je perds le contrôle, je m'élance comme un bolide sur la pente de l'épingle à cheveux en bas-bas-bas, MON DIEU LA MANIFESTATION je passe devant Vit'net, Noor Ville et Laxmi Vilas, AAAAH et en plein dans la manifestation, têtes pieds corps, les vagues de manifestants se séparent quand j'arrive, en hurlant à l'assassin, et je me précipite avec fracas dans l'histoire sur une bicyclette de jeune fille emballée.

Des mains saisissent le guidon et je m'arrête dans la foule exaltée. Je suis entouré de sourires aux belles dents. Aucun sourire amical. « Regardez ! Regardez ! Un petit monsieur sahib qui quitte la riche colline pour venir se joindre à nous ! » En marathi que je comprends à peine, c'est là que je suis le plus mauvais à l'école, et les sourires me demandent : « Tu veux venir avec le S.M.S., gentil petit prince ? » Et moi, comprenant à peine ce qu'on me dit, mais stupéfait de dire la vérité, je secoue la tête Non. Et les sourires, « Oh ! Oh ! Le jeune nabab n'aime pas notre langue ! Qu'est-ce qu'il aime ? » Et un autre sourire, « Peut-être le gujarati ? Tu parles le gujarati, monseigneur ? » Mais mon gujarati est aussi mauvais que mon marathi ; je ne connaissais qu'une chose dans la langue fangeuse de Kathiawar ; et les sourires me pressent et les doigts m'aiguillonnent, « Parle, petit seigneur ! Parle un peu en gujarati ! » — et je leur ai dit ce que je savais, une petite chanson que Keith-la-glande m'avait apprise à l'école et qu'on chantait pour faire peur aux enfants gujarati, une chanson faite pour rire des rythmes de la langue :

Soo ché ? Saru ché !
Danda lé ké maru ché !

Comment vas-tu ? Je vais bien ! Je vais prendre un bâton et te rosser jusqu'en enfer ! Une bêtise ; un rien ; neuf mots de vide... mais quand je les ai dits, les sourires sont devenus des rires ; et des voix près de moi et de plus en plus loin ont commencé à reprendre ma chanson, COMMENT VAS-TU ? JE VAIS BIEN ! Et ils ne s'intéressèrent plus à moi, « Va-t'en avec ta bicyclette, masterji », dirent-ils en se moquant de moi JE VAIS PRENDRE UN BÂTON ET TE ROSSER JUSQU'EN ENFER, je remontai la colline tandis que ma chanson se répandait en avant et en arrière, jusqu'aux premier et dernier rangs de ce défilé de deux jours, devenant, au fur et à mesure, un chant de guerre.

Cet après-midi-là, la tête de la manifestation du Samyukta Maharashtra Samiti entra en collision, au coin de chez Kemp, avec la tête du défilé du Maha Gujarat Parishad ; les voix du S.M.S. chantaient « Soo ché ? Saru ché ! » et les gorges du M.G.P. furent mises en fureur ; sous les affiches d'Air India et de l'enfant Kolynos, les deux partis tombèrent l'un sur l'autre à bras raccourcis et, sur l'air de ma petite chanson, la première émeute linguistique fit quinze morts et plus de trois cents blessés.

Vu sous cet angle, je suis directement responsable de l'explosion de violence qui aboutit à la partition de l'Etat de Bombay, et la ville devint la capitale de l'Etat de Maharashtra — au moins j'étais du côté des vainqueurs.

Qu'y avait-il dans la tête d'Evie ? Un crime ou un rêve ? Je ne l'ai jamais su ; mais j'ai appris quelque chose : quand vous descendez au plus profond de la tête de quelqu'un, *il peut vous sentir*.

Evelyn Lilith Burns ne voulut plus avoir affaire avec moi à partir de ce jour-là ; mais, étrangement, je fus guéri d'elle. (Ce sont toujours les femmes qui ont changé ma vie : Mary Pereira, Evie Burns, Jamila la chanteuse, Parvati-la-Sorcière, peuvent répondre de qui je suis ; et la Veuve, que je garde pour la fin ; et, après la fin, Padma, ma déesse de la Bouse. Les femmes m'ont bien eu, mais elles n'ont peut-être jamais été au centre de mes préoccupations — la place qu'elles auraient dû occuper, ce trou au centre de moi-même dont j'ai hérité de mon grand-père Aadam Aziz, était déjà prise par mes voix. Ou peut-être — on doit considérer toutes les possibilités — m'ont-elles toujours fait un peu peur.)

MON DIXIÈME ANNIVERSAIRE

« Oh ! Monsieur, quoi dire ? Tout est de ma faute ! »

Padma est de retour. Et maintenant que je suis guéri du poison et que je suis de nouveau à mon bureau, il lui est impossible de rester silencieuse. Maintes et maintes fois, mon lotus revenu se châtie, elle frappe ses seins lourds, elle crie à tue-tête. (Fragile comme je le suis, c'est franchement angoissant ; mais je ne lui reproche rien.)

« Croyez, Monsieur, que votre bien-être me tient à cœur ! Qui sommes-nous, nous les femmes, pas un moment de repos quand nos hommes sont malades... Je suis si heureuse que vous alliez bien, vous ne pouvez pas savoir ! »

L'histoire de Padma (selon ses propres termes, et relue devant elle pour confirmation, tandis qu'elle roule des yeux, crie à tue-tête et se frappe la poitrine) : « C'est mon orgueil imbécile et ma naïveté, Saleem baba, qui m'ont poussée à m'enfuir bien qu'ici la place soit bonne et que vous ayez besoin de quelqu'un pour s'occuper de vous ! Mais en moins que rien je mourais d'envie de revenir.

« Et je me suis dit, comment revenir auprès de cet homme qui ne m'aimera pas et qui ne fait que des écrivailleries imbéciles ? (Pardonnez-moi, Saleem baba, mais je dois dire toute la vérité. Et, pour nous les femmes, l'amour est ce qu'il y a de plus grand.)

« Alors, je suis allée voir un saint qui m'a dit ce que je

devais faire. Alors, avec mes quelques pice j'ai pris un autocar pour aller à la campagne chercher des herbes qui vont réveiller votre vitalité endormie... imaginez, Monsieur, j'ai prononcé ces paroles magiques : " Herbe tu as été déracinée par des Taureaux ! " Puis j'ai écrasé les herbes dans de l'eau et du lait et j'ai dit : " Toi herbe puissante et vigoureuse ! Plante que Varuna [1] a arrachée pour lui à Gandharva ! Donne ton pouvoir à mon Saleem ! Donne ta chaleur comme le feu d'Indra [2]. Comme l'antilope mâle, Ô herbe, tu as toute la force qui est, tu as les pouvoirs d'Indra, et la force vigoureuse des bêtes. "

« Je suis revenue avec cette préparation pour vous trouver seul comme toujours, et comme toujours le nez sur du papier. Mais je jure que j'ai abandonné toute jalousie ; elle se pose sur le visage et vous fait vieillir. Ô Dieu, pardonne-moi, mais je ne suis qu'une femme, si des saints me le disent comment pourrais-je discuter ?... Mais maintenant, au moins, vous allez mieux, grâce à Dieu, et vous ne vous mettez pas en colère. »

Sous l'influence de la potion de Padma, j'ai déliré pendant une semaine. Mon lotus de la Bouse me jure (à travers des dents grinçantes) que j'étais raide comme une planche, avec de l'écume autour de la bouche. J'avais aussi de la fièvre. Dans mon délire, j'ai parlé de serpents ; mais je sais que Padma n'est pas un serpent, et qu'elle n'a jamais eu l'intention de me faire du mal.

« L'amour, Monsieur, gémit Padma, ça rendrait folle une femme. »

Je le répète : je ne reproche rien à Padma. Au pied des Ghâts [3], elle est allée chercher les herbes de la virilité, *mucuna pruritus* et la racine de *feronia elephantum ;* qui sait ce qu'elle a trouvé ? Qui sait ce qui, écrasé dans du lait et mêlé à ma nourriture, m'a mis les entrailles comme du lait baratté, à partir duquel, tous les étudiants en cosmologie hindoue vous le diront, Indra a créé la matière, en remuant la soupe primitive

1. Varuna : le dieu du cosmos dans l'hindouisme. (*N.d.T.*)
2. Indra : le chef des dieux, associé au tonnerre. (*N.d.T.*)
3. Ghâts : deux chaînes de montagnes qui forment les limites du plateau du Deccan. (*N.d.T.*)

dans sa grande baratte ? Peu importe. C'était une noble tentative ; mais je suis au-delà de toute régénération — la Veuve l'a fait pour moi. Le véritable *mucuna* lui-même n'a pu mettre fin à mon incapacité ; le *feronia* n'a jamais fait naître en moi la « force vigoureuse des bêtes ».

Pourtant, je suis à nouveau à mon bureau ; à nouveau Padma est assise à mes pieds — la base de mon triangle isocèle est hors de danger. Je plane au sommet, au-dessus du présent et du passé, et je sens la facilité revenir dans ma plume.

Une sorte de magie s'est alors mise en route ; et l'excursion de Padma à la recherche d'un philtre d'amour m'a brièvement mis en relation avec l'univers de l'ancien savoir des sorciers tellement méprisé par la plupart d'entre nous aujourd'hui ; mais (malgré des crampes d'estomac, de la fièvre et de l'écume aux lèvres) je suis heureux de son irruption dans mes derniers jours, parce que contempler ce savoir, c'est retrouver un peu du sens perdu des proportions.

Pensez à cela : dans ma version, l'histoire est entrée dans une nouvelle phase le 15 août 1947 — mais dans une autre version, cette date inévitable n'est rien d'autre qu'un instant fugitif dans l'Ere des Ténèbres, Kali-Yuga[1], dans laquelle la vache de la morale a été obligée de se tenir, en chancelant, sur une seule patte ! Kali-Yuga — le coup perdant à notre jeu de dés national ; la pire période de toutes ; celle où la propriété rend l'homme grossier, où la richesse est égalée par la vertu, où la passion est le seul lien qui unit les hommes et les femmes, où le mensonge apporte le succès (est-ce étonnant à une pareille époque que, moi aussi, je confonde le bien et le mal ?)... commença le 18 février 3102 avant Jésus-Christ ; et durera au moins 432 000 ans ! Me sentant quelque peu diminué, je devrais ajouter cependant que l'Ere des Ténèbres n'est que la quatrième phase du cycle actuel Maha-Yuga, qui est au total dix fois aussi long ; et, quand vous

1. Kali-Yuga, l'Ere des Ténèbres : de « Kali », déesse hindoue de la Vie et de la Mort, et « Yuga », une des quatre ères de la terre dans l'hindouisme. (*N.d.T.*)

considérez qu'il faut mille Maha-Yuga pour faire une journée de Brahma, vous verrez ce que je veux dire quand je parle de proportion.

A ce niveau, un peu d'humilité (alors que je suis sur le point de présenter les enfants) n'est pas déplacée.

Padma déplace son poids, embarrassée. « De quoi parlez-vous ? demande-t-elle en rougissant un petit peu. C'est des paroles de brahmane ; en quoi est-ce que ça me concerne ? »

Né et élevé dans la tradition musulmane, je me sens soudain envahi par un enseignement plus ancien ; tandis que là, près de moi, il y a ma Padma, dont j'ai tant désiré le retour... ma Padma ! La déesse lotus ; Celle qui possède la Bouse ; Celle qui est comme-le-Miel-et-faite-d'Or ; dont les enfants sont Humidité et Boue...

« Vous devez avoir encore la fièvre, me dit-elle, d'un ton de reproche, avec un petit rire nerveux. Comment ça, " faite-d'Or ", Monsieur ? Et vous savez que je n'ai pas d'enf... »

Padma, qui avec les génies Yaksa représentant les trésors sacrés de la terre, et les fleuves sacrés, Ganga Yamuna Sarasvati, et les déesses, est une des gardiennes de la vie, qui séduit et réconforte les mortels quand ils passent dans la toile des rêves de Maya... Padma, le calice du lotus, qui sort du nombril de Vishnu et dont Brahma lui-même est né ; Padma la Source, la Mère du Temps !...

« Hé ! » Elle a l'air inquiet maintenant, « Laissez-moi vous toucher le front ! »

... Et où suis-je dans cet ensemble ? Suis-je (séduit et réconforté par son retour) un simple mortel — ou quelque chose de plus ? Comme — oui, pourquoi pas ? — avec la trompe de mammouth et le nez de Ganesh que j'ai — peut-être l'Eléphant. Qui, comme Sin la Lune contrôle les eaux et apporte la pluie... dont la mère était Ira, épouse-reine de Kashyap, le Vieil Homme-Tortue, seigneur et ancêtre de toutes les créatures de la terre... l'Eléphant qui est aussi l'arc-en-ciel et l'éclair, et dont la valeur symbolique, il faut le dire, est tout à fait problématique et pas très claire.

Insaisissable comme les arcs-en-ciel, imprévisible comme

l'éclair, verbeux comme Ganesh, il semble que j'aie ma place dans l'ancienne sagesse, après tout.

« Mon Dieu ! » Padma se précipite pour aller tremper une serviette dans l'eau fraîche, « votre front est brûlant ! Vous feriez mieux d'aller vous allonger ; il est trop tôt pour écrire ! C'est la maladie qui parle ! Pas vous. »

Mais j'ai déjà perdu une semaine ; aussi, fièvre ou pas fièvre, il faut que je me dépêche ; parce qu'ayant (pour l'instant) tari cette source du fabulisme d'autrefois, j'en arrive au cœur fantastique de mon histoire, et je ne dois pas écrire de façon voilée.

Comprenez ce que je dis : pendant la première heure du 15 août 1947 — entre minuit et 1 heure du matin — pas moins de mille et un enfants sont nés à l'intérieur des frontières de l'Etat souverain et nouveau-né de l'Inde. En soi, ce n'est pas un phénomène extraordinaire (encore que les résonances de ce chiffre soient étrangement littéraires) — à l'époque, dans notre partie du monde, les naissances excédaient les morts d'environ six cent quatre-vingt-sept à l'heure. Ce qui rendait l'événement remarquable, c'était la nature de ces enfants, chacun d'eux étant, à cause de quelque caprice de la biologie, de quelque pouvoir surnaturel du moment, ou simplement d'une pure coïncidence (bien qu'une synchronisation sur une telle échelle aurait saisi d'étonnement C. G. Jung lui-même), doté de traits, de talents ou de facultés, qui ne peuvent être qualifiés que miraculeux. C'était comme si — si vous me permettez une petite fantaisie, dans ce qui sera, par ailleurs, je le promets, le récit le plus sobre dont je sois capable — comme si l'histoire arrivant à un maximum de signification et de promesse avait choisi de semer, en cet instant, les graines d'un avenir qui serait radicalement différent de tout ce que le monde avait connu jusqu'ici.

Je n'ai jamais su si un miracle semblable avait eu lieu de l'autre côté de la frontière, dans le Pakistan nouvellement issu de la partition ; tant qu'elles ont duré, mes perceptions furent limitées par la mer d'Oman, le golfe du Bengale, la chaîne de l'Himalaya, mais aussi par la frontière artificielle qui traversait de part en part le Punjab et le Bengale.

Inévitablement, un certain nombre de ces enfants ne réussit pas à survivre. La malnutrition, la maladie, les malheurs quotidiens de l'existence avaient réduit ce nombre de pas moins de quatre cent vingt quand je pris conscience de leur existence ; et il est possible de faire l'hypothèse que ces morts, elles aussi, avaient une signification, car depuis des temps immémoriaux quatre cent vingt est le nombre qui a été associé à la fraude, la tromperie et la tricherie. Les enfants disparus ont-ils été éliminés parce qu'ils étaient devenus insuffisants et n'étaient pas les vrais enfants de minuit ? Tout d'abord, c'est une autre incursion dans la fantaisie ; ensuite, cela dépend d'une conception de la vie qui est à la fois excessivement théologique et d'une cruauté barbare. C'est aussi une question à laquelle il est impossible de répondre ; tout examen supplémentaire est donc vain.

En 1957, les cinq cent quatre-vingt-un enfants survivants approchaient de leur dixième anniversaire, parfaitement ignorants, pour la plupart, de l'existence des autres — bien qu'il y eût certainement des exceptions. Dans la ville de Baud, sur le fleuve Mahanadi, dans l'Etat d'Orissa, il y avait des jumelles qui étaient déjà légendaires dans la région, parce qu'en dépit de leur manque total de beauté elles possédaient toutes deux la capacité de rendre chaque homme qui les voyait désespérément amoureux d'elles et souvent même prêt à se suicider, à tel point que leurs parents stupéfaits étaient sans cesse importunés par une foule d'hommes demandant en mariage une ou même les deux enfants ahuries ; des vieillards qui avaient abandonné la sagesse de leur barbe et des jeunes gens rendus abrutis par la fréquentation des actrices des spectacles ambulants qui passaient chaque mois à Baud ; et il y avait un autre défilé, plus troublant, de familles affligées qui maudissaient les jumelles d'avoir ensorcelé leurs fils, ce qui les avait amenés à commettre des actes de violence contre eux-mêmes, des mutilations fatales, des flagellations et même (dans un cas) une immolation. A ces exceptions près, cependant, les enfants de minuit avaient grandi ignorants de leur véritable parenté, leurs compagnons, dans la longueur et la largeur du diamant brut et disproportionné de l'Inde.

Alors que moi, Saleem Sinai, résultat d'un coup reçu lors d'un accident de bicyclette, je pris conscience d'eux tous.

A quiconque ayant une tournure d'esprit trop inflexible pour accepter de tels faits, je dois dire ceci : ce fut ainsi ; on ne peut nier la vérité. Je devrai seulement porter sur mes épaules le fardeau de l'incrédulité de celui qui ne croit pas. Mais aucune personne instruite dans notre Inde ne peut être totalement immunisée contre le genre d'informations que je suis en train de dévoiler — aucun lecteur de notre presse nationale n'a pas pu ne pas rencontrer des histoires d'enfants magiques et de phénomènes. La semaine dernière seulement, il y avait cet enfant bengali qui déclara qu'il était la réincarnation de Rabindranath Tagore et qui commença à improviser des vers d'une qualité remarquable, au plus grand étonnement de ses parents ; et, moi-même, je me souviens d'enfants à deux têtes (parfois une tête humaine et une tête animale), et autres éléments étranges comme des cornes de bœuf.

Je dois dire que les dons des enfants n'étaient pas tous à désirer, ni même désirés par les enfants eux-mêmes ; et, dans certains cas, les enfants ont survécu, mais privés de leur qualité d'enfants de minuit. Par exemple (pour faire pendant à l'histoire des jumelles de Baud), laissez-moi rapporter le cas d'une petite mendiante du nom de Sundari, qui était née dans la rue derrière la poste centrale, pas loin de la terrasse sur laquelle Amina Sinai avait écouté Ramram Seth, et qui était d'une si grande beauté que, dans les moments qui suivirent sa naissance, elle aveugla sa mère et toutes les femmes qui assistaient à l'accouchement ; le père, se précipitant dans la chambre en entendant les hurlements, fut prévenu à temps par les femmes ; mais le coup d'œil fugitif qu'il lança à sa fille lui altéra la vue au point que, par la suite, il fut incapable de distinguer entre les Indiens et les touristes étrangers, un handicap qui affecta grandement son rendement en tant que mendiant. Par la suite, Sundari fut obligée de porter un bout de tissu sur le visage ; jusqu'à ce qu'une vieille tante brutale la prenne dans ses bras osseux et lui taillade neuf fois le visage avec un couteau de cuisine. Quand j'appris cela, Sundari gagnait très bien sa vie parce que tous ceux qui la regardaient ne pouvaient s'empêcher de prendre en pitié une fille qui, autrefois, avait été trop belle pour qu'on pût la regarder et qui maintenant était si cruellement défigurée ; elle recevait plus d'aumônes que n'importe quel autre membre de sa famille.

Aucun de ces enfants ne supposait que l'heure de sa naissance avait un rapport avec ce qu'il était, et par conséquent cela me prit un certain temps pour le découvrir. Au début, après que l'accident de bicyclette (et en particulier qu'une manifestation) m'eut purgé d'Evie Burns, je me contentais de découvrir, un par un, les secrets des êtres fabuleux qui étaient soudain arrivés dans mon champ de vision mental, en les collectionnant voracement, comme certains garçons collectionnent les insectes et d'autres les trains ; me désintéressant des livres d'autographes et autres manifestations de l'instinct d'accumulation, je plongeais à chaque fois que c'était possible, dans la réalité divisée mais cependant bien plus brillante des cinq cent quatre-vingt-un. (Deux cent soixante-six d'entre nous étaient des garçons ; et nous étions dépassés en nombre par notre contrepartie féminine — elles étaient trois cent quinze, y compris Parvati-la-sorcière.)

Les Enfants de Minuit !... Dans l'Etat de Kérala, un garçon qui pouvait entrer dans les miroirs et ressortir par n'importe quelle surface réfléchissante du paysage — par les lacs et (avec plus de difficulté) par les carrosseries des voitures — et une fille de Goa avec le pouvoir de multiplier les poissons... et des enfants capables de transformations : un loup-garou dans les monts Nilgiri et, dans les Vindhyas, un garçon qui pouvait augmenter et réduire sa taille à volonté et qui avait déjà (par malveillance) été à l'origine d'immenses paniques et de rumeurs sur le retour des géants... dans le Cachemire, il y avait un enfant aux yeux bleus dont je n'ai jamais su le sexe avec certitude, parce qu'en se trempant dans l'eau il (ou elle) pouvait en changer comme elle (ou il) le voulait. Certains d'entre nous appelaient cet(te) enfant Narada, d'autres Markandaya, en fonction de l'ancien conte de fées sur un changement de sexe que nous connaissions… près de Jalna, en plein cœur du Deccan desséché, je découvris un jeune garçon qui trouvait des sources, et à Budge-Budge, à l'intérieur de Calcutta, une fille à la langue acérée, dont les mots avaient déjà le pouvoir d'infliger des blessures physiques, et après que quelques adultes se furent mis à saigner à cause de traits qui étaient sortis de ses lèvres, on avait décidé de l'enfermer dans une cage de bambou et de lui faire descendre le Gange jusqu'à la jungle des Sundarbans (qui est l'endroit rêvé pour les monstres et les fantasmes) ; mais personne n'osait l'approcher, et elle se promena dans la ville entourée d'un vide créé par la peur ; personne n'avait le courage de lui refuser sa nourriture. Il y avait un garçon qui pouvait manger du métal et une fille qui avait la main verte au point de pouvoir faire pousser des aubergines de concours dans le désert de Thar ; et encore et encore et encore… submergé par leur nombre et par l'exotique multiplicité de leurs dons, je ne prêtais guère attention, en ces débuts, à leurs extraordinaires personnalités ; mais inévitablement, nos problèmes, quand ils apparurent, furent les problèmes humains, quotidiens qui naissent du caractère et de l'environnement ; dans nos querelles, nous n'étions que des enfants.

Un fait remarquable : plus l'heure de notre naissance était proche de minuit, plus nos pouvoirs étaient forts. Les enfants qui étaient nés dans les dernières secondes de l'heure n'étaient (pour être franc) guère plus que des phénomènes de cirque : des filles à barbe, un garçon avec des ouïes de truite fonctionnant parfaitement, des enfants siamois avec deux corps pendant à un seul cou et à une seule tête — la tête pouvait parler avec deux voix, une masculine et une féminine, et dans toutes les langues et dialectes parlés du sous-continent ; mais, à cause de toutes leurs merveilles, ils étaient les accidents malheureux et vivants de cette heure surnaturelle. Vers la demi-heure, il y avait des facultés plus intéressantes et plus utiles — dans la forêt de Gir vivait une fille qui avait le pouvoir de guérir par imposition des mains, et à Shillong le fils d'un riche planteur de thé avait la bénédiction (ou la malédiction) d'être incapable de rien oublier de ce qu'il avait vu ou entendu. Mais les enfants qui étaient nés dans la première minute, il leur avait été réservé les plus grands talents auxquels les hommes ont toujours rêvé. Si toi, Padma, il t'arrivait d'avoir eu en ta possession un registre des naissances dans lequel les heures seraient notées à la seconde près, toi aussi, tu saurais qu'un descendant d'une grande famille de Lucknow (né à minuit et vingt et une secondes) dominait complètement, à dix ans, le savoir perdu de l'alchimie, avec lequel il rétablit la fortune de sa maison, ancienne mais dissipée ; et quelle fille de *dhobi*[1] habitant Madras (minuit vingt-sept secondes) pouvait voler plus haut que n'importe quel oiseau en fermant simplement les yeux ; et quel fils d'orfèvre de Benarsi (minuit onze secondes) avait le don de voyager dans le temps, et par conséquent de prédire l'avenir et d'expliquer le passé... un don dans lequel, enfants que nous étions, nous croyions implicitement quand il s'agissait de choses passées et oubliées, mais qu'on tournait en dérision quand il nous annonçait notre propre fin... heureusement de tels registres n'existent pas ; et, en ce qui me concerne, je ne révélerai pas — ou faisant semblant de les révéler, je les falsifierai — leurs noms et même les lieux ; parce que, bien que de telles évidences puissent apporter des preuves à ce que j'avance, les enfants de minuit méritent maintenant qu'on les laisse tranquilles ; peut-être pour qu'on les oublie ; mais je l'espère (contre tout espoir) pour qu'on se souvienne d'eux...

Parvati-la-Sorcière est née dans le vieux Delhi, dans un ensemble de taudis groupés au pied des marches de la mosquée du Vendredi. Pas des taudis ordinaires, bien que les cabanes faites de caisses d'emballage, de tôle ondulée et de bouts de sacs de jute, qui s'entassaient pêle-mêle, ne soient pas différentes des autres bidonvilles... parce que c'était le ghetto des magiciens, oui, exactement le même endroit qui

1. *Dhobi :* blanchisseuse. (*N.d.T.*)

avait vu naître un Bourdon que des couteaux avaient transpercé et que des chiens n'avaient pas pu sauver... le bidonville des prestidigitateurs vers lequel les plus grands fakirs et illusionnistes du pays continuaient à affluer pour chercher fortune dans la capitale. Ils trouvaient des cabanes en tôle, les tracasseries de la police, et des rats... le père de Parvati avait été autrefois le plus grand prestidigitateur de l'Oudh ; elle avait grandi parmi des ventriloques qui pouvaient faire dire des plaisanteries aux pierres, des contorsionnistes capables de s'avaler les jambes, des cracheurs de feu qui crachaient des flammes par le trou du cul et des clowns tragiques qui pouvaient faire sortir des larmes de verre au coin de leurs yeux ; elle était restée tranquillement au milieu de foules haletantes pendant que son père lui enfonçait des lames dans le cou ; et, tout ce temps, elle avait gardé son secret qui était plus grand que toutes les flatteries des illusionnistes qui l'entouraient ; parce que Parvati-la-Sorcière, née à seulement sept secondes de minuit, le 15 août, avait reçu les pouvoirs d'une véritable adepte, les dons lumineux et authentiques de la prestidigitation et de la sorcellerie, l'art qui n'exige aucun artifice.

Ainsi, parmi les enfants de minuit, il y en avait qui possédaient des pouvoirs de transmutation, de sorcellerie, qui pouvaient voler et prophétiser... Mais deux d'entre nous étaient nés à minuit sonnant. Saleem et Shiva, Shiva et Saleem, nez et genoux genoux et nez... A Shiva, l'heure avait donné les pouvoirs de la guerre (de Rama qui pouvait bander l'arc imbandable ; d'Arjuna et de Bhima ; l'ancienne prouesse de Kurus et de Pandavas, irrésistiblement unie en lui !)... et à moi, le plus grand talent de tous — la possibilité de voir dans le cœur et l'esprit des hommes.

Mais c'est Kali-Yuga ; les enfants de l'heure des ténèbres étaient nés, j'en ai peur, au milieu de l'Ere des Ténèbres ; aussi, bien qu'il nous fût facile d'être brillants, nous nous sommes toujours embrouillés sur la question d'être bons.

Voilà ; maintenant, je l'ai dit. C'est ainsi que j'étais — que nous étions.

Padma a l'air d'avoir perdu sa mère — son visage, avec sa bouche qui ne cesse de s'ouvrir et de se fermer, est celui d'un poisson échoué sur le sable. « Oh ! Baba ! dit-elle enfin. Oh ! Baba ! Tu es malade ! Qu'as-tu dit ? »

Non, ce serait trop facile. Je refuse de me réfugier dans la maladie. Ne faites pas l'erreur de repousser ce que j'ai dévoilé sous prétexte que ce ne serait qu'un simple délire ; ou même le produit de l'imagination maladive d'un enfant laid et solitaire. J'ai déjà dit que je ne parlerais pas métaphoriquement ; ce que je viens d'écrire (et de lire à haute voix à Padma stupéfaite) n'est rien d'autre que la vérité littérale, je-le-jure-sur-les-cheveux-de-la-tête-de-ma-mère.

La réalité peut avoir un contenu métaphorique ; cela ne la rend pas moins réelle. Mille et un enfants sont nés ; il y avait mille et une possibilités qui n'avaient jamais existé auparavant, en un lieu et un moment ; et il y avait mille et un culs-de-sac. Les enfants de minuit peuvent avoir pour but de représenter beaucoup de choses, en fonction de votre point de vue : on peut les considérer comme une dernière manifestation de tout ce qui est désuet et rétrograde dans notre nation infestée de mythes, et dont l'échec est hautement souhaitable dans le contexte d'une économie du XXe siècle en pleine modernisation ; ou comme un véritable espoir de liberté, qui est maintenant éteint à jamais ; mais ils ne doivent pas devenir la création bizarre d'un esprit désordonné et malade. Non : la maladie n'a rien à faire là-dedans.

« Très bien, très bien, baba, dit Padma en essayant de me calmer, pourquoi te mettre en colère comme ça ? Repose-toi maintenant, repose-toi un peu, c'est tout ce que je te demande. »

L'époque qui précéda mon dixième anniversaire fut certainement une époque d'hallucinations ; mais les hallucinations n'étaient pas dans ma tête. Mon père, Ahmed Sinai, entraîné par la mort traîtresse du docteur Narlikar et par les effets sans cesse grandissants des djinns-and-tonic, s'était enfui dans un univers de rêves d'une irréalité troublante ; et l'aspect le plus insidieux de ce lent déclin fut que pendant longtemps les gens le prirent pour le contraire exact de ce que c'était... Voici la mère de Sonny, Nussie-canard, qui, un soir, parle à Amina dans notre jardin : « Quelle merveilleuse époque pour vous, Amina, alors que votre Ahmed est dans la fleur de l'âge ! Un si bel homme, et réussissant si bien ! » Elle dit cela assez fort pour qu'il puisse entendre ; et, bien qu'il ait l'air de dire au jardinier ce qu'il faut faire à la bougainvillée malade, bien qu'il prenne l'expression humble de quelqu'un qui n'est pas d'accord, ce n'est absolument pas convaincant, parce que son corps bouffi a commencé à se gonfler et à se rengorger. Même Purushottam, le sadhu déprimé assis sous le robinet du jardin, semble embarrassé.

Mon père décrépit... pendant près de dix ans, il avait été de bonne humeur au petit déjeuner avant de se raser ; mais alors que les poils de son visage blanchissaient en même temps que sa peau, le moment prévu du bonheur cessa d'être une certitude ; et vint le jour où, pour la première fois, il perdit son sang-froid au petit déjeuner. Ce fut le jour où simultanément on augmenta les impôts et où on abaissa les seuils d'imposition ; mon père jeta le *Times of India* d'un geste violent et lança autour de lui un regard furibard avec les yeux rouges qu'il n'avait que quand il se mettait en colère. « C'est comme d'aller aux toilettes ! » s'écria-t-il de façon absconse ; œuf tartine thé sursautèrent sous l'effet de son courroux. « Tu lèves ta chemise et tu baisses ton pantalon ! Femme, ce gouvernement vient dans les toilettes pour nous monter dessus ! »

Et ma mère rougissant sous sa peau sombre, « Janum ; les enfants, s'il te plaît », mais mon père était déjà parti, m'ayant fait clairement comprendre ce que les gens voulaient dire quand ils affirmaient que c'était la merde dans ce pays.

Dans les semaines qui suivirent, le menton de mon père continua à se flétrir et nous avions perdu quelque chose d'autre que le calme du petit déjeuner : il commença à oublier quel genre d'homme il avait été autrefois, avant la trahison du docteur Narlikar. Les rituels de la vie de famille commencèrent à tomber en désuétude. Il ne vint plus à la table du petit déjeuner, pour qu'Amina ne puisse plus lui soutirer de l'argent ; mais, pour compenser, il devint négligent et abandonna des vêtements pleins de billets et de pièces, et ainsi, en lui faisant les poches, elle arriva à joindre les deux bouts. Mais il y eut un signe plus déprimant de son retrait de la vie familiale : il ne nous raconta plus que rarement des histoires quand nous étions au lit, et, quand il le faisait encore, elles ne nous plaisaient pas parce qu'elles étaient mal ficelées et peu convaincantes. Elles avaient toujours le même sujet, des lutins sur des chevaux volants et des aventures dans des pays merveilleux, mais dans sa voix relâchée nous pouvions entendre les grincements et les plaintes d'une imagination rouillée et délabrée.

Mon père avait succombé à l'abstraction. Il semble que la mort de Narlikar et la fin du rêve des tétrapodes aient montré à Ahmed Sinai qu'on ne pouvait pas compter sur les relations humaines ; il avait décidé de se débarrasser de tels liens. Il prit l'habitude de se lever avant l'aube et de s'enfermer avec la Fernanda ou la Flory en cours, dans son bureau du rez-de-chaussée, devant les fenêtres duquel les arbres à feuilles persistantes qu'ils avaient plantés pour célébrer ma naissance et celle du Singe avaient suffisamment poussé pour empêcher la lumière d'entrer. Et, comme on n'osait pas le déranger, mon père sombra dans une solitude profonde, une situation si inhabituelle dans notre pays surpeuplé, qu'elle frisait l'anormalité ; il commença à refuser la nourriture venant de notre cuisine et à vivre de saloperies que sa secrétaire achetait à des marchands ambulants, des *parathas* tièdes, des samosas pâteux aux légumes et des bouteilles de boisson gazeuse. Un parfum étrange sortait par bouffées sous la porte de son bureau ; Amina prenait cela pour l'odeur de l'air vicié, mélangé à celle de la mauvaise nourriture ; mais, d'après moi, c'était une ancienne odeur, revenue sous une forme plus violente, le vieil arôme de l'échec qui ne l'avait jamais quitté depuis le début.

Il revendit tous les appartements qu'il avait achetés pour une bouchée de pain lors de son arrivée à Bombay, et sur lesquels avait été fondée la fortune de la famille. Se libérant de toute relation d'affaires le liant à des êtres humains — même ses locataires anonymes à Kurla, Worli, Matunga, Mazagaon et Mahim — il réalisa ses biens et entra dans l'atmosphère raréfiée et abstraite de la spéculation financière. A cette époque, il restait enfermé dans son bureau, et son seul contact avec le monde extérieur (en dehors de ses pauvres Fernandas) était son téléphone. Il passait ses journées en conférence avec cet instrument, mettant son argent dans telle ou telle participation, sur tels ou tels stocks, investissant dans la rente d'Etat ou soutenant le marché des actions, revendant longtemps après ou immédiatement... et obtenant invariablement le meilleur prix de la journée. Dans une suite de coups de chance, qu'on ne peut comparer qu'à ceux de ma mère sur le champ de courses quelques années plus tôt, mon père et son téléphone prirent la bourse d'assaut, un exploit que l'habitude de mon père pour la boisson qui ne faisait qu'empirer, rendait encore plus remarquable. Imbibé de djinns, il réussissait cependant à se maintenir sur les fluctuations abstraites du marché de l'argent, réagissant à ses mouvements et ses changements imprévisibles comme un amant réagit au moindre caprice de celle qu'il aime... Il pouvait sentir quand les actions allaient monter, quand on allait atteindre un sommet de la courbe ; et il vendait toujours avant la baisse. C'est ainsi que sa plongée dans les solitudes abstraites de ses jours au téléphone fut masquée, que ses réussites financières voilèrent son divorce d'avec la réalité ; mais sous sa richesse qui ne cessait de croître, il allait de plus en plus mal.

Finalement, la dernière de ses secrétaires à chemisier de calicot s'en alla, incapable de supporter de vivre dans une atmosphère si ténue et si abstraite que respirer devenait difficile ; mon père appela Mary Pereira et la cajola en lui disant, « Nous sommes amis, Mary, n'est-ce pas, vous et moi ? » ce à quoi la pauvre femme répondit, « Oui, sahib, je sais ; vous vous occuperez de moi quand je serai vieille », et elle lui promit de lui trouver une remplaçante. Le lendemain, elle lui amena sa sœur, Alice Pereira, qui avait travaillé pour toute sorte de patrons et qui avait une tolérance infinie envers les hommes. Alice et Mary avaient oublié depuis longtemps leur querelle à propos de Joseph D'Costa ; Alice était souvent en haut, avec nous, en fin de journée, et elle apportait dans l'air quelque peu oppressant de la maison, sa vivacité et son impertinence. Je l'adorais, et c'est par elle que j'appris les plus grands excès de mon père, dont les victimes étaient un perroquet et un chien bâtard.

En juillet, Ahmed Sinai était entré dans un état d'ivresse presque permanent ; un jour, nous raconta Alice, il était soudain parti en voiture (elle avait eu peur pour sa vie) et il avait réussi à revenir avec une cage complètement enveloppée, dans laquelle, dit-il, il y avait sa nouvelle acquisition, un *bulbul,* ou rossignol indien. « Pendant je ne sais combien de temps, nous confia Alice, il me raconta tout ce qu'il savait sur ce bulbul ; des contes de fées sur sa façon de chanter et je ne sais plus quoi ; comment un calife avait été captivé par son chant, comment son chant pouvait prolonger la beauté de la nuit ; Dieu seul sait ce que racontait ce pauvre homme, citant du perse et de l'arabe, je n'arrivais plus à m'y retrouver. Mais il enleva le tissu qui recouvrait la cage et dedans il n'y avait qu'un perroquet bavard dont un escroc du Bazaar avait dû peindre les plumes ! Comment vous décrire ce pauvre homme, lui qui était tellement excité avec son oiseau et tout, assis là et criant : Chante, rossignol, chante !... Qu'est-ce que c'est drôle, juste avant que le perroquet meure à cause de la peinture, le pauvre oiseau ne cessait de répéter ce qu'il lui avait appris, avec la même voix, pas en criant comme un oiseau, mais avec exactement la même voix : *Chante, rossignol, chante !* »

Mais il y eut pire. Quelques jours plus tard j'étais assis avec Alice dans l'escalier en colimaçon des domestiques quand elle me dit, « Baba, je ne sais pas ce qu'a ton père en ce moment. Il reste assis toute la journée à maudire le chien ! »

La chienne bâtarde, qu'on avait baptisée Sheri, était montée sur notre colline de deux étages un peu plus tôt cette année-là et nous avait tout simplement adoptés, sans savoir que, pour les animaux, la vie au domaine était une entreprise dangereuse ; et dans son ivresse, Ahmed Sinai en fit un cobaye pour expérimenter la malédiction familiale.

C'était la même malédiction imaginaire dont il avait rêvé pour impressionner William Methwold, mais maintenant, dans la déliquescence de son cerveau, les djinns l'avaient persuadé qu'il ne s'agissait pas d'une invention et qu'il n'avait fait qu'en oublier les termes ; aussi, il passait de longues heures, seul dans son bureau, comme un fou, à expérimenter des malédictions... « Les choses qu'il dit à cette pauvre créature ! s'écria Alice, je me demande comment elle fait pour ne pas tomber raide morte ! »

Mais Sheri restait assise dans un coin et lui faisait des sourires en refusant de devenir rouge ou de se couvrir d'abcès, jusqu'à ce qu'enfin, un soir, il jaillisse de son bureau et ordonne à Amina de nous conduire tous à Horny Vellard. Sheri vint également. Nous nous sommes promenés, stupéfaits, et il a dit, « Montez tous dans la voiture. » Il n'y a que Sheri qu'il ne laissa pas monter... et, tandis que la Rover accélérait avec mon père au volant, elle s'élança à notre poursuite, et le Singe hurlait Papapapapa, et Amina suppliait, Janum-s'il-te-plaît, et je restais assis muet d'horreur, et nous dûmes rouler pendant des kilomètres presque jusqu'à l'aéroport de Santa Cruz avant qu'il ait sa revanche sur la chienne qui refusait de succomber à ses sorcelleries... elle s'éclata une artère en courant et mourut en perdant tout son sang par la gueule et par le derrière sous le regard fixe d'une vache affamée.

Le Singe de Cuivre (qui n'aimait pas particulièrement les chiens) pleura pendant une semaine ; ma mère eut peur de la déshydratation et lui fit boire des litres d'eau, qu'elle déversait en elle comme si elle avait été une pelouse, disait Mary ; mais j'adorai la nouvelle petite chienne que mon père acheta pour mon dixième anniversaire, sans doute parce que, quelque part, il devait se sentir un peu coupable : elle s'appelait Baronne Simki von der Heiden, et elle avait un pedigree plein comme un œuf d'ancêtres bergers allemands, mais ma mère découvrit vite que c'était aussi faux que le faux rossignol, aussi imaginaire que la malédiction oubliée de mon père et que les ancêtres moghols ; elle mourut de maladie vénérienne au bout de six mois. Après cela, nous n'eûmes plus jamais d'animaux domestiques.

Mon père n'était pas le seul à approcher mon dixième anniversaire avec la tête perdue dans les nuages de ses rêves secrets ; parce que voici Mary Pereira s'abandonnant à la tendresse en faisant des chutneys, des kasaundies et des marinades, et, malgré la joyeuse présence de sa sœur Alice, quelque chose lui assombrissait le visage.

« Bonjour, Mary ! » Padma qui semble avoir quelque tendresse pour mon ayah criminelle accueille son retour sur la scène centrale. « Qu'est-ce qui la ronge ? »

Ceci, Padma : harcelée par des cauchemars dans lesquels elle était agressée par Joseph D'Costa, il lui devint de plus en plus difficile de s'endormir. Sachant quels rêves l'attendaient elle s'obligeait à rester éveillée ; des cernes apparurent sous ses yeux, qui se recouvrirent d'une fine pellicule vitreuse ; et graduellement ses perceptions se troublèrent et la veille et le sommeil finirent par se ressembler… un état très dangereux, Padma. Non seulement votre travail en souffre, mais en outre des choses commencent à s'échapper de vos rêves… Joseph D'Costa avait en fait réussi à traverser la frontière floue et apparaissait maintenant à Buckingham, non pas comme un personnage de cauchemar, mais comme un fantôme à part entière. Visible (à cette époque) seulement par Mary Pereira, il commença à la poursuivre dans toutes les pièces de la maison, qu'à la grande honte de Mary il traitait avec autant de désinvolture que s'il avait été chez lui. Elle le voyait dans le salon parmi les verres taillés et les porcelaines de Dresde et les ombres tournoyantes des ventilateurs, vautré sur des fauteuils moelleux, ses longues jambes déguenillées en travers des accoudoirs ; il avait les yeux pleins de blanc d'œuf et des trous dans les pieds, là où le serpent l'avait mordu. Un après-midi, elle le vit dans le lit d'Amina begum, aussi tranquille qu'un concombre près de ma mère endormie, et elle s'écria, « Hé ! Toi là ! Tire-toi de là ! Tu te prends pour qui ? Pour un seigneur ? » mais elle ne réussit qu'à réveiller ma mère stupéfaite. Le fantôme de Joseph tourmentait Mary de façon impossible à dire ; et le pire c'est qu'elle commençait à s'habituer à lui, qu'elle retrouvait des tendresses oubliées au fond d'elle-même, et, bien qu'elle se dise que c'était stupide de se conduire ainsi, elle commença à ressentir une sorte d'amour nostalgique pour l'esprit de l'aide-infirmier mort.

Mais cet amour était sans retour ; les yeux pleins de blanc d'œuf de Joseph restèrent vides ; ses lèvres restèrent figées dans un ricanement accusateur ; et elle comprit enfin que cette nouvelle manifestation n'était pas différente de l'ancien Joseph (bien qu'il ne l'eût jamais agressée) et que, si elle voulait se libérer de lui, elle devait accomplir la chose impensable et avouer son crime au monde. Mais elle ne fit aucune confession, ce qui était sans doute ma faute — parce que Mary m'aimait comme son fils non conçu et non concevable, et se confesser m'aurait profondément blessé, aussi pour mon bien elle supporta le fantôme de sa conscience et elle resta hantée dans la cuisine (mon père avait congédié la cuisinière un soir imbibé de djinns) préparant notre dîner et devenant tout à fait par hasard l'incarnation de la première ligne de mon livre de textes latins, *Ora maritima :* « Près du bord de la mer, l'ayah prépare le repas. » *Ora maritima, ancilla cenam parat.* Regardez dans les yeux d'une ayah qui fait la cuisine, vous y verrez plus de choses que n'en sauront jamais les livres de textes.

Pour mon dixième anniversaire, de nombreux poulets vinrent à la maison pour y être rôtis.

Pour mon dixième anniversaire, il fut clair que les caprices du temps — orages, inondations, tempêtes de grêle dans un ciel sans nuages — qui avaient succédé à la chaleur intolérable de 1956, avaient réussi à faire échouer le second plan quinquennal. Le gouvernement avait été obligé — bien que les élections ne soient pas loin — d'annoncer au monde qu'il ne pouvait plus accepter de prêts à moins que les prêteurs soient d'accord pour attendre indéfiniment le remboursement. (N'exagérons pas cependant : bien que la production d'acier n'ait atteint que deux millions quatre cent mille tonnes à la fin du plan en 1961 et, bien que durant ces cinq années, le nombre de gens sans terre et sans emploi se soit effectivement accru pour devenir supérieur à ce qu'il n'avait jamais été sous le raj britannique, il y eut aussi des gains substantiels. La production de minerai de fer doubla presque ; la capacité en énergie doubla ; la production de charbon fit un bond spectaculaire de trente-huit millions à cinquante-quatre millions de tonnes. On produisit chaque année cinq milliards de mètres de tissu de coton. Ainsi qu'un très grand nombre de bicyclettes, de machines outils, de moteurs diesel, de pompes électriques et de ventilateurs. Mais je ne peux m'empêcher de terminer sur une fausse note : l'analphabétisme resta égal à lui-même ; la population continua à se multiplier.)

Pour mon dixième anniversaire, nous reçûmes la visite de mon oncle Hanif qui se rendit extrêmement impopulaire au domaine de Methwold en s'écriant gaiement, « Les élections arrivent ! Prenez garde aux communistes ! »

Pour mon dixième anniversaire, quand mon oncle Hanif fit sa gaffe, ma mère (qui s'était mise à disparaître mystérieusement pour aller « dans les boutiques ») rougit d'une façon dramatique et inexplicable.

Pour mon dixième anniversaire, on m'offrit un petit berger allemand avec un faux pedigree, qui mourrait peu de temps après de syphilis.

Pour mon dixième anniversaire, tout le monde au domaine de Methwold fit un effort pour être joyeux, mais sous ce mince revêtement chacun pensait à la même chose : « Dix ans ! Mon Dieu ! Où sont-ils passés ? Qu'avons-nous fait ? »

Pour mon dixième anniversaire, le vieil Ibrahim déclara qu'il soutenait le Maha Gujarat Parishad ; pour ce qui était de la possession de la ville de Bombay, il se mettait du côté des perdants.

Pour mon dixième anniversaire, ma suspicion ayant été

éveillée par un rougissement, j'espionnai les pensées de ma mère ; et ce que j'y découvris m'entraîna à la suivre, à devenir cet œil aussi audacieux que le légendaire Dom Minto de Bombay, et à faire des trouvailles importantes près du café du Pionnier.

Pour mon dixième anniversaire, il y eut une fête à laquelle assistèrent ma famille qui avait oublié comment on faisait pour être gai, des camarades de classe envoyés par leurs parents, et un certain nombre de nageuses des piscines de Breach Candy, qui s'ennuyaient un peu et qui permirent au Singe de Cuivre de s'amuser avec elles et de tâter les musculatures protubérantes ; quant aux adultes, il y avait Mary et Alice Pereira, les Ibrahim, Homi Catrack, oncle Hanif et tante Pia, Lila Sabarmati sur qui restaient fixés les yeux de chaque écolier (ainsi que ceux de Homi Catrack) au plus grand agacement de Pia. Mais le seul membre de la bande de la colline à y assister était le loyal Sonny Ibrahim qui avait défié l'embargo lancé sur les festivités par une Evie Burns ulcérée. Il me transmit un message : « Evie a dit que tu ne faisais plus partie de la bande. »

Pour mon dixième anniversaire, Evie, Œil-fendu, Cheveux-gras et même Cyrus-le-Grand envahirent ma cachette ; ils occupèrent la tour de l'horloge et me privèrent désormais de son abri.

Pour mon dixième anniversaire, Sonny avait l'air bouleversé et le Singe de Cuivre quitta les nageuses et s'emporta contre Evie Burns, « Je vais lui apprendre, me dit-elle. Ne t'inquiète pas, grand frère ; je vais lui montrer à celle-là. »

Pour mon dixième anniversaire, abandonné par un groupe d'enfants, j'appris qu'il y en avait cinq cent quatre-vingt-un autres qui fêtaient eux aussi leur anniversaire ; et c'est ainsi que je compris le secret de l'heure de ma naissance ; et, ayant été chassé d'une bande, je décidai de former la mienne, une bande qui s'étendait sur tout le pays, et dont le quartier général était derrière mes sourcils.

C'était ainsi quand j'ai eu dix ans : en dehors de ma tête rien que des ennuis, dans ma tête rien que des miracles.

AU CAFÉ DU PIONNIER

Aucune couleur, sauf le vert et le noir les murs sont verts le ciel est noir (il n'y a pas de toit) les étoiles sont vertes la Veuve est verte mais ses cheveux sont noirs comme la nuit. La Veuve est assise sur une haute haute chaise la chaise est verte le fond est noir les cheveux de la Veuve sont séparés par une raie au milieu c'est vert sur la gauche et sur la droite noir. Haute comme le ciel la chaise est verte le fond est noir le bras de la Veuve est long comme la mort sa peau est verte ses ongles sont longs pointus et noirs. Entre les murs les enfants verts les murs sont verts le bras de la Veuve descend comme un serpent le serpent est vert les enfants crient les ongles sont noirs ils griffent le bras de la Veuve chasse regardez les enfants courent et crient la main de la Veuve s'enroule autour d'eux verte et noire. Maintenant un par un les enfants mmff sont étouffés la main de la Veuve soulève un à un les enfants verts leur sang est noir libéré par les ongles tranchants il éclabousse de noir les murs (verts) tandis que un par un la main enroulée lève les enfants aussi haut que le ciel le ciel est noir il n'y a pas d'étoiles la Veuve rit sa langue est verte mais regardez les dents sont noires. Et les enfants déchirés en deux dans les mains de la Veuve qui roulent roulent des moitiés d'enfants les roulent en petites boules les boules sont vertes la nuit est noire. Et les petites boules volent dans la nuit entre les murs les enfants hurlent alors qu'un par un la main de la Veuve. Et dans un coin le Singe et moi (les murs sont verts les ombres sont noires) nous nous blottissons nous rampons hauts murs verts qui disparaissent dans le noir il n'y a pas de toit et la main de la Veuve vient unparun les enfants hurlent et mmff et des petites boules et une main et crient et mmff et des taches noires qui s'étalent. Maintenant seulement elle et moi plus de cris la main de la Veuve chasse chasse la peau est verte les ongles sont noirs vers le coin elle chasse elle chasse et on s'enfonce dans le coin maintenant la Main se tend se tend et ma sœur me pousse hors du coin et elle reste blottie en regardant la main les ongles se recourbent un cri et mmff et une éclaboussure de noir et tout là-haut aussi haut que le ciel et des rires la Veuve des larmes on me roule en petites boules les boules sont vertes et hors de la nuit la nuit est noire…

La fièvre s'est arrêtée aujourd'hui. Pendant deux jours (m'a-t-on dit) Padma est restée éveillée toute la nuit en me posant des linges humides sur le front, en me tenant quand je frissonnais et quand je rêvais des mains de la Veuve ; pendant deux jours, elle s'est reprochée de m'avoir donné cette décoction d'herbes inconnues ; je la rassure. « Mais cette fois ça n'avait rien à voir avec ça. » Je reconnais cette fièvre ; elle se lève en moi et de nulle part ailleurs ; comme une odeur fétide, elle suinte par mes fissures. J'ai attrapé exactement la même fièvre pour mon dixième anniversaire, et j'ai passé deux jours au lit ; maintenant, alors que mes souvenirs reviennent se déverser hors de moi, cette vieille fièvre est revenue elle aussi. « Ne t'inquiète pas, lui dis-je, j'ai attrapé ces microbes-là il y a vingt-deux ans. »

Nous ne sommes pas seuls. C'est le matin dans l'usine de conserves ; ils ont amené mon fils pour qu'il me voie. Quelqu'un (peu importe qui) est debout près de Padma au bord du lit, et il le tient dans ses bras. « Baba, grâce à Dieu vous allez mieux, vous ne savez pas ce que vous disiez dans votre maladie. » Quelqu'un parle anxieusement en tentant de se frayer un chemin dans mon histoire bien avant son moment ; mais ça ne marche pas… quelqu'un qui a fondé cette entreprise et cet atelier de mise en bouteilles, quelqu'un qui n'a pris soin de mon enfant qu'une seule fois... Attends ! Elle réussit presque à se glisser à l'extérieur de moi, mais heureusement, j'ai encore tous mes esprits, fièvre ou pas fièvre ! Quelqu'un devra reculer et rester masqué dans l'anonymat en attendant son tour ; et ce ne sera pas avant la toute fin. Je détourne mes yeux d'elle et je regarde Padma. Je la préviens, « Ne crois pas que, parce que j'ai eu de la fièvre, les choses que je t'ai dites ne soient pas totalement vraies. Tout s'est passé comme je l'ai décrit. »

« Oh ! Mon Dieu ! Vous et vos histoires, s'écrie-t-elle, toute la journée, toute la nuit — vous vous êtes rendu malade ! Arrêtez un petit peu, hein, ça fera du mal à qui ? » Je ferme obstinément les lèvres, et changeant d'humeur tout à coup, « Dites-moi, Monsieur : est-ce que vous voulez quelque chose ?

— Du chutney vert, je demande. Vert brillant — vert comme des sauterelles. » Et quelqu'un qui ne peut être nommé se souvient et dit à Padma (en parlant avec cette voix douce qu'on n'utilise qu'auprès du lit des malades et aux enterrements) « Je sais ce qu'il veut dire. »... Pourquoi, à ce moment crucial, quand toute sorte de choses attendaient pour être décrites — alors que le café du Pionnier était si proche, et la rivalité des genoux et des nez — est-ce que j'introduis un simple condiment dans la conversation ? (Pourquoi est-ce que je perds du temps, à ce compte-là, sur d'humbles conserves, quand je pourrais décrire les élections de 1957 — alors que toute l'Inde attend de voter depuis vingt et un ans ?) Parce que je hume ; et je sens, derrière les expressions de sollicitude de mes visiteurs, l'odeur agressive du danger. J'ai l'intention de me défendre ; mais je demande l'aide d'un chutney.

Jusqu'à présent, je ne vous ai jamais montré l'usine à la lumière du jour. C'est ce qui est resté non décrit : par des fenêtres aux vitres teintées en vert, mon bureau donne sur l'étage de cuisson où des cuves de cuivre bouillonnent et gargouillent, où des femmes aux gros bras se tiennent sur une estrade de bois et remuent des cuillers de bois à long manche dans l'épaisse fumée odorante des marinades ; tandis que (si l'on regarde de l'autre côté par une fenêtre aux vitres teintées en vert donnant sur le monde) des rails brillent faiblement dans le soleil du matin, coupés à intervalles réguliers par les pylônes sales du système d'électrification. A la lumière du jour, notre déesse de néon safran et vert ne danse pas au-dessus de la porte de l'usine ; nous l'éteignons pour économiser de l'énergie. Mais les trains électriques consomment de l'énergie : les trains régionaux jaune et brun qui ferraillent vers la gare de Churchgate, venant de Dadar et de Borivli, de Kurla et de Bassein Road. D'épaisses grappes d'hommes gros comme des mouches et portant des pantalons blancs sont accrochés aux trains ; je ne nie pas que dans l'usine vous puissiez voir également quelques mouches. Mais il y a aussi pour compenser des lézards, accrochés à l'envers au plafond, immobiles, avec une mâchoire rappelant la presqu'île de Kathiawar... des sons ont aussi attendu qu'on les entende : les bouillonnements des cuves, les chants bruyants, les malédictions grossières, l'humour obscène des femmes aux bras poilus ; les remontrances, nez pointus, lèvres serrées, des surveillantes ; le bruit pénétrant des pots dans l'atelier de mise en bouteilles ; des bruits d'engrenages et le bourdonnement (rare mais inévitable) des mouches... et on retire du chutney vert sauterelle d'une cuve pour le mettre sur un plat bien propre avec des bandes vertes et safran tout autour, à côté d'un autre plat sur lequel sont empilés des casse-croûte venant de la boutique iranienne du coin ; tandis que ce-que-nous-venons-de-voir continue comme d'habitude, et que ce-que-nous-pouvons-entendre résonne à nos oreilles (pour ne pas parler de ce que nous pouvons sentir) seul dans mon lit, dans mon bureau, je me rends compte soudain avec un mouvement d'inquiétude qu'on parle de promenade.

« ... quand tu seras plus fort, dit quelqu'un dont on ne peut dire le nom, une journée à Elephanta, pourquoi pas, une jolie promenade en canot à moteur, et toutes les grottes avec les si belles sculptures ; ou à Juhu Beach, pour la baignade, le lait de noix de coco et les courses de chameaux ; ou même à Aarey Milk Colony !... » Et Padma : « De l'air frais, oui, et le petit aimera être avec son père. » Et quelqu'un, caressant la tête de mon fils : « Nous irons tous, bien sûr. Un beau pique-nique ; une belle journée. Baba, ça te fera du bien... »

Tandis que le chutney arrive dans mon bureau, je m'empresse de mettre un terme à ces propositions. « Non. Je refuse. J'ai du travail. » Et je vois un regard que s'échangent Padma et quelqu'un ; et je comprends que j'ai eu raison de me méfier. Parce qu'une fois, on m'a déjà roulé avec des propositions de pique-nique ! Parce qu'une fois je me suis déjà fait avoir par de faux sourires et de prétendues promenades à Aarey Milk Colony, et on m'a entraîné dehors et on m'a fait monter en voiture ; et avant que je m'en rende compte, des mains m'ont attrapé, il y a eu des couloirs d'hôpital, des médecins, des infirmières qui m'immobilisaient et un masque me déversait de l'anesthésique dans le nez et une voix disait, Comptez maintenant, comptez jusqu'à dix... Je sais ce qu'ils ont dans la tête. « Ecoutez, je leur dis, je n'ai pas besoin de médecins. »

Et Padma : « Des médecins ? Qui parle de... » Mais elle ne trompe personne ; et avec un petit sourire, je dis : « Allez, prenez un peu de chutney. Il faut que je vous dise quelque chose d'important. »

Et, tandis que le chutney — le même chutney qu'autrefois, en 1957, mon ayah Mary faisait si merveilleusement ; le chutney vert sauterelle qui reste à jamais associé à cette époque — les ramenait dans le monde de mon passé, tandis que le chutney les adoucissait, les rendait plus réceptives, je leur parle, avec douceur, persuasion et, grâce à un mélange de condiments et d'éloquence, je réussis à échapper aux mains pernicieuses des médecins habillés de vert. Je leur dis : « Mon fils comprendra. C'est surtout pour lui que je raconte mon histoire, pour que plus tard, quand j'aurai perdu la bataille contre les fissures, il sache. La morale, le jugement, la volonté... tout commence avec la mémoire... et je garde des doubles. »

Du chutney vert, sur des chilli-pakoras, disparaît dans le gosier de quelqu'un ; du vert sauterelle sur un chapati tiède s'éclipse derrière les lèvres de Padma. Je sens qu'elles commencent à faiblir et je poursuis mon avantage. Je leur dis : « C'est la vérité. La vérité de la mémoire, parce qu'elle est particulière. La mémoire sélectionne, élimine, modifie, exagère, minimise, glorifie et dénigre aussi ; mais à la fin elle crée sa propre réalité, sa vision des événements, hétérogène, mais généralement cohérente ; et aucun être humain sain d'esprit ne fera plus confiance à la version d'un autre qu'à la sienne. »

Oui : j'ai dit « sain d'esprit ». Je savais ce qu'elles pensaient : « Beaucoup d'enfants inventent des amis imaginaires ; mais mille et un ! C'est de la folie pure et simple ! » Les enfants de minuit ébranlent même la croyance que Padma a dans mon récit ; mais j'ai réussi à convaincre Padma et on ne parle plus de promenade.

Voici comment je les ai persuadées : en parlant de mon fils, qui a besoin de connaître mon histoire ; en mettant en lumière le travail de la mémoire ; et par d'autres expédients, certains naïvement honnêtes, d'autres rusés comme des renards. « Même Mahomet, dis-je, a d'abord cru qu'il devenait fou : croyez-vous que je n'y ai pas pensé ? Mais le prophète avait Khadija, Abu-Bakr, pour le rassurer sur l'authenticité de l'Appel ; personne ne l'a trahi en le remettant dans les mains de médecins d'un asile d'aliénés. » Maintenant, le chutney vert faisait remonter en elles d'anciennes pensées ; je vis sur leur visage la culpabilité et la honte. « Qu'est-ce que la vérité ? dis-je de façon rhétorique. Qu'est-ce que la raison ? Jésus n'est-il pas sorti de sa tombe ? Est-ce que les hindous — Padma — n'acceptent pas l'idée que le monde est une sorte de rêve ? Que Brahma a rêvé et rêve encore l'univers ? Que nous ne voyons que faiblement dans ce tissu de rêves qu'est Maya. Maya », je pris le ton hautain d'un conférencier, « peut être défini comme tout ce qui est illusoire, comme la tricherie, l'artifice et la duperie. Les apparitions, les fantasmes, les mirages, les tours de passe-passe, la forme apparente des choses : tout cela appartient à Maya. Si je dis que certaines choses ont eu lieu et que vous, perdues dans le rêve de Brahma, vous les trouviez difficiles à admettre, lequel d'entre nous a raison ? Encore un peu de chutney », ajoutai-je avec bienveillance, en me servant copieusement. « Il est très bon. »

Padma se mit à pleurer. « Je n'ai jamais dit que je ne croyais pas, sanglote-t-elle. Bien sûr, chacun doit raconter son histoire de la façon qu'il croit vraie ; mais...

— Mais, l'interrompis-je, toi aussi tu veux savoir ce qui arrive ? Les mains qui dansent sans toucher, les genoux ? Et plus tard, l'étrange bâton du commandant Sabarmati et, bien sûr, la Veuve ? Et les Enfants — que sont-ils devenus ? »

Et Padma approuva. Autant pour les médecins et pour les asiles ; on m'a laissé écrire. (Seul, sauf Padma qui est à mes pieds.) Chutney et éloquence, théologie et curiosité : voici ce qui m'a sauvé. Et encore une fois — appelez cela éducation ou origine de classe ; Mary Pereira aurait dit que j'étais « bien élevé ». Par une démonstration d'érudition et la pureté de mes accents, je leur ai fait honte et elles ont compris qu'elles étaient indignes de me juger ; ce n'est pas très noble, mais quand l'ambulance attend au coin de la rue, tout est bon. (Ça l'a été : je l'ai senti.) Mais j'ai eu un sacré avertissement. C'est une dangereuse entreprise de tenter d'imposer aux autres sa façon de voir les choses.

Padma : si tu doutes encore de mon honnêteté, eh bien, un peu de doute n'a jamais fait de mal à personne. Les hommes absolument sûrs d'eux font des choses épouvantables. Les femmes aussi.

Et pendant ce temps, j'ai dix ans et j'essaie de me cacher dans le coffre de la voiture de ma mère.

C'était le mois où Purushottam le sadhu (à qui je n'avais jamais parlé de ma vie intérieure) désespéra de son existence stationnaire et contracta un hoquet suicidaire dont il souffrit pendant une année entière et qui le soulevait fréquemment à quelques pouces du sol et sa tête rendue chauve par l'eau se fêlait de façon alarmante en cognant dans le robinet du jardin, ce qui finit par le tuer, et un soir, à l'heure du cocktail, il s'écroula sur le côté, les jambes toujours coincées dans la position du lotus, laissant les verrues de ma mère sans aucun espoir de salut ; le mois où le soir j'irais souvent dans le jardin de Buckingham pour regarder les spoutniks traverser le ciel, me sentant à la fois exalté et aussi seul que la petite Laïka, la première et la dernière chienne à avoir été lancée dans l'espace (la Baronne Simki von der Heiden, qui contracta rapidement la syphilis, s'asseyait à côté de moi et suivait de ses yeux de berger allemand Spoutnik II, gros comme une pointe d'aiguille — c'était un temps de grand intérêt canin pour la conquête de l'espace) ; le mois où Evie Burns et sa bande occupèrent ma tour d'horloge, et les coffres à linge sale étant à la fois interdits et trop petits pour garder mon secret et la raison, j'étais obligé de limiter mes visites aux enfants de minuit, à notre heure privée et silencieuse — je m'entretenais avec eux, tous les jours à minuit, et seulement à minuit ; pendant cette heure réservée aux miracles, qui est en quelque sorte un temps extérieur ; le mois où — pour en venir à ce qui nous occupe — je décidai de prouver, de mes propres yeux, la chose terrible que j'avais vue passer fugitivement devant les pensées de ma mère. Depuis que, caché dans un coffre à linge, j'avais entendu deux syllabes de scandale, j'avais soupçonné ma mère d'avoir des secrets ; soupçons confirmés par mes incursions dans ses pensées ; aussi, c'est avec un regard dur et une détermination d'acier que j'allai voir Sonny Ibrahim, un après-midi, après la classe, avec l'intention de lui demander son aide.

Sonny était dans sa chambre, entouré d'affiches de corridas espagnoles, jouant tout seul au cricket. Quand il me vit, il s'écria mécontent, « Hé ! vieux ! j'suis désolé à propos d'Evie, vieux, elle veut écouter personne, vieux, qu'est-ce que t'as bien pu lui faire, vieux ? »... mais je levai une main pleine de dignité pour réclamer le silence.

« Ce n'est pas l'heure de parler de ça, dis-je. Ce que je veux savoir, c'est comment ouvrir des serrures sans la clef. »

Une chose à propos de Sonny Ibrahim : malgré ses rêves de corridas, tout son génie résidait dans le royaume de la mécanique. Depuis quelque temps, il réparait tous les vélos du domaine de Methwold contre des illustrés et des boissons gazeuses. Et Evelyn Lilith Burns lui avait confié l'entretien de sa bien-aimée bicyclette indienne. Il semblait que toutes les machines étaient vaincues par le plaisir innocent avec lequel il caressait leurs parties mobiles ; aucun mécanisme ne pouvait résister à ses soins. Pour dire les choses autrement : Sonny Ibrahim était devenu (uniquement pour comprendre comment ça marchait) un expert pour crocheter les serrures.

Il avait une chance de montrer sa loyauté à mon égard, et ses yeux brillèrent. « T'as qu'à me faire voir la serrure, vieux ! Allons-y ! »

Quand on fut certains de ne pas être observés, on se glissa dans l'allée qui était entre Buckingham et Sans-souci ; on s'arrêta derrière la vieille Rover familiale ; et je lui montrai le coffre. « Celle-ci, dis-je. J'ai besoin de pouvoir l'ouvrir de l'extérieur et aussi de l'intérieur. »

Les yeux de Sonny s'agrandirent. « Hé ! Qu'est-ce que tu veux faire, vieux ? Tu veux te tirer secrètement de chez toi, et tout ? »

Le doigt sur les lèvres, je pris une expression mystérieuse.

« Peux pas t'expliquer, Sonny, dis-je solennellement, c'est du top secret.

— Ho ! Ho ! Vieux ! » dit Sonny et en trente secondes il me montra comment ouvrir le coffre avec l'aide d'un truc en plastique rose. « Prends-le, vieux, dit Sonny Ibrahim. T'en as plus besoin que moi. »

Il était une fois une mère qui pour devenir mère avait accepté de changer de nom ; qui s'était donné comme tâche d'aimer son mari morceau par morceau, mais qui ne réussit jamais à aimer une partie, la partie, c'est étrange, qui rendit possible sa maternité ; qui boitillait à cause des cors aux pieds et dont les épaules ployaient sous le poids des péchés du monde ; dont l'organe peu aimable de son mari ne réussissait pas à guérir des suites d'un gel ; et qui, comme son mari, finit par succomber aux mystères du téléphone, où elle passait de longs moments à écouter ceux qui s'étaient trompés de numéro... peu de temps après mon dixième anniversaire (quand j'eus été guéri d'une fièvre qui est revenue me tourmenter récemment après un intervalle de près de vingt-deux années) Amina Sinai reprit cette habitude de partir soudain faire des courses urgentes immédiatement après que quelqu'un eut appelé par erreur. Mais maintenant, caché dans le coffre de la Rover, un voyageur clandestin l'accompagnait, protégé par des coussins volés et tenant dans sa main un petit bout de plastique rose.

Oh ! Les souffrances qu'on doit endurer au nom de la vertu ! Recevoir coups et bosses ! Respirer, les dents claquantes, l'air du coffre sentant le caoutchouc. Et avoir constamment peur d'être découvert… « Et si elle allait vraiment faire des courses ? Et si le coffre s'ouvrait tout à coup ? Et si on y jetait des poulets vivants, les pattes attachées, les ailes coupées, des oiseaux frémissants, donnant des coups de bec ? Si elle me voyait, mon Dieu ! Je devrais me taire pendant une semaine ! » Les genoux sous le menton — que je protégeais des coups de genou par un vieux coussin — je voyageais incognito dans le véhicule de la perfidie maternelle. Ma mère était une conductrice prudente ; elle roulait lentement et faisait attention en prenant ses virages ; mais je n'en fus pas moins couvert de bleus et Mary Pereira me gronda parce que je m'étais battu : « Arré Dieu, c'est étonnant qu'ils ne t'aient pas mis en pièces. Mon Dieu, quand est-ce que tu grandiras, sale garnement, petit bagarreur ! »

Pour sortir de cette obscurité cahotante, j'entrai, avec la plus grande prudence, dans la partie de l'esprit de ma mère chargée des opérations de conduite et je fus ainsi capable de suivre la route. (Et, aussi, de discerner dans l'esprit habituellement bien ordonné de ma mère un désordre inquiétant. A cette époque j'avais commencé à classer les gens en fonction de leur organisation intérieure et j'avais découvert que je préférais les plus désordonnés, ceux dont les pensées se heurtant continuellement les unes aux autres, de telle façon que des images de nourriture interféraient avec la question sérieuse de gagner sa vie, et que des caprices sexuels se surimposaient à des réflexions politiques, étaient plus en rapport avec la confusion de mon cerveau dans lequel tout se télescopait et où la conscience sautait comme une puce d'une chose sur une autre... Amina, pourvue par son instinct d'ordre et d'assiduité d'un cerveau d'une netteté presque anormale, était une étrange recrue dans les rangs de la confusion.)

Nous allions au nord, là où la ville se transformait en ensembles d'immeubles anonymes, en villages de pêcheurs et en studios de cinéma (pas loin d'ici ! Pas loin d'où je suis assis avec vue sur les trains de banlieue !) ... une zone qu'à cette époque je ne connaissais absolument pas ; je fus très vite désorienté et je dus avouer que j'étais perdu. Enfin, dans une rue peu engageante pleine de mendiants, d'ateliers de réparation de bicyclettes, d'hommes et d'enfants en guenilles, nous nous arrêtâmes. Un groupe d'enfants entoura ma mère quand elle descendit ; elle qui n'aurait pas chassé une mouche jeta une poignée de pièces, ce qui fit reculer une bonne partie de la foule. En fin de compte, elle les repoussa et descendit la rue ; il y avait un enfant qui la suppliait, « Nettoyer voiture, begum ? Nettoyage première classe, begum ? Je surveille voiture jusqu'à ton retour, begum ? Très bon gardien, demande tout le monde ! »... J'attendais sa réponse, un peu paniqué. Comment sortir de mon coffre sous les yeux du moutard ? C'était une première difficulté ; en outre, ma sortie du coffre aurait pu créer une certaine émotion dans la rue... ma mère dit, « Non. » Elle disparaissait en bas de la rue ; le soi-disant laveur et gardien abandonna enfin ; il y eut un moment où tous les yeux se tournèrent vers une voiture, au cas où elle aussi s'arrêterait pour laisser descendre une dame qui jetterait des pièces comme des noix ; et à cet instant (je regardais par plusieurs paires d'yeux pour choisir le bon moment) je me servis du truc de plastique rose et je me retrouvai dans la rue, à côté du coffre d'une voiture refermé en un clin d'œil. Avec un grand sourire et ignorant toutes les mains tendues, je partis dans la même direction que ma mère, fin limier de poche avec un nez de chien de chasse et un tambour là où aurait dû se trouver mon cœur... et j'arrivai quelques minutes plus tard au café du Pionnier.

Des verres sales aux fenêtres ; des verres sales sur les tables

— le café du Pionnier n'était pas grand-chose comparé aux Gaylords et aux Kwalitys des quartiers plus reluisants de la ville ; un vrai coupe-gorge avec des panneaux peints affirmant : EXCELLENT LASSI, FABULEUX FALOODA et BHEL-PURI DE BOMBAY, et de la musique de film sortant d'un poste de radio bon marché posé près de la caisse, et hurlant à vous casser les oreilles, une longue pièce étroite vert sale éclairée par un néon tremblotant, un monde interdit où des hommes aux dents cassées et aux yeux vides étaient assis autour de tables couvertes de toiles cirées et jouaient avec des cartes froissées. Mais, malgré sa décrépitude et sa crasse, le café du Pionnier était dépositaire de bien des rêves. Chaque matin de bonne heure, il se remplissait des meilleurs propres à rien de la ville, tous les chenapans, et des chauffeurs de taxi, et les petits trafiquants et les vendeurs de tuyaux aux courses, tous ceux qui étaient arrivés en ville il y a longtemps en rêvant de devenir des vedettes de cinéma, de posséder des maisons grotesques et vulgaires et de gagner de l'argent au noir ; parce que chaque matin, à 6 heures, les studios de cinéma envoyaient de petits employés au café du Pionnier engager des figurants pour le tournage de la journée. Pendant une demi-heure chaque matin, quand les D. W. Rama Studios, les Filmistan Talkies et les R. K. Films faisaient leur choix, le Pionnier était le lieu où convergeaient toutes les ambitions et tous les espoirs de la ville. Puis les envoyés des studios s'en allaient, accompagnés par les chanceux du jour, et le café se vidait et retombait dans sa torpeur habituelle éclairée au néon. A l'heure du déjeuner, un autre genre de rêves entrait dans le café, pour y passer l'après-midi penchés sur des cartes et d'excellents lassi et du *biri* grossier — des hommes différents avec des espoirs différents : je ne le savais pas alors, mais l'après-midi, le café du Pionnier était un célèbre lieu de rencontre du Parti Communiste.

C'était l'après-midi ; je vis ma mère entrer au café du Pionnier ; n'osant pas la suivre, je restai dans la rue, collant mon nez dans un coin plein de toiles d'araignée de la vitrine crasseuse ; ignorant les regards curieux — parce que mon pantalon blanc, même taché dans le coffre, n'en était pas moins amidonné; mes cheveux, bien que décoiffés dans le coffre, n'en étaient pas moins bien entretenus; mes chaussures, même salies dans le coffre, n'en étaient pas moins les souliers de gymnastique d'un enfant de riche — je suivis ma mère des yeux tandis qu'elle avançait en hésitant et en boitillant sur ses cors entre les tables chancelantes et les hommes au regard dur; je vis ma mère s'asseoir à une table dans l'ombre au fin fond de l'étroite caverne; et je vis l'homme qui se leva pour l'accueillir.

La peau de son visage faisait des plis, ce qui indiquait qu'autrefois il avait été gros; le bétel lui avait taché les dents. Il portait un kurta blanc avec des broderies de Lucknow autour des boutonnières. Il avait de longs cheveux poétiquement longs, qui lui recouvraient les oreilles, mais le sommet de son crâne était chauve et luisant. Des syllabes interdites résonnèrent soudain dans mes oreilles : Na. Dir. Nadir. Je compris tout à coup que je souhaitais désespérément n'être jamais venu.

Il était une fois un mari souterrain qui s'enfuit en laissant un message d'amour pour divorcer; un poète dont les vers ne rimaient même pas, dont la vie avait été sauvée par des chiens. Après une décennie perdue il ressortit Dieu seul sait d'où, et sa peau pendait autour de lui en souvenir de sa rondeur d'autrefois; et, comme sa femme d'il-était-une-fois, il avait pris un autre nom... Nadir Khan était devenu Qasim Khan, le candidat officiel du Parti Communiste de l'Inde. Lal Qasim. Qasim le rouge. Rien n'est dépourvu de signification. Ce n'est pas sans raison qu'on rougit. Mon oncle Hanif avait dit, « Prenez garde aux communistes ! » et ma mère était devenue écarlate; la politique et l'émotion s'étaient réunies dans ses joues... Par l'écran de la vitre carrée, sale, vitreuse, j'observai Amina Sinai et celui-qui-n'était-plus Nadir Khan jouer leur scène d'amour; ils jouaient faux comme de vrais amateurs.

Sur la table couverte d'une toile cirée, un paquet de cigarettes : State Express 555. Les nombres, eux aussi, ont une signification : 420, le nom donné aux fraudes ; 1001, le nombre des nuits, de la magie, des réalités alternatives — un nombre aimé des poètes, haï des politiciens pour qui toute alternative au monde est une menace ; et 555, que j'ai pris pendant des années pour le plus sinistre des nombres, le code du diable, la Grande Bête, Satan lui-même ! C'est ce que m'avait dit Cyrus-le-Grand et je n'envisageais pas la possibilité qu'il pût se tromper. Mais il se trompait : le vrai nombre démoniaque n'est pas 555, mais 666 ; pourtant, dans mon esprit, une aura sombre reste suspendue au-dessus des trois chiffres de cette journée... Mais je m'égare. Il suffit de dire que la marque préférée de Nadir-Qasim était les State Express susdites ; que la forme 5 était répétée trois fois sur le paquet ; et que les fabricants étaient W. D. & H. O. Wills. Incapable de regarder le visage de ma mère, je me concentrai sur le paquet de cigarettes, allant du plan d'ensemble des amants jusqu'au gros plan de nicotine.

Mais des mains entrent dans le champ — tout d'abord les mains de Nadir-Qasim, leur douceur poétique était quelque peu calleuse maintenant ; des mains qui tremblent comme la flamme d'une chandelle, qui rampent sur la toile cirée et qui reculent ; puis des mains de femme, noires comme le jais, qui avancent pouce après pouce, comme d'élégantes araignées ; des mains se lèvent, elles quittent la toile cirée, puis elles planent et commencent la plus étrange des danses, s'élevant, retombant, tournant l'une autour de l'autre, des mains désirant caresser, des mains étirées, tendues, frémissantes, demandant à être — mais finissant toujours par reculer, l'extrémité des doigts évitant de toucher l'extrémité des doigts, parce que ce que je suis en train de regarder sur ma vitre-écran sale de cinéma n'est après tout qu'un film indien dans lequel tout contact physique est interdit de peur que cela corrompe la fleur de la jeunesse indienne ; et il y a des pieds sous la table et des visages au-dessus, des pieds avancent vers des pieds, des visages s'inclinent doucement vers des visages, mais se reculent soudain coupés par la censure... deux étrangers, chacun d'eux portant un nom de cinéma qui n'est pas celui de sa naissance, jouent leur rôle à moitié désiré. J'ai quitté le film avant la fin pour retourner dans le coffre de la voiture non lavée et non gardée, en souhaitant n'être pas venu voir, incapable de résister et voulant tout revoir encore.

Ce que j'ai vu en dernier : la main de ma mère levant un verre à demi plein d'excellent lassi ; les lèvres de ma mère se pressent doucement sur le verre taché avec nostalgie ; les mains de ma mère tendent le verre à son Nadir-Qasim ; qui pose sa bouche poétique sur l'autre côté du verre. Ainsi la vie imitait l'art de mauvaise qualité, et la sœur de mon oncle Hanif apporta l'érotisme du baiser indirect dans le café du Pionnier vert, sale et éclairé au néon.

Pour résumer : pendant l'été 1957, quand la campagne électorale battait son plein, Amina Sinai rougit inexplicablement quand quelqu'un mentionna par hasard le Parti Communiste de l'Inde. Son fils — parmi les pensées agitées de qui il restait encore une place pour une obsession supplémentaire, parce qu'un cerveau de dix ans peut s'adapter à n'importe quel nombre de fixations — la suivit dans le nord de la ville, et l'espionna dans une douloureuse scène d'amour impossible. (Maintenant qu'Ahmed Sinai était gelé, Nadir-Qasim n'avait même pas le désavantage sexuel ; déchirée entre un mari qui s'enfermait dans son bureau pour insulter une chienne bâtarde et un ex-mari qui autrefois avait amoureusement joué à « atteindre-le-crachoir », Amina Sinai en était réduite à des embrassades de verres et à des danses de mains.)

Questions : Ai-je à nouveau utilisé les services du truc en rose ? Suis-je retourné au café des figurants et des marxistes ? Ai-je confronté ma mère à sa faute abominable — parce que quelle mère — qu'importe le il-était-une-fois — devant son fils, comment a-t-elle pu comment a-t-elle pu comment a-t-elle pu ? Réponses : jamais ; jamais, jamais.

Ce que j'ai fait : quand elle retourna « faire des courses », je me logeai dans ses pensées, ne craignant plus désormais de voir les choses de mes propres yeux, je me promenai dans la tête de ma mère, et j'allai jusqu'au nord de la ville ; dans cet incognito sans pareil, je m'assis au café du Pionnier et j'entendis des conversations sur les projets politiques de Qasim le rouge ; désincarné mais tout à fait présent, je suivis ma mère qui accompagnait Qasim dans ses tournées, dans tous les immeubles du quartier (étaient-ce ceux que mon père avait vendus récemment, abandonnant les locataires à leur destin ?), qui l'aidait à faire installer des points d'eau et à harceler les propriétaires pour qu'ils réparent et désinfectent. Ma mère fréquentait les indigents au nom du Parti Communiste — une chose qui ne laissa jamais de la stupéfier. Peut-être le faisait-elle à cause de la paupérisation de sa propre vie ; mais à l'âge de dix ans je n'étais pas disposé à sympathiser ; et, à ma façon, je commençai à faire des rêves de vengeance.

On dit que le calife légendaire, Haroun al-Rachid, aimait se promener incognito parmi le peuple de Bagdad ; moi, Saleem Sinai, je me suis aussi promené dans les petites rues de ma ville, mais je ne peux pas dire que cela m'ait plu.

En vérité, les descriptions de l'excessif et du bizarre et leur contraire, à savoir les versions rehaussées et stylisées du quotidien — ces techniques qui sont aussi des attitudes d'esprit, je les ai plagiées — ou peut-être absorbées — au plus extraordinaire des enfants de minuit, mon rival, mon compagnon échangé, le fils supposé de Wee Willie Winkie : Shiva-les-genoux. C'étaient des techniques qui dans son cas étaient appliquées sans pensée consciente, et elles avaient pour effet de créer une peinture du monde d'une incroyable uniformité, dans laquelle on peut mentionner par exemple l'horrible meurtre des prostituées qui commença à emplir la presse de bas étage (tandis que les cadavres commençaient à emplir les bas étages) qui s'attardait sur les détails d'une certaine partie de cartes. Mourir ou perdre aux cartes c'était la même chose pour Shiva ; d'où sa violence terrible et désinvolte, qui à la fin... mais commençons par le commencement.

Bien que, je l'admets, ce soit ma faute, je suis obligé de dire que, si vous ne me voyez que comme un poste de radio, vous ne saisissez que la moitié de la vérité. La pensée est aussi souvent en images ou purement emblématique que verbale ;

et, de toute façon, pour communiquer avec mes collègues du Congrès des Enfants de Minuit, et les comprendre, il m'était nécessaire de dépasser rapidement le stade verbal. Arrivant dans l'infinie variété de leurs esprits, j'étais obligé d'aller en dessous du mince vernis des pensées qui sont devant l'esprit dans des langues incompréhensibles, avec comme conséquence évidente (et précédemment démontrée) qu'ils se rendaient compte de ma présence. Me souvenant de l'effet dramatique que cela avait eu sur Evie Burns, j'avais certaines difficultés pour adoucir le choc de mon entrée. Chaque fois, la première transmission était celle de l'image de mon visage, souriant de façon apaisante, amicale, confiante, comme un chef, et d'une main tendue en signe d'amitié. Il y avait cependant des difficultés initiales.

Cela me prit quelque temps pour me rendre compte que mon image était distordue par la conscience que j'avais de mon apparition ; et le portrait que j'envoyais dans les pensées de la nation, souriant comme un chat du Chester, était aussi hideux qu'un portrait peut l'être, avec un nez merveilleusement agrandi, un menton totalement inexistant et d'énormes taches sur chaque tempe. Il n'était guère étonnant qu'on m'accueillît souvent avec des hurlements d'effroi. J'étais, moi aussi, souvent horrifié par des images similaires de mes compagnons de dix ans. Quand nous découvrîmes ce qui se passait, j'encourageai les membres du Congrès, un par un, à aller se regarder dans une glace ou dans une flaque d'eau ; et ainsi nous réussîmes à découvrir à quoi nous ressemblions exactement. Les seuls problèmes étaient que notre membre du Kerala (qui pouvait, vous vous en souvenez, traverser les miroirs) ressortit par hasard par la glace d'un restaurant dans le quartier le plus chic de New Delhi et dut battre précipitamment en retraite ; et le membre aux yeux bleus du Cachemire tomba accidentellement dans un lac et changea de sexe, il y entra fille et en ressortit très beau garçon.

Quand je me présentai pour la première fois à Shiva, je vis dans son esprit l'image terrifiante d'un jeune, trapu, à face de rat, avec des dents usées et les deux plus gros genoux que le monde avait jamais vus.

Affronté à une image aux proportions aussi grotesques, le sourire de mon image rayonnante s'éteignit un peu ; ma main tendue se mit à hésiter et à se crisper. Et Shiva, sentant ma présence, réagit en premier avec une fureur extrême ; de grandes vagues de colère m'emplirent la tête ; mais « Hé ! Attends ! Je te connais ! T'es le gosse de riches du domaine de Methwold, non ? » Et moi, aussi étonné, « Le fils de Winkie — celui qui a crevé l'œil d'Œil-fendu ! » Son image se gonfla d'orgueil. « Ha ! Ouais, c'est moi. Personne me casse les pieds, vieux ! » La reconnaissance me réduisit à des banalités : « Alors, comment va ton père ? On ne le voit plus... » Et lui, comme s'il était soulagé : « Lui ? Mon père est mort, vieux. »

Une petite pause ; puis un peu d'embarras — plus de colère — et Shiva, « Ecoute vieux, c'est vachement bien ça — comment tu fais ça ? » Je me lançai dans mon explication habituelle, mais il m'interrompit très vite, « Ho ! Ecoute, vieux, mon père, il m'a dit que j'étais né à minuit pétant — alors c'est nous deux les patrons de ta bande ! Minuit, c'est c' qu'il y a de mieux, non ? Les autres gosses vont aimer qu'on leur dise ça ! » Alors, se leva sous mes yeux l'image d'une seconde et plus puissante Evelyn Burns... repoussant cette idée peu aimable, je lui expliquai, « Ce n'était pas exactement mon idée pour le Congrès ; j'avais en tête quelque chose qui ressemblait plus à, tu sais, une vague fédération de gens égaux, où tous les points de vue peuvent s'exprimer... » Quelque chose ressemblant à un violent reniflement me résonna dans la tête. « Ça, mon vieux, c'est de la blague ! Qu'est-ce des chefs de bande. Moi, par exemple... » (à nouveau, le gonflement d'orgueil) « ça fait deux ans que je dirige une bande ici, à Matunga. Depuis que j'ai huit ans. Des gosses plus vieux que moi et tout. Qu'est-ce que tu penses de ça ? » Et moi, sans me rendre compte, « Elle sert à quoi ta bande — il y a des règles et tout ? » Le rire de Shiva dans mes oreilles... « Ouais, gosse de riche ! Une seule règle. Tout le monde fait ce que je dis ou je leur fais sortir la merde du ventre avec mes genoux ! » Je continuai désespérément à tenter de gagner Shiva à mon point de vue. « C'est que, on doit faire ça, avec un *but,* tu ne crois pas ? Je veux dire, il doit y avoir une *raison,* d'accord ? Aussi je pensais qu'on devrait essayer de le définir, et alors, tu vois, y consacrer notre existence... — Gosse de riche, hurle Shiva, t'y connais rien ! Quel *but ?* Qu'est-ce qui a une *raison d'être* dans le monde ? Pour quelle raison t'es riche et moi pauvre ? Pour quelle raison il y a la faim, vieux ? Dieu sait combien y a de millions d'imbéciles dans ce pays, et tu penses qu'y' a un but ? Je vais te dire, vieux — tu prends ce que tu peux, tu fais ce que tu peux, et après tu meurs. C'est ça, la raison, richard. Tout le reste c'est du flan ! »

Et maintenant, dans mon lit de minuit, je commence à trembler... « Mais l'histoire, dis-je, et le Premier ministre m'a écrit... et tu ne crois même pas en... qui sait ce que nous devrions... » Shiva, mon alter ego, m'interrompit, « Ecoute, mon p'tit gars, t'es plein de trucs débiles, et moi j' vois qu'il va falloir que je prenne les choses en main. Tu vas dire ça à tous les autres zigotos ! »

Nez et genoux genoux et nez... La rivalité qui commença cette nuit-là ne prendrait jamais fin, jusqu'à ce que deux couteaux jaillissent... l'esprit de Mian Abdullah, que des couteaux avaient tué des années plus tôt, s'était-il infiltré en moi, m'imprégnant de cette notion de fédéralisme vague et me rendant vulnérable aux couteaux, je ne saurais le dire ; mais, à ce moment-là, je trouvais quelque courage et je dis à Shiva, « Tu ne peux pas diriger le Congrès ; sans moi, ils ne pourront même pas t'entendre ! »

Et lui, confirmant la déclaration de guerre : « Gosse de riche, ils vont vouloir me connaître ; essaie de m'en empêcher pour voir !

— Oui, lui dis-je, je vais essayer ! »

Shiva, le dieu de la destruction, qui est aussi le plus puissant des dieux ; Shiva, le plus grand des danseurs ; qui chevauche un taureau ; à qui aucune force ne peut résister... le petit Shiva nous raconta qu'il avait dû se battre pour survivre depuis son plus jeune âge. Et quand son père, un an avant à peu près, avait complètement perdu sa voix de chanteur, Shiva avait dû se défendre contre le zèle paternel de Wee Willie Winkie. « Il m'a bandé les yeux, vieux ! Il m'a attaché un bandeau sur les yeux et m'a emmené sur le toit de l'immeuble, vieux ! Tu sais ce qu'il avait dans la main ? Un marteau ! Le salaud, il voulait me casser les jambes, vieux — tu sais, gosse de riche, ils font ça à des gosses pour qu'ils puissent toujours mendier — tu gagnes plus si t'es cassé de partout, vieux ! Et il m'a poussé jusqu'à ce que je sois allongé sur le toit, vieux ! Et alors... » Et alors, le marteau balancé vers les genoux plus gros et plus noueux que ceux de n'importe quel policier, une cible facile, mais les genoux se mirent en action, les genoux se séparèrent... Ils sentirent le marteau qui descendait et s'écartèrent ; et alors le marteau plongea entre les genoux, toujours dans la main de son père ; et alors, les genoux se réunirent comme des poings. Le marteau s'écrasa sur le ciment sans rien faire. Le poignet de Wee Willie Winkie coincé entre les genoux de son fils aux yeux bandés. Un souffle rauque s'échappa des lèvres du père angoissé. Et toujours les genoux, serrant de plus en plus fort, jusqu'à ce qu'il y ait un craquement. « Je lui ai cassé sa saloperie de poignet, vieux ! Ça lui a appris — chouette, non ? »

Shiva et moi, nous étions ascendant Capricorne ; la constellation me laissa seul, mais elle donna à Shiva son pouvoir. Le Capricorne, comme vous le dira tout astrologue, est l'astre dont le pouvoir agit sur les genoux.

Le jour des élections, en 1957, le Congrès indien reçut un choc. Bien qu'il ait remporté le scrutin, douze millions de voix permirent aux communistes d'être le plus important parti de l'opposition ; et à Bombay, malgré les efforts de Boss Patil, un très grand nombre d'électeurs ne firent pas de croix devant le symbole du parti du Congrès représentant une vache-sacrée-avec-son-veau-tétant, et préférèrent les pictogrammes moins attendrissants du Samyukta Maharashtra Samiti et du Maha

Gujarat Parishad. Quand on parla du péril communiste sur notre colline, ma mère rougit à nouveau ; et on se résigna à la partition de l'Etat de Bombay.

Un membre de notre Congrès des Enfants de Minuit joua un rôle mineur dans les élections. Le fils supposé de Winkie fut recruté par — je ne vais pas donner le nom du parti ; mais un seul parti avait suffisamment d'argent — et le jour du vote on le vit avec sa bande (ils se donnaient comme nom les Cowboys) devant un bureau de vote du nord de la ville, certains tenaient à la main de longs bâtons, d'autres jonglaient avec des pierres et d'autres encore se curaient les dents avec des couteaux, et ils encourageaient les électeurs à voter avec sagesse et prudence... et, quand le scrutin fut clos, est-ce qu'on brisa les sceaux sur les urnes ? Est-ce qu'il arriva qu'on remplît les urnes ? Quoi qu'il en soit, quand on compta les bulletins, on découvrit que Qasim le rouge n'avait pas réussi à remporter le siège ; et les employeurs de mon rival furent très satisfaits.

... Mais Padma dit doucement, « C'était quelle date ? » Et je réponds sans y penser : « Au printemps. » Et je me rends compte que j'ai fait une autre erreur — les élections de 1957 ont eu lieu avant et non après mon dixième anniversaire ; mais j'ai beau me torturer les méninges, ma mémoire refuse obstinément de modifier le déroulement des événements. C'est inquiétant. Je ne sais pas ce qui ne marche pas.

Elle dit, en essayant vainement de me consoler : « Pourquoi faites-vous cette tête-là ? Tout le monde oublie les petites choses. »

Mais si les petites choses s'en vont, est-ce que les grosses vont les suivre ?

L'ALPHA ET L'OMÉGA

Il y eut des troubles à Bombay dans les mois qui suivirent les élections ; il y a des troubles dans mes pensées quand je me souviens de cette époque. Mon erreur m'a bouleversé ; aussi, pour retrouver mon équilibre, je dois me placer sur le terrain familier du domaine de Methwold ; je dois laisser l'histoire du Congrès des Enfants de Minuit d'un côté et la douleur du café du Pionnier de l'autre et vous parler de la chute d'Evie Burns.

J'ai donné un titre curieux à ce chapitre : « L'Alpha et l'Oméga ». Il me regarde fixement et exige d'être expliqué — un curieux titre pour ce qui sera le milieu de mon histoire, ça sent le début et la fin, alors que vous pourriez demander que ça concerne plus le milieu ; mais, sans aucun repentir, je n'ai absolument pas l'intention de le changer, bien qu'il y ait quantité d'autres titres possibles, par exemple « Du Singe au rhésus », ou « Doigt coupé », ou — dans un style plus allusif — « Le jars », une référence évidente à l'oiseau mythique, le *hamsa* ou le *parahamsa,* symbole de la possibilité de vivre dans deux mondes, le physique et le spirituel, le monde de la terre et de l'eau et le monde de l'air et du vol. Mais c'est « L'Alpha et l'Oméga », et « L'Alpha et l'Oméga », cela restera. Parce qu'ici il y a des débuts et aussi beaucoup de fins ; mais vous comprendrez vite ce que je veux dire.

Padma exaspérée fait claquer la langue. Elle me critique :

« Vous essayez encore de faire de l'esprit ! Est-ce que vous allez parler d'Evie, oui ou non ? »

... Après les élections générales, le gouvernement central continua à lanterner à propos de l'avenir de Bombay. Il devait y avoir une partition ; il ne devait plus y avoir de partition ; puis la partition revenait sur le tapis. Quant à la ville elle-même, elle devait être la capitale du Maharashtra ; ou à la fois du Maharashtra et du Gujurat ; ou un Etat indépendant à elle toute seule... tandis que le gouvernement essayait de savoir quoi faire, les habitants de la ville décidèrent de l'encourager à se dépêcher. Les émeutes se multiplièrent (et on pouvait toujours entendre le vieux chant de guerre des Mahrates — *Comment vas-tu ? Je vais bien ! Je vais prendre un bâton et te rosser jusqu'en enfer !* — s'élevant au-dessus des échauffourées) ; et pour empirer les choses, le temps se mit de la partie. Il y eut une sécheresse terrible ; les routes se fendaient ; dans les villages, les paysans furent obligés d'abattre leurs vaches ; et le jour de Noël (qu'un garçon qui allait dans une école missionnaire et qui avait une ayah catholique ne pouvait ignorer) il y eut une série de violentes explosions au réservoir de Walkeshwar et les principales canalisations d'eau qui assuraient la vie de la ville firent jaillir des fontaines comme des baleines géantes en acier. Les journaux ne parlaient que de saboteurs ; les spéculations sur l'identité des criminels et leurs attaches politiques disputaient la place aux comptes rendus sur les meurtres de prostituées. (Je fus particulièrement intéressé d'apprendre que le meurtrier avait une curieuse « signature ». Les belles de nuit étaient toutes étranglées ; elles avaient des contusions autour du cou, des contusions trop importantes pour être des marques de pouces, et compatibles avec les marques que laisserait une paire de genoux géants et surnaturels.)

Mais je m'écarte de mon sujet. Qu'est-ce que tout cela, demande le sourcil froncé de Padma, a à faire avec la chute d'Evelyn Lilith Burns ? Immédiatement, je m'empresse de donner la réponse : dans les jours qui suivirent la destruction des réserves d'eau potable de la ville, les chats abandonnés de Bombay se réunirent dans les quartiers où l'eau était encore relativement abondante ; c'est-à-dire les beaux quartiers dans lesquels chaque maison possédait une citerne souterraine ou extérieure. Et, en conséquence, la colline haute de deux étages du domaine de Methwold fut envahie par une armée de félins assoiffés ; des chats grouillaient sur la piste de cirque, grimpaient dans les bougainvillées et bondissaient dans les salons, des chats renversaient les vases de fleurs pour en boire l'eau croupie, des chats bivouaquaient dans les salles de bains, ils lapaient bruyamment l'eau des cabinets, des chats s'étalaient dans les cuisines des palais de William Methwold. Les efforts des domestiques du domaine pour repousser la grande invasion des chats furent vains ; les dames du domaine en furent réduites à des exclamations d'horreur. Il y avait partout les tortillons secs et durs des excréments des chats ; les jardins furent ravagés sous la force du nombre ; et la nuit, il devint impossible de dormir tandis que l'armée des matous se faisait la voix et chantait sa soif à la lune. (La Baronne Simki von der Heiden refusait de lutter contre les chats ; elle montrait déjà des signes de la maladie qui l'emporterait bientôt.)

Nussie Ibrahim téléphona à Amina pour lui annoncer, « Amina, c'est la fin du monde ! »

Elle se trompait ; parce que le troisième jour de la grande invasion, Evelyn Lilith Burns rendit visite à chaque maison du domaine, son pistolet Daisy dans une main, et offrit, en échange d'argent, de mettre fin au fléau des minous dans les plus brefs délais.

Pendant toute la journée, le domaine de Methwold résonna du bruit du pistolet à air comprimé d'Evie et des gémissements des chats, tandis qu'Evie traquait un à un toute l'armée des matous et se faisait une fortune. Mais (comme l'histoire en fait souvent la démonstration) le moment du plus grand triomphe contient également les semences de la chute finale ; et cela se vérifia, car la persécution des chats par Evie fut pour le Singe de Cuivre la goutte qui fit déborder le vase.

« Frère, me dit le Singe avec un large sourire, je t'avais dit que je l'aurais cette fille ; le moment est venu. »

Questions sans réponses : Etait-il vrai que ma sœur connaissait le langage des chats comme celui des oiseaux ? Etait-ce son amour de la vie féline qui lui fit franchir le pas ?... au moment de la grande invasion des chats, les cheveux du Singe étaient devenus châtains ; elle avait perdu l'habitude de brûler les chaussures ; mais, pour on ne sait quelle raison, il y avait toujours en elle une violence qu'aucun de nous n'avait jamais eue ; et elle descendit sur la piste de cirque et hurla : « Evie ! Evie Burns ! Viens ici, tout de suite, où que tu sois ! »

Entourée de chats en fuite, le Singe attendit Evelyn Burns. Je sortis sur le balcon du premier étage pour observer ; Sonny, Œil-fendu, Cheveux-gras et Cyrus regardaient aussi sur leurs balcons. Nous vîmes Evie Burns à la porte des cuisines de Versailles ; elle souffla la fumée du canon de son pistolet.

« Hé ! les Indiens ! Vous pouvez remercier votre bonne étoile que je sois là ! déclara Evie, sinon, tous ces chats vous auraient bouffés. »

Nous vîmes Evie se taire quand elle aperçut ce qui brillait dans les yeux du Singe ; et le Singe s'abattit sur Evie et commença une bagarre qui nous sembla durer des heures (mais ce ne fut peut-être que quelques minutes). Enveloppées par la poussière de la piste de cirque, elles roulaient frappaient griffaient mordaient, des touffes de cheveux des coudes des pieds dans des chaussettes sales des genoux des morceaux de robe volaient au-dessus du nuage de poussière, des adultes accouraient, les domestiques n'arrivaient pas à les séparer et pour finir le jardinier de Homi Catrack dirigea sur elles son tuyau d'arrosage... Le Singe de Cuivre se releva en titubant et secoua sa robe trempée, ignorant les cris de réprimande d'Amina Sinai et de Mary Pereira ; parce qu'Evie Burns était étalée dans la boue de la piste de cirque, son appareil dentaire cassé, les cheveux pleins de poussière et de bave, et son esprit de domination brisé une fois pour toutes.

Quelques semaines plus tard, son père la renvoya aux Etats-Unis, « Pour avoir une éducation correcte loin de ces sauvages », l'entendit-on dire ; je n'eus de nouvelles d'elle qu'une seule fois, six mois plus tard, quand, sans qu'on s'y attende, elle m'écrivit une lettre dans laquelle elle me disait qu'elle avait poignardé une vieille femme qui lui avait reproché d'avoir fait mal à un chat. « Je lui ai donné son compte, écrivait Evie. Dis à ta sœur qu'elle a eu de la chance. » Je saluai la vieille dame inconnue : elle avait payé pour le Singe.

Plus intéressante que la dernière missive d'Evie est cette pensée qui me vient à l'esprit, alors que je jette un regard en arrière dans le tunnel du temps. Ayant devant les yeux l'image du Singe et d'Evie roulant dans la boue, j'ai l'impression d'apercevoir les forces qui les animent derrière leur bataille à mort, quelque chose de bien plus profond que la simple persécution des chats : elles se battaient pour moi. Evie et ma sœur (qui à bien des égards n'étaient pas très différentes) frappaient et griffaient soi-disant pour quelques chats perdus ; mais les coups de pied d'Evie m'étaient peut-être destinés, peut-être manifestaient-ils la violence de sa colère à la suite de mon invasion de sa tête ; et peut-être la force du Singe était-elle la force de la loyauté fraternelle et son acte de guerre était-il un acte d'amour.

Ainsi, du sang fut versé sur la piste de cirque. Un titre que je n'ai pas gardé pour ce chapitre — autant que vous le sachiez — était « Plus épais que l'eau ». A cette époque de restriction d'eau quelque chose de bien plus épais que l'eau ruissela sur le visage d'Evie Burns ; la loyauté du sang animait le Singe de Cuivre ; et dans les rues de la ville les émeutiers versaient mutuellement leur sang. Il y avait des crimes de sang, et peut-être n'est-il pas à propos de terminer ce catalogue sanguinaire en mentionnant à nouveau le sang qui empourprait les joues de ma mère. Cette année-là douze millions de bulletins de vote étaient de couleur rouge, et le rouge est la couleur du sang. Du sang coulerait encore bientôt : les groupes sanguins A et O, Alpha et Oméga — et une autre une troisième possibilité — ne doivent pas être perdus de vue. D'autres éléments également : la zygosité et les anticorps de Kell, et le plus mystérieux des éléments du sang, connu sous le nom de rhésus, qui est aussi une espèce de singe.

Toute chose a une forme, si vous la cherchez. Rien ne peut échapper à la forme.

Mais, avant d'en arriver au jour du sang, je dois prendre mon vol (comme le jars du parahamsa qui peut s'envoler d'un élément pour aller dans un autre) et retourner rapidement aux choses de mon monde intérieur ; parce que bien que la chute d'Evie Burns ait mis un terme à l'ostracisme dont j'étais victime sur la colline, il m'était encore difficile de pardonner ; et pendant quelque temps, restant seul et à distance, je me plongeais dans les événements qui se déroulaient dans ma tête, au tout début de l'histoire de l'association des enfants de minuit.

Soyons honnête : Je n'aimais pas Shiva. Je détestais la grossièreté de son langage, la brutalité de ses idées ; et je commençais à le soupçonner d'une suite terrible de crimes — cependant je croyais que c'était impossible et je ne découvris aucune preuve dans ses pensées, parce qu'il pouvait, c'était le seul des enfants de minuit à pouvoir le faire, m'exclure de n'importe quelle partie de son esprit qu'il choisissait de garder pour lui — ce qui, en soi, ne faisait qu'accroître ma répugnance grandissante et mes soupçons à l'égard de cette face de rat. Cependant, j'étais honnête ; et le tenir à l'écart des autres membres du Congrès ne l'aurait pas été.

Je devrais expliquer qu'au fur et à mesure que mes facilités intellectuelles augmentaient, je découvris qu'il m'était possible non seulement de recevoir ce que transmettaient les enfants ; non seulement d'émettre mes propres messages ; mais aussi (puisqu'il semble que je sois empêtré dans cette métaphore de radio) d'agir comme une sorte de réseau radiophonique national, et qu'en ouvrant mon esprit transformé aux autres enfants, je devenais une espèce de forum où ils pouvaient se parler les uns les autres à travers moi. Aussi, au début de 1958, les cinq cent quatre-vingt-un enfants se réunirent pendant une heure, de minuit à une heure du matin, dans le *lok sabha,* ou parlement de mon cerveau.

Nous étions aussi divers, bavards et indisciplinés que

n'importe quelle bande de cinq cent quatre-vingt-un enfants de dix ans ; et, au-delà de notre exubérance naturelle, il y avait la joie de notre découverte mutuelle. Après une heure de hurlements bavardages discussions rires, épuisé je tombai dans un sommeil trop profond pour les cauchemars et je me réveillai avec mal à la tête ; mais qu'importe. Eveillé, je devais affronter les multiples supplices de la perfidie maternelle et du déclin paternel, de l'inconstance de l'amitié et les diverses tyrannies de l'école ; endormi, j'étais au centre de l'univers le plus excitant qu'aucun enfant n'avait jamais découvert. Malgré Shiva, c'était beaucoup mieux d'être endormi.

La conviction de Shiva qu'il (ou lui-et-moi) était le chef naturel de notre groupe, à cause de sa (et de ma) naissance à minuit sonnant, donnait, j'étais obligé de le reconnaître, un argument de poids en sa faveur. Il me sembla alors — il me semble maintenant — que le miracle de minuit avait été effectivement tout à fait hiérarchique dans sa nature, que les capacités des enfants déclinaient dramatiquement en fonction de l'éloignement du moment de leur naissance par rapport à minuit ; mais même cela était un point de vue âprement contesté... «Qu'est-cequetuveuxdirecommentpeuxtuaffirmerça ? » répétaient-ils en chœur, le garçon de la forêt de Gir dont le visage était absolument neutre et sans traits (sauf pour les yeux les narines et la bouche) et qui pouvait prendre la physionomie qu'il voulait, et Harilal qui pouvait courir aussi vite que le vent, et Dieu sait combien d'autres... « Qui dit que c'est mieux de faire une chose plutôt qu'une autre ? » Et, « Tu sais voler ? Moi, je sais voler ! » Et, « Hé ! Et moi, avec un poisson tu sais en faire cinquante ? » Et, « Aujourd'hui, je suis allé rendre visite à hier. Tu sais le faire ? Alors... » Devant une telle tempête de protestations, même Shiva changea de ton ; mais il en trouva un autre qui serait peut-être plus dangereux — dangereux pour tous les enfants, et pour moi.

Parce que j'avais découvert que je n'étais pas à l'abri des pièges du pouvoir. Qui avait trouvé les enfants ? Qui avait organisé le Congrès ? Qui leur donnait leur lieu de réunion ? N'étais-je pas l'aîné et ne devais-je pas recevoir le respect et l'obéissance dus à mon ancienneté ? Est-ce que celui qui fournissait le local du club ne devait pas diriger le club ?... Ce à quoi Shiva répondait, « Oublie tout ça, vieux. Ces trucs de clubs, c'est bon pour les gosses de riches ! » Mais pendant un temps, il fut dépassé. Parvati-la-sorcière, la fille du prestidigitateur de Delhi, prit parti pour moi (exactement comme des années plus tard elle me sauvera la vie) et annonça, « Non, écoutez-moi tous : sans Saleem nous n'existons pas, nous ne pouvons pas parler ni rien faire, il a raison. Qu'il soit le chef ! » Et moi, « Non, pas *chef,* pensez à moi comme... à un grand frère, par exemple. Je ne suis que le plus âgé. » Ce à quoi Shiva répondit d'un ton méprisant, mais ne pouvant plus discuter : « Okay, grand frère. Maintenant, dis-nous, qu'est-ce qu'on fait ? »

A ce moment-là, je parlai au Congrès des notions qui m'avaient tourmenté ces derniers temps : les notions de but et de signification. « Nous devons penser, dis-je, à quoi nous sommes destinés. »

Je rapporte fidèlement les points de vue d'une sélection typique des membres du Congrès (sauf pour les phénomènes de foire, et ceux qui, comme Sundari la mendiante balafrée, avaient perdu leurs pouvoirs et restaient silencieux dans nos débats, comme des parents pauvres dans une fête de famille) : parmi les philosophies et les buts proposés, il y eut le collectivisme — « Nous devons nous regrouper et vivre quelque part. A quoi les autres peuvent-ils nous être utiles ? » — et l'individualisme — « Vous dites *nous ;* mais tous ensemble, nous sommes sans importance ; qu'est-ce que ça peut faire si chacun de nous a un don qu'il ou qu'elle peut utiliser pour son bien ? » — le devoir filial — « Que nous puissions aider nos pères et mères, c'est ce que nous devons faire » — et la révolution infantile — « Nous devons enfin montrer à tous les enfants qu'il est possible de se débarrasser des parents ! » — le capitalisme — « Pensez aux affaires que nous pouvons faire ! Comme nous pouvons devenir riches, par Allah ! » — et l'altruisme — « Notre pays a besoin de gens qualifiés ; nous devons demander au gouvernement comment il pense utiliser nos compétences » — la science — « Nous devons nous laisser étudier » — et la religion — « Montrons-nous au monde, afin que tous puissent glorifier Dieu ! » — le courage — « Nous devons envahir le Pakistan ! » — et la lâcheté — « Oh ! Ciel ! Nous devons rester secrets, pensez à ce qu'ils vont nous faire, ils vont nous lapider comme sorciers et je ne sais pas quoi ! » ; il y eut des déclarations pour les droits de la femme, et des plaidoyers pour l'amélioration du sort des intouchables ; les enfants sans terre rêvaient de terre ; et les tribus des collines de jeeps ; il y eut aussi des rêves de puissance. « Ils ne peuvent pas nous arrêter ! On peut ensorceler, voler, lire dans les esprits, les changer en grenouilles, faire de l'or et des poissons, et ils tomberont amoureux de nous, et nous pourrons disparaître dans les miroirs et changer de sexe... comment pourraient-ils se battre ? »

Je ne nie pas que j'étais déçu. Je n'aurais pas dû l'être ; ces enfants n'avaient rien d'étrange, à part leurs dons ; ils avaient la tête pleine des choses habituelles, père mère argent nourriture terre possessions renommée pouvoir Dieu. Je ne pus trouver nulle part, dans les pensées du Congrès, quelque chose d'aussi nouveau que nous... mais, moi aussi, j'étais sur la mauvaise voie ; je ne voyais pas mieux que les autres ; et même quand Soumitra le voyageur-dans-le-temps dit, « Croyez-moi, — tout cela ne rime à rien — ils nous auront avant que nous ayons commencé ! », nous l'avons tous ignoré ; avec l'optimisme de la jeunesse — une forme moins virulente de la même maladie qui autrefois avait affecté mon grand-père Aadam Aziz — nous refusâmes de regarder le mauvais côté et aucun d'entre nous ne suggéra que le but des Enfants de Minuit pouvait être l'annihilation ; que nous n'aurions pas de sens tant que nous ne serions pas détruits.

Pour préserver leur intimité, je refuse de distinguer les voix de l'un ou de l'autre ; et aussi pour d'autres raisons ; tout d'abord, mon récit ne peut venir à bout de cinq cent quatre-vingt-une personnalités ; ensuite, les enfants, malgré leurs dons merveilleusement discrets et variés, restaient, à mon point de vue, un monstre à plusieurs têtes, parlant des milliers de langues de Babel ; ils étaient l'essence même de la multiplicité et je ne vois pas comment les diviser maintenant. (Mais il y avait des exceptions. En particulier, il y avait Shiva ; et Parvati-la-sorcière.)

... Destinée, rôle historique, noumène : des bouchées trop grosses pour des gosiers de dix ans. Même, peut-être, pour le mien ; malgré les admonestations du doigt tendu du pêcheur et de la lettre du Premier ministre, j'étais continuellement détourné de mes merveilles par les événements infimes de la vie quotidienne, parce que j'avais faim ou sommeil, que je faisais des singeries avec le Singe, que j'allais au cinéma voir *La Femme cobra* ou *Veracruz,* parce que je désirais avoir des pantalons longs, et à cause de cette inexplicable chaleur en-dessous-de-la-ceinture engendrée par la perspective du bal pendant lequel les garçons du collège de la Cathédrale et John Connon seraient autorisés à danser le boston et la danse mexicaine du chapeau avec les filles de l'institution sœur — comme Masha Miovic, la championne de brasse (« Hé ! hé ! » disait Keith-la-glande) et Elizabeth Purkiss et Janet Jackson — des Européennes, mon Dieu, qui portaient des chemisiers vagues et qui embrassaient ! — en bref, mon attention était continuellement mobilisée par la douloureuse et absorbante torture qui consistait à grandir.

Même un jars symbolique doit redescendre, à la fin, sur la terre ; aussi ce n'est pas suffisant pour moi de limiter maintenant (comme alors) mon histoire à ses aspects miraculeux ; je dois revenir (comme j'avais l'habitude de revenir) au quotidien ; je dois laisser le sang se répandre.

La première mutilation de Saleem Sinai, qui fut rapidement suivie de la seconde, eut lieu un mercredi du début de l'année 1958 — le mercredi du bal tant attendu — sous les auspices de la Société anglo-écossaise d'éducation. Et cela se passa à l'école.

L'agresseur de Saleem : élégant, forcené, avec une moustache barbare en broussaille : je vous présente le bondissant M. Emil Zagallo, l'arracheur de cheveux, qui nous enseignait la géographie et la gymnastique et qui, ce matin-là, déclencha sans le vouloir la crise de ma vie. Zagallo prétendait être péruvien et aimait nous appeler Indiens-de-la-jungle, amateurs-de-verroterie ; il avait accroché au-dessus du tableau noir une gravure représentant un soldat raide, couvert de sueur, avec un casque à pointe et des pantalons de métal, et dans les moments de chahut il avait l'habitude de le montrer du doigt en criant, « Vous lé voyez, bandé dé sauvages ? Cet hommé réprésenté la civilisation ! Vous dévez lé respecter : il a oune *épée !* » Et il faisait siffler sa canne dans la pièce close de murs. Nous l'appelions Pagal-Zagal, Zagallo-le-dingo, parce que malgré toutes ses histoires de lamas, de conquistadores et d'océan Pacifique, nous savions, avec la certitude absolue de la rumeur, qu'il était né dans un immeuble du Mazagoan et que sa mère, originaire de Goa, avait été abandonnée par un agent maritime qui avait décampé ; aussi, ce n'était pas seulement un « Anglo » mais aussi un bâtard. Sachant cela, nous savions pourquoi Zagallo affectait cet accent latin, et pourquoi aussi il était toujours en rage, pourquoi il tapait du poing dans le mur de pierre de la salle de classe ; mais savoir cela ne nous empêchait pas d'avoir peur. Et, ce mercredi matin-là, nous savions que nous allions avoir des ennuis parce que la cathédrale facultative avait été supprimée.

Le mercredi matin, il y avait deux heures de géographie avec Zagallo ; mais seuls les idiots ou ceux qui avaient des parents fanatiques y assistaient, parce que c'était aussi à ce moment-là qu'on pouvait aller à la cathédrale Saint-Thomas, en rang par deux, une longue colonne de garçons de toutes les religions concevables, fuyant l'école dans le giron du Dieu des chrétiens, facultatif et plein de délicatesse. Cela rendait Zagallo fou furieux, mais il ne pouvait rien faire ; aujourd'hui, cependant, il avait une lueur sombre dans le regard parce que Ronchon (c'est-à-dire M. Crusoe, le directeur) avait annoncé à la réunion du matin que la cathédrale était supprimée. D'une voix faible et éraillée sortant de sa tête de grenouille anesthésiée, il nous condamna au double de géographie, et Zagallo-le-dingo nous prit par surprise car nous n'avions pas compris que

Dieu lui-même pouvait être facultatif. L'air maussade, nous sommes entrés dans la tanière de Zagallo ; un des idiots que ses parents n'autorisaient jamais à aller à la cathédrale me chuchota méchamment à l'oreille, « Attendez : il va vous avoir, les mecs, aujourd'hui. »

Et il nous a vraiment eus, Padma.

Assis dans la classe, d'un air lugubre : Keith-la-glande, le gros Perce Fishwala, Jimmy Kapadia le boursier dont le père était chauffeur de taxi, Cheveux-gras Sabarmati, Sonny Ibrahim, Cyrus-le-Grand et moi. D'autres aussi, mais nous n'avons pas le temps maintenant, parce qu'avec des yeux rétrécis par le plaisir, Zagallo-le-dingo nous rappelle à l'ordre.

« Géographie houmainé, annonce Zagallo. Qu'est-ce que c'est ? Kapadia ?

— Je ne sais pas, monsieur. » Des mains se lèvent — cinq appartiennent aux idiots bannis de l'église, et inévitablement la sixième, à Cyrus-le-Grand. Mais Zagallo a soif de sang aujourd'hui : les dévots vont souffrir. « Déchet dé la jonglé », dit-il en flanquant une torgnole à Jimmy Kapadia, et il se met à lui tirer négligemment l'oreille, « Vénez en classé dé temps en temps, et vous saurez ! »

« Oh ! oh ! oh ! oh ! Oui, monsieur, excusez-moi, monsieur... » Six mains s'agitent mais l'oreille de Jimmy menace de lâcher. Je suis entraîné par l'héroïsme... « Monsieur, arrêtez s'il vous plaît, monsieur, il a une maladie de cœur, monsieur ! » Ce qui est vrai ; mais la vérité n'est pas bonne à dire, parce que maintenant Zagallo est près de moi. « Alors, oun pétit discuteur, n'est-cé pas ? » Et on m'emmène en me tirant les cheveux devant toute la classe. Sous les yeux soulagés de mes petits camarades — *merci mon Dieu, c'est lui, — pas nous* — je me tords de douleur sous mes cheveux emprisonnés.

« Alors, réponds à ma question. Tu sais cé qué c'est, la géographie houmainé ? »

La douleur m'envahit la tête, faisant disparaître toute possibilité de tricherie télépathique : « Aïe, non, monsieur, ouille ! »

... Et maintenant, on peut voir qu'une plaisanterie anime Zagallo, une plaisanterie lui sépare le visage en deux dans un simulacre de sourire ; on peut voir ses mains s'élancer devant lui, le pouce et l'index tendus ; on peut remarquer comme le pouce-et-l'index se ferment sur le bout de mon nez et tirent vers le bas... là où va le nez, la tête doit suivre, et finalement le nez descend et mes yeux sont obligés de fixer, à travers des larmes, les pieds chaussés de sandales de Zagallo, avec leurs ongles sales, tandis que Zagallo laisse aller son esprit.

« Vous voyez — vous voyez cé qué nous avons ici ? Régardez, jé vous prie, la facé hideuse dé cetté créatoure primitivé. Céla né vous rappéllé rien ? »

Et les réponses passionnées : « Le diable, monsieur ! » « Un de mes cousins, monsieur ! » « Non, monsieur, un légume monsieur, mais je ne sais plus lequel. » Jusqu'à ce que Zagallo, hurlant au-dessus du tumulte, « Silence ! Fils de babouins ! Cet objet ici » — un coup sur mon nez — « c'est céla la géographie houmainé ! »

« Comment monsieur où monsieur quoi monsieur ? »

Zagallo rit maintenant.

« Vous né voyez pas ? demande-t-il en pouffant. Dans lé visage dé cé singe affreux, vous né voyez pas la clarté dé l'Inde ?

— Oui monsieur faites-nous voir monsieur non monsieur !

— Ici, la péninsule du Deccan qui pend ! » Et moi souffrant Ouillemonnez !

« Monsieur si c'est la carte de l'Inde monsieur qu'est-ce que c'est les taches ? » C'est Keith-la-glande qui s'enhardit. Des ricanements, les rires bébêtes de mes petits camarades. Et Zagallo répond à la question sans difficulté : « Ces tachés, s'écrie-t-il, c'est le Pakistan ! Ces tachés dé naissance sur l'oreillé droité, c'est le Pakistan oriental ; et ces tachés horriblés sur la joue gauche, l'occidental ! Souvénez-vous, pétits imbéciles ! Le Pakistan est ouné taché sur le visagé dé l'Inde ! »

« Ho ! ho ! ho ! ho ! » La classe rigole. « Une plaisanterie de maître, monsieur ! »

Mais, maintenant, mon nez en a assez ; organisant sa lente révolte contre le serrement du pouce-et-de-l'index, il libère une arme à lui... une énorme coulée de morve brillante émerge de ma marine gauche et, plouf, tombe dans la paume de M. Zagallo. Le gros Perce Fishwala hurle, « R'gardez ça, m'sieur ! c' qui lui coule du nez, monsieur ! Est-ce que c'est Ceylan ? »

La main pleine de morve, Zagallo perd son sens de l'humour. Il m'injurie : « Animal ! Tou vois ce que tou as fait ? » La main de Zagallo me libère le nez ; elle retourne aux cheveux. Le déchet nasal est essuyé sur mes boucles bien coiffées. Et, à nouveau, on me prend les cheveux ; à nouveau, la main tire... mais vers le haut maintenant, et ma tête a sauté en l'air, je m'élève sur la pointe des pieds, et Zagallo, « Qu'es-tou ? Dis-moi ce que tou es ? »

« Monsieur un animal monsieur ! »

La main tire plus fort plus haut. « Encore. » Debout sur les ongles des orteils maintenant, je hurle : « Aïe, monsieur un animal un animal s'il vous plaît monsieur aïe ! » Et toujours plus haut... « Encoré oune fois ! » Mais soudain tout se termine ; mes pieds reposent à plat sur le sol ; et la classe tombe dans un silence de mort.

« Monsieur, dit Sonny Ibrahim, vous lui avez arraché les cheveux, monsieur. »

Et la cacophonie : « Regardez monsieur, du sang. » « Il saigne, monsieur. » « S'il vous plaît, monsieur, est-ce que je peux le conduire à l'infirmerie ? »

M. Zagallo reste debout, comme une statue, avec mon toupet à la main. Tandis que moi — trop bouleversé pour éprouver quelque douleur — je sens sur ma tête l'endroit où M. Zagallo m'a fait une tonsure de moine, un cercle où les cheveux ne repousseront jamais plus, et je comprends que la malédiction de ma naissance, qui m'a relié à mon pays, a réussi à trouver une autre expression inattendue d'elle-même.

Deux jours plus tard, Ronchon Crusoe annonça que, malheureusement, M. Emil Zagallo quittait l'établissement pour des raisons personnelles ; mais je connaissais ces raisons.

Mes cheveux déracinés lui étaient restés collés aux mains, comme des taches de sang qui ne pouvaient être lavées, et personne ne veut d'un professeur qui a un poil dans la main, « Le premier signe de folie, comme aimait le dire Keith-la-glande, et le second c'est de le rechercher. »

Le legs de Zagallo : une tonsure de moine ; et, pis que cela, tout un ensemble de nouvelles moqueries que me lançaient mes petits camarades tandis que nous attendions le bus pour rentrer chez nous, nous habiller pour aller au bal : « Morve-au-nez est chauve ! » et « Renifleux a la tête comme une carte ! » Quand Cyrus se mît dans la queue, j'essayai de détourner l'attention de la foule sur lui, en tentant de faire chanter tout le monde, « Cyrus-le-Grand, né sur une assiette, en 1948 », mais personne ne me suivait.

Et nous sommes arrivés aux événements du bal de l'école. Bal au cours duquel des brutes devinrent les instruments du destin, des doigts se transformèrent en fontaines, et Masha Miovic, la légendaire nageuse de brasse, s'évanouit... J'arrivai au bal avec le pansement de l'infirmière sur la tête. J'étais en retard, parce qu'il n'avait pas été facile de persuader ma mère de me laisser venir ; aussi, quand j'entrai dans la salle de réunion, sous les serpentins, les ballons et le regard professionnel et soupçonneux des chaperons, toutes les plus belles filles dansaient déjà avec des partenaires ridiculement satisfaits d'eux-mêmes. Naturellement, les chefs de classe avaient pris parmi les filles le dessus du panier ; je les regardai avec une envie ardente, Guzder Joshi Stevenson Rushdie Talyarkhan Tayabali Jussawalla Waglé King ; j'essayai de m'approcher d'elles au moment des voulez-vous-danser, mais quand elles virent mon pansement, mon concombre et les taches de ma figure, elles se contentèrent de rire et elles tournèrent le dos... je détestais ces bourgeonnements, je haïssais les pommes de terre chips, et je bus de la limonade en me disant, « Ces idiotes ; si elles savaient qui je suis, elles ne resteraient pas longtemps dans mes pattes ! » Mais la peur de révéler ma vraie nature restait plus forte que mon désir quelque peu abstrait pour ces tournoyantes Européennes.

« Hé ! C'est Saleem ? Qu'est-ce qui t'arrive ? » Je fus tiré de ma rêverie solitaire et amère (même Sonny dansait avec quelqu'un ; mais il avait ses creux de forceps et ne portait pas de caleçon — ce n'était donc pas par hasard s'il était attirant) par une voix derrière mon épaule gauche, une voix basse et gutturale, pleine de promesses — mais aussi de menaces. Une voix de fille. Je sursautai presque en me retournant, et je me retrouvai en face de cheveux d'or et d'une poitrine célèbre et proéminente... mon Dieu, elle avait quatorze ans, pourquoi me parlait-elle ?... « Je m'appelle Masha Miovic, dit l'apparition, je connais ta sœur. »

Evidemment ! Les héroïnes du Singe, les nageuses de l'école Walsingham connaissaient certainement la championne universitaire de brasse !...

« Je sais... bégayai-je, je connais ton nom.

— Et je connais aussi le tien », elle redressa ma cravate, « comme ça c'est mieux. » Par-dessus son épaule, je voyais Keith-la-glande et le gros Perce qui nous regardaient en bavant d'envie. Je me redressai en roulant les épaules. Masha Miovic me demanda pourquoi j'avais un pansement. « Ce n'est rien, dis-je d'une voix que j'espérais profonde, un accident de sport. » Et, m'efforçant fiévreusement de garder une voix ferme, « Est-ce que tu veux... danser ? »

« D'accord, dit Masha Miovic, mais n'essaie pas de me peloter. »

Saleem s'élance sur la piste de danse avec Masha Miovic, en se jurant de ne pas la peloter. Saleem et Masha dansent la danse du chapeau mexicain ; Masha et Saleem dansent le boston ! Je laisse mon visage prendre une expression de supériorité ; vous voyez, pas besoin d'être chef de classe pour avoir une fille !... La danse s'acheva ; et, toujours au comble de la joie, je dis, « Tu veux aller faire un petit tour, dans la cour ? »

Masha Miovic sourit pour elle-même. « Eh ben, heu, d'accord, mais une seconde seulement ; et bas les pattes ! Hein ? »

Bas les pattes, Saleem jure. Saleem et Masha qui prennent l'air... vieux, c'est terrible. C'est ça la vie. Adieu, Evie, bonjour championne de brasse... Keith-la-glande et le gros Perce Fishwala sortent de l'ombre. Ils ricanent : « Hii ! hii ! » Masha Miovic semble stupéfaite quand ils nous barrent le passage. « Ho ! ho ! dit le gros Perce, Masha, ho ! ho ! T'as rendez-vous. » Et moi, « Ta gueule, toi ! » Sur quoi, Keith-la-glande, « Tu veux savoir comment il a eu sa blessure de guerre, Mashy ? » Et le gros Perce, « Hi ! ho ! ha ! » Masha dit, « Soyez pas grossiers ; c'est un accident de sport ! » Le gros Perce et Keith-la-glande s'écroulent presque de rire ; et Fishwala raconte tout. « C'est Zagallo qui lui a arraché les cheveux en classe ! » Hi ! ho ! Et Keith, « Morve-au-nez est chauve ! » et tous les deux ensemble, « Renifleux a une tête comme une carte ! » Il y a de la stupéfaction sur le visage de Masha. Et quelque chose de plus, une méchanceté sexuelle... « Saleem, ils sont grossiers avec toi !

— Oui, dis-je. Ne fais pas attention. » J'essaie de l'entraîner. Mais elle continue, « Tu ne vas pas les laisser partir comme ça ? » Elle a de petites gouttes de sueur sur la lèvre supérieure ; sa langue dépasse au coin de sa bouche ; les yeux de Masha disent : *Qui es-tu ? Un homme ou une souris ?...* et, ensorcelé par la championne de brasse, quelque chose passe dans ma tête : l'image de deux genoux invincibles ; et je me précipite sur Keith et sur Fishwala ; ils sont en train de ricaner et mon genou cogne l'aine de la Glande ; avant qu'il tombe, une génuflexion semblable allonge le gros Perce. Je me tourne vers ma championne ; elle applaudit doucement. « Hé ! Très bien ! »

Mais mon moment de triomphe s'achève ; le gros Perce se relève et Keith-la-glande s'avance déjà vers moi... ne cherchant plus à jouer à l'homme, je fais demi-tour et je cours. Et les deux brutes me suivent, et derrière il y a Masha Miovic qui crie : « Où est-ce que tu cours, petit héros ? » Mais je n'ai pas le temps de m'occuper d'elle, il ne faut pas que les autres m'attrapent, dans la première salle de classe, et essayons de fermer la porte, mais le pied du gros Perce est dans la porte et maintenant ils sont tous les deux à l'intérieur, et on me jette violemment sur la porte, je l'attrape de la main droite, *sors si tu peux,* ils repoussent la porte, mais je tire avec toute la force du désespoir, je l'ouvre de quelques pouces, j'y glisse la main, et le gros Perce se lance de tout son poids contre la porte qui se referme avant que j'aie pu retirer ma main, et la porte est fermée. Un bruit sourd. Et à l'extérieur, Masha Miovic arrive et regarde par terre ; et elle y voit le bout de mon médium, comme un morceau de chewing-gum déjà mâché. C'est à ce moment-là qu'elle s'est évanouie.

Aucune douleur. Tout semble très loin. Le gros Perce et Keith-la-glande s'enfuient, pour aller chercher du secours ou pour se cacher. Je regarde ma main par pure curiosité. Mon doigt est devenu une fontaine : un liquide rouge en jaillit au rythme des battements de mon cœur. Je n'aurais jamais cru qu'il y avait tant de sang dans un doigt. Très bien. Voici une infirmière, ne t'inquiète pas, une infirmière, une simple égratignure. *On téléphone à tes parents ; M. Crusoe prend ses clefs de voiture.* L'infirmière met un gros paquet de coton autour de mon moignon. Il devient rouge comme de la barbe à papa. Et voici Crusoe. Monte en voiture, Saleem, ta mère va directement à l'hôpital. Oui monsieur. Et le bout, est-ce que quelqu'un a *le bout ?* Oui, monsieur le directeur, le voici. Merci, mademoiselle l'infirmière. C'est sûrement inutile, mais on ne sait jamais. Tiens ça pendant que je conduis, Saleem... et tenant mon bout de doigt sectionné dans ma main gauche non mutilée, on me conduit à l'hôpital de Breach Candy par les rues bruyantes de la nuit.

A l'hôpital : des murs blancs des brancards tout le monde parle en même temps. Les mots coulent autour de moi comme des fontaines. « Oh ! Mon Dieu ! Aie pitié de nous, mon petit-morceau-de-lune, que t'ont-ils fait ? » Et le vieux Crusoe, « Hé ! hé ! Madame Sinai, ce sont des accidents qui arrivent ! Ce sont des garçons ! » Mais ma mère, en fureur, « Qu'est-ce que c'est votre école, monsieur Caruso ? Voici le doigt de mon fils en morceaux et c'est tout ce que vous trouvez à me dire ? Ça ne va pas. Non, monsieur. » Et tandis que Crusoe, « Mon vrai nom... comme Robinson, vous voyez... » le médecin s'approche et on pose une question dont la réponse va modifier le monde.

« Votre groupe sanguin, madame Sinai, s'il vous plaît ? Ce garçon a perdu beaucoup de sang. Il est nécessaire de faire une transfusion. » Et Amina : « Je suis A ; mais mon mari est O. » Et elle crie, éclate en sanglots, et à nouveau le médecin, « Ah ! alors connaissez-vous celui de votre fils... » Mais elle, fille de médecin, doit avouer qu'elle ne peut répondre à la question : Alpha ou Oméga ? « Bien, alors ce sera très rapide ; mais quel rhésus ? » Ma mère, à travers ses larmes, « Mon mari et moi, nous avons tous deux un rhésus négatif. » Et le médecin, « Très bien, c'est déjà ça. »

Mais quand je suis sur la table d'opération — « Assieds-toi ici, mon garçon, je vais juste te faire une anesthésie locale, non, madame, il est choqué, une anesthésie générale est impossible, très bien, mon garçon, tiens ton doigt en l'air sans bouger, aidez-le, mademoiselle l'infirmière, ce sera fini en un clin d'œil » — quand le chirurgien recoud le morceau de doigt et réussit le miracle de la transplantation des racines de l'ongle, il y a de l'agitation par-derrière, à des millions de kilomètres, et, « Etes-vous la seconde Mme Sinai ? » je n'entends pas très bien... les mots viennent de très loin... Mme Sinai, vous êtes sûre ? O et A ? A et O ? Et rhésus négatif, tous les deux ? Hétérozygotes ou homozygotes ? Non, il doit y avoir une erreur, comment peut-il être ?... Je suis désolé, c'est absolument évident... positif... et ni A ni O... excusez-moi, madame, mais c'est bien votre... pas adopté ou... l'infirmière s'interpose entre moi et les bavardages lointains, mais ça ne va pas, parce que ma mère pousse un cri déchirant, « Mais vous devez me croire, docteur ; mon Dieu, *mais bien sûr que c'est notre fils !* »

Ni A ni O. Et le rhésus : positif, ce qui est impossible. Et dans le sang de très rares anticorps de Kell. Et ma mère pleure, pleure, pleure, pleure... « Je ne comprends pas. Je suis fille de médecin et je ne comprends pas. »

Alpha et Oméga m'ont-ils démasqué ? Le rhésus tend-il son doigt auquel on ne peut répondre ? Et Mary Pereira sera-t-elle obligée de... Je m'éveille dans une chambre blanche et la fraîcheur des stores vénitiens, avec Radio Inde comme compagnie. Tony Brent chante : « Des voiles rouges dans le soleil couchant. »

Ahmed Sinai, le visage ravagé par le whisky, et maintenant par quelque chose de pire, est debout près du store vénitien. Amina parle à voix basse. A nouveau, des bribes à des millions de kilomètres. Janumsilteplaît. Jetensupplie. Non, qu'est-ce que tu dis ? C'était bien sûr. Evidemment tu es le. Comment peux-tu penser que j'aurais. Qui pourrait avoir. Oh ! Dieu ! Ne reste pas là à regarder. Je le jure, jelejuresurlatêtedemamère. Elle est...

Une autre chanson de Tony Brent, dont le répertoire est aujourd'hui étrangement semblable à celui de Wee Willie Winkie : « Combien pour ce chien dans la vitrine ? » s'élève sur les ondes de la radio. Mon père s'approche du lit, au-dessus de moi, je ne l'ai jamais vu comme ça. « Papa... » Et lui, « J'aurais dû m'en douter. Il n'a rien de moi. Ce nez, j'aurais dû... » Il tourne les talons et quitte la pièce ; ma mère le suit, trop bouleversée pour parler à voix basse : « Non, janum, je ne te permets pas de penser de telles choses à mon sujet ! Je vais me tuer ! » et la porte claque derrière eux. Il y a du bruit à l'extérieur : un claquement. Ou une claque. Ce qui compte le plus dans votre vie a lieu en votre absence.

Tony Brent commence à susurrer son dernier succès dans ma bonne oreille : et il m'assure mélodieusement que « Les nuages s'en iront bientôt ».

... Et aujourd'hui, moi, Saleem Sinai, je suis résolu à doter mon moi-d'alors des bénéfices de la sagesse *a posteriori;* détruisant les unités et les conventions de la bonne écriture, je le mets au courant de ce qui va se passer, simplement pour qu'il puisse penser ceci : « Ô opposition éternelle entre l'intérieur et l'extérieur ! Parce qu'un être humain, à l'intérieur de lui-même, est tout sauf un ensemble, tout sauf quelque chose d'homogène ; toute sorte de n'importe quoi saute en lui, et il est une personne pendant une minute, et une autre la minute suivante. Mais le corps, lui, est plus homogène que n'importe quoi. Indivisible, un ensemble une pièce, un temple sacré, si vous voulez. Il est important de préserver sa totalité. Mais la perte de mon doigt (qui était suffisamment prédite par le doigt tendu du pêcheur de Raleigh[1]), sans parler de la dépose de certains de mes cheveux de sur ma tête, a détruit tout cela. Ainsi, nous entrons dans une situation qui n'est pas loin d'être révolutionnaire ; et son effet sur l'histoire risque d'être assez effrayant. Débouchez le corps, et Dieu seul sait ce qui en sortira. Et, soudain, vous êtes pour toujours autre que ce que vous étiez ; et le monde devient tel, que des parents peuvent cesser d'être des parents et que l'amour peut se transformer en haine. Et ce ne sont, remarquez-le, que les effets sur la vie privée. Les conséquences dans le domaine des actions publiques, comme nous le verrons bientôt, ne sont — ne furent — ne seront pas moins profondes.

Finalement, si l'on retire mon don de prescience, je vous ai laissés avec l'image d'un garçon de dix ans, le doigt bandé, dans un lit d'hôpital, méditant sur du sang, des bruits ressemblant à des claques, et sur l'expression du visage de son père : un long zoom au téléobjectif, la musique de la bande-son couvre ma voix parce que Tony Brent arrive à la fin de son pot-pourri, et sa dernière chanson est la même que celle de Wee Willie Winkie : « Bonne nuit, mesdames » ; c'est le titre de la chanson. Joyeusement, la scène s'éloigne, s'éloigne, s'éloigne...

(Fondu au noir.)

1. Raleigh Walter (1552-1618), navigateur et écrivain anglais. Un des premiers à avoir exploré le bassin de l'Amazonie. Décapité par Jacques Ier. (*N.d.T.*)

L'ENFANT KOLYNOS

De l'ayah à la Veuve, j'ai été le genre de personne pour qui tout a toujours été fait ; mais Saleem Sinai, la victime éternelle, continue à se voir comme un protagoniste. En dépit du crime de Mary ; sans tenir compte de la typhoïde et du venin de serpent ; en repoussant deux accidents, dans un coffre à linge et sur une piste de cirque (quand Sonny Ibrahim, expert dans l'art de crocheter les serrures, laissa les cornes bourgeonnantes de mes tempes envahir ses creux de forceps, et par cette combinaison ouvrit la porte aux enfants de minuit) ; en rejetant les effets de la poussée d'Evie et de l'infidélité de ma mère ; malgré la perte de mes cheveux à cause de l'amertume violente d'Emil Zagallo, et celle de mon doigt à cause de Masha Miovic qui s'en pourléchait les babines ; m'opposant résolument à toutes les indications contraires, je n'exagérerai pas, comme le ferait un scientifique, en revendiquant une place au centre des choses.

« ... votre vie qui sera d'une certaine façon le miroir de la nôtre », avait écrit le Premier ministre, m'obligeant ainsi, sur le plan scientifique, à affronter la question suivante : *Dans quel sens ?* Comment, en quels termes, peut-on dire que la vie d'un seul individu peut se heurter au destin d'une nation ? Je dois répondre avec des adverbes et des traits d'union : je fus enchaîné à l'histoire, à la fois littéralement et métaphoriquement, activement et passivement, dans quoi nos scientifiques (admirablement modernes) pourront reconnaître des « modes de connexion » composés de « configuration à combinaison duelle » des couples d'adverbes opposés donnés ci-dessus. C'est ce qui rend les traits d'union nécessaires : activement-littéralement, passivement-métaphoriquement, activement-métaphoriquement, et passivement-littéralement, j'étais inextricablement imbriqué dans mon monde.

Me rendant compte de la stupéfaction non scientifique de Padma, j'en reviens à l'à-peu-près du langage habituel : par la combinaison d' « actif » et de « littéral », j'entends bien sûr toutes mes actions qui ont directement — littéralement — affecté ou altéré le cours, qui ont été à l'origine d'événements historiques, par exemple la façon dont j'ai fourni leur chant de guerre aux manifestants des questions linguistiques. L'union de « passif » et de « métaphorique » renferme toute tendance, tout événement socio-politique qui, par le simple fait d'exister, m'a affecté métaphoriquement — par exemple, si vous lisez entre les lignes le chapitre intitulé « Le doigt tendu du pêcheur », vous percevrez l'inévitable relation entre les tentatives du nourrisson pour se précipiter vers l'âge adulte et mes propres efforts de croissance explosive... Ensuite, « passif » et « littéral », reliés par un trait d'union, recouvrent tous les moments où des événements nationaux ont pesé directement sur moi ou sur ma famille — dans cette rubrique, vous pouvez mettre le gel des biens de mon père, ainsi que l'explosion du réservoir de Walkeshwar, qui déclencha la grande invasion des chats. Et enfin, il y a le « mode » « actif-métaphorique » qui regroupe les cas où des choses faites par moi ou à moi se sont reflétées dans le macrocosme des affaires publiques, et où ma vie privée a symbolisé l'histoire. La mutilation de mon doigt fut un de ces cas, parce que quand je fus séparé de l'extrémité de mon doigt et que du sang (ni Alpha ni Oméga) jaillit en fontaine, il arriva la même chose à l'histoire, et toute sorte de n'importe quoi se mirent à nous couler dessus ; mais parce que l'histoire opère sur une plus grande échelle que n'importe quel individu, on mit bien plus longtemps à tout recoudre et à éponger le sang.

« Passif-métaphorique », « passif-littéral », « actif-métaphorique » : le Congrès des Enfants de Minuit était les trois à la fois ; mais il ne devint jamais ce que je souhaitais le plus qu'il fût ; nous n'avons jamais opéré dans le premier, le plus significatif des « modes de connexion ». Le mode « actif-littéral » nous ignora.

Une transformation qui ne finit jamais : une infirmière blonde et trapue, dont le visage est figé sur un sourire d'une insincérité absolue, a conduit Saleem aux neuf doigts, à la porte d'entrée de l'hôpital de Breach Candy. Il cligne des yeux dans la violente clarté du monde extérieur, en essayant de voir qui sont ces deux silhouettes qui se dirigent vers lui, en plein dans le soleil, « Regarde ! roucoule l'infirmière, Regarde qui vient te voir ! » Et Saleem comprend que le monde ne tourne pas rond, parce que son père et sa mère qui auraient dû venir le chercher, se sont apparemment transformés en sa nourrice Mary Pereira et son oncle Hanif.

Hanif Aziz mugissait comme les sirènes des bateaux dans le port et avait l'odeur d'une ancienne fabrique de tabac. Je l'aimais beaucoup, à cause de son rire, de son menton pas rasé, son air d'avoir été assemblé un peu au hasard, son manque de coordination qui le rendait dangereux (quand il venait nous voir à Buckingham, ma mère rangeait les vases). Les adultes ne pensaient jamais qu'il se conduisait comme il le fallait (« Faites attention aux communistes ! » beuglait-il et ils rougissaient), ce qui créait un lien entre lui et les enfants — les enfants des autres parce que Pia et lui n'en avaient pas. Oncle Hanif qui, un jour, sans prévenir, alla faire un petit tour sur le toit de sa maison.

... Il me donne une grande claque dans le dos et me fait tomber dans les bras de Mary. « Alors, mon petit bagarreur ! T'as l'air en pleine forme ! » Mais Mary, très vite, « Mais si maigre, Jésus ! Ils ne t'ont pas donné à manger ! Tu veux du pudding à la farine de maïs ? De la banane écrasée dans du lait ? Est-ce qu'ils t'ont donné des chips ? »... et Saleem regarde ce nouveau monde dans lequel tout semble aller trop vite ; sa voix, quand elle s'élève, est haut perchée, comme si quelqu'un avait augmenté la vitesse. « Maman, papa ? demande-t-il, le Singe ? » Et Hanif beugle, « Ça va très bien ! Ce garçon est en pleine forme ! En route mauvaise troupe : un petit tour en Packard, d'accord ? » Et Mary Pereira parle en même temps ; elle promet : « Du gâteau au chocolat, des *laddos,* du *pista-ki-lauz,* des samosas à la viande, du *kulfi.* T'es si maigre, baba, que le vent va t'emporter. » La Packard s'éloigne ; elle ne tourne pas dans Warden Road, vers la colline deux étages ; et Saleem, « Hanif mamu, où est-ce qu'on... » Pas le temps de finir ; Hanif rugit, « Ta tante Pia nous attend ! On va drôlement rigoler ! » Et il ajoute, sur un ton de conspirateur et d'une voix sombre : « On va bien s'amuser ! » Et Mary, « Arré baba ! Des steaks ! Et du chutney vert ! »...

« Non, du noir », dis-je, enfin séduit : mes ravisseurs ont l'air soulagé. « Non, non ! s'écrie Mary, du vert, baba. Exactement comme tu aimes. » Et, « Du vert pâle ! beugle Hanif, vert comme des sauterelles ! »

Tout va trop vite... nous sommes au coin de chez Kemp, les voitures filent comme des balles... mais une chose n'a pas changé. Sur le panneau, l'enfant Kolynos sourit à belles dents, ce sourire de lutin de l'enfant dans la chlorophylle verte, le sourire de fou du gosse éternel, qui vide sans fin un tube inépuisable de pâte dentifrice sur une brosse à dents verte : *Des dents propres, des dents brillantes, dentifrice Kolynos super-blanc !...* et vous pouvez aussi me voir comme un enfant Kolynos involontaire, vidant le tube sans fin de ses crises et de ses transformations, étalant le temps sur ma brosse à dents métaphorique ; un temps propre et blanc avec des raies de chlorophylle verte.

Ce fut le début de mon premier exil. (Il y en aura un deuxième et un troisième.) Je le supportais sans me plaindre. Je me doutais bien qu'il y avait une question que je ne devrais jamais poser ; j'avais été prêté, comme un illustré, à la librairie d'occasion de Scandal Point, pour une période indéterminée ; et, quand mes parents me voudraient à nouveau, ils viendraient me chercher. *Quand,* ou *si* : parce que je me tenais responsable de mon bannissement. Ne m'étais-je pas infligé une difformité supplémentaire à ajouter aux jambes torses nez-concombre tempes à cornes joues à taches ? N'était-il pas possible que mon doigt mutilé ait été (comme l'annonce de mes voix l'avait été), pour la longanimité de mes parents, la goutte d'eau qui avait fait déborder le vase ? Que je ne sois plus une bonne affaire à risquer, que je ne vaille plus l'investissement de leur amour et de leur protection ?... Je décidai de récompenser mon oncle et ma tante pour la gentillesse avec laquelle ils recueillaient une créature aussi misérable que moi, de jouer au neveu modèle et d'attendre la suite des événements. Parfois, j'avais envie que le Singe vienne me voir ou me téléphone ; mais s'attarder sur de tels sujets ne faisait que crever les ballons de ma tranquillité d'âme, aussi je faisais tout ce que je pouvais pour penser à autre chose. En outre, vivre avec Hanif et Pia Aziz était exactement ce que mon oncle m'avait promis : très amusant.

Ils étaient aux petits soins pour moi, autant que des enfants l'attendent d'adultes sans enfants. Leur appartement sur Marine Drive n'était pas très grand, mais il y avait un balcon d'où je pouvais jeter des écorces de cacahuètes sur la tête des passants ; il n'y avait pas de chambre supplémentaire, mais on m'offrit un merveilleux divan, blanc et moelleux, avec des rayures vertes (une première preuve de ma transformation en enfant Kolynos) ; ayah Mary, qui apparemment m'avait suivi dans mon exil, dormait sur le sol à côté de moi. Le jour, elle m'emplissait l'estomac de toutes les friandises et de tous les gâteaux promis (payés, je crois aujourd'hui, par ma mère), j'aurais dû grossir énormément, mais j'avais commencé à pousser dans d'autres directions et, au bout d'une année d'histoire accélérée (alors que je n'avais qu'onze ans et demi), j'avais déjà atteint ma taille d'adulte, comme si quelqu'un m'avait attrapé par mes plis de graisse et les avait vidés comme de vulgaires tubes de dentifrice, et sous la pression des centimètres étaient sortis de moi. Sauvé de l'obésité par l'effet Kolynos, je me laissais vivre dans le bonheur de mon oncle et de ma tante d'avoir un enfant courant chez eux. Quand je renversais du 7-up sur le tapis ou quand j'éternuais dans mon assiette, tout ce que mon oncle trouvait à dire, c'était, « Ho ! ho ! Maladroit ! » de sa voix retentissante, mais il en détruisait l'effet avec un grand sourire. Et ma tantine Pia devenait la nouvelle d'une longue série de femmes qui m'ont ensorcelé et finalement rendu bon à rien.

(Je devrais dire qu'au cours de mon séjour à Marine Drive, mes testicules, abandonnant la protection de l'os pelvien, décidèrent prématurément et sans prévenir de tomber dans leur petite bourse. Cet événement, lui aussi, joua un rôle dans ce qui a suivi.)

Ma *mumani* — ma tantine — la divine Pia Aziz : vivre avec elle, c'était se retrouver au cœur chaud et gluant d'un film parlant de Bombay. A cette époque, la carrière cinématographique de mon oncle avait entamé un déclin vertigineux et, car ainsi va le monde, l'étoile de Pia l'accompagnait dans sa chute. Cependant, en sa présence, il était impossible d'avoir des idées d'échec. Privée de rôles, Pia s'était transformée en personnage de film, et je dus tenir un nombre incroyable de petits rôles. J'étais le fidèle serviteur : Pia, en jupon, roulait ses hanches rondes vers mes yeux qui se détournaient désespérément, et riait nerveusement tandis que ses yeux, brillant d'antimoine, lançaient des éclairs : « Viens, mon petit, de quoi as-tu peur, tiens les plis de mon sari pendant que je le mets. » J'étais aussi son confident. Tandis que mon oncle assis sur le sofa aux rayures de chlorophylle tapait des scénarios que personne ne tournerait jamais, j'écoutais les nostalgiques soliloques de ma tante en m'efforçant de détourner les yeux de deux globes invraisemblables, sphériques comme des melons, dorés comme des mangues : je parle, vous vous en doutez, des seins adorables de ma tantine Pia. Assise sur son lit, un bras sur le front, elle déclamait : « Tu sais, mon garçon, je suis une grande actrice ; j'ai interprété plusieurs premiers rôles ! Mais regarde ce que fait le destin ! Autrefois, Dieu seul sait qui suppliait pour venir dans cet appartement ; autrefois, les journalistes de *Films* et de *Déesses de l'écran* auraient payé pour pouvoir y entrer ! Oui, et la danse, j'étais très connue au restaurant de Venise ! — tous les grands jazzmen venaient s'asseoir à mes pieds, oui. Ah ! mon garçon, après *Les Amants du Cachemire,* il n'y avait pas de plus grande vedette que moi. Ni Poppy ; ni Vyjayantimala ; personne. » Et moi, approuvant en secouant énergiquement la tête, non-personne-évidemment, et ses merveilleux melons recouverts de peau se soulevaient et... Puis dans un cri dramatique : « Même alors, à l'époque de notre renommée mondiale, chaque film obtenait une récompense, même alors ton oncle voulait habiter dans un deux-pièces comme un fonctionnaire ! Je n'ai rien dit ; je ne suis pas comme certaines actrices de second plan ; je vis simplement, et je n'exige pas de Cadillac, d'air conditionné ou de matelas Dunlopillo venant d'Angleterre ; je n'ai pas besoin de piscine en forme de bikini comme celle de Roxy Vishwanatham ! J'ai habité ici, comme une femme du peuple ; et je suis en train d'y pourrir ! D'y pourrir, absolument ! Mais je sais ceci : toute ma fortune, c'est mon visage ; alors, de quelles richesses aurais-je besoin ? » Et moi, approuvant anxieusement : « Aucune, tantine, absolument aucune. » Elle hurlait violemment ; même mon oreille rendue sourde par la gifle était pénétrée. « Oui, bien sûr, toi aussi tu veux que je sois pauvre ! Le monde entier veut que Pia aille en haillons ! Même lui, ton oncle, qui écrit des scénarios enquiquinants ! Oh ! mon Dieu ! Je lui dis qu'il faut y mettre des danses, ou les situer dans des endroits exotiques ! Que tes méchants soient infâmes, pourquoi pas, et tes héros de vrais hommes ! Mais il dit, non, tout cela ce sont des stupidités, il voit cela maintenant — pourtant, autrefois, il n'était pas si fier ! Maintenant, il veut écrire sur les gens ordinaires et sur les problèmes sociaux ! Et je lui dis, Hanif, c'est très bien, mais ajoute des éléments de comédie, une petite danse pour ta Pia, et de la tragédie et du drame ; c'est ce que demande le public ! » Elle avait des larmes au bord des yeux. « Et tu sais sur quoi il est en train d'écrire en ce moment ? Sur... » C'était comme si son cœur allait lâcher, « ... la vie quotidienne d'une usine de conserves ! — Chut ! Tantine, chut, je la suppliais. Oncle Hanif va entendre ! »

« Qu'il entende ! s'écriait-elle, en pleurant abondamment, que sa mère entende aussi, à Agra ; ils me feront mourir de honte ! »

La Révérende Mère n'avait jamais aimé sa belle-fille actrice. Une fois, je l'avais surprise qui disait à ma mère : « En se mariant avec une actrice, comment dire, mon fils a fait son lit dans le ruisseau, comment dire, elle va lui faire boire de l'alcool et manger du porc. » En fin de compte, elle accepta le défi avec mauvaise grâce ; elle prit l'habitude d'adresser à Pia des missives édifiantes. « Ecoute, ma fille, écrivait-elle, ne fais plus l'actrice. Pourquoi cette conduite effrontée ? Travailler, oui, vous, les jeunes, vous avez des idées modernes, mais danser nue sur une scène ! Alors que pour une petite somme vous pourriez acheter la concession d'une station-service. Je vous la paierais de ma poche si vous le vouliez. S'asseoir dans un bureau, avoir des employés ; ça c'est du travail. » Personne n'a jamais su où la Révérende Mère avait trouvé son rêve de station-service, qui deviendrait l'obsession sans cesse grandissante de ses vieux jours ; mais elle en bombardait Pia, pour son plus grand dégoût.

« Pourquoi est-ce qu'elle ne me demande pas d'être sténodactylo ? » se plaignait Pia à Mary, à Hanif et à moi, au petit déjeuner. « Pourquoi pas chauffeur de taxi, ou tisseuse ? Je vous le dis, elle me pompe avec ses histoires de pompes à essence ! »

Mon oncle tressaillit (pour une fois dans sa vie) prêt à exploser de colère.

« Il y a un enfant, dit-il, et c'est ta mère ; aie un peu de respect.

— C'est elle qui pourrait en avoir du respect », cria Pia de sa chambre.

... Mais les moments que je préférais, c'était quand, pendant les parties de cartes régulières de Hanif avec des amis, j'étais promu au rang sacré du fils que Pia n'avait jamais eu. (Enfant d'une union secrète, j'ai eu plus de mères que la plupart des mères n'ont d'enfants ; donner naissance à des parents a été un de mes étranges talents — une forme de fertilité inversée qui échappe au contrôle de la contraception et à la Veuve elle-même.) Devant ses visiteurs, Pia Aziz s'écriait : « Regardez, mes amis, voici mon prince héritier ! La pierre de ma bague ! La perle de mon collier ! » Et elle me tirait contre elle et prenait ma tête dans ses bras, et mon nez s'écrasait contre sa poitrine et se nichait magnifiquement entre les deux coussinets de ses indicibles... incapable de faire face à de telles délices, je reculai la tête. Mais j'étais son esclave ; et je sais maintenant pourquoi elle se permettait autant de familiarité avec moi. Pourvu prématurément de testicules, et grandissant rapidement, je n'en portais pas moins (frauduleusement) l'attribut de l'innocence sexuelle : Saleem Sinai, pendant son séjour chez son oncle, portait toujours des culottes courtes. Mes genoux nus étaient pour Pia la preuve de ma puérilité ; trompée par mes socquettes, elle me tenait la tête contre ses seins et de sa voix de sitar elle murmurait dans ma bonne oreille : « Mon petit, mon petit, n'aie pas peur ; les nuages s'en iront bientôt. »

Pour mon oncle, et pour ma tante l'histrionne, je jouais (de mieux en mieux) le rôle du fils subrogé. Dans la journée on trouvait Hanif Aziz sur le sofa à rayures, crayon et cahier à la main, écrivant son épopée de la marinade. Il portait un *lungi*[1] enroulé autour de la taille et attaché avec une énorme épingle à nourrice ; ses jambes poilues en dépassaient. Ses doigts portaient les traces d'une vie entière de cigarettes Paillettes d'or ; ses ongles de pied semblaient eux aussi décolorés. Et j'imaginai qu'il fumait avec les pieds. Très impressionné par la vision, je lui demandai s'il pouvait réussir cet exploit ; sans un mot, il glissa une Paillette d'or entre le gros orteil et son associé, et s'enroula dans d'étranges contorsions. J'applaudis à tout rompre, mais il sembla souffrir pendant le reste de la journée.

J'étais aux petits soins pour lui, comme doit l'être un bon fils, je vidais les cendriers, j'aiguisais ses crayons, je lui apportais un verre d'eau ; tandis que lui, qui après ses débuts

1. *Lungi* : bande-culotte. (*N.d.T.*)

de fabuliste s'était souvenu qu'il était le fils de son père et s'était consacré à lutter contre tout ce qui exaltait l'irréel, griffonnait son malheureux scénario.

« Tu vois, mon garçon, m'informa-t-il, ce sacré pays a rêvé pendant cinq mille ans. Il est temps de commencer à le réveiller. » Hanif aimait beaucoup s'en prendre aux princes et aux démons, aux dieux et aux héros, en fait, il aimait s'en prendre à toute l'iconographie du cinéma de Bombay ; dans le temple des illusions, il était devenu le grand prêtre de la réalité ; tandis que moi, conscient de ma nature miraculeuse qui m'impliquait dans la vie mythique (méprisée par Hanif) de l'Inde, je me mordais les lèvres et ne savais plus où regarder.

Hanif Aziz, le seul écrivain réaliste travaillant dans l'industrie cinématographique de Bombay, écrivait l'histoire d'une usine de conserves créée, dirigée et animée par des femmes. Il y avait de longues scènes décrivant la formation d'un syndicat ; la fabrication des conserves était décrite en détail. Il posait des colles à Mary Pereira sur les recettes ; et ils discutaient pendant des heures de la proportion parfaite de citron, de lime amère et de garam masala. Il est ironique de voir que le disciple du naturalisme ait été un prophète aussi habile (même s'il en était inconscient) du sort de sa famille ; avec les baisers indirects des *Amants du Cachemire,* il avait prédit les rencontres de ma mère et de son Nadir-Qasim au café du Pionnier ; et dans le scénario jamais tourné du chutney, se cachait une prophétie d'une précision étonnante.

Il assiégeait Homi Catrack avec ses scénarios. Catrack n'en produisit aucun ; ils étaient entassés dans le petit appartement de Marine Drive et recouvraient toute surface disponible, à tel point que vous deviez en prendre sur le siège des toilettes avant de pouvoir le lever ; mais Catrack (par charité ? Ou pour une autre raison qui sera bientôt révélée ?) payait un salaire à mon oncle. Et c'est ainsi qu'ils survivaient, Hanif et Pia, grâce à la générosité d'un homme qui deviendrait le second être humain à être assassiné par le champignonnant Saleem.

Homi Catrack le suppliait, « Une seule scène d'amour, peut-être ? » Et Pia : « Qu'est-ce que tu crois, les villageois vont donner leurs roupies pour voir des femmes faire des conserves d'Alfonsos[1] ? » Mais Hanif avec entêtement : « C'est un film sur le travail, par sur des embrassades. Et personne ne fait mariner d'Alfonsos. Il faut prendre des mangues avec de plus gros noyaux. »

Autant que je sache, le fantôme de Joseph D'Costa ne suivit pas Mary Pereira en exil ; cependant, son absence ne fit que renforcer son anxiété. A l'époque de Marine Drive, elle commença à redouter qu'il devienne visible également aux autres et révèle, pendant son absence, l'horrible secret sur ce qui s'était passé dans la maternité du docteur Narlikar, la nuit de l'indépendance. Aussi, chaque matin, elle quittait l'appartement, rongée d'angoisse, et arrivait à Buckingham au bord de l'évanouissement ; et ce n'est que quand elle voyait que Jo était resté à la fois invisible et silencieux qu'elle se détendait. Mais quand elle revenait à Marine Drive, chargée de samosas, de gâteaux et de chutney, son anxiété la reprenait... mais comme j'avais décidé (ayant suffisamment d'ennuis comme ça) de me tenir à l'écart de toutes les têtes, sauf celle des Enfants, je ne comprenais pas pourquoi.

La panique attire la panique ; pendant ses voyages, coincée dans les bus (les trams venaient d'être supprimés), Mary entendait toute sorte de rumeurs et de racontars qu'elle me rapportait comme des faits absolument exacts. D'après Mary, le pays était en proie à une sorte d'invasion surnaturelle : « Oui, baba, ils disent qu'à Kurukshetra une vieille femme Sikh s'est réveillée dans sa hutte et a vu l'ancienne guerre des Kurus et des Pandavas juste à sa porte ! C'était dans les journaux et partout, elle a montré l'endroit où elle avait vu les chariots d'Arjun et de Karna, et il y avait effectivement les marques des roues dans la boue ! Baap-re-baap, des choses si mauvaises : à Gwalior, ils ont vu le fantôme de la rani de Jhansi ; et on a vu des Rakshasas à plusieurs têtes comme Ravana, qui faisaient des choses à des femmes et qui culbu-

1. Alfonsos : variété de mangue très appréciée en Inde. (*N.d.T.*)

taient les arbres avec un seul doigt. Je suis une bonne chrétienne, baba ; mais j'ai eu peur quand on m'a dit qu'on avait trouvé la tombe de Notre-Seigneur Jésus-Christ au Cachemire. Sur la pierre tombale, il y avait deux pieds sculptés et percés, et une femme de pêcheur de la région a juré qu'elle les avait vus saigner — du vrai sang, que Dieu nous protège ! — le jour du Vendredi saint... Qu'est-ce qui se passe, baba, pourquoi est-ce que ces vieilles choses ne restent pas mortes et viennent tourmenter les honnêtes gens ? » Et moi, je l'écoutais en ouvrant de grands yeux ; et, malgré le rire tonitruant de mon Oncle Hanif, aujourd'hui je reste à moitié convaincu qu'à ce moment d'événements accélérés et d'heures malades, le passé se levait pour se confondre au présent ; on rappelait de façon horrible sa fabuleuse antiquité à l'état nouveau-né et très ancien, dans lequel la démocratie et le vote des femmes étaient hors de propos... et les gens étaient saisis par des désirs ataviques et, oubliant le nouveau mythe de la liberté, retournaient à leurs anciennes habitudes, leurs vieilles fidélités et leurs vieux préjugés régionalistes, et le corps politique commença à craquer. Comme je l'ai dit : si vous coupez le bout d'un doigt, vous ne savez jamais quelles fontaines vous allez libérer.

« Et les vaches, baba, ont disparu ; pfut ! Et dans les villages, les paysans n'ont plus qu'à crever de faim. »

C'est à cette époque que je fus, moi aussi, possédé par un étrange démon ; mais, pour que vous puissiez me comprendre, je dois commencer par raconter ce qui se passa un soir comme les autres, un soir où Hanif et Pia avaient invité un groupe d'amis pour une partie de cartes.

Ma tantine exagérait facilement ; car même si *Films* et *Déesses de l'écran* n'étaient pas là, la maison de mon oncle restait toujours aussi célèbre. Les soirs de parties de cartes, elle était pleine à craquer de jazzmen qui parlaient de querelles et de critiques parues dans des revues américaines, de chanteuses qui avaient un pulvérisateur pour la gorge dans leur sac à main, et de membres du ballet Uday Shankar, qui essayait de créer un nouveau style en mélangeant la danse occidentale et bharatanatyan ; il y avait des musiciens qui avaient été engagés pour jouer au festival de musique de Radio Inde, les Sangeet Sammelan ; il y avait aussi des peintres qui se disputaient violemment. Les bavardages politiques et autres alourdissaient l'atmosphère. « C'est un fait que je suis le seul artiste en Inde qui peint avec un sens aigu de l'engagement politique ! » — « Ah ! Quel dommage pour Ferdy, il ne retrouvera jamais un orchestre après cela. » — « Menon ? Ne me parle pas de Krishna. Je l'ai connu quand il avait des principes. Moi, je n'ai jamais abandonné... » « Oh ! Hanif ! Pourquoi est-ce qu'on ne voit plus Lal Qasim ces temps-ci ? » Et mon oncle, me regardant avec anxiété : « Heu... Quel Qasim ? Je ne connais personne de ce nom. »

... Et les couleurs et les bruits de Marine Drive se mêlaient au vacarme de l'appartement : des promeneurs avec des chiens qui achetaient du *chambeli* et du channa aux marchands ambulants ; les cris des mendiants et des vendeurs de bhelpuri ; et les lumières qui dessinaient un grand arc de cercle autour de la colline de Malabar... J'étais sur le balcon avec Mary Pereira, je tournais ma mauvaise oreille vers ses bavardages, j'avais la ville dans le dos et, devant, les parties de cartes bruyantes. Et, un jour, parmi les joueurs de cartes, je reconnus l'œil creux et la silhouette ascétique de M. Homi Catrack. Il m'accueillit avec chaleur et embarras : « Oh ! Mon petit ! Ça va ? Bien sûr, bien sûr ! »

Mon oncle Hanif ne jouait qu'au rami ; mais il avait une curieuse obsession — il n'abattait jamais ses cartes tant qu'il n'avait pas les treize cœurs en main. Toujours les cœurs ; tous les cœurs et rien que les cœurs. Dans cette quête de la perfection absolue, il rejetait des suites entières de piques de trèfles de carreaux, au grand amusement de ses amis. J'entendis Ustad Changez Khan, le célèbre joueur de *shehnai* (il se teignait les cheveux, et quand il faisait très chaud il avait la pointe des oreilles toute noire) dire à mon oncle : « Allez, monsieur, laissez tomber ces histoires de cœurs, et jouez comme nous tous. » Mon oncle était tenté, puis il s'écriait au-dessus du tapage, « Non, allez au diable, et laissez-moi jouer comme je veux ! » Il jouait aux cartes comme un imbécile, mais moi, qui n'avais jamais vu un tel entêtement, j'eus envie d'applaudir.

Un des habitués des parties de cartes légendaires de Hanif Aziz était un photographe du *Times of India*, qui connaissait des potins méchants et des histoires grossières. Mon oncle me présenta : « Voici Saleem, le garçon que tu as mis en première page. Je te présente Kalidas Gupta. Un photographe extraordinaire ; un sale type. Ne lui parle pas trop longtemps ; il va te faire tourner la tête avec les scandales ! » Kalidas avait des cheveux d'argent et un nez d'aigle. Je le trouvais magnifique. Je lui demandai : « Vous connaissez vraiment des scandales ? » Mais tout ce qu'il me répondit, ce fut : « Fiston, si je te racontais, ça te brûlerait les oreilles ! » Mais il ne découvrit jamais que le génie du mal, l'*éminence grise* [1] qui était derrière le plus grand scandale que la ville ait jamais connu, *n'était autre* que Saleem Morve-au-nez. .. Mais il ne faut pas que j'aille plus vite que les violons. L'affaire de l'étrange bâton du commandant Sabarmati doit être racontée en son temps. On ne doit pas laisser les effets (malgré la tendance à la tergiversation en 1958) précéder les causes.

J'étais seul sur le balcon. Mary Pereira était dans la cuisine où elle aidait Pia à préparer des sandwiches et ses pakoras au fromage ; Hanif Aziz était perdu dans sa recherche des treize cœurs ; et M. Homi Catrack vint près de moi. « Un peu d'air, dit-il. — Oui, monsieur, répondis-je.— Voilà, murmura-t-il en soufflant profondément. Voilà. La vie est gentille avec toi ? Tu es un bon petit garçon. Laisse-moi te serrer la main. » Une main de dix ans est engloutie par le poing d'un magnat du cinéma (la gauche ; la main droite mutilée pend innocemment à mon côté)... et un choc. La paume gauche sent qu'on lui glisse un papier — un papier sinistre inséré avec dextérité par une main gauche adroite ! La poigne de Catrack se fait plus forte ; sa voix plus basse, sifflante comme celle d'un cobra ; inaudibles dans la pièce au sofa à rayures vertes, ses mots

1. En français dans le texte. (*N.d.T.*)

pénètrent dans ma bonne oreille : « Donne ça à ta tante. En secret, en secret. Tu peux ? Et n'en souffle pas un mot ; ou je demanderai aux gendarmes qu'ils viennent te couper la langue. » Et maintenant, à haute voix et joyeusement : « Très bien ! Content de voir que tu es de si bonne humeur ! » Homi Catrack me caresse la tête ; et il retourne jouer.

Menacé par les gendarmes, je suis resté silencieux pendant deux décennies ; mais c'est assez. Maintenant, tout doit sortir au grand jour.

La partie de cartes s'acheva de bonne heure : « Le petit doit dormir, dit Pia à voix basse. Demain, il retourne à l'école. » Je n'arrivai pas à trouver l'occasion d'être seul avec ma tante ; on me borda dans mon sofa et j'avais toujours le billet dans mon poing gauche. Mary dormait par terre... Je décidai de faire semblant d'avoir un cauchemar (j'ai toujours eu le sens des détours). Malheureusement j'étais tellement fatigué que je m'endormis ; et je n'eus pas besoin de simuler : car je rêvai qu'on assassinait mon camarade de classe Jimmy Kapadia.

... Nous jouons au football dans l'escalier principal de l'école, sur des pavés rouges, très glissants. Une croix noire est dessinée sur les pavés rouge sang. M. Crusoe en haut des escaliers : « Il ne faut pas glisser sur la rampe, les enfants, un garçon va tomber où il y a cette croix. » Jimmy joue au football sur la croix. « La croix, c'est des mensonges, dit Jimmy, ils vous disent des mensonges pour vous gâcher votre plaisir. » Sa mère l'appelle au téléphone. « Ne joue pas, Jimmy, pense à ton cœur. » La sonnerie. Le téléphone reposé, et la sonnerie... Des boulettes de papier trempées dans l'encre volent dans la classe. Le gros Perce et Keith-la-glande s'amusent bien. Jimmy veut un crayon, il me donne un coup de coude dans les côtes. « Hé ! vieux, t'as pas un crayon à me filer ? Deux secondes. » Je le lui donne. Zagallo entre. La main de Zagallo se lève pour demander le silence : regardez, mes cheveux poussent dans sa main ! Zagallo en casque à pointe... Il faut que je reprenne mon crayon. Je tends le doigt pour donner un coup à Jimmy. « Monsieur, regardez, monsieur, Jimmy tombe ! » « Monsieur, j'ai vu Morve-au-nez, monsieur, lui donner un coup ! » « Morve-au-nez a tué Kapadia, monsieur ! » « Ne joue pas, Jimmy, pense à ton cœur ! » « Taisez-vous ! crie Zagallo, Rébout dé la jongle, fermez-la ! »

Jimmy est en tas sur le sol. « Monsieur monsieur s'il vous plaît monsieur est-ce qu'ils vont mettre une croix ? » Il a emprunté un crayon, je lui ai donné un petit coup, il est tombé. Son père est chauffeur de taxi. Le taxi entre dans la classe ; sur le siège arrière il y a un paquet de la blanchisserie, Jimmy en sort. Ding, une cloche. Le père de Jimmy abaisse le drapeau du taxi. Le père de Jimmy me regarde : « Morve-au-nez, il faut que tu paies la course. — Mais monsieur s'il vous plaît je n'ai pas d'argent monsieur. » Et Zagallo : « On mettra ça sur ton compte. » Regardez mes cheveux dans la main de Zagallo. Des flammes sortent des yeux de Zagallo. « Cinq cents millions qu'est-ce qu'un mort ? » Jimmy est mort ; cinq cents millions vivent toujours. Je commence à compter : un deux trois. Les nombres défilent sur la tombe de Jimmy. Un million deux millions trois millions quatre. Qui s'inquiète si quelqu'un, quelqu'un meurt. Cent millions et un deux trois. Les nombres traversent la salle de classe. Ils écrasent broient deux cents millions trois quatre cinq. Cinq cents millions vivent toujours. Et un seul...

... Dans l'obscurité de la nuit, je sortis du rêve de la mort de Jimmy Kapadia, qui est devenu le rêve de l'annihilation par les nombres, en criant, en hurlant, en braillant, mais j'avais toujours le papier dans la main ; et une porte s'ouvrit, et mon oncle Hanif et ma tante Pia apparurent. Mary Pereira essayait de me consoler, mais Pia fut impérieuse, un divin tourbillon de jupons et de chemises de nuit, elle me prit dans ses bras. « C'est fini ! Mon diamant, c'est fini maintenant ! » Et oncle Hanif endormi : « Hé ! Phaelwan ! Ça va maintenant ? Allez, viens avec nous ; amène-le Pia ! » Et je suis en sûreté dans les bras de Pia ; « Cette nuit, ma perle, tu vas dormir avec nous ! » — et me voilà, bien niché entre ma tante et mon oncle, et me serrant contre les courbes parfumées de ma tantine.

Imaginez, si vous le pouvez, ma joie soudaine ; imaginez à

quelle vitesse le cauchemar quitta mes pensées, alors que je m'enroulais dans les extraordinaires jupons de ma tante ! Elle se retourna pour être mieux et un de ses melons dorés me caressa la joue. Et sa main chercha la mienne et la serra... Maintenant, j'accomplis mon devoir. Sa main enveloppait la mienne et un papier passa d'une paume à l'autre. Je la sentis se raidir silencieusement ; puis j'eus beau me pelotonner plus près plus près plus près, je l'avais perdue ; elle lisait dans le noir et son corps ne cessait de se raidir ; et, soudain, je compris qu'on m'avait eu, que Catrack était mon ennemi ; et seule la peur des gendarmes m'empêcha d'en parler à mon oncle.

(Le lendemain, à l'école, j'appris la mort tragique de Jimmy Kapadia, chez lui, d'une crise cardiaque. Est-il possible de tuer un être humain en rêvant de sa mort ? C'est ce qu'avait toujours dit ma mère ; et alors Jimmy Kapadia fut ma première victime. Homi Catrack serait la seconde.)

Quand je revins de ma première journée d'école, m'étant régalé de l'air penaud du gros Perce et de Keith-la-glande (Ecoute, heu... comment on pouvait savoir que t'avais le doigt dans... Hé, vieux, on a des places gratuites pour un film demain, tu veux venir ? ») et de ma popularité, également inattendue (« Plus de Zagallo ! Costaud, mon vieux ! T'as perdu tes cheveux pour quelque chose qui en valait la peine ! ») ma tante était sortie. Je m'assis à côté de mon oncle, pendant que, dans la cuisine, Mary préparait le dîner. Une famille paisible ; mais la paix vola en éclats brusquement quand une porte claqua. Hanif laissa tomber son stylo quand Pia, ayant claqué la porte d'entrée, ouvrit celle du salon avec autant de force. Il s'écria joyeusement, « Qu'est-ce qui se passe ? »... Mais Pia n'en fut pas troublée. « Barbouille ton papier, dit-elle. Ne t'arrête pas pour moi ! Un tel talent, on ne peut pas aller aux cabinets sans rencontrer ton génie. Tu es heureux ? Nous gagnons combien ? Dieu est gentil avec toi ? » Mais Hanif restait de bonne humeur, « Allez, Pia, notre petit hôte est là. Viens t'asseoir, prends du thé... » L'actrice Pia se figea dans une attitude d'incrédulité. « Oh ! Mon Dieu ! Dans quelle famille je me suis fourrée ? Ma vie est en ruine, et tu m'offres du thé ; ta mère m'offre de l'essence ! Ils sont fous... » Et mon oncle Hanif, fronçant le sourcil : « Pia, le petit... » Un cri déchirant, « Aaaaah ! Le petit — mais le petit a souffert ; il souffre ; il sait ce que c'est de perdre, de se sentir abandonné ! Moi aussi, j'ai été abandonnée : je suis une grande actrice et je suis là, entourée d'histoires de facteurs et de conducteurs de charrettes à ânes ! Que sais-tu de la souffrance d'une femme ? Reste assis en attendant qu'un parsi producteur de films te fasse la charité, peu importe que ta femme porte des bijoux en toc et n'ait pas eu un sari neuf depuis deux ans ; une femme a le dos large, mais, mon mari bien-aimé, à cause de toi, ma vie est un désert ! Ignore-moi, laisse-moi tranquille pour que je puisse sauter par la fenêtre ! Je vais dans la chambre, conclut-elle, et si tu ne m'entends plus c'est que j'aurai le cœur brisé et que je serai morte. » D'autres portes claquèrent : une sortie extraordinaire.

Oncle Hanif cassa un crayon en deux, tout en pensant à autre chose. Il secoua la tête avec étonnement : « Qu'est-ce qui lui arrive ? » Mais je le savais. Moi, le porteur de secrets, menacé par les gendarmes, je savais et je me mordais les lèvres. Parce que, coincé comme je l'étais dans le mariage en crise de ma tante et de mon oncle, j'avais rompu mon récent serment et j'étais entré dans la tête de Pia ; je l'avais vue rendre visite à Homi Catrack et je savais que depuis des années elle était sa maîtresse ; je l'avais entendu lui dire qu'il était fatigué de ses charmes et qu'il y avait quelqu'un d'autre ; et moi, qui l'aurais suffisamment détesté parce qu'il avait séduit ma tante bien-aimée, je le détestais doublement pour lui avoir fait l'affront de la rejeter.

« Va la voir, me dit mon oncle, tu vas peut-être lui remonter le moral. »

Le petit Saleem ouvre les portes maintes fois claquées et entre dans le sanctuaire de sa tragique tante ; il entre et voit le plus adorable des corps étalé dans un abandon merveilleux sur le lit conjugal — où, la nuit dernière, des corps se pelotonnaient contre des corps — où un papier passait de main en main... Une main palpite près de son cœur ; sa poitrine se soulève ; et le petit Saleem bégaie, « Ma tante, oh ! ma tante, je suis désolé. »

Un gémissement d'outre-tombe. Des bras de tragédienne qui se tendent vers moi. « Aïe ! Ha-aïe ! Aïaïe-aïe ! » N'ayant besoin d'aucune autre invitation, je vole vers ces bras ; je me jette entre eux et je m'allonge sur ma tante en pleurs. Les bras me serrent, de plus en plus fort-fort, des ongles traversent ma chemise blanche d'écolier, mais je n'y prête pas attention — parce que quelque chose a commencé à se durcir en dessous de ma ceinture à boucle en S. Ma tantine Pia se débat sous moi dans son désespoir et je m'agite avec elle, tout en me rappelant que je dois écarter la main droite. Je la tiens au-dessus de la mêlée. Sans bien savoir ce que je fais, je me mets à la caresser d'une main, je n'ai que dix ans et j'ai toujours des culottes courtes, mais je pleure parce qu'elle pleure, et la chambre est pleine de bruit... et sur le lit deux corps se débattent et ils acquièrent une sorte de rythme, innommable impensable, des hanches se tendent vers moi et elle hurle, « Oh ! Mon Dieu ! Mon Dieu, oh ! » Et je hurle peut-être aussi, je ne sais pas, quelque chose remplace la douleur, tandis que mon oncle casse des crayons sur un sofa à rayures, quelque chose grandit, tandis qu'elle se tord et se tortille sous moi ; et, à la fin, prisonnier d'une force supérieure à la mienne, je descends ma main droite, j'ai oublié mon doigt, et quand il touche son sein, la blessure appuie sur la peau...

« Yaouuuuuuu ! » Je crie de douleur ; et ma tante, arrachée à ces quelques instants par l'appel macabre, me repousse et me flanque une torgnole retentissante. Heureusement, c'est la joue gauche ; aucun danger pour ma bonne oreille. « Voyou ! hurle ma tante, une famille de maniaques et de pervers, pauvre de moi, quelle femme a déjà souffert autant que moi ? »

On tousse dans l'entrée. Je suis debout, frissonnant de douleur. Pia se lève elle aussi, ses cheveux retombent comme des haillons. Mary Pereira est dans l'entrée, elle tousse, rouge de confusion des pieds à la tête, elle tient un colis enveloppé dans du papier brun.

« Regarde, baba, ce que j'avais oublié, réussit-elle à dire enfin, tu es grand maintenant : regarde, ta mère t'envoie deux magnifiques pantalons longs. »

Après avoir été entraîné de façon si inconsidérée, en essayant de réconforter ma tante, il me devint difficile de rester dans l'appartement de Marine Drive. Dans les quelques jours qui suivirent, il y eut de longs et vifs échanges téléphoniques ; Hanif persuadait quelqu'un, tandis que Pia parlait par gestes, que maintenant, peut-être, après cinq semaines… et un soir, quand je fus rentré de l'école, ma mère vint me chercher dans notre vieille Rover et mon premier exil prit fin.

Ni pendant le voyage de retour ni à aucun autre moment, on ne me donna d'explication sur mon exil. En conséquence, je décidai que ce n'était pas à moi de poser des questions. Maintenant, je portais des pantalons longs ; j'étais donc un homme et je devais supporter mes problèmes. Je dis à ma mère : « Mon doigt, ça ne va pas trop mal. Tonton Hanif m'a appris à tenir mon crayon autrement, comme ça je peux écrire. » Elle semblait se concentrer sur la route. « J'ai passé de bonnes vacances », et j'ajoutai poliment : « Merci de m'y avoir envoyé. »

« Oh ! Mon petit, s'écria-t-elle. Avec ton visage de soleil levant, qu'est-ce que je peux te dire ? Sois gentil avec ton père ; il ne va pas bien en ce moment. » Je dis que j'essaierais d'être gentil ; elle sembla perdre le contrôle du volant et nous sommes passés très dangereusement près d'un bus.

« Quel monde, dit-elle au bout d'un moment, il se passe des choses terribles et tu ne le sais pas.

— Je sais, dis-je, ayah me l'a dit. » Ma mère me regarda effrayée puis jeta un coup d'œil à Mary assise derrière. « Qu'est-ce que tu as été raconter, imbécile ? » J'expliquai les histoires de Mary sur les événements miraculeux, mais les rumeurs les plus catastrophiques semblèrent calmer ma mère. « Qu'est-ce que tu sais ? soupira-t-elle. Tu n'es qu'un enfant. »

Qu'est-ce que je sais, maman ? Je sais tout sur le café du Pionnier ! Soudain, tandis que nous rentrions à la maison, je ressentis à nouveau ce récent désir de vengeance à propos de la perfidie de ma mère, un désir qui s'était atténué dans la brillante clarté de mon exil, mais qui revint et s'unit à mon nouveau dégoût pour Homi Catrack. J'étais possédé par un démon, ce désir à deux têtes qui me conduisit à faire la pire chose que j'ai jamais faite... « Tout ira bien, dit ma mère. Il n'y a qu'à attendre. »

Oui, maman.

Je me rends compte que, dans ce chapitre, je n'ai pas parlé du Congrès des Enfants de Minuit ; mais, pour dire la vérité, à cette époque, les Enfants ne me semblaient pas très importants. J'avais d'autres choses en tête.

LE BATON
DU COMMANDANT SABARMATI

Quelques mois plus tard, quand Mary Pereira eut enfin avoué son crime et révélé que depuis onze ans elle était hantée par le fantôme de Joseph D'Costa, nous apprîmes qu'après son retour d'exil elle avait été véritablement traumatisée par la déchéance dans laquelle le fantôme était tombé pendant son absence. Il avait commencé à se délabrer et, maintenant, il manquait des morceaux : une oreille, plusieurs orteils à chaque pied, la plupart des dents ; et il avait dans le ventre un trou plus gros qu'un œuf. Affligée par cette dégradation du spectre, elle lui demanda (quand elle fut sûre que personne ne pouvait l'entendre) : « Oh ! Mon Dieu ! Jo, qu'est-ce que tu t'es fait ? » Il lui répondit qu'on lui avait carrément mis sur les épaules la responsabilité du crime qu'elle avait commis et que ça le foutait en l'air. A partir de ce moment, il devint inévitable qu'elle se confesserait ; cependant à chaque fois qu'elle me regardait, il lui était impossible de le faire. Mais ce n'était qu'une question de mois.

Pendant ce temps, et ignorant totalement que j'étais sur le point d'être déclaré comme un imposteur, j'essayais d'établir un compromis avec un domaine de Methwold dans lequel un très grand nombre de transformations avaient eu lieu. Tout d'abord, mon père semblait ne plus vouloir avoir à faire avec moi, une attitude d'esprit que je trouvais blessante, mais (si je tenais compte de mon corps mutilé) parfaitement compréhensible. Ensuite, le destin du Singe de Cuivre avait considérablement changé. Je fus obligé de reconnaître que « ma position dans la famille avait été usurpée ». Parce que, maintenant, c'était le Singe que mon père admettait dans le sanctuaire abstrait de son bureau, c'était le Singe qu'il câlinait dans son ventre mou, et qui était obligée de se charger du fardeau de ses rêves d'avenir. J'entendis même Mary Pereira chanter au Singe la petite chanson qui avait bercé toute mon enfance : « Ce que tu veux être, chantait Mary, tu peux l'être. Tu peux être ce que tu veux ! » Même ma mère semblait touchée ; et maintenant c'était ma sœur qui avait toujours la plus grosse part de chips et le supplément de *Nargisi kofta* et le meilleur *pasanda.* Tandis que moi — à chaque fois que quelqu'un me regardait par hasard — je me rendais compte du sillon qui se creusait entre leurs sourcils et d'une atmosphère de trouble et de méfiance. Mais comment aurais-je pu me plaindre ? Pendant des années, le Singe avait toléré ma position dans la maison. Si l'on exceptait le jour où j'étais tombé d'un arbre du jardin après qu'elle m'eut poussé (ce qui après tout pouvait être accidentel), elle avait accepté ma primauté avec grâce et même avec loyauté. Maintenant, c'était mon tour ; portant des pantalons longs, on exigeait de moi que je me conduise en adulte devant ce déclassement. « Grandir, me disais-je, c'est plus difficile que ce que je croyais. »

Le Singe, il faut le dire, n'était pas moins étonnée que moi devant son élévation au rang d'enfant préférée. Elle fit de son mieux pour tomber en disgrâce, mais il semblait qu'elle ne pût rien accomplir de mal. Il y eut les jours où elle flirta avec le christianisme, ce qui était dû en partie à l'influence de ses camarades d'école, et en partie aux tripotages de grains de chapelet de Mary Pereira (qui, incapable d'aller à l'église à cause de sa peur des confessionnaux, nous régalait d'histoires de la Bible) ; cependant, je pense que c'était surtout, de la part du Singe, une tentative pour recouvrer son ancienne et confortable position d'enfant pas plus aimée qu'un chien (et, à propos de chien, on avait fait piquer la Baronne Simki pendant mon absence).

Ma sœur faisait l'éloge du gentil Jésus, humble et doux ; ma mère souriait vaguement et lui caressait la tête. Elle tournait autour de la maison en chantant des cantiques ; ma mère reprenait l'air et chantait seule. Elle demanda un trousseau de nonne pour remplacer son costume d'infirmière ; on le lui offrit. Elle enfila des pois chiches sur un cordon et en fit un chapelet, marmonnant Je-vous-salue-Marie-pleine-de-grâce, et mes parents la félicitèrent pour son habileté manuelle. Tourmentée par cette impossibilité à se faire punir, elle alla jusqu'aux extrémités de la ferveur religieuse, jeûnant en carême au lieu du Ramadan, révélant une tendance au fanatisme qui, plus tard, dominerait sa personnalité ; et cela aussi fut toléré. Finalement, elle m'en parla : « Alors, grand frère, dit-elle, j'ai l'impression que maintenant il va falloir que je sois l'enfant sage, et toi tu vas pouvoir t'amuser. »

Elle avait sûrement raison ; cette apparente perte d'intérêt de mes parents à mon égard aurait dû me donner plus de liberté ; mais j'étais hypnotisé par les transformations qui se produisaient à tous les niveaux de ma vie et, dans de telles circonstances, il semblait bien difficile de s'amuser. Je changeais physiquement ; un fin duvet apparut trop tôt sur mon menton, et ma voix, échappant à tout contrôle, montait et descendait sur toute l'étendue du registre vocal. Je me sentais parfaitement absurde : mes membres qui s'allongeaient me rendaient gauche et je devais avoir l'air d'un clown dégingandé dans mes chemises et mes pantalons trop petits. Et j'avais l'impression que tous ces vêtements qui claquaient de façon comique autour de mes chevilles et de mes poignets conspiraient contre moi ; et, quand je me tournais vers mes Enfants secrets, je trouvai du changement et je n'aimais pas ça.

La désintégration progressive du Congrès des Enfants de Minuit — qui finalement se dispersa le jour où les Chinois passèrent l'Himalaya pour humilier le Fanj indien — avait déjà commencé. Quand la nouveauté disparaît, l'ennui et même la dissension suivent inévitablement. Ou (pour dire les choses autrement) quand un doigt est mutilé, et quand des fontaines de sang en jaillissent, toute bassesse devient possible... que les fissures du Congrès soient ou non le résultat (actif-métaphorique) de la perte de mon doigt, elles ne cessaient de s'élargir. Au Cachemire, Narada-Markandaya s'abîmait dans les rêves solipsistiques du plus pur narcissisme et ne s'intéressait plus qu'aux plaisirs érotiques de modifications sexuelles constantes ; Soulitra, le voyageur du temps, blessé par nos refus d'écouter ses descriptions de l'avenir dans lequel (disait-il) le pays serait dirigé par un vieillard buveur d'urine qui refuserait de mourir, et les gens oublieraient tout ce qu'ils avaient appris, et le Pakistan se dédoublerait comme une amibe, et le Premier ministre de chaque moitié serait assassiné par ses successeurs qui — il le jurait devant notre incrédulité — tous deux porteraient le même nom... Soumitra blessé s'absenta régulièrement de nos rencontres nocturnes, disparaissant pendant de longues périodes dans les labyrinthes en toile d'araignée du temps. Et les sœurs de Baud se contentaient de leur capacité à envoûter les sots, jeunes et vieux. « A quoi nous sert ce Congrès ? demandaient-elles. Nous avons déjà trop d'amoureux. » Et notre alchimiste s'activait dans un laboratoire que lui avait construit son père (à qui il avait révélé son secret) ; absorbé par la pierre philosophale, il avait très peu de temps à nous consacrer. Nous l'avions perdu pour l'appât de l'or.

Et il y avait également d'autres facteurs. Les enfants, même magiques, ne sont pas à l'abri de leurs parents ; et, tandis que les préjugés et les conceptions du monde des adultes envahissaient leur esprit, je découvris que les enfants du Maharashtra détestaient les Gujaratis, les enfants du nord à peau claire traitaient les Dravidiens de « négros » ; il y avait des rivalités religieuses ; et la lutte des classes entra dans nos réunions. Les enfants riches firent les dégoûtés d'être en si piètre compagnie ; les brahmanes commencèrent à se sentir mal à l'aise en laissant ne seraient-ce que leurs pensées entrer en contact avec les pensées des intouchables ; tandis que, parmi ceux qui étaient nés dans les basses classes, les pressions de la pauvreté et du communisme devenaient évidentes... et, par-dessus tout, il y avait des heurts entre personnalités, et le tapage inévitable dans un parlement composé de moutards.

En ce sens, le Congrès des Enfants de Minuit réalisa la prophétie du Premier ministre et devint, véritablement, un miroir de la nation ; le mode passif-littéral était en action, et pourtant je me répandais en invectives contre lui, avec un désespoir croissant, et finalement avec une résignation incessante... Je radiodiffusais d'une voix mentale aussi incontrôlable que sa contrepartie physique, « Frères et sœurs ! Empêchez que cela se produise ! Ne permettez pas à la dualité sans fin lutte-des-classes, travail-et-capital, eux-et-nous, de s'insérer entre nous ! » Je hurlais passionnément : « Nous devons être un troisième principe, nous devons être la force qui ira entre les cornes du dilemme ; en étant seulement autres en étant nouveaux, nous pouvons réaliser la promesse de notre naissance ! » J'avais des partisans, et la plus importante était Parvati-la-Sorcière ; mais je les sentais s'éloigner de moi, chacun étant distrait par sa propre vie... exactement, pour dire la vérité, comme j'étais distrait par la mienne. Tout se passait comme si notre glorieux congrès était en train de devenir un simple jouet supplémentaire de l'enfance, comme si les pantalons longs détruisaient ce que minuit avait créé... « Nous devons décider d'un programme, suppliais-je, notre propre plan quinquennal, pourquoi pas ? » Mais je pouvais entendre le rire amusé de mon plus grand rival ; et, dans toutes nos têtes, Shiva disait avec mépris, « Non, gosse de riche, il n'y a pas de troisième principe ; il n'y a qu'argent-et-pauvreté, et manque-et-avoir, et droite-et-gauche ; il n'y a que moi-contre-le-monde ! Le monde c'est pas des idées, gosse de riche ; le monde c'est pas pour les rêveurs ou pour leurs rêves ; le monde, Morve-au-nez, c'est des choses. Les choses et ceux qui les font dirigent le monde ; regarde Birla et Tata et tous les puissants : ils font les choses. C'est pour les choses qu'on dirige le pays. Pas pour les gens. C'est pour les choses que l'Amérique et la Russie envoient des aides ; mais cinq cents millions ont faim. Quand tu as des choses, alors tu as le temps de rêver ; quand t'en as pas, tu te bats. » Les Enfants fascinés nous regardaient lutter... peut-être pas, peut-être que notre dialoguc lui-même n'arrivait pas à retenir leur intérêt. Et moi : « Mais les gens ne sont pas des choses ; si nous nous mettons ensemble, si nous nous aimons, si nous montrons que cela, simplement cela, ces gens réunis, ce congrès, ces enfants fidèles à travers toutes les épreuves, peuvent être cette troisième voie... » Mais Shiva, d'un ton de défi : « Gosse de riche, tout ça c'est du vent. L'importance de l'individu. La possibilité de l'humanité. Aujourd'hui, les gens ne sont qu'une autre espèce de choses. » Et moi, Saleem, bredouillant ; « Mais... la liberté sera... l'espoir... la grande âme, qu'on appelle aussi *mahatma,* de l'humanité... et la poésie, l'art, et... » Et Shiva triomphe : « Tu vois ? Je savais que tu en finirais là. Dans la sensiblerie, mou comme du riz trop cuit. Sentimental comme une grand-mère. Allez, qui est-ce qui veut des déchets ? Nous avons tous notre vie à vivre. Nez-de-concombre, j'en ai marre de ton Congrès. Ça n'a rien à voir avec les choses. »

Vous vous demandez : Ce sont des enfants de dix ans ? Je réponds : oui, mais. Vous dites : Est-ce que des enfants de dix ans, ou même de presque onze, discutent du rôle de l'individu dans la société ? Et de la lutte entre travail et capital ? Est-ce qu'ils avaient compris les tensions entre les zones agricoles et les zones industrielles ? Et les conflits dans l'héritage socio-culturel ? Est-ce que des enfants de moins de quatre mille jours parlent de l'identité et des conflits inhérents au capitalisme ? N'ayant pas vécu cent mille heures, opposaient-ils Gandhi et le marxisme-léninisme, le pouvoir et l'impuissance ? La collectivité était-elle opposée à l'individualité ? Les enfants avaient-ils tué Dieu ? Même si l'on considère comme vrais les prétendus miracles, est-ce que maintenant nous devons croire que des moutards parlaient comme des vieillards à barbe blanche ?

Je dis : peut-être pas en ces termes ; peut-être pas du tout en termes ou en mots ; mais dans le langage plus pur de la pensée ; c'est ce qu'il y avait dans le fond ; parce que les enfants sont les vases dans lesquels les adultes déversent leur poison, et c'est ce poison qui fit de nous des adultes. Ce poison, et après un intervalle de plusieurs années, une Veuve avec un poignard.

En bref : après mon retour à Buckingham, même le sel des Enfants de Minuit perdit sa saveur ; maintenant, il y avait des nuits, où je ne m'inquiétais même pas d'installer mon réseau national ; et le démon tapi au fond de moi (il avait deux têtes) était libre de faire ce qu'il voulait. (Je n'ai jamais su si Shiva était coupable ou innocent des meurtres des prostituées ; mais l'influence de Kali-Yuga était telle que moi, le brave type et la victime naturelle, je fus responsable avec certitude de deux morts. Tout d'abord, il y eut Jimmy Kapadia ; et le second fut Homi Catrack.)

S'il y a un troisième principe, son nom c'est l'enfance. Mais elle meurt ; ou plutôt, on l'assassine.

A cette époque, chacun avait ses ennuis. Homi Catrack avait Toxy son idiote, et les Ibrahim avaient d'autres soucis : Ismail, le père de Sonny, après avoir acheté des juges et des jurés pendant des années, allait devenir l'objet d'une enquête de la commission du barreau ; et on disait qu'Ishaq, l'oncle de Sonny, qui dirigeait l'hôtel de l'Ambassade près de Flora Fountain, devait des sommes importantes aux gangsters locaux et qu'il avait peur de se faire descendre (à cette époque les assassinats étaient aussi quotidiens que la chaleur)... aussi, il n'est peut-être pas étonnant que nous ayons tous oublié l'existence du professeur Schaapsteker. (En vieillissant, les Indiens grossissent ; mais Schaapsteker était européen, et les gens de cette espèce s'affaiblissent avec les années et souvent disparaissent complètement.)

Mais, conduits peut-être par mon destin, mes pieds m'emmenèrent au dernier étage de Buckingham où je découvris un vieillard gâteux, incroyablement petit et ratatiné, dont la langue étroite entrait et sortait constamment entre ses lèvres : l'ancien chercheur de contrepoisons, le tueur de chevaux,

Sharpsticker sahib [1], quatre-vingt-douze ans, qui n'était plus l'éponyme de son institut et qui vivait retiré au dernier étage dans un appartement sombre rempli de plantes tropicales et de serpents conservés dans l'eau salée. L'âge ne lui ayant pas arraché les dents et les sacs à venin, lui avait donné le capuchon du cobra ; comme d'autres Européens qui restaient trop longtemps, les anciennes démences de l'Inde lui avaient confit le cerveau et il avait fini par croire aux superstitions des aides-infirmiers de l'institut, selon lesquelles il était le dernier d'une lignée qui avait débuté quand un cobra royal s'était uni à une femme qui avait donné naissance à un enfant humain (mais qui tenait du serpent)... J'ai l'impression que toute ma vie, je n'ai eu qu'à tourner le coin pour me cogner dans un monde nouveau et aux métamorphoses fabuleuses. Vous grimpez une échelle (et même un escalier) et vous trouvez un serpent qui vous attend.

Les rideaux étaient toujours tirés ; le soleil ne se levait et ne se couchait jamais chez Schaapsteker, et aucune pendule ne tictaquait. Est-ce le démon, ou notre sensation commune d'isolement, qui nous conduisit l'un vers l'autre ?... Car en ces jours de suprématie du Singe et de déclin du Congrès, je me mis à monter les escaliers à chaque fois que c'était possible, et j'écoutais les paroles incohérentes et sifflantes du vieux fou.

La première fois que j'entrai en trébuchant dans sa tanière ouverte, il m'accueillit en disant : « Alors, petit, tu es guéri de la typhoïde ? » La phrase remua le passé comme un nuage de poussière et me fit me retrouver à un an ; je me souvins comment Schaapsteker m'avait sauvé la vie avec du venin de serpent. Et ensuite, pendant plusieurs semaines, je m'assis à ses pieds, et il me parla du cobra qui était lové en moi.

Qui me fit la liste, pour mon profit, des pouvoirs occultes des serpents ? (Leur ombre tue les vaches ; s'ils pénètrent dans le rêve d'un homme, sa femme est enceinte ; si on les tue, la famille de l'assassin n'aura pas de descendant mâle pendant

1. Sharpsticker : jeu de mots intraduisible : Schaapsteker mal prononcé donne Sharpsticker ce qui, en anglais, signifie : « couteau de boucher » (*sharp :* pointu ; *sticker :* couteau de boucher). (*N.d.T.*)

vingt générations.) Et qui me décrivit — à l'aide de livres et d'animaux empaillés — les ennemis héréditaires du cobra? « Etudie tes ennemis, mon garçon, sifflait-il, ou ils te tueront. »... Aux pieds de Schaapsteker, j'étudiais la mangouste et le verrat, le marabout à bec de poignard et le cerf barasinha qui écrase la tête des serpents sous son sabot ; et l'ichneumon d'Egypte et l'ibis ; le secrétaire de quatre pieds de haut, sans peur, au bec encapuchonné, dont l'apparence et le nom me faisaient soupçonner Alice Pereira, la secrétaire de mon père ; et le busard, le putois des Indes, le ratel des collines ; le râle d'eau, le pécari et le cangamba, un oiseau extraordinaire. Du plus profond de sa sénilité, Schaapsteker m'enseigna la vie. « Sois prudent, mon enfant. Imite le serpent. Sois secret ; frappe sous l'abri du buisson. »

Une fois, il me dit : « Tu dois me considérer comme un second père. Est-ce que je ne t'ai pas donné la vie, quand tu étais perdu? » Cette affirmation prouvait qu'il était autant sous mon pouvoir que j'étais sous le sien ; lui aussi avait accepté l'idée qu'il faisait partie de cette liste infinie de parents auxquels j'avais seul le pouvoir de donner naissance. Cependant, après quelque temps, je trouvai l'atmosphère de son appartement trop oppressante et je le laissai à la solitude dont personne ne viendrait le déranger, et pourtant il m'avait montré comment faire. Dévoré par le démon à deux têtes de la vengeance, j'utilisai mes pouvoirs télépathiques (pour la première fois) comme une arme ; et c'est ainsi que je découvris les détails de la relation qui existait entre Homi Catrack et Lila Sabarmati. Lila et Pia rivalisaient toujours de beauté ; et c'est l'épouse de l'héritier présomptif du titre d'amiral de la flotte, qui était devenue le nouveau béguin du magnat du cinéma. Tandis que le commandant Sabarmati manœuvrait en mer, Lila et Homi accomplissaient certaines manœuvres à eux ; tandis que le lion des mers attendait la mort de l'amiral en titre, Homi et Lila eux aussi prenaient rendez-vous avec la Faucheuse (avec mon aide).

« Sois secret », disait Sharpsticker sahib ; j'espionnais mon ennemi Homi, et la mère qui couchait avec tout le monde, d'Œil-fendu et de Cheveux-gras (qui étaient très impatients même si les journaux annonçaient que la promotion du commandant Sabarmati n'était qu'une simple formalité. *Ce n'est qu'une question de temps...*) « Une débauchée, murmurait silencieusement en moi mon démon. Elle perpétue la pire des traîtrises maternelles ! Nous devons devenir un exemple ! Par toi, nous allons montrer ce qui attend ceux qui sont portés à la luxure. Oh ! Femme adultère ! N'as-tu pas vu ce qui était arrivé à l'illustre Baronne Simki von der Heiden ? — qui était pour dire les choses franchement — une chienne, exactement comme toi ! »

Mon idée sur Lila Sabarmati s'était adoucie avec l'âge ; après tout, elle et moi avions une chose en commun — son nez, comme le mien, possédait des pouvoirs terribles. Le sien, cependant, était une pure merveille : une ride de peau nasale pouvait séduire le plus inflexible des amiraux ; le moindre frémissement des narines allumait d'étranges incendies dans le cœur des magnats du cinéma. J'ai un peu de regret d'avoir trahi ce nez ; ce fut un peu comme de poignarder un cousin dans le dos.

Ce que je découvris : tous les dimanches, à 10 heures du matin, Lila Sabarmati conduisait Œil-Fendu et Cheveux-gras au cinéma le Métro pour les réunions hebdomadaires des louveteaux. (Elle proposait de nous emmener tous ; Sonny et Cyrus, le Singe et moi, nous nous entassions dans sa voiture Hindustan, *made in India.*) Et tandis que nous roulions vers Lana Turner, Robert Taylor ou Sandra Dee, M. Homi Catrack se préparait, lui aussi, pour un rendez-vous hebdomadaire. Tandis que l'Hindustan de Lila allait son petit bonhomme de chemin à côté de la voie ferrée, Homi se nouait une écharpe de soie couleur crème autour du cou ; tandis qu'elle s'arrêtait aux feux rouges, il enfilait une saharienne en Technicolor ; tandis qu'elle nous faisait entrer dans la salle obscure, il mettait des lunettes de soleil aux montures dorées ; et quand elle nous laissait regarder le film, lui aussi abandonnait un enfant. Toxy Catrack réagissait à tous ses départs en gémissant, en donnant des coups de pied, en battant des jambes ; elle savait ce qui se passait, et Bi-Appah elle-même n'arrivait pas à la tenir.

Il était une fois, il y avait Radha et Krishna, Rama et Sita, Laila et Majnu ; ainsi que (parce que nous ne sommes pas sans subir l'influence de l'Occident) Roméo et Juliette, et Spencer Tracy et Katharine Hepburn. Le monde est plein d'histoires d'amour et, en un sens, tous les amants sont des avatars de leurs prédécesseurs. Quand Lila conduisait son Hindustan à une adresse chemin Coloba, elle était Juliette sortant sur son balcon ; quand Homi, écharpe crème et lunettes d'or, se précipitait vers elle (dans la même Studebaker dans laquelle ma mère s'était précipitée vers la maternité du docteur Narlikar), il était Léandre traversant l'Hellespont à la nage vers la chandelle de Héro. En ce qui concerne mon rôle dans l'affaire... je ne donnerai pas de nom.

Je le confesse : ce que je fis ne fut pas un acte d'héroïsme. Je ne combattis pas Homi à cheval, avec des yeux ardents et une épée de feu ; au lieu de cela, imitant le serpent, je découpai des morceaux dans des journaux. De LE COMITÉ DE LIBÉRATION DE GOA LANCE UNE CAMPAGNE SATYAGRAHA, je pris les lettres « COM » ; LE PRÉSIDENT DE LA CHAMBRE TRAITÉ DE MANIAQUE, me fournit la seconde syllabe « MAN ». Je trouvai « DANT », caché dans NEHRU RENDANT COMPTE DE SA DÉMISSION DEVANT LE CONGRÈS ; pour mon second mot maintenant, je pris « SAB » dans ÉMEUTES, ARRESTATIONS DANS LE KERALA : DES SABOTEURS DEVIENNENT FOUS : GHOSH TRAITE LES MEMBRES DU CONGRÈS DE CRÉTINS, et je pris « ARM » dans LES ACTIVITÉS SUR LA FRONTIÈRE DES FORCES ARMÉES CHINOISES SONT EN DÉSACCORD AVEC LES PRINCIPES DE BANDUNG. Pour compléter le nom, je découpai les lettres « ATI » dans LA POLITIQUE ÉTRANGÈRE DE DULLES EST HATIVE ET INCONSISTANTE. Tranchant dans l'histoire pour les besoins de mon infâme projet, je m'arrêtai sur POURQUOI INDIRA GANDHI EST-ELLE PRÉSIDENTE DU CONGRÈS, et je gardai le « POURQUOI » ; mais je refusai de m'en tenir exclusivement à la politique, je me tournai vers la publicité pour « EST-CE QUE VOTRE », dans EST-CE QUE VOTRE CHEWING-GUM PERD VITE

SON GOÛT ? P.K. GARDE SA SAVEUR ! Une histoire sportive et humaine MOHUM BAGAN L'AVANT-CENTRE ET SA NOUVELLE FEMME me donna son dernier mot, et je pris « SE REND » dans le tragique LES MASSES SE RENDENT EN FOULE A L'ENTERREMENT D'ABUL KALAM AZAB. A cette époque également, Acharya Vinobha Bhabe, qui avait mis dix ans à persuader les propriétaires à donner des terres aux paysans pauvres, annonça que les donations avaient dépassé le million d'acres, et il lançait deux nouvelles campagnes et demandait la donation à des villages entiers et à des individus. Quand J. P. Narayan déclara qu'il allait consacrer sa vie à l'œuvre de Bhave, le gros titre NARAYAN SUIT LE CHEMIN DE BHAVE me donna le CHEMIN tant recherché. Ensuite je dus trouver le mot suivant par petits bouts : MORT SUR UN COL DU SUD : UN SHERPA TOMBE, me fournit le nécessaire « COL » ; « ABA », fut très difficile à trouver, mais une publicité pour un film : ALI BABA DIX-SEPTIÈME SEMAINE DE SUCCÈS COLOSSAL — TOUTES LES PRÉVISIONS DÉPASSÉES !... J'avais presque fini ; je ramassai un LE dans LE PAKISTAN AU BORD DU CHAOS : LES LUTTES DE FACTIONS DÉSORGANISENT LES AFFAIRES PUBLIQUES, et un « DIMANCHE », dans l'en-tête des NOUVELLES DU DIMANCHE ; et il ne me manquait plus qu'un mot. Les événements du Pakistan me le fournirent. UN DÉPUTÉ EST TUÉ PAR LA CHUTE D'UN MEUBLE. LA PÉRIODE DE DEUIL SERA MAINTENUE UNE SEMAINE, me donna « MAINTENUE » duquel j'enlevai les quatre dernières lettres, puis j'intercalai le T entre MA et IN. J'avais besoin d'un point d'interrogation pour terminer, et je le trouvai à la fin d'une des innombrables questions de cette étrange époque : APRÈS NEHRU, QUI ?

Dans le secret de la salle de bains, je collai ma lettre — ma première tentative pour remettre de l'ordre dans l'histoire — sur une feuille de papier ; comme un serpent, je glissai le document dans ma poche, comme un poisson dans un sac. Subtilement, je m'arrangeai pour passer une soirée avec Œil-fendu et Cheveux-gras. Nous jouions à un jeu : « meurtre dans le noir... » Durant la partie je me cachai dans la garde-robe du commandant Sabarmati, et j'insérai ma missive assassine dans une des poches d'un de ses uniformes. A ce moment (ce n'est pas la peine de le cacher) je ressentis le plaisir du serpent qui atteint sa proie, et qui sent que ses crochets percent le talon de sa victime...

> COMMANDANT SABARMATI (disait mon billet)
> POURQUOI EST-CE QUE VOTRE FEMME SE REND
> CHEMIN COLABA LE DIMANCHE MATIN ?

Non, je ne suis pas fier de ce que j'ai fait ; mais souvenez-vous que mon démon de la vengeance avait deux têtes. En démasquant la perfidie de Lila Sabarmati, j'espérais aussi administrer un choc salutaire à ma mère. D'une pierre deux coups ; il y avait deux femmes à punir, une était empalée sur les crochets de ma langue fourchue de serpent. Il n'est pas faux de dire que ce qui allait être connu comme l'affaire Sabarmati commença véritablement dans un café crasseux du nord de la ville, quand un passager clandestin épiait un ballet de mains tourbillonnantes.

J'étais secret ; je frappais à l'abri d'un buisson. Qu'est-ce qui me poussai ? Des mains au café du Pionnier ; des erreurs au téléphone ; de petits papiers qu'on me glissait sur des balcons et que je passais sous des draps ; l'hypocrisie de ma mère et l'inconsolable douleur de Pia : « Aïe ! Aï-aïe ! Aï-aï-aïe ! »... Un poison très lent ; mais trois semaines plus tard, il produisit son effet.

Il apparut par la suite qu'après avoir reçu mon billet anonyme, le commandant Sabarmati avait engagé les services de l'illustre Dom Minto, le plus célèbre détective privé de Bombay. (Minto, vieux et boiteux, avait baissé ses prix à ce moment-là.) Il attendit le rapport de Minto. Et alors :

Ce dimanche matin-là, six enfants assis sur le même rang au cinéma le Métro, et regardant le film *Francis la mule qui parle et la maison hantée.* Vous voyez, j'ai un alibi ; je n'étais pas à proximité des lieux du crime. Comme Sin, le premier quartier de lune, j'agissais de loin sur les marées du monde... tandis qu'une mule parlait sur un écran, le commandant Sabarmati visitait l'arsenal. Il prit un bon revolver à long canon ; ainsi que des munitions. Il tenait dans la main gauche un morceau de papier sur lequel, d'une écriture soignée, la main d'un détective privé avait écrit une adresse ; il serrait le revolver sans étui dans la main droite. Le commandant Sabarmati arriva en taxi chemin Colaba. Il paya la course et, revolver à la main, il descendit une ruelle étroite devant des boutiques de chemises et de jouets, et monta l'escalier d'un immeuble d'habitation construit au bout de la ruelle, au fond d'une cour cimentée. Il sonna à l'appartement 18C ; un professeur anglo-indien donnait une leçon de latin et il l'entendit de l'appartement 18B. Quand la femme du commandant Sabarmati ouvrit la porte, il lui tira deux balles dans le ventre à bout portant. Elle tomba à la renverse ; il passa près d'elle et découvrit M. Homi Catrack qui se dressait de sur le siège des toilettes, les fesses non essuyées, en relevant frénétiquement son pantalon. Le commandant Sabarmati lui tira une fois dans les parties génitales, une fois dans le cœur et une fois dans l'œil droit. L'arme n'avait pas de silencieux ; mais, quand elle se tut, il y eut un immense silence dans l'appartement. M. Catrack s'était rassis sur le siège des toilettes après avoir été tué, et il semblait sourire.

Le commandant Sabarmati quitta l'immeuble avec le revolver fumant à la main (un répétiteur de latin horrifié l'aperçut par la fente d'une porte) ; il descendit le chemin de Colaba jusqu'à ce qu'il rencontre un policier réglant la circulation sur son petit podium. Le commandant Sabarmati dit au policier. « Je viens de tuer ma femme et son amant avec ce revolver ; je me rends à... » Mais il secouait le revolver sous le nez du policier qui eut si peur qu'il laissa tomber son bâton pour régler la circulation et s'enfuit. Le commandant Sabarmati, resté seul sur le podium de policier au milieu d'un embouteillage soudain, se mit à diriger les voitures en se servant du revolver encore fumant comme d'un bâton. C'est ainsi que le trouva le peloton de douze policiers qui arrivèrent dix minutes plus tard et qui, n'écoutant que leur courage, se jetèrent sur lui, lui saisirent mains et jambes et lui enlevèrent l'étrange bâton avec lequel, pendant dix minutes, il avait réglé la circulation avec habileté.

Un journal dit de l'affaire Sabarmati : « C'est un théâtre dans lequel l'Inde découvrira ce qu'elle fut, ce qu'elle est, ce qu'elle sera. »... Mais le commandant Sabarmati n'était qu'une marionnette ; j'étais le marionnettiste et la nation tout entière interpréta ma pièce — mais je ne l'avais pas fait exprès ! Je ne pensais pas qu'il... je voulais seulement... un scandale, oui, un avertissement, une leçon à toutes les femmes et toutes les mères infidèles, mais pas ça, jamais, non.

Stupéfait par le résultat de mes actes, j'allai faire un tour sur les ondes des pensées de la ville... à l'hôpital Parsi, un docteur dit, « Begun Sabarmati vivra, mais elle devra faire attention à son alimentation. »... Mais Homi Catrack était mort... Et qui fut engagé comme avocat de la défense ? — Qui dit, « Je le défendrai gratuitement, pour rien » ? — Qui, après avoir remporté la victoire du gel, devint le champion du commandant ? « Si quelqu'un peut le tirer de là, c'est mon père », dit Sonny Ibrahim.

Le commandant Sabarmati fut le plus populaire assassin de toute l'histoire juridique de l'Inde. Des maris l'acclamaient d'avoir puni une femme qui avait péché ; les femmes fidèles se sentaient confirmées dans leur fidélité. Parmi les propres fils de Lila, je découvris les pensées suivantes : « Nous savions qu'elle était ainsi. Nous savions qu'un marin ne le supporterait pas. » Un journaliste de l'*Illustrated Weekly of India* fit un portrait pour accompagner une caricature du commandant, et dit : « Dans l'affaire Sabarmati, les nobles sentiments de *Râmâyana* se combinent avec les mélodrames bon marché des films de Bombay ; mais en ce qui concerne le premier rôle, tout le monde s'accorde sur sa probité ; et c'est indéniablement un type séduisant. »

Ma vengeance sur ma mère et sur Homi Catrack avait entraîné une crise nationale... parce que les règlements de la marine disaient qu'un homme qui avait été dans une prison civile ne pouvait aspirer au rang d'amiral de la flotte. Aussi, des amiraux, des politiciens et évidemment Ismail Ibrahim, exigèrent-ils : « Le commandant Sabarmati doit aller dans une prison de la marine. Jusqu'à ce que sa culpabilité soit prouvée, il est présumé innocent. Sa carrière ne doit pas être ruinée, si on peut l'éviter. » Et les autorités, « Oui. » Et le commandant Sabarmati, bien à l'abri dans les cachots de la marine, découvrit les désavantages de la renommée — sous une avalanche de télégrammes de soutien il attendit son procès ; sa cellule était pleine de fleurs et, comme il demanda qu'on le mette à un régime ascétique de riz et d'eau, ses partisans l'inondèrent de birianis, de pista-ki-lanz et autres mets très riches. L'affaire n'attendit pas et arriva en assises deux fois plus vite que les autres... l'acte d'accusation disait, « meurtre au premier degré ».

Mâchoires serrées, regard dur, le commandant Sabarmati répondit : « Non coupable. »

Ma mère dit, « Oh ! Mon Dieu ! Le pauvre homme, c'est si triste ! »

Je dis, « Une femme infidèle est une chose terrible, maman... » et elle détourna le regard.

L'accusation dit, « C'est une affaire très simple. Il y a un motif, une occasion, un aveu, un cadavre et une préméditation : le revolver sorti de l'arsenal, les enfants envoyés au cinéma, le rapport du détective. Que dire d'autre ? »

Et l'opinion publique : « Un si brave homme ! »

Ismail Ibrahim dit : « Cette affaire est en réalité une tentative de suicide. »

L'opinion publique : « ????????? »

Ismail Ibrahim expliqua : « Quand le commandant reçut le rapport de Dom Minto, il voulut voir par lui-même si c'était vrai ; auquel cas il se tuerait lui-même. Il sortit un revolver ; c'était pour lui. Il se rendit chemin Colaba à l'adresse indiquée, uniquement dans un état de désespoir ; pas un tueur, un homme mort ! Mais là — en voyant sa femme, mesdames et messieurs les jurés ! —, la voyant demi nue avec son amant cynique ! — mesdames et messieurs les jurés, ce brave homme, ce grand homme, vit rouge. Rouge, absolument, et c'est en voyant rouge qu'il accomplit les faits. Il n'y a donc pas préméditation ni meurtre au premier degré. Il a tué, oui, mais pas de sang-froid. Mesdames et messieurs les jurés, vous ne devez pas le déclarer coupable ! »

Et, dans la ville, la rumeur disait, « Non, trop, c'est trop... cette fois Ismail Ibrahim est allé trop loin... mais, mais... il n'y avait presque que des femmes dans le jury... et pas des riches... donc doublement sensibles au charme du commandant et au portefeuille de l'avocat... qui sait ? Qui peut dire ? »

Le jury dit, « Non coupable. »

Ma mère s'écria, « Oh ! Merveilleux !... Mais, mais est-ce que c'est la *justice* ? » Et le juge, lui répondant : « En vertu des pouvoirs dont je suis investi, je m'oppose à ce verdict. Coupable. »

Oh ! La fureur ! Les dignitaires de la marine, les évêques et des politiciens dirent, « Sabarmati doit rester dans la prison de la marine en attendant l'appel de la Haute Cour. Le fanatisme d'un juge ne doit pas ruiner la carrière d'un si grand homme. Et les autorités de la police capitulant, « Très bien ! » L'affaire Sabarmati fila vers le haut, se précipitant vers la Haute Cour à une vitesse jamais vue... et le commandant dit à son avocat, « J'ai l'impression que mon sort m'a échappé ; comme si quelque chose avait pris les choses en main... appelons ça le destin. »

Je dis : « Appelle le Saleem, ou Morve-au-nez, ou Renifleux, ou Bouille-sale ; appelle le Quartier-de-lune. »

Le verdict de la Haute Cour : « Coupable. »

Gros titre dans la presse : SABARMATI IRA-T-IL ENFIN DANS UNE PRISON CIVILE ? Déclaration d'Ismail Ibrahim : « Nous irons jusqu'au bout ! Jusqu'à la Cour suprême ! » Et maintenant, la bombe. Une déclaration du Premier ministre de l'Etat lui-même : « Il est difficile de faire une exception à la loi ; mais, considérant les services rendus au pays par le commandant Sabarmati, je l'autorise à rester détenu par la marine en attendant la décision de la Cour suprême. »

Et d'autres titres dans la presse, piquants comme des

moustiques : LE GOUVERNEMENT DE L'ÉTAT FAIT FI DE LA LOI ! LE SCANDALE SABARMATI EST DEVENU UNE HONTE PUBLIQUE !... Quand j'ai vu que la presse se tournait contre le commandant, j'ai su qu'il était perdu.

Le verdict de la Cour suprême : « Coupable. »

Ismail Ibrahim dit : « La grâce ! Nous demandons la grâce du président de l'Inde ! »

Et maintenant, de grandes questions doivent être soigneusement pesées dans Rashtrapati Bhavan — derrière les grilles du palais présidentiel, un homme doit décider s'il existe un homme qui peut être au-dessus de la loi ; l'assassinat de l'amant d'une épouse peut-il être ignoré pour ne pas briser la carrière d'un officier de marine ; et plus encore — l'Inde va-t-elle approuver la puissance de la loi, ou l'ancien principe de la suprématie des héros ? Si Rama lui-même vivait encore, l'enverrait-on en prison pour le meurtre de celui qui avait enlevé Sita ? De grandes questions ; l'irruption de ma vengeance dans l'histoire de mon époque ne fut pas une petite affaire.

Le président de l'Inde dit, « Je n'accorderai pas ma grâce à cet homme. »

Nussie Ibrahim (dont le mari avait perdu sa plus grosse affaire) gémit, « Aïe, Aï-aïe ! » Et répéta une observation, faite plus haut : « Amina, un si brave homme en prison — je te le dis, c'est la fin du monde ! »

Une confession, tremblant sur mes lèvres : « C'est moi qui ai fait tout cela, maman ; je voulais te donner une leçon. Amma, ne va pas voir d'autres hommes avec des broderies de Lucknow sur leurs chemises ; assez, ma mère, de baisers par tasses de thé interposées ! J'ai des pantalons longs maintenant, et je peux te parler comme un homme. » Mais cela ne réussit jamais à sortir de moi ; ce ne fut pas nécessaire parce que j'entendis ma mère répondre à une erreur au téléphone — et avec une voix étrange et douce dire dans l'appareil ce qui suit : « Non ; il n'y a personne de ce nom ici ; je vous en prie, croyez ce que je vous dis, et ne rappelle jamais. »

Oui, j'avais donné une leçon à ma mère ; et, à la suite de l'affaire Sabarmati, elle ne revit jamais son Nadir-Qasim en chair et en os tant qu'elle vécut ; mais, privée de lui, elle tomba victime du destin de toutes les femmes de la famille, elle vieillit avant l'âge ; elle commença à se ratatiner, son boitillement fut plus prononcé et elle avait dans les yeux le vide de l'âge.

Ma vengeance apporta dans son sillage un très grand nombre d'événements non prévus ; le plus dramatique de tous fut peut-être l'apparition, dans les jardins du domaine de Methwold, de fleurs étranges, faites de bois et de fer-blanc, sur lesquelles on avait peint à la main des lettres rouge vif... Les fatales enseignes se dressaient dans tous les jardins sauf le nôtre, preuve que mes pouvoirs surpassaient ma propre capacité de compréhension et que, ayant été une fois exilé de ma colline de deux étages, je m'étais arrangé pour renvoyer à la place tous les autres.

Des panneaux dans les jardins de Versailles, de l'Escorial, de Sans-souci ; des panneaux hochant la tête l'un vers l'autre dans la brise marine, à l'heure des cocktails. Sur chacun d'eux on pouvait distinguer les mêmes sept lettres, rouge vif, toutes de douze pouces de haut : À VENDRE. Tel était le message des panneaux.

À VENDRE — Versailles, le propriétaire étant mort sur un siège de toilettes ; la vente était organisée par la féroce nourrice Bi-Appah, au nom de la pauvre idiote de Toxy. Quand la vente fut conclue, nourrice et nourrie disparurent à jamais ; et Bi-Appah tenait sur ses genoux une mallette bourrée de billets de banque... Je ne sais pas ce qui est arrivé à Toxy, mais, si l'on tient compte de l'avarice de Bi-Appah, je suis sûr que ce ne fut rien de bon... À VENDRE, l'appartement de Sabarmati dans l'Escorial ; Lila Sabarmati perdit la garde de ses enfants et disparut de nos vies, et Œil-fendu et Cheveux-gras firent leurs bagages et furent pris en charge par la marine indienne qui s'était constituée *in loco parentis* jusqu'à ce que leur père ait achevé ses trente années de prison... À VENDRE, aussi, le Sans-souci des Ibrahim parce que les gangsters avaient mis le feu à l'hôtel de l'Ambassade d'Ishaq Ibrahim, le jour de la défaite finale du commandant Sabarmati, comme si le milieu du crime de la ville punissait la famille de l'avocat pour son échec ; et Ismail Ibrahim fut suspendu *en raison de certaines preuves concernant un mauvais exercice de sa profession* (pour citer le rapport de la commission du barreau de Bombay) ; financièrement « gênés », les Ibrahim sortirent également de nos vies ; et, enfin, À VENDRE, l'appartement de Cyrus Dubash et de sa mère parce que, pendant tout le tumulte de l'affaire Sabarmati, et presque sans qu'on s'en aperçoive, le spécialiste de physique nucléaire était mort, étouffé par un pépin d'orange, laissant ainsi Cyrus en proie au fanatisme religieux de sa mère et mettant en mouvement les roues de la période des révélations qui sera l'objet de mon prochain chapitre.

Les panneaux se balançaient dans les jardins qui perdaient leurs souvenirs de poissons rouges, et d'heure des cocktails, et d'invasion de chats ; et qui les décrocha ? Qui étaient les héritiers des héritiers de William Methwold ?... Elles sortirent en grouillant de ce qui avait été la résidence du docteur Narlikar : des femmes à gros ventre, exagérément compétentes, devenues encore plus grosses et plus compétentes sur leur richesse issue des tétrapodes (parce que c'était l'époque des grandes réclamations de terre). Les femmes de Narlikar — elles achetèrent l'appartement du commandant Sabarmati à la marine et à Mme Dubash qui s'en allait, la maison de Cyrus ; elles payèrent Bi-Appah en billets de banque usagés, et les créanciers des Ibrahim furent apaisés par l'argent de Narlikar.

Seul parmi tous les résidents, mon père refusa de vendre ; elles lui offrirent des sommes énormes ; mais il secouait la tête. Elles lui expliquèrent leur rêve — raser les palais et ériger sur la colline de deux étages un immeuble qui s'élèverait dans le ciel, un triomphant obélisque rose, un sémaphore de leur avenir ; Ahmed Sinai, perdu dans les abstractions, ne voulait rien savoir. Elles lui dirent, « Quand vous serez entouré de décombres, vous vendrez pour une bouchée de pain » ; lui (se souvenant de leur perfidie tétrapodique) resta impassible.

En partant, Nussie-canard déclara, « Je vous l'avais bien

dit, Amina — la fin ! La fin du monde ! » Cette fois, elle avait raison et tort ; la terre continua à tourner après août 1958 ; mais le monde de mon enfance avait, effectivement, pris fin.

Padma — avais-tu, quand tu étais enfant, un monde à toi ? Un globe métallique sur lequel étaient imprimés les continents, les océans et la glace polaire ? Deux hémisphères bon marché attachés ensemble par une bande de plastique ? Non, bien sûr ; mais moi, j'en avais un. C'était un monde plein d'étiquettes : *Océan Atlantique* et *Amazone* et *Tropique du Capricorne.* Et, au pôle nord, il portait en légende : *Made in England.*

Au mois d'août des panneaux se balançant et de la rapacité des femmes de Narlikar, ce monde de fer-blanc perdit son plastique ; je recollai la terre à l'équateur avec du ruban adhésif Scotch et, alors, mon désir de jouer surmontant mon respect, je me mis à jouer au football avec. Dans les suites de l'affaire Sabarmati, alors que l'atmosphère était pleine du repentir de ma mère et des tragédies privées des héritiers de Methwold, je fis sonner ma sphère métallique dans le domaine, rassuré de savoir que le monde était toujours en un seul morceau (même s'il était tenu par du ruban adhésif) et également à mes pieds... jusqu'à ce que, le jour de la dernière lamentation eschatologique de Nussie-canard — le jour où Sonny Ibrahim cessa d'être Sonny-le-voisin — ma sœur le Singe de Cuivre me tombe dessus dans une fureur inexplicable en hurlant, « Oh ! Arrête de taper comme ça ; tu ne te sens pas un peu triste, même aujourd'hui ? » Puis elle sauta en l'air et atterrit les deux pieds sur le pôle nord et écrasa le monde dans la poussière de l'allée sous ses talons furieux.

Il semble que le départ de Sonny Ibrahim, l'adorateur insulté, celui qu'elle avait mis tout nu en pleine rue, ait affecté le Singe de Cuivre, malgré son refus de toujours de toute possibilité d'amour.

RÉVÉLATIONS

Om Hare Khusro Hare Khusrovand Om

Sachez, ô incroillants, que dans les minuits ténébreux des ESPACES CÉLESTES dans un temps d'avant le Temps existait la sphère de KHUSROVAND sacré ! ! ! ! Les SCIENTIFIQUES MODERNES eux-mêmes affirment maintenant que pendant des *générations* ils ont MENTI pour cacher au peuple *qui a le droit de savoir* l'existence indiscutablement VRAIE de ce LIEU SAINT DE VÉRITÉ ! ! ! ! Les principaux Intellectuels du Monde Entier, même en Amérique, parlent de la CONSPIRATION ANTIRELIGIEUSE des rouges, des JUIFS, etc. dans le but de cacher ces NOUVELLES VITALES ! Aujourd'hui, le Voile se soulève. Notre saint SEIGNEUR KHUSRO vient avec des Preuves Irréfutables. Lisez et croyez !

Sachez que dans le VÉRITABLE Khusrovand vivaient des Saints dont la pureté spirituelle était telle qu'ils avaient, par la MÉDITATION &c. acquis des Pouvoirs POUR LE BIEN DE TOUS, des pouvoirs dépassant l'imagination ! Ils VOYAIENT À TRAVERS l'acier, et pouvaient PLIER DES POUTRELLES avec les DENTS ! ! !

* * * * MAINTENANT * * * *

Pour la première fois, de tels pouvoirs
peuvent être mis à votre service !

LE SEIGNEUR KHUSRO EST

* * * * * * ICI * * * * * *

Ecoutez la Chute de Khusrovand : comment le DIABLE ROUGE *Bhimutha* (que son nom soit NOIRCI !) déclencha une effrayante Pluie de Météorites (qui a bien été enregistrée par les OBSERVATOIRES DU MONDE, mais non Expliquée)... une pluie si horrible de pierres que le Merveilleux Khusrovand fut ruiné & les Saints anéantis.

Mais le noble *Juraell* et la belle *Khalila* étaient sages. SE SACRIFIANT EUX-MÊMES dans une extase de Kundalini, ils sauvèrent l'AME de leur fils non encore né, le SEIGNEUR KHUSRO. Pénétrant la Véritable Unicité dans une transe Yogique Suprême (dont les pouvoirs sont aujourd'hui RECONNUS dans le MONDE ENTIER !) ils transformèrent leurs NOBLES ESPRITS en un *Rayon* d'ÉNERGIE LUMINEUSE et VITALE de KUNDALINI, dont le très connu laser actuel n'est qu'une imitation vulgaire & une *Copie.* L'Ame non encore née de Khusro suivit le RAYON et traversa les PROFONDEURS INFINIES et l'Espace-Eternité céleste, jusqu'à ce que, pour NOTRE CHANCE ! il arrive dans notre Duniya (monde) & aille se loger dans le sein d'une humble parsi, mère d'une excellente famille.

Et l'enfant naquit, et il possédait une Bonté vraie & un ESPRIT sans pareil (faisant ainsi MENTIR le MENSONGE selon lequel nous sommes tous nés égaux ! Un escroc est-il l'égal d'un Saint ? Bien sûr que non !). Mais quelque temps sa vraie nature est restée cachée, jusqu'à ce que jouant le rôle d'un Saint terrestre dans une production DRAMATIQUE (dont LES PLUS GRANDS CRITIQUES ont dit, la Pureté de Son Jeu Défie la Croyence), il COMPRENNE et sache QUI il était. Maintenant, il a repris son Vrai Nom,

SEIGNEUR
KHUSRO
KHUSROVANI
* BHAGWAN *

& il s'avance humblement avec des cendres sur ses Sourcils Ascétiques pour guérir les Maladies et mettre Fin aux Sécheresses, & il combat les légions de *Bhimutha* à chaque fois qu'elles viennent. Aussi, TREMBLEZ ! LA PLUIE DE PIERRES de *Bhimutha* tombera aussi sur nous ! Ne faites pas attention aux MENSONGES des politiciens poètes Rouges &cetera. METTEZ VOTRE CONFIANCE dans le Seul Vrai Seigneur

KHUSRO KHUSRO KHUSRO
KHUSRO KHUSRO KHUSRO

& envoyez les Dons Boîte postale 555, Poste principale, Bombay-1.

BÉNÉDICTIONS ! BEAUTÉ ! VÉRITÉ !
Om Hare Khusro Hare Khusrovand Om

Cyrus-le-Grand avait comme père un spécialiste de physique nucléaire et, comme mère, une fanatique religieuse dont la foi s'était aigrie en elle après avoir été réprimée pendant tant d'années par la rationalité écrasante de son Dubash ; et, quand le père de Cyrus s'étouffa avec une orange d'où sa mère avait oublié d'enlever les pépins, Mme Dubash s'appliqua à ôter feu son mari de la personnalité de son fils — à refaire Cyrus à sa propre et étrange image. *Cyrus-le-Grand, Cyrus né sur une assiette en mil neuf cent quarante-huit* — Cyrus le prodige de l'école — Cyrus la sainte Jeanne de Bernard Shaw — tous les Cyrus auxquels nous nous étions habitués, avec lesquels nous avions grandi, disparurent ; à leur place surgit la silhouette obèse placide et presque bovine du Seigneur Khusro Khusrovand. A dix ans, Cyrus quitta l'école de la cathédrale et commença l'ascension vertigineuse du plus riche gourou de l'Inde. (Il y a autant de versions de l'Inde qu'il y a d'Indiens ; et, à côté de l'Inde de Cyrus, ma propre version semble quelque peu terre à terre.)

Pourquoi laissa-t-il tout cela se passer ? Pourquoi des affiches couvrirent-elles la ville et des publicités emplirent-elles les journaux, sans que l'enfant prodige souffle mot ?...

Parce que Cyrus (qui avait pourtant l'habitude de nous faire des conférences, avec un soupçon de méchanceté, sur les différentes parties du corps de la femme) était tout simplement le plus malléable des enfants et qu'il n'aurait jamais imaginé contrecarrer sa mère. Pour sa mère, il mit une sorte de robe de brocart et un turban ; par devoir filial, il laissa des millions de fervents lui embrasser le petit doigt. Au nom de l'amour maternel, il devint vraiment le Seigneur Khusro, le plus réussi des enfants sacrés de l'histoire ; en moins de rien, il fut salué par des foules d'un demi-million de personnes et on lui attribua des miracles ; des guitaristes américains vinrent s'asseoir à ses pieds et tous avaient apporté leur carnet de chèques. Le Seigneur Khusrovand engagea un comptable et s'arrangea pour payer moins d'impôts, il acheta un luxueux bateau appelé *L'Etoile Khusrovand* et un avion, *L'Astre du Seigneur Khusrovand.* Et quelque part, à l'intérieur du garçon souriant à peine, distribuant des bénédictions,... dans un endroit dissimulé à jamais par l'ombre efficace et effrayante de sa mère (après tout, elle avait vécu dans la même maison que les femmes de Narlikar ; les connaissait-elle beaucoup ? Que leur avait-elle pris de leur effrayante compétence ?) se cachait le fantôme d'un garçon qui avait été mon ami.

« Le Seigneur Khusro ? demande Padma, stupéfaite. Tu veux parler du mahagourou qui s'est noyé l'an dernier dans la mer ? » Oui, Padma ; il ne pouvait pas marcher sur les eaux ; et très peu de ceux qui ont été en contact avec moi ont eu une mort naturelle... Laissez-moi vous dire que j'en voulais un peu à Cyrus pour son apothéose. « Ç'aurait pu être moi, ai-je même pensé. Je suis l'enfant magique ; ce n'est pas seulement ma primauté à la maison qui m'a été volée, mais aussi ma nature intrinsèque. »

Padma : Je ne suis pas devenu un mahagourou ; des millions de gens ne se sont jamais assis à mes pieds ; et ce fut ma faute parce qu'un jour, il y a des années, j'avais assisté à une conférence de Cyrus sur les différentes parties du corps de la femme.

« Quoi ? » Padma secoue la tête, stupéfaite. « Qu'est-ce que c'est que ça ? »

Dubash, le spécialiste de physique nucléaire, possédait une jolie statuette en marbre — une femme nue — et, à l'aide de cette figurine, son fils faisait des conférences sur l'anatomie féminine à un public de gamins ricanants. Pas gratuitement ; Cyrus-le-Grand percevait un droit. En échange du cours d'anatomie, il demandait des bandes dessinées — et moi, en tout innocence, je lui ai donné un exemplaire très précieux de *Superman,* celui dans lequel il y a le début de l'histoire, l'explosion de la planète Krypton, et le vaisseau spatial dans lequel son père, Jor-El, l'envoie dans l'espace pour venir se poser sur la terre où il est adopté par le bon et doux Kents… personne ne l'a lu ? Pendant toutes ces années, est-ce que personne n'a compris que ce qu'avait fait Mme Dubash n'avait été que recréer un des plus puissants mythes modernes — la légende de l'arrivée de Superman ? J'ai vu comment l'accumulation de richesses annonçait la venue du Seigneur Khusro Khusrovand Bhagwan ; et j'ai dû, à nouveau, accepter la responsabilité des événements de mon univers turbulent et fabuleux.

Comme j'admire les muscles des jambes de ma soucieuse Padma ! Elle s'accroupit à quelques pieds de ma table, le sari retroussé comme les femmes de pêcheurs. Les muscles des mollets ne montrent aucun signe d'effort ; les muscles des cuisses, dans les plis du sari, font voir une vigueur admirable. Suffisamment forte pour rester éternellement accroupie, défiant simultanément la pesanteur et la crampe, ma Padma écoute patiemment mon histoire qui traîne en longueur ; ô puissante spécialiste de la marinade ! Quelle solidité tranquillisante, quel air rassurant de permanence dans ses biceps et ses triceps… Car mon admiration s'étend également à ses bras, qui pourraient écraser les miens en un clin d'œil et desquels, quand ils m'enveloppent dans des étreintes nocturnes et vaines, il m'est impossible de m'échapper. Notre crise étant passée, nous vivons maintenant en parfaite harmonie : je raconte, elle écoute ; elle pourvoit aux besoins et j'accepte ses soins avec bonne grâce. Je suis, en fait, entièrement satisfait des muscles patients de Padma Mangroli qui, sans qu'on sache pourquoi, s'intéresse bien plus à moi qu'à mes histoires.

Pourquoi ai-je choisi de parler de la musculature de Padma : ces jours-ci, c'est à ces muscles, bien plus qu'à n'importe quoi ou qui (par exemple mon fils, qui n'a même pas encore appris à lire) que je raconte mon histoire. Parce que je file en avant à une vitesse de casse-cou ; des erreurs sont possibles et des exagérations et de désagréables changements de ton ; je fais la course avec les fissures, mais je reste conscient que des erreurs ont déjà été commises et que, alors que mon délabrement s'accélère (j'ai du mal à garder ma vitesse d'écriture), le risque d'inexactitude augmente... dans ces conditions j'apprends à utiliser les muscles de Padma comme guides. Quand elle en a assez, je peux détecter dans ses fibres les rides du désintérêt ; quand elle n'est pas convaincue, elle a un tic à la joue. La danse de sa musculature m'aide à rester sur les rails ; parce que dans une autobiographie, comme dans la littérature, ce qui s'est réellement passé est moins important que ce que l'auteur réussit à faire croire à son auditoire... Padma ayant accepté l'histoire de Cyrus-le-Grand, cela me donne le courage de foncer dans le plus mauvais moment de ma vie vieille de onze ans (il y a, avait, bien pire à venir) — en août-septembre, quand les révélations coulaient plus vite que du sang.

Les panneaux qui se balançaient étaient presque tombés quand les équipes de démolisseurs des femmes de Narlikar arrivèrent ; Buckingham fut enveloppé dans les tourbillons de poussière des palais agonisants de William Methwold. Cachés de Warden Road par la poussière, nous restions cependant vulnérables aux appels téléphoniques ; et ce fut le téléphone qui nous informa, par la voix tremblante de ma tante Pia, du suicide de mon bien-aimé oncle Hanif. Privé des revenus qu'il recevait de Homi Catrack, mon oncle avait emmené sa voix retentissante, ses obsessions de cœurs et de réalisme sur le toit de l'immeuble de Marine Drive ; il avait sauté dans la brume marine et crépusculaire et avait tellement effrayé les mendiants (en tombant) qu'ils cessèrent de jouer aux aveugles et qu'ils se sauvèrent en hurlant... Dans la mort comme dans la vie, Hanif épousait la cause de la vérité et faisait fuir l'illusion. Il avait près de trente-quatre ans. Le meurtre engendre la mort ; en tuant Homi Catrack, j'avais aussi tué mon oncle. C'était ma faute ; et ce n'était pas fini.

La famille se réunit à Buckingham : d'Agra, Aadam Aziz et la Révérende Mère ; de Delhi, mon oncle Mustapha, le fonctionnaire qui avait peaufiné l'art d'être d'accord avec ses supérieurs à un tel point qu'ils ne l'écoutaient plus, raison pour laquelle il n'eut jamais de promotion ; et Sonia, sa femme, à moitié iranienne, et leurs enfants rendus tellement insignifiants à force d'avoir été battus que je ne peux même pas me rappeler combien d'entre eux étaient présents ; et, du Pakistan, l'amère Alia, et même le général Zulfikar et ma tante Emerald qui apporta vingt-sept valises et deux serviteurs, et qui, tous deux, n'arrêtaient pas de regarder leur montre et de demander la date. Leur fils, Zafar, vint aussi. Et, pour fermer le cercle, ma mère amena Pia pour qu'elle reste à la maison ; « Au moins pour les quarante jours de deuil, ma sœur. »

Pendant quarante jours, nous fûmes agressés par la poussière ; la poussière se glissait sous les serviettes humides que nous placions autour des fenêtres, la poussière suivait subrepticement chaque personne qui venait pour le deuil, la poussière s'infiltrait à travers les murs eux-mêmes pour rester en l'air comme un spectre sans forme, la poussière étouffait les hurlements protocolaires ainsi que les cris déchirants de la famille affligée ; les restes du domaine de Methwold se déposaient sur ma grand-mère, ce qui la mettait en rage ; ils irritaient les narines pincées du général Zulfikar à face de Polichinelle et l'obligeaient à éternuer sur son menton. Dans la brume fantomatique de la poussière, il nous semblait parfois que nous pouvions discerner les formes du passé, le mirage du pianola de Lila Sabarmati ou les barreaux de prison de la fenêtre de Toxy Catrack ; la statuette nue de Dubash dansait dans la poussière de notre chambre et les affiches de corridas de Sonny Ibrahim nous rendaient visite sous forme de nuages.

Les femmes de Narlikar étaient parties pendant que les bulldozers étaient au travail ; nous étions seuls dans la tempête de poussière qui nous donnait l'apparence de meubles oubliés, comme si nous avions été des chaises et des tables abandonnées depuis des dizaines d'années, sans housses pour les couvrir ; nous ressemblions aux fantômes de nous-mêmes. Nous étions une dynastie sortie d'un nez, le monstre aquilin du visage d'Aadam Aziz, et la poussière en entrant dans nos narines pendant une période douloureuse détruisait toutes nos réserves, érodait les barrières qui permettent aux familles de survivre ; dans la tempête de poussière des palais agonisants des choses furent dites et vues et faites dont aucun de nous ne se remettrait jamais.

Cela commença avec la Révérende Mère, peut-être parce que les années l'avaient fait grossir jusqu'à ce qu'elle ressemble à la montagne de Sankara Acharya, dans son Srinagar natal, et elle présentait à la poussière la plus grande surface à attaquer. Un grondement d'avalanche s'éleva de son corps montagneux et devint, quand il se transforma en mots, une violente attaque de ma tante Pia, la veuve affligée. Nous avions tous remarqué que ma mumani se conduisait d'une façon étrange. Il y avait un sentiment non exprimé qu'une actrice de son niveau devait être une veuve de grand style ; inconsciemment, nous désirions tous voir sa douleur, observer une tragédienne accomplie mettre en scène son propre malheur, nous attendions une *raga*[1] de quarante jours dans laquelle les morceaux de bravoure, la noblesse, les hurlements de désespoir et le découragement sans fond se mêleraient dans les proportions exactes de l'art ; mais Pia restait calme, les yeux secs, et antidramatiquement tranquille. Amina Sinai et Emerald Zulfikar pleuraient et s'arrachaient les cheveux en essayant d'enflammer les talents de Pia ; mais, quand finalement il sembla que rien ne réussirait à émouvoir Pia, la Révérende Mère perdit patience. La poussière pénétra sa rage

1. *Raga :* thèmes musicaux traditionnels que les musiciens hindous utilisent comme base des improvisations. (*N.d.T.*)

et sa déception et en augmenta l'amertume. « Cette femme, comment dire, gronda la Révérende Mère, je ne vous en ai pas parlé ? Mon fils, par Allah, il aurait pu être ce qu'il voulait, mais non, comment dire, elle lui a fait rater sa vie ; il a fallu qu'il se jette d'un toit, comment dire, pour se débarrasser d'elle. »

C'était dit ; et ce qui est dit, est dit. Pia restait immobile comme la pierre ; j'avais les entrailles qui tremblaient comme du pouding à la farine de maïs. La Révérende Mère continua sinistrement ; elle prêta serment sur la tête de son fils mort. « Tant que cette femme ne fera pas preuve d'un peu de respect envers la mémoire de mon fils, comment dire, tant qu'elle ne versera pas une vraie larme d'épouse, aucune nourriture ne franchira mes lèvres. C'est une honte et un scandale, comment dire, de la voir assise là, avec de l'antimoine aux yeux au lieu de larmes ! » La maison résonna de l'écho de ses anciennes guerres avec Aadam Aziz. Et jusqu'au vingtième jour des quarante, nous fûmes effrayés que ma grand-mère meure de faim et que les quarante jours recommencent. Elle reposait poussiéreusement sur son lit ; nous attendions, effrayés.

C'est moi qui sortis ma grand-mère et ma tante de l'impasse ; ainsi je peux au moins légitimement prétendre avoir sauvé une vie. Le vingtième jour, je suis allé trouver Pia Aziz qui était assise dans sa chambre comme une aveugle ; pour justifier ma visite, je m'excusai maladroitement pour mes écarts de conduite dans l'appartement de Marine Drive. Pia parla, après un long moment de silence : « Toujours du mélodrame, dit-elle fermement, dans sa famille, dans son travail. Il est mort par haine du mélodrame ; c'est pour cela que je ne pleurerai pas. » A l'époque, je n'ai pas compris ; maintenant, je suis sûr que Pia Aziz avait tout à fait raison. Privé de moyens d'existence en repoussant les frissons à bon marché du cinéma de Bombay, mon oncle sauta d'un toit ; le mélodrame inspira (et peut-être souilla) son dernier plongeon vers la terre. Le refus de Pia de pleurer était pour honorer sa mémoire… mais l'effort qu'elle fit pour le reconnaître rompit les murs du contrôle d'elle-même. La poussière la fit éternuer ;

l'éternuement lui fit monter des larmes aux yeux ; et les larmes ne s'arrêtèrent plus, et nous eûmes notre représentation tant attendue parce que, maintenant que les larmes coulaient, elles coulaient comme Flora Fountain, et elle fut incapable de résister à son talent ; elle donna une forme à ce flot comme l'actrice qu'elle était, en introduisant des thèmes dominants et des motifs secondaires, en frappant ses seins étonnants d'une façon tout à fait douloureuse à voir, elle les serrait, les bourrait de coups de poing... elle arracha ses vêtements et ses cheveux. C'était une exaltation des larmes et cela persuada la Révérende Mère de manger. Du *dal* et des noix de pistache se déversèrent dans ma grand-mère tandis que de l'eau salée s'écoulait de ma tante. Puis Naseem Aziz s'abattit sur Pia, la prit dans ses bras, et le solo se transforma en duo, et les accents de la réconciliation se mêlèrent à la beauté insupportable des mélodies de la douleur. Un désir d'applaudir impossible à exprimer nous démangeait les mains. Et le meilleur était encore à venir parce que Pia, l'artiste, éleva ses efforts épiques jusqu'à un sommet. Posant sa tête dans le giron de sa belle-mère, elle dit avec une voix pleine de soumission et de vide, « Maman, votre fille indigne vous écoute ; dites-moi ce que je dois faire, et je le ferai. » Et la Révérende Mère, larmoyante, « Ma fille, ton père Aziz et moi, nous irons bientôt à Rawalpindi ; nous allons passer notre vieillesse près de notre plus jeune fille, Emerald. Tu vas venir aussi, et on t'achètera une station-service. » Et le rêve de la Révérende Mère commença à devenir réalité, et Pia accepta d'abandonner le monde des films pour celui du fuel. Je crois que mon oncle Hanif aurait approuvé.

Nous fûmes tous affectés par la poussière pendant ces quarante jours ; Ahmed Sinai parlait d'une voix hargneuse et éraillée, et il refusa de s'asseoir en compagnie de sa belle-famille et demanda à Alice Pereira de porter des messages aux affligés, messages qu'il hurlait aussi de son bureau : « Arrêtez ce tapage ! Je travaille dans tout ce boucan ! » Le général Zulfikar et Emerald consultaient constamment les calendriers et les horaires des avions, tandis que leur fils Zafar commença à fanfaronner devant le Singe de Cuivre en lui disant qu'il allait demander à son père de les marier. « Tu reconnaîtras que tu as de la chance, dit ce petit prétentieux à ma sœur. Mon père est un gros bonnet au Pakistan. » Mais, si Zafar avait hérité du regard de son père, la poussière avait empâté l'esprit du Singe et elle n'avait même pas le cœur de se battre. Ma tante Alia répandait sa déception ancienne et poussiéreuse dans l'air et les plus stupides de nos parents, la famille de mon oncle Mustapha, s'asseyaient silencieusement dans les coins où on les oubliait comme d'habitude ; la moustache de Mustapha Aziz, qui, quand il était arrivé, était fièrement cosmétiquée et avait les pointes retroussées, s'était affaissée sous l'influence déprimante de la poussière.

Et c'est alors, le vingt-deuxième jour du deuil, que mon grand-père, Aadam Aziz, vit Dieu.

Il avait soixante-huit ans — toujours une décennie de plus que le siècle. Mais seize années sans optimisme avaient prélevé un lourd tribut ; il avait toujours les yeux bleus, mais son dos était courbé. Il traînait des pieds autour de Buckingham avec une calotte brodée et une veste à manches longues — il était recouvert d'une fine pellicule de poussière — et mâchait des carottes crues tandis que de petits filets de salive coulaient autour de son menton grisonnant. Au fur et à mesure qu'il déclinait, la Révérende Mère devenait plus grosse et plus forte ; elle qui, autrefois, avait gémi de façon compatissante à la vue du mercurochrome, semblait maintenant vivre de la faiblesse d'Aadam, comme si leur mariage avait été une de ces unions mythiques dans lesquelles des succubes apparaissent aux hommes comme d'innocentes demoiselles qui, après les avoir attirés dans le lit conjugal, reprennent leur aspect véritable et horrible et avalent leurs âmes... Ma grand-mère, à cette époque, avait une moustache presque aussi fournie que le poil affaissé et poussiéreux qui recouvrait la lèvre supérieure de son seul fils encore en vie. Elle s'asseyait, les jambes croisées, sur son lit, maculant sa lèvre d'un fluide mystérieux qui coulait autour de ses poils et qu'elle essuyait d'un revers de main violent et précis ; mais le remède était pire que le mal.

« Il est retombé en enfance, comment dire, racontait ma grand-mère aux enfants de mon grand-père, et Hanif l'a achevé. » Elle nous avertit qu'il avait commencé à voir des choses. « Il parle à des gens qui ne sont pas là », chuchotait-elle à haute voix tandis qu'il errait dans la pièce en suçant ses dents, « et il crie, comment dire, en pleine nuit ! » Et elle l'imitait : « Hé ! Tai ? C'est toi ? » A nous les enfants, elle nous parlait du batelier, du Bourdon et de la rani de Cooch Naheem. « Ce pauvre homme a vécu trop longtemps, comment dire ; aucun père ne devrait voir ses fils mourir les premiers. » ... Et Amina écoutait et secouait la tête en signe de compassion, sans savoir qu'elle hériterait d'Aadam Aziz — qu'elle aussi, dans ses derniers jours, recevrait la visite de choses qui n'avaient pas besoin de revenir.

Nous ne pouvions utiliser les ventilateurs de plafond à cause de la poussière ; la sueur coulait sur le visage de mon grand-père blessé et laissait des traces de boue sur ses joues. Parfois il attrapait celui qui se trouvait à côté de lui et lui parlait avec une lucidité parfaite : « Ces Nehrus ne seront contents que quand ils seront devenus des rois héréditaires ! » Ou, postillonnant dans le visage d'un général Zulfikar au supplice : « Ah ! Pauvre Pakistan ! Si mal servi par ses dirigeants ! » Mais, à d'autres moments, il se croyait dans une boutique de pierres précieuses et marmonnait, « ... oui : il y avait des émeraudes et des rubis... » Le Singe me chuchotait, « Est-ce que grand-papa va mourir ? »

Ce qui coula d'Aadam Aziz en moi : une certaine vulnérabilité devant les femmes, mais aussi ce qui en était la cause, le trou au centre de lui-même créé par son (qui est aussi mon) incapacité à croire ou à ne pas croire en Dieu. Quelque chose d'autre également — quelque chose qu'à l'âge de onze ans j'avais vu avant tout le monde. Mon grand-père avait commencé à se fissurer.

« Dans la tête ? demande Padma, tu veux dire à l'étage supérieur ? »

Le batelier Tai dit : « La glace attend toujours, Aadam baba, juste sous la surface de l'eau. »

Je vis les fissures dans ses yeux — un fin réseau sans couleur se détachant sur le bleu ; et je répondis à la question du Singe : « Je pense que oui. » Avant la fin des quarante jours de deuil, la peau de mon grand-père avait commencé à se crevasser, à s'écailler et à peler ; il pouvait à peine ouvrir la bouche pour manger à cause des gerçures aux commissures des lèvres ; ses dents se mirent à tomber comme des mouches. Mais une telle mort peut être très lente ; et il se passa longtemps avant que nous soyons au courant des autres fissures, de la maladie qui lui rongeait les os, à tel point qu'à la fin son squelette se désintégra en poudre dans le sac battu des vents de sa peau.

Padma me regarde avec une panique soudaine. « Qu'est-ce que tu racontes ? Est-ce que tu veux dire que toi aussi... Quel truc inconnu peut manger tous les *os* d'un homme ? Est-ce que... »

Pas le temps de m'arrêter ; pas le temps pour la compassion ou la panique ; je suis déjà allé plus loin que j'aurais dû. Remontant un peu dans le temps, je dois dire que quelque chose de moi coula dans Aadam Aziz ; parce que le vingt-troisième jour du deuil, il demanda à toute la famille de se réunir dans la pièce où étaient les vases de verre (inutile de les éloigner de mon oncle maintenant) les coussins et le ventilateur immobile, la pièce même dans laquelle j'avais annoncé mes propres visions... La Révérende Mère avait dit : « Il est retombé en enfance » ; comme un enfant, mon grand-père déclara que trois semaines après avoir appris la mort d'un fils qu'il avait cru vivant et bien portant, il avait vu, de ses propres yeux, le Dieu que toute sa vie il avait essayé de croire mort. Et, comme un enfant, on ne le crut pas. Sauf un seul... « Oui, écoutez », dit mon grand-père, sa voix était une pâle imitation de ses accents tonitruants d'autrefois, « Oui, rani ? Vous êtes là ? Et Abdullah ? Viens t'asseoir, Nadir, il y a des nouvelles — où est Ahmed ? Alia voudra qu'il soit ici... Dieu, mes enfants ; Dieu que j'ai combattu toute ma vie. Oskar ? Ilse ? — Non, bien sûr, je sais qu'ils sont morts. Vous pensez que je suis vieux et peut-être fou ; mais j'ai vu Dieu. » Et, malgré les digressions et les détours, l'histoire sortit petit à petit : à minuit, mon grand-père s'était réveillé dans sa chambre obscure. Quelqu'un était là — quelqu'un qui n'était pas sa femme. La Révérende Mère ronflait dans son lit. Quelqu'un. Quelqu'un avec de la poussière lumineuse sur lui, éclairé par la lueur de la lune. Et Aadam Aziz : « Hé ! Tai ? C'est toi ? » Et la Révérende Mère marmonnant dans son sommeil, « Oh ! Dors, oublie tout ça... » Mais le quelqu'un, le quelque chose, crie d'une voix effrayante (et effrayée ?) « Tout-Puissant Jésus-Christ ! » (Parmi les vases en verre taillé, mon grand-père rit, hi-hi, pour s'excuser d'avoir mentionné le nom de l'infidèle). « Tout-puissant Jésus-Christ ! » et mon grand-père regarde et voit, oui, il a des trous dans les pieds comme... Mais il se frotte les yeux, secoue la tête et dit : « Qui ? Quel nom ? Qu'est-ce que vous avez dit ? » Et l'apparition effrayante-effrayée, « Dieu ! Dieu ! » Et après une pause, « Je ne crois pas que tu puisses me voir. »

« Mais je l'ai vu, dit mon grand-père sous le ventilateur immobile. Oui, je ne peux pas le nier, je l'ai vu. » ... Et l'apparition : « Tu es celui dont le fils est mort. » Et mon grand-père, avec une immense douleur dans la poitrine : « Pourquoi ? Pourquoi cela est-il arrivé ? » Ce à quoi la créature, rendue visible à cause de la poussière : « Dieu a ses raisons, vieil homme ; la vie est ainsi, n'est-ce pas ? »

La Révérende Mère nous fit tous partir. « Ce pauvre vieux ne sait plus ce qu'il dit, comment dire. Quelle tristesse, que les cheveux gris fassent blasphémer un homme ! » Mais Mary Pereira sortit, le visage pâle comme un linge ; Mary savait qui avait vu Aadam Aziz — qui, délabré à cause du crime qu'elle avait commis, avait des trous dans les mains et dans les pieds ; qui avait eu les talons percés par un serpent ; qui était mort dans une tour d'horloge voisine, et qui, par erreur, avait été pris pour Dieu.

Autant que je finisse l'histoire de mon grand-père ; je suis allé suffisamment loin et l'occasion ne se représentera peut-être plus... Quelque part, dans les profondeurs de la sénilité de mon grand-père qui me rappelait la débilité du professeur Schaapsteker quelques étages au-dessus, l'horrible idée s'enracina que Dieu, par son attitude désinvolte dans le suicide de Hanif, avait prouvé sa propre culpabilité, à lui Aadam, dans l'affaire ; Aadam attrapa le général Zulfikar par le revers de son uniforme et lui murmura : « C'est parce que je n'ai jamais cru en lui, qu'il m'a pris mon fils ! » Et Zulfikar : « Non, non, docteur sahib, ne vous faites pas tant de souci… » Mais Aadam Aziz n'oublia jamais sa vision ; les détails du Dieu qu'il avait vu s'estompèrent dans son esprit, et laissèrent un désir passionné et radotant de vengeance (désir que nous partageons tous les deux)… A la fin des quarante jours de deuil, il refusa d'aller au Pakistan (comme la Révérende Mère l'avait prévu) parce que c'était un pays fait spécialement pour Dieu ; et, dans le reste de sa vie, il se déshonora souvent en entrant dans les mosquées et les temples, appuyé sur son bâton de vieillard, en hurlant des imprécations et en tapant sur les fidèles qui étaient à portée. A Agra, on le tolérait en souvenir de l'homme qu'il avait été autrefois ; les vieux de la paan-shop de la rue Cornwallis jouaient à « atteindre-le-crachoir » et se souvenaient avec compassion du passé du docteur sahib. La Révérende Mère était obligée de lui céder, au moins pour une bonne raison — son radotage iconoclaste aurait provoqué un scandale dans un pays où on ne le connaissait pas.

Derrière sa folie et ses fureurs, les fissures continuaient à s'étendre ; la maladie lui rongeait obstinément les os, tandis que la haine dévorait le reste de sa personne. Pourtant, il ne mourut qu'en 1964. Voici comment ça se passa : le mercredi 25 décembre 1963 — le jour de Noël ! — quand la Révérende Mère se réveilla, elle se rendit compte que son mari était parti. Elle sortit dans la cour, parmi le sifflement des oies et les ombres pâles de l'aube, et appela un domestique ; on lui dit que le docteur sahib était parti à la gare en rickshaw. Quand elle arriva à la gare, le train était parti ; et mon grand-père suivant quelque mystérieuse impulsion, avait entamé son dernier voyage pour aller achever son histoire là où elle avait (comme la mienne) commencé, dans une ville entourée de montagnes et construite au bord d'un lac.

La vallée était cachée dans une coquille d'œuf de glace ; *les montagnes s'étaient rapprochées pour gronder comme des mâchoires en colère autour de la ville au bord du lac...* L'hiver à Srinagar ; l'hiver au Cachemire. Le vendredi 27 décembre, on vit un homme répondant au signalement de mon grand-père, portant une veste à manches longues, radotant, au voisinage de la mosquée Hazratbal. A 4 h 45 le samedi matin, Haji Muhammad Khalil Ghanai remarqua le vol, dans le sanctuaire de la mosquée, de la plus précieuse relique de la vallée : un poil sacré du prophète Mahomet.

L'avait-il volé ? Ne l'avait-il pas volé ? Si c'était lui, pourquoi n'entra-t-il pas dans la mosquée, le bâton à la main, pour rouer de coups les fidèles comme il avait l'habitude de le faire ? Si ce n'était pas lui, pourquoi alors ? Des rumeurs coururent sur un complot gouvernemental tendant à démoraliser les musulmans du Cachemire, en volant leur poil sacré ; et des contre-rumeurs sur des *provocateurs* pakistanais qui, soi-disant, auraient volé la relique pour fomenter des troubles... Etaient-ce eux ? Ou non ? Cet incident était-il politique, ou était-ce la dernière tentative d'un père qui avait perdu son fils pour se venger de Dieu ? Pendant dix jours, on ne fit plus de cuisine dans les familles musulmanes ; il y eut des émeutes et des voitures brûlèrent ; mais mon grand-père était maintenant au-dessus de la politique et on ne le vit se joindre à aucun défilé. Il n'avait qu'une seule mission ; et ce qu'on sait, c'est que le 1er janvier 1964 (un mercredi, une semaine jour pour jour après son départ d'Agra), il regarda vers la colline que les musulmans appellent par erreur Takht-e-Sulaiman, le Siège de Salomon, au sommet de laquelle se dresse l'émetteur de la radio, mais aussi le bulbe noir du temple d'Acharya Sankara. Ignorant le désespoir de la ville, mon grand-père grimpa ; et la maladie qui était en lui rongeait patiemment ses os. On ne le reconnut pas.

Le docteur Aadam Aziz *(retour de Heidelberg)* mourut cinq jours avant l'annonce par le gouvernement que les recherches intenses du poil du prophète avaient été couronnées de succès. Quand les saints les plus saints de l'Etat se réunirent pour authentifier le poil, mon grand-père était incapable de leur dire la vérité. (S'ils se trompèrent... mais je ne peux répondre à la question que j'ai posée.) On avait arrêté — et plus tard relâché pour mauvaise santé — un certain Abdul Rahim Bande ; mais peut-être que mon grand-père, s'il avait vécu, aurait pu jeter une étrange lumière sur l'affaire... Le 1er janvier, à midi, Aadam Aziz arriva devant le temple de Sankara Acharya. On le vit lever sa canne ; dans le temple, des femmes qui célébraient le rite de puja près d'un Shiva-lingam reculèrent — comme autrefois des femmes avaient reculé devant la colère d'un autre docteur, obsédé par des tétrapodes ; alors les fissures firent valoir leurs droits, ses jambes se dérobèrent sous lui tandis que ses os se désintégraient, et sa chute eut comme effet d'éparpiller les restes de son squelette sans espoir de réparation. On l'identifia grâce aux papiers qu'on trouva dans la poche de sa veste : une photo de son fils et une lettre inachevée (et par chance avec l'adresse exacte) à sa femme. On enterra le corps, trop fragile pour être transporté, dans la vallée qui l'avait vu naître.

Je regarde Padma ; ses muscles ont commencé à tressaillir. « Réfléchis bien à cela, lui dis-je. Est-ce que ce qui est arrivé à mon grand-père est très étrange ? Compare-le à toute l'histoire qu'on a faite pour le vol d'un poil ; parce que le moindre détail est vrai et, en comparaison, la mort d'un vieil homme est certainement tout à fait normale. » Padma se détend ; ses muscles m'autorisent à continuer. J'ai passé trop de temps sur Aadam Aziz ; j'ai peut-être peur de ce qui va suivre ; mais on ne peut éviter la révélation.

Une dernière chose : après la mort de mon grand-père, le premier ministre Jawaharlal Nehru tomba malade et ne retrouva jamais la santé. Cette maladie fatale le tua finalement le 27 mai 1964.

Si je n'avais pas voulu être un héros, M. Zagallo ne m'aurait jamais arraché les cheveux. Si mes cheveux étaient restés intacts, Keith-la-glande et le gros Perce ne se seraient pas moqués de moi ; Masha Miovic ne m'aurait pas poussé à perdre mon doigt. Et de mon doigt coula du sang qui n'était ni-Alpha-ni-Oméga et qui m'envoya en exil ; et en exil je brûlais du désir de me venger, ce qui conduisit au meurtre de Homi Catrack ; et si Homi Catrack n'était pas mort, peut-être que mon oncle n'aurait pas sauté d'un toit dans la brise marine ; et alors mon grand-père ne serait pas allé au Cachemire et n'aurait pas été brisé à cause de l'effort fourni pour gravir la colline de Sankara Acharya. Et mon grand-père était le fondateur de ma famille, et mon destin était, par ma date de naissance, enchaîné à celui de la nation, et le père de la nation était Nehru. La mort de Nehru : puis-je écarter la conclusion que cela aussi fut ma faute ?

Mais revenons en 1958 ; parce que le trente-septième jour du deuil, la vérité qui rampait lentement dans Mary Pereira — et en fin de compte vers moi — depuis onze ans, sortit enfin au grand jour ; la vérité sous la forme d'un très vieil homme, dont la puanteur d'enfer pénétra même mes narines bouchées, à qui il manquait des doigts et des orteils, qui était couvert d'abcès et de trous, et qui gravit notre colline de deux étages, et Mary Pereira qui nettoyait les stores du balcon le vit alors qu'il sortait du nuage de poussière.

Le cauchemar de Mary Pereira était devenu réalité ; le fantôme de Joseph D'Costa, visible à travers le voile de poussière, se dirigeait vers le bureau d'Ahmed Sinai ! Comme si cela n'avait pas suffi de se montrer à Aadam Aziz... « Arré, Joseph ! hurla Mary en laissant tomber son plumeau, va-t'en ! Ne viens pas ici maintenant ! N'ennuie pas les sahibs avec tes problèmes ! Oh ! Mon Dieu ! Joseph, va-t'en, va-t'en ! Tu vas me tuer ! » Mais le fantôme continua à descendre l'allée.

Mary Pereira laissa les stores pendre de travers et se précipita vers la maison pour aller se jeter aux pieds de ma mère — de petites mains grassouillettes se joignirent en signe de supplication — « Begum sahiba ! Begum sahiba ! Pardonne-moi ! » Et ma mère stupéfaite : « Qu'est-ce qu'il y a, Mary ?

Quelle mouche te pique ? » Mais Mary est incapable de rien entendre, elle pleure crie, « Oh ! Mon Dieu ! Mon heure est venue, ma chère Madame, laissez-moi aller, ne me mettez pas en prison ! » Et aussi, « Onze ans, Madame, est-ce que je ne vous ai pas tous aimés ? Oh ! Madame ! Et ce garçon avec sa face de lune ; mais on me tue, je ne suis pas bonne, je vais brûler en enfer ! *Funtoosh !* hurlait Mary, c'est fini ; *Funtoosh !* »

Je ne me doutai toujours pas de ce qui se passait ; même quand Mary se jeta sur moi (j'étais plus grand qu'elle maintenant ; ses larmes me mouillaient le cou) : « Oh ! Baba, baba ; aujourd'hui, il faut que je te dise quelque chose, une chose que j'ai faite ; mais voici... » et la petite femme se redressa avec une grande dignité, « ... je vais tout vous dire avant que Joseph le fasse. Begum, mes enfants, vous tous, mesdames et messieurs, venez dans le bureau du sahib, et je vous dirai tout. »

Les déclarations publiques ont ponctué ma vie ; Amina dans une ruelle de Delhi et Mary dans un bureau sans soleil... avec toute la famille marchant éberluée derrière nous, Mary et moi descendîmes au rez-de-chaussée. Elle ne voulait pas me lâcher la main. Qu'y avait-il dans le bureau avec Ahmed Sinai ? Qu'est-ce qui lui avait donné ce visage duquel les djinns et l'argent avaient été chassés et remplacés par un air de profonde désolation ? Qu'est-ce qui était en tas dans le coin de la pièce, emplissant l'air d'une puanteur sulfureuse ? Qu'est-ce qui avait une forme humaine à laquelle manquait des doigts et des orteils ; dont le visage semblait faire des bulles comme les sources chaudes de Nouvelle-Zélande (que j'avais vues dans *Le Merveilleux Livre des merveilles*) ?... Pas le temps d'expliquer, parce que Mary Pereira avait commencé à parler, elle bredouillait un secret caché depuis onze ans, elle nous tirait de ce monde illusoire qu'elle avait inventé en changeant les étiquettes portant les noms, nous obligeant à regarder l'horreur de la vérité. Et, pendant tout ce temps, elle restait accrochée à moi ; comme une mère qui protège son enfant, elle s'interposait entre moi et ma famille. (Ils apprenaient... comme moi... qu'ils n'étaient pas...)

... C'était juste après minuit, et dans les rues il y avait des feux d'artifice et la foule, le monstre à plusieurs têtes qui hurlait, j'ai fait ça pour mon Joseph, sahib, mais je vous en supplie ne m'envoyez pas en prison, c'est un bon petit garçon, sahib, je suis une pauvre femme, sahib, une faute, une minute en tant d'années, pas la prison, sahib, je vais m'en aller, onze ans, mais je vais m'en aller maintenant, sahib, c'est un bon petit garçon, sahib, vous ne devez pas le chasser, sahib, après onze ans c'est votre fils... Oh ! Mon garçon, avec ton visage de soleil levant, oh ! Saleem, mon quartier-de-lune, il faut que tu saches que ton père était Winkie, et ta mère est morte, elle aussi...

Mary Pereira quitta la pièce en courant.

Ahmed Sinai dit d'une voix aussi lointaine qu'un chant d'oiseau : « Ça, dans le coin, c'est Musa, mon vieux serviteur, celui qui avait essayé de me voler. »

(Est-ce qu'aucun récit peut en dire autant aussi vite ? Je jette un coup d'œil vers Padma ; elle a l'air de suffoquer comme un poisson.)

Il était une fois un serviteur qui vola mon père ; il jura qu'il était innocent ; il appela sur lui la malédiction de la lèpre si l'on pouvait prouver que c'était un menteur ; et on prouva qu'il avait menti. Il était tombé en disgrâce ; mais, à ce moment-là, je vous ai dit que c'était une bombe à retardement et qu'il était revenu pour exploser. Musa avait effectivement contracté la lèpre ; et il avait traversé le silence des années pour venir demander son pardon à mon père, afin qu'il puisse être libéré de la malédiction qu'il s'était attirée.

... Quelqu'un fut appelé Dieu qui n'était pas Dieu ; quelqu'un d'autre fut pris pour un fantôme qui n'était pas un fantôme ; et une troisième personne découvrit que, bien que son nom fût Saleem Sinai, il n'était pas le fils de ses parents...

« Je te pardonne », dit Ahmed Sinai au lépreux. Après cela, il fut guéri d'une de ses obsessions ; il n'essaya plus jamais de découvrir la malédiction (parfaitement imaginaire) de la famille.

« Je ne pouvais pas raconter cela autrement, dis-je à Padma. Trop douloureux ; il fallait que je le laisse sortir comme ça, comme une histoire de fou, comme ça.

— Ah, Monsieur, pleurniche Padma impuissante, oh ! Monsieur ! Monsieur !

— Allez, allez, dis-je, c'est de la vieille histoire. »

Mais ses larmes ne sont pas pour moi ; pour l'instant, elle a oublié ce-qui-ronge-les-os-sous-la-peau ; elle pleure sur Mary Pereira que, comme je l'ai dit, elle aime beaucoup.

« Que lui est-il arrivé ? » demande-t-elle les yeux rouges.

Je suis saisi d'une colère absurde. Je hurle : « Va lui demander ! »

Va lui demander comment elle est allée dans la ville de Panjim à Goa, comment elle a raconté à sa vieille mère l'histoire de sa honte ! Demande comment le scandale rendit sa mère folle (ce qui était à propos ; c'était un temps où les gens âgés perdaient la raison) ! Demande : est-ce que la fille et sa vieille mère allèrent par les rues pour qu'on leur pardonne ? N'était-ce pas le moment où une fois tous les dix ans on sortait le corps momifié de saint François-Xavier (une relique aussi sacrée que le poil du prophète) de son tombeau dans la cathédrale, pour le promener en ville ? Est-ce que Mary et sa vieille mère folle se retrouvèrent contre le catafalque ; est-ce que la vieille femme avait complètement perdu l'esprit à cause du crime de sa fille ? Est-ce que la vieille Mme Pereira en criant : « Aïe ! Aï-aïe ! Aï-aï-aïe ! » escalada la civière pour embrasser le pied du saint ? Au milieu d'une foule innombrable, est-ce que Mme Pereira fut prise d'une fureur sacrée ? Demande ! En proie à la folie, plaça-t-elle ou non ses lèvres autour du gros orteil du pied gauche de saint François ? Demande : Est-ce que la mère de Mary *coupa le gros orteil d'un coup de dents ?*

« Comment ? gémit Padma, effrayée par mon courroux. Comment ça, *demande ?* »

... Et ceci aussi est vrai : est-ce que les journaux écrivirent que la vieille femme avait été miraculeusement punie ; ils citaient des sources émanant des autorités religieuses et de témoins directs, qui décrivaient comment la vieille femme avait été transformée en statue de pierre ? Non ? Demande-lui s'il n'est pas vrai que les autorités religieuses envoyèrent la statue de pierre d'une vieille femme dans les villes et les villages de Goa, pour montrer ce qui arrivait à ceux qui se conduisaient mal avec les saints ? Demande : est-ce qu'on ne vit pas cette statue dans plusieurs villages simultanément — et est-ce que cela prouve une fraude quelconque ou un autre miracle ?

« Tu sais bien que je ne peux rien demander à personne », hurle Padma... mais, sentant ma fureur se calmer, je ne ferai plus aucune révélation ce soir.

En bref : Mary Pereira nous quitta et alla voir sa mère à Goa. Mais Alice Pereira resta ; Alice resta dans le bureau d'Ahmed Sinai, elle tapait à la machine, allait chercher des sandwiches et des boissons gazeuses.

Quant à moi, à la fin du deuil de mon oncle Hanif, j'entamai mon second exil.

MOUVEMENTS EXÉCUTÉS PAR DU RAGOÛT AU PIMENT

Je fus obligé d'en arriver à la conclusion que Shiva, mon rival, mon frère échangé, ne pouvait plus être admis sur le forum de mon esprit ; pour des raisons qui étaient, je l'admets, ignobles. J'avais peur qu'il découvre ce que je me savais incapable de lui cacher — le secret de nos naissances. Shiva, pour qui le monde n'était que des choses, pour qui l'histoire ne pouvait être expliquée que comme la lutte entre soi et la foule, insisterait certainement pour réclamer ses droits de naissance ; et j'étais consterné à l'idée que mon adversaire fort des genoux me remplacerait dans la chambre bleue de mon enfance, tandis que moi je serais obligé de quitter la colline de deux étages pour aller dans les taudis du nord ; refusant d'admettre que la prophétie de Ramram Seth était destinée au fils de Winkie, que c'était à Shiva que le Premier ministre avait écrit et pour Shiva que le pêcheur tendait le doigt vers la mer... mettant, en bref, plus d'importance dans mes onze ans de fidélité que dans les simples liens du sang, je décidai que mon violent et destructeur alter ego ne pénétrerait plus jamais dans les conseils du Congrès des Enfants de Minuit, qui étaient de plus en plus difficiles ; que je garderais mon secret — qui avait été celui de Mary — et ma vie.

A cette époque, il y eut des nuits où j'évitai de réunir le Congrès — non pas parce qu'il était devenu peu satisfaisant, mais simplement parce que je savais qu'élever une barrière autour de ce que je connaissais pour le cacher aux enfants demanderait du temps et du sang-froid ; j'avais confiance, j'y arriverais... mais j'avais peur de Shiva. Le plus féroce et le plus puissant de tous les enfants, il pénétrerait là où les autres ne pourraient aller... En tout cas, j'évitais mes amis enfants ; et, soudain, il fut trop tard, ayant exilé Shiva, je me retrouvai rejeté dans un exil au fond duquel j'étais incapable de contacter mes plus-que-cinq-cents collègues : je fus repoussé de l'autre côté de la frontière créée par la partition, au Pakistan.

Le deuil de mon oncle Hanif s'acheva fin septembre 1958 ; et, miraculeusement, le nuage de poussière qui nous avait enveloppés fut abattu par une bienveillante averse. Quand nous eûmes pris un bain, mis des vêtements propres, et rebranché les ventilateurs, nous ressortîmes des salles de bains, momentanément pleins de l'optimisme illusoire d'une propreté sentant le savon ; et nous découvrîmes un Ahmed Sinai poussiéreux, pas lavé, bouteille de whisky à la main, les yeux injectés de sang, trébuchant dans l'escalier et devenu la proie des djinns. Il s'était battu, dans son univers privé de l'abstraction, avec la vérité impensable des révélations de Mary ; fonctionnant de travers à cause de l'alcool, il avait été saisi d'une fureur indescriptible qu'il ne dirigeait pas contre Mary ni contre l'enfant changé, mais contre ma mère — je devrais dire contre Amina Sinai. Peut-être parce qu'il savait qu'il devrait lui demander pardon et qu'il ne le voulait pas, il se mit à tempêter contre elle, alors que toute sa famille l'écoutait ; je ne répéterai pas les noms qu'il lui donna ni les choses infâmes qu'il lui recommanda de faire avec sa vie. Mais, à la fin, c'est la Révérende Mère qui intervint.

« Autrefois, ma fille, dit-elle en ignorant les divagations d'Ahmed, ton père et moi, comment dire, nous t'avons assuré qu'il n'y avait pas de honte à quitter un mari insuffisant. Aujourd'hui, je te le répète : tu as, comment dire, un mari d'une incroyable bassesse. Quitte-le aujourd'hui, et éloigne tes enfants, comment dire, de ces grossièretés dont il se pourlèche comme une bête, comment dire, infâme. Prends tes enfants, comment dire, tes *deux* enfants », dit-elle en me serrant contre sa poitrine. La Révérende Mère m'ayant légitimé, personne ne s'opposerait à elle ; aujourd'hui, au-delà des années, j'ai l'impression que même mon père, perdu dans ses malédictions, fut touché par le soutien de la Révérende Mère au morveux de onze ans.

La Révérende Mère régla tout ; dans ses mains omnipotentes, ma mère était comme une pâte malléable — comme l'argile du potier ! A ce moment-là ma grand-mère (je dois continuer à l'appeler comme ça) croyait encore qu'elle et Aadam Aziz émigreraient sous peu au Pakistan ; aussi, elle chargea ma tante Emerald de nous emmener avec elle au Pakistan — Amina, le Singe, moi et même ma tante Pia — et d'attendre son arrivée. « Les sœurs doivent s'occuper de leurs sœurs, comment dire, expliqua la Révérende Mère, quand il y a des problèmes. » Ma tante Emerald avait l'air extrêmement mécontent ; mais elle accepta, ainsi que le général Zulfikar. Et, parce que mon père était devenu fou, ce qui nous faisait craindre pour notre sécurité, et que les Zulfikar avaient déjà réservé des places sur un bateau qui levait l'ancre le soir, j'ai quitté la maison où j'avais toujours vécu, ce même jour, en laissant Ahmed Sinai seul avec Alice Pereira ; parce que, quand ma mère quitta son deuxième mari, tous les autres serviteurs s'en allèrent aussi.

Au Pakistan, ma seconde période de croissante rapide s'acheva. Et, au Pakistan, je découvris que l'existence d'une frontière « brouilla » mes transmissions par pensée vers les plus-que-cinq-cents ; et, exilé une fois de plus loin de chez moi, j'étais aussi exilé du don qui était mon véritable droit de naissance : le don des enfants de minuit.

Nous sommes restés à l'ancre devant le Rann de Kutch [1] un après-midi entier de chaleur accablante. La chaleur bourdonnait dans ma mauvaise oreille, la gauche ; mais je décidais de

1. Rann de Kutch : immenses marécages salés à la limite de l'Inde et du Pakistan. (*N.d.T.*)

rester sur le pont, à observer de petits bateaux vaguement inquiétants et des dhows de pêcheurs qui servaient de bacs entre notre bateau et le Rann, transportant des objets cachés sous des bâches. Sous les ponts, des adultes jouaient aux cartes ; je n'avais aucune idée de l'endroit où se trouvait le Singe. C'était la première fois que j'étais sur un vrai bateau (des visites occasionnelles sur des bateaux de guerre américains dans le port de Bombay ne comptaient pas, n'étant que du tourisme ; et il y avait toujours la gêne d'être en compagnie de douzaines de dames enceintes jusqu'aux dents, qui participaient à ces visites dans l'espoir d'y mettre au monde des enfants qui, en vertu de leur naissance en mer, auraient la citoyenneté américaine). Je regardais le Rann dans la brume de chaleur. *Le Rann de Kutch*... J'y avais toujours pensé comme à un nom magique, et j'avais peur-et-envie d'aller visiter cette zone caméléon qui était terre pendant la moitié de l'année et mer pendant l'autre, et sur laquelle, disait-on, l'océan en se retirant abandonnait toute sorte d'épaves extraordinaires, comme des coffres au trésor, des méduses blanches et fantomatiques, et parfois, un triton haletant et légendaire. Contemplant pour la première fois ce terrain amphibie, ce marécage de cauchemar, j'aurais dû me sentir excité ; mais la chaleur et les événements récents pesaient lourd ; ma lèvre supérieure était encore humide comme celle d'un enfant, mais je me sentais oppressé par le sentiment d'être passé directement d'une enfance trop longue et baveuse à un âge adulte prématuré (bien que fuyant). Ma voix était devenue plus grave ; j'avais dû commencer à me raser et j'avais le visage taché de sang là où le rasoir avait décapité mes boutons... Le commissaire de bord passa près de moi et me dit, « Il vaudrait mieux descendre, fiston. C'est le moment le plus chaud. » Je l'interrogeai sur ce que transportaient les petits bateaux. « Des marchandises », dit-il, et il s'en alla, me laissant méditer sur un avenir dans lequel il n'y avait pas grand-chose de réjouissant, à part l'hospitalité donnée à contrecœur du général Zulfikar, l'air satisfait d'elle-même de ma tante Emerald, qui sans aucun doute devait se réjouir de montrer son succès et sa position dans le monde à ses sœurs malheureuses et à sa belle-sœur en deuil, et la prétention de Zafar, leur fils à front bas... « Le Pakistan, dis-je à haute voix, un vrai trou ! » Et nous n'étions même pas arrivés... Je regardais les bateaux ; ils semblaient se déplacer dans une brume étourdissante. Le pont avait l'air de se balancer et pourtant il n'y avait presque pas de vent ; j'essayai de m'accrocher au parapet, mais le pont allait plus vite que moi : les planches s'élevèrent et me frappèrent en plein dans le nez.

C'est ainsi que je suis arrivé au Pakistan, avec une insolation à ajouter au vide de mes mains et à la révélation de ma naissance ; et quel était le nom du bateau ? Quels étaient les bateaux jumeaux qui reliaient Bombay à Karachi à cette époque, avant que la politique mette fin à leurs voyages ? Notre bateau était le *S. S. Sabarmati;* l'autre qui nous croisa juste avant qu'on atteigne le port de Karachi était le *Sarasvati.* Nous sommes partis en exil à bord du bateau qui portait le nom du commandant Sabarmati, ce qui prouve une nouvelle fois qu'on n'échappe pas au passé.

Nous sommes arrivés à Rawalpindi dans un train chaud et poussiéreux. (Le général et Emerald voyageaient dans un wagon avec air conditionné ; pour nous, ils achetèrent des tickets de première ordinaire.) Mais quand nous atteignîmes Pindi il faisait frais, et pour la première fois je posai le pied dans une ville du Nord... Je me souviens que c'était une ville basse et anonyme ; des casernes, des boutiques de fruits et des usines d'articles de sport ; des militaires très grands dans les rues ; des jeeps ; des sculpteurs de meubles. Une ville dans laquelle il pouvait faire très froid. Et, dans un nouveau quartier résidentiel très cher, une très grande maison, entourée d'un haut mur sur lequel il y avait des barbelés et des sentinelles qui patrouillaient : la maison du général Zulfikar. Une baignoire près du grand lit dans lequel dormait le général ; une rengaine dans la maison : « Organisons-nous ! » ; les serviteurs portaient des vareuses militaires vertes et des bérets ; le soir des odeurs de *bhang* et de charas s'élevaient de leurs quartiers. Les meubles étaient chers et étonnamment beaux ; Emerald ne pouvait pas être accusée pour son goût. C'était une maison sinistre, sans vie, à cause de son aspect militaire ; même les poissons rouges dans l'aquarium installé dans la salle à manger semblaient faire des bulles avec ennui ; son habitant le plus intéressant n'était peut-être pas humain. Permettez-moi de décrire Bonzo, le chien du général. Excusez-moi : la vieille chienne beagle du général.

Cette créature avec un goitre, vieille comme Mathusalem, avait été parfaitement paresseuse et inutile toute sa vie ; mais, alors que je n'étais pas encore remis de mon insolation, elle créa la première sensation de notre séjour — une sorte de bande-annonce pour la « révolution du ragoût au piment ». Un jour le général l'emmena sur un terrain d'entraînement militaire, où il devait inspecter une équipe de détecteurs de mines au travail, sur un champ de mines spécialement préparé. (Le général voulait absolument miner toute la frontière indo-pakistanaise. « Organisons-nous ! s'écriait-il. Que ces hindous aient de quoi s'inquiéter ! On va déchiqueter leurs envahisseurs en tellement de petits bouts qu'il n'en restera plus pour la réincarnation ! » Cependant, il ne se faisait aucun souci pour les frontières du Pakistan oriental parce qu'il partageait le point de vue selon lequel « ces sales négros n'avaient qu'à s'occuper d'eux-mêmes ! ») ... Et Bonzo se glissa hors de sa laisse et, réussissant à s'échapper des mains des jeunes jawans[1], alla se promener dans le champ de mines.

Panique totale. Les soldats détecteurs de mines marchaient dans la zone dangereuse à une lenteur effrayante. Le général Zulfikar et d'autres officiers d'état-major plongèrent derrière la tribune pour s'abriter en attendant l'explosion... Mais il n'y en eut pas ; et, quand la fine fleur de l'armée pakistanaise émergea de dans les poubelles ou de derrière les bancs, elle vit Bonzo qui se promenait délicatement dans le champ rempli de graines mortelles, le nez au sol, Bonzo l'insouciante, parfaitement tranquille. Le général Zulfikar lança sa casquette en

1. *Jawans :* soldats. (*N.d.T.*)

l'air. « Merveilleux ! cria-t-il de sa voix aiguë coincée entre son nez et son menton, elle sent les mines ! » Bonzo fut incorporée sur-le-champ dans les forces armées comme détecteur de mines à quatre pattes avec, à titre gracieux, le grade d'adjudant.

Je signale l'exploit de Bonzo parce qu'il offrit au général un bâton pour nous battre. Nous, les Sinai — Pia comprise — nous étions les membres impuissants et improductifs de la maison Zulfikar, et le général ne se gênait pas pour nous le rappeler : « Même une pauvre vieille chienne beagle peut gagner son pain, l'entendait-on murmurer, mais ma maison est pleine de gens incapables de s'organiser pour la moindre chose ! » Pourtant avant la fin octobre, il serait content (au moins) de ma présence... et la transformation du Singe n'était plus loin.

Nous allions à l'école avec le cousin Zafar qui, maintenant que notre famille était brisée, semblait moins pressé d'épouser ma sœur ; mais ce qu'il fit de pire, ce fut pendant un week-end alors que nous étions dans la maison de campagne du général, à Nathia Gali, au-delà de Murree. J'étais très excité (ma maladie était guérie) : des montagnes ! peut-être des panthères ! Le froid, l'air vif ! — et je ne posai aucune question quand le général me demanda si cela ne me faisait rien de partager un lit avec Zafar, et je ne me doutais même de rien quand on étala une alèse sur le matelas... je me réveillai au petit matin baignant dans une mare de liquide tiédasse sentant le rance et je me mis à hurler. Le général arriva près de notre lit et se mit à rosser son fils. « Tu es grand maintenant ! Nom de Dieu ! Et tu le fais encore ! Organise-toi ! Bon à rien ! Qui se conduit de cette nom de Dieu de façon ! ? Les lâches ! Je n'aurai pas comme fils un nom de Dieu de lâche... » Pourtant l'incontinence de mon cousin continua pour la plus grande honte de la famille ; malgré les corrections, le liquide coulait le long de ses jambes ; et une fois cela lui arriva alors qu'il était éveillé. Mais ce fut après que certains mouvements, avec mon aide, eurent été exécutés par du ragoût au piment, m'apportant la preuve que, si les ondes télépathiques semblaient brouillées dans ce pays, les modes de connection fonctionnaient toujours ; actif-littéral, et -métaphorique, j'ai aidé à changer le destin du Pays de la Pureté.

A cette époque, le Singe de Cuivre et moi, nous regardions impuissants ma mère qui se fanait. Elle qui avait toujours été habituée à la chaleur, commença à se dessécher dans le froid du Nord. Privée de deux maris, elle était aussi privée (à ses yeux) de signification ; et il y avait en outre une relation à reconstruire entre mère et fils. Une nuit elle me serra dans ses bras et dit, « L'amour, mon enfant, est une chose que chaque mère apprend ; il ne naît pas avec un enfant, mais il est fait ; et pendant onze ans, j'ai appris à t'aimer comme fils. » Mais il y avait une sorte de distance derrière sa douceur, comme si elle avait essayé de se convaincre... une distance aussi, quand le Singe me chuchota à minuit, « Hé, frère, pourquoi est-ce qu'on ne va pas verser de l'eau sur Zafar — ils se diront qu'il a mouillé son lit ? » — et c'est la sensation de cette distance qui me montra que, malgré l'utilisation de *fils* et de *frère,* elles avaient beaucoup de mal à assimiler la confession de Mary ; sans savoir alors qu'elles seraient incapables de m'imaginer à nouveau *frère* ou *fils,* je restais terrifié par Shiva ; et, en conséquence, je fus entraîné plus avant dans mon désir illusoire de me montrer digne de leur parenté. Malgré la reconnaissance de la Révérende Mère, je ne me sentis pas à l'aise avant que, sur un balcon à trois ans de là, mon père me dise, « Viens, mon fils ; viens et laisse-moi t'aimer. » C'est peut-être pour cela que je me conduisis comme je le fis, dans la nuit du 7 octobre 1958.

... Un garçon de onze ans, Padma, connaissait très peu de chose sur les affaires intérieures du Pakistan ; mais il pouvait voir qu'on organisait un repas très inhabituel. A onze ans, Saleem ne connaissait rien de la Constitution de 1956 et de sa lente dégradation ; mais il avait des yeux assez perçants pour voir les officiers du corps de sécurité qui vinrent cet après-midi-là se cacher discrètement derrière chaque buisson du jardin. Les luttes de factions et les multiples incompétences de

M. Ghulam Mohammed étaient un mystère pour lui ; mais il était évident que sa tante Emerald mettait ses plus beaux bijoux. La farce des quatre-premiers-ministres-en-deux-ans ne l'avait jamais fait ricaner ; mais il pouvait sentir, dans l'atmosphère de drame qui régnait dans la maison du général, que quelque chose comme un rideau final allait tomber. Ignorant l'émergence du parti républicain, la liste des invités à la soirée de Zulfikar ne laissait pas de l'étonner ; bien qu'il fût dans un pays où les noms ne signifiaient rien — qui était Chaudhuri Muhammad Ali ? Ou Suhrawardy ? Ou Chundrigar, ou Midi ? — l'anonymat des invités, qui était soigneusement gardé par son oncle et sa tante, était une chose stupéfiante. Même si autrefois j'avais découpé des titres de journaux parlant du Pakistan — UN DÉPUTÉ EST TUÉ PAR LA CHUTE D'UN MEUBLE — je ne savais absolument pas pourquoi, à 6 heures du soir, une longue file de limousines noires passa le mur gardé de la propriété de Zulfikar ; pourquoi des drapeaux flottaient sur les ailes ; pourquoi les occupants refusaient de sourire ; ni pourquoi Emerald, Pia et ma mère se tenaient derrière le général Zulfikar avec sur le visage une expression qui aurait mieux convenu à un enterrement qu'à une soirée mondaine. Qui quoi était en train de mourir ? Qui pourquoi ces limousines ? — je n'en avais aucune idée ; mais j'étais sur la pointe des pieds derrière ma mère, fixant les vitres fumées des voitures énigmatiques.

Les portières s'ouvrirent ; des officiers, des capitaines, jaillirent des véhicules, ouvrirent les portières arrière et saluèrent rapidement ; un petit muscle commença à sauter sur la joue de ma tante Emerald. Et, alors, qui descendit des voitures aux drapeaux flottants ? Quels noms fallait-il mettre sur ce fabuleux déploiement de moustaches, de sticks, d'yeux perçants, de médailles et de ficelles qui en sortirent ? Saleem ne connaissait ni les noms ni les numéros matricules ; cependant on pouvait voir les grades. Les galons et les décorations, portés fièrement sur les poitrines et les épaules, annonçaient l'arrivée d'officiers très supérieurs. Et enfin, de la dernière voiture, sortit un homme très grand avec une tête étonnamment ronde, ronde comme un globe en fer-blanc sans parallèles ni méridiens ; une tête en forme de planète, qui n'était pas marquée comme la sphère que le Singe avait écrasée un jour ; pas *made in England* (bien que sans aucun doute formée à Sandhurst[1]) il traversa les galons et les décorations qui saluaient ; il arriva devant ma tante Emerald ; et il ajouta son propre salut aux autres.

« Général, dit ma tante, soyez le bienvenu chez nous.

— Emerald, Emerald », dit la bouche de la tête en forme de terre — une bouche située immédiatement sous une moustache soignée, « pourquoi tant de cérémonie ? » Sur quoi, il la prit dans ses bras, « Très bien, Ayub, tu as l'air en pleine forme ! »

Ainsi c'était un général, bien que le titre de maréchal ne soit pas loin... nous le suivîmes dans la maison ; nous le regardâmes boire (de l'eau) et rire (bruyamment) ; au dîner nous le regardâmes à nouveau, et nous avons vu qu'il mangeait comme un paysan, et ses moustaches furent salies et pleines de sauce...

« Emerald, dit-il, toujours les petits plats dans les grands quand je viens ! Mais je suis un simple soldat ; dal et riz, s'ils viennent de ta cuisine, c'est un festin pour moi.

— Un soldat, répondit ma mère, mais simple, non ! Jamais ! »

Les pantalons longs me donnaient qualité pour m'asseoir à la table près de mon cousin Zafar, et nous étions entourés de galons et de décorations ; mais notre jeune âge nous plaçait dans l'obligation de rester silencieux. (Le général Zulfikar m'avait dit d'un sifflement très militaire, « Un mot et tu te retrouves au corps de garde. Si tu veux rester, pas un mot. D'accord ? » Ne pipant pas, Zafar et moi, nous étions libres de regarder et d'écouter. Mais Zafar, contrairement à moi, n'essaya pas de se montrer digne de son nom...)

Qu'entendirent des enfants de onze ans au dîner ? Que

1. Sandhurst : village d'Angleterre (Berkshire), près duquel se trouve l'Académie militaire royale. (*N.d.T.*)

comprirent-ils aux références joviales à « Ce Suhrawardy qui s'est toujours opposé à l'idée du Pakistan », ou à Midi, « Qui aurait dû s'appeler crépuscule ! » ? Et d'élections truquées en chantage, quel sens souterrain du danger pénétra leur peau et fit se dresser sur leurs bras leurs poils duveteux ? Et quand le général cita le Coran, que comprirent les oreilles de onze ans ?

« Il est écrit », dit l'homme à la tête ronde, et les galons-et-décorations firent silence, « *Nous détruirons aussi Aad et Thamoud. Bien qu'ils eussent des yeux perçants, Satan leur a fait trouver belles leurs actions déraisonnables.* »

Ce fut comme si l'on avait donné un signal convenu ; ma tante congédia les domestiques d'un geste de la main. Elle se leva elle-même ; ma mère et Pia l'accompagnèrent. Zafar et moi, nous nous levâmes également ; mais, du bout de la somptueuse table, il dit, *lui-même :* « Les jeunes peuvent rester. Après tout, il s'agit de leur avenir. » Les jeunes effrayés mais fiers s'assirent sans piper.

Il n'y a plus que des hommes. Le visage de la tête ronde a changé ; quelque chose de plus sombre, quelque chose de marbré et de désespéré l'occupe… « Il y a douze mois, dit-il, je vous ai parlé. Je donne un an aux politiciens — n'est-ce pas ce que j'ai dit ? » Hochements approbateurs ; murmures d'assentiment. « Messieurs, nous leur avons donné un an ; la situation est devenue intolérable, et je ne suis pas disposé à la tolérer plus longtemps ! » Des galons-et-décorations prennent un air sérieux, des expressions d'hommes d'Etat. Mâchoires immobiles, regards perdus dans l'avenir. « Ce soir, par conséquent », — oui, j'étais là ! A quelques mètres de lui ! — le général Ayub Khan et moi, moi et ce vieil Ayub Khan ! — « je prends le contrôle de l'Etat. »

Comment réagissent des garçons de onze ans à l'annonce d'un coup d'Etat ? En entendant les mots, « … les finances nationales sont dans un désordre effrayant… la corruption et l'impureté sont partout… », est-ce que leurs mâchoires se durcissent elles aussi ? Est-ce que leurs yeux fixent des lendemains plus clairs ? Des garçons de onze ans entendent un général qui crie, « La Constitution est abrogée ! Les assemblées centrale et régionales sont dissoutes ! Les partis politiques sont immédiatement interdits ! » — que pensez-vous qu'ils ressentent ?

Quand le général Ayub Khan dit « La loi martiale est décrétée », mon cousin Zafar et moi nous avons tous deux compris que sa voix — cette voix pleine de pouvoir et du sens de la décision, et du timbre riche de la cuisine de ma tante — que cette voix parlait d'une chose pour laquelle nous ne connaissions qu'un mot : trahison. Je suis fier de dire que je n'ai pas perdu la tête ; mais Zafar a perdu le contrôle d'un organe bien plus embarrassant. Une tache d'humidité s'étala sur le devant de son pantalon ; l'humidité jaune de la peur coula goutte à goutte le long de sa jambe et alla tacher le tapis persan ; les galons-et-décorations sentirent quelque chose et tournèrent vers lui des regards infiniment dégoûtés ; et alors (pire que tout) s'élevèrent les rires.

Le général Zulfikar venait juste de dire « Si vous le permettez, mon général, je vais faire le plan de la marche à suivre ce soir », quand son fils mouilla son pantalon. Pris d'une colère froide, mon oncle jeta son fils hors de la pièce ; « Maquereau ! Femmelette ! » la voix aiguë de son père suivit Zafar hors de la salle à manger ; « Lâche ! Homosexuel ! Hindou ! » jaillirent du visage de polichinelle pour poursuivre son fils dans l'escalier... Les yeux de Zulfikar se posèrent sur moi. Il y avait en eux une supplication. *Sauve l'honneur de la famille. Rachète l'incontinence de mon fils.* « Toi, mon garçon, dit mon oncle, veux-tu venir ici pour m'aider ? »

Evidemment, j'acceptai. Pour prouver que j'étais un homme, apte à être un bon fils, j'aidai mon oncle à faire la révolution. Et, ainsi, en gagnant sa gratitude, en faisant taire les ricanements des galons-et-décorations, je me créais un nouveau père ; le général Zulfikar fut le dernier d'une longue liste d'hommes qui ont voulu m'appeler « fiston » ou « mon fils ».

Voici comment nous avons fait la révolution : le général Zulfikar décrivait les mouvements de troupes ; je déplaçais symboliquement le ragoût au piment tandis qu'il parlait. En proie au mode de communication actif-métaphorique, je déplaçais les salières et les bols de chutney : ce pot de moutarde c'est la compagnie A qui occupe la poste centrale ; il y a deux assiettes de ragoût au piment qui entourent une louche, c'est la compagnie B qui a pris l'aéroport. Avec le destin de la nation entre les mains, je déplaçais les condiments et les couverts, je capturais des plats de biriani vides avec des verres d'eau, je faisais stationner des salières, pour monter la garde autour des cruches d'eau. Et quand le général Zulfikar s'arrêta de parler, l'avance du service de table s'arrêta elle aussi. Ayub Khan était tassé sur sa chaise ; le clin d'œil qu'il me fit sortait-il de mon imagination ? — quoi qu'il en soit, le général en chef dit, « Très bien, Zulfikar ; bonne démonstration. »

Dans les mouvements du ragoût au piment et cetera, un élément de la table ne fut pas capturé : un pot de crème en argent massif, qui dans notre coup d'Etat de table représentait le chef de l'Etat, le président Iskander Mirza ; Mirza resta président pendant trois semaines.

Un garçon de onze ans ne peut pas juger si un président est vraiment corrompu, même si des galons-et-décorations le disent ; ce n'est pas à un garçon de onze ans de dire si l'association de Mirza avec le parti républicain très faible pouvait l'avoir disqualifié de toute haute fonction sous le nouveau régime. Saleem Sinai ne porte pas de jugements politiques ; mais, évidemment à minuit, le 1er novembre, mon oncle me réveilla et me chuchota, « Viens, fiston, il est temps que tu goûtes aux choses vraies ! », je sautai promptement de mon lit ; je m'habillai et je sortis dans la nuit, très fier de savoir que mon oncle m'avait préféré à son propre fils.

Minuit. Rawalpindi à plus de cent dix kilomètres à l'heure. Des motos devant nous à côté de nous derrière nous. « Où est-ce qu'on va, oncle Zulfy ? » Il faut attendre. La limousine aux vitres fumées s'arrête devant une maison obscure. Des sentinelles en gardent l'entrée avec des fusils croisés ; ils s'écartent pour nous laisser passer. Je marche à côté de mon oncle, dans des couloirs à demi éclairés ; nous faisons irruption dans une chambre obscure, où un rayon de lune éclaire un lit. Une moustiquaire l'enveloppe comme un linceul.

Il y a un homme qui se réveille, stupéfait, *Mais qu'est-ce...* le général Zulfikar a un revolver à long canon ; il le pousse entre mmff les dents ouvertes de l'homme. « Tais-toi, dit mon oncle inutilement. Viens avec nous. » Un homme nu et ventripotent tombe de son lit. Ses yeux demandent : *Est-ce que vous allez me tuer ?* De la sueur coule sur son gros ventre, brille dans la lumière de la lune, dégoutte sur son zizi ; mais il fait très froid ; il ne transpire pas de chaleur. Il ressemble à un bouddha blanc en train de rire ; mais qui ne rit pas. Il tremble. Le revolver de mon oncle sort de sa bouche. « Demi-tour. En avant marche ! »... Et le canon du revolver s'enfonce dans une croupe trop nourrie. L'homme crie, « Pour l'amour de Dieu, faites attention ! Le cran de sûreté est enlevé ! » Des Jawans ricanent quand de la chair nue apparaît dans la lueur de la lune et qu'on la pousse dans une limousine noire... Cette nuit-là, je m'assis à côté d'un homme nu tandis que mon oncle le conduisait sur un terrain d'aviation militaire ; je regardai l'avion rouler sur la piste, accélérer, s'envoler. Ce qui avait commencé, actif-métaphoriquement, avec le ragoût au piment, s'achevait ; je n'ai pas seulement renversé un gouvernement — j'ai aussi envoyé un président en exil.

Minuit a beaucoup d'enfants ; les descendants de l'Indépendance n'étaient pas tous humains. Violence, corruption, pauvreté, généraux, chaos, rapacité et ragoût au piment... J'avais dû aller en exil pour apprendre que les enfants de minuit étaient plus divers que moi, même moi, je les avais rêvés.

« C'est vraiment vrai ? demande Padma. Tu étais vraiment là ? » Vraiment vrai. « On dit qu'Ayub était un brave homme avant de devenir mauvais », dit Padma. C'est une question qu'on peut se poser. Mais, à onze ans, Saleem ne formulait pas de tels jugements. Le mouvement du ragoût au piment ne nécessite pas de choix moraux. Ce qui concernait Saleem ce n'était pas un bouleversement public, mais une réhabilitation personnelle. Vous voyez le paradoxe — mon incursion la plus décisive dans l'histoire fut inspirée par un véritable esprit de clocher. De toute façon, ce n'était pas « mon » pays — pas à ce moment-là. Ce n'était pas mon pays, même si j'y suis resté — j'étais réfugié, pas citoyen ; entré sur le passeport de ma mère, il y aurait eu de bonnes raisons pour me soupçonner, peut-être même pour m'expulser ou m'arrêter comme espion, sans mon jeune âge et le pouvoir de mon gardien à tête de polichinelle — pendant quatre longues années.

Quatre années de rien.

Sinon que je suis devenu adolescent. Sinon que j'ai vu ma mère se désagréger. Sinon que j'ai observé le Singe, qui avait une année capitale de moins que moi, tomber sous le charme de ce pays sous l'empire de Dieu, le Singe, autrefois révoltée et sauvage, qui prenait des airs de sainte nitouche et de soumission, ce qui aurait dû sembler faux, même à elle ; le Singe, apprenant à faire la cuisine et le ménage, à acheter des épices au marché ; le Singe, accomplissant la dernière rupture avec l'héritage de son grand-père, en apprenant des prières en arabe et en les disant aux heures prescrites ; le Singe, révélant ainsi la marque de puritanisme fanatique qu'elle avait laissé entrevoir quand elle avait demandé une tenue de nonne ; elle qui repoussait toute offre d'amour terrestre fut séduite par l'amour de ce Dieu à qui l'on avait donné comme nom celui d'une idole sculptée dans un reliquaire païen construit autour d'un météorite géant : Al-Lah, dans la Ka'ba, le reliquaire de la Grande Pierre Noire.

Sinon rien d'autre.

Quatre années loin des enfants de minuit ; quatre années sans Warden Road, Breach Candy, Scandal Point et l'appât d'un mètre de chocolat ; loin de l'école de la cathédrale et de la statue équestre de Sivaji et des marchands de melon à la Porte de l'Inde ; loin de Divali et de Ganesh Chaturthi et de la fête de la Noix de coco ; quatre années de séparation d'un père qui resta seul dans une maison qu'il ne voulait pas vendre ; seul avec le professeur Schaapsteker qui était toujours dans son appartement et qui fuyait le commerce des hommes.

Est-ce qu'il peut vraiment ne rien se passer en quatre ans ? Manifestement, pas tout à fait. On fit comprendre à mon cousin Zafar, à qui son père n'avait jamais pardonné d'avoir mouillé son pantalon devant l'histoire, qu'il devrait s'engager dans l'armée dès qu'il en aurait l'âge. « Je veux que tu prouves que tu n'es pas une femmelette ! » lui dit son père.

Et Bonzo mourut ; le général Zulfikar versa des larmes viriles.

Et la confession de Mary s'éloigna jusqu'à, parce que personne n'en parlait jamais, ce qu'on la ressente comme un mauvais rêve ; tout le monde sauf moi.

Et (sans aucune intervention de ma part) les relations entre l'Inde et le Pakistan se dégradèrent ; entièrement sans mon aide, l'Inde conquit Goa — « la pustule portugaise sur le visage de l'Inde » ; je restai en marge et ne jouai aucun rôle dans l'octroi par les Etats-Unis d'une aide importante au Pakistan et on ne peut me reprocher les accrochages sur la frontière sino-indienne dans la région d'Aksai Chin au Ladakh ; le recensement en Inde de 1961 révéla un taux d'alphabétisation de 23,7 % mais on ne m'avait pas compté. Le problème des intouchables restait aigu ; je ne fis rien pour le résoudre ; et aux élections de 1962, le parti du Congrès remporta 361 des 494 sièges au Lok Sabha, et plus de 61 % des sièges de toutes les assemblées des Etats. Mais même là on ne peut dire m'avoir vu bouger le petit doigt ; sauf peut-être métaphoriquement : le *statu quo* prédomina en Inde ; et rien ne changea non plus dans ma vie.

Le 1er septembre 1962, on fêta le quatorzième anniversaire du Singe. A cette époque (et malgré l'affection de mon oncle pour moi) nous étions bien installés dans une position socialement inférieure, les parents pauvres des importants Zulfikar ; aussi la fête fut-elle assez maigre. Cependant, le Singe donna toutes les apparences de quelqu'un qui s'amuse bien. « C'est mon devoir, frère », me dit-elle. Je pouvais à peine en croire mes oreilles... mais ma sœur pressentait-elle son destin ; peut-être savait-elle ce qu'on lui réservait ; pourquoi serais-je le seul à posséder les pouvoirs de connaissances secrètes ?

Peut-être se doutait-elle que, quand les musiciens qu'on avait engagés commencèrent à jouer (le *shehnai* et le *vina* étaient présents ; le *sarangi* et le *sarod* vinrent à leur tour ; le *tabla* et le sitar se répondirent en virtuoses), Emerald tomberait sur elle avec son insensibilité élégante, en disant : « Allez, Jamila, ne reste pas là comme une potiche, chante-nous quelque chose comme une bonne petite fille ! »

Et qu'avec cette phrase, ma tante de glace commencerait, sans du tout le savoir, la transformation de ma sœur de singe en chanteuse ; parce que, malgré ses protestations maladroites et maussades, elle fut traînée sans cérémonie sur l'estrade des musiciens par ma tante l'organisatrice ; et, bien qu'elle eût l'air de souhaiter voir la terre s'ouvrir sous ses pieds, elle frappa dans ses mains ; ne voyant aucune échappatoire, le Singe se mit à chanter.

Je crois que je n'ai pas été très bon dans la description des émotions — croyant mon auditoire capable de *les éprouver ;* d'imaginer pour lui-même ce que je n'ai pu réinventer, pour que mon histoire devienne également la vôtre... Mais quand ma sœur commença à chanter, une émotion d'une telle force m'assaillit que je fus incapable de la comprendre jusqu'à ce que, bien plus tard, la plus vieille putain du monde me l'explique. Parce qu'avec sa première note, le Singe de Cuivre se débarrassa de son surnom ; elle qui avait parlé aux oiseaux (exactement comme autrefois, dans une vallée entre les montagnes, son arrière-grand-père le faisait) avait dû apprendre auprès d'eux l'art du chant. Avec une bonne et une mauvaise oreille, j'entendis sa voix absolument pure, qui à quatorze ans était celle d'une vraie femme, remplie de la douleur de l'exil, de l'envol des aigles, de la dureté de la vie, de la mélodie des rossignols indiens et de la glorieuse omniprésence de Dieu ; une voix, qu'on compara par la suite à celle de Bilal le muezzin de Mahomet, sortait d'une fille plutôt maigre.

Ce que je ne compris pas doit attendre pour être expliqué ; laissez-moi vous dire que ma sœur mérita son nom le jour de son quatorzième anniversaire, et fut appelée par la suite

Jamila la chanteuse ; et en écoutant « Mon dupatta rouge de l'Islam » et « Shahbaz Qalandar », je sus que ce qui avait commencé pendant mon premier exil était près de triompher ; qu'à partir de maintenant, Jamila était l'enfant qui comptait et qu'à cause de son talent, j'aurais désormais la seconde place.

Jamila chantait — je baissais humblement la tête. Mais avant qu'elle entre vraiment dans son royaume, quelque chose d'autre devait arriver : j'allais être achevé.

L'ASSÈCHEMENT ET LE DÉSERT

Ce-qui-ronge-les-os refuse de s'arrêter... Ce n'est qu'une question de temps. Voici ce qui me fait continuer : je m'accroche à Padma. Padma est ce qui importe — les muscles de Padma, les avant-bras poilus de Padma, Padma mon pur lotus... qui, embarrassée, me dit : « Ça suffit. Commence. Maintenant. »

Pourtant ça doit commencer avec le télégramme. La télépathie m'a isolé ; les télécommunications m'ont fait tomber...

Amina Sinai coupait ses cors aux pieds quand le télégramme est arrivé... il était une fois. Non, ça ne va pas, il ne faut pas perdre la date de vue : ma mère, cheville droite posée sur genou gauche, s'enlevait de la corne sous le pied avec une lime à ongle pointue, le 9 septembre 1962. Et l'heure ? L'heure a également de l'importance. Très bien : dans l'après-midi. Non, il est important d'être plus... A 3 heures précises, ce qui, même au nord, est le moment le plus chaud de la journée, un serviteur lui apporta une enveloppe sur un plateau d'argent. Quelques secondes plus tard, très loin, à New Delhi, le ministre de la Défense Krishna Menon (agissant sur sa propre initiative pendant l'absence de Nehru qui assistait à la conférence des premiers ministres du Commonwealth) prit la décision capitale d'utiliser la force si besoin était contre l'armée chinoise sur la frontière himalayenne. « Les Chinois doivent être expulsés de la chaîne de Thag La », dit M. Menon tandis que ma mère ouvrait un télégramme. « Nous ne ferons preuve d'aucune faiblesse. » Mais cette décision n'était qu'une vétille à côté des conséquences qu'allait entraîner le télégramme de ma mère ; parce que, si l'opération d'éviction baptisée « POULE BLANCHE » était vouée à l'échec, et allait en fin de compte faire de l'Inde le plus macabre des théâtres, le théâtre de la Guerre, le télégramme allait lui me plonger secrètement mais sûrement dans une crise qui ne prendrait fin qu'avec mon éviction de mon univers intérieur. Tandis que le 33e corps d'armée se mettait en route sur instruction passée par Menon au général Thapar, j'étais moi aussi placé en grand danger ; comme si des forces invisibles avaient décidé que j'allais aussi franchir les frontières de ce que j'étais autorisé à faire à savoir ou à être ; comme si l'histoire avait décidé fermement de me mettre à ma place. Je n'avais pas un mot à dire ; ma mère lut le télégramme, éclata en sanglots et dit, « Les enfants, nous rentrons à la maison !... » Après quoi, comme j'ai commencé à le dire dans un autre contexte, ce ne fut plus qu'une question de temps.

Ce que disait le télégramme : PRIÈRE REVENIR VITE SINAI SAHIB CŒUR EN CHAUSSURE GRAVEMENT MALADE SALUTATIONS ALICE PEREIRA.

« Bien sûr, vas-y tout de suite, ma chérie, dit ma tante Emerald à ma mère. Mais que peut bien vouloir dire ce *cœur en chaussure ?* »

Il est possible, et même probable, que je sois le premier historien à écrire l'histoire exceptionnelle de ma vie et de mon époque. Ceux qui me suivront dans cette voie se référeront inévitablement à ce présent ouvrage, cette source, ce hadith ou *Purana* ou *Grundrisse,* comme guide et inspiration. Je dis à ces futurs exégètes : quand vous en arriverez aux événements qui commencent avec le « télégramme du cœur en chaussure », souvenez-vous que même en ce qui concerne la tempête qui s'abattit sur moi — ou pour parler par métaphores, l'épée avec laquelle on donna le *coup de grâce*[1] — il y

1. En français dans le texte. (*N.d.T.*)

avait une force unificatrice. Je veux parler des télécommunications.

Les télégrammes, et après les télégrammes, les téléphones, furent ma perte ; cependant, faisant preuve de générosité, je n'accuse personne d'avoir conspiré contre moi ; et pourtant il serait facile de croire que les responsables des télécommunications avaient décidé de reprendre leur monopole sur les ondes nationales... Il faut que j'en revienne (Padma fronce le sourcil) à l'enchaînement banal des causes-et-effets : nous sommes arrivés à l'aéroport de Santa Cruz, en Dakota, le 16 septembre ; mais, pour expliquer le télégramme, il faut que je remonte un peu dans le temps.

Si Alice Pereira avait péché autrefois en volant Joseph D'Costa à sa sœur Mary, ces dernières années, elle avait parcouru un long chemin vers la rédemption ; parce que depuis quatre ans, elle était le seul être humain à tenir compagnie à Ahmed Sinai. Seule sur la colline poussiéreuse qui autrefois avait été le domaine de Methwold, sa bonne nature s'était accommodée d'énormes exigences. Il l'obligeait à rester avec lui jusqu'à minuit tandis qu'il buvait des djinns et discourait sur les injustices qu'il avait subies dans sa vie ; il se souvint, après des années d'oubli, de son vieux rêve de traduire et de réorganiser le Coran, et il accusait sa famille de l'avoir châtré afin qu'il n'ait plus l'énergie suffisante pour entamer une telle tâche ; en outre, comme elle était là, sa colère s'adressait souvent à elle, et prenait la forme de longues tirades remplies de grossièretés et des malédictions inutiles qu'il avait inventées à l'époque de sa plus profonde abstraction. Elle essayait de comprendre : c'était un homme seul ; sa relation autrefois infaillible avec le téléphone avait été réduite à néant par les caprices économiques du temps ; son sens de la finance avait commencé à le quitter... Il était en proie également à d'étranges peurs. Quand on découvrit l'incursion chinoise dans la région d'Aksai Chin, il se persuada que les hordes jaunes allaient arriver au domaine de Methwold en quelques jours ; et c'est Alice qui le réconforta avec du Coca-Cola glacé, en lui disant, « Pas la peine de s'inquiéter. Les Chinetoques sont trop petits pour battre les Jawans. Buvez votre Coca-Cola plutôt ; rien ne changera. »

Il finit par l'épuiser ; elle ne resta avec lui que parce qu'elle exigea et obtint d'importantes augmentations de salaire, et elle envoyait la plus grosse partie de ce qu'elle gagnait à Goa pour l'entretien de sa sœur Mary ; mais, le 1er septembre, elle aussi succomba aux flatteries du téléphone.

A ce moment-là, elle passait autant de temps que son patron au téléphone, surtout quand les femmes de Narlikar appelaient. Elles assiégeaient mon père, en téléphonant deux fois par jour pour le cajoler et le persuader de vendre, lui rappelant que sa situation était sans espoir, battant des ailes autour de lui comme des vautours autour d'un entrepôt en flammes... Le 1er septembre, comme un vautour d'autrefois, elles laissèrent tomber un bras qui le frappa en plein visage, parce qu'elles réussirent à acheter Alice Pereira pour qu'elle le quitte. Incapable de le supporter plus longtemps, elle s'écria, « Répondez tout seul à votre téléphone ! Je m'en vais ! »

Cette nuit-là, le cœur d'Ahmed Sinai se mit à gonfler. Débordant de haine de rancœur de pitié pour soi-même de douleur, il enfla comme un ballon, et se mit à battre très fort et de façon irrégulière, et finalement il l'assomma comme un bœuf ; à l'hôpital de Breach Candy, les médecins découvrirent que le cœur de mon père avait effectivement changé de forme — une nouvelle enflure était sortie comme une hernie du ventricule gauche. Pour reprendre les termes d'Alice Pereira, mon père avait un cœur « en chaussure ».

Alice le découvrit le lendemain, en venant par hasard chercher un parapluie oublié ; en bonne secrétaire qu'elle était, elle s'assura le concours des télécommunications en téléphonant à une ambulance et en nous télégraphiant. A cause de la censure du courrier entre l'Inde et le Pakistan, le « télégramme du cœur en chaussure », mit une bonne semaine pour atteindre Amina Sinai.

« De retour à Bombay ! » ai-je hurlé en faisant peur aux coolies de l'aéroport. « De retour à Bombay ! » ai-je crié joyeusement et malgré tout, et Jamila devenue récemment posée m'a dit, « Oh ! Saleem, s'il te plaît, tais-toi ! » Alice Pereira nous attendait à l'aéroport (un télégramme l'avait prévenue) ; et nous étions dans un vrai taxi noir et jaune de Bombay, et je baignais dans les cris channa-chaud des marchands ambulants, la foule des bicyclettes, et des gens des gens des gens, et je me disais qu'à côté de la cité de Mumbadevi, Rawalpindi ressemblait à un village, et je redécouvrais surtout les couleurs, l'éclat des bougainvillées, le vert livide du bassin du temple de Mahalaxmi, le noir et blanc violent des parasols abritant les policiers réglant la circulation, et leurs uniformes bleus et jaunes ; mais surtout, le bleu bleu bleu de la mer... seul le gris du visage de mon père me détourna de l'arc-en-ciel des couleurs de la ville, et me dégrisa.

Alice Pereira nous quitta à la porte de l'hôpital et alla retrouver les femmes de Narlikar où l'attendait son travail ; et une chose extraordinaire arriva. Ma mère, Amina Sinai, en voyant mon père, fut arrachée à la léthargie, la dépression, la brume de culpabilité et la douleur des cors aux pieds, et elle sembla rajeunir miraculeusement ; ayant retrouvé tous ses dons d'assiduité et entraînée par une volonté indomptable, elle entreprit la réhabilitation d'Ahmed Sinai. Elle le ramena à la maison, dans la chambre du premier étage où elle l'avait soigné pendant le gel ; elle resta à son chevet jour et nuit, déversant sa force en lui. Et son amour fut récompensé, car non seulement la guérison d'Ahmed Sinai fut si complète que les médecins européens de l'hôpital de Breach Candy en furent stupéfiés, mais aussi parce que dans le même temps un autre changement encore plus merveilleux se produisit, c'est qu'en revenant à lui grâce aux soins d'Amina, il ne redevint pas celui qui maudissait et luttait contre les djinns, mais celui qu'il aurait toujours dû être, repentant, indulgent, rieur, généreux, et qui plus est amoureux. Ahmed Sinai était enfin tombé amoureux de ma mère.

Et je fus l'agneau qu'ils sacrifièrent pour bénir leur amour.

Ils recommencèrent même à coucher dans le même lit ; et bien que ma sœur — avec un bref rappel du Singe d'autrefois — eût dit, « Dans le même lit, Allah ! C'est dégoûtant ! », j'étais heureux pour eux ; et je fus même brièvement heureux pour moi-même, parce que j'étais revenu dans le pays des Enfants de Minuit. Tandis que les gros titres des journaux allaient vers la guerre, je refis connaissance avec mes merveilleux compagnons sans savoir ce qui m'attendait.

Le 9 octobre — L'ARMÉE INDIENNE PRÊTE À UN EFFORT INTENSE — je me sentis capable de réunir le Congrès (le temps et mes propres efforts avaient dressé une barrière nécessaire autour du secret de Mary). Ils revinrent dans ma tête ; ce fut une nuit de bonheur, une nuit où l'on enterra tous les anciens désaccords, car chacun fit un effort intense. Nous répétions à l'envi notre joie d'être à nouveau ensemble ; en ignorant une vérité plus profonde — que nous étions comme toutes les familles, que les réunions de famille sont plus agréables en projet qu'en réalité, et qu'il vient un moment où les familles doivent se séparer. Le 15 octobre — L'INDE AGRESSÉE — la question que je redoutais m'agressa : *Pourquoi Shiva n'est-il pas ici ?* Et : *Pourquoi as-tu condamné une partie de ton cerveau ?*

Le 20 octobre, les forces indiennes furent battues — écrasées — par les Chinois dans la chaîne de Thag La. Un communiqué officiel de Pékin disait : *Les gardes-frontière chinois ont été contraints, en état de légitime défense, de combattre résolument.* Mais quand, pendant la même nuit, les enfants de minuit lancèrent un assaut concerté contre moi, je n'eus aucun moyen de défense. Ils m'attaquèrent sur un large front et de toutes les directions, m'accusant de faire des mystères, et de mensonge, de manipulation et d'égoïsme ; mon esprit cessa d'être une assemblée pour devenir un champ de bataille sur lequel ils m'anéantirent. Je n'étais plus le « grand frère Saleem », et je les écoutais impuissant me mettre en pièces ; parce que malgré le-bruit-et-la-fureur, je ne pus montrer ce que j'avais dissimulé ; je ne pus me résoudre à leur dire le secret de Mary. Même Parvati-la-sorcière, qui me soutenait depuis si longtemps, perdit patience. « Oh ! Saleem !

dit-elle, Dieu seul sait ce qu'on t'a fait au Pakistan ; mais tu as mal tourné. »

Autrefois, il y avait bien longtemps, la mort de Mian Abdullah avait détruit un autre Congrès, qui n'avait été réuni que par la force de sa volonté ; aujourd'hui, alors que les enfants de minuit perdaient confiance en moi, ils cessèrent également de croire en ce que j'avais fait pour eux. Entre le 20 octobre et le 20 novembre, je continuai à réunir — à tenter de réunir — nos sessions nocturnes ; mais ils me fuyaient, pas un par un, mais par dizaines, par vingtaines ; ils étaient de moins en moins nombreux chaque nuit à vouloir émettre ; chaque semaine, plus d'une centaine retournaient à la vie privée. Dans les hauteurs de l'Himalaya, les Gurkhas et les Rajputs[1] fuyaient en débandade devant l'armée chinoise ; et, dans les étendues supérieures de mon esprit, une autre armée était aussi détruite par des choses — des querelles, des torts, de l'ennui, de l'égoïsme — que j'avais jugées trop petites, trop insignifiantes pour avoir touché mes compagnons.

(Mais l'optimisme, comme une maladie de langueur, refuse de disparaître ; j'ai continué à croire — je crois encore — que ce-que-nous-avons-en-commun, finirait par l'emporter sur ce-qui-nous-séparait. Non : je n'accepterai pas la responsabilité de la fin du Congrès des Enfants ; parce que ce qui détruisit toute possibilité de renouveau, ce fut l'amour d'Ahmed Sinai et d'Amina Sinai.)

... Et Shiva ? Shiva dont j'ai nié de sang-froid le droit de naissance ? Pas une seule fois dans ce dernier mois, je n'ai envoyé mes pensées à sa recherche ; mais son existence, quelque part dans le monde, ne cessa d'être présente aux limites de mon esprit. Shiva le destructeur, Shiva aux genoux frappeurs... Tout d'abord, il devint un lancinant remords ; puis une obsession ; finalement, quand son souvenir s'estompa, il se transforma en une sorte de principe ; il finit par représenter, dans mon esprit, tous les désirs de vengeance et toute la

1. Rajputs : ancienne caste dirigeante du nord de l'Inde ; Gurkhas : guerriers rajputs. (*N.d.T.*)

violence et l'amour-et-la-haine-simultanés-des-choses dans le monde ; aussi, même aujourd'hui, quand j'entends parler d'objets flottant comme des ballons sur l'Hooghly[1] et qui explosent quand des bateaux les heurtent ; ou de trains qui prennent feu, ou des hommes politiques qu'on tue, ou des émeutes dans l'Orissa ou le Punjab, il me semble y voir la main de Shiva, nous condamnant à patauger infiniment dans le meurtre, le viol, la cupidité, la guerre — en bref, que Shiva nous a faits qui nous sommes. (Lui aussi est né à minuit sonnant ; lui, comme moi, était relié à l'histoire. Les modes de communication — si je ne me trompe pas en pensant qu'ils s'appliquaient à moi — lui permettaient, à lui aussi, de modifier le passage des jours.)

Je parle comme si je ne l'avais jamais revu ; ce qui n'est pas vrai. Mais cela, bien sûr, doit se mettre à la queue comme le reste ; je ne suis pas assez costaud pour raconter cette histoire maintenant.

A l'époque, l'optimisme atteignit une nouvelle fois les proportions d'une épidémie ; en attendant, j'avais une inflammation des sinus. Curieusement déclenché par la défaite de Thag La, l'optimisme public à propos de la guerre devint aussi gros (et aussi dangereux) qu'un ballon trop gonflé ; mes voies nasales depuis si longtemps douloureuses, et qui avaient toujours été pleines, abandonnèrent leur lutte contre la congestion. Tandis que des parlementaires se répandaient en discours contre l' « agression chinoise » et le « sang de nos martyrs jawans », des larmes m'emplirent les yeux ; tandis que la nation s'enflait, en se convainquant que l'anéantissement des petits hommes jaunes était à portée de main, mes sinus, eux aussi, enflaient et déformaient un visage tellement étonnant qu'Ayub Khan lui-même l'avait contemplé, stupéfié. En proie à cette épidémie d'optimisme, des étudiants brûlèrent les effigies de Mao Zedong et de Zhou Enlai ; le sourcil optimiste, la populace attaqua des cordonniers, des marchands de

1. Hooghly : fleuve de l'Inde coulant à l'ouest du Bengale. (*N.d.T.*)

souvenirs et des restaurants chinois. Brûlant d'optimisme, le gouvernement emprisonna même des citoyens indiens d'ascendance chinoise — aujourd'hui des « étrangers ennemis » — dans des camps du Rajasthan. Les entreprises Birla firent don à la nation d'un fusil à courte portée ; des écolières assistèrent aux défilés militaires. Mais, moi, Saleem, je me sentais sur le point de mourir asphyxié. L'air, épaissi par l'optimisme, refusait d'entrer dans mes poumons.

Ahmed et Amina Sinai faisaient partie des victimes les plus touchées de cette nouvelle épidémie d'optimisme ; l'ayant déjà contracté par l'intermédiaire de leur amour nouveau, ils entrèrent volontairement dans l'enthousiasme public. Quand Morarji Desai, le ministre des Finances buveur d'urine, lança sa campagne « Des bijoux pour des armes », ma mère offrit des bracelets d'or et des boucles d'oreilles ornées d'émeraudes ; quand Morarji émit des bons de la défense nationale, Ahmed Sinai en acheta des quantités. Il semblait que la guerre avait fait se lever une nouvelle aube sur l'Inde ; dans un dessin du *Times of India* intitulé « Guerre avec la Chine », on voyait Nehru examiner des courbes : « Intégration émotionnelle », « Industrie de paix », et « La confiance du peuple dans le gouvernement », et s'écrier : « La situation n'a jamais été aussi bonne. » A la dérive sur la mer de l'optimisme, nous — la nation, mes parents et moi — naviguions aveuglément vers les écueils.

En tant que peuple, nous sommes obsédés par les correspondances. Les similitudes entre ceci et cela, entre des choses qui semblent n'avoir aucun lien, nous font battre des mains de bonheur quand nous les découvrons. C'est une sorte d'amour national pour la forme — ou peut-être simplement l'expression de notre croyance profonde que les formes sont cachées derrière la réalité ; cela ne se manifeste que par éclairs. D'où notre vulnérabilité aux présages... par exemple, la première fois qu'on hissa le drapeau indien, un arc-en-ciel apparut au-dessus de Delhi, un arc-en-ciel jaune safran et vert ; et nous l'avons ressenti comme une bénédiction. Né parmi les correspondances, elles n'avaient cessé de me poursuivre... Tandis que les Indiens fonçaient aveuglément vers unc débâcle militaire, j'allais vers (et sans du tout le savoir) une catastrophe personnelle.

Le dessin du *Times of India* parlait d' « intégration émotionnelle » ; dans la villa de Buckingham, le dernier reste du domaine de Methwold, les émotions n'avaient jamais été autant intégrées. Ahmed et Amina passaient leurs journées comme de jeunes amoureux ; et tandis que *Le Quotidien du peuple* de Pékin se plaignait en disant « le gouvernement de Nehru a finalement rejeté son masque de non-alignement », ni ma sœur ni moi n'émettions de plainte, parce que pour la première fois depuis des années, nous n'avions pas à faire semblant d'être non alignés dans la guerre entre nos parents ; ce que la guerre avait fait pour l'Inde, la cessation des hostilités l'avait réalisé sur notre colline de deux étages. Ahmed Sinai avait même abandonné ses combats nocturnes avec les djinns.

Le 1er novembre — LES INDIENS ATTAQUENT PROTÉGÉS PAR L'ARTILLERIE — mes fosses nasales atteignirent un état de crise aiguë. Ma mère me soumettait à une torture quotidienne à l'inhalateur de Vick's et aux bols fumants de Vick's dissous dans l'eau que, serviette sur la tête, j'essayais d'inhaler, et pourtant mes sinus refusaient d'être sensibles au traitement. Ce fut ce jour-là que mon père tendit ses bras vers moi et me dit : « Viens, mon fils — viens ici, et laisse-moi t'aimer. » Transporté de bonheur (après tout, j'avais peut-être attrapé l'optimisme) je m'abandonnai sur son ventre mou ; mais, quand il me laissa aller, mon nez qui coulait avait taché sa chemise. Je pense que j'y étais condamné ; parce que cet après-midi-là ma mère continua l'attaque. Elle me raconta qu'elle devait téléphoner à un ami, et elle fit un certain numéro. Tandis que les Indiens attaquaient, protégés par l'artillerie, Amina Sinai organisait ma défaite, protégée par un mensonge.

Cependant, avant de décrire mon entrée dans le désert des années suivantes, je dois admettre la possibilité que j'avais fait gravement tort à mes parents. A ma connaissance, depuis les révélations de Mary, ils ne tentèrent pas une seule fois de retrouver leur vrai fils ; et, à divers endroits de ce récit, j'ai attribué cela à un certain manque d'imagination — j'ai dit, plus ou moins, que je suis resté leur fils parce qu'ils n'arrivaient pas à ne pas m'imaginer dans le rôle. Et il y a aussi des interprétations plus mauvaises — telles que leur répugnance à accepter, dans le sein de la famille, un voyou qui avait passé onze ans dans le ruisseau ; mais je veux suggérer un motif plus noble : peut-être que, malgré tout, malgré les nez-concombre taches du visage absence de menton doigt coupé tempes cornues jambes torses tonsure de moine et ma (qu'ils ignoraient apparemment) mauvaise oreille gauche, même malgré l'échange des enfants par Mary Pereira... malgré tout cela, dis-je, malgré toutes ces provocations, peut-être que mes parents m'aimaient. Je me suis éloigné d'eux pour me retirer dans mon univers secret ; craignant leur haine, je ne pus admettre la possibilité que leur amour était plus fort que la laideur, plus fort même que la voix du sang. Et ce qu'un coup de téléphone mit au point, ce qui eut lieu finalement le 21 novembre 1962, fut certainement fait pour la plus noble des raisons ; mes parents me détruisirent par amour.

La journée du 20 novembre fut une journée terrible ; la nuit fut une nuit terrible... six jours plus tôt, pour le soixante-treizième anniversaire de Nehru, la grande confrontation avec les forces chinoises avait commencé ; l'armée indienne — LES JAWANS PASSENT À L'ACTION ! — avait attaqué les Chinois à Walong. Les nouvelles du désastre de Walong et la déroute du général Kaul et de quatre bataillons arrivèrent à Nehru le samedi 18 ; le lundi 20, elles étaient diffusées par la radio et la presse et atteignaient le domaine de Methwold. PANIQUE À NEW DELHI ! LES FORCES INDIENNES EN DÉROUTE ! Ce jour-là, — le dernier de mon ancienne vie — j'étais avec ma sœur et mes parents près de notre poste Telefunken, alors que les télécommunications jetaient en nos cœurs la peur de Dieu et de la Chine. Et mon père dit alors une parole fatidique : « Femme », déclama-t-il gravement, tandis que Jamila et moi tremblions de peur, « Begum sahiba, ce pays est fini. C'est la faillite. » Le journal du soir proclamait la fin de l'épidémie d'optimisme : LE MORAL DE LA NATION À SEC. Et il y en aurait d'autres ; d'autres choses allaient s'assécher.

Je suis allé me coucher la tête pleine de visages, fusils, tanks chinois... mais, à minuit, ma tête resta vide et calme, parce que le Congrès, lui aussi, était à sec ; la seule parmi les enfants magiques qui voulût bien me parler était Parvati-la-sorcière, et complètement abattus par ce que Nussie-canard aurait appelé la « fin du monde », nous fûmes incapables de rien faire d'autre que de communiquer en silence.

Et encore d'autres assèchements : une fissure apparut dans l'immense barrage hydro-électrique de Bhakra Nangal et le vaste réservoir qui était derrière commença à se vider par la fissure... et le consortium des femmes de Narlikar, insensibles à l'optimisme, à la défaite ou à n'importe quoi, sauf à l'appât du gain, continuaient à tirer de la terre des profondeurs de la mer... Mais l'évacuation finale, celle qui donne vraiment son titre au chapitre, eut lieu le lendemain matin, juste quand je me détendais en pensant qu'après tout, quelque chose pouvait bien tourner... parce que, dans la matinée, nous apprîmes l'heureuse et incroyable nouvelle que les Chinois avaient soudain, sans que cela soit nécessaire, arrêté leur avance ; s'étant assurés le contrôle des hauteurs himalayennes, ils étaient apparemment satisfaits ; CESSEZ-LE-FEU ! hurlaient les journaux, et ma mère faillit s'évanouir de soulagement. (On disait que le général Kaul avait été fait prisonnier ; le président de l'Inde, le docteur Radhakrishan, fit le commentaire suivant : « Malheureusement, cette nouvelle est fausse. »)

Malgré mes yeux qui coulaient et mon nez qui enflait, j'étais heureux ; malgré la fin du Congrès des Enfants, je me chauffais au bonheur nouveau qui s'infiltrait dans Buckingham ; aussi, quand ma mère proposa, « Et si on faisait la fête ! Un pique-nique, les enfants, ça vous plairait ? » je m'empressai d'accepter. C'était le 21 novembre au matin ; on aida à faire les sandwiches et les parathas ; on acheta de la glace et on chargea une caisse de Coca-Cola et la glacière dans le coffre de notre Rover ; parents devant, enfants derrière, nous partîmes. Jamila la chanteuse chanta pour nous tandis que nous roulions.

Par mes sinus enflammés, je demandai : « Où est-ce qu'on va ? Juhu ? Elephanta ? Marvé ? Où ? » Et ma mère, souriant de façon embarrassée : « C'est une surprise ; attends. » Nous roulions dans des rues encombrées d'une foule joyeuse... Je m'écriai : « Ce n'est pas la bonne direction ; ce n'est pas la route des plages. » Mes parents parlèrent en même temps, rassurants, joyeux : « Il faut qu'on s'arrête quelque part d'abord ; ensuite on y va ; promis. »

Des télégrammes m'ont rappelé ; des radios m'ont effrayé ; mais ce fut un téléphone qui fixa la date de ma perte... et mes parents me mentaient.

... Nous nous arrêtâmes devant un immeuble inconnu de Carnac Road. A l'extérieur : l'effritement. Toutes les fenêtres aveugles. « Tu viens avec moi, Saleem ? » Ahmed Sinai sortit de la voiture ; moi, tout heureux d'accompagner mon père dans ses affaires, je marchai à côté de lui avec insouciance. Une plaque de cuivre sur la porte : *Clinique. Nez Gorge Oreilles.* Et moi, soudain inquiet : « Qu'est-ce que c'est, abba ? Pourquoi est-ce que nous allons... » Et la main de mon père qui me serrait l'épaule... Et voilà un homme en blouse blanche... et des infirmières... et « Ah oui ! monsieur Sinai, ainsi voici le jeune Saleem... juste à l'heure... très bien très bien » ; et moi, « Papa, mon... et le pique-nique... » ; mais les médecins m'emmènent, mon père recule, l'homme en blouse lui dit, « Ce ne sera pas long... de bonnes nouvelles du front, n'est-ce pas ? » Et l'infirmière, « Venez avec moi pour l'anesthésie. »

Je m'étais fait avoir ! Je m'étais fait avoir, Padma ! Je te l'ai dit : autrefois, je me suis fait avoir par des piques-niques ; et il y eut un hôpital et une chambre avec un lit dur et des lampes violentes qui pendaient au plafond et moi qui criais, « Non, non, non », et l'infirmière, « Ne sois pas stupide, tu es presque un homme, allonge-toi », et moi, me souvenant comment les fosses nasales avaient tout fait commencer dans ma tête, comment le liquide nasal était monté haut haut haut, là-où-leliquide-nasal-ne-devrait-pas-aller, comment avait été établi le premier lien qui avait libéré mes voix, je donnais tant de coups de pied, qu'ils durent me tenir, « Je n'ai jamais vu un bébé comme ça », dit l'infirmière.

Et ce qui avait commencé dans un coffre à linge sale s'acheva sur une table d'opération parce que j'étais pieds et poings liés et un homme disait, « Tu ne vas rien sentir, c'est plus facile que d'enlever les amygdales, je vais te vider les sinus en deux minutes, parfaitement propres », et moi, « Non, s'il vous plaît, non », mais la voix continuait, « Je vais te mettre ce masque, compte jusqu'à dix. »

Les nombres défilaient un deux trois.

Le sifflement du gaz. Les nombres m'écrasaient.

Des visages dans la brume. Et toujours les nombres, je pleurais, les nombres s'écrasaient sept huit neuf.

Dix.

« Nom de Dieu, il est toujours conscient. Extraordinaire. Il vaut mieux recommencer — tu m'entends, Saleem, n'est-ce pas ? Brave garçon, compte encore jusqu'à dix ! » Ils ne m'auront pas. Des multitudes ont grouillé dans ma tête. Le maître des nombres, moi. Ils continuent onze douze.

Mais ils ne me laisseront pas... treize quatorze quinze... Oh ! mon Dieu, le brouillard qui tourbillonne et tombe tombe tombe seize au-delà de la guerre et des ragoûts au piment, dix-huit dix-neuf

Vin

Il y eut un coffre à linge et un garçon qui reniflait trop fort. Sa mère se déshabilla et laissa voir une énorme mangue. Des voix vinrent, qui n'étaient pas des voix d'archanges. Une main, assourdissant l'oreille gauche. Et qu'est-ce qui poussait le mieux à la chaleur ? L'imagination, l'irrationnel, le désir. Il y eut le refuge d'une tour d'horloge, et des tricheries à l'école. Et l'amour à Bombay causé par un accident de bicyclette ; des tempes cornues s'emboîtant dans des creux de forceps, et cinq cent quatre-vingt-un enfants vinrent visiter ma tête. Les enfants de minuit : qui pouvaient être l'incarnation de l'espoir de liberté, qui pouvait aussi être des phénomènes-de-foire-qui-devaient-être-liquidés. Parvati-la-sorcière, la plus loyale de tous, et Shiva qui devint un principe de vie. Il y eut la question du but, et le débat entre les idées et les choses. Il y eut des genoux et un nez un nez et des genoux.

Des querelles éclatèrent, et le monde des adultes s'immisça dans celui des enfants ; il y eut de l'égoïsme, du snobisme et de la hainc. Et l'impossibilité d'un troisième principe ; la peur d'arriver-à-rien-en-fin-de-compte commença à grandir. Et ce que personne ne dit : que le but des cinq cent quatre-vingt-un c'était la destruction ; qu'ils étaient venus pour n'arriver à rien. Des prophéties furent ignorées quand ils parlèrent de ce résultat.

Et des révélations, et un esprit qui se ferma ; et un exil et un retour, quatre ans après ; le soupçon qui grandit, la dissension qui prit naissance, les départs par vingtaines, et dizaines. Et, à la fin, il ne resta qu'une seule voix ; mais l'optimisme persista — ce-que-nous-avions-en-commun gardait la possibilité de dominer ce-qui-nous-obligea-à-nous-séparer.

Jusqu'à ce que :

Silence en dehors de moi. Une chambre obscure (stores baissés). Peux rien voir (rien à voir).

Silence en moi. Un lien brisé (pour toujours). Peux rien entendre (rien à entendre).

Silence, comme un désert. Et un nez propre et libre (les fosses nasales pleines d'air). L'air, comme un vandale, qui envahit mes endroits privés.

A sec. J'avais été mis à sec.

(Pour de bon.)

En clair : l'opération, dont le but manifeste était l'assèchement de mes sinus enflammés et le nettoyage une fois pour toutes de mes fosses nasales, eut pour effet de rompre toutes les liaisons qui avaient été établies dans un coffre à linge ; de me priver d'une télépathie que je devais à mon nez ; de me bannir de la possibilité des enfants de minuit.

Nos noms contiennent nos destins ; vivant comme nous dans un pays où les noms, contrairement à l'Occident, ne sont pas sans signification, et sont donc plus que de simples sons, nous sommes aussi victimes de nos appellations. *Sinai* contient Ibn Sina, maître magicien, un adepte du soufisme ; ainsi que Sin, la lune, l'ancien dieu d'Hadramaut, avec son propre mode de connection, ses possibilités d'action à distance sur les marées du monde. Mais Sin, c'est aussi la lettre S, sinueuse comme un serpent ; des serpents sont lovés dans mon nom. Il y a aussi l'ancienne transcription — Sinai, qui en écriture latine, pas en nastaliq, est également le lieu-de-la-révélation, de enlève-tes-chaussures, des commandements et des veaux d'or ; mais quand tout cela est dit et fait ; quand on a oublié Ibn Sina et que la lune est là ; quand les serpents sont cachés et que les révélations s'achèvent, c'est le nom du désert — de la stérilité, de l'infécondité, de la poussière ; le nom de la fin.

En Arabie — *Arabia deserta* — à l'époque du prophète Mahomet, d'autres prophètes prêchaient aussi : Maslama de la tribu des Banu Hanifa, dans le Yamama, le cœur même de l'Arabie ; et Hanzala ibn Safwan ; et Khalid ibn Sinan. Le dieu de Maslama était ar-Rahman, le « Miséricordieux » ; aujourd'hui, les musulmans prient Allah, ar-Rahman. Khalid ibn Sinan fut envoyé dans les tribus de l'Abs ; on le suivit un temps, puis on le perdit. Les prophètes ne sont pas toujours dans l'erreur simplement parce qu'ils sont pris de vitesse et avalés par l'histoire. Des hommes de valeur ont toujours erré dans le désert.

« Femme, dit Ahmed Sinai, ce pays est fini. » Ces mots revinrent le hanter après le cessez-le-feu et l'assèchement ; et Amina se mit à le persuader d'émigrer au Pakistan, où étaient déjà ses sœurs survivantes, et où irait sa mère après la mort de son père. « Un nouveau départ, lui suggérait-elle, Janum, ce serait merveilleux. Qu'est-ce qui nous reste sur cette colline perdue ? »

Ainsi, la villa Buckingham fut finalement livrée aux griffes des femmes de Narlikar ; et, avec quinze ans de retard, ma famille émigra au Pakistan, la Terre de la Pureté. Ahmed Sinai laissait très peu de chose derrière lui ; avec l'aide des sociétés multinationales, il y a beaucoup de moyens pour faire passer de l'argent, et mon père les connaissait. Et moi, bien que triste de quitter la ville où j'étais né, je n'étais pas mécontent de m'éloigner de la ville où se cachait Shiva comme une mine prête à exploser.

Nous avons quitté Bombay, définitivement, en février 1963 ; et, le jour de mon départ, j'allai enterrer sous les cactus du jardin un vieux globe terrestre en fer-blanc. Dedans : la lettre d'un Premier ministre et une photo de bébé, grande taille première page, intitulée « L'Enfant de Minuit »... Ce ne sont peut-être pas des reliques sacrées — je n'aurai pas la présomption de les comparer au poil du prophète de Hazratbal ou au corps de saint François-Xavier dans la cathédrale de Bombay — mais elles sont tout ce qui me reste de mon passé : un globe de fer-blanc écrasé, une lettre moisie, une photo. Rien d'autre, même pas un crachoir d'argent. En dehors d'une planète écrasée par un singe, mes seules archives sont enfermées dans les livres du ciel, *Sidjeen* et *Illyum,* les livres du Mal et du Bien ; c'est ainsi qu'est mon histoire.

... Ce n'est que lorsque nous fûmes à bord du *S.S. Sabarmati* et ancrés au large du Rann de Kutch que je me souvins du vieux Schaapsteker ; et je me demandai soudain si quelqu'un l'avait prévenu de notre départ. Je n'osai pas poser la question, de crainte qu'on me réponde *non;* et, tout en pensant aux équipes de démolisseurs se mettant au travail, en me représentant les machines de destruction écrasant le bureau de mon père et ma chambre bleue, renversant l'escalier des domestiques et la cuisine dans laquelle Mary Pereira avait tourné ses peurs dans le chutney et les conserves, massacrant la véranda dans laquelle ma mère s'était assise avec, dans son ventre, l'enfant lourd comme une pierre, j'eus aussi une image puissante d'une énorme boule fracassant le domaine de Schaapsteker sahib, et du vieux fou lui-même, pâle amaigri la langue vibrante, en danger au sommet d'un immeuble en train de s'effondrer, parmi les tours et les tuiles rouges du toit qui s'écroulaient, Schaapsteker se ratatinant, vieillissant, agonisant à la lumière du soleil qu'il n'avait pas vue depuis des années. Mais je dramatise peut-être : je tire peut-être cela d'un vieux film intitulé *Horizon perdu* dans lequel de belles femmes se flétrissent et meurent en quittant Shangri-la.

Pour chaque serpent il y a une échelle ; pour chaque échelle un serpent. Nous sommes arrivés à Karachi le 9 février — et en quelques mois ma sœur Jamila avait été lancée dans la carrière de chanteuse qui lui vaudrait le surnom d' « Ange du Pakistan » et de « Rossignol de la foi » ; nous avions quitté Bombay mais nous en avions acquis la gloire. Encore une chose : j'avais été asséché — aucune voix ne parlait dans ma tête, et aucune n'y parlerait plus jamais — et cependant, il y avait une compensation : à savoir que, pour la première fois de ma vie, je découvrais les étonnants plaisirs du sens olfactif.

JAMILA LA CHANTEUSE

Cela devint un sens si aigu qu'il fut capable de distinguer l'exhalaison glutineuse d'hypocrisie qui se cachait derrière le sourire de bienvenue avec lequel ma tante Alia, la vieille fille, nous accueillit sur le port de Karachi. Irrémédiablement aigrie par la fuite de mon père dans les bras de sa sœur, ma tante directrice d'école en avait acquis la lourde corpulence d'une jalousie toujours vive ; les poils noirs et épais de la rancœur sortaient par tous les pores de sa peau. Et peut-être réussit-elle à tromper mes parents et Jamila avec ses bras tendus, son dandinement précipité vers nous, son cri « Ahmed bhai ! Enfin ! Mais il vaut mieux tard que jamais ! » Son offre — évidemment acceptée — d'hospitalité, comme une araignée ; mais moi, qui avais passé la plus grande partie de ma première enfance dans les moufles amères et les aigres bonnets à pompons de son envie, qui avais été contaminé sans le savoir par les vêtements d'enfant apparemment innocents qu'elle avait tricotés avec sa haine, et qui, surtout, pouvais facilement me souvenir de ce que devait signifier être possédé par le désir de vengeance, moi, Saleem l'asséché, je pouvais sentir les lourdes odeurs vindicatives émises par ses glandes. J'étais cependant incapable de protester ; nous fûmes embarqués dans la Datsun de sa vengeance et entraînés en bas de Bander Road jusqu'à sa maison de Guru Mandir — comme des mouches, mais plus stupidement, parce que nous étions contents de notre captivité.

... Mais quel sens olfactif ! La plupart d'entre nous, nous sommes conditionnés dès le berceau à reconnaître la moindre différence entre les parfums ; mais moi, j'avais été dans l'incapacité de rien sentir pendant toute ma vie et, en conséquence, j'ignorais tous les tabous olfactifs. J'avais tendance à ne pas feindre l'innocence quand quelqu'un lâchait un vent — ce qui me créa un certain nombre de problèmes du côté parental ; mais plus importante était ma liberté nasale à inhaler bien plus que les odeurs d'origine purement physique avec lesquelles le reste de l'espèce humaine a choisi de se satisfaire. Aussi, dès les premiers jours de mon adolescence pakistanaise, je me mis à apprendre les arômes secrets du monde, le parfum entêtant mais fugitif du premier amour et l'âcreté plus profonde et plus durable de la haine. (Ce fut peu de temps après mon arrivée sur la Terre de la Pureté que je découvris en moi l'impureté ultime de l'amour incestueux ; et le feu qui couvait en ma tante m'emplit immédiatement les narines.) Un nez vous donne la connaissance mais aucun pouvoir sur les événements ; mon invasion du Pakistan, armé (est-ce le mot qui convient ?) d'une nouvelle manifestation de mon héritage nasal, me donna le pouvoir de renifler la vérité, de sentir ce qui était dans l'air, de suivre des pistes ; mais absolument pas le pouvoir dont on a besoin un envahisseur — la force de vaincre mes ennemis.

Je ne le nierai pas : je n'ai jamais pardonné à Karachi de ne pas être Bombay. Construite entre le désert et des salines désolées dont les berges étaient encombrées de palétuviers rabougris, ma nouvelle ville semblait posséder une laideur qui éclipsait même la mienne ; ayant grandi trop vite — sa population avait quadruplé depuis 1947 — elle était difforme comme un nain gigantesque. Pour mon seizième anniversaire, on m'offrit un scooter Lambretta ; parcourant les rues de la ville sur mon véhicule sans fenêtres, j'inhalais le désespoir fataliste des habitants des bidonvilles et l'air satisfait des riches sur la défensive ; j'étais attiré sur les pistes odorantes de la misère et du fanatisme, entraîné dans le long tunnel des bas-fonds au bout duquel se trouvait la porte conduisant à Tai

Bibi, la plus vieille putain du monde... mais je m'égare. Au cœur de mon Karachi, il y avait la maison de ma tante Alia Aziz, une grande et vieille bâtisse sur Clayton Road (elle avait dû y errer pendant des années comme un fantôme qui n'a personne à hanter), un endroit d'ombres et de peintures jaunies, en travers duquel, tous les après-midi, s'abattait la longue ombre accusatrice du minaret de la mosquée du quartier. Même quand, des années plus tard, dans le ghetto des magiciens, j'ai vécu dans l'ombre d'unc autre mosquée, une ombre qui fut, au moins pendant quelque temps, une pénombre protectrice et rassurante, je n'ai jamais perdu le souvenir des ombres des mosquées, né à Karachi et dans lequel il me semblait que je pouvais sentir l'odeur mesquine, possessive et accusatrice de ma tante. Qui attendit son heure ; mais dont la vengeance, quand elle survint, fut fracassante.

A cette époque, c'était une ville de mirages ; morceau pris sur le désert, elle n'avait jamais réussi à détruire vraiment le pouvoir du désert. Des oasis brillaient sur le bitume d'Elphinstone Street, on apercevait fugitivement des caravansérails qui miroitaient parmi les taudis qui entouraient le Pont-Noir, de Kala Pul. Dans cette ville sans pluie (dont le seul point commun avec la ville où j'étais né était qu'elle aussi avait commencé comme un village de pêcheurs), le désert caché avait gardé ses anciens pouvoirs de marchand d'illusions et le résultat en était que la réalité fuyait entre les mains des habitants de Karachi, qui étaient toujours prêts à se tourner vers leurs chefs pour leur demander ce qui était réel et ce qui ne l'était pas. Cernés par des dunes illusoires et par les fantômes des anciens rois, obsédés de savoir que le nom de la foi sur laquelle reposait leur ville signifiait « soumission », mes nouveaux concitoyens exsudaient les odeurs fades de l'assentiment qui étaient fort déprimantes pour un nez qui avait humé — juste à la fin et très brièvement — le non-conformisme très épicé de Bombay.

Juste après notre arrivée — et peut-être oppressé par l'air, dans l'ombre de la mosquée, de la maison de Clayton Road —

mon père décida de construire pour nous une autre maison. Il acheta une parcelle de terrain dans le quartier le plus chic, réservé à la haute société, dans les nouvelles zones résidentielles ; et pour mon seizième anniversaire, Saleem eut bien plus qu'un Lambretta — j'appris le pouvoir occulte des cordons ombilicaux. Qu'est-ce qui, pendant seize ans, avait attendu dans l'eau salée ce grand jour ? Qu'est-ce qui, flottant comme un serpent d'eau dans un vieux bocal de conserve, nous accompagna dans notre voyage sur la mer pour finir enterré dans la dure terre de Karachi ? Qu'est-ce qui autrefois avait nourri une vie dans un ventre — qu'est-ce qui maintenant infusait à la terre une vie miraculeuse et donnait naissance à une maison moderne de style américain ?... J'élude ces questions énigmatiques et j'explique que, pour mon seizième anniversaire, ma famille (tante Alia comprise) se réunit sur notre terrain de Korangi Road ; sous le regard d'une équipe d'ouvriers et la barbe d'un mollah, Ahmed Sinai tendit une pioche à Saleem ; je l'enfonçai dans la terre en guise d'inauguration. « Un nouveau départ, dit Amina. Inchallah, maintenant nous serons tous nouveaux. » Stimulé par son noble et inaccessible désir, un ouvrier agrandit rapidement mon trou ; et on sortit un bocal de conserve. On vida le liquide sur la terre assoiffée ; et ce-qui-restait-dans-le-bocal fut béni par le mollah. Après quoi, un cordon ombilical — était-ce le mien ? ou celui de Shiva ? — fut enfoui dans la terre ; et, tout d'un coup, une maison commença à pousser. Il y avait des sucreries et de la limonade ; le mollah, qui faisait preuve d'un appétit étonnant, avala trente-neuf *laddoos;* et Ahmed Sinai ne se plaignit pas une seule fois de la dépense. L'esprit du cordon enfoui inspirait les ouvriers ; cependant, s'ils creusèrent des fondations très profondes, cela n'empêcha pas la maison de s'effondrer avant qu'on y habite.

Voici ce que je pense des cordons ombilicaux : s'ils possèdent le pouvoir de faire pousser des maisons, certains y réussissent évidemment mieux que d'autres. Karachi m'en apporta la preuve ; construite sur des cordons tout à fait inappropriés, la ville était pleine de maisons difformes, les enfants bossus et rabougris aux lignes de vie déficientes, des maisons mystérieusement aveugles, sans fenêtres visibles, des maisons qui ressemblaient à des postes de radio, à des conditionneurs d'air, à des cellules de prison, des bâtisses au toit délabré qui s'écroulaient avec une régularité monotone, comme des ivrognes ; une prolifération sauvage de maisons folles, dont l'inaptitude comme habitat n'avait d'égale que leur exceptionnelle laideur. La ville cachait le désert ; mais, soit les cordons soit l'infertilité du sol la transformaient en quelque chose de grotesque.

Capable de sentir la tristesse et la joie, de renifler l'intelligence et la stupidité les yeux fermés, j'atteignis en même temps Karachi et l'adolescence — les nouvelles nations du sous-continent et moi, nous avions quitté l'enfance ; ces douleurs naissantes et les modifications étranges qui rendaient les voix maladroites nous attendaient. L'assèchement avait censuré ma vie intérieure ; mais mon sens des relations restait intact.

Saleem envahit le Pakistan armé seulement d'un nez hypersensible ; mais, ce qui est pire, il l'envahit *dans la mauvaise direction !* Dans cette partie du monde, toutes les conquêtes victorieuses sont venues du nord ; tous les conquérants sont venus par voie de terre. Naviguant sans le savoir contre les vents de l'histoire, j'arrivai à Karachi venant du sud-est, et par la mer. Ce qui s'ensuivit n'aurait pas dû, je pense, me surprendre.

Si l'on réfléchit avec sagesse, les avantages d'une invasion du nord sont évidents. Du nord vinrent les généraux Omayyad, Hajjaj bin Yusuf et Muhammad bin Qasim ; et les Ismaïliens. (Le pavillon de la Lune de miel, où dit-on Ali Khan avait séjourné avec Rita Hayworth, dominait notre parcelle de terre ombilifiée ; la rumeur disait que la star avait causé quantité de scandales en se promenant vêtue de fabuleux déshabillés hollywoodiens et transparents.) O inéluctable supériorité du Nord ! De quelle direction Mahmud de Ghazni descendit-il dans les plaines de l'Indus, apportant avec lui une langue qui se glorifiait de posséder pas moins de trois formes pour la lettre S ? La réponse inévitable : *Sé, Sin,* et *Swad* sont des envahisseurs du Nord. Et Muhammad bin Sam Ghuri, qui renversa les Ghaznévides et établit le califat de Delhi ? Le fils de Sam Ghuri, lui aussi, s'avança vers le sud.

Et Tughlaq, et les empereurs moghols... mais j'en ai assez dit. Il me reste seulement à ajouter que les idées, tout comme les armées, descendent au sud sud sud en venant des hauteurs du nord : la légende de Sikandar But-shikan, l'iconoclaste du Cachemire, qui à la fin du XIVe siècle détruisit tous les temples hindous de la vallée (créant un précédent pour mon grand-père) descendit des montagnes dans les plaines ; et cinq cents ans plus tard, le mouvement des moudjahidines de Syed Ahmad Barilwi suivit la piste tant fréquentée. Les idées de Barilwi : reniement de soi, haine des hindous, guerre sainte... les philosophies comme les rois (en un mot comme en cent) vinrent de la direction opposée à la mienne.

Les parents de Saleem dirent, « Nous devons tous devenir autres » ; sur la Terre de la Pureté, la pureté devint notre idéal. Mais Saleem restait atteint de bombayite, il avait toujours la tête pleine de toute sorte de religions, sauf celle d'Allah (comme les premiers musulmans de l'Inde, les marchands moplas de Malabar, j'ai vécu dans un pays dont le nombre de dieux égalait le nombre d'habitants, aussi, se révoltant inconsciemment contre cette foule claustrophobe de dieux, ma famille avait adopté l'éthique des affaires, pas celle de la foi) ; et son corps allait montrer une nette préférence pour l'impureté. J'étais destiné à être un inadapté ; mais, en fin de compte, la pureté me découvrit, et même moi, Saleem, je fus lavé de mes méfaits.

Après mon seizième anniversaire, j'étudiai l'histoire au collège de ma tante Alia ; mais le savoir lui-même ne réussit pas à me faire appartenir à ce pays dépourvu d'enfants de minuit, dans lequel mes camarades de classe participaient à des manifestations pour exiger une société islamique plus rigoureuse — prouvant par là qu'ils avaient réussi à devenir l'antithèse des étudiants du reste du monde, en exigeant encore plus de lois. Cependant, mes parents étaient décidés à s'enraciner ; Ayub Khan et Bhutto étaient en train de forger une alliance avec la Chine (qui, il y avait peu de temps, avait été notre ennemie), et cependant Ahmed et Amina ne prêtaient l'oreille à aucune critique sur leur nouvelle patrie ; et mon père acheta une fabrique de serviettes.

A cette époque, mes parents brillaient d'un nouvel éclat ; Amina avait perdu sa brume de culpabilité ; et Ahmed, bien que toujours blanchissant, avait senti dégeler la glace de ses reins sous la chaleur du nouvel amour pour sa femme. Certains matins, Amina avait des marques de dents sur le cou ; parfois, elle ricanait bêtement comme une écolière gênée. « Vous deux, franchement, disait sa sœur Alia, on dirait des jeunes mariés ! » Mais je sentais ce qui se cachait derrière les dents d'Alia ; ce qui restait à l'intérieur quand sortaient les mots amicaux... Ahmed Sinai donna à ses serviettes le nom de sa femme : la marque Amina.

« Qui sont ces archi-multi ? Les Dawood, les Saigol, les Haroons ? » s'écria-t-il gaiement, en écartant d'un geste les plus riches familles du pays. « Qui sont ces Valika, ou ces Zulfikar ? Je peux n'en faire qu'une bouchée, dix d'un coup. Attendez ! » Il promit : « Dans deux ans, le monde entier s'essuiera avec des serviettes de marque Amina. Le meilleur tissu éponge ! Les machines les plus modernes ! Le monde entier va se laver et se sécher avec nous ; les Dawood et les Zulfikar me supplieront pour connaître mon secret ; et je leur dirai, oui, les serviettes sont de première qualité ; mais le secret n'est pas dans la fabrication ; c'est l'amour qui a tout conquis. » Dans le discours de mon père, je discernai les effets prolongés du virus de l'optimisme.

La marque Amina réussit-elle à conquérir le monde au nom de la propreté (qui est proche de...) ? Les Valika et les Saigol vinrent-ils demander à Ahmed Sinai, « Dieu, nous sommes soufflés, comment avez-vous fait ? » Le tissu éponge de première qualité, sur des modèles imaginés par Ahmed lui-même — un peu criards, mais qu'importe, ils étaient nés de l'amour — essuya-t-il l'humidité des Pakistanais et des marchés d'exportation ? Les Russes Anglais Américains s'enveloppèrent-ils dans le nom immortalisé de ma mère ?... L'histoire de la marque Amina doit encore attendre un peu ; parce que la carrière de Jamila la chanteuse est prête à prendre son envol ; la maison dans l'ombre de la mosquée de Clayton Road avait reçu la visite d'oncle Pouf.

Son vrai nom était général (en retraite) Alauddin Latif ; il avait entendu parler de la voix de ma sœur par « mon sacrément bon copain, le général Zulfikar ; j'étais avec lui sur la frontière en 47 ». Il débarqua chez Alia Aziz peu de temps après le quinzième anniversaire de Jamila, en faisant de l'esbroufe, en rayonnant et en affichant une bouche pleine de dents en or. « Je suis un type tout simple, expliqua-t-il, comme notre illustre président. Je mets mon argent là où il est en sûreté. » Comme notre illustre président, le général avait une tête parfaitement sphérique ; contrairement à Ayub Khan, Latif avait quitté l'armée pour se lancer dans le show-business. « Le premier imprésario du Pakistan, mon cher, dit-il à mon père. Ce n'est qu'une question d'organisation ; une vieille habitude de l'armée, sacrément dure à perdre. » Le général Latif avait une proposition à faire : il voulait entendre chanter Jamila, « Et si elle est deux pour cent aussi bonne que ce qu'on m'a dit, mon cher monsieur, je vais la rendre célèbre ! Oh oui ! du jour au lendemain ! Des contacts : c'est tout ce qu'il faut ; des contacts et de l'organisation ; et le général (en retraite) Latif a tout ce qu'il faut. *Alauddin* Latif, ajouta-t-il en insistant, et en brillant de tout son or vers Ahmed Sinai, Vous connaissez l'histoire ? Je frotte ma jolie petite lampe et je fais sortir le bon génie qui apporte gloire et fortune. Votre fille sera dans des mains sacrément bonnes. *Sacrément* bonnes. »

Heureusement que pour les innombrables fans de Jamila la chanteuse, Ahmed Sinai était amoureux de sa femme ; attendri par son bonheur, il ne mit pas le général à la porte immédiatement. Je crois également que mes parents en étaient déjà arrivés à la conclusion que le don de leur fille était trop extraordinaire pour qu'ils le gardent pour eux ; la magie sublime de sa voix d'ange leur avait appris les impératifs inévitables du talent. Mais Ahmed et Amina avaient un souci. « Notre fille », dit Ahmed Sinai — malgré les apparences, il était toujours le plus vieux jeu des deux — « est issue d'une bonne famille ; et vous voulez la mettre sur une scène devant Dieu sait combien d'étrangers… ? » Le général sembla offensé. « Monsieur, dit-il d'un ton pincé, vous croyez que je ne suis pas un homme sensible ? J'ai des filles moi-même, monsieur. Sept, grâce à Dieu. J'ai organisé une petite agence de voyage pour elles ; uniquement par téléphone. Je n'allais pas les asseoir derrière une vitrine. C'est la plus grande agence de voyages par téléphone du pays. Nous envoyons des trains entiers en Angleterre ; des autocars aussi. Je veux dire, ajouta-t-il rapidement, que votre fille aura droit à autant de respect que les miennes. Plus en fait. Car elle va devenir une star ! »

Ce qui restait du Singe dans ma sœur qualifia collectivement les filles du général Latif — Safia, Rafia, et cinq autres -afias — de « Poufias » ; le surnom de leur père fut tout d'abord père-Poufia, puis oncle — titre de courtoisie — Pouf. Il était à la hauteur de ce qu'il avait dit ; en six mois Jamila la chanteuse allait avoir des disques à succès, une armée d'admirateurs, tout ; et, comme je vais l'expliquer tout de suite, sans faire voir son visage.

Oncle Pouf devint un des éléments de notre vie ; il venait presque chaque soir dans la maison de Clayton Road, à l'heure que j'avais l'habitude de considérer comme l'heure du cocktail, pour boire un jus de grenade et demander à Jamila de chanter quelque chose. Elle, qui devenait la plus douce des jeunes filles, se montrait toujours complaisante… Après quoi, il s'éclaircissait la gorge comme si quelque chose s'y était planté et se mettait à plaisanter chaleureusement avec moi à propos de mariage. Un sourire à belles dents de vingt-quatre carats m'aveuglait tandis qu'il disait, « Il est temps de prendre une femme, jeune homme. Fais-moi confiance : trouve une fille avec un bon cerveau et de mauvaises dents ; tu auras en même temps une amie et un coffre-fort ! » Les filles d'oncle Pouf, prétendait-il, correspondaient toutes à la description ci-dessus... Moi, embarrassé, sentant qu'il ne plaisantait qu'à moitié, je m'écriais, « Oh ! Oncle Pouf ! » Il connaissait son surnom ; et, même, il l'aimait bien. Il me tapait sur la cuisse en criant, « C'est dur à trouver, hein ? Sacrément dur ! O.K. Prends une de mes filles, et je te garantis de lui faire arracher toutes les dents ; quand tu l'épouseras, elle aura un sourire d'un million de dollars comme dot ! » Sur quoi ma mère réussissait à changer de sujet ; l'idée d'oncle Pouf ne l'enthousiasmait pas beaucoup, peu importe le prix des dents... Le premier soir, comme souvent par la suite, Jamila chanta pour le général Alauddin Latif. Sa voix s'envola par la fenêtre et les bruits de la circulation cessèrent ; les oiseaux se turent ; et dans la boutique de hamburgers, de l'autre côté de la rue, on éteignit la radio ; la rue était pleine de gens immobiles et la voix de ma sœur passait sur eux... quand elle s'arrêta on s'aperçut qu'oncle Pouf pleurait.

« Un joyau, dit-il en soufflant dans un mouchoir, monsieur et madame, votre fille est un joyau. Je suis rabaissé. Sacrément rabaissé. Elle vient de me prouver qu'une voix en or est préférable, même à des dents en or. »

Et quand la renommée de Jamila la chanteuse devint telle qu'il lui fut impossible de ne pas donner un concert public, ce fut oncle Pouf qui lança la rumeur qu'elle avait été défigurée dans un terrible accident de voiture ; ce fut le général (en retraite) Latif qui imagina son célèbre tchador de soie blanche qui la cachait à moitié, le rideau ou le voile, lourdement brodé de brocart d'or et de calligraphies religieuses derrière lequel elle restait modestement à chaque fois qu'elle se produisait en public. Le tchador de la chanteuse Jamila était tenu par deux personnages musclés et infatigables, eux-mêmes (mais plus simplement) voilés de la tête aux pieds — la version officielle disait qu'il s'agissait de ses deux domestiques femmes, mais leur sexe était impossible à déterminer derrière leurs *burqas*[1] ; et, au centre exact du tchador, le général avait découpé un trou. Diamètre : trois pouces. Circonférence : brodée de fils

1. *Burqa* : voile. (*N.d.T.*)

d'or. C'est ainsi que l'histoire de notre famille devint une nouvelle fois le destin d'une nation, parce que, quand Jamila chanta, les lèvres près de l'ouverture de brocart, le Pakistan entier tomba amoureux d'une jeune fille âgée de quinze ans, qu'il n'avait fait qu'apercevoir à travers un drap troué blanc et or.

La rumeur de l'accident mit la dernière touche à sa popularité ; ses concerts emplirent à craquer le théâtre Bambino de Karachi et le Shalimar-bagh de Lahore ; ses disques étaient constamment en tête des ventes. Elle devint une véritable propriété publique, l' « Ange du Pakistan », la « Voix de la nation », le « Bulbul-e-Din » ou « Rossignol de la foi », et elle commença à recevoir mille et une demandes en mariage par semaine ; elle devint la jeune fille préférée de tout le pays et sa nouvelle existence menaça de submerger sa place dans la famille, et elle fut la proie des virus jumeaux de la célébrité, le premier fit d'elle la victime de son image publique, parce que l'accident colporté par la rumeur l'obligea à porter un burqa blanc et or en permanence, même à l'école de ma tante où elle continuait à aller ; le second virus la soumit aux exagérations et aux simplifications de la personnalité qui sont les effets secondaires et inévitables du vedettariat, et la dévotion aveugle et aveuglante ainsi que le nationalisme à tout crin qui pointaient déjà en elle commencèrent à dominer sa personnalité à l'exclusion de tout le reste. La publicité l'enfermait dans une tente dorée ; et, étant la nouvelle fille-de-la-nation, son caractère se mit à devoir plus aux aspects extérieurs de son personnage national, qu'à l'univers enfantin de ses années de singe.

La voix de la chanteuse Jamila était constamment sur la radio la Voix du Pakistan, et dans les villages des parties occidentale et orientale, elle finit par ressembler à un être surnaturel, incapable de se fatiguer, un ange qui chantait pour son peuple nuit et jour ; et Ahmed Sinai, dont les premiers scrupules sur la carrière de sa fille avaient été plus qu'apaisés par ses gains énormes (il avait été un homme de Delhi, mais il était maintenant un vrai musulman de Bombay et plaçait les affaires d'argent avant toute autre chose), il prit plaisir à dire à ma sœur : « Tu vois, ma petite fille, la décence, la pureté, l'art et le sens des affaires peuvent être une seule et même chose ; ton vieux père a été assez sage pour mener cela à bien. » Jamila souriait doucement et approuvait... Le garçon manqué décharné devenait une jeune beauté, mince, aux yeux bridés, à la peau dorée et dont les cheveux étaient presque assez longs pour qu'elle s'asseye dessus ; même son nez était beau. « Dans ma fille, disait Ahmed Sinai à oncle Pouf, ce sont les nobles traits de ma famille qui ont dominé. » Oncle Pouf jetait un regard moqueur et maladroit dans ma direction et s'éclaircissait la gorge. « Une fille sacrément belle, monsieur, disait-il à mon père. De première, fichtre ! »

Le tonnerre des applaudissements n'était jamais loin des oreilles de ma sœur ; lors de son premier, et maintenant légendaire, récital à Bambino (oncle Pouf nous avait eu des places — « Sacrément les meilleures places de la baraque ! » — à côté de ses sept Poufias, toutes voilées... oncle Pouf me donnait des coups de coude dans les côtes, « Hé, mon garçon, choisis ! Prends celle que tu veux ! Rappelle-toi, la dot ! » Et je rougissais en regardant fixement la scène), les cris de « Wah ! Wah ! » couvraient souvent la voix de Jamila ; et après le spectacle nous avions trouvé les coulisses noyées sous les fleurs, et nous dûmes nous frayer un chemin à travers le jardin de camphriers en fleur de l'amour de la nation, pour la retrouver à moitié évanouie, non de fatigue, mais à cause de la douceur irrésistible du parfum de l'adoration dont les fleurs emplissaient sa loge. Moi aussi, je sentis ma tête tourner ; oncle Pouf commença à jeter de grandes brassées de fleurs par une fenêtre ouverte — une foule de fans les ramassait — en criant, « Les fleurs, c'est bien, sacrément bien, mais même une héroïne nationale a besoin d'air ! »

Il y eut également des applaudissements le soir où Jamila la chanteuse (et sa famille) fut invitée au palais présidentiel pour chanter devant le commandant du ragoût au piment. Ignorant les revues étrangères qui parlaient de détournements de fonds et de comptes dans des banques suisses, nous nous sommes récurés jusqu'à briller ; une famille qui est dans les serviettes est tenue à une propreté immaculée. Oncle Pouf donna un dernier coup à ses dents en or ; et, dans une grande salle, avec les portraits ornés de guirlandes de Muhammad Ali Jinnah, le fondateur du Pakistan, le Quaid-i-Azam, et de son ami et successeur Liaquat Ali, on tendit un drap troué et ma sœur chanta. Puis Jamila se tut ; et la voix des galons d'or succéda à la voix bordée de brocart. « Jamila, entendit-on, ta voix sera une épée pour la pureté ; ce sera l'arme avec laquelle nous allons nettoyer l'âme des hommes. » Le président Ayub, comme il l'avait reconnu lui-même, n'était qu'un simple soldat ; il instilla dans l'esprit de ma sœur les vertus simples et martiales de la confiance-dans-les-chefs et de la foi-en-Dieu ; et elle, « La volonté du président est la voix de mon cœur. » Par le trou d'un drap, la chanteuse Jamila décida de se consacrer au patriotisme ; et la *diwan-i-khas,* la salle d'audiences privées, résonna d'applaudissements, polis ceux-là, pas les hurlements de la foule de Bambino, mais l'approbation enrégimentée des galons-et-décorations, et les battements de mains de parents larmoyants. « Fichtre ! chuchota oncle Pouf, sacrément bien, non ? »

Ce que je pouvais sentir, Jamila pouvait le chanter. Vérité beauté bonheur douleur : chacun avait son parfum particulier, que mon nez pouvait distinguer ; chacun, lors des récitals de Jamila, trouvait sa voix idéale. Mon nez, sa voix : des dons exactement complémentaires ; mais ils se développaient séparément. Tandis que Jamila chantait des chansons patriotiques, mon nez semblait s'attarder sur les odeurs les plus horribles qui l'envahissaient : l'amertume de tante Alia, la forte puanteur des esprits fermés de mes camarades d'école ; et, alors qu'elle s'élevait dans les nuages, je tombais dans le ruisseau.

Cependant, quand j'y repense, je crois que j'étais déjà amoureux d'elle bien avant qu'on m'eût dit… Une preuve de l'amour inavouable et incestueux de Saleem existe-t-elle ? Elle existe. Jamila la chanteuse partageait une passion avec le Singe de Cuivre ; elle aimait le pain. Les chapatis, parathas, *tandooris nans ?* Oui, mais. Bien, alors, préférait-elle la pâte levée ? Oui ; ma sœur — malgré le patriotismc — avait constamment envie de pain au levain. Et, dans tout Karachi, où était le seul endroit où l'on pouvait se procurer des miches levées de qualité ? Pas chez un boulanger ; le meilleur pain de la ville était distribué par un guichet dans un mur sans aucunc autre ouverture, chaque jeudi matin, par les sœurs de l'ordre cloîtré de Santa Ignacia. Chaque semaine sur mon Lambretta j'apportais à ma sœur les miches chaudes et fraîches des nonnes. Malgré les longues queues ; traitant à la légère les odeurs violentes, chaudes, aux relents de bouse, des ruelles qui entouraient le couvent ; pas une seule fois je ne demandai à ma sœur si ce dernier reste de ses anciens rapports avec le christianisme pouvait mal s'accorder avec son nouveau rôle de « Rossignol de la foi »...

Est-il possible de remonter aux origines d'un amour contre nature ? Est-ce que Saleem, qui avait tant désiré avoir une place au centre de l'histoire, fut subjugué par ce qu'il vit en sa sœur de ses propres espoirs ? Est-ce que le trop mutilé qui n'était plus Morve-au-nez, membre exclu du Congrès des Enfants de Minuit, comme la mendiante balafrée Sundari, tomba amoureux de sa sœur ? Autrefois le Mubarak, Celui-qui-est-béni, ai-je adoré dans ma sœur la réalisation de mes rêves les plus secrets ?... Je dirai seulement que je ne sus absolument pas ce qui m'arrivait jusqu'à ce qu'avec un scooter entre mes cuisses je commence à suivre la piste des putains.

Alors qu'Alia se consumait lentement ; pendant les tout premiers jours des serviettes de marque Amina ; en plein dans l'apothéose de la chanteuse Jamila ; alors qu'une maison, qui s'érigeait sur l'ordre d'un cordon ombilical, était loin d'être achevée ; à l'époque de l'amour tardif entre mes parents ; entouré par les certitudes plutôt stériles de la Terre de la Pureté, Saleem Sinai en vint à un accommodement avec lui-même. Je ne dirai pas qu'il n'était pas triste ; refusant de censurer mon passé, j'admets qu'il était aussi morose, souvent aussi peu coopératif, et certainement aussi boutonneux que la plupart des garçons de son âge. Ses rêves, quand les enfants de minuit furent reniés, s'emplirent de nostalgie jusqu'à la nausée, et il s'éveillait souvent, étouffant sous le musc lourd du regret qui accablait ses sens ; il y avait des cauchemars de nombres qui défilaient un deux trois, et d'une paire de genoux préhensibles qui le serraient à l'étrangler... mais il y avait un nouveau don et un Lambretta, et (bien que toujours inconscient) un amour humble et soumis pour sa sœur... mes yeux de narrateur quittent brusquement la description du passé, et j'insiste sur le fait que Saleem, alors comme maintenant, réussit à fixer son attention sur l'avenir-non-encore-écrit. S'échappant à chaque fois que c'était possible d'une maison dans laquelle les relents âcres de l'envie de sa tante rendaient la vie impossible, et d'un collège rempli d'odeurs tout aussi désagréables, j'enfourchais mon coursier motorisé et j'allais explorer les avenues parfumées de ma nouvelle ville. Et, quand nous eûmes appris la mort de mon grand-père au Cachemire, je devins encore plus déterminé à noyer le passé dans l'odeur de ragoût épais et bouillonnant du présent... O le vertige des premiers jours ! Avant toute classification ! Avant que j'aie pu leur donner une forme les senteurs se déversaient en moi : les odeurs lugubres des matières fécales pourrissantes des animaux dans les jardins du musée de Frere Road, les relents des corps pustuleux des jeunes hommes en pantalons froissés se tenant par la main les soirs de Sadar, l'aigreur de la noix de bétel crachée et le parfum doux-amer du mélange de bétel et d'opium : les allées pleines de marchands ambulants, entre Elphinstone Street et Victoria Road sentaient les rockets paans. Odeurs des chameaux, odeurs des voitures, fumées irritantes comme des moustiques des rickshaws à moteur, l'arôme des cigarettes de contrebande et du marché noir, les effluves concurrents des chauffeurs de bus municipaux et de leurs passagers tassés comme des sardines. (A cette époque, un chauffeur de bus, tellement exaspéré d'avoir été doublé par un rival d'une autre compagnie — ses glandes dégorgeaient l'odeur nauséabonde de la défaite — vint tourner la nuit autour de la maison de son adversaire en klaxonnant jusqu'à ce que le pauvre type sorte, et ses roues exhalant la vengeance, comme ma tante Alia, lui roulèrent dessus.) Les mosquées déversaient sur moi les effluves de la dévotion ; je sentais les vibrantes émanations du pouvoir qu'émettaient les voitures de l'armée surmontées d'un drapeau claquant au vent ; dans l'enceinte des cinémas, je discernais les parfums bon marché et vulgaires des westerns spaghetti importés et des films d'arts martiaux les plus violents qu'on ait jamais faits. Pendant un moment, je fus comme un drogué et j'avais la tête qui tournait sous la complexité du sens olfactif ; mais c'est alors que mon désir tout-puissant pour la forme s'imposa et je survécus.

Les relations indo-pakistanaises se détériorèrent ; on ferma les frontières et nous ne pûmes aller à Agra à l'enterrement de mon grand-père ; l'émigration de la Révérende Mère pour le Pakistan fut quelque peu retardée. Dans le même temps, Saleem travaillait à une théorie générale de l'odorat : la classification avait commencé. Je considérai cette approche scientifique comme une façon personnelle d'obéir à l'esprit de mon grand-père... Pour commencer, je perfectionnai mon habileté à distinguer, jusqu'à ce que je puisse reconnaître l'infinie variété des noix de bétel et (les yeux fermés) les douze marques de boissons gazeuses. (Bien avant que le reporter américain Herbert Feldman vienne à Karachi pour déplorer l'existence d'une douzaine de boissons gazeuses dans une ville qui n'avait que trois points de vente de lait en bouteille, je pouvais m'asseoir les yeux bandés et distinguer la Pakola de la Mission Hoffman, la Citra Cola du Fanta. Feldman vit dans ces boissons la manifestation de l'impérialisme du capitalisme ; moi, distinguant à l'odeur le Canada Dry du 7-up, séparant de façon infaillible le Pepsi du Coca, j'étais plus intéressé à réussir au subtile examen olfactif. Double Kola et Kola Kola, Perri Cola et Bubble-up étaient aveuglément identifiés et nommés.) Ce n'est que quand je fus sûr de ma maîtrise dans le domaine des odeurs physiques que je me tournai vers les autres arômes que je ne pouvais que sentir : le parfum des émotions et des mille et une impulsions qui font de nous des êtres humains : l'amour et la mort, l'avidité et l'humilité, la richesse et la pauvreté, furent étiquetés et rangés dans mon esprit.

Premiers essais de classement : j'essayai de classifier les odeurs par la couleur — les sous-vêtements lessivés et l'encre d'imprimerie du *Daily Jang* avaient la même qualité de bleu, tandis que le bois de teck ancien et le pet frais étaient marron foncé. Je classai les voitures et les cimetières en gris... Il y avait aussi des classifications par le poids : des odeurs poids plume (le papier), des poids coq (les corps fraîchement savonnés, l'herbe), des poids welter (la transpiration, les belles de nuit) ; le *shaki-korma* et l'huile de bicyclette étaient des poids mi-lourds dans mon système, la trahison et la bouse étaient les puanteurs poids lourds de la terre. J'avais aussi un système géométrique : la rondeur de la joie et l'angularité de l'ambition ; j'avais des odeurs ellipsoïdales, des ovales et des carrées... Lexicographe du nez, je descendais Bunder Road ; entomologiste, j'attrapais des bouffées dans le filet des poils de mon nez comme des papillons dans un filet. Oh ! Merveilleux voyages avant la naissance de la philosophie !... Parce que je compris vite que, pour avoir quelque valeur, mon travail devait acquérir une dimension morale ; que les seules divisions importantes étaient les subtiles gradations des odeurs du bien et du mal. Ayant compris la nature cruciale de la moralité, ayant reniflé que les odeurs pouvaient être sacrées ou profanes, j'inventai, dans la solitude de mes voyages en scooter, la science de l'éthique nasale.

Sacré : les voiles et les purdah, la viande *halal*[1], les tours des muezzins, les tapis de prière ; profane : les disques occidentaux, la viande de porc, l'alcool ; je compris pourquoi les mollahs (sacrés) refusaient de monter dans les avions (profanes) la nuit qui précédait Eid-ul-Fitr[2], pourquoi ils refusaient même d'entrer dans des véhicules dont l'odeur secrète était l'antithèse de la piété afin d'être sûrs de voir la nouvelle lune. J'appris l'incompatibilité olfactive entre l'islam et le socialisme, et l'opposition irréductible qui existait entre la lotion après-rasage et les membres du Sind Club d'une part, et

1. *Halal :* pur, dans la religion musulmane ; l'équivalent du *kasher* juif. (*N.d.T.*)
2. *Eid-ul-Fitr :* grande fête qui marque la fin du jeûne du Ramadan. (*N.d.T.*)

les exhalaisons de pauvreté des mendiants à l'entrée du club... cependant, je fus de plus en plus convaincu d'une vérité affreuse — à savoir que le sacré, ou le bien, présentaient peu d'intérêt pour moi, même quand de tels parfums environnaient ma sœur qui chantait ; alors que les odeurs fortes du ruisseau me semblaient posséder une attirance irrésistible. En outre, j'avais seize ans ; des choses s'agitaient sous ma ceinture, dans mon pantalon de coutil blanc ; et une ville qui enferme ses femmes ne manque jamais de putains. Tandis que Jamila chantait la sainteté et l'amour-de-la-patrie, j'explorais le profane et le désir. (J'avais de l'argent ; mon père était devenu généreux en devenant affectueux.)

Devant le mausolée jamais achevé de Jinnah, je ramassais des filles des rues. D'autres jeunes venaient pour trouver des Américaines et pour les emmener dans des chambres d'hôtel ou des piscines ; je préférais garder mon indépendance et payer. Et, tout à fait par hasard, je reniflai la putain des putains, dont les dons étaient un miroir des miens. Elle s'appelait Tai Bibi, et prétendait avoir cinq cent douze ans.

Mais son odeur ! La piste la plus riche que Saleem ait jamais sentie ; quelque chose en elle l'ensorcela, un parfum de majesté historique... il se retrouva en train de dire à cette créature sans dents : « Que m'importe ton âge ; c'est l'odeur qui compte. »

(« Mon Dieu, m'interrompt Padma, comment peux-tu dire de telles choses ? »)

Bien qu'elle ne fît jamais aucune allusion à un lien quelconque avec un batelier du Cachemire, son nom exerçait une attirance extraordinaire ; bien qu'elle fît peut-être de l'humour en disant, « Mon garçon, j'ai cinq cent douze ans », son goût pour l'histoire fut stimulé. Pensez de moi ce que vous voulez ; j'ai passé un après-midi chaud et humide dans un garni contenant un matelas dévasté, une ampoule nue, et la plus vieille putain du monde.

En fait, pourquoi Tai Bibi était-elle irrésistible ? Quel don possédait-elle qui rendait honteuses les autres putains ? Qu'est-ce qui affola les narines nouvellement sensibles de notre Saleem ? Padma : ma vieille prostituée possédait une maîtrise si totale de ses glandes qu'elle pouvait modifier les odeurs de son corps pour imiter celles de n'importe qui d'autre sur la terre. Ses exocrines et endocrines obéissaient aux instructions de sa volonté surannée ; et bien qu'elle dît, « Ne compte pas que je fasse ça debout ; tu ne pourrais pas payer assez pour ça », ses dons pour le parfum étaient plus qu'il n'en pouvait supporter.

(... « *Chhi-chhi* », Padma se bouche les oreilles, « mon Dieu, je n'ai jamais vu un tel cochon ! »...)

Ce fut ainsi, ce jeune garçon singulier et hideux avec une vieille rombière qui disait, « Je ne me mettrai pas debout ; mes cors », et elle remarqua que cette évocation de ses cors semblait l'exciter ; elle lui dit à voix basse le secret de la facilité de ses exocrines et endocrines, et lui demanda s'il voulait qu'elle imite l'odeur de quelqu'un, il n'avait qu'à décrire la personne et elle essaierait, et par la méthode des essais et erreurs ils pourraient... tout d'abord, il regimba, non non non, mais elle l'enjôla de sa voix de papier déchiré, jusqu'à ce que, parce qu'il était seul, en dehors du monde et du temps, seul avec cette incroyable vieille mégère, il se mît à lui décrire des odeurs avec toute la perspicacité de son nez miraculeux et Tai Bibi commença à imiter ses descriptions, ce qui le laissa médusé quand, avec la méthode d'essais et d'erreurs, elle réussit à reproduire les odeurs du corps de sa mère, de ses tantes, Oh ! oh ! t'aimes ça, petit *sahibzada,* continue, mets ton nez aussi près que tu veux, t'es un drôle de bonhomme... Jusqu'à ce que tout d'un coup, par hasard, je jure que je ne l'ai pas incitée à le faire, soudain au cours des essais et erreurs, le plus indicible parfum de la terre s'échappât de son vieux cuir craquelé et ratatiné, et il ne peut cacher ce qu'elle voit, Oh ! oh ! petit sahibzada, j'ai mis le doigt sur quelque chose, pas la peine de me dire qui c'est, mais celle-là, c'est la bonne !

Et Saleem, « Ferme-la ferme-la ferme-la... » Mais Tai Bibi, avec l'acharnement de son antiquité ricanante, continue, « Oh ! oh ! oui ! c'est sûr, ton amoureuse, petit sahibzada... Qui c'est ? Ta cousine peut-être ? Ta sœur ?... » Le poing de

Saleem se serre ; la main droite malgré le doigt mutilé, et il envisage des violences... Et Tai Bibi, « Mais oui, mon Dieu ! Ta sœur ! Vas-y, frappe-moi, tu ne peux pas cacher ce qu'il y a là, au milieu de ton front !... » Et Saleem ramasse ses vêtements, se débat avec son pantalon, Ferme ça vieille sorcière, Tandis qu'elle Oui, vas-y vas-y, mais si tu ne me paies pas, je vais, je vais, tu vois ce que je ne fais pas, et des roupies qui volent en travers de la pièce, et qui tombent autour d'une courtisane de cinq cent douze ans, Prends prends mais ferme ta sale gueule, et elle Attention petit prince, t'es pas tellement beau toi non plus, il est habillé et s'enfuit du garni, le Lambretta attend mais des gamins ont pissé sur le siège, il s'en va aussi vite qu'il le peut, mais la vérité l'accompagne, et Tai Bibi se penche à une fenêtre et hurle, « Hé ! Bhaenchud ! Hé ! toi qui couches avec ta sœur, où est-ce que tu cours ? Ce qui est vrai est vrai est vrai... ! »

Vous êtes en droit de demander : Est-ce que cela s'est passé comme ça... et elle n'avait sûrement pas cinq cent douze ans et... mais j'ai juré de tout confesser, et j'insiste en disant que j'ai appris le secret impossible de mon amour pour la chanteuse Jamila de la bouche et des glandes odoriférantes de la plus extraordinaire des putains.

« Mme Bragance a raison, affirme Padma, en me grondant, quand elle dit qu'il n'y a que des cochonneries dans la tête des hommes. » Je ne fais pas attention ; on parlera de Mme Bragance et de sa sœur Mme Fernandes à leur tour ; pour le moment, la dernière doit se contenter des comptes de l'usine tandis que l'autre surveille mon fils. Et moi, je raconte, pour recaptiver l'attention distraite de ma Padma Bibi révoltée, un conte de fées.

Il était une fois, dans la lointaine principauté de Kif, au nord, un prince qui avait deux très belles filles, un fils d'allure également très belle, une Rolls Royce toute neuve et d'excellents contacts politiques. Ce prince, ou nabab, croyait passionnément au progrès et c'est pourquoi il avait engagé sa fille aînée au fils du prospère et très connu général Zulfikar ; pour sa plus jeune fille, il avait des espoirs aussi élevés avec le fils du président lui-même ; quant à sa voiture, la première qu'on ait jamais vue dans sa vallée cernée de montagnes, il l'aimait autant que ses enfants ; il était chagriné de voir que ses sujets qui s'étaient habitués à utiliser les routes de Kif pour des relations sociales, des querelles et des parties d' « atteindre-le-crachoir », refusaient de s'écarter de sa route. Il publia une proclamation qui expliquait que l'automobile représentait l'avenir et qu'on devait la laisser passer ; le peuple ignora l'avis, qui était pourtant collé sur les boutiques, les murs et même, disait-on, sur le flanc des vaches. Le second avis était plus péremptoire et ordonnait à l'ensemble des citoyens de dégager les grandes routes quand ils entendraient le klaxon de la voiture ; les Kifis, cependant, continuèrent à fumer, à cracher et à discuter dans les rues. Le troisième avis, qui était orné d'un dessin sanglant, disait que désormais la voiture renverserait quiconque refuserait d'obéir à son klaxon. Les Kifis ajoutèrent d'autres dessins scandaleux à celui qui était déjà sur l'affiche ; alors le nabab, qui était un brave homme mais dont la patience n'était pas infinie, mis effectivement ses menaces à exécution. Quand la célèbre chanteuse Jamila arriva avec sa famille et son imprésario pour chanter à la cérémonie de fiançailles de son cousin, la voiture la conduisit sans encombre de la frontière au palais ; et le nabab dit fièrement, « Aucun problème ; on respecte l'automobile maintenant. Le progrès arrive. »

Le fils du nabab, Mutasim, qui avait voyagé à l'étranger et qui avait les cheveux coupés à la « Beatle », était un objet d'inquiétude pour son père ; parce que malgré sa belle allure, qui faisait que chaque fois qu'il voyageait à Kif, des filles avec des anneaux d'argent dans le nez s'évanouissaient dans la chaleur de sa beauté, cela ne semblait pas l'intéresser, et il était content avec ses poneys de polo et sa guitare sur laquelle il jouait d'étranges chansons occidentales. Il portait des sahariennes sur lesquelles des notes de musique et des signalisations routières étrangères côtoyaient les corps à demi nus de filles à la peau rose. Mais quand la chanteuse Jamila, dissimulée derrière un burqa de brocart d'or, arriva au palais, le beau Mutasim — qui à cause de ses voyages à l'étranger n'avait pas entendu la rumeur disant qu'elle était défigurée — fut obsédé par l'idée de voir son visage ; son regard de sainte nitouche qu'il aperçut par le trou du drap le fit tomber à la renverse.

A cette époque, le président du Pakistan avait prévu des élections ; elles devaient avoir lieu le lendemain des fiançailles sous forme d'un suffrage appelé démocratie de base. Les cent millions de Pakistanais avaient été divisés en parts égales d'à peu près cent vingt mille, et chaque part était représentée par un démocrate de base. Le collège électoral des cent vingt mille D.B. élirait le président. A Kif, les quatre cent vingt démocrates de base comprenaient des mollahs, des balayeurs, le chauffeur du nabab, de nombreux hommes qui revendaient du haschisch dans le domaine du nabab ou qui étaient d'honnêtes citoyens ; le nabab les avaient tous invités à la cérémonie de la teinture au henné. Cependant, il avait également été obligé d'inviter deux sales types, les deux fonctionnaires responsables des élections du Parti Unifié d'Opposition. Ces sales types se querellaient constamment entre eux, mais le nabab était courtois et il leur souhaita la bienvenue. « Aujourd'hui, vous êtes mes hôtes et mes amis, leur dit-il, et demain, il fera jour. » Les sales types burent et mangèrent comme s'ils n'avaient pas vu de nourriture auparavant, mais on avait dit à tout le monde — même au beau Mutasim qui était encore moins patient que son père — de bien les traiter.

Vous ne serez pas surpris d'apprendre que le Parti Unifié d'Opposition était un ramassis de coquins et de gredins de la plus belle eau, unis dans un seul but, renverser le président et retourner aux jours sombres du passé où des civils et non des militaires se remplissaient les poches en puisant dans les finances publiques ; mais on ne sait pourquoi ils avaient un chef formidable. Il s'agissait de Mme Fatima Jinnah, la sœur du fondateur de la nation, une femme si desséchée que le nabab soupçonnait qu'elle était morte depuis longtemps et embaumée par un taxidermiste de génie — une idée que soutenait son fils qui avait vu un film intitulé *El Cid* dans lequel un homme mort conduit une armée au combat — mais, cependant, elle était bien là et le mausolée de marbre inachevé de son frère la poussait dans la campagne électorale contre le président ; un adversaire redoutable, au-dessus de la calomnie et de tout soupçon. On disait même que son opposition au président avait ébranlé la confiance que le peuple avait en lui — n'était-il pas, après tout, la réincarnation des héros islamiques d'antan ? De Muhammad bin Sam Ghuri, l'Iltutmish et des Moghols ? Même à Kif, le nabab avait remarqué que les colleur d'affiches du P.U.O. apparaissaient dans de curieux endroits ; l'un d'eux avait même eu l'insolence d'en coller une sur le coffre de la Rolls. « Mauvaise époque », dit le nabab à son fils. Mutasim répondit, « Voilà ce que vous avez gagné avec les élections — des laveurs de latrines et des tailleurs de quat' sous doivent voter pour élire un dirigeant ? »

Mais, aujourd'hui, la journée était consacrée au bonheur ; dans le *zenana*[1], des femmes faisaient des dessins sur les mains et sur les pieds de la fille du nabab, un délicat réseau de traits au henné ; le général Zulfikar et son fils Zafar arriveraient bientôt. Les dirigeants de Kif oublièrent les élections et refusèrent de penser à la figure ratatinée de Fatima Jinnah, la *mader-i-millat,* ou mère de la nation, qui avait impitoyablement décidé d'embrouiller le choix de ses enfants.

Dans les appartements de la chanteuse Jamila le bonheur régnait en maître. Son père, un fabricant de serviettes de toilette qui semblait ne pas pouvoir abandonner la douce main de son épouse, s'écria, « Vous voyez ? Qui sont les parents de celle qui va chanter ? Est-ce une fille de Haroon ? De Valika ? de Dawood ou de Saigol ? Je t'en fiche !... » Mais son fils, Saleem, un pauvre garçon avec une tête comme une caricature, semblait être en proie à un grave malaise,

1. *Zenana* (terme hindi) : en Inde et en Perse, partie de la maison réservée aux femmes. (*N.d.T.*)

peut-être était-il accablé de se retrouver sur la scène de grands événements historiques ; il jetait à sa sœur de si grand talent des coups d'œil honteux.

Cet après-midi-là, le beau Mutasim emmena le frère de Jamila avec lui et fit tout ce qu'il put pour qu'ils deviennent amis ; il montra à Saleem les paons importés du Rajasthan avant la partition et la précieuse collection de livres de sorcellerie du nabab, dont il extrayait des talismans et des incantations qui lui permettaient de gouverner avec sagacité ; et tandis que Mutasim (qui n'était pas le plus intelligent ni le plus prudent des jeunes gens) accompagnait Saleem autour du terrain de polo, il lui confia qu'il avait écrit une lettre d'amour et d'envoûtement sur un morceau de parchemin, et qu'il espérait la poser sur la main de la célèbre chanteuse Jamila pour qu'elle tombe amoureuse. Puis Saleem renifla l'odeur d'un chien méchant et essaya de faire demi-tour ; mais, maintenant, Mutasim le suppliait pour savoir à quoi ressemblait exactement la chanteuse Jamila. Cependant, Saleem resta silencieux ; jusqu'à ce que Mutasim, en proie à une véritable obsession, lui demande d'être conduit suffisamment près de Jamila pour pouvoir poser son charme sur la main de la jeune fille. Et Saleem, dont le regard rusé ne s'attarda pas sur Matusim frappé par l'amour, dit, « Donne-moi le parchemin » ; et Mutasim qui, bien qu'expert dans la géographie des villes européennes, était parfaitement innocent en magie, donna son charme à Saleem, en pensant que ça marcherait toujours pour lui, même si quelqu'un d'autre s'en servait.

Le soir s'approchait du le palais ; le convoi de voitures qui amenait le général Zulfikar, leur fils Zafar et des amis s'approchait aussi. Mais le vent changea et se mit à souffler du nord : un vent froid, mais aussi enivrant, parce qu'au nord de Kif, il y avait les champs du meilleur haschisch du pays, et à cette époque de l'année les fleurs femelles étaient mûres et en chaleur. L'air était empli du parfum capiteux du désir des plantes et quiconque en respirait se retrouvait plus ou moins drogué. La béatitude hébétée des plantes affecta les chauffeurs du convoi qui n'arrivèrent au palais que par le plus grand des hasards, après avoir renversé un très grand nombre d'échoppes en plein vent de barbiers ambulants, et avoir défoncé au moins une maison de thé, laissant les habitants de Kif se demander si ces nouvelles voitures sans chevaux, après leur avoir volé leurs rues, allaient maintenant leur voler aussi leurs maisons.

Le vent du nord entra dans le nez énorme et hautement sensible de Saleem, le frère de Jamila, et il en fut tellement abruti qu'il s'endormit dans sa chambre ; et il rata les événements d'une soirée pendant laquelle, il l'apprit ensuite, le vent chargé de haschisch avait modifié le comportement des invités à la cérémonie de fiançailles, les faisant ricaner et se regarder mutuellement dans les yeux de façon provocante, avec des paupières lourdes ; des généraux engalonnés s'assirent sur des chaises dorées en allongeant les jambes et rêvèrent du paradis. La cérémonie du *mehndi* se déroula dans une satisfaction assoupie, si profonde que personne ne remarqua quand le futur mouilla son pantalon ; même les responsables mauvais coucheurs du P.U.O. se donnèrent le bras et chantèrent une chanson populaire. Et quand le beau Mutasim, possédé par la force du haschisch, essaya de plonger derrière le grand drap d'or et de soie percé d'un seul trou, le général Alauddin Latif l'attrapa avec une bonne humeur béate et l'empêcha de voir le visage de Jamila sans même avoir besoin de lui écraser le nez. La soirée prit fin quand tous les convives s'endormirent sur les tables ; mais la chanteuse Jamila fut escortée dans ses appartements par un Latif rayonnant et endormi.

A minuit, Saleem s'éveilla et s'aperçut qu'il serrait toujours dans sa main droite le parchemin du beau Mutasim ; et, comme le vent du nord soufflait doucement dans sa chambre, il décida de se glisser en pantoufles et en robe de chambre par les couloirs obscurs du palais où s'accumulaient les rebuts d'un monde déchu, des armures rouillées, d'anciennes tapisseries qui fournissaient des siècles de nourriture au milliard de mites du palais, des truites nageant dans des aquariums de verre, et une profusion de trophées de chasse, dont une caille dorée poussiéreuse qui, sur un socle de bois de teck, commémorait la partie de chasse où un précédent nabab, en compagnie de lord Curzon et d'invités, avait tué 111 111 cailles dorées en un seul jour ; il passa devant des oiseaux morts et entra dans les pièces du zenana où dormaient les femmes du palais et, reniflant, il choisit une porte, tourna la poignée et entra.

Il y avait un grand lit avec une moustiquaire éclairée par la lumière blanche de la lune affolante ; Saleem s'approcha et s'arrêta, parce qu'il venait de voir par la fenêtre la silhouette d'un homme qui essayait de l'escalader pour entrer. Le beau Mutasim ne craignant plus rien à cause de son béguin pour Jamila et du vent chargé de haschisch avait décidé de voir son visage quel que soit le prix à payer... Et Saleem, invisible dans l'ombre, cria : « Haut les mains ! Ou je tire ! » Saleem bluffait ; mais Mutasim, dont les mains s'accrochaient à l'appui de la fenêtre et qui portaient tout son poids, l'ignorait et il se retrouva dans une situation fort embarrassante : rester accroché et se faire tirer dessus, ou lever les mains et tomber ? Il essaya de discuter, « Toi non plus, tu ne devrais pas être là, dit-il. Je le dirai à Amina begum. » Il avait reconnu la voix de son agresseur ; mais Saleem comprit la faiblesse de sa position, et Mutasim le supplia, « D'accord, mais ne tire pas », et il fut autorisé à redescendre par où il était venu. Le lendemain, Mutasim persuada ses parents de présenter une demande en règle aux parents de Jamila ; mais elle, qui était née et avait été élevée sans amour, avait gardé toute son ancienne haine pour quiconque prétendait l'aimer et elle le repoussa. Il quitta Kif et vint à Karachi, mais elle refusa d'entendre ses propositions importunes ; en fin de compte, il s'engagea et fut un des martyrs de la guerre de 1965.

Cependant, la tragédie du beau Mutasim n'est qu'une intrigue secondaire dans notre histoire ; parce que Saleem et sa sœur se retrouvèrent seuls dans la chambre, et elle, réveillée par l'échange de phrases entre les deux garçons, demanda, « Saleem, que se passe-t-il ? »

Saleem s'approcha du lit de sa sœur ; sa main chercha la sienne ; et un parchemin fut pressé contre une peau. Ce n'est qu'alors que Saleem, la langue déliée par la lune et la brise lourde de désir, oublia toute notion de pureté et avoua son amour à sa sœur bouche bée.

Il y eut un silence ; et elle s'écria, « Oh non ! Comment peux-tu... », mais la magie du parchemin luttait avec la force de sa haine de l'amour ; et, bien que son corps se raidît et vibrât comme celui d'une lutteuse, elle l'écouta lui expliquer que ce n'était pas un péché, qu'il avait étudié la question et qu'après tout, ils n'étaient pas vraiment frère et sœur ; le sang qui coulait dans ses veines à lui n'était pas celui qui coulait dans ses veines à elle ; dans la brise de cette nuit de folie, il essaya de défaire tous les nœuds que même la confession de Mary Pereira n'avait pas réussi à dénouer ; mais, alors même qu'il parlait, il sentait que ses mots sonnaient le creux et il se rendait compte que bien que ce qu'il disait fût l'exacte vérité, il y avait d'autres vérités, qui étaient devenues bien plus importantes parce qu'elles étaient sanctifiées par le temps ; ni la honte ni l'horreur n'avaient leur place ici, et pourtant il vit les deux émotions sur le front de sa sœur, il les sentit sur sa peau et, ce qui était pire, il les sentit en lui et sur lui. En définitive, même le parchemin magique du beau Mutasim ne fut pas assez puissant pour réunir Saleem Sinai et la chanteuse Jamila ; il quitta sa chambre, la tête basse, suivi par ses yeux de biche effrayée ; les effets de l'envoûtement disparurent et elle se vengea de façon terrible. Tandis qu'il s'en allait, le hurlement d'une jeune fiancée déchira le silence des couloirs ; elle avait été éveillée par le rêve de sa nuit de noces pendant laquelle le lit conjugal avait été soudainement inondé par un liquide jaune à la senteur rance ; par la suite, elle se renseigna et, quand elle découvrit l'aspect prophétique de son rêve, elle décida de ne pas atteindre la puberté tant que Zafar serait en vie, afin de rester dans sa magnifique chambre et d'éviter l'horreur nauséabonde de sa faiblesse.

Le lendemain, les deux membres du Parti Unifié d'Opposition se réveillèrent dans leur chambre ; mais après s'être habillés ils trouvèrent devant leur porte deux des plus énormes soldats du Pakistan, qui barraient la sortie avec leurs fusils croisés. Ils crièrent, essayèrent de soudoyer leurs geôliers, mais les soldats restèrent en position jusqu'à ce que le scrutin soit clos ; alors ils disparurent rapidement. Les responsables du P.U.O. allèrent trouver le nabab dans son extraordinaire roseraie ; ils agitèrent les bras et élevèrent la voix ; on parla de parodie de justice, de magouilles électorales ; on parla aussi de chicane ; mais le nabab leur fit voir treize nouvelles variétés de roses de Kif dont il avait fait lui-même les croisements. Ils continuèrent à tempêter — mort-de-la-démocratie, tyrannie-autocratique — jusqu'à ce qu'il leur sourît gentiment et dît, « Mes amis, hier, ma fille s'est mariée à Zafar Zulfikar ; bientôt ; je l'espère, mon autre fille épousera le cher fils de notre président. Pensez — quel déshonneur pour moi, quel scandale sur mon nom, si à Kif une seule voix s'était prononcée contre mes futurs parents ! Mes amis, je suis un homme pour qui l'honneur est une chose importante ! Aussi soyez ici chez vous, buvez, mangez ; mais ne me demandez pas ce que je ne peux vous donner. »

Ils furent heureux... quoi qu'il en soit, et même sans la dernière et traditionnelle phrase des contes de fées, mon histoire se termine effectivement dans la fantaisie ; parce que quand les démocrates de base eurent fait leur devoir, les journaux — *Jang, L'Aurore,* le *Pakistan Time* — annoncèrent une victoire écrasante de la Ligue musulmane du président sur le Parti Unifié d'Opposition de la mader-i-millat ; cela me prouva que je n'avais été que le plus humble de ceux-qui-jonglent-avec-les-faits ; et cela, dans un pays où la vérité n'est que ce qu'on lui dit d'être, où la réalité cesse littéralement d'exister afin que tout devienne possible sauf ce qui est en question ; et c'est peut-être ce qui fit la différence entre mon enfance indienne et mon adolescence pakistanaise — qui fit que, au début, je fus assailli par une infinité de réalités alternatives, et qu'ensuite je me retrouvai abandonné, désorienté, parmi un nombre également infini de choses fausses, irréelles et mensongères.

Mon petit doigt me chuchote à l'oreille : « Sois beau joueur ! Aucune personne, aucun pays n'a le monopole du mensonge ! » J'accepte la critique ; je sais, je sais. Et, des années plus tard, la Veuve sut. Et Jamila : pour qui ce-qui-avait-été-sanctifié-comme-vérité (par le temps, l'habitude, par la déclaration d'une grand-mère, par le manque d'imagination, par l'assentiment d'un père) se révéla encore plus crédible que ce qu'elle savait être la vérité.

COMMENT SALEEM ATTEIGNIT LA PURETÉ

Voici ce qui attend d'être raconté : le retour du tic-tac. Mais maintenant, le compte à rebours va vers une fin, non pas vers une naissance ; il faut signaler aussi une fatigue, un épuisement si général que la fin, quand elle arrivera, sera la seule solution, parce que les êtres humains, comme les nations et les personnages de fiction, peuvent s'épuiser et alors il n'y a rien d'autre à faire que d'en finir avec eux.

Comment un morceau chut de la lune et comment Saleem atteignit la pureté... la pendule tictaque ; et puisque tous les comptes à rebours nécessitent un zéro, laissez-moi dire que la fin eut lieu le 22 septembre 1966 ; et que l'instant précis où on arriva à zéro fut inévitablement minuit sonnant. Mais la vieille pendule de mon grand-père dans la maison de ma tante Alia, qui indiquait l'heure avec précision mais qui sonnait avec deux minutes de retard, ne put carillonner au moment voulu.

Ma grand-mère Naseem Aziz arriva au Pakistan au milieu de l'année 1964, laissant derrière elle une Inde dans laquelle la mort de Nehru avait entraîné une âpre lutte pour le pouvoir. Morarji Desai, le ministre des Finances, et Jagjivan Ram, le plus puissant des intouchables, s'unirent pour empêcher l'instauration d'une dynastie des Nehru ; et on refusa qu'Indira Ghandi dirige. Le nouveau Premier ministre fut Lal Bahadur Shastri, un autre membre de cette génération d'hommes politiques qui semblaient avoir été conservés dans l'immortalité ; dans le cas de Shastri cependant ce n'était que *maya,* qu'illusion. Nehru et Shastri ont prouvé tous deux qu'ils étaient mortels ; mais il en reste des quantités d'autres, agrippant le temps dans leurs doigts momifiés et refusant de le laisser s'en aller... Mais au Pakistan les pendules tiquaient et taquaient.

La Révérende Mère n'approuvait pas la carrière de ma sœur ; cela avait trop un relent de carrière de star de cinéma. « Ma famille, comment dire, soupira-t-elle à Pia mumani, est moins facile à contrôler que le prix de l'essence. » Cependant, secrètement, elle fut peut-être impressionnée, parce qu'elle respectait le pouvoir, et la position de Jamila était si élevée qu'elle était accueillie dans les meilleures maisons du pays... Ma grand-mère s'installa à Rawalpindi ; cependant, faisant preuve d'une grande indépendance, elle ne choisit pas de vivre dans la maison du général Zulfikar. Elle s'installa avec ma tante Pia dans un modeste bungalow dans la partie ancienne de la ville ; elles réunirent leurs économies et achetèrent la concession longtemps rêvée d'une station-service.

Naseem ne parlait jamais d'Aadam Aziz, ni ne montrait quelque douleur ; c'était presque comme si elle était soulagée que mon maussade grand-père, qui pendant sa jeunesse avait méprisé le mouvement pakistanais et qui, selon toute probabilité accusait la Ligue musulmane de la mort de son ami Mian Abdullah, lui ait permis d'aller seule dans la Terre de la Pureté. Se détournant résolument du passé, la Révérende Mère se concentrait sur l'essence et sur l'huile. La station était très bien située, près de la route Rawalpindi-Lahore ; ça marchait très bien. Pia et Naseem se relayaient, et passaient leurs journées dans la cabine vitrée de la direction tandis que les employés faisaient le plein des voitures et des camions militaires. La beauté de Pia, qui refusait obstinément de se faner, attirait les clients ; et la Révérende Mère que le deuil avait transformée et qui maintenant s'intéressait plus à la vie des autres qu'à la sienne, invitait les clients à prendre une tasse de thé rose du Cachemire dans la cabine vitrée ; ils hésitaient un peu, mais, quand ils se rendaient compte que la vieille dame ne se proposait pas de les ennuyer avec des souvenirs sans fin, ils se détendaient, ouvraient leur col et leur bouche et la Révérende Mère pouvait se plonger dans l'oubli béni de la vie des autres. La station-service devint rapidement célèbre, des conducteurs commencèrent à faire un détour pour y venir — souvent deux jours de suite, afin de pouvoir se réjouir les yeux avec ma divine tante et raconter leurs malheurs à ma grand-mère infiniment patiente, qui avait fini par avoir les propriétés absorbantes d'une éponge, et qui attendait toujours que ses hôtes aient fini avant de presser ses lèvres pour en faire sortir quelques gouttes de conseils simples et fermes — tandis que des employés lavaient leurs voitures et faisaient le plein, ma grand-mère rechargeait et lavait leurs vies. Assise dans son confessionnal de verre, elle résolvait les problèmes du monde ; cependant, sa famille semblait avoir perdu toute importance à ses yeux.

Moustachue, matriarcale, fière : Naseem Aziz avait trouvé sa voie en tenant tête à la tragédie ; mais, en trouvant cela, elle était devenue la première victime de cette fatigue, ce détachement de tout, qui faisaient que la fin était la seule solution. (Tic-tac...) Pourtant, en y faisant face, il apparut qu'elle n'avait absolument pas l'intention de suivre son mari dans les jardins des camphriers réservés aux justes ; elle semblait avoir plus de points communs avec les Mathusalem qui dirigeaient son Inde qu'elle avait quittée. Avec une rapidité inquiétante, elle devint de plus en plus grosse ; jusqu'à ce qu'on demande à des maçons d'agrandir sa cabine vitrée. « Faites-la très grande, leur dit-elle, avec une pointe d'humour extrêmement rare chez elle, je serai peut-être encore là-dedans dans un siècle, comment dire, et Allah sait comment je serai grosse ; je ne veux pas vous déranger tous les dix ou douze ans. »

Mais Pia Aziz n'était pas très satisfaite de ces histoires de station-service. Elle commença à avoir des liaisons avec des colonels des joueurs de cricket des diplomates, qui étaient faciles à cacher à une Révérende Mère qui ne s'intéressait plus qu'à ce que faisaient les étrangers ; mais qui nourrissaient les bavardages de ce qui n'était qu'une petite ville. Ma tante Emerald interrogea Pia ; elle lui répondit : « Tu veux que je passe ma vie à gémir et à m'arracher les cheveux ? Je suis encore jeune ; et les jeunes doivent s'amuser un petit peu. » Emerald, les lèvres pincées : « Mais un peu de respect... le nom de la famille... » Et Pia secoua la tête. « Sois respectable, toi, dit-elle, et moi, je vivrai. »

Mais j'ai l'impression que quelque chose sonnait le creux dans l'affirmation de Pia ; ellc aussi sentait sa personnalité qui s'en allait avec les années ; que sa recherche fiévreuse d'aventures amoureuses n'était qu'une tentative désespérée pour être « dans le ton » — pour être ce qu'une femme comme elle était supposée être. Mais le cœur n'y était pas ; quelque part au fond d'elle-même, elle aussi attendait la fin... Dans ma famille, nous avons toujours été vulnérables aux choses qui tombent du ciel, depuis qu'une main lâchée par un vautour avait giflé Ahmed Sinai ; et nous n'étions qu'à un an d'événements imprévus.

Après les nouvelles de la mort de mon grand-père et de l'arrivée de la Révérende Mère au Pakistan, je rêvai plusieurs fois de suite du Cachemire ; je n'avais jamais marché dans Shalimar-bugh, et pourtant je le faisais la nuit ; je naviguais dans des shikaras et je gravissais la colline de Sankara Acharya comme mon grand-père ; je voyais des racines de lotus et des montagnes comme des mâchoires en colère. On peut aussi considérer cela comme un effet du détachement qui nous affecta tous (sauf Jamila, qui était soutenue par Dieu et la Patrie) — pour ma famille qui s'était séparée à la fois de l'Inde et du Pakistan. A Rawalpindi, ma grand-mère buvait du thé rose du Cachemire ; à Karachi, son petit-fils se lavait dans les eaux d'un lac qu'il n'avait jamais vu. Le rêve du Cachemire ne tarderait pas à se déverser dans l'esprit du reste de la population du Pakistan ; la relation-à-l'histoire refusait de m'abandonner, et en 1965, je découvris que mon rêve était devenu la propriété commune d'une nation, et un facteur de première importance dans la fin qui s'approchait, quand toute sorte de choses tombèrent du ciel, et que je fus enfin purifié.

Saleem ne pouvait pas tomber plus bas : je pouvais sentir, sur moi-même, la puanteur de dépotoir de mes iniquités. J'étais venu dans la Terre de la Pureté et j'avais cherché la compagnie des putains — alors que j'aurais dû me bâtir une vie nouvelle et honnête, je donnais au contraire naissance à un amour inavouable (et non partagé). Prisonnier du fatalisme commençant qui allait me submerger, je parcourais les rues de la ville sur mon Lambretta : Jamila et moi, nous nous évitions dans toute la mesure du possible, incapables pour la première fois de notre vie d'échanger un seul mot.

La Pureté — le plus haut des idéaux — cette vertu angélique dont le Pakistan tirait son nom et qui suintait de chaque note que chantait ma sœur ! — semblait très lointaine ; comment aurais-je pu savoir que l'histoire — qui a le pouvoir de pardonner aux pécheurs — était en train de faire un compte à rebours et qu'à un moment elle arriverait d'un seul coup à me purifier de la tête aux pieds ?

Au même moment, d'autres forces s'épuisaient ; Alia Aziz avait commencé son horrible vengeance de vieille fille.

Les jours de Guru Mandir : des odeurs de paan, des odeurs de cuisine, la langoureuse senteur de l'ombre du minaret, le long doigt tendu de la mosquée : la haine de ma tante Alia pour l'homme qui l'avait abandonnée et pour la sœur qui l'avait épousé grandit pour devenir une chose tangible, visible, qui s'installa sur la carpette du salon comme un grand gecko [1] sentant le vomi ; mais il semblait que j'étais le seul à le sentir, parce que l'habileté d'Alia à dissimuler s'était développée aussi rapidement que les poils de son menton, et l'adresse avec laquelle, à l'aide d'enduits, chaque soir, elle s'arrachait la barbe.

La contribution de ma tante au destin des nations — par l'intermédiaire de son école et de son collège — ne doit pas être minimisée. Ayant laissé ses frustrations de vieille fille

1. Gecko : genre de saurien. (*N.d.T.*)

s'écouler dans les programmes, dans les murs, mais aussi dans les élèves de ses deux établissements scolaires, elle éleva une tribu d'enfants et de jeunes adultes qui sentaient en eux un désir d'anciennes vengeances, sans bien savoir pourquoi. O omniprésente stérilité des tantes vierges ! Elle avait aigri la peinture de sa maison ; l'amertume rendait les meubles rugueux au toucher ; ses refoulements de vieille fille étaient cousus dans les rideaux. Comme autrefois dans des vêtements d'enfants. L'amertume sortait des fissures de la terre.

Ce qui plaisait à ma tante : faire la cuisine. Ce qu'elle avait élevé à la hauteur d'un art tout au long de ses années de solitude : l'imprégnation des aliments avec des sentiments. Derrière qui arrivait-elle dans ce domaine : mon ancienne ayah Mary Pereira. Par qui, aujourd'hui, les deux vieilles cuisinières ont été dépassées : Saleem Sinai, grand chef de la marinade, dans l'usine de Bragance... Cependant, nous vivions dans sa maison de Guru Mandir, et elle nous donnait à manger les birianis de la dispute et les *nargisi koftas* de la discorde ; et, petit à petit, même les accents de l'amour automnal de mes parents se désaccordèrent.

Mais il faut dire aussi ce qu'il y avait de bon chez ma tante. En politique, elle s'emportait contre l'autorité de ce gouvernement militaire ; si elle n'avait pas eu un général comme beau-frère, on lui aurait retiré la direction de son école et de son collège. Il ne faut pas la voir seulement à travers la vitre sombre de mon découragement : elle avait fait des tournées de conférences en Union soviétique et aux Etats-Unis. Et sa cuisine était excellente (malgré ce qui s'y cachait).

Mais l'air et la nourriture de la maison à l'ombre de la mosquée commencèrent à prélever leur dû... Saleem, sous l'influence doublement troublante de son horrible amour et de la cuisine d'Alia, se mit à rougir comme une betterave à chaque fois que sa sœur apparaissait dans sa pensée ; tandis que Jamila, désirant inconsciemment de l'air frais et une cuisine moins relevée par de sombres sentiments, passa de moins en moins de temps à la maison et voyagea dans tout le pays (mais jamais au Pakistan oriental) pour donner des concerts. Dans les rares occasions où frère et sœur se retrouvaient seuls dans la même pièce, ils sautaient sur place, stupéfaits, et après être retombés ils fixaient l'endroit où étaient leurs pieds comme si soudain le sol était devenu aussi chaud qu'un four à pain. Parfois, également, ils se laissaient aller à des choses dont la signification aurait été évidente si chaque occupant de la maison n'avait eu autre chose en tête : par exemple, Jamila prit l'habitude de garder son voile blanc et or à l'intérieur, jusqu'à ce qu'elle soit sûre que son frère soit sorti, même si elle devait se trouver mal à cause de la chaleur ; tandis que Saleem — qui allait toujours chercher du pain au couvent de Santa Ignacia — évitait de lui donner lui-même les miches rondes ; une fois, il demanda à sa venimeuse tante de servir d'intermédiaire. Elle le regarda amusée et lui demanda : « Qu'est-ce qui ne va pas, mon garçon ? Tu n'as pas attrapé une maladie contagieuse ? » Saleem rougit violemment, craignant que sa tante se doute de ses rencontres avec les femmes vénales ; elle s'en doutait peut-être, mais elle chassait un plus gros gibier.

... Il prit aussi l'habitude de sombrer dans de longues rêveries silencieuses, dont il sortait en hurlant tout d'un coup un mot sans signification : « Non ! » ou « Mais ! », ou même des exclamations encore plus ésotériques comme « Bang ! » ou « Vlan ! » Des mots absurdes au milieu de sombres silences : comme si Saleem poursuivait un dialogue intérieur d'une telle intensité que des fragments, ou sa douleur, passaient parfois ses lèvres. Sa discorde intérieure était sans aucun doute aggravée par les currys d'inquiétude que nous étions obligés de manger ; et à la fin, quand Amina en fut réduite à parler à des coffres à linge sale invisibles, et quand Ahmed après son attaque cérébrale fut enfermé dans sa solitude, ne pouvant plus que baver et ricaner, alors que je regardais d'un air menaçant du fond de ma retraite, ma tante a dû être satisfaite de l'efficacité de sa vengeance sur le clan Sinai ; à moins qu'elle aussi fût vidée par la réalisation de son ambition entretenue pendant si longtemps ; auquel cas, elle aussi avait épuisé toutes les possibilités, et il y avait des harmoniques creuses dans ses pas alors qu'elle traversait sa maison transformée en asile d'aliénés, le menton couvert de cire pour les poils, que sa nièce sautait sur des carrés de plancher devenus soudain brûlants et que son neveu hurlait « Ah ! », et que son soupirant de jadis bavait et qu'Amina accueillait les fantômes de son passé : « Alors, c'est encore toi ! Pourquoi pas ? Rien ne s'en va jamais ! »

Tic-tac... en janvier 1965, ma mère, Amina Sinai, s'aperçut qu'elle était à nouveau enceinte, après dix-sept ans d'interruption. Quand elle en fut sûre, elle annonça la bonne nouvelle à son énorme sœur Alia, donnant à ma tante l'occasion de peaufiner sa vengeance. On ne sait pas ce qu'Alia dit à ma mère ; ce qu'elle mêla à sa cuisine resta matière à hypothèses ; mais les effets sur Amina furent dévastateurs. Elle fut harcelée par des rêves où elle voyait un enfant monstrueux avec un chou-fleur en guise de cerveau ; elle fut assaillie par les fantômes de Ramram Seth et l'ancienne prophétie disant qu'un enfant à deux têtes la rendrait folle. Ma mère avait quarante-deux ans ; et la peur (à la fois naturelle mais également provoquée par Alia) d'avoir un enfant à cet âge ternit la brillante aura qui l'avait environnée depuis qu'elle soignait son mari dans ses amours automnales ; sous l'influence des kormas de la vengeance de ma tante — relevée de présages et de cardamome — ma mère eut peur de son enfant. Au fur et à mesure que les mois passaient, ses quarante-deux ans prélevaient un terrible tribut ; le poids de ses quatre décennies s'alourdissait chaque jour, l'écrasant sous son âge. Au deuxième mois, ses cheveux blanchirent. Au troisième mois, son visage se ratatina comme une mangue pourrie. Au quatrième mois, c'était une vieille femme, ridée, grosse, à nouveau affligée de cors, avec des poils qui lui poussaient sur tout le visage ; elle semblait à nouveau enveloppée dans une brume de honte, comme si un enfant était quelque chose de scandaleux pour son grand âge. Alors que l'enfant de cette époque confuse grossissait en elle, le contraste entre la jeunesse et l'âge de sa mère s'accroissait ; c'est à ce moment-là qu'elle s'effondra dans un vieux fauteuil de rotin et qu'elle reçut la visite des spectres de son passé. La rapidité de la désintégration de ma mère était effrayante ; Ahmed Sinai qui regardait impuissant se retrouva soudain abattu, perdu, découragé.

Même aujourd'hui, il m'est difficile de décrire cette époque de la fin du possible, quand mon père sentit son usine de serviettes se désagréger dans ses mains. Les effets de la sorcellerie culinaire d'Alia (qui opérait par son estomac quand il mangeait, et par ses yeux quand il voyait sa femme) étaient maintenant apparents en lui : il devint négligent dans la direction de son entreprise et irritable avec son personnel.

Pour résumer la ruine des serviettes Amina : Ahmed Sinai se mit à traiter ses employés de façon aussi péremptoire que ses serviteurs, autrefois, à Bombay, et il chercha à inculquer aux maîtres tisserands comme aux aides-emballeurs les vérités éternelles des relations maître-serviteur. Le résultat fut que son personnel s'en alla par groupes entiers, en expliquant par exemple, « Je ne suis pas votre laveur de latrines, sahib ; je suis un tisseur qualifié, de première catégorie » et, en général, en refusant de faire preuve de gratitude à son égard pour les avoir employés. Victime du courroux grisant des repas de ma tante, il les laissa tous partir et engagea une bande de feignants à mine patibulaire qui chapardaient des canettes de coton et des pièces de machines mais qui étaient prêts à ramper chaque fois qu'on le leur demandait ; et le pourcentage de serviettes défectueuses monta en flèche, des contrats ne furent pas remplis ; et les commandes diminuèrent. Ahmed Sinai commença à rapporter à la maison des montagnes — des Himalayas ! — de serviettes au rebut, parce que l'entrepôt de l'usine était plein à craquer des produits ratés de ses erreurs de direction ; il recommença à boire et, pendant l'été, la maison de Guru Mandir fut inondée des anciennes obscénités de son combat avec les djinns, et l'on devait se frayer un chemin entre les Himalayas de tissu éponge défectueux qui encombraient les couloirs et l'entrée.

Nous nous étions livrés au courroux si longtemps contenu de ma tante ; à l'exception de Jamila qui était moins touchée que nous à cause de ses longues absences, notre compte était bon. Ce fut une époque douloureuse et déroutante pendant laquelle l'amour de mes parents se désintégra sous le poids conjugué de leur nouvel enfant et des griefs anciens de ma tante ; et petit à petit la confusion et la ruine sortirent par les fenêtres de la maison et envahirent le cœur et l'esprit de la nation tout entière, à tel point que, quand la guerre arriva, elle fut enrobée dans la même brume grisante d'irréalité que celle dans laquelle nous vivions.

Mon père filait droit vers l'attaque cérébrale ; mais, avant que la bombe lui enlève le cerveau, on alluma une autre fusée : en avril 1965, on entendit parler d'incidents singuliers dans le Rann de Kutch.

Tandis qu'on se débattait comme des mouches prises dans la toile de la vengeance de ma tante, le moulin de l'histoire continuait à moudre. La réputation du président Ayub était en déclin : les bruits de fraude électorale aux élections de 1964 refusaient de se laisser étouffer. Il y avait aussi l'affaire du fils du président : Gauhar Ayub, dont les énigmatiques usines Gandhara avaient fait de lui un « multi-multi-millionnaire » du jour au lendemain. O suite sans fin des fils scélérats des grands ! Gauhar avec ses hommes de main et ses grands discours ; et plus tard, en Inde, Sanjay Gandhi et sa société de voitures Maruti et son Congrès de la jeunesse ; et plus récemment Kanti Lal Desai... Les fils des grands brisent les carrières de leurs parents. Mais, moi aussi, j'ai un fils ; Aadam Sinai, jetant un défi à ceux qui l'ont précédé, renversera la tendance. Les fils peuvent être meilleurs que les pères, ou pire... Cependant, en avril 1965, des rumeurs couraient sur la faillibilité des fils. Et de qui était le fils qui escalada les murs du palais présidentiel le 1er avril — et quel père inconnu avait engendré ce type à l'odeur infecte qui se précipita sur le président pour lui décharger un pistolet dans le ventre ? Quelques pères restent heureusement inconnus ; quoi qu'il en soit, l'assassin rata son coup parce que son arme s'enraya. Le fils de quelqu'un fut emmené par la police et on lui arracha les dents une à une, puis on lui brûla les ongles ; on lui écrasa des cigarettes allumées sur l'extrémité du pénis, et ce ne serait certainement pas d'une grande consolation pour cet assassin anonyme de savoir qu'il avait simplement été emporté par un mouvement de l'histoire dans lequel on remarquait que les fils se comportaient d'une façon particulièrement moche. (Non : je ne m'en exclus pas.)

Le divorce entre les journaux et la réalité : les journaux citaient des économistes étrangers — LE PAKISTAN UN MODÈLE POUR LES PAYS EN VOIE DE DÉVELOPPEMENT — et les paysans (passés sous silence) maudissaient la prétendue « révolution verte » en affirmant que les puits nouvellement forés étaient inutiles, empoisonnés, et de toute façon creusés à de mauvais endroits ; alors que les éditoriaux vantaient la probité des dirigeants, la rumeur parlait de comptes dans des banques suisses et des nouvelles voitures américaines du fils du président. *L'Aurore* de Karachi parlait d'une autre aurore — LES BONNES RELATIONS ENTRE L'INDE ET LE PAKISTAN À UN MOMENT CRITIQUE ? — mais dans le Rann de Kutch, un autre fils ingrat découvrait une histoire différente.

Dans les villes, mirages et mensonges ; au nord, dans les hautes montagnes, les Chinois construisaient des routes et prévoyaient des explosions nucléaires ; mais il est temps de quitter le général pour en revenir au particulier ; ou, pour être exact, au fils du général, mon cousin, Zafar Zulfikar l'énurétique. Qui devint l'archétype des fils décevants du pays, entre avril et juillet ; l'histoire, à travers lui, désignait également du doigt Gauhar, le futur Sanjay et le Kanti Lal à venir ; et, naturellement, moi.

Donc le cousin Zafar. Avec lequel j'avais beaucoup de points communs à cette époque... J'avais le cœur lourd d'un amour interdit ; ses pantalons, malgré tous ses efforts, se remplissaient de quelque chose de plus tangible, mais de tout aussi interdit. Je rêvais d'amants mythiques, à la fois heureux et condamnés — Shah Jehan et Mumtaz Mahal, et les Montaigu-Capulet ; il rêvait de sa fiancée du Kif, dont l'incapacité à atteindre la puberté, même après son dix-septième anniversaire, faisait qu'il l'imaginait comme un avenir inaccessible... En avril 1965, on envoya Zafar en manœuvres dans la zone du Rann de Kutch contrôlée par le Pakistan.

La cruauté de ses camarades continents envers Zafar à la vessie relâchée : bien que lieutenant, Zafar était la risée de la base militaire d'Abbottabad. On racontait qu'on lui avait donné l'ordre de porter des sous-vêtements de caoutchouc, comme un ballon autour de ses organes génitaux, afin que le glorieux uniforme de l'armée du Pakistan ne soit pas profané ; de simples jawans gonflaient leurs joues en passant près de lui, comme s'ils soufflaient dans un ballon. (Tout cela devint public plus tard, dans la déposition qu'il fit, au milieu de flots de larmes, après son arrestation pour meurtre.) Il est possible que l'affectation de Zafar au Rann de Kutch ait été imaginée par un supérieur plein de tact qui voulait l'éloigner du front de l'humour d'Abbottabad... L'incontinence voua Zafar Zulfikar à un crime aussi atroce que le mien. J'aimais ma sœur ; et lui... mais laissez-moi vous raconter l'histoire dans l'ordre.

Depuis la partition, le Rann de Kutch avait été un « territoire revendiqué » ; mais, en pratique, aucun des deux gouvernements n'aimait beaucoup la revendication. Sur les collines qui longeaient le 23e parallèle, frontière officieuse, le gouvernement pakistanais avait construit une série de postes-frontière avec pour toute garnison six hommes et un projecteur. Plusieurs de ces postes furent occupés par des soldats de l'armée indienne, le 9 avril 1965 ; des soldats pakistanais, parmi lesquels se trouvait mon cousin Zafar, qui manœuvraient dans la zone, luttèrent pendant quatre-vingt-deux jours pour la frontière. La guerre dura jusqu'au 1er juillet. Tels sont les faits ; mais tout le reste est dissimulé par l'air doublement brumeux de l'irréalité et des apparences qui affectait tous les événements de cette époque, et particulièrement tout ce qui se passa dans le fantasmagorique Rann... Aussi, l'histoire que je vais raconter et qui est en gros la même que celle que raconta mon cousin Zafar, est-elle aussi vraie que n'importe quelle autre ; n'importe quelle autre, c'est-à-dire toutes sauf la version officielle.

... Quand les jeunes soldats pakistanais pénétrèrent dans les terrains marécageux du Rann, une sueur froide leur recouvrit le front, et la lumière verte et marine leur enleva tout courage ; ils se racontèrent des histoires qui les effrayèrent encore plus, des légendes sur des choses horribles qui se passaient dans cette zone de marais, des monstres marins aux yeux brillants, des femmes-poissons qui respiraient la tête sous l'eau tandis que leur magnifique corps de femme était allongé nu sur le rivage, et les imprudents étaient entraînés dans des accouplements fatals, car, comme chacun sait, personne ne peut faire l'amour avec une femme-poisson et survivre... Aussi, quand ils arrivèrent au poste-frontière et qu'ils attaquèrent, ce n'était plus qu'une bande de gamins de dix-sept ans effrayés, et ils auraient sans doute été anéantis si leurs adversaires indiens n'avaient pas été soumis à la lumière verdâtre du Rann depuis plus longtemps qu'eux ; et c'est ainsi que dans ce monde de sorciers on mena une guerre dans laquelle chaque camp croyait voir des démons lutter à côté de l'ennemi ; mais, à la fin, les soldats indiens cédèrent ; beaucoup d'entre eux s'effondrèrent en larmes, merci mon Dieu, c'est fini ; ils parlèrent de grandes choses difformes qui la nuit rampaient autour du poste, et des esprits des hommes noyés qui flottaient dans l'air avec des plantes aquatiques et des coquillages dans le nombril.

Ce que dirent les soldats indiens qui se rendirent, et que mon cousin entendit : « De toute façon, les postes-frontière étaient déserts ; et comme ils étaient vides, nous y sommes entrés. » Au début, le mystère des postes-frontière vides n'étonna pas les jeunes soldats pakistanais à qui on avait dit de les occuper jusqu'à ce qu'on envoie d'autres gardes-frontière ; au cours des sept nuits, pendant lesquelles il occupa un poste avec pour seule compagnie cinq jawans, mon cousin s'aperçut que sa vessie et ses intestins se vidaient tout seuls avec une fréquence qui confinait à l'hystérie. Pendant les nuits, remplies de hurlements de sorcières et de glissements, les six jeunes garçons étaient dans un état si misérable que personne ne rit de mon cousin, car tous étaient trop occupés à mouiller leurs propres pantalons. Au cours de leur dernière nuit pleine de fantômes, un des jawans terrorisé chuchota : « Hé ! Les gars ! Si je devais rester ici pour vivre, je préférerais me tirer ! »

Dans une débâcle totale, les soldats suaient à grosses gouttes dans le Rann ; et, au cours de leur dernière nuit, la plus abominable de leurs peurs devint réalité, ils virent une armée de fantômes sortir de l'obscurité et s'avancer vers eux ; ils étaient dans le poste-frontière le plus proche de la mer, et dans le clair de lune verdâtre, ils pouvaient voir les voiles des vaisseaux fantômes ; et l'armée des fantômes s'approchait impitoyablement, malgré les hurlements des soldats, des spectres portant des coffres couverts de mousse et d'étranges civières où étaient empilées des choses ; et, quand l'armée fantôme passa la porte, mon cousin Zafar tomba à leurs pieds en poussant des cris inarticulés.

Le premier fantôme qui entra avait plusieurs dents en moins et un poignard recourbé dans la ceinture ; quand il vit les soldats, ses yeux jetèrent des éclairs de fureur rouge vermillon. « Bonté divine ! dit le chef des fantômes, qu'est-ce que vous faites ici ? Est-ce que vous n'avez pas été assez payés ? »

Pas des fantômes ; des contrebandiers. Les six jeunes soldats se retrouvèrent dans la situation absurde de la terreur la plus misérable, ils essayèrent bien de se racheter, mais leur honte était complète... et nous y voilà. Au nom de qui opéraient ces contrebandiers ? Quel nom sortit des lèvres du chef de bande et qui fit que mon cousin écarquilla les yeux d'horreur ? A qui était cette fortune, constituée à l'origine sur la misère des familles hindoues qui avaient émigré en 1947, et qui aujourd'hui s'accroissait grâce à ces convois de contrebande de printemps et d'été à travers le Rann de Kutch non gardé, et de là dans les villes du Pakistan ? Quel était le général au visage de polichinelle et à la voix aussi tranchante qu'un rasoir qui commandait la troupe fantôme ?... Mais je dois m'en tenir aux faits. En juillet 1965, mon cousin Zafar retourna vivre chez son père à Rawalpindi ; et, un matin, il se dirigea lentement vers la chambre de son père, portant sur les épaules non seulement le souvenir des milliers d'humiliations et de coups de son enfance ; non seulement la honte de son éternelle énurésie ; mais aussi le fait de savoir que son père avait été responsable de-ce-qui-s'était-passé-dans-le-Rann, quand Zafar s'était mis à pousser des cris en se roulant par terre. Mon cousin trouva son père dans sa baignoire près de son lit et il lui trancha la gorge avec un long poignard recourbé de contrebandier.

Cachée derrière les titres de la presse — LA LÂCHE INVASION INDIENNE EST REPOUSSÉE PAR NOS COURAGEUX SOLDATS — la vérité à propos du général Zulfikar devint une chose incertaine et fantomatique ; les gardes-frontière achetés devinrent dans les journaux D'INNOCENTS SOLDATS ASSASSINÉS PAR DES INDIENS ; et qui aurait répandu l'histoire des activités de contrebande à grande échelle de mon oncle ? Quel général, quel politicien ne possédait pas le transistor de l'illégalité de mon oncle, l'appareil à air conditionné et la montre étrangère de ses péchés ? Le général Zulfikar mourut ; mon cousin Zafar alla en prison et le mariage fut épargné à une princesse de Kif qui refusait obstinément d'avoir ses règles précisément pour qu'on lui épargne le mariage avec lui ; et les incidents du Rann de Kutch devinrent la mèche en quelque sorte d'un plus grand incendie qui éclata en août, le feu de la fin, dans lequel finalement, et malgré lui, Saleem atteignit sa pureté insaisissable.

Quant à ma tante Emerald, on lui donna l'autorisation d'émigrer ; elle s'y était préparée, ayant l'intention d'aller en Angleterre dans le Suffolk, où elle habiterait chez l'ancien commandant de son mari, le général Dodson, qui, complètement gâteux, s'était mis à passer son temps en compagnie de vieilles barbes ayant vécu aux Indes, à regarder de vieux films sur le Delhi-*Durbar*[1] ou l'arrivée de George V à la Porte de l'Inde... elle recherchait la nostalgie et le vide de l'oubli et de

1. *Durbar :* autrefois, en Inde ou en Afrique, réception officielle par un prince local ou un gouverneur britannique. (*N.d.T.*)

l'hiver anglais quand la guerre éclata et simplifia tout nos problèmes.

Le premier jour de la « drôle de paix » qui ne durerait que trente-sept jours, Ahmed Sinai eut une attaque. Il en resta paralysé sur tout le côté gauche et il se remit à bavasser et à ricaner comme dans sa première enfance ; lui aussi prononça dcs mots dénués de sens avec une préférence marquée pour les gros mots d'enfants. C'est en ricanant et en disant « caca », et « quéquette » que mon père termina sa vie mouvementée, ayant à nouveau, mais pour la dernière fois, perdu son chemin, ainsi que sa bataille contre les djinns. Il restait assis, hébété et caquetant au milieu des serviettes ratées de sa vie ; ma mère, au milieu des serviettes ratées, écrasée sous le poids de sa monstrueuse grossesse, penchait gravement la tête comme si elle avait été visitée par le pianola de Lila Sabarmati, ou par le fantôme de son frère Hanif, ou par deux mains qui dansaient, comme des papillons de nuit autour d'une flamme, elles dansaient dansaient autour de... le commandant Sabarmati vint la voir avec son curieux bâton à la main, et Nussie-canard chuchotait, « C'est la fin, Amina ! La fin du monde ! » dans l'oreille flétrie de ma mère... et maintenant, m'étant frayé un chemin à travers la réalité morbide de mes années pakistanaises, ayant lutté pour trouver quelque signification à ce qui paraissait (à travers ce qui semblait la brume de vengeance de ma tante Alia) une suite cachée et terrible de représailles pour nous arracher nos racines de Bombay, j'en suis arrivé à l'endroit où je dois vous parler des fins.

Laissez-moi affirmer sans aucune ambiguïté : j'ai la ferme conviction que le but caché de la guerre indo-pakistanaise de 1965 n'était ni plus ni moins l'élimination de la surface de la terre de ma famille plongée dans la nuit. Afin de comprendre l'histoire récente, il n'y a qu'à examiner les bombardements de cette guerre avec un œil analytique et sans préjugés.

Même les fins ont des commencements ; tout doit être raconté dans l'ordre. (De toute façon, j'ai Padma qui repousse toutes mes tentatives pour mettre la charrue avant les bœufs.)

Le 8 août 1965, l'histoire de ma famille en était arrivée à un tel point que ce que firent les bombardements fut un véritable soulagement. Non : permettez-moi d'employer le mot important : si nous devions être purifiés, quelque chose de ce qui suit était certainement nécessaire.

Alia Aziz, assouvie par sa terrible vengeance ; ma tante Emerald, veuve et attendant de partir en exil ; la lubricité sans but de ma tante Pia et la retraite vitrée de ma grand-mère Naseem Aziz ; mon cousin Zafar, avec sa princesse éternellement impubère et son avenir à mouiller les paillasses de prison ; mon père retombé en enfance et Amina Sinai enceinte, à la vieillesse accélérée... toutes ces choses terribles allaient être réglées quand le gouvernement décida de réaliser mon rêve, visiter le Cachemire. Dans le même temps, ma sœur en refusant impitoyablement de répondre à mon amour m'avait plongé dans un grand fatalisme ; me désintéressant totalement de mon avenir, je dis à oncle Pouf que je voulais bien épouser celle des Poufias qu'il me choisirait. (En agissant ainsi, je les condamnais toutes ; toute personne qui a essayé de se lier à notre famille a fini par partager son sort.)

J'essaie de ne plus perdre mes lecteurs. L'important c'est de se concentrer sur les faits qui ont la vie dure. Mais quels faits ? Une semaine avant mon dix-huitième anniversaire, le 8 août, des soldats pakistanais, en vêtements civils, traversèrent-ils la ligne de cessez-le-feu au Cachemire et s'infiltrèrent-ils dans le secteur indien, oui ou non ? A Delhi, le Premier ministre Shastri annonça une « infiltration massive... pour renverser l'Etat » ; mais voici Zulfikar Ali Bhutto, le ministre des Affaires étrangères du Pakistan, qui riposte : « Nous démentons de façon catégorique toute participation dans le soulèvement du peuple du Cachemire contre la tyrannie. »

Si cela arriva, quels en étaient les motifs ? A nouveau un grand nombre d'explications possibles : la colère continuelle à cause des événements du Rann de Kutch ; le désir de résoudre une fois pour toutes la vieille question, qui-devait-posséder-la-vallée-parfaite ?... Ou quelque chose qu'on ne dit pas dans les journaux : la pression des troubles politiques internes au

Pakistan — le gouvernement d'Ayub était chancelant et parfois une guerre fait des merveilles. Cette raison-là, celle-ci, ou l'autre ? Pour simplifier, j'en donne deux à moi : la guerre eut lieu parce que j'avais rêvé du Cachemire dans les idées fantasques de nos dirigeants ; en outre, j'étais toujours impur, et la guerre allait me séparer de mes péchés.

Jehad, Padma ! La guerre sainte !

Mais qui attaquait ? Qui se défendait ? Pour mon dix-huitième anniversaire, la réalité eut un autre son. Des remparts du Fort-Rouge de New Delhi, un Premier ministre indien (pas le même qui autrefois m'avait envoyé une lettre) m'envoya ce compliment d'anniversaire : « Nous affirmons que la force rencontrera la force et que nous ne laisserons jamais triompher une agression contre nous. » Et des jeeps munies de haut-parleurs me saluaient à Guru Mandir et me tranquillisaient : « Les agresseurs indiens seront totalement écrasés ! Nous sommes une race de guerriers ! Des Pachtouns ! Un musulman du Punjab vaut dix de ces gratte-papier en armes de l'Inde ! »

On appela la chanteuse Jamila au Nord, pour donner la sérénade à nos jawans qui en valaient dix. Un domestique peint les vitres en noir ; le soir, mon père, dans l'imbécillité de sa seconde enfance, ouvre les fenêtres et allume les lampes. Les briques et les pierres volent par toutes les ouvertures : les cadeaux de mon dix-huitième anniversaire. Et pourtant les événements sont de plus en plus confus : le 30 août, est-ce que les troupes indiennes franchissent la ligne de cessez-le-feu près d'Uri pour « repousser les pillards pakistanais » — ou pour prendre l'initiative d'une attaque ? Quand, le 1er septembre, nos soldats dix fois meilleurs franchirent la ligne à Chhamb, étaient-ils ou non agresseurs ?

Quelques certitudes : la voix de la chanteuse Jamila chanta pour les soldats pakistanais qui allaient mourir ; les muezzins du haut de leurs minarets — oui, même à Clayton Road — nous promettaient que ceux qui mourraient au combat iraient directement au jardin des camphriers. La philosophie moudjahidine de Syed Ahmad Barilwi était dans l'air ; on nous invita à faire des sacrifices « comme jamais auparavant ».

Et à la radio, quelles destructions, quels ravages ! Les cinq premiers jours de la guerre, la voix du Pakistan annonça la destruction de plus d'avions que l'armée indienne n'en avait jamais possédé ; en huit jours, Radio Inde anéantit l'armée pakistanaise jusqu'au dernier homme, et même au-delà ! Complètement perdu par la double folie de la guerre et de ma vie privée, je me mis à avoir des pensées désespérées...

De grands sacrifices : par exemple, à la bataille de Lahore — le 6 septembre, les troupes indiennes traversèrent la frontière Wagah, en élargissant considérablement le front, qui n'était plus limité au Cachemire ; et y eut-il ou non de grands sacrifices ? Etait-il vrai que la ville était pratiquement sans défense, parce que l'armée pakistanaise et l'aviation étaient dans le secteur du Cachemire ? La voix du Pakistan dit : O jour mémorable ! O indiscutable leçon de la fatalité du retard ! Les Indiens, sûrs de prendre la ville, *s'arrêtèrent pour le petit déjeuner.* Radio Inde annonça la chute de Lahore ; dans le même temps, un avion privé repéra les envahisseurs petit-déjeunant. Tandis que la B.B.C. reprenait l'histoire de R.I., on mobilisait la milice de Lahore. Ecoutez la Voix du Pakistan ! — des vieillards, de jeunes garçons, des grands-mères en colère combattirent les Indiens ; ils luttèrent pied à pied avec tout ce qui leur tomba sous la main. Des boiteux, les poches pleines de grenades, arrachaient une goupille et se jetaient sous les tanks indiens ; de vieilles dames édentées éventraient des gratte-papier indiens avec des fourches ! Ils moururent jusqu'au dernier homme et jusqu'au dernier enfant ; mais ils sauvèrent la ville, ils tinrent les Indiens à distance jusqu'à ce qu'arrivent les renforts aériens ! Des martyrs, Padma ! Prêts pour le jardin parfumé ! Là où l'on donne à chaque homme quatre houris magnifiques que n'ont jamais touchées les hommes ni les djinns, et à chaque femme quatre hommes très virils ! *Laquelle des bénédictions du*

Seigneur refuseriez-vous ? Quelle chose étonnante cette guerre sainte, dans laquelle avec un sacrifice suprême les hommes peuvent racheter leurs péchés ! Pas étonnant que Lahore fût défendu ; qu'est-ce que les Indiens pouvaient espérer ? Une simple réincarnation — en blattes, peut-être en scorpions — il n'y a pas de comparaison possible.

Mais oui ou non ? Est-ce ainsi que cela se passa ? Ou était-ce Radio Inde — *imposante bataille de chars, énormes pertes pakistanaises, quatre cent cinquante tanks détruits* — qui disait la vérité ?

Rien n'était réel ; rien n'était sûr. Oncle Pouf vint à la maison de Clayton Road, il n'avait plus de dents dans la bouche. (Pendant la guerre entre la Chine et l'Inde, quand notre fidélité était différente, ma mère avait donné des bracelets en or et des boucles d'oreilles avec des pierres pour la campagne « des bijoux pour des armes » ; mais qu'est-ce que cela représentait à côté du sacrifice d'une bouche pleine d'or ?) « La nation, dit-il de façon indistincte avec ses gencives édentées, ne doit pas, sacrément non, manquer de moyens à cause de la vanité d'un homme ! » — Mais le fit-il ou non ? Ses dents furent-elles vraiment sacrifiées pour la guerre sainte ou étaient-elles rangées dans une armoire ? « J'ai peur, dit oncle Pouf gencivement, que tu doives attendre pour la dot que je t'ai promise. » — Nationalisme ou avarice ? Est-ce que les gencives dénudées étaient une preuve suprême de son patriotisme ou une ruse pour éviter d'avoir à remplir d'or la bouche d'une des Poufias ?

Et y avait-il ou non des parachutistes ? « ... ont sauté sur toutes les villes importantes, annonça la Voix du Pakistan. Toute personne valide doit prendre les armes et tirer à vue après le couvre-feu. » Mais en Inde, « malgré les raids aériens de provocation des Pakistanais, affirmait la radio, nous n'avons pas répondu ! » Qui croire ? Est-ce que les bombardiers pakistanais firent vraiment ce « raid audacieux » qui surprit un tiers des forces aériennes indiennes impuissantes posées sur les pistes ? Oui ou non ? Et ces danses nocturnes dans le ciel, des Mirages et des Mystères pakistanais contre les moins romantiques Migs indiens : est-ce que les mirages et les mystères islamiques se battirent contre les envahisseurs hindous, ou était-ce une sorte d'illusion étonnante ? Est-ce que des bombes sont tombées ? Les explosions étaient-elles vraies ? Peut-on même parler de morts ?

Et Saleem ? Que fit Saleem pendant la guerre ?

Ceci : en attendant d'être appelé sous les drapeaux, j'étais à la recherche des bombes amicales, effaçant tout, apportant le sommeil et le paradis.

Le terrible fatalisme qui avait fini par venir à bout de moi dernièrement avait pris une forme encore plus terrible ; noyé dans la désintégration de la famille, dc deux pays auxquels j'avais appartenu, de tout ce qui pouvait être raisonnablement appelé réel, perdu dans le chagrin de mon amour dégoûtant et non partagé, je recherchais l'oubli de — je rends tout cela trop noble ; il ne faut pas faire de phrases pompeuses. Sèchement, alors : je parcourais les rues nocturnes de la ville à scooter, à la recherche de la mort.

Qui mourut dans la guerre sainte ? Qui, tandis qu'en pantalon et kurta très blancs je roulais dans les rues du couvre-feu en Lambretta, trouva ce que je cherchais ? Qui, martyr de la guerre, alla tout droit au jardin parfumé ? Observez les bombardements ; regardez les traces de balles.

La nuit du 22 septembre, il y eut des raids aériens au-dessus de toutes les villes du Pakistan. (Bien que Radio Inde...) Des avions, réels ou fictifs, lâchèrent des bombes véritables ou mythiques. En conséquence, sur les trois seules bombes qui tombèrent sur Rawalpindi, et c'est soit un fait établi soit le fruit de mon imagination malade, la première explosa sur le bungalow dans lequel ma grand-mère Naseem Aziz et ma tante Pia étaient cachées sous une table ; la seconde détruisit une partie de la prison de la ville et épargna à mon cousin une vie de captivité ; la troisième écrasa une grande bâtisse sombre gardée par des sentinelles ; les sentinelles étaient à leur poste mais ne purent empêcher Emerald Zulfikar d'être transportée dans un lieu bien plus éloigné que le Suffolk. Cette nuit-là, elle recevait la visite du nabab de Kif et de sa fille têtue et immature ; à qui on épargna aussi la nécessité de devenir une femme adulte. A Karachi, trois bombes également furent suffisantes. Les avions indiens, répugnant à descendre trop bas, larguèrent leurs bombes de très haut ; la plus grande partie tomba dans la mer sans rien faire. Une bombe, cependant, anéantit le général (en retraite) Alauddin Latif et ses sept Poufias, me libérant ainsi et pour toujours de ma promesse ; et il restait les deux dernières bombes. Alors qu'au front, le beau Mutasim sortait de sa tente pour aller aux toilettes, quelque chose siffla (oui ou non ?) dans sa direction et il mourut la vessie pleine sous la balle d'un tireur d'élite.

Et il faut encore que je vous parle des deux dernières bombes.

Qui survécut ? La chanteuse Jamila que les bombes furent incapables de trouver ; en Inde, la famille de mon oncle Mustapha dont les bombes ne pouvaient se soucier ; mais la cousine éloignée et oubliée de mon père, Zohra, et son mari s'étaient installés à Amritsar, et une bombe les y retrouva quand même.

Il reste encore à raconter l'histoire de deux bombes.

... Et moi, ignorant l'intime relation qui existait entre la guerre et moi, j'allais comme un fou à la recherche des bombes ; je roulais à scooter après le couvre-feu mais les balles rataient leur cible... et un rideau de flammes s'éleva au-dessus d'un bungalow de Rawalpindi, un rideau troué au centre duquel il y avait un mystérieux trou noir, qui se transforma en image de fumée représentant une vieille femme avec des grains de beauté sur les joues... et, un par un, la guerre élimina de sur la surface de la terre les membres de ma famille desséchée et sans espoir.

Mais, maintenant, le compte à rebours se terminait.

Et je tournai enfin mon Lambretta vers la maison, et je me retrouvai dans le quartier avec le grondement d'un avion au-dessus de moi, mirages et mystères, et mon père dans sa stupidité allumait les lumières et ouvrait les fenêtres qu'un fonctionnaire de la défense civile venait juste de contrôler ; et, au moment où Amina Sinai disait au spectre d'un vieux coffre à linge sale « Va-t'en maintenant — je t'ai assez vu », je passais à scooter devant les jeeps de la défense civile d'où sortaient des poings menaçants en guise de salut ; et, avant que des briques et des pierres éteignent les lumières chez ma tante Alia, j'entendis le gémissement et j'aurais dû savoir qu'il n'était pas nécessaire d'aller ailleurs pour trouver la mort, mais quand cela arriva j'étais encore dans la rue à l'ombre nocturne de la mosquée, me dirigeant vers la fenêtre éclairée de l'imbécillité de mon père, la mort gémissant comme une meute de chiens sauvages, se transformant en pluie de gravats et en rideau de flammes, et un souffle si puissant qu'il me fit tomber de mon Lambretta, et dans la maison de la grande amertume de ma tante mes père mère tante et frère ou sœur non encore né(e) et qui n'était qu'à une semaine de ses débuts dans la vie, tous tous tous étaient aplatis comme des gaufres de riz, la maison s'écroulant sur leur tête comme un gaufrier, tandis que, dans Korangi Road, une dernière bombe destinée à une raffinerie de pétrole, atterrissait sur une résidence de style américain qu'un cordon ombilical n'avait pas réussi à terminer ; mais à Guru Mandir quantité d'histoires s'achevaient, l'histoire d'Amina et de son mari souterrain d'autrefois et son assiduité, et une déclaration publique, et son fils-qui-n'était-pas-son-fils et sa chance aux courses et ses cors aux pieds et les mains qui dansaient au Café du Pionnier et la dernière défaite devant sa sœur, et l'histoire d'Ahmed qui perdait toujours son chemin, qui avait une lèvre inférieure proéminente, et un ventre mou, qui blanchit lors d'un gel, qui succomba à l'abstraction, qui tuait les chiens en pleine rue, qui tomba amoureux trop tard et mourut à cause de sa vulnérabilité à ce qui tombait du ciel ; plus plats que des crêpes, et autour d'eux la maison explosant, s'effondrant, un moment de destruction d'une telle violence que des choses qui avaient été enfouies profondément dans des cantines oubliées volèrent dans les airs tandis que des souvenirs d'autres gens étaient enterrés sous des décombres sans espoir de salut ; les doigts de l'explosion allant de plus en plus bas, au fond d'une armoire et d'une cantine verte, la main de l'explosion fit voler en l'air le contenu de la cantine et quelque chose qui était resté caché pendant des années tournoie dans la nuit comme un quartier de lune, quelque chose qui renvoie la clarté de la lune et qui tombe maintenant tombe alors que je me relève complètement étourdi par le souffle, quelque chose tombe en virevoltant tournant cabriolant, d'argent comme la lune, un crachoir d'argent merveilleusement ciselé incrusté de lapis-lazuli, le passé fonce vers moi comme une main lâchée par un vautour pour devenir ce-qui-purifie-et-me-libère, parce que maintenant alors que je lève les yeux, je sens quelque chose derrière la tête et ensuite il y a un court instant infini de clarté absolue et je m'écroule pour me prosterner devant le bûcher funéraire de mes parents, un instant très court mais éternel de conscience, avant d'être dépouillé de passé présent souvenir temps honte amour, une explosion fugitive, hors du temps, pendant laquelle j'approuve de la tête j'acquiesce dans la nécessité du souffle, et je suis vide et libre, parce que tous les Saleem sortent de moi, depuis le bébé grand format première page instantané jusqu'au garçon de dix-huit ans avec son amour dégoûtant et cochon, sortent de moi honte et culpabilité, volonté-de-plaire et besoin-d'être-aimé, et désir-de-trouver-un-rôle-dans-l'histoire et croissance-trop-rapide, je suis libéré de Morve-au-nez, de Bouille-sale, de Déplumé, de Renifleux, de Face-de-carte, des coffres à linge, d'Evie Burns, des manifestations pour les problèmes linguistiques, délivré de l'enfant Kolynos et des seins de ma tantine Pia et de l'Alpha et de l'Oméga, gracié pour les multiples meurtres de Homi Catrack Hanif Aadam Aziz Premier ministre Jawaharlal Nehru, je suis débarrassé des putains de cinq cents ans et des déclarations d'amour au cœur de la nuit, libre enfin, rendu à l'innocence et à la pureté par un calme morceau de lune chu d'un désastre obscur, lavé comme une écritoire de bois, assommé (comme cela avait été prophétisé) par le crachoir d'argent de ma mère.

Le matin du 23 septembre, les Nations unies annoncèrent la fin des hostilités entre l'Inde et le Pakistan. L'Inde avait occupé un peu moins de cinq cents mètres carrés du sol pakistanais ; le Pakistan avait conquis exactement trois cent quarante mètres carrés de son rêve du Cachemire. On a dit que le cessez-le-feu était intervenu parce que les deux parties furent à court de munitions à peu près en même temps ; ainsi les exigences de la diplomatie internationale et les manipulations pour raisons politiques des marchands d'armes évitèrent l'anéantissement complet de ma famille. Quelques-uns survécurent parce que personne ne vendit aux candidats assassins les bombes balles avions nécessaires pour notre destruction totale.

Cependant, six ans plus tard, il y eut une autre guerre.

LIVRE III

LE BOUDDHA

Evidemment (sinon il faudrait que j'introduise ici quelque explication invraisemblable sur ma présence permanente dans ce « tourbillon mortel »), vous pouvez me compter parmi ceux que la guerre de 65 n'a pas éliminés. Le crachoirdisé du cerveau, Saleem, n'eut à souffrir que d'un effacement partiel, que d'un nettoyage, tandis que d'autres, moins chanceux, étaient purement et simplement nettoyés ; inconscient dans l'ombre nocturne d'une mosquée, je fus sauvé par l'épuisement des stocks de munitions.

Des larmes — qui en l'absence du froid du Cachemire n'ont absolument aucune chance de se transformer en diamants — coulent sur les joues rebondies comme des seins de Padma. « Oh ! Monsieur, cette sale guerre a tué les meilleurs, et a épargné les autres ! » Comme si des hordes d'escargots venaient de glisser de ses yeux en laissant sur ses joues des traces baveuses et brillantes, Padma se lamente sur ma famille écrasée sous les bombes. Je reste les yeux secs comme d'habitude, refusant avec bienveillance de relever l'insulte involontaire impliquée dans l'exclamation larmoyante de Padma.

Je la réprimande gentiment : « Lamente-toi sur les vivants. Les morts ont leurs jardins de camphriers ! » Affligez-vous pour Saleem ! Qui, tenu écarté des pelouses éternelles par le battement obstiné de son cœur, s'éveilla à nouveau dans les odeurs métalliques et moites d'une salle d'hôpital ; pour qui il n'y eut ni houri jamais touchée par un homme ou un djinn, pour lui procurer les consolations promises de l'éternité — j'eus la chance de recevoir les soins d'un énorme infirmier mécontent qui cognait le bassin et qui râlait amèrement tout en me pansant la tête, que guerre ou pas guerre, les docteurs sahibs passaient leur dimanche à la plage, eux. « T'aurais mieux fait de rester évanoui un jour de plus », me dit-il avant d'aller relever le moral des autres blessés de la salle.

Affligez-vous pour Saleem — qui, orphelin et purifié, privé des centaines de tracasseries quotidiennes de la vie familiale qui seules pouvaient dégonfler l'énorme ballon de la fantaisie de l'histoire et le ramener à une échelle humaine, avait été déraciné pour être jeté sans cérémonie au travers des années, destiné à plonger sans mémoire dans l'âge adulte dont chaque aspect devenait quotidiennement plus grotesque.

Des traces fraîches d'escargot sur les joues de Padma. Obligé d'essayer des « là, là », j'ai recours aux films-annonces (comme je les aimais avec les Louveteaux, au cinéma Métro ! Oh ! le claquement des lèvres en voyant le titre PROCHAIN SPECTACLE s'inscrivant sur le velours bleu qui ondule ! Oh ! La salivation d'anticipation avant que l'écran annonce TRÈS BIENTÔT ! — parce que la promesse d'exotismes futurs m'a toujours semblé l'antidote parfait des déceptions présentes.) « Arrête, arrête. » J'exhorte mon public accroupi et désolé. « Je ne suis pas encore fini ! Il doit y avoir une électrocution et une forêt vierge ; une pyramide de têtes sur un champ imprégné par ce qui coule d'os à moelle ; des fuites et un minaret qui hurlait ! Padma, il y a encore plein de choses intéressantes à dire : mes épreuves supplémentaires dans le panier de l'indivisibilité, et l'ombre d'une autre mosquée ; attends les pressentiments de Resham Bibi et la moue de Parvati-la-sorcière ! La paternité et la trahison, et bien sûr, l'inévitable Veuve qui ajouta à mon histoire d'assèchement en haut l'ignominie finale du vide en bas... En bref, il y a encore une abondance de Prochain-spectacle et de Très-bientôt ; un chapitre s'achève quand ses parents meurent, mais un autre genre de chapitre commence également. »

Un peu consolée par mes offres de nouveauté, Padma renifle ; elle essuie la bave de mollusque, se sèche les yeux ; elle respire un bon coup… et pour le type crachoirdisé du cerveau que nous avons rencontré dans un lit d'hôpital, cinq ans se passeront avant que mon lotus de la Bouse expire cet air qu'elle vient d'inspirer.

(Tandis que Padma pour se calmer retient son souffle, je me permets d'introduire ici un gros plan comme dans les films de Bombay — un calendrier feuilleté par le vent, et les pages se suivent rapidement et disparaissent pour marquer le passage des années ; je superpose des plans d'ensemble dans les rues, des plans rapprochés d'autobus en flammes et d'incendies de bibliothèques anglaises appartenant au British Council et aux Etats-Unis ; et dans le calendrier qui défile, nous apercevons au passage la chute d'Ayub Khan, l'accession à la présidence du général Yahya, la promesse d'élections… mais les lèvres de Padma s'écartent et je n'ai pas le temps de m'attarder sur les images coléreuses et opposées de M. Z. A. Bhutto et de Sheikh Mujib-ur-Rahman ; l'air invisible qu'elle exhale commence à sortir de sa bouche et les visages de rêves des chefs du Parti Populaire Pakistanais et de la ligue Awami brillent rapidement et disparaissent ; paradoxalement, le souffle de ses poumons qui se vident apaise le vent qui chasse les feuillets du calendrier et il s'arrête sur une date, fin 1970, avant les élections qui coupent le pays en deux, avant la guerre du Pakistan occidental contre l'oriental, du P.P.P. contre la ligue Awami, de Bhutto contre Mujib… avant les élections de 1970, très loin de la scène politique, trois jeunes soldats arrivent dans un camp mystérieux dans les collines de Murree.)

Padma a retrouvé son sang-froid. « D'accord, d'accord, dit-elle d'un ton de réprimande, en secouant le bras pour refouler ses larmes, qu'est-ce que tu attends ? Recommence, me demande doucement mon lotus, recommence tout. »

On ne trouvera le camp sur aucune carte ; il est bien trop loin de la route de Murree pour qu'on puisse entendre les aboiements des chiens et, même si c'est l'automobiliste avec l'ouïe la plus fine. Les clôtures de barbelés sont camouflées ; la porte n'est surmontée d'aucun symbole, d'aucun nom. Pourtant, il existe, existait, vraiment ; bien qu'on ait nié violemment son existence — lors de la chute de Dacca par exemple, quand le Pakistanais vaincu, Niazi le Tigre fut interrogé sur ce point par le général indien victorieux, Sam Manekshaw, le Tigre répondit en plaisantant : « Des unités canines pour le dépistage et l'espionnage ? Jamais entendu parler ; on vous a trompé, mon cher. Quelle idée ridicule, si vous me permettez. » Malgré ce qu'a dit le Tigre à Sam, j'insiste : le camp était bien là…

… « Attention ! » hurle le général Iskandar à ses nouvelles recrues, Ayooba Baloch, Farooq Rashid et Shaheed Dar. « Vous êtes maintenant une unité UCADE ! » Il fait claquer son stick contre sa cuisse, il tourne les talons et les laisse là, sur le terrain de manœuvre, simultanément grillés par le soleil des montagnes et gelés par l'air froid des montagnes. Les poitrines bombées, les épaules en arrière, raides d'obéissance, les trois jeunes gens entendent les ricanements de l'ordonnance du général, Lala Moin : « Alors, c'est vous les blancs-becs qui avez l'homme-chien ? »

Et le soir dans leurs lits : « Dépistage et renseignement, chuchote fièrement Ayooba Baloch. Des espions, les mecs ! Comme O.S.S. 117 ! Ils vont voir, les hindous ! Ka-dang ! Ka-pow ! Des débiles, les hindous ! Des végétariens ! Les légumes, murmure Ayooba, perdent toujours devant la viande. » Il est bâti comme un char d'assaut. Ses cheveux coupés en brosse commencent au-dessus de ses sourcils.

Et Farooq, « Tu crois qu'il va y avoir la guerre ? » Ayooba répond : « Quoi d'autre ? Comment y aurait pas la guerre ? Est-ce que Bhutto sahib n'a pas promis une acre de terre à chaque paysan ? Où on la prendra ? Pour autant de terre, il faut conquérir le Punjab et le Bengale ! Attends voir ; après les élections, quand le parti populaire aura gagné… »

Farooq est inquiet : « Les Indiens ont des soldats sikhs,

vieux. Avec des barbes et des cheveux longs comme ça, à la chaleur ça pique à rendre fou, et ils se battent comme des diables... ! »

Ayooba glousse. « Des végétariens, j'te jure,... comment ils pourraient battre des costauds comme nous ? » Mais Farooq est grand et maigre.

Shaheed Dar murmure, « Mais qu'est-ce qu'il a voulu dire avec son homme-chien ? »

... Le matin. Dans une hutte avec un tableau noir, le général Iskandar se frotte les ongles sur le revers de son uniforme, tandis qu'un sergent-major, Najmuddin, donne des instructions aux nouvelles recrues. Questions et réponses ; Najmuddin fournit les deux. Aucune interruption ne sera tolérée. Audessus du tableau noir, les portraits enrubannés du président Yahya et de Mutasim le martyr regardent sévèrement en bas. Et par les fenêtres (fermées), les aboiements continus des chiens... Les demandes et les réponses de Najmuddin sont également aboyées. Pourquoi êtes-vous ici ? — Entraînement. Dans quel domaine ? — Poursuite et capture. Comment allez-vous opérer ? — Dans des unités canines composées de trois hommes et d'un chien. Quelles caractéristiques inhabituelles ? L'absence d'officier oblige à prendre des décisions par soi-même, ce qui exige un haut sens islamique de l'autodiscipline et de la responsabilité. Le but des unités ? — Extirper les éléments indésirables. La nature de ces éléments ? — Sournois, dissimulés, peuvent être n'importe qui. Intentions connues ? — Destruction de la vie familiale, meurtre de Dieu, expropriation de la terre, abolition de la censure au cinéma. Dans quels buts ? — La destruction de l'Etat, l'anarchie, la domination étrangère. Causes supplémentaires d'inquiétude ? — Les prochaines élections ; et en conséquence un gouvernement civil. (Les prisonniers politiques ont été et sont libérés. Tous les voyous sont dehors.) Les devoirs précis des unités ? — Obéir sans poser de questions ; rechercher infatigablement ; arrêter sans remords. Mode d'action ? — Secret ; efficace ; rapide. Les bases légales de ces sortes de détention ? — La défense des lois du Pakistan autorisant le ramassage des indésirables qui peuvent être tenus au secret pendant six mois. Six mois renouvelables. Des questions ? — Aucune ? Très bien. Vous êtes l'unité UCADE 22. Vous coudrez des insignes de chienne sur votre revers. Bien sûr, l'acronyme UCADE signifie *chienne.*

Et l'homme-chien ?

Les jambes croisées, les yeux bleus regardant au loin, il est assis sous un arbre. L'arbre de l'humiliation ne pousse pas sous ces latitudes ; il doit se contenter d'un *chinar.* Son nez : bulbeux, concombresque, avec l'extrémité bleuie par le froid. Et, sur la tête, une tonsure de moine, où autrefois la main de M. Zagallo. Et un doigt mutilé dont le bout manquant tomba aux pieds de Masha Miovic, quand Keith la glande eut claqué la porte. Et des taches sur son visage comme une carte... « Raaaaaahhh-ktufff ! » (Il crache.)

Il a les dents sales ; le jus de bétel lui rougit les gencives. Un jet rouge de jus de paan quitte ses lèvres pour atteindre, avec une assez belle adresse, un crachoir d'argent très joliment ciselé qui est posé devant lui sur le sol. Ayooba Shaheed Farooq regardent stupéfaits. « N'essayez pas de le lui prendre », le sergent-major Najmuddhin indique le crachoir, « ça le rend fou. » Ayooba commence, « Chef, chef, je croyais que vous aviez dit trois hommes et un... », mais Najmuddin aboie, « Pas de questions ! Obéissance absolue ! Voici votre limier ; c'est ainsi. Rompez ! »

A cette époque, Ayooba et Farooq avaient seize ans et demi. Shaheed (qui avait menti sur son âge) avait peut-être un an de moins. Parce qu'ils étaient très jeunes et qu'ils n'avaient pas eu le temps d'acquérir le type de souvenirs qui donnent aux hommes une prise sur la réalité, des souvenirs d'amour ou de famine, ces soldats étaient très sensibles à l'influence des légendes ou des bavardages. En vingt-quatre heures, au cours de conversations de mess avec d'autres unités UCADE, l'homme-chien avait été élevé au niveau d'un mythe... « D'une famille très importante, vieux ! »... « L'idiot de la famille, ils l'ont mis à l'armée pour qu'on en fasse un homme ! »... « L'a été blessé dans la guerre de 65, il peut rien se rappeler ! »... « Ecoutez, on m'a dit que c'était un frère de... » ... « Non, vieux, c'est dingue. Elle est bonne, tu sais, simple et sainte, comment elle abandonnerait son frère ? » ... « De toute façon, il refuse d'en parler. »... « On m'a dit un truc terrible, elle le déteste, vieux, c'est pour ça ! »... « Il a pas de souvenirs, il s'intéresse pas aux gens, il vit comme un chien ! »... « Mais c'est bien de le suivre ! Tu as vu son nez ? »... « Wouah ! Vieux ! Il peut suivre n'importe quelle piste ! »... « Dans l'eau, baba, dans les rochers ! Jamais vu un nez pareil ! »... « Et il se rend compte de rien ! C'est vrai ! Complètement engourdi de la tête aux pieds ! Tu le touches, il le sait pas ! C'est seulement parce qu'il sent, qu'il sait que tu es là ! »... « Ça doit être une blessure de guerre ! »... « Mais le crachoir, vieux, t'as vu ? Il l'emporte partout, comme un gage d'amour ! »... « Je te le dis, je suis content que ça soit vous trois ; il me tape sur les nerfs, c'est ses yeux bleus. »... « Tu sais comment ils ont découvert, pour son nez ? Il se promenait dans un champ de mines, vieux. J'te jure, il traversait comme ça, comme s'il pouvait sentir ces saloperies de mines ! »... « Oh ! non, vieux, qu'est-ce que tu racontes, c'est une vieille histoire, c'est le premier chien de toute l'opération UCADE ; Bonzo, vieux, mélange pas tout ! »... « Hé ! Ayooba, fais attention où tu mets les pieds. On dit que des V.I.P. ont l'œil sur lui ! »... « Comme je te le disais, Jamila la chanteuse... » ... « Oh ! Ferme-là, on en a assez de tes contes de fées ! »

Quand Ayooba, Farooq et Shaheed se furent réconciliés à propos de leur étrange et impossible limier (c'était après l'incident dans les latrines), ils le surnommèrent le bouddha, le « vieux » ; pas seulement parce qu'il était plus vieux qu'eux de sept ans, et qu'il avait réellement participé à la guerre de 65, quand les trois soldats n'avaient même pas de pantalons longs, mais parce qu'un air de haute antiquité flottait autour de sa personne. Le bouddha était vieux avant son temps.

Oh ! Heureuse ambiguïté de la translitération ! Le mot ourdou « bouddha », qui signifie « vieil homme », se prononce avec des *d* durs et explosifs. Mais il y a aussi « bouddha », avec des *d* doux, « qui-a-atteint-l'illumination-sous-l'arbre-bodhi »... Il était une fois un prince qui, incapable de supporter la souffrance du monde, devint un non-vivant-dans-le-monde, tout en y vivant ; il était présent, mais aussi absent ; son corps était à un endroit, mais son esprit était partout. Dans l'Inde ancienne, Gautama le bouddha était assis dans l'illumination, sous un arbre, à Gaya ; dans le parc des cerfs, à Sarnath, il apprit aux autres à s'abstraire des chagrins du monde et à atteindre la paix intérieure ; et, des siècles plus tard, Saleem le bouddha était assis sous un arbre différent, incapable de se souvenir de la douleur, engourdi comme un glaçon, nettoyé comme une ardoise... Avec quelque embarras, je suis obligé de reconnaître que l'amnésie est le truc régulièrement utilisé par nos scénaristes qui forcent sur les effets. Baissant légèrement la tête, j'admets qu'une fois encore, ma vie a pris l'allure d'un film de Bombay ; mais, après tout, si je laisse de côté la question non résolue de la réincarnation, il n'y a qu'un nombre limité de méthodes pour atteindre une re-naissance. Aussi, en m'excusant pour le côté mélodramatique, je dois obstinément insister que je, il, avait recommencé ; qu'après des années d'envie d'être important, il (ou je) avait été purifié de tout ; qu'après mon abandon vengeur par Jamila la chanteuse, qui me mit dans l'armée pour que je ne sois plus sous ses yeux, je (ou il) acceptait mon destin qui était la récompense de mon amour, et m'assis sans me plaindre sous un arbre ; que, vidé d'histoire, le bouddha apprit l'art de la soumission et ne fit que ce qu'on lui demanda. Pour résumer : je devins citoyen du Pakistan.

Il était inévitable que pendant les mois d'entraînement, le bouddha irriterait Ayooba Baloch. C'était peut-être parce qu'il avait choisi de vivre à part des soldats, dans une cabane ascétiquement garnie de paille, de l'autre côté des chenils ; ou peut-être parce qu'on le trouvait si souvent assis les jambes croisées sous son arbre, le crachoir d'argent dans la main, les yeux perdus dans le vide et un sourire de dément sur les lèvres

— comme s'il avait été réellement heureux d'avoir perdu l'esprit ! Mais en outre, Ayooba, l'apôtre de la viande, avait peut-être trouvé son limier insuffisamment viril. « Un vrai *brinjal,* vieux, je te le jure — un légume ! »

(Nous pouvons peut-être aussi, en ayant un point de vue plus large, affirmer que l'irritation était dans l'air à ce moment de l'année. N'est-ce pas alors que le général Yahya et M. Bhutto s'échauffèrent et s'inquiétèrent de l'insistance susceptible avec laquelle Sheikh Mujib affirmait son droit à former un nouveau gouvernement ? La pitoyable ligue Awami du Bengale avait remporté cent soixante des cent soixante-deux sièges au Pakistan oriental ; le P.P.P. de M. Bhutto n'avait que les quatre-vingt-un sièges du Pakistan occidental. Oui, des élections irritantes ! Il est facile d'imaginer comment Yahya et Bhutto, tous deux de la partie occidentale, devaient être ennuyés ! Et malgré toute la rage maussade, comment blâmer le petit homme ? Pour conclure, disons que l'irritation d'Ayooba Baloch le plaçait en compagnie excellente, sinon exaltée.)

Au cours des manœuvres d'entraînement, quand Ayooba Shaheed Farooq se précipitaient derrière le bouddha qui suivait une piste à peine visible à travers buissons rochers ruisseaux, les trois garçons étaient obligés de reconnaître son habileté ; mais Ayooba, comme un char d'assaut, demandait toujours : « Tu ne te souviens vraiment pas ? De rien ? Allah, tu ne te sens pas *mal ?* Peut-être que quelque part tu as père mère sœur ? » Mais le bouddha l'interrompait doucement : « N'essaie pas de me bourrer le crâne avec toute cette histoire. Je suis ce que je suis, c'est tout. » Son accent était si pur, « Du vrai ourdou de Lucknow ! » disait Farooq admiratif, qu'Ayooba Baloch qui parlait grossièrement, comme un sauvage, se taisait : et les trois garçons se mirent à croire aux rumeurs, avec encore plus de ferveur. Ils étaient malgré eux fascinés par cet homme avec un nez comme un concombre et une tête qui rejetait ses souvenirs de famille, qui ne contenait absolument rien, que des odeurs... « Comme un œuf que quelqu'un a gobé », disait Ayooba à ses camarades et, revenant à son thème principal, il ajoutait, « Allah, même son nez a l'air d'un légume ! »

Leur gêne durait. Ressentaient-ils, dans le vide engourdi du bouddha, une trace d' « indésirabilité » ? — car son rejet du passé et de la famille n'était-il pas le genre de comportement subversif qu'ils étaient chargés d'extirper ? Cependant, les officiers du camp restaient sourds aux demandes d'Ayooba, « Chef, chef, est-ce qu'on pourrait pas avoir un vrai chien ? »... Ce à quoi Farooq, un admirateur né, qui avait déjà adopté Ayooba comme chef et héros, s'écriait, « Pour quoi faire ? Avec ses relations, la famille de ce type, des gens haut placés, ont sûrement dû demander au général de le proposer, c'est tout. »

Et (bien qu'aucun des trois ne fût capable d'en exprimer l'idée), je suggère qu'au plus profond de leur malaise résidait la peur de la schizophrénie, du dédoublement, enterrée comme un cordon ombilical dans chaque cœur pakistanais. A cette époque, les parties orientale et occidentale du pays étaient séparées par l'infranchissable masse de l'Inde ; mais le passé et le présent, eux aussi, sont divisés par un abîme infranchissable. La religion était la colle du Pakistan qui tenait ensemble les deux moitiés : exactement comme la conscience, la perception de soi-même comme une entité homogène dans le temps, un mélange de passé et de présent, est la colle de la personnalité, retenant ensemble notre alors et notre maintenant. Assez philosophé : ce que je dis c'est qu'en abandonnant la conscience, en faisant sécession d'avec l'histoire, le bouddha donnait le pire exemple — exemple qui fut suivi par rien moins qu'un personnage comme Sheikh Mujibur quand il conduisit la partie orientale vers la sécession qu'il déclara indépendante sous le nom de « Bangladesh » ! Oui, Ayooba Shaheed Farooq avaient raison de se sentir mal à l'aise — parce qu'au plus profond de ma fuite de toute responsabilité, je restais responsable par l'action des modes de connection métaphoriques, des événements militaires de 1971.

Mais je dois revenir à mes nouveaux compagnons pour relater l'incident des latrines : il y avait Ayooba le char d'assaut qui commandait l'unité, et Farooq qui suivait sans se plaindre. Cependant, le troisième était plus sombre, plus réservé, et en conséquence plus près de mon cœur. Lors de son quinzième anniversaire, Shaheed Dar avait menti sur son âge et s'était engagé. Ce jour-là, son père, un métayer du Punjab, avait emmené Shaheed dans un camp et avait pleuré devant son uniforme. Le vieux Dar avait expliqué à son fils que son nom signifiait « martyr », et il lui avait dit son espoir qu'il s'en montrerait digne, et qu'il deviendrait peut-être le premier de la famille à entrer dans le jardin parfumé, laissant derrière lui ce monde pitoyable dans lequel un père ne pouvait espérer payer ses dettes et nourrir ses dix-neuf enfants. Le pouvoir irrésistible des noms et l'approche consécutive du martyre avaient commencé à lui travailler l'esprit ; il se mit à rêver à la mort, qui prenait la forme d'une grenade mûre et qui flottait dans l'air derrière lui et le suivait partout attendant son heure. La vision troublante et manquant quelque peu d'héroïsme de la mort-grenade mûre faisait de Shaheed un compagnon renfermé et peu souriant.

Renfermé, peu souriant, Shaheed voyait les différentes unités UCADE être envoyées en mission hors du camp ; et il finit par se convaincre que son temps, et le temps de la grenade mûre, était maintenant très proche. En voyant partir des unités de trois-hommes-et-un-chien dans des jeeps camouflées, il en déduisit le développement d'une crise politique ; on était en février et l'agacement des gens haut placés devenait chaque jour plus sensible. Cependant Ayooba-char d'assaut gardait une vision locale. Son agacement se développait aussi, mais l'objet en était le bouddha.

Ayooba s'était entiché de la seule femme du camp, une maigre laveuse de latrines, qui n'avait pas plus de quatorze ans et dont les seins commençaient à peine à gonfler sa blouse en lambeaux : quelqu'un de basse origine, mais elle était la seule, et pour une laveuse de latrines, elle avait de belles dents et une façon plaisante de jeter des regards effrontés par-dessus son épaule... Ayooba se mit à la suivre et c'est ainsi qu'il découvrit qu'elle se rendait dans l'étable pleine de paille, et c'est pourquoi il appuya une bicyclette contre la bâtisse et grimpa sur le siège, et c'est pourquoi il tomba, parce qu'il n'aima pas du tout ce qu'il vit. Ensuite, il attrapa violemment la laveuse de latrines par le bras et lui dit : « Pourquoi tu fais ça avec ce fou... pourquoi, alors que moi, Ayooba, je pourrais être... ? » Et elle lui répondit qu'elle aimait l'homme-chien, il est drôle, il dit qu'il sent rien et il frotte son bout en moi mais il sent même pas, mais c'est bien et il me dit qu'il aime mon odeur. La franchise de la petite polissonne, l'honnêteté des laveuses de latrines rendirent Ayooba malade ; il lui dit qu'elle avait de la merde de cochon dans l'âme et une langue couverte d'excréments ; et, dans les affres de la jalousie, il imagina un bon tour, les pissotières électrifiées. Le lieu lui plaisait ; il possédait une certaine justice poétique.

« I' sent rien ? demanda Ayooba en ricanant à Farooq et Shaheed, attendez un peu ; je vais le faire sauter ! »

Le 10 février (alors que Yahya, Bhutto et Mujib refusaient d'engager des pourparlers au sommet), le bouddha sentit l'appel de la nature. Un Shaheed quelque peu inquiet et un joyeux Farooq rôdaient du côté des latrines ; et Ayooba, qui avait branché le repose-pieds métallique des urinoirs sur la batterie d'une jeep, était caché derrière les latrines, à côté de la jeep dont le moteur tournait. Le bouddha apparut, les yeux dilatés comme ceux d'un mâcheur de charas, l'air de marcher dans les nuages, et quand il entra en flottant dans les latrines, Farooq cria, « Hé ! Ayooba ! » et il se mit à ricaner. Les soldats-enfants attendirent le hurlement d'angoisse et de douleur qui indiquerait que leur limier aurait commencé à pisser, laissant ainsi l'électricité monter dans le jet doré et lui piquer son bout engourdi qui flottait dans les petites polissonnes.

Mais aucun cri ; Farooq, troublé et frustré, fronça le sourcil ; et au fur et à mesure que le temps passait, Shaheed devenait nerveux et il appela Ayooba Baloch, « Hé ! Ayooba ! Qu'est-ce tu fais, vieux ? » Ce à quoi Ayooba-char d'assaut, « Qu'est-ce que tu crois ? Il y a cinq minutes que je fais passer le jus ! »... Et Shaheed s'élança — À FOND DE TRAIN — dans les latrines et découvrit le bouddha qui urinait avec une expression brumeuse de plaisir, vidant une vessie qui devait être pleine depuis une quinzaine de jours, tandis que le courant remontait en lui, en passant par son concombre du bas, apparemment sans qu'il s'en aperçoive ; puis il se remplissait d'électricité au point d'en avoir un crépitement bleu au bout de son nez gargantuesque ; et Shaheed n'ayant pas le courage de toucher cet être impossible qui pouvait absorber de l'électricité par son bout, hurla, « Débranche, vieux, ou il va frire comme un oignon ! » Le bouddha sortit des latrines, insouciant, en se reboutonnant de la main droite, et en tenant son crachoir d'argent de la main gauche ; et les trois enfants-soldats comprirent alors que c'était vraiment vrai, par Allah, engourdi comme un glaçon, anesthésié contre les sensations et contre les souvenirs... Dans la semaine qui suivit l'incident, on ne put toucher au bouddha sans recevoir une décharge électrique, et la fille des latrines elle-même ne put aller lui rendre visite dans son étable.

Curieusement, après l'histoire du branchement électrique, Ayooba Baloch cessa d'en vouloir au bouddha et il commença même à le traiter avec respect ; lors de cet étrange instant, l'unité canine devint une véritable équipe et fut prête à affronter les malfaisants du monde.

Ayooba-char d'assaut n'avait pas réussi à donner un choc au bouddha ; mais, là où échoue le faible, le puissant triomphe. (Quand Yahya et Bhutto décidèrent de faire sauter Mujib, il n'y eut aucune erreur.)

Le 15 mars 1971, vingt unités canines de l'agence UCADE se réunirent dans une cabane où il y avait un tableau noir. Le visage décoré du président fixait soixante et un hommes et dix-neuf chiens ; Yahya venait d'offrir à Mujib le rameau d'olivier de pourparlers immédiats avec lui-même et Bhutto pour résoudre toutes les irritations ; mais son portrait montrait toujours un visage impassible, ne laissant rien paraître de ses intentions véritables et choquantes... tandis que le général Iskandar se polissait les ongles sur ses revers, le sergent-major

Najmuddin donnait des instructions : soixante et un hommes et dix-neuf chiens reçurent l'ordre d'enlever leur uniforme. Un tumulte froufroutant dans la cabane : obéissant sans poser de questions dix-neuf hommes ôtèrent les colliers des chiens. Les chiens, très bien entraînés, levèrent le sourcil mais n'aboyèrent pas ; et le bouddha se déshabilla sans discuter. Cinq douzaines de compagnons humains l'imitèrent ; cinq douzaines se mirent au garde-à-vous en un clin d'œil, tremblant de froid, à côté de tas au carré de bérets pantalons chaussures chemises et pull-overs verts avec des pièces de cuir aux coudes, militaires. Soixante et un hommes, n'ayant plus sur eux que des sous-vêtements douteux, reçoivent (de l'ordonnance Lala Moin) des tenues civiles approuvées par l'armée. Najmuddin aboie un ordre ; et les voilà, certains en bande-culottes et kurtas, d'autres avec des turbans pakistanais. Certains ont des pantalons bon marché en rayonne et d'autres des chemises rayées de commis. Le bouddha porte une bande-culotte dhoti ; il est confortablement habillé, mais autour de lui les soldats se tortillent dans des vêtements qui leur vont mal. Toutefois, c'est une opération militaire ; aucune voix ; ni humaine ni canine, ne s'élève pour se plaindre.

Le 15 mars, après avoir obéi aux instructions vestimentaires, vingt unités UCADE s'envolèrent pour Dacca, via Ceylan ; parmi les soldats, il y avait Shaheed Dar, Farooq Rashid, Ayooba Baloch et leur bouddha. Par cet itinéraire circulaire vers la partie orientale, s'envolèrent également soixante mille soldats parmi les meilleurs de la partie occidentale : les soixante mille comme les soixante et un, tous en civil. Le général commandant l'opération (qui portait un ravissant costume croisé bleu) était Tikka Khan ; l'officier responsable de Dacca, pour la dompter et recevoir son éventuelle reddition, s'appelait Niazi le Tigre. Il portait une saharienne, un pantalon et, sur la tête, un petit chapeau marrant.

Passant par Ceylan, soixante mille et soixante et un passagers innocents, évitant de survoler l'Inde, perdant ainsi l'occasion de voir vingt mille pieds en dessous les fêtes du parti du Nouveau Congrès d'Indira Gandhi, qui venait de remporter une victoire écrasante — trois cent cinquante sièges sur cinq cent quinze dans le Lok Sabha — lors des récentes élections. Ignorant Indira, incapables de voir le slogan de sa campagne, GARIBI HATAO, Débarrassons-nous de la pauvreté, écrit sur les murs et sur les banderoles dans le grand diamant de l'Inde, nous avons atterri à Dacca au début du printemps, et on nous conduisit, dans des autobus spécialement réquisitionnés, dans un camp militaire. A cette dernière étape de notre voyage, cependant, nous ne pûmes éviter d'entendre des bribes de chanson sortant d'un phonographe invisible. La chanson s'appelait « Amar Sonar Bangla » (« Notre Bengale d'or », auteur : R. Tagore) et disait, entre autres choses « Au printemps le parfum des manguiers emplit mon cœur de bonheur. » Cependant, aucun de nous ne comprenait le bengali, et nous étions donc à l'abri de l'aspect insidieusement subversif des paroles, mais nos pieds (il faut l'admettre) battaient la mesure.

Au début, on ne dit pas à Ayooba Shaheed Farooq et au bouddha le nom de la ville où ils se trouvaient. Ayooba (s'attendant à l'anéantissement des végétariens), murmura : « Je l'avais pas dit ? On va leur faire voir ! De l'espionnage, les mecs ! Des vêtements civils et tout ! Unité numéro 22 ! Ka-bang ! Ka-dang ! Ka-pow ! »

Mais nous n'étions pas en Inde ; les végétariens n'étaient pas notre cible ; et après des jours à faire le pied de grue, on nous redonna des uniformes. Cette seconde transfiguration eut lieu le 25 mars.

Le 25 mars, Yahya et Bhutto rompirent brutalement les pourparlers avec Mujib et rentrèrent dans la partie occidentale. La nuit tomba ; le général Iskandar suivi de Najmuddin et de Lala Moin, qui trébuchaient sous le poids de soixante et un uniformes et de dix-neuf colliers de chiens, arrivèrent en trombe dans les baraquements. Et Najmuddin : « Attention ! En route, pas un mot ! Un-deux, perdez pas de temps ! » Les passagers des avions enfilèrent les uniformes et prirent les armes ; pendant ce temps, le général Iskandar annonça enfin le but du voyage. « Ce Mujib, révéla-t-il, nous allons lui donner ce qu'il mérite. Nous allons le faire sauter ! »

(C'est le 25 mars, après la rupture des conversations avec Bhutto et Yahya que Sheikh Mujib-ur-Rahman proclama la naissance de l'Etat du Bangladesh.)

Les unités UCADE sortirent des baraquements et s'entassèrent dans les jeeps qui attendaient et, par les haut-parleurs du camp, la voix enregistrée de la chanteuse Jamila chantait des hymnes patriotiques. (Et Ayooba donnant un coup de coude au bouddha : « Ecoute, allez, tu ne la reconnais pas... Hé ! vieux, c'est pas ta petite amie... Par Allah ! Ce type n'est bon qu'à sentir ! »)

A minuit — cela aurait-il pu se passer à n'importe quelle heure ? — soixante mille soldats d'élite quittèrent eux aussi leurs quartiers ; des passagers-qui-avaient-voyagé-en-civil appuyèrent sur les démarreurs des tanks. Ayooba Shaheed Farooq et le bouddha cependant furent spécialement choisis pour accompagner le général Iskandar pendant la plus grande aventure de la nuit. Oui, Padma : quand Mujib fut arrêté, c'est moi qui ai découvert sa piste. (On m'avait fourni une de ses vieilles chemises ; c'est très facile quand on a l'odeur.)

Padma est bouleversé par l'angoisse. « Mais, monsieur, vous n'avez pas, vous ne pouvez pas, comment auriez-vous pu faire une chose pareille ?... » Padma : Je l'ai faite. J'ai juré de tout dire ; de ne rien dissimuler de la vérité. (Mais il y a des traces d'escargot sur son visage, et elle doit avoir une explication.)

Ainsi — croyez-moi ou ne me croyez pas, mais c'est comme ça ! — je dois répéter que tout s'est terminé, que tout a recommencé quand un crachoir m'a frappé derrière la tête. Le Saleem qui cherchait désespérément une signification, un but qui en vaille la peine, le génie tombant comme un châle, ce Saleem-là n'était plus ; ne reviendrait pas avant qu'un serpent de la jungle — mais pour le moment, il n'y a n'y avait que le bouddha ; qui ne reconnaît pas la voix qui chante comme étant de sa famille ; qui ne se rappelle ni pères ni mères ; pour qui minuit n'a aucune importance ; qui, quelque temps après un accident purificateur, s'éveilla dans un lit d'hôpital militaire, et qui accepta d'entrer dans l'armée ; qui se plie à sa nouvelle vie et qui fait son devoir ; qui obéit aux ordres ; qui vit à la fois dans le monde et hors du monde ; qui baisse la tête ; qui peut suivre la piste d'un homme ou d'une bête dans les rues ou sur la berge des fleuves ; qui ne sait pas et qui ne s'inquiète pas de savoir sous quelles auspices, par la faveur de qui ou sous l'intention vengeresse de qui, on l'a mis en uniforme ; qui, en un mot comme en cent, est ni plus ni moins le chien de l'unité 22.

Mais comme cette amnésie est commode, comme elle excuse de choses ! Aussi permettez-moi de me critiquer : la philosophie de l'acceptation à laquelle le bouddha adhéra eut des conséquences ni plus ni moins malheureuses que son précédent désir d'être au centre ; et ici, à Dacca, elles allaient se manifester.

« Non, ce n'est pas vrai », gémit ma Padma ; on a nié de la même façon tout ce qui s'est passé cette nuit-là.

Minuit, le 25 mars 1971 : le bouddha conduisit les soldats, au-delà de l'université qu'on bombardait, jusqu'à la tanière de Sheikh Mujib. Des étudiants et des maîtres de conférences se précipitèrent hors de la cité universitaire ; ils furent accueillis par des balles, et du mercurochrome tacha les pelouses. Cependant, on ne tira pas sur Sheikh Mujib ; menottes aux poignets, Ayooba Baloch le conduisit sans ménagement jusqu'à un camion qui attendait. (Comme autrefois, après la révolution du ragoût au piment… Mais Mujib n'était pas nu ; il portait un pyjama à rayures vertes et jaunes.) Et, tandis que nous roulions dans les rues de la ville, Shaheed voyait des choses qui n'étaient-qui-ne-pouvaient-pas-être-vraies. Des soldats pénétraient dans le pavillon des femmes sans frapper ; des femmes, traînées dans la rue, étaient pénétrées, sans qu'à nouveau on s'inquiète de frapper. Les bureaux d'un journal en flammes dégageant la fumée jaune et âcre des journaux bon marché, et les bureaux des syndicats dévastés, et les fossés des bas-côtés, pleins de gens qui n'étaient pas seulement endormis — on voyait des poitrines nues, et les trous boursouflés des balles. Ayooba Shaheed Farooq regardaient sans rien dire par les vitres de la voiture, tandis que nos petits gars, les soldats d'Allah, nos jawans qui en valaient dix, maintenaient ensemble les deux parties du Pakistan en dirigeant sur les bas quartiers, lance-flammes pistolets mitrailleurs et grenades à main. Quand Sheikh Mujib arriva à l'aéroport, où Ayooba lui plaça un pistolet dans le dos et le poussa dans un avion qui l'emmenait en captivité dans la partie occidentale, le bouddha ferma les yeux. (« Ne me bourre pas le crâne avec toute cette histoire, avait-il dit une fois à Ayooba-char d'assaut, je suis ce que je suis, et c'est tout. »)

Et le général Iskandar, réunissant ses soldats : « Même maintenant, il faut déraciner ces éléments subversifs. »

Quand penser devient trop pénible, l'action est le meilleur remède... Les chiens tirent sur leur laisse et, quand on les lâche, ils bondissent vers leur tâche. O les chiens faisant la chasse aux indésirables ! O nombre impressionnant d'arrestations de professeurs et de poètes ! O malheureux membres de la ligue Awami et malheureux correspondants de mode abattus-alors-qu'ils-tentaient-de-s'enfuir ! Les chiens font des ravages dans la ville ; mais si les limiers sont infatigables, les soldats sont faibles : Farooq Shaheed Ayooba vomissent chacun leur tour quand l'odeur des taudis en feu agresse leurs narines. Le bouddha dans le nez de qui la puanteur fait naître des images d'une violence impressionnante continue à faire son travail. Dépister : en laissant le reste aux soldats. Les unités UCADE arpentent les ruines fumantes de la ville ; aucune cachette n'est sûre. Des chiens assoiffés de sang pourchassent les ennemis de l'unité nationale en fuite ; des bergers allemands, insurpassables, enfoncent leurs crocs féroces dans leurs victimes.

A combien d'arrestations — dix, quatre cent vint, mille et une ? — notre unité 22 procéda-t-elle cette nuit-là ? Combien d'intellectuels pédés et débauchés, cachés sous des saris de femmes, durent être déshabillés en pleine rue ? Combien de fois le général Iskandar — « Sens ! Ça pue la subversion ! » — lâcha-t-il les chiens de l'unité nationale ? Certaines choses qui eurent lieu dans cette nuit du 25 mars doivent rester confuses.

Futilité des statistiques : en 1971, dix millions de réfugiés franchirent les frontières du Pakistan oriental-Bangladesh pour aller en Inde — mais dix millions (comme tout nombre supérieur à mille et un) ne peut être compris. Les comparaisons ne sont d'aucune aide : « La plus grande migration dans l'histoire de l'espèce humaine » — cela ne veut rien dire. Plus important que l'Exode biblique, plus impressionnant que les foules de la partition, le monstre à têtes multiples se déversa en Inde. Sur la frontière, des soldats indiens entraînaient des guérilleros appelés Mukti Bahimi ; à Dacca, Niazi le Tigre faisait la loi.

Et Ayooba Shaheed Farooq ? Nos garçons en vert ? Comment acceptèrent-ils de se battre contre leurs compagnons mangeurs de viande ? Se mutinèrent-ils ? Les officiers — Iskandar, Najmuddin, et même Lala Moin — furent-ils criblés de balles puantes ? Ils ne le furent pas. L'innocence avait été perdue ; malgré une certaine gravité dans le regard, malgré la perte irrévocable de la conviction, malgré l'effritement des certitudes morales, l'unité continua à faire son travail. Le bouddha ne fut pas le seul à faire ce qu'on lui demanda… Tandis que quelque part, bien au-dessus du combat, la voix de la chanteuse Jamila luttait contre des voix anonymes qui chantaient le texte de R. Tagore : « Ma vie s'écoule dans les maisons du village ombragé pleines du riz de nos champs ; ils remplissent mon cœur de joie. »

Les cœurs se remplissaient, mais pas de joie ; Ayooba et compagnie suivaient les ordres ; le bouddha suivait des pistes. Au centre de la ville livrée à la violence à la folie au bain de sang, alors que des soldats de la partie occidentale réagissaient mal, après s'être rendu compte de leur injustice, avançait l'unité numéro 22 ; par les rues sombres, le bouddha se concentre sur le sol, reniflant des pistes, ignorant le fouillis qui est au niveau du sol des paquets de cigarettes bouse de vache bicyclettes tombées chaussures abandonnées ; et sur d'autres ordres, dans la campagne où l'on brûle des villages entiers à cause de leur responsabilité collective pour avoir abrité des Mukti Bahimi, le bouddha et trois garçons poursuivent de petits fonctionnaires de la ligue Awami et des communistes bien connus. Ils dépassent des villageois en fuite, portant tous leurs biens dans des paquets sur leur tête ; des lignes de chemin de fer arrachées et des arbres calcinés ; et toujours, comme si quelque force invisible dirigeait leurs pas, les entraînait au cœur plus sombre de la folie ; leur mission les envoyait toujours plus au sud sud sud, toujours plus près de la mer, vers l'embouchure du Gange et vers la mer.

Et enfin — qui suivaient-ils ? Les noms ont-ils encore de l'importance ? — on leur désigna une proie dont l'habileté devait être égale et opposée à celle du bouddha, sinon pourquoi mirent-ils tant de temps à l'attraper ? Enfin — incapables d'échapper à leur entraînement, poursuivre-sans-relâche-arrêter-sans-remords, ils se retrouvent au cœur d'une mission sans fin, à la poursuite d'un ennemi qui leur échappe sans cesse, mais ils ne peuvent rentrer à la base les mains vides, alors ils continuent au sud sud sud, attirés par la piste qui s'éloigne éternellement ; et peut-être par quelque chose d'autre ; parce que, dans ma vie, le destin n'a jamais refusé de me donner un coup de main.

Ils ont réquisitionné un bateau, parce que le bouddha a dit que la piste descendait le fleuve ; affamés, endormis, fatigués, dans un univers de rizières abandonnées, ils rament à la poursuite de leur proie invisible ; ils descendent le grand fleuve aux eaux brunes, jusqu'à ce que la guerre soit trop loin pour qu'on s'en souvienne, mais l'odeur les entraîne toujours plus loin. Ici le fleuve a un nom familier : Padma. Mais le nom est une tromperie locale ; en réalité, le fleuve est toujours féminin, Elle, l'eau-mère, la déesse Ganga s'enfonçant dans la terre à travers les cheveux de Shiva. Le bouddha n'a pas parlé depuis plusieurs jours ; il tend simplement le doigt, par là, par ici, et ils continuent, au sud sud sud, vers la mer.

Un matin sans nom. Ayooba Shaheed Farooq s'éveillent dans le bateau de leur poursuite absurde, amarré à la berge de Padma-Ganga — pour s'apercevoir qu'il est parti. « Allah ! Allah ! hurla Farooq, saisissez-vous les oreilles et priez pour demander pardon, il nous a conduits dans cette région inondée et s'est sauvé, c'est ta faute, Ayooba, cette plaisanterie avec l'électricité, il s'est vengé !... » Le soleil qui monte. D'étranges oiseaux inconnus dans le ciel. La faim et la peur comme des souris dans leur ventre : et qu'est-ce qui, qu'est-ce qui, si les Mukti Bahimi... On invoque les parents. Shaheed a fait son rêve de grenade mûre. Le désespoir s'enroule autour du bateau. Et, au loin, à l'horizon, un impossible mur, énorme et vert, s'étendant à droite et à gauche, jusqu'aux limites de la terre ! Une peur indicible : comment cela peut-il être, comment ce que nous voyons peut-il être vrai, qui bâtit des murs qui traversent le monde ?... Et Ayooba, « Regardez, regardez, Allah ! » Parce que venant vers eux à travers les rizières, il y a une bizarre et lente poursuite : en premier le bouddha avec ce concombre de nez qu'on peut apercevoir à un mile de distance et, derrière lui, traversant la rizière en éclaboussant, un paysan qui fait de grands gestes et qui tient une faux, le Temps en colère, et une femme qui court sur une digue en tenant son sari relevé entre les jambes, les cheveux défaits, hurlant d'une voix de supplication, tandis que le vengeur à la faux trébuche dans le riz noyé, couvert d'eau et de boue. Ayooba soulagé mais nerveux crie : « Le vieux bouc ! Il ne peut pas s'empêcher de toucher aux femmes ! Allez, bouddha ! Ne te fais pas prendre, il va te fendre tes concombres en deux ! » Et Farooq, « Mais alors ? Si le bouddha est fendu en deux, alors ?... » Et Ayooba-char d'assaut tire un pistolet de sa ceinture. Ayooba vise : les deux mains tendues devant lui, en essayant de ne pas trembler, Ayooba appuie sur la détente : une faux décrit une courbe. Et lentement lentement, les bras d'un paysan se lèvent comme pour une prière ; des genoux fléchissent dans l'eau de la rizière ; un visage plonge sous la surface de l'eau pour toucher la terre du front. Sur la digue une femme gémit. Et Ayooba dit au bouddha : « La prochaine fois, c'est toi que je descendrai. » Ayooba-char d'assaut tremble comme une feuille. Et le Temps est raide mort dans une rizière.

Mais reste la poursuite sans signification, l'ennemi qu'on ne verra jamais, et le bouddha, « Par ici », et ils rament tous les quatre, au sud sud sud, ils ont tué les heures et oublié la date, ils ne savent plus s'ils poursuivent quelque chose ou s'ils fuient quelque chose, mais, quel que soit ce qui les pousse, ils s'approchent de l'impossible mur vert, « Par ici », répète le bouddha, et ils sont dedans, dans la jungle si épaisse que l'histoire n'a jamais pu s'y frayer un chemin. Les Sundarbans [1] qui les avalent.

1. Sundarbans : jungle marécageuse au sud du Bangladesh, à l'embouchure du Gange. (*N.d.T.*)

DANS LES SUNDARBANS

J'avouerai : il n'y avait pas de dernière proie insaisissable qui nous entraînait au sud sud sud. J'aimerais faire cet aveu poitrine nue, à tous mes lecteurs : alors qu'Ayooba Shaheed Farooq n'étaient plus capables de distinguer entre pourchasser et fuir, le bouddha savait ce qu'il faisait. Bien que je sois parfaitement conscient de fournir à tout futur commentateur ou à tout critique empoisonné (à qui je dis : j'ai déjà été soumis deux fois au poison ; et les deux fois je me suis montré plus fort que le venin) des munitions supplémentaires — en avouant ma culpabilité, en révélant mes turpitudes, en reconnaissant ma lâcheté — je suis obligé de dire que le bouddha, en fin de compte incapable de continuer à accomplir son devoir avec soumission, prit ses jambes à son cou et fila. Infecté par les vers rongeurs d'âme du pessimisme futilité honte, il déserta, dans l'anonymat dépourvu d'histoire des forêts vierges, entraînant trois enfants dans son sillage. Ce que j'espère immortaliser dans des conserves ainsi que dans des mots : cette condition de l'esprit dans laquelle les conséquences du consentement ne peuvent être niées, dans laquelle un excès de réalité donne naissance au désir miasmatique de fuite dans l'abîme des rêves... Mais la jungle comme tous les refuges était tout à fait autre — à la fois moins et plus — que ce à quoi il s'attendait.

« Je suis contente, dit ma Padma, je suis contente que tu te sois enfui. » Mais j'insiste : Pas moi. Lui. Lui, le bouddha. Qui, jusqu'au serpent, demeurera un non-Saleem ; qui, malgré la fuite-de-quelque-chose restait toujours séparé de son passé ; bien que dans son poing de bernique, il serrât un certain crachoir d'argent.

La jungle se referma derrière eux comme une tombe et, après avoir ramé comme des fous pendant des heures, avec un épuisement qui ne cessait de croître, dans un labyrinthe incompréhensible de canaux d'eau salée, surmontés par la voûte de cathédrale des arbres, Ayooba Shaheed Farooq étaient perdus sans espoir ; ils se tournaient vers le bouddha qui disait, « Par ici », et « Par là », mais ils avaient beau ramer fiévreusement en ignorant la fatigue, il semblait que la possibilité de jamais quitter ces lieux reculait devant eux comme la lanterne d'un fantôme ; jusqu'à ce qu'enfin ils se tournent vers leur prétendu infaillible limier et discernent une petite lueur de honte ou de soulagement dans ses yeux aussi bleus que d'habitude ; et Farooq chuchota dans la verdeur sépulcrale de la forêt : « Tu ne sais pas ! Tu dis n'importe quoi ! » Le bouddha resta silencieux, mais dans son silence ils lurent leur destin, et maintenant qu'il était sûr que la jungle les avait avalés comme un crapaud gobe un moustique, maintenant qu'il était convaincu qu'il ne reverrait jamais le soleil, Ayooba Baloch, Ayooba-char d'assaut lui-même, éclata bruyamment en sanglots et pleura comme la mousson. Le spectacle incongru de sa silhouette énorme, avec ses cheveux coupés en brosse, pleurnichant comme un bébé, fit perdre l'esprit à Farooq et à Shaheed ; et Farooq faillit renverser le bateau en se jetant sur le bouddha, qui reçut sans rien dire les coups qui pleuvaient sur ses épaules poitrine bras, jusqu'à ce que Shaheed retienne Farooq pour leur salut. Ayooba Baloch pleura sans discontinuer pendant trois heures ou trois jours ou trois semaines, jusqu'à ce qu'il commence à pleuvoir et que ses larmes deviennent inutiles ; et Shaheed Dar s'entendit déclarer, « Regarde ce que tu as déclenché avec tes pleurnicheries », prouvant par là qu'ils succombaient déjà à la logique de la jungle, et ce n'était que le début, car tandis que le mystère du soir se mêlait à l'irréalité des arbres, les Sundarbans se mirent à grossir à cause de la pluie.

Au début, ils étaient tellement occupés à décharger leur bateau qu'ils ne remarquèrent rien ; le niveau de l'eau montant lui aussi, cela pouvait les tromper ; mais dans les dernières heures du jour, il ne pouvait plus faire de doute que la forêt gagnait en taille, en puissance et en férocité ; on pouvait voir les immenses racines surélevées d'énormes et très anciens palétuviers qui serpentaient avidement dans l'obscurité, suçant la pluie et devenant plus épaisses que des trompes d'éléphants, et les palétuviers eux-mêmes grandissaient tellement que, comme le dit ensuite Shaheed, les oiseaux perchés au sommet devaient pouvoir chanter pour Dieu. Les feuilles supérieures des grands palmiers *nipa* se mirent à s'étaler comme d'immenses mains vertes, s'enflant sous la pluie diluvienne de la nuit, jusqu'à ce que la forêt semble couverte de chaume ; et les fruits des palmiers nipa commencèrent à tomber, ils étaient plus gros que n'importe quelle noix de coco de la terre et, en tombant de ces hauteurs vertigineuses, ils prenaient une vitesse inquiétante et explosaient dans l'eau comme des bombes. L'eau de pluie emplissait le bateau ; ils n'avaient que leurs casquettes vertes de tissu et une vieille baratte en métal pour écoper ; et, alors que la nuit descendait et que les fruits des palmiers nipa leur tombaient dessus, Shaheed Dar dit, « Il n'y a rien d'autre à faire — il faut accoster », bien que ses pensées fussent pleines de rêves de grenades mûres et qu'il se dît que le rêve allait peut-être devenir réalité, même si les fruits étaient différents.

Tandis qu'Ayooba, les yeux rouges de trouille, restait assis et que Farooq semblait anéanti par la désintégration de son héros ; tandis que le bouddha se taisait et baissait la tête, Shaheed seul restait capable de penser, parce que, même trempé et épuisé, avec la nuit de la jungle poussant des cris autour de lui, son esprit redevenait en partie clair à chaque fois qu'il pensait à la grenade de sa mort ; aussi ce fut Shaheed qui nous, leur, ordonna de ramer pour conduire notre, leur, bateau sur la berge.

Un fruit de palmier nipa rata le bateau d'un pouce et demi, et créa de tels remous qu'ils chavirèrent ; ils luttèrent pour gagner la berge en tenant au-dessus de leur tête les armes, les toiles imperméables, la baratte, ils tirèrent le bateau derrière eux en évitant avec soin le bombardement des palmiers nipa et les serpentements des manguiers, et s'effondrèrent dans leur embarcation humide où ils s'endormirent.

Quand ils s'éveillèrent, trempés et grelottants malgré la chaleur, la pluie s'était transformée en épais crachin. Ils découvrirent qu'ils étaient couverts de sangsues de trois pouces de long, presque sans couleur à cause de l'absence de rayons directs du soleil, mais qui étaient maintenant rouge vif car pleines de sang et qui, l'une après l'autre, éclataient sur les corps des quatre êtres humains, car elles étaient trop gourmandes pour pouvoir s'arrêter quand elles étaient pleines. Du sang leur coulait le long des jambes et tombait sur le sol de la forêt ; la jungle le suçait et savait qui ils étaient.

Quand les fruits des palmiers nipa s'écrasaient sur le sol de la jungle, eux aussi libéraient un liquide de la couleur du sang, un lait rouge qui était immédiatement recouvert de millions d'insectes, dont des mouches géantes aussi transparentes que les sangsues. Les mouches, elles aussi, rougissaient quand le lait des fruits les emplissait... Il semblait que les Sundarbans avaient continué à pousser au cours de la nuit. Plus grands que tout, il y avait les arbres *sundri* qui avaient donné leur nom à la jungle ; des arbres assez grands pour éloigner le moindre espoir de soleil. Tous les quatre, nous, ils sortirent du bateau ; et ce n'est que lorsqu'ils posèrent le pied sur le sol dur et nu, sur lequel rampaient des scorpions rose pâle et grouillaient des vers de couleur brune, qu'ils se souvinrent de leur faim et de leur soif. La pluie dégouttait des feuilles autour d'eux, et ils ouvrirent la bouche vers le toit de la jungle et burent ; mais peut-être parce qu'elle était passée sur les feuilles des sundri, les branches des palétuviers et les palmes des nipa, l'eau avait acquis quelque chose de ce qui était malsain dans la jungle et, au fur et à mesure qu'ils buvaient, ils tombaient de plus en plus sous le joug de ce monde vert et livide où les cris des oiseaux ressemblaient à du bois qu'on casse et où les serpents étaient aveugles. Dans l'état d'esprit bourbeux et miasmatique produit par la jungle, ils préparèrent leur premier repas, un mélange de fruits de nipa et de vers écrasés, qui leur donna une diarrhée si violente qu'ils s'obligèrent à examiner leurs excréments pour voir si leurs intestins n'étaient pas partis avec le reste.

Farooq dit, « Nous allons mourir. » Mais Shaheed semblait possédé par un puissant désir de survivre ; parce qu'ayant rejeté les doutes de la nuit, il s'était persuadé que ce n'était pas de cette façon qu'il mourrait.

Perdu dans la forêt vierge, et conscient que l'atténuation de la pluie n'était qu'un répit temporaire, Shaheed décida qu'il était inutile de chercher un moyen de sortir, alors qu'à tout moment la mousson pouvait faire couler leur bateau mal adapté ; sur ses instructions, on construisit un abri avec les imperméables et des palmes ; Shaheed dit, « Tant que nous aurons des fruits, nous pourrons survivre. » Ils avaient tous oublié depuis longtemps le but de leur voyage ; la poursuite, qui avait commencé très loin dans le monde réel, avait pris dans la lumière étrange des Sundarbans un aspect d'absurdité et de folie qui leur permettait de l'oublier une fois pour toutes.

Et c'est ainsi qu'Ayooba Shaheed Farooq et le bouddha s'abandonnèrent aux terribles fantasmes de la forêt de songe. Les jours passèrent, se dissolvant les uns dans les autres sous la force de la pluie qui revenait continuellement. Malgré le froid les fièvres la diarrhée ils restèrent en vie, améliorant leur abri en arrachant les branches basses des sundri et des palétuviers, et en buvant le lait rouge des fruits de nipa, acquérant l'habileté de survivre, ainsi que le pouvoir d'étrangler les serpents, et en lançant des bâtons pointus avec une telle adresse qu'ils transperçaient des oiseaux multicolores en plein dans le gésier. Mais, une nuit, Ayooba s'éveilla dans le noir et découvrit la silhouette translucide d'un paysan, avec le trou d'une balle dans le cœur et une faux à la main, qui le regardait lugubrement, et alors qu'il se débattait pour sortir du bateau (qu'ils avaient tiré sous leur abri primitif) un liquide sans couleur s'écoula par le trou de son cœur sur le bras armé d'Ayooba. Le lendemain matin, son bras droit refusa de bouger ; il pendait tout raide comme s'il avait été plâtré. L'aide et la sympathie de Farooq furent inutiles ; le bras était maintenu immobile par l'invisible liquide du fantôme.

Après cette première apparition, ils sombrèrent dans un état d'esprit au fond duquel ils pouvaient croire la forêt capable de tout ; chaque nuit, elle leur envoyait de nouvelles punitions, les yeux accusateurs des femmes dont ils avaient traqué et arrêté les hommes, les hurlements et les baragouinages de singe des enfants restés sans pères à cause d'eux... et au début, au moment des punitions, l'impassible bouddha lui-même, avec sa voix d'homme de la ville, fut obligé de confesser que lui aussi se réveillait la nuit et voyait la forêt se refermer sur lui comme un étau et il ne pouvait plus respirer.

Quand elle les eut assez punis — quand ils ne furent plus que les ombres tremblantes de ceux qu'ils avaient été autrefois — la jungle leur permit le luxe à double tranchant de la nostalgie. Une nuit, Ayooba, qui régressait vers l'enfance plus vite que les autres et qui s'était mis à sucer son pouce valide, vit sa mère qui le regardait et qui lui offrait les friandises délicates à base de riz de son amour ; mais au moment où il tendait la main, elle s'enfuit, et il la vit grimper au tronc d'un sundri géant pour aller se balancer à une haute branche, attachée par la queue : un singe blanc comme un spectre avec le visage de sa mère rendit visite à Ayooba nuit après nuit, à tel point qu'après un certain temps, il fut obligé de se rappeler plus de sa mère que des friandises : comme elle aimait s'asseoir parmi les caisses de sa dot, comme si elle aussi n'était qu'une chose, un des cadeaux que son père donnait à son mari ; au cœur des Sundarbans, Ayooba Baloch comprit sa mère pour la première fois et cessa de sucer son pouce. Farooq eut lui aussi une vision. Un jour, au crépuscule, il crut voir son frère courir à toute vitesse dans la forêt et il se persuada que son père était mort. Il se rappela un jour oublié quand son père, un paysan, lui avait dit, à lui et à son frère qui courait vite, que le propriétaire terrien local qui prêtait de l'argent à 300 pour 100 avait accepté de lui acheter son âme en échange du dernier prêt. « Quand je mourrai, dit le père Rashid au frère de Farooq, il faudra que tu ouvres la bouche et mon esprit y entrera ; ensuite, cours cours cours, parce que Zamiadar sera derrière toi ! » Farooq, qui régressait aussi de façon inquiétante, trouva dans la mort de son père et la fuite de son frère la force d'abandonner les habitudes enfantines que la jungle avait fait renaître en lui ; il s'arrêta de pleurer quand il avait faim et de demander pourquoi. Shaheed Dar, lui aussi, reçut la visite d'un singe avec le visage d'un aïeul ; mais tout ce qu'il vit fut un père qui lui avait appris à mériter son nom. Cependant, cela l'aida également à retrouver en lui le sens de la responsabilité que les suivez-les-ordres-et-taisez-vous nécessaires à la guerre avaient minés ; ainsi il semblait que la jungle magique, après les avoir torturés pour leurs méfaits, les prenait par la main pour en faire des adultes. Et les spectres de leurs espoirs se glissèrent dans la nuit de la forêt ; cependant ils étaient incapables de les voir ou de les saisir.

Pourtant, au début, le bouddha n'eut aucune nostalgie. Il restait assis les jambes croisées sous un sundri ; ses yeux et son esprit semblaient vides et la nuit il ne se réveillait plus. Mais finalement la forêt réussit à le pénétrer ; un après-midi, alors que la pluie martelait les arbres et retombait comme de la vapeur, Ayooba Shaheed Farooq virent le bouddha assis sous son arbre, tandis qu'un serpent translucide lui mordait le talon et y inoculait son venin. Shaheed Dar écrasa la tête du serpent d'un coup de bâton ; le bouddha engourdi de la tête aux pieds semblait n'avoir rien remarqué. Il avait les yeux fermés. Ensuite, les enfants-soldats attendirent que l'homme-chien mourût ; mais il était plus fort que le poison du serpent. Pendant deux jours, il resta aussi raide qu'un arbre, les yeux louchant, et il voyait le monde comme dans un miroir avec l'œil droit à la place du gauche ; il se détendit enfin, et le regard d'abstraction timide n'était plus dans ses yeux. Je fus relié au passé, réunifié par le poison du serpent, et cela commença à couler par les lèvres du bouddha. Tandis que ses yeux redevenaient normaux, ses mots sortirent si librement qu'ils semblaient être un aspect de la mousson. Les enfants-soldats écoutaient, comme sous un charme, les histoires sortant de sa bouche, qui commençaient avec une naissance à minuit et qui continuaient sans s'arrêter, parce qu'il récupérait tout, chaque chose, toutes les histoires perdues, les milliers de processus complexes qui participent à la fabrication d'un homme. Bouche bée, incapables de s'éloigner, les enfants-soldats buvaient sa vie comme ils buvaient l'eau qu'avaient corrompue les feuilles, tandis qu'il parlait de cousins qui mouillaient leur lit, de ragoûts révolutionnaires, de la voix parfaite d'une sœur... Ayooba Shaheed Farooq auraient (autrefois) donné n'importe quoi pour savoir si ces rumeurs avaient été vraies ; mais, dans les Sundarbans, ils ne poussèrent même pas un cri.

En défilant : un amour tardif, et Jamila dans une chambre, dans un rayon de lumière. Et Shaheed murmura, « C'est donc pour ça que, quand il avoua, il ne put ensuite supporter d'être près de... » Mais le bouddha continue, et il devient évident qu'il se débat pour se souvenir de quelque chose de particulier, quelque chose qui refuse de revenir, qui l'évite soigneusement, et il arrive à la fin sans l'avoir découvert, et il reste le sourcil froncé et insatisfait, même après avoir raconté une guerre sainte, et révélé ce qui était tombé du ciel.

Il y eut un silence ; et Farooq Rashid dit, « Tant de choses dans une seule personne ! Tant de vilaines choses, pas étonnant qu'il soit resté bouche cousue ! »

Tu vois, Padma : j'ai déjà raconté cette histoire. Mais qu'est-ce qui a refusé de revenir ? Qu'est-ce qui, en dépit du venin libérateur d'un serpent sans couleur, ne réussit pas à émerger de mes lèvres ? Padma : le bouddha avait oublié son nom. (Pour être précis, son prénom.)

Et il pleuvait toujours. Le niveau des eaux montait chaque jour, jusqu'à ce qu'il devienne évident qu'ils devraient s'enfoncer dans la jungle, pour chercher des terres plus élevées. Il pleuvait trop pour qu'on puisse utiliser le bateau ; aussi, toujours sur les instructions de Shaheed, Ayooba Farooq et le bouddha le tirèrent loin de la rive sur laquelle l'eau empiétait, ils attachèrent l'amarre autour d'un tronc de sundri et recouvrirent leur embarcation de feuilles ; après cela, n'ayant pas d'autre choix, ils s'enfoncèrent dans la dense incertitude de la jungle.

Et, à nouveau, les Sundarbans changèrent ; à nouveau les oreilles d'Ayooba Shaheed Farooq s'emplirent des lamentations des familles qu'ils avaient détruites et qu'autrefois, des siècles plus tôt, ils avaient appelées des « éléments indésirables » ; ils foncèrent droit devant eux, dans la jungle, comme des fous, pour fuir les voix accusatrices et déchirées de douleur de leurs victimes ; et, la nuit, des singes fantomatiques se réunissaient dans les arbres et chantaient « Notre Bengale d'or » : « ... O ma mère, je suis pauvre, mais le peu que j'ai, je le dépose à tes pieds. Et cela m'emplit le cœur de joie. » Incapables d'échapper à la torture insupportable des voix incessantes, incapables de supporter un moment de plus le fardeau de la honte, qui maintenant avait grossi à cause de leur sens de la responsabilité appris dans la jungle, les trois enfants-soldats décidèrent enfin de prendre des mesures désespérées. Shaheed se baissa et ramassa deux poignées de la boue alourdie par la pluie de la jungle ; dans les affres de cette horrible hallucination, il s'enfonça la boue traîtresse de la forêt vierge dans les oreilles. A son exemple, Ayooba Baloch et Farooq Rashid se bouchèrent également les oreilles avec de la boue. Seul le bouddha laissa ses oreilles (une bonne et une qui était déjà mauvaise) non bouchées ; comme s'il était le seul à vouloir endurer le châtiment de la jungle, comme s'il baissait la tête devant l'aspect inévitable de sa culpabilité... La boue de la forêt vierge, qui sans aucun doute contenait elle aussi la translucidité cachée des insectes de la jungle et la force diabolique des fientes des oiseaux orange clair, infecta les oreilles des trois enfants-soldats et les rendit sourds comme des pots ; aussi, bien que les accusations monotones de la jungle leur fussent épargnées, ils étaient maintenant obligés de communiquer avec un langage par signes très rudimentaire. Cependant, ils semblaient préférer leur surdité aux secrets désagréables que les sundri leur avaient murmurés à l'oreille.

Les voix s'arrêtèrent enfin, bien que maintenant seul le bouddha (avec sa bonne oreille) pût les entendre ; quand les quatre vagabonds étaient au bord de la panique, la jungle leur fit traverser un rideau d'arbres moussus et leur fit voir un spectacle si charmant qu'ils en eurent la gorge serrée. Même le bouddha sembla étreindre plus fort son crachoir. Avec une seule bonne oreille pour quatre, ils s'avancèrent dans une clairière qu'emplissaient les douces mélodies des chants des oiseaux, et au centre de laquelle se dressait un temple hindou monumental, sculpté il y a des siècles dans un seul rocher escarpé ; les murs dansaient de frises d'hommes et de femmes, représentés accouplés dans des positions acrobatiques imbattables, et parfois d'une absurdité hautement comique. Le quartet s'avança vers ce miracle d'un pas incrédule. A l'intérieur, ils trouvèrent enfin quelque répit à la mousson infinie, et aussi l'immense statue d'une déesse noire en train de danser et dont les enfants-soldats du Pakistan ne connaissaient pas le nom ; mais le bouddha savait que c'était Kali, horrible et féconde, avec des restes d'or sur les dents. Les quatre voyageurs s'allongèrent à ses pieds et sombrèrent dans un sommeil sans pluie qui s'acheva à ce qui aurait pu être minuit, quand ils se réveillèrent en même temps pour découvrir les sourires de quatre jeunes filles d'une beauté dépassant toute description. Shaheed, qui se souvint des quatre houris qui l'attendaient dans le jardin des camphriers, pensa tout d'abord qu'il était mort pendant la nuit ; mais les houris semblaient tout à fait vraies, et leur sari, sous lequel elles ne portaient absolument rien, était déchiré et taché par la jungle. Et, tandis que huit yeux en regardaient huit, on déroula les saris, on les plia soigneusement et on les posa sur le sol ; ensuite, les quatre filles de la forêt, nues et identiques, s'approchèrent d'eux, huit bras s'enroulèrent à huit bras, huit jambes à huit jambes ; aux pieds de la statue aux nombreux membres de Kali, les voyageurs s'abandonnèrent aux caresses qui semblaient tout à fait vraies, aux baisers et aux morsures d'amour doux et douloureux, aux griffures qui laissaient des marques, et ils comprirent que cela cela cela était ce dont ils avaient besoin, ce qu'ils avaient désiré sans le savoir, qu'ayant traversé les régressions infantiles et les douleurs enfantines de leurs premiers jours dans la jungle, ayant survécu à l'assaut de la mémoire et de la responsabilité et aux souffrances plus grandes encore des accusations renouvelées, ils laissaient à jamais l'enfance derrière eux et, oubliant les raisons, les conséquences et la surdité, oubliant tout, ils se donnèrent aux quatre beautés identiques sans une arrière-pensée.

Après cette nuit, ils furent incapables de quitter le temple, sauf pour aller chercher de quoi manger, et chaque nuit les douces jeunes filles de leurs rêves les plus réfrénés, revinrent en silence, sans jamais parler, avec des saris toujours propres et nets, et conduisirent invariablement le quartet perdu vers un sommet incroyablement uni de délices. Aucun d'eux ne sut combien de temps dura cette période, parce que dans les Sundarbans le temps suivait des lois inconnues, mais le dernier jour vint quand en se regardant ils s'aperçurent qu'ils devenaient transparents, qu'on pouvait voir à travers leur corps, pas encore très nettement, mais de façon indistincte, comme à travers du jus de mangue. Dans leur inquiétude, ils comprirent que c'était le dernier et le pire des tours de la jungle, que leur donnant ce que désiraient leurs cœurs, elle les trompait en épuisant leurs rêves et, tandis que leur vie rêvée sortait d'eux, ils devenaient creux et aussi transparents que du verre. Le bouddha se rendit compte que l'absence de couleur des insectes, des sangsues et des serpents était sans doute plus responsable des déprédations exercées sur leur imagination insectifiée, sangsuifiée et serpentifiée, que l'absence de soleil... éveillés, comme si c'était la première fois, par le choc de la translucidité, ils regardèrent le temple d'un œil neuf et virent des fissures béantes dans le rocher. Ils comprirent alors que d'énormes morceaux pouvaient se détacher et s'écraser sur eux à n'importe quel moment ; et, dans un coin sombre du lieu saint abandonné, ils virent les restes de ce qui avait pu être quatre petits feux — de vieilles cendres, des traces de brûlé sur la pierre — ou peut-être quatre bûchers funéraires ; et, au centre de chacun d'eux, un petit tas d'os noircis et rongés par la flamme.

Comment le bouddha quitta les Sundarbans : alors qu'ils s'enfuyaient du temple et filaient vers leur bateau, la forêt des illusions lâcha sur eux son dernier et terrible tour ; ils venaient d'atteindre la barque quand cela vint vers eux ; un simple grondement au début, puis un rugissement qui pouvait même pénétrer les oreilles rendues sourdes par la boue, ils avaient détaché l'embarcation et sautèrent dedans quand la vague arriva, et maintenant ils étaient à la merci des eaux qui auraient pu les écraser sans effort contre un sundri, un palétuvier ou un nipa, mais le raz de marée les emporta dans les canaux d'eau brune et tourbillonnante tandis que la forêt de leurs tourments défilait sous leurs yeux comme un immense mur vert, c'était comme si la jungle ayant épuisé tous ses tours, les éjectait sans cérémonie de son territoire ; portés par l'eau, entraînés de plus en plus loin par la force incroyable de la vague, ils s'agitaient pitoyablement entre les branches tombées et les mues de serpents d'eau, jusqu'à ce que finalement ils soient jetés hors du bateau, alors que la vague déclinant le fracassait sur une souche, ils se retrouvèrent assis dans une rizière tandis que la vague refluait, de l'eau jusqu'à la taille, mais vivants, jetés hors du cœur de la jungle de leurs rêves, dans laquelle j'avais fui à la recherche de la paix, et où j'avais trouvé à la fois plus et moins, et ils revenaient à nouveau dans le monde des armées et du temps.

Ils sortirent de la jungle en octobre 1971. Et je suis obligé de reconnaître (mais, à mon avis, cela ne fait que renforcer mon étonnement devant la modification du temps opérée par la sorcellerie de la forêt) qu'on n'enregistra aucun raz de marée ce mois-là, bien que plus d'un an auparavant une inondation eût effectivement dévasté la région.

Mon ancienne vie m'attendait à la sortie des Sundarbans pour me récupérer. J'aurais dû le savoir : on n'échappe pas à son passé. Ce quc vous avez été est à jamais ce que vous êtes.

En 1971, trois soldats et leur limier disparurent de la guerre pendant sept mois. Cependant, en octobre, quand les pluies cessèrent et que les groupes de guérilleros du Mukti Bahimi commencèrent à terroriser les avant-postes militaires pakistanais ; quand les tireurs d'élite du Mukti Bahimi descendirent aussi bien des soldats que des fonctionnaires, notre quartet sortit de l'invisibilité et, n'ayant guère le choix, il essaya de rejoindre le corps principal des forces d'occupation de la partie occidentale. Plus tard, quand on l'interrogeait, le bouddha expliquait toujours sa disparition avec une histoire invraisemblable selon laquelle il s'était perdu dans la jungle parmi des arbres dont les racines s'accrochaient à vous comme des serpents. Ce fut peut-être une chance pour lui qu'il ne fût jamais interrogé par des officiers de l'armée à laquelle il appartenait. Ayooba Baloch, Farooq Rashid et Shaheed Dar, eux non plus, ne furent pas soumis à de tels interrogatoires ; mais dans leur cas ce fut parce qu'ils ne réussirent pas à vivre assez longtemps pour qu'on leur pose quelque question que ce soit.

… Dans un village entièrement vide, des huttes couvertes de paille et aux murs de bouse — dans un lieu abandonné d'où même les poulets avaient fui — Ayooba Farooq Shaheed se lamentèrent sur leur destin. Rendus sourds par la boue empoisonnée de la forêt vierge, une infirmité qui avait commencé à les troubler pas mal, maintenant que les voix accusatrices de la jungle n'étaient plus là, ils se mirent à gémir, tous ensemble, aucun d'eux n'entendant les autres ; cependant, le bouddha devait les écouter tous : Ayooba, debout dans un coin, dans une pièce vide, les cheveux emmêlés comme une toile d'araignée, criant, « Mes oreilles mes oreilles comme des abeilles qui bourdonnent dans ma tête », Farooq qui hurle en colère, « La faute à qui, de toute façon ? — qui est-ce qui pouvait sentir toutes ces saloperies avec son nez ? — qui est-ce qui disait Par ici, Par là ? — et qui nous croira ? — la jungle, les temples et les serpents transparents ? — quelle histoire, par Allah, bouddha on devrait te tuer tout de suite ! » Et Shaheed, doucement, « J'ai faim. » De retour dans le monde réel, ils oubliaient les leçons de la jungle, et Ayooba, « Mon bras ! Allah, mon bras foudroyé ! Le fantôme, le liquide qui coulait... ! » Et Shaheed, « Des déserteurs, ils vont dire... les mains vides, sans prisonnier, après tant de mois !... Allah, la cour martiale peut-être, qu'est-ce que tu en penses, bouddha ? » Et Farooq, « Espèce de salaud, regarde ce que tu nous as fait faire ! Oh ! Mon Dieu, c'en est trop ! Nos uniformes ! Regarde nos uniformes ! Bouddha, des haillons, comme des mendiants ! Qu'est-ce que le général... et Najmuddin... je jure sur la tête de ma mère que je ne... je ne suis pas un lâche ! Non ! » Et Shaheed qui tue des fourmis et qui les mange, « Comment rentrer de toute façon ? Qui sait où ils sont et s'ils sont encore là ? Est-ce qu'on n'a pas vu et entendu comment Mukti Bahimi... tacatac ! Ils tirent de leurs cachettes et t'es mort ! Mort, comme une fourmi ! » Mais Farooq parle lui aussi, « Pas seulement les uniformes, vieux, les cheveux ! Est-ce que ce sont des coupes réglementaires ? Des cheveux longs, qui nous tombent sur les oreilles comme des vers ! Des cheveux de femmes ! Allah, ils vont nous tuer... le dos au mur et tacatac !... Tu vas voir s'ils vont hésiter ! » Mais Ayooba-char d'assaut se calme ; Ayooba se tient la tête dans les mains ; Ayooba se parle doucement à lui-même, « Oh ! mon vieux, mon vieux. Je suis venu me battre contre ces sales hindous végétariens, vieux. Et tout ça n'a rien à voir, vieux. C'est trop moche. »

Quelque part en novembre ; ils ont marché lentement, au nord nord nord, ils ont vu des journaux volant au vent écrits dans une étrange calligraphie, ils ont traversé des champs vides et des villages abandonnés, parfois ils ont croisé une vieille femme avec un paquet sur l'épaule ou des groupes d'enfants de huit ans avec le regard sournois de la faim dans les yeux et la menace de couteaux dans leurs poches, ils ont entendu dire comment le Mukti Bahimi se déplace sans qu'on le voie dans le pays en flammes, comment des balles, bourdonnant comme des abeilles, arrivent de nulle part... et ils atteignent un point limite, et Farooq, « Si ça n'était pas pour toi, bouddha,... Allah, espèce de monstre de foire avec tes yeux bleus d'étranger, oh ! mon Dieu, tu *pues !* » Nous puons tous : Shaheed qui écrase (avec une botte en lambeaux) un scorpion sur le sol recouvert d'ordures d'une hutte ; Farooq qui, comme un fou, cherche un couteau pour se couper les cheveux ; Ayooba qui penche la tête dans un coin de la hutte alors qu'une araignée lui court dans les cheveux ; et le bouddha, le bouddha, véritable infection, qui serre dans sa main droite un crachoir d'argent terni et qui essaie de se souvenir de son nom. Et qui ne peut retrouver que des surnoms : Morve-au-nez, Bouille-sale, Déplumé, Renifleux, Quartier-de-lune.

... Il était assis, les jambes croisées parmi les gémissements de peur de ses compagnons, en s'obligeant à se souvenir ; mais non, ça ne venait pas. Et, à la fin, le bouddha jetant violemment le crachoir sur le sol de terre battue, cria aux oreilles de pierre : « Ce n'est pas... PAS... JUSTE ! »

En pleine guerre, j'ai découvert le juste et l'injuste. L'injustice a la même odeur que l'oignon ; son parfum piquant me fit venir les larmes aux yeux. Sous l'effet de l'arôme amer de l'injustice, je me souvins comment la chanteuse Jamila s'était penchée sur un lit d'hôpital... Le lit de qui ? *Quel nom ?...* Il y avait aussi des ficelles et des décorations... et comment ma sœur... non, pas ma sœur ! Comment *elle...* comment elle avait dit, « Frère, il faut que je parte, pour chanter au service du pays ; l'armée veillera sur toi. » Elle était voilée ; derrière le brocart blanc et or j'ai senti le sourire de la trahison ; à travers le doux voile, elle posa sur mon front le baiser de sa vengeance ; et elle qui avait toujours nourri un terrible désir de vengeance à l'égard de ceux qui l'aimaient le plus, me laissa au bon vouloir des militaires... et après la trahison de Jamila, je me souvins du très ancien ostracisme dont j'avais souffert de la part d'Evie Burns ; des exils, et le coup du pique-nique ; et de toutes les immenses montagnes des événements invraisemblables qui m'avaient empoisonné l'existence ; et maintenant, je me lamentais sur mon concombre de nez, mon visage plein de taches, mes jambes torses, mes tempes cornues, ma tonsure de moine, mon doigt perdu, ma mauvaise oreille et sur un crachoir engourdissant et décervelant ; je pleurai abondamment, mais mon nom fuyait toujours et je ne cessais de répéter — « c'est pas juste ; *pas juste ;* PAS JUSTE ! » Et, curieusement, Ayooba-char d'assaut quitta son coin ; Ayooba se souvenant peut-être de son propre effondrement dans les Sunbardans, s'accroupit en face de moi et me passa son bras valide autour du cou. J'acceptai ses consolations ; je pleurai dans sa chemise ; mais une abeille vint vers nous en bourdonnant ; alors qu'il était accroupi, le dos tourné vers la fenêtre sans vitres de la hutte, quelque chose piaula dans l'air surchauffé ; alors qu'il disait, « Bouddha, allez, bouddha... hein ! » et tandis que d'autres abeilles bourdonnaient dans ses oreilles, quelque chose le piqua au cou. Il poussa un petit cri, comme une petite explosion de la gorge, et tomba sur moi. La balle du tireur d'élite qui tua Ayooba Baloch m'aurait, s'il n'avait pas été là, traversé la tête. En mourant il me sauva la vie.

Oubliant les humiliations du passé ; mettant de côté le juste-et-l'injuste, et ce-qui-ne-peut-être-soigné-doit-être-enduré, je me glissai de dessous le cadavre d'Ayooba-char d'assaut, et Farooq, « Oh ! mon Dieu ! mon Dieu ! », et Shaheed, « Allah ! Je ne sais même pas si mon fusil... », et Farooq à nouveau, « Oh ! mon Dieu, mon Dieu, où est ce salaud ?... » mais Shaheed, comme les soldats des films, est collé contre le mur à côté de la fenêtre. Voici les positions : moi sur le sol, Farooq tapi dans un coin, Shaheed collé contre le mur recouvert de bouse : nous attendions, impuissants, pour voir ce qui allait se passer.

Il n'y eut pas de second coup de feu ; peut-être que le tireur, ne connaissant pas l'importance des forces cachées dans la hutte aux murs de torchis, avait simplement tiré avant de s'enfuir. Nous sommes restés tous les trois dans la hutte pendant une nuit et un jour, jusqu'à ce que le corps d'Ayooba Baloch exige qu'on s'occupe de lui. Avant de partir, nous avons trouvé des pioches et nous l'avons enterré… Par la suite, quand l'armée indienne arriva, il n'y avait plus d'Ayooba Baloch pour l'accueillir avec ses théories sur la supériorité de la viande par rapport aux légumes ; aucun Ayooba ne s'élança en criant, « Ka-dang ! Ka-blam ! Ka-pow ! »

C'était peut-être aussi bien.

… Et, en décembre, sur des bicyclettes volées, nous sommes arrivés tous les trois dans un champ d'où l'on pouvait voir la ville de Dacca qui se découpait sur l'horizon ; un champ dans lequel poussait une récolte si étrange, dégageant une odeur si nauséabonde, que nous fûmes incapables de rester à bicyclette. Nous mîmes pied à terre pour ne pas tomber et nous avons pénétré dans le terrible champ.

Il y avait un paysan qui fouillait l'ordure, en sifflant tout en travaillant, avec un immense sac en toile de jute sur le dos. Les articulations de la main qui tenait le sac étaient blanches, ce qui signalait son humeur ; le sifflement qui était aigu mais juste montrait qu'il était content. Le sifflement se répandait dans tout le champ, rebondissait sur des casques abandonnés, résonnait dans des canons de fusils emplis de terre, et s'enfonçait sans laisser de traces dans les bottes de cette étrange, très étrange moisson, dont l'odeur comme celle de l'injustice était capable de faire venir les larmes aux yeux du bouddha. Les épis étaient morts, ayant été frappés par quelque nielle inconnue… et la plupart, mais pas tous, portaient l'uniforme de l'armée du Pakistan occidental. En dehors du paysan qui sifflait, on n'entendait que le bruit des objets qui tombaient dans le sac : des ceintures de cuir, des montres, des dents en or, des montures de lunettes, des gourdes d'alcool, d'eau, des bottes. Le paysan les vit et accourut vers eux en souriant de façon obséquieuse et se mit à parler d'une voix enjôleuse que seül le bouddha fut obligé d'entendre. Farooq Shaheed regardaient fixement le champ tandis que le paysan expliquait.

« Beaucoup tirer ! Tacatac ! » Il imitait un pistolet avec la main droite. Il parlait un mauvais hindi. « Ho ! messieurs !

L'Inde est venue, mes sieurs ! Ho ! oui ! » — et, dans tout le champ, les épis coulaient et nourrissaient le sol de moelle, tandis que lui, « Pas tirer sur moi, mes sieurs, ho non ! J'ai des nouvelles… Ho ! sacrées nouvelles ! L'Inde est venue ! Jessore est tombée, mes sieurs ; en quatre jours, Dacca aussi, oui. Non ? » Le bouddha écoutait ; les yeux du bouddha regardaient le champ derrière le paysan. « Quelle histoire, mon sieur ! L'Inde ! Ils ont un soldat très puissant, il peut tuer six personnes à la fois, casser les cous, craaac-craaac, entre ses genoux, mes sieurs. Genoux… être le bon mot ? » Il montrait les siens du doigt. « Je vois, mes sieurs. Avec ses yeux, ho oui ! Il se bat sans armes, sans épée. Avec les genoux, et six cous, craaac-craaac ! Ho ! Dieu ! » Shaheed vomissait. Farooq Rashid s'était avancé jusqu'à l'autre bout du champ et regardait fixement dans un verger de manguiers. « En une-deux semaines, la guerre finie, mes sieurs ! Tout le monde revient. Maintenant, tout le monde parti, mais moi pas, mes sieurs ! Des soldats sont venus chercher Bahimi et tuer beaucoup, beaucoup, aussi mon fils. Ho ! oui, mes sieurs ! Ho ! oui ! » Les yeux du bouddha se voilèrent. Il pouvait entendre les explosions de l'artillerie lourde. Des colonnes de fumée s'élevaient dans le ciel pâle de décembre. L'étrange moisson était immobile et le vent ne la faisait pas bouger… « Je suis resté, mes sieurs. Ici, je connais le nom des oiseaux et des plantes. Ho ! oui ! Je suis Deshmukh par mon nom ; vendeur de mercerie par mon métier. Je vends beaucoup jolies choses. Vous voulez ? Médecine pour constipation, sacrément bonne, ho ! oui ! J'ai. Vous voulez montre, qui brille dans le noir ? J'ai aussi. Et des livres, ho ! oui ! Et farces et attrapes, sûr. J'étais célèbre à Dacca, avant. Ho oui ! Le plus vrai. Pas tirer. »

Le marchand continuait à jacasser, leur offrant article après article, comme une ceinture magique qui permettait de parler hindi à celui qui la portait — « Je porte maintenant, mon sieur, parler sacrément bien, oui non ? Beaucoup de soldats indiens ont vendu, ils parlent beaucoup différentes langues, la ceinture est une bénédiction envoyée par Dieu ! » — et il remarqua ce que le bouddha tenait à la main. « Ho ! mon sieur ! Une chose de maître ! Argent ? Pierres précieuses ? Vous donnez ; je donne radio, appareil photo, presque état de marche, mon sieur ! C'est une sacrée bonne affaire, mon ami. Pour un seul crachoir, beaucoup bien. Ho ! oui ! Mon sieur, la vie doit continuer ; le commerce doit continuer, mon sieur, pas vrai ?

— Parlez-moi, dit le bouddha, du soldat aux genoux. »

Mais à nouveau une abeille bourdonne ; au loin, à l'autre bout du champ, quelqu'un tombe sur les genoux ; le front de quelqu'un touche le sol, comme s'il priait ; et, dans le champ, un des épis qui était resté suffisamment vivant pour tirer s'immobilise lui aussi. Shaheed Dar hurle un nom :

« Farooq ! Farooq ! »

Mais Farooq refuse de répondre.

Par la suite, dans le récit de la guerre qu'il fit à son oncle Mustapha, le bouddha raconta comment il avait traversé en trébuchant le champ d'os à moelle dégoulinants, pour aller vers son camarade qui était tombé ; et comment, bien avant d'avoir atteint le cadavre en prière de Farooq, il buta dans le plus grand secret du champ.

Au milieu, il y avait une petite pyramide. Des fourmis grouillaient dessus, mais ce n'était pas une fourmilière. La pyramide avait six pieds et trois têtes et, au milieu, un mélange de fragments de torses, de morceaux d'uniformes, de bouts d'intestins et d'éclats d'os brisés. La pyramide était toujours vivante. Une de ses trois têtes avait l'œil gauche fermé, héritage d'une bagarre d'enfants. Une autre avait des cheveux bien collés à la brillantine. La troisième tête était la plus âgée : elle avait des creux profonds là où il y aurait dû y avoir les tempes, des creux qui ne pouvaient avoir été faits que par les forceps d'un gynécologue qui avait trop serré à la naissance... ce fut cette troisième tête qui parla au bouddha :

« Salut, vieux, dit-elle. Qu'est-ce que tu fous ici ? »

Shaheed Dar vit la pyramide de soldats ennemis qui apparemment parlait avec le bouddha ; Shaheed, soudain saisi d'une énergie extraordinaire, se précipita sur moi et me fit tomber en disant, « Qui es-tu ? Un espion ? Un traître ? Qui ?

Pourquoi savent-ils qui tu... » Tandis que Deshmukh le marchand s'agitait pitoyablement autour de nous, « Ho ! mes sieurs ! Déjà assez de combat. Soyez normaux, mes sieurs ! Je prie. Ho ! Dieu ! »

Même si Shaheed avait été capable de m'entendre, je ne lui aurais pas dit alors ce qu'ensuite je me persuadai être la vérité : que le but de toute cette guerre avait été de me relier à mon ancienne vie, de me faire retrouver mes vieux amis, Sam Manekshaw marchait sur Dacca pour rencontrer son vieil ami le Tigre ; et les modes de connection duraient parce que dans le champ d'os à moelle qui dégoulinaient, j'entendis parler des exploits des genoux, et je fus accueilli par une pyramide agonisante de têtes ; et, à Dacca, j'allais rencontrer Parvati-la-Sorcière.

Quand Shaheed se calma et me lâcha, la pyramide ne pouvait plus parler. Plus tard, dans l'après-midi, nous avons repris notre voyage vers la capitale. Deshmukh le marchand criait derrière nous : « Ho ! mes sieurs ! Ho ! mes pauvres sieurs ! Qui sait quand un homme mourra ? Qui, mes sieurs, sait pourquoi ? »

SAM ET LE TIGRE

Parfois, il faut que des montagnes se déplacent pour que de vieux camarades se retrouvent. Le 15 décembre 1971, dans la capitale nouvellement libérée de l'Etat du Bangladesh, Niazi le Tigre se rendit à son vieux copain Sam Manekshaw ; tandis que moi, de mon côté, je me rendais aux étreintes d'une jeune fille avec des yeux comme des billes de loto, une queue de cheval comme une vieille corde usée, et des lèvres qui à cette époque n'avaient pas encore acquis ce qui allait devenir leur moue caractéristique. On n'arriva pas à ces retrouvailles sans difficultés ; et, comme signe de respect à tous ceux qui les ont rendues possibles, je dois faire une petite pause dans mon récit afin de dire les pourquoi et les comment.

Permettez-moi d'être très clair : si Yahya Khan et Z.A. Bhutto n'avaient pas été de mèche lors du coup d'Etat du 25 mars, je n'aurais pas été transporté par avion à Dacca en vêtements civils ; selon toute vraisemblance, le général Niazi le Tigre ne se serait pas trouvé non plus dans la ville en décembre. Ensuite : l'intervention indienne dans le conflit du Bangladesh était également le résultat de l'interaction de grandes forces. Peut-être que, si dix millions de personnes n'avaient pas franchi la frontière de l'Inde, obligeant le gouvernement indien à dépenser deux cents millions de dollars U.S. par mois dans les camps de réfugiés — la guerre de 1965, dont le but caché était l'anéantissement de ma famille, n'avait coûté que soixante-dix millions de dollars U.S. ! — des soldats indiens conduits par le général Sam n'auraient pas franchi la frontière dans le sens opposé. Mais l'Inde vint aussi pour d'autres raisons : comme j'allais l'apprendre des magiciens communistes qui vivaient dans l'ombre de la mosquée du Vendredi à Delhi, les autorités indiennes avaient été très préoccupées par le déclin de l'influence de la ligue Awami de Mujib et par la popularité grandissante des révolutionnaires du Mukti Bahimi ; Sam et le Tigre se rencontrèrent à Dacca pour empêcher le Bahimi de prendre le pouvoir. Aussi, sans le Mukti Bahimi, Parvati-la-sorcière n'aurait jamais accompagné les soldats indiens dans leur campagne de « libération »... Mais même cela reste une explication incomplète. La troisième raison de l'intervention indienne fut la peur, que, si on ne mettait pas rapidement fin aux troubles du Bangladesh, ils pouvaient s'étendre de l'autre côté de la frontière, au Bengale occidental ; aussi Sam et le Tigre, ainsi que Parvati et moi, dûmes-nous notre rencontre, au moins en partie, aux éléments les plus violents de la politique du Bengale occidental : la défaite du Tigre ne fut que le début d'une campagne contre la gauche à Calcutta et dans sa région.

Quoi qu'il en soit, l'Inde est venue ; et, une fois encore, on doit remercier le Mukti Bahimi pour la rapidité de l'intervention indienne — parce qu'en moins de trois semaines, le Pakistan perdit la moitié de sa flotte, un tiers de son armée de terre et un quart de ses forces aériennes et, en fin de compte, après la reddition du Tigre, plus de la moitié de sa population ; parce que, peut-être naïvement, ne comprenant pas que l'avance indienne était autant une manœuvre tactique contre lui qu'une lutte contre les forces occupantes venues du Pakistan occidental, le Bahimi renseignait le général Manekshaw sur les mouvements des troupes pakistanaises, et sur les forces et les faiblesses du Tigre ; merci également à M. Zhou Enlai qui refusa (malgré les supplications de Bhutto) de fournir une aide militaire quelconque au Pakistan. Les armes chinoises refusées, le Pakistan se battit avec des fusils américains, des tanks et des avions américains ; le président des

Etats-Unis fut le seul au monde à décider d'aider le Pakistan. Tandis que Henry A. Kissinger défendait la cause de Yahya Khan, le même Yahya organisait secrètement la célèbre visite du président américain en Chine... en conséquence, de grandes forces s'opposaient à ma rencontre avec Parvati, et à celle de Sam avec le Tigre ; mais, malgré le soutien du président, tout fut fini en trois petites semaines.

Dans la nuit du 14 décembre, Shaheed Dar et le bouddha firent le tour de la banlieue de la ville investie de Dacca ; mais le nez du bouddha (vous n'avez pas oublié) était capable de sentir plus que quiconque. En suivant son nez, qui pouvait renifler la sécurité et le danger, ils trouvèrent une brèche dans les lignes indiennes et ils profitèrent de la nuit pour entrer dans la ville. Tandis qu'ils se glissaient furtivement dans les rues où l'on ne voyait que quelques mendiants affamés, le Tigre s'engageait à lutter jusqu'au dernier homme ; mais, au lieu de ça, il se rendit le lendemain. On ne sait pas si le dernier homme fut reconnaissant d'avoir été épargné ou mécontent d'avoir raté sa chance d'entrer dans le jardin des camphriers.

Et, ainsi, je suis retourné dans la ville où, au cours des dernières heures qui précédèrent les retrouvailles, Shaheed et moi nous avons vu quantité de choses qui n'étaient pas vraies, qui n'étaient pas possibles, parce que nos petits gars ne se sont pas conduits, n'ont pas pu se conduire aussi mal ; nous avons vu des hommes avec des lunettes et des têtes comme des œufs qu'on fusillait dans des ruelles, nous avons vu l'élite intellectuelle de la ville se faire massacrer par centaines, mais ce n'était pas vrai parce que ça ne pouvait être vrai, le Tigre était un type bien après tout, et nos jawans valaient dix gratte-papier indiens, nous avons traversé l'hallucination impossible de la nuit, en nous cachant dans les portes cochères quand les incendies éclataient comme des fleurs, me rappelant la façon dont le Singe de Cuivre mettait le feu aux chaussures pour attirer un peu d'attention, il y avait des gorges tranchées qu'on enterrait dans des tombes anonymes, et Shaheed commença son, « Non, bouddha... quelle horreur, par Allah, on n'en croit pas ses yeux !... non, c'est pas vrai, comment peut-on...

bouddha, dis-moi qu'est-ce que j'ai aux yeux ? » Et enfin le bouddha parla, sachant que Shaheed ne pouvait pas entendre : « Oh ! Shaheeda, dit-il, en exprimant la profondeur de son dégoût, une personne doit parfois choisir ce qu'elle verra et ce qu'elle ne verra pas ; détourne les yeux. » Mais Shaheed regardait sur une grande place où des femmes médecins étaient passées à la baïonnette avant d'être violées, et à nouveau violées avant d'être fusillées. Au-dessus et derrière, le minaret blanc et impassible d'une mosquée regardait la scène comme un aveugle.

Le bouddha dit, comme s'il se parlait à lui-même, « Il est temps de penser à sauver notre peau ; je me demande bien pourquoi nous sommes revenus. » Le bouddha franchit la porte d'une maison vide, la coquille brisée et écaillée d'une bâtisse qui autrefois avait abrité une maison de thé, un atelier de réparations de vélos, un bordel et un endroit où avait dû s'installer un notaire, car il y avait encore la table basse sur laquelle il avait abandonné une paire de lunettes cerclées et les tampons et les cachets qui lui avaient permis d'être plus qu'un vieux quidam — des tampons et des cachets qui avaient fait de lui l'arbitre entre ce qui était vrai et ce qui ne l'était pas. Le notaire était absent, aussi je n'ai pas pu lui demander de vérifier ce qui se passait. Je n'ai pu faire de déposition sous serment ; mais sur la natte qui était derrière la table basse, il y avait un vêtement ample, comme une djellabah, et sans attendre plus longtemps j'ai enlevé mon uniforme, y compris l'insigne de chienne de l'unité UCADE et je suis devenu un déserteur anonyme dans une ville dont je ne parlais pas la langue.

Cependant, Shaheed Dar était resté dans la rue ; dans la première lumière du matin, il observait des soldats fuyant ce qui-n'avait-pas-été-fait ; et la grenade vint. Moi, le bouddha, j'étais encore dans la maison ; mais Shaheed n'était pas protégé par des murs.

Qui peut dire pourquoi comment qui ; mais il est sûr que la grenade a été jetée. Dans ce dernier instant de sa vie non encore bissectée, Shaheed fut pris soudain du besoin irrésistible de regarder en l'air… Par la suite, dans le perchoir du muezzin, il dit au bouddha, « C'est étrange, par Allah… la grenade mûre… dans ma tête, comme ça, plus grosse et plus brillante que jamais… tu vois, bouddha, comme une ampoule électrique… Allah, qu'est-ce que je pouvais faire, j'ai regardé ! » — Et oui, elle était là, au-dessus de sa tête, la grenade de ses rêves, juste au-dessus de sa tête, tombant tombant, puis explosant à hauteur de la taille, emportant ses jambes dans une autre partie de la ville.

Quand je suis arrivé près de lui, il était toujours conscient malgré la bissection, et il a tendu le doigt, « Emmène-moi là-haut, bouddha, je veux je veux », aussi j'ai emporté là-haut ce qui n'était plus que la moitié d'un garçon (et par conséquent pas trop lourd) en empruntant l'escalier étroit qui conduisait au sommet de ce minaret impassible et blanc, où Shaheed parla d'ampoules électriques et où des fourmis rouges et des fourmis noires se disputaient le cadavre d'un cafard dans les rainures grossières du sol de ciment. En bas, des gens ressemblant à des fourmis sortaient parmi les maisons calcinées, le verre brisé et la fumée, et se préparaient à la paix ; cependant, les fourmis ignoraient ceux qui ressemblaient à des fourmis, et continuaient à se battre. Et le bouddha : il regardait calmement en bas et autour de lui, et s'était placé entre la partie supérieure de Shaheed et le seul meuble de l'endroit, une table basse sur laquelle était posé un phonographe relié à un haut-parleur. Le bouddha, protégeant son camarade coupé en deux du spectacle décevant de ce muezzin mécanique dont les appels à la prière étaient toujours gravés aux mêmes endroits, sortit des plis de sa robe sans forme un objet brillant : et il tourna timidement les yeux vers le crachoir d'argent. Perdu dans sa contemplation, les cris le prirent au dépourvu ; et il leva les yeux et vit un cafard abandonné. (Du sang coulait dans les rainures ; des fourmis, qui avaient suivi cette piste sombre et visqueuse, étaient remontées jusqu'à l'origine de la fuite et Shaheed exprimait sa rage de devenir la victime non pas d'une mais de deux guerres.)

Le bouddha se précipita à son secours, ses pieds dansaient

sur les fourmis et son coude cogna dans un interrupteur ; le système du haut-parleur se mit en marche et par la suite les gens n'oublièrent jamais comment une mosquée avait hurlé la terrible agonie de la guerre.

Au bout de quelques instants, le silence. La tête de Shaheed tomba lourdement. Et le bouddha, craignant d'être découvert, rangea le crachoir et redescendit dans la ville au moment où l'armée indienne arrivait ; laissant Shaheed, qui maintenant ne s'en souciait plus, assister au banquet de réconciliation des fourmis, je suis allé dans les rues du petit matin accueillir le général Sam.

Dans le minaret, j'avais regardé timidement mon crachoir ; mais l'esprit du bouddha n'avait pas été vidé. Il contenait quatre mots, que la moitié supérieure de Shaheed n'avait pas cessé de répéter jusqu'à l'arrivée des fourmis : les mêmes quatre mots qui autrefois, empestant l'oignon, m'avaient fait pleurer sur l'épaule d'Ayooba Baloch — jusqu'à ce que l'abeille bourdonne... « C'est pas juste », pensait le bouddha et, comme un enfant, encore et encore, « C'est pas juste », toujours et toujours.

Shaheed, accomplissant le plus cher désir de son père, s'était finalement montré digne de son nom ; mais le bouddha ne pouvait toujours pas se rappeler le sien.

Comment le bouddha retrouva son nom : autrefois, il y a très longtemps, le jour d'une autre indépendance, le monde avait été jaune safran et vert. Ce matin-là, les couleurs étaient le vert, le rouge et l'or. Et, dans les villes, des cris de « *Jai Bangla !* » Et des voix de femmes qui chantaient, « Notre Bengale d'or », qui leur emplissait le cœur de joie... Au centre de la ville, sur le podium de sa défaite, le général Niazi le Tigre attendait le général Manekshaw. (Détails biographiques : Sam était un parsi. Il venait de Bombay. Les gens de Bombay étaient heureux ce jour-là.) Et parmi le vert, le rouge et l'or, le bouddha dans son vêtement anonyme et sans forme était bousculé par la foule ; alors l'Inde vint. L'Inde avec Sam en tête.

Etait-ce une idée du général Sam ? Ou même d'Indira ? — Eludant cette question stérile, je rapporte seulement que l'entrée des forces indiennes dans Dacca était bien plus qu'un simple défilé militaire ; comme il convient à un triomphe, cette entrée était égayée par un spectacle de rue. Un transport spécial de l'Indian Air Force avait amené à Dacca une bonne centaine des meilleurs amuseurs et prestidigitateurs de l'Inde. Ils venaient du célèbre ghetto des magiciens de Delhi, et la plupart d'entre eux avaient revêtu pour l'occasion des uniformes qui rappelaient l'armée, et ainsi quantité d'habitants de Dacca pensèrent que la victoire de l'Inde était inévitable depuis le début parce que ses jawans en uniforme étaient des magiciens de premier ordre. Les prestidigitateurs et les autres artistes défilaient à côté des soldats et amusaient la foule ; des acrobates composaient des pyramides humaines sur des fourgons tirés par des bœufs blancs ; d'extraordinaires femmes contorsionnistes avalaient leurs jambes jusqu'aux genoux ; des jongleurs défiaient les lois de la pesanteur et la foule poussait des « oh ! » et des « ah ! » de plaisir en les voyant jongler avec des grenades dont ils lançaient en l'air quatre cent vingt en même temps ; des manipulateurs de cartes pouvaient faire sortir la reine de *chiriyas* (la reine des oiseaux ; la reine de trèfle) de l'oreille des femmes ; le grand danseur Anarkali, dont le nom signifiait « bourgeon de grenadier », faisait des sauts des tourbillons des pirouettes sur une voiture tirée par un âne et un énorme anneau d'argent tintait à sa narine gauche ; maître Vikram, dont le sitar pouvait vibrer avec et intensifier la moindre émotion de son auditoire, à tel point qu'une fois (disait-on) il avait joué devant un public de si mauvaise humeur qu'il avait tellement amplifiée, que si son joueur de tabla ne lui avait pas dit d'arrêter son raga en cours d'improvisation, le pouvoir de sa musique aurait amené les auditeurs à se battre au couteau et à dévaster l'auditorium... aujourd'hui, la musique de maître Vikram élevait la joie des gens au maximum ; disons qu'elle emplissait leurs cœurs de joie.

Et il y avait Singh-la-Photo lui-même, un géant de deux

mètres dix qui pesait deux cent quarante livres et qui était connu comme l'Homme le Plus Charmeur du Monde, à cause de son habileté insurpassable à charmer les serpents. Les légendaires Tubri-wallahs du Bengale eux-mêmes ne pouvaient faire preuve de plus de talent ; il marchait dans la foule heureuse et hurlante, avec des cobras des mambas et des kraits aux glandes à venin intactes, enroulés autour du corps... Singh-la-Photo qui serait le dernier de la longue liste d'hommes qui avaient voulu être mes pères... et juste derrière lui, venait Parvati-la-Sorcière.

Parvati-la-Sorcière amusait la foule à l'aide d'un grand panier d'osier fermé d'un couvercle ; des volontaires se mettaient dans le panier et Parvati les faisait disparaître et ils ne pouvaient pas revenir avant qu'elle le veuille ; Parvati qui tenait de minuit les véritables dons de la sorcellerie, les avait mis au service de son humble activité d'illusionniste ; aussi, on lui demandait, « Mais comment l'as-tu fait disparaître ? » et « Allez, petite demoiselle, dis-nous le truc, pourquoi pas ? » — Parvati souriant rayonnant faisant rouler son panier magique, venait vers moi avec l'armée de libération.

L'armée indienne défilait dans la ville, ses héros suivaient les magiciens ; parmi eux, je l'appris plus tard, il y avait le colosse de la guerre, le commandant à face de rat et aux genoux mortels... mais il y avait encore des illusionnistes, parce que les prestidigitateurs de la ville qui avaient survécu sortirent de leurs cachettes et entamèrent un merveilleux concours, en tentant de surpasser tout ce que les magiciens visiteurs avaient à offrir, et la douleur de la ville fut lavée et adoucie dans les grands débordements de joie qu'engendrait leur magie. Puis Parvati-la-Sorcière me vit et me rendit mon nom.

« Saleem ! Oh ! mon Dieu, Saleem ! Tu es Saleem Sinai, c'est toi, Saleem ? »

Le bouddha saute comme une marionnette. Les yeux de la foule. Parvati s'approche de lui. « Mais ce doit être toi ! » Elle lui saisit le coude. Des yeux en boules de loto cherchent du bleu timide. « Mon vieux, ce nez, je ne veux pas être grossière, mais quand même ! Regarde, c'est moi, Parvati ! Saleem, ne sois pas bête, allez, allez...

— C'est ça, dit le bouddha. Saleem : c'était ça !

— Oh ! mon Dieu, c'est formidable ! s'écrie-t-elle. Arré baap ! Saleem, tu te souviens — Les Enfants, oh ! c'est merveilleux ! Mais pourquoi est-ce que tu es si sérieux alors que j'ai envie de t'étouffer sous les baisers ! Pendant tant d'années, je ne t'ai vu que de l'intérieur, là », elle lui tape sur le front, « et maintenant, tu es là, avec une tête comme un poisson. Hé ! Saleem ! Allez, dis au moins bonjour ! »

Le 15 décembre 1971, Niazi le Tigre se rendit à Sam Manekshaw ; le Tigre et quatre-vingt-treize mille soldats pakistanais devinrent prisonniers de guerre. Moi, pendant ce temps, je devenais le prisonnier consentant des magiciens indiens, parce que Parvati m'entraîna dans le défilé en disant, « Maintenant que je t'ai retrouvé, je ne te laisse plus repartir. »

Cette nuit-là, Sam et le Tigre burent quelques petits verres de *chota* en se rappelant le bon vieux temps dans l'armée britannique. « Tigre, dit Sam Manekshaw, tu t'es très bien comporté en te rendant. » Et le Tigre, « Sam, tu t'es battu comme un diable. » Un petit nuage passe sur le visage du général Sam, « Dis-moi, vieux : on raconte d'horribles mensonges partout. Des meurtres, mon vieux, des fosses communes, des unités spéciales ; les UCADE, ou quelque chose comme ça, mises sur pied pour anéantir toute opposition... rien de vrai là-dedans, je pense ? » Et le Tigre, « Des Unités Canines d'Activités de Dépistage et d'Espionnage ? Jamais entendu parler. On t'a trompé, mon vieux. Il y a des mauvais esprits des deux côtés. Non, c'est ridicule, fichtrement ridicule, si tu me le permets. — C'est ce que je pensais, dit le général Sam, sacrément agréable de te voir, Tigre, vieux brigand ! » Et le Tigre, « Ça fait des années, hein, Sam ? Fichtrement long. »

... Tandis que de vieux amis chantaient « Auld Lang

Syne[1] » au mess des officiers, je m'enfuis du Bangladesh et de mes années pakistanaises. « Je vais te faire sortir », dit Parvati quand je lui eus expliqué. « Tu veux que ce soit secret secret ? »

J'approuvai. « Secret secret. »

Ailleurs dans la ville, quatre-vingt-treize mille soldats se préparaient à partir dans des camps de prisonniers ; mais Parvati-la-Sorcière me fit grimper dans un grand panier avec un couvercle fermant hermétiquement. Sam Manekshaw fut obligé de placer son vieil ami sous bonne garde ; mais Parvati-la-Sorcière m'assura, « Comme ça, ils ne t'attraperont jamais. »

Derrière les baraquements militaires, là où les magiciens attendaient qu'on les ramène à Delhi, Singh-la-Photo, l'Homme le Plus Charmeur du Monde, montait la garde quand, ce soir-là, je grimpai dans le panier de l'invisibilité. Nous avons flâné négligemment, en fumant des biris, et en attendant qu'il n'y ait aucun soldat en vue, tandis que Singh-la-Photo me parlait de son nom. Vingt ans plus tôt, un photographe d'Eastman-Kodak avait fait son portrait — qui, enlacé de sourires et de serpents, apparut sur les affiches et dans les vitrines de l'Inde ; c'est alors que le charmeur de serpents avait adopté son surnom. « Qu'est-ce que t'en penses, capitaine ? hurla-t-il aimablement. Un joli nom, pas vrai ? Qu'est-ce que je peux faire, capitaine, je peux pas me rappeler le nom que j'avais avant, le nom que mes père et mère m'ont donné ! C'est bête, hein, capitaine ? » Mais Singh-la-Photo n'était pas bête ; et il n'avait pas que du charme. Soudain il cessa d'être désinvolte, un peu endormi ; il chuchota, « Vas-y ! Vas-y, capitaine, en quatrième vitesse ! » Parvati enleva le couvercle ; et je plongeai la tête la première dans l'énigmatique panier. Le couvercle replacé empêcha d'entrer la dernière lumière du jour.

Singh-la-Photo murmura, « Très bien, capitaine — Très

1. *Auld Lang Syne :* écossais pour *Old Long Since,* « Le bon vieux temps ». (*N.d.T.*)

bien ! » Et Parvati se pencha près de moi, elle devait avoir les lèvres juste de l'autre côté du panier. Ce que Parvati-la-Sorcière chuchota à travers l'osier :

« Hé ! Saleem ! Pense à ça : toi et moi, les Enfants de minuit ! C'est quelque chose, non ? »

C'est quelque chose... Saleem plongé dans l'obscurité de la vannerie, se souvint des minuits d'autrefois, de ses combats enfantins avec les buts et les significations ; submergé par la nostalgie, je ne comprenais toujours pas ce qu'était ce quelque chose. Puis Parvati murmura d'autres mots, et à l'intérieur du panier d'invisibilité, moi, Saleem Sinai, je disparus entièrement avec mon vêtement anonyme.

« Disparu ? Comment disparu ? Quoi disparu ? » La tête de Padma se redresse ; les yeux de Padma me regardent avec stupeur. Et moi, je hausse les épaules et je me contente de répéter : disparu, comme ça. Evanoui. Dématérialisé. Comme un djinn : pouf, comme ça.

« Alors, me demande Padma, c'était une vraie sorcière pour de bon ? »

Vraie pour de bon. J'étais dans le panier, mais je n'étais pas dans le panier ; Singh-la-Photo le souleva d'une main et le jeta à l'arrière du camion militaire qui l'emmenait, lui, Parvati et quatre-vingt-dix-neuf autres, jusqu'à l'avion qui attendait sur le terrain militaire ; je fus jeté avec le panier, mais je ne fus pas jeté. Par la suite, Singh-la-Photo dit, « Non, capitaine, je ne pouvais pas sentir ton poids », et je ne pus sentir aucun boum bing bang. Cent un artistes étaient arrivés de la capitale de l'Inde par un transport de troupes de l'Indian Air Force ; cent deux personnes en revenaient, bien que l'un d'eux fût là et ne fût pas là. Oui, des tours de magie peuvent parfois réussir. Mais aussi échouer : mon père, Ahmed Sinai, ne réussit jamais à jeter une malédiction à Sherry, la chienne bâtarde.

Sans passeport ni autorisation, je suis revenu, vêtu d'invisibilité, dans le pays de ma naissance ; croyez-moi, ne me croyez pas, mais même un sceptique devra fournir une explication à ma présence ici. Est-ce que le calife Haroun al-Rachid (dans un recueil de contes plus ancien) lui aussi, ne traversa pas les rues de Bagdad, inaperçu invisible anonyme masqué ? Ce que réussit Haroun al-Rachid dans les rues de Bagdad, Parvati-la-Sorcière me le rendit possible, alors que nous parcourions les voies aériennes du sous-continent. Elle le fit ; j'étais invisible : *bas. Assez.*

Souvenirs de l'invisibilité : dans le panier, j'ai appris ce que c'était, ce que ce serait d'être mort. J'avais acquis les caractéristiques des fantômes ! J'étais présent mais immatériel ; réel mais sans être ni poids... Dans le panier, j'ai découvert comment les fantômes voient le monde. Confusément indistinctement faiblement... Il était autour de moi, mais à peine ; je flottais dans une sphère d'absence aux limites de laquelle, comme de faibles reflets, on pouvait voir les spectres de la vannerie. Les morts meurent et sont oubliés petit à petit ; le temps apporte sa guérison, et ils s'estompent ; mais dans le panier de Parvati, j'ai appris que l'inverse est également vrai ; que les fantômes eux aussi se mettent à oublier ; que les morts perdent leurs souvenirs de vivants et qu'à la fin, quand ils sont séparés de leur vie, ils disparaissent — en bref, que la mort continue pendant longtemps après la mort. Par la suite, Parvati me dit, « Je ne voulais pas que tu le saches, mais personne ne peut rester invisible aussi longtemps — c'était dangereux, mais qu'y avait-il d'autre à faire ? »

Prisonnier de la magie de Parvati, je sentais que ma prise sur le monde diminuait — et comme il semblait facile, comme il semblait apaisant de ne jamais revenir ! — de flotter dans ce nulle part nébuleux, me laisser emporter plus loin loin loin, comme une spore que le vent entraîne — en un mot, j'étais en danger de mort.

Ce à quoi je m'accrochais dans ce temps-espace fantomatique : un crachoir d'argent. Qui, transformé comme moi par les mots de Parvati-la-Sorcière, n'en restait pas moins un rappel du monde extérieur... en m'accrochant à un morceau d'argent finement ciselé, qui luisait même dans l'obscurité sans nom, j'ai survécu. Malgré un engourdissement de la tête aux doigts de pied, j'ai été sauvé, peut-être, par les reflets de mon précieux souvenir.

Non — il y avait plus que des crachoirs : parce que, comme nous le savons tous maintenant, notre héros est gravement affecté d'être enfermé dans des espaces étroits. Quand il est confiné dans l'obscurité, des transformations jaillissent sur lui. Simple embryon dans le secret d'un ventre (pas celui de sa mère) est-ce qu'il n'est pas devenu l'incarnation du nouveau mythe du 15 août, l'enfant du tic-tac — est-ce qu'il n'est pas apparu comme le Mubarak, l'enfant béni ? Seul dans un coffre à linge, avec un cordon de pyjama dans une narine, est-ce qu'il n'aperçut pas une énorme mangue et reniflant trop fort, est-ce qu'il ne se transforma pas, lui et son concombre d'en haut, en une sorte de radio surnaturelle ? Entouré de médecins, d'infirmières et de masques d'anesthésie, ne succomba-t-il pas aux nombres et, ayant supporté un assèchement par le haut, n'entra-t-il pas dans une seconde phase, celle d'un philosophe du nez et (plus tard) celle d'un fin limier ? Dans une petite cabane abandonnée, écrasé sous le corps d'Ayooba Baloch, n'apprit-il pas le sens du juste et de l'injuste ? Alors — pris dans le péril occulte du panier de l'invisibilité, j'ai été sauvé, pas seulement par les reflets d'un crachoir, mais aussi par une autre transformation : prisonnier de cette horrible solitude désincarnée, dont l'odeur était celle des cimetières, j'ai découvert la colère.

Quelque chose disparaissait dans Saleem, quelque chose y naissait. Ce qui disparaissait : une ancienne fierté dans ses instantanés de bébé et dans une lettre encadrée de Nehru ; une ancienne décision d'épouser, volontairement, un rôle historique prophétisé ; et aussi la volonté de faire preuve de tolérance, de comprendre comme des parents et des étrangers pouvaient légitimement le mépriser ou l'exiler à cause de sa laideur ; des doigts mutilés et des tonsures de moine ne semblaient plus suffisants pour excuser la façon dont il, j'avais été traité. En fait, l'objet de mon courroux était tout ce que j'avais accepté aveuglément jusqu'alors : le désir de rembourser mes parents de ce qu'ils avaient investi en moi, en devenant un grand homme ; le génie-comme-un-châle ; les modes de connection eux-mêmes m'inspirèrent une fureur aveugle et violente. Pourquoi moi ? Pourquoi à cause d'accidents de naissance de prophétie et cetera dois-je être responsable d'émeutes pour des questions linguistiques, et après-Nehru-qui, pour des révolutions au ragoût et des bombes qui avaient anéanti ma famille ? Pourquoi devrais-je, moi, Saleem, Bouille-sale, Renifleux, Face-de-carte, Quartier-de-lune, accepter le blâme de ce que les soldats pakistanais n'ont pas fait à Dacca ?... *Pourquoi seul sur plus de cinq cents millions devrais-je porter le fardeau de l'histoire ?*

Ce que ma découverte de l'injuste (à odeur d'oignon) avait commencé, ma fureur de l'invisible l'acheva. Le courroux me permit de survivre aux douces sirènes de la tentation de l'invisibilité ; la colère me donna la détermination, quand je fus libéré de la disparition, dans l'ombre de la mosquée du Vendredi, de choisir à partir de ce moment mon avenir non prédestiné. Et là, dans le silence de la solitude aux relents de tombeau, j'ai entendu la voix virginale de Mary Pereira qui chantait comme autrefois :

Ce que tu veux être tu peux l'être
Tu peux être ce que tu veux.

Ce soir, en me souvenant de ma fureur, je reste parfaitement calme ; il y a longtemps que la Veuve a épuisé toute ma colère ainsi que le reste. Me rappelant ma révolte contre l'inévitable née dans un panier, je me permets même un sourire grimaçant et compréhensif. Et je marmonne avec tolérance à Saleem à vingt-quatre ans, « les garçons seront toujours des garçons ». Dans la pension de la Veuve, j'ai appris, et une fois pour toutes, la leçon du pas-d'issue ; maintenant, penché sur mon papier dans la lumière de la lampe, je ne veux plus être autre chose que ce que je suis. Qui que suis-je ? Ma réponse : je suis la somme totale de tout ce qui m'a précédé, de tout ce que j'ai été vu fait, de tout de qu'on m'a fait. Je suis tout le monde toutes les choses dont la venue au monde fut affectée par la mienne. Je suis tout ce qui arrivera quand je ne serai plus et qui ne serait pas arrivé si je n'étais pas venu. Et je ne suis pas particulièrement exceptionnel dans ce domaine ; chaque « moi », chacun des plus de six cents millions que nous sommes maintenant contient une multitude semblable. Je le répète pour la dernière fois : pour me comprendre, vous devez avaler tout un monde.

Cependant, alors que le déversement de ce-qui-était-en-moi touche à sa fin ; alors que les fissures s'élargissent — je peux entendre le bruit de la déchirure — je deviens plus mince, presque translucide ; il ne reste pas grand-chose de moi, et bientôt il ne restera plus rien du tout. Six cents millions de grains de poussière, tous transparents, invisibles comme du verre.

Mais, à ce moment-là, j'étais en colère. Une hyperactivité glandulaire dans une amphore d'osier : des glandes endocrines et exocrines déversaient sueur et puanteur, comme si j'avais essayé de me défaire de mon destin par mes pores ; et, par honnêteté envers mon courroux, je dois rapporter qu'il réclamait une réalisation immédiate — que lorsque je sortis du panier d'invisibilité dans l'ombre de la mosquée, j'avais été sauvé, par la révolte, de l'abstraction de l'engourdissement ; qu'en me cognant à la saleté du ghetto des magiciens, crachoir d'argent en main, je compris qu'à nouveau je commençais à sentir. Certaines infirmités peuvent au moins être vaincues.

L'OMBRE DE LA MOSQUÉE

Pas l'ombre d'un doute : une accélération a lieu. Cric crac croc — tandis que les routes de surface se fendent dans la chaleur accablante, moi aussi, je suis poussé vers la désintégration. Ce-qui-ronge-les-os (que, ainsi que j'ai été régulièrement obligé de l'expliquer aux nombreuses femmes qui m'entourent, les hommes de l'art sont incapables d'expliquer, et encore moins de soigner) ne pourra plus être nié très longtemps ; et pourtant, il reste tant de choses à dire... Oncle Mustapha grossit en moi, ainsi que la moue de Parvati ; une certaine boucle de cheveux d'un héros attend ; et aussi un accouchement de treize jours, et l'histoire comme l'analogie de la coiffure d'un Premier ministre ; il y aura une trahison, des esquives et l'odeur (portée par la brise et alourdie des hululements des veuves) de quelque chose en train de frire dans un poêlon en fer... C'est pourquoi je suis obligé, moi aussi, d'accélérer, de foncer vers la ligne d'arrivée ; avant que la mémoire n'éclate sans espoir de réunification, je dois franchir la ligne d'arrivée (bien qu'il y ait déjà des oublis et des halètements ; il faudra improviser de temps en temps).

Vingt-six pots de conserve posés sur une étagère ; vingt-six mélanges spéciaux, avec des étiquettes pour les identifier, sur lesquelles sont écrites des phrases bien connues : « Mouvements exécutés par du ragoût au piment » par exemple, ou « L'Alpha et l'Oméga », ou « Le bâton du commandant

Sabarmati ». Vingt-six pots qui tremblent avec éloquence quand les trains locaux, jaunes et bruns passent ; sur mon bureau, cinq pots vides tintent avec un caractère d'urgence, me rappelant que ma tâche n'est pas finie. Mais maintenant je ne peux pas m'attarder sur des pots de conserve vides ; la nuit est pour les mots, et le chutney vert doit attendre son tour... Padma est désenchantée : « Oh ! Monsieur, comme le Cachemire doit être beau en août, alors qu'ici il fait une chaleur de piment rouge ! » Je suis obligé de réprimander ma compagne, grassouillette et cependant musclée, dont l'attention s'est laissé distraire ; et de remarquer que notre Padma-Bibi, patiente tolérante consolatrice, commence à se conduire exactement comme une épouse indienne traditionnelle. (Et moi, lointain et préoccupé de moi-même, comme un mari ?) Depuis peu, malgré mon fatalisme stoïque à propos du développement des fissures, j'ai décelé dans l'haleine de Padma le rêve d'un autre (mais impossible) avenir ; ignorant les fatalités implacables des fissures internes, elle s'est mise à exsuder le parfum amer de l'espoir du mariage. Mon lotus de la Bouse qui si longtemps est resté insensible aux ricanements de mépris des lèvres barbues de nos employées aux bras poilus ; qui plaçait sa cohabitation avec moi au-delà et au-dessus de tous les codes de propriété, a apparemment succombé à un désir de légitimité... en bref, bien qu'elle n'ait pas dit un mot sur le sujet, elle attend que je fasse d'elle une honnête épouse. Le parfum de sa triste espérance imprègne ses remarques les plus innocentes — en ce moment même, alors qu'elle, « Hé ! Monsieur, pourquoi pas... finissez vos écrivailleries et reposez-vous ; allez au Cachemire, restez au calme pendant quelque temps... et vous emmenerez peut-être votre Padma avec vous, et elle pourra veiller sur vous... ? » Derrière ce rêve naissant de vacances au Cachemire (ce qui fut aussi autrefois le rêve de Jehangir, l'empereur moghol ; de la pauvre et oubliée Ilse Lubin ; et peut-être du Christ lui-même), je renifle la présence d'un autre rêve ; mais ni l'un ni l'autre ne pourraient se réaliser. Parce que maintenant les fissures, les fissures et toujours les fissures rétrécissent mon avenir vers la seule issue à laquelle on ne peut échapper ; et même Padma devra s'asseoir si je dois finir mes histoires.

Aujourd'hui les journaux parlent du retour politique de Mme Indira Gandhi ; mais, quand je suis revenu en Inde, caché dans un panier d'osier, la « Dame » était au faîte de sa gloire. Peut-être qu'aujourd'hui nous oublions déjà, en nous enfonçant volontairement dans les nuages insidieux de l'amnésie ; mais je me souviens et je vais consigner par écrit comment je — comment elle — comment il put arriver que — non, je ne peux pas le dire, il faut que je raconte les choses dans l'ordre, jusqu'à ce qu'il n'y ait plus d'autre choix que de raconter que... le 16 décembre 1971, je suis sorti d'un panier et je suis tombé dans une Inde dans laquelle le nouveau Parti du Congrès détenait une majorité de plus des deux tiers à l'Assemblée nationale.

Dans le panier de l'invisibilité, le sentiment d'injustice se transforma en colère ; et quelque chose d'autre — transformé par la fureur, j'avais été également submergé par un sentiment agonisant de sympathie pour ce pays qui n'était pas seulement mon frère jumeau mais aussi (si j'ose dire) mon frère siamois, de telle sorte que ce qui arrivait à l'un de nous arrivait aux deux. Si elle m'en avait fait voir à moi, Morve-au-nez, Bouille-sale et cetera, elle aussi en avait bavé, ma sœur jumelle et subcontinentale ; et maintenant que je m'étais accordé le droit de me choisir un avenir meilleur, j'étais résolu à ce que mon pays le partage. Je pense que, lorsque j'ai dégringolé dans la poussière, l'ombre et les bravos, j'avais déjà décidé de sauver mon pays.

(Mais il y a des fissures et des brèches... avais-je commencé à ce moment-là à voir que mon amour pour Jamila la chanteuse avait été, d'une certaine façon, une erreur ? Avais-je déjà compris que je n'avais fait que transférer sur ses épaules l'adoration que je ressentais maintenant comme un amour exclusif de la patrie ? Quand ai-je compris que mes sentiments vraiment incestueux étaient pour ma vraie sœur, l'Inde elle-même, et non pour cette chanteuse de charme, cette souillon, qui s'était débarrassée de moi de façon impitoyable, comme on se débarrasse d'une mue de serpent, et qui m'avait jeté dans la poubelle de la vie militaire ? Quand quand quand ?... Reconnaissant ma défaite, je suis obligé de dire que je ne peux m'en souvenir avec précision.)

... Saleem s'assit dans la poussière en clignant des yeux dans l'ombre de la mosquée. Un géant, debout près de lui, fit un sourire monstrueux et demanda, « Alors, capitaine, t'as fait bon voyage ? » Et Parvati, avec de grands yeux joyeux, lui verse de l'eau dans sa bouche desséchée... Sentir ! L'eau glacée restée fraîche dans le *lotah*[1], les lèvres gercées, brûlées et douloureuses, le poing serré sur de l'argent et des lapis-lazuli... « Je sens ! » cria Saleem à la foule bonhomme.

C'était le moment de l'après-midi qu'on appelle le *chaya,* quand l'ombre de la mosquée du Vendredi, en brique rouge et en marbre, s'étalait sur les cabanes entassées à ses pieds, ces taudis dont les toits de tôles délabrés accumulaient une telle chaleur qu'il était impossible de rester à l'intérieur, sauf pendant le chaya et la nuit... Mais les prestidigitateurs, contorsionnistes, jongleurs et fakirs s'étaient réunis dans l'ombre autour du minaret solitaire pour accueillir le nouvel arrivant. « Je sens ! » ai-je crié, et Singh-la-Photo, « D'accord, capitaine, dis-nous ce que tu sens, qu'est-ce que ça fait de naître une seconde fois, de tomber du panier de Parvati comme un bébé ? » Je sentais la stupéfaction sur Singh-la-Photo ; il était manifestement ébahi par le truc de Parvati, mais en vrai professionnel il n'imaginait même pas de lui demander comment elle avait fait. C'est ainsi que Parvati-la-Sorcière, qui avait utilisé ses pouvoirs illimités pour m'escamoter afin de me sauver, ne fut pas découverte ; et aussi parce que, comme je l'ai compris plus tard, le ghetto des magiciens ne croyait pas, avec la conviction absolue de ceux qui ont l'habitude de l'illusion, à la possibilité de la magie. Et Singh-la-Photo me dit, stupéfait, « Je le jure, capitaine, t'étais si léger là-dedans, comme un bébé ! » Mais il n'ima-

1. *Lotah :* en Inde, pot à eau sphérique, en terre ou en cuivre. (*N.d.T.*)

gina jamais que mon absence de poids ait pu être plus qu'un tour.

« Ecoute, bébé Sahib, cria Singh-la-Photo, qu'est-ce que tu dis, bébé capitaine ? Est-ce qu'il faut que je te mette sur mon épaule pour que tu fasses ton rot ? »... Et Parvati indulgente : « Celui-là, baba, est toujours en train de plaisanter ! » Elle était radieuse et souriait à tout le monde... mais alors eut lieu un incident malencontreux. Une voix de femme s'éleva en gémissant : « Aï-o-aï-o ! Aï-o-o ! » La foule surprise s'écarta et une vieille femme surgit et se précipita sur Saleem ; j'ai dû me protéger d'une poêle à frire, mais Singh-la-Photo saisit le bras qui agitait la poêle et hurla : « Hé ! Capitainesse, pourquoi faire tant de bruit ? » Et la vieille femme obstinément : « Aï-o-aï-o ! »

« Resham Bibi, dit Parvati mécontente, tu as des fourmis dans la tête ? » Et Singh-la-Photo, « Nous avons un invité, capitainesse — qu'est-ce qu'il va penser de tous ces cris ? Arré, calme-toi, Resham, ce capitaine, c'est un ami personnel de notre Parvati ! Ne viens pas lui crier dans les oreilles !

— Aï-oaï-o ! C'est la malchance ! Vous êtes allés à l'étranger et vous l'avez ramenée ici ! Aï-ooooo ! »

Les visages troublés des magiciens allaient de Resham Bibi à moi — parce que s'ils niaient le surnaturel, c'étaient des artistes et, comme tous leurs collègues, ils croyaient implicitement à la chance, chance-et-malchance, chance... « Tu l'as dit toi-même, gémit Resham Bibi, cet homme est né deux fois, et même pas d'une femme ! Voici venir la désolation, la peste et la mort ! Je suis vieille et je sais. Arré baba », elle tourna son visage suppliant vers moi, « aie seulement pitié ; va-t'en, va-t'en vite ! » Il y eut un murmure — « C'est vrai, Resham Bibi connaît les vieilles histoires » — mais alors, Singh-la-Photo se mit en colère. « Le capitaine est mon invité, dit-il, il restera dans ma cabane autant qu'il le voudra, quelques jours ou très longtemps. De quoi est-ce que vous parlez ? Ce n'est pas le moment de raconter ces histoires ! »

Le premier séjour de Saleem dans le ghetto des magiciens ne dura que quelques jours ; mais pendant ce court laps de temps, il arriva un certain nombre de choses qui apaisèrent les peurs soulevées par les « Aï-o-aï-o ». La vérité vraie et sans fards, c'est qu'à ce moment-là, les illusionnistes et autres artistes du ghetto atteignirent de nouveaux sommets — les jongleurs réussirent à lancer mille et une balles en même temps, et la protégée pas encore entraînée d'un fakir s'égara sur un lit de braises qu'elle traversa sans encombre, comme si elle avait acquis les dons de son mentor par osmose ; on me dit qu'on avait réussi le tour de la corde. La police ne fit pas sa descente mensuelle dans le ghetto, ce qui n'était jamais arrivé, si loin qu'on s'en souvienne, et le camp recevait un flot ininterrompu de visiteurs, les domestiques des riches venaient solliciter les services de tel ou tel pour telle ou telle soirée... En fait, c'était comme si Resham Bibi avait pris les choses à l'envers, et je devins très vite populaire dans le ghetto. Je fus sacré Saleem Kismeti, Saleem-la-Chance ; on félicitait Parvati de m'avoir amené dans le bidonville. Et finalement, Singh-la-Photo obligea Resham Bibi à s'excuser.

« S'cusez », dit Resham d'une voix sans dents, avant de s'enfuir ; Singh-la-Photo ajouta, « C'est dur pour les vieux ; ils ont le cerveau qui retombe en enfance et ils se souviennent de tout à l'envers. Capitaine, ici tout le monde dit que tu es notre chance ; mais est-ce que tu vas bientôt partir ? » — Et Parvati me regardait sans rien dire, avec de grands yeux qui me disaient non non non ; mais j'ai été obligé de répondre par l'affirmative.

Saleem, aujourd'hui, est certain qu'il répondit « Oui » ; que le même matin, toujours avec son inséparable crachoir d'argent, toujours vêtu de sa robe sans forme, il s'en alla sans se retourner, sans regarder une fille qui le suivait avec des yeux humides et accusateurs ; que, passant rapidement devant des jongleurs qui s'entraînaient et des étals de confiserie qui lui emplissaient les narines des odeurs tentatrices de rasgulas, devant des barbiers qui rasaient pour dix *paisa* [1] et les épaves de vieilles commères radoteuses, devant des cireurs de chaus-

1. *Paisa* : 1/100 de roupie. (*N.d.T.*)

sures criant avec un accent américain et qui importunaient des touristes japonais portant des costumes bleus et identiques et d'étonnants turbans jaune safran que des guides malveillants et obséquieux leur avaient noués autour de la tête, devant les escaliers de la mosquée du Vendredi, devant des vendeurs de mercerie, de parfums, de reproductions en plâtre du Qubt Minar, de chevaux peints, de poulets vivants battant des ailes, devant des combats de coqs et les yeux vides des joueurs de cartes, il sortit du ghetto des illusionnistes et se retrouva dans Faiz Bazar, en face des murs immenses d'un Fort-Rouge du haut desquels, autrefois, un Premier ministre avait annoncé l'indépendance, et dans l'ombre duquel une femme avait rencontré un montreur de kaléidoscope, qui l'avait conduite dans les ruelles étroites pour qu'elle entende l'avenir de son fils prédit parmi les mangoustes et les vautours et des hommes aux membres brisés avec des feuilles enroulées autour des bras ; que, en un mot, il tourna à droite et quitta la vieille ville pour aller vers les palais roses construits autrefois par des conquérants à la peau rose : abandonnant ceux qui m'avaient sauvé, je suis rentré à pied dans New Delhi.

Pourquoi ? Pourquoi, repoussant avec ingratitude la douleur et la nostalgie de Parvati-la-Sorcière, me suis-je détourné de l'ancien pour me diriger vers le nouveau ? Pourquoi, alors que pendant de nombreuses années elle avait été mon alliée fidèle dans les congrès nocturnes de mon esprit, l'ai-je abandonnée si facilement dans le matin ? Franchissant les lacunes de mon esprit, je peux me rappeler deux raisons ; mais je suis incapable de dire laquelle fut la plus importante, ni si une troisième... Tout d'abord, j'avais fait le point. Saleem n'avait pas eu d'autre choix que de reconnaître que ses perspectives n'étaient pas très bonnes. J'étais sans passeport ; d'après la loi, j'étais un immigrant illégal (après avoir été un émigrant légal) ; des camps de prisonniers de guerre m'attendaient partout. Et, même si l'on ne tenait pas compte de mon statut de soldat-vaincu-en-fuite, la liste de mes handicaps restait formidable : je n'avais ni argent ni vêtements de rechange ; aucune qualification — n'ayant jamais terminé mes études et ne m'étant distingué dans aucune des choses que j'avais entreprises ; comment allais-je m'embarquer pour mon ambitieux projet —, sauver la nation — sans un toit au-dessus de ma tête ou une famille à protéger soutenir aider... Ce fut comme un coup de tonnerre : j'avais tort ; ici, dans cette ville même, j'avais de la famille — et pas n'importe quelle famille, des gens influents ! Mon oncle Mustapha Aziz, un haut fonctionnaire qui, la dernière fois que j'avais entendu parler de lui, était le second de son ministère ; quel meilleur patronage que le sien pour mes ambitions messianiques ? Sous son toit, je pourrais obtenir des contacts et des vêtements ; sous ses auspices, je pourrais avoir un poste dans l'administration et en étudiant la réalité du gouvernement, je trouverais certainement les clefs du salut national ; j'aurais l'oreille des ministres et je serais peut-être au mieux avec la grande... ! C'est en proie à ces magnifiques visions que je dis à Parvati-la-Sorcière, « Je dois m'en aller ; de grandes choses m'attendent ! » et, voyant la douleur dans ses joues soudain devenues rouges, je la consolai : « Je reviendrai te voir souvent. Souvent souvent. » Mais cela ne la consola pas... La grandeur d'âme fut donc une des raisons d'abandonner ceux-qui-m'avaient-aidé ; mais n'y en eut-il pas une plus petite, plus basse, plus personnelle ? Si. Parvati m'avait attiré en secret derrière une cabane en tôle et en caisses d'emballage ; là où grouillaient les cafards, où les rats se couvraient, où les mouches se gavaient sur des étrons de chiens, elle me saisit le poignet et ses yeux s'allumèrent et sa langue siffla ; cachés dans les bas-fonds puants du ghetto, elle m'avoua que je n'étais pas le premier enfant de minuit à croiser sa route ! Et il y eut l'histoire d'un défilé à Dacca, et des magiciens marchant devant des héros ; et les yeux de Parvati s'allumant sur une paire de genoux gigantesques et préhensiles... des genoux qui gonflaient fièrement l'uniforme fraîchement repassé, et il y eut Parvati qui criait, « Oh ! toi, oh ! toi... » et le nom imprononçable, le nom de ma faute, de quelqu'un qui sans un crime dans une maternité aurait dû mener ma vie ; Parvati et Shiva, Shiva et Parvati, voués à se rencontrer par le destin divin de leurs noms, furent réunis au moment de la victoire ; « un héros, mon vieux ! siffla-t-elle fièrement derrière la cabane. Ils vont en faire un officier supérieur, et tout ! » Et alors, que sortit-elle d'un pli de ses vêtements en lambeaux ? Qu'est-ce qui autrefois avait poussé fièrement sur la tête d'un héros et qui maintenant se nichait entre les seins d'une sorcière ? « Je la lui ai demandée, et il me l'a donnée », dit Parvati-la-Sorcière et elle me montra une boucle de cheveux.

Ai-je fui cette boucle de cheveux ? Est-ce que Saleem, craignant de rencontrer son alter ego, qu'il avait banni il y avait si longtemps des conseils de la nuit, s'enfuit dans le giron de cette famille dont les réconforts avaient été refusés aux héros de la guerre ? Etait-ce grandeur d'âme ou sentiment de culpabilité ? Je ne peux le dire ; je ne rapporte que ce dont je me souviens, à savoir que Parvati-la-Sorcière chuchota, « Peut-être qu'il viendra quand il en aura le temps ; alors nous serons trois ! » Et une autre phrase, souvent répétée : « Les Enfants de minuit... c'est quelque chose, non ? » Parvati-la-Sorcière me rappelait ce que j'avais essayé de chasser de mon esprit ; et je m'éloignai d'elle pour aller chez Mustapha Aziz.

De mon dernier et malheureux contact avec les relations brutales de la vie familiale, il ne me reste que des fragments ; cependant, puisque tout doit être rapporté et par conséquent conservé, je vais tenter de faire un compte rendu... Pour commencer, permettez-moi de vous dire que mon oncle Mustapha vivait dans un spacieux bungalow pour fonctionnaires, construit dans un joli jardin pour fonctionnaires près de Rajpath, au centre de la ville de Lutyens ; je descendis ce qui autrefois avait été Kingsway, en humant les très nombreux parfums de la rue qui émanaient des grands ateliers d'Etat d'artisanat, des tuyaux crevés et des rickshaws à moteur ; le parfum des banians et des cèdres se mêlait aux senteurs fantomatiques des anciens vice-rois et des sahibs gantés, ainsi qu'aux odeurs corporelles plus violentes des begums riches et des clochards. Il y avait le tableau géant du résultat des élections autour duquel (pendant la première bataille pour le pouvoir entre Indira et Morarji Desai) les gens s'étaient réunis en foule, dans l'attente des résultats, demandant avec passion : « C'est un garçon ou une fille ? »... Au milieu de l'ancien et du moderne, entre la porte de l'Inde et les immeubles des ministères, la tête pleine des empires (moghol et britannique) disparus, ainsi que de ma propre histoire — parce que c'était la ville de la déclaration publique, des monstres à plusieurs têtes et d'une main tombant du ciel — j'avançais résolument, en respirant, comme tout ce qui était en vue, vers le plus haut des cieux. Et enfin, ayant tourné à gauche vers Dupleix Road, j'arrivai devant un jardin anonyme entouré d'un mur bas et d'une haie ; dans un coin, je vis un panneau qui se balançait dans la brise, exactement comme autrefois des panneaux avaient fleuri dans les jardins du domaine de Methwold ; mais cet écho du passé racontait une autre histoire. Pas « À VENDRE », avec ses trois voyelles sinistres et ses quatre consonnes fatales ; la fleur de bois du jardin de mon oncle proclamait étrangement : M. Mustapha Aziz et sa *fly*[1]. Ignorant que le dernier mot était une abréviation sèche et habituelle de mon oncle pour l'émouvant et palpitant substantif « famille », je fus induit en erreur par le panneau dodelinant ; cependant, après avoir passé très peu de temps chez mon oncle, je le trouvais parfaitement adapté, parce que la famille de Mustapha Aziz était aussi humiliée, aussi « insecte », aussi insignifiante que cette mouche mythique et tronquée.

Avec quels mots m'accueillit-on, quand, un peu nerveux, je tirai la sonnette, espérant vivement entamer une nouvelle carrière ? Quel visage apparut derrière la porte garnie de grillage et se mit à crier de colère et de surprise ? Padma : je fus accueilli par la femme d'oncle Mustapha, par ma tante Sonia la folle, qui s'écria : « Pouah ! Par Allah ! Qu'est-ce qu'il pue ! »

Et bien que moi, de façon prévenante, « Bonjour tantine

1. *Fly :* jeu de mots intraduisible. En anglais, *fly :* « mouche » et *family :* « famille », d'où les jeux de mots qui vont suivre. (*N.d.T.*)

Sonia », je fasse un grand sourire timide à cette vision grillagée de la beauté iranienne de ma tante qui commençait à se rider, elle continua, « C'est Saleem ? Oui, je me souviens de toi. Tu étais un sale mioche ! Tu te prenais pour un futur dieu ! Et pourquoi ? A cause d'une lettre que t'avait envoyée l'adjoint du quinzième secrétaire du Premier ministre ! » J'aurais dû prévoir l'anéantissement de tous mes plans lors de cette première entrevue ; j'aurais dû sentir sur ma tante l'implacable odeur de la jalousie du fonctionnaire qui mettrait en échec toutes mes tentatives pour me faire une place dans le monde. J'avais reçu une lettre, elle jamais ; cela faisait de nous des ennemis éternels. Mais il y eut une porte qui s'ouvrit ; il eut des bouffées d'odeurs de vêtements propres et de douches ; et moi, reconnaissant du moindre bienfait, j'oubliai d'analyser les parfums mortels de ma tante.

Mon oncle Mustapha, dont la moustache fièrement cosmétiquée d'autrefois ne s'était jamais remise de la tempête de poussière lors de la destruction du domaine de Methwold, avait vu quelqu'un lui passer devant pas moins de quarante-sept fois pour la direction de son ministère, et il s'était finalement consolé de son incapacité grâce aux corrections infligées à ses enfants, à ses emportements nocturnes pour expliquer qu'il était manifestement victime de préjugés anti-musulmans, à une loyauté contradictoire mais absolue au gouvernement du moment, grâce enfin à une passion pour les généalogies qui était son seul passe-temps et qui était même plus forte que l'ancien désir de mon père Ahmed Sinai de se prouver à lui-même qu'il descendait des empereurs moghols. Sa femme se joignait volontiers à lui pour la première de ces consolations, sa femme semi-iranienne et soi-disant mondaine, Sonia (née Khosrovani) qui était devenue folle à lier à cause d'une vie au cours de laquelle on avait exigé d'elle qu'elle devienne une *chamcha* (mot à mot une cuiller, mais plus familièrement une lèche-botte) auprès de quarante-sept femmes successives de directeurs qu'elle s'était auparavant aliénées par sa fantastique condescendance quand elles n'étaient que les épouses du numéro trois ; sous les volées conjointes de ma tante et de mon oncle, mes cousins avaient tellement été réduits en bouillie que je suis incapable de me souvenir de leurs nombre, sexe, taille ou traits ; évidemment leurs personnalités avaient cessé d'exister depuis bien longtemps. Dans la maison de mon oncle Mustapha, je restais assis parmi mes cousins pulvérisés, et j'écoutais les soliloques nocturnes qui ne cessaient de se contredire, changeant continuellement de direction, entre sa rancœur de ne pas avoir reçu de promotion et sa dévotion de chien couchant à tout ce que faisait le Premier ministre. Si Indira Gandhi lui avait demandé de se suicider, Mustapha Aziz aurait attribué cela au fanatisme antimusulman, mais aurait également défendu la clairvoyance politique de la demande et, naturellement, aurait accompli son devoir sans oser (ni même souhaiter) soulever une objection.

Pour les généalogies : mon oncle Mustapha passait tout son temps libre à remplir d'énormes cahiers d'arbres généalogiques ressemblant à des toiles d'araignée, recherchant éternellement et immortalisant les bizarres lignages des plus grandes familles du pays ; mais un jour, alors que j'étais là, ma tante Sonia entendit parler d'un *rishi* de Hardwar qui avait, disait-on, trois cent quatre-vingt-quinze ans et qui avait appris par cœur les généalogies de chaque clan brahmane[1] du pays. « Même pour ça, hurla ma tante, tu n'es que le numéro deux ! » L'existence du rishi de Hardwar acheva sa descente dans la folie, et sa violence envers ses enfants devint telle que chaque jour on s'attendait à un meurtre et qu'à la fin mon oncle Mustapha fut obligé de la faire enfermer, parce que ses excès le gênaient dans son travail.

Ainsi, telle était la famille dans laquelle j'étais tombé. Leur présence à Delhi finit par m'apparaître comme une profanation de mon propre passé ; dans une ville qui, pour moi, était toujours hantée par les fantômes des jeunes Ahmed et Amina, cette *mouche* rampait sur un sol sacré.

Mais ce qui ne pourra jamais être prouvé avec certitude,

1. Brahmane, la première des grandes castes traditionnelles de l'Inde. (*N.d.T.*)

c'est si l'obsession de mon oncle pour les généalogies était mise au service d'un gouvernement qui tombait sous le double charme du pouvoir et de l'astrologie ; aussi ce qui arriva dans la pension de la Veuve aurait pu ne jamais se produire sans son aide... Mais non, moi aussi, j'ai trahi ; je ne condamne pas ; tout ce que je veux dire c'est qu'une fois j'ai vu parmi les cahiers d'arbres généalogiques un dossier en cuir noir sur lequel était écrit TOP SECRET et qui portait comme titre PROJET C.E.M.

La fin est proche et on ne peut pas y échapper plus longtemps ; tandis que l'administration d'Indira, comme celle de son père, consulte chaque jour des pourvoyeurs de science occulte ; tandis que les prophètes de Bénarsi aident à constituer l'histoire de l'Inde, je dois faire une digression dans des souvenirs personnels et douloureux ; parce que c'est chez mon oncle Mustapha que j'ai appris avec certitude la mort des membres de ma famille dans la guerre de 65 ; et aussi la disparition quelques jours avant mon arrivée de la célèbre chanteuse pakistanaise Jamila.

... Quand ma tante folle Sonia apprit que je m'étais battu du mauvais côté pendant la guerre, elle refusa de me donner à manger (nous étions à table) et hurla, « Tu es culotté ! Est-ce que tu n'as pas un cerveau pour penser ? Tu es dans la maison d'un haut fonctionnaire — un criminel de guerre en fuite ! Allah ! Tu veux que ton oncle perde son travail ? Tu veux nous jeter à la rue ? Tu peux avoir honte ! Va-t'en, hors d'ici, ou, mieux, on va appeler la police et te faire arrêter ! Que tu sois prisonnier de guerre, qu'est-ce que ça peut nous faire, tu n'es même pas le vrai fils de notre pauvre sœur !... »

Des coups de tonnerre, les uns après les autres ; Saleem a peur pour sa sécurité et, en même temps, il apprend la vérité sur la mort de sa mère, et aussi que sa position est plus fragile qu'il ne le pensait, parce que dans cette branche de la famille, on ne l'a pas encore accepté ; connaissant la confession de Mary Pereira, Sonia est capable de tout !... Et moi, d'une voix faible, « Ma mère ? Morte ? » Et mon oncle Mustapha, sentant peut-être que sa femme est allée trop loin, dit à contrecœur, « Qu'importe, Saleem, tu peux rester, bien sûr... Femme, que faire d'autre ?... et ce pauvre garçon ne sait même pas... »

Alors ils m'ont tout dit.

Au milieu de cette *mouche* folle, il me vint à l'esprit que je devais aux morts un très grand nombre de jours de deuil ; après avoir appris les décès de mes père et mère, tantes Alia, Pia et Emerald, cousin Zafar et sa princesse du Kif, de la Révérende Mère et de mes parents éloignés Zohra et son mari, je décidai de consacrer les quatre cents jours suivants au deuil, comme il se doit : dix deuils de quarante jours chacun. Et il y avait l'histoire de Jamila la chanteuse.

Elle avait entendu parler de ma disparition dans le tourbillon de la guerre du Bangladesh ; elle, qui avait toujours manifesté son amour lorsque c'était trop tard, perdit peut-être un peu la tête à cause des nouvelles. Jamila, la Voix du Pakistan, le bulbul de la foi, avait dit ce qu'elle pensait des nouveaux dirigeants d'un Pakistan mangé aux mites et divisé par la guerre ; tandis qu'A. Buttho disait au conseil de sécurité des Nations unies, « Nous construirons un Pakistan nouveau, un Pakistan meilleur ! Mon pays m'écoute avec attention ! », ma sœur l'injuriait en public ; elle, la pure des pures, la patriote des patriotes, se transforma en rebelle en apprenant la nouvelle de ma mort. (C'est du moins comme ça que je vois les choses ; mon oncle ne me donna que les faits bruts ; il les avait appris par des voies diplomatiques.) Deux jours après sa diatribe contre les responsables de la guerre, ma sœur avait disparu de la surface de la terre. Mon oncle Mustapha essayait de me réconforter : « Il se passe de vilaines choses là-bas, Saleem ; des gens disparaissent tout le temps ; nous devons craindre le pire. »

Non ! Non non non ! Padma : il se trompait ! Jamila n'avait pas disparu dans les griffes de l'Etat ; parce que la nuit même, j'ai rêvé que dans les ombres nocturnes et le secret d'un simple voile, pas la tente de brocart d'or immédiatement reconnaissable d'oncle Pouf, mais d'un burqua noir et commun, elle quitta la capitale par avion ; et la voici qui arrive sans qu'on l'interroge qu'on l'arrête, libre, à Karachi, elle s'enfonce dans la ville en taxi, et maintenant il y a un haut mur avec des portes verrouillées et un guichet par lequel, autrefois, il y a bien longtemps, on me donnait du pain, le pain au levain de la faiblesse de ma sœur, et elle supplie pour qu'on la laisse entrer, des nonnes ouvrent des portes, alors qu'elle demande asile, oui, la voici à l'intérieur, à l'abri, les portes ayant déjà été refermées derrière elle, échangeant une forme d'invisibilité pour une autre, voici une autre Révérende Mère, tandis que Jamila la chanteuse qui autrefois, quand elle était le Singe de Cuivre, avait flirté avec le christianisme, trouve refuge sécurité paix parmi l'ordre cloîtré de Santa Ignacia... Oui, la voici, en sûreté, pas disparue, pas aux mains de la police qui tape bat affame, mais au calme, pas dans une tombe anonyme sur les bords de l'Indus, mais vivante, faisant cuire le pain, chantant doucement pour les nonnes ; je sais, je sais. Comment est-ce que je sais ? Un frère sait ; c'est tout.

A nouveau, la responsabilité m'agresse : parce qu'il n'y a aucun moyen d'y échapper — la ruine de Jamila fut, comme d'habitude, ma faute.

J'ai vécu chez M. Mustapha Aziz pendant quatre cent vingt jours... Saleem suivait un deuil tardif pour ses morts ; mais n'allez pas penser un seul instant que j'avais pour autant les oreilles bouchées ! N'imaginez pas que je n'entendais pas ce qu'on disait autour de moi, les querelles incessantes entre mon oncle et ma tante (qui l'aidèrent peut-être à la faire enfermer dans un asile de fous) : Sonia Aziz hurlant : « Ce *banghi* — ce dégueulasse qui n'est même pas ton neveu, je ne sais pas ce que tu as, on devrait le flanquer à la porte tout de suite ! » Et Mustapha répondant calmement : « Le pauvre garçon est accablé de douleur, comment pourrions-nous, regarde-le, il est un peu dérangé, il a tellement souffert ! » Dérangé ! C'était énorme, venant d'eux — venant de cette famille auprès de laquelle une tribu de cannibales aurait semblée calme et civilisée ! Pourquoi me suis-je résigné ? Parce que j'avais un rêve. Mais pendant quatre cent vingt jours, ce fut un rêve qui ne réussit pas à devenir vrai.

La moustache affaissée, grand mais voûté, éternel numéro deux : mon oncle Mustapha n'était pas mon oncle Hanif. Il était le chef de famille maintenant, le seul de sa génération à avoir survécu à l'holocauste de 1965 ; mais il ne me fournit aucune aide... un soir d'amertume j'allai le défier dans son travail de généalogie et je lui expliquai — avec la solennité nécessaire et des gestes humbles mais résolus — ma mission historique qui consiste à sauver la nation ; mais il soupira profondément et dit, « Ecoute-moi, Saleem, que voudrais-tu que je fasse ? Je te garde dans ma maison ; tu manges mon pain et tu ne fais rien — mais c'est très bien, tu es le fils de ma pauvre sœur, et je dois veiller sur toi — aussi reste ici, repose-toi, prends tes aises ; ensuite nous verrons. Tu veux un poste de fonctionnaire, ça peut peut-être s'arranger ; mais laisse ces rêves de Dieu-sait-quoi. Notre pays est en bonnes mains. Indiraji fait déjà des réformes radicales — la réforme agraire, l'organisation fiscale, l'éducation, le contrôle des naissances — tu peux lui faire confiance. » Me traiter d'un ton protecteur, Padma ! Comme si j'étais un enfant ! Quelle honte, quelle humiliation ! Etre traité avec condescendance par des sots !

A chaque tournant de ma vie, on me contrecarre ; un prophète dans le désert, comme Maslama, comme Ibn Sinam ! Quoi que je fasse, le désert est mon lot ! Oh ! Salive peu secourable de mes oncles ! Oh ! Ambitions entravées par des parents flagorneurs ! Le refus de mon oncle de ma demande de promotion eut un grave effet : plus il vantait son Indira, et plus je la détestais. En fait, il me préparait à retourner dans le ghetto des magiciens, et pour... pour elle... la *Veuve*.

De la jalousie : c'était cela. La verte jalousie de ma tante folle Sonia, coulant comme du poison dans les oreilles de mon oncle, l'empêcha de lever le petit doigt pour me lancer dans la carrière que j'avais choisie. Les grands hommes sont éternellement à la merci des petits hommes et aussi des petites femmes folles.

Le quatre cent dix-huitième jour de mon séjour il y eut un changement dans l'atmosphère de la maison de fous. Quelqu'un vint dîner : quelqu'un avec du ventre, une tête en pointe recouverte de boucles huileuses, et une bouche aussi charnue que des lèvres de femme. Je crus le reconnaître d'après des photos parues dans des journaux. M'adressant à un de mes cousins sans sexe sans âge et sans visage, je demandai avec intérêt, « Est-ce que ce n'est pas, tu sais, Sanjay Gandhi ? » Mais le pauvre être broyé était trop anéanti pour pouvoir répondre... Etait-ce lui ou n'était-ce pas lui ? A l'époque, je ne savais pas ce que je rapporte maintenant : certains hauts personnages de ce gouvernement extraordinaire (ainsi que certains fils non élus de premiers ministres) avaient acquis le pouvoir de se reproduire... Quelques années plus tard, il y aurait des bandes de Sanjay dans toute l'Inde ! Pas étonnant que cette incroyable dynastie veuille imposer aux autres le contrôle des naissances... Ainsi, c'était peut-être lui, et ce n'était peut-être pas lui ; mais quelqu'un disparut dans le bureau de mon oncle avec Mustapha Aziz ; et cette nuit-là — je jetai un coup d'œil — il y eut un dossier de cuir noir sur lequel on avait écrit TOP SECRET ; et le lendemain matin, mon oncle me regardait différemment, presque avec crainte, ou avec ce regard particulier de répugnance que les fonctionnaires réservent à ceux qui sont tombés en disgrâce. J'aurais dû me douter de ce qui m'attendait ; mais tout paraît simple après coup ; l'après-coup arrive seulement maintenant, trop tard, maintenant que je suis cantonné à la périphérie de l'histoire, maintenant que les liens entre ma vie et celle de la nation ont été brisés pour de bon... pour éviter l'inexplicable regard de mon oncle, je suis sorti dans le jardin ; et j'ai vu Parvati-la-Sorcière.

Elle était accroupie sur le trottoir, avec à côté d'elle le panier de l'invisibilité ; quand elle me vit, ses yeux brillèrent de reproche. « Tu avais dit que tu viendrais, mais je t'ai attendu en vain. Aussi, c'est moi qui suis venue » bredouilla-t-elle. Je baissai la tête. « J'étais en deuil », dis-je d'une voix faible, et elle, « Mais tu aurais pu venir quand même... mon

Dieu, Saleem, tu ne te rends pas compte, mais dans le ghetto je ne peux parler de ma magie à personne, jamais, même pas à Singh-la-Photo qui est comme un père, je dois tout ravaler, ravaler, parce qu'ils ne croient pas en ces choses-là, et je me suis dit, Voilà Saleem, maintenant j'aurai au moins un ami, nous pourrons parler, nous pourrons rester ensemble, nous avons été tous les deux, et nous avons su, et comment dire, Saleem, ça ne te fait rien, tu as eu ce que tu voulais et tu es parti comme ça, je ne suis rien pour toi, je sais… »

Cette nuit-là, ma tante folle Sonia, on allait lui mettre la camisole de force dans quelques jours (on en parla dans les journaux, un petit article en page intérieure ; le ministère de mon oncle a dû être ennuyé), eut l'idée la plus violente de sa folie profonde, elle pénétra en trombe dans ma chambre, dans laquelle une demi-heure plus tôt quelqu'un avec des yeux en boules de loto était entré en escaladant la fenêtre du rez-de-chaussée ; elle me trouva au lit avec Parvati-la-Sorcière, et à la suite de ça mon oncle Mustapha se désintéressa de moi et me dit, « Tu es né de banghis, tu resteras une sale type toute ta vie » ; le quatre cent vingtième jour qui suivit mon arrivée, je quittai la maison de mon oncle, débarrassé de tout lien familial, rendu enfin à ce véritable héritage de pauvreté et d'indigence dont j'avais été frustré depuis si longtemps par le crime de Mary Pereira. Parvati-la-Sorcière m'attendait sur le trottoir ; je ne lui dis pas que d'une certaine façon j'étais content de cette interruption, parce qu'en l'embrassant dans l'obscurité de ce minuit illicite j'avais vu son visage changer et devenir celui d'un amour interdit ; les traits fantomatiques de Jamila la chanteuse remplacèrent rapidement ceux de la sorcière ; Jamila qui était (j'en suis sûr !) bien à l'abri dans un monastère de Karachi, fut soudain également ici, sinon qu'elle avait subi une sombre transformation. Elle avait commencé à pourrir, les pustules et les chancres de l'amour interdit s'étalaient sur tout son visage ; comme autrefois avait pourri le fantôme de Joseph D'Costa prisonnier de la lèpre occulte de la culpabilité, aujourd'hui les fleurs à odeur rance de l'inceste éclosaient sur les traits fantomatiques de ma sœur, et je ne pouvais ni l'embrasser ni la toucher ni regarder ce visage spectral et intolérable, j'étais sur le point de me reculer avec un cri de nostalgie désespérée et de honte quand Sonia Aziz se précipita sur nous avec une lampe, et des cris.

En ce qui concerne Mustapha, mon écart de conduite avec Parvati a pu être pour lui rien de plus qu'un prétexte utile pour se débarrasser de moi ; mais cela n'est pas certain, parce que le dossier noir était fermé — tout ce que j'ai vu, c'est un regard dans ses yeux, une odeur de peur, trois lettres sur une étiquette — parce que, quand tout fut terminé, une dame déchue et son fils à grosses lèvres passèrent deux jours enfermés à clef, à brûler des dossiers ; et comment peut-on savoir si l'un d'eux portait une étiquette marquée C.E.M. ?

Je ne voulais pas rester de toute façon. La famille : une idée surfaite. Ne croyez pas que j'étais triste ! N'allez pas imaginer que j'avais la gorge serrée lors de mon expulsion de la dernière maison accueillante qui m'avait été ouverte ! Je vous le dis... j'étais de bonne humeur quand je suis parti... peut-être suis-je quelque peu anormal, j'ai peut-être un manque fondamental de réactions émotives ; mais j'ai toujours aspiré à des pensées élevées. D'où mon élasticité. Frappez-moi : je rebondis. (Mais toute résistance est inutile devant les fissures.)

Pour résumer : abandonnant mes précédents et naïfs espoirs d'une nomination dans la fonction publique, je suis retourné dans le bidonville des magiciens et le chaya de la mosquée du Vendredi. Comme Gautama, le premier et vrai bouddha, j'ai quitté ma vie de confort et je suis parti dans le monde comme un mendiant. C'était le 23 février 1973 ; on allait nationaliser les mines de charbon et le marché du blé, le prix de l'huile qui avait commencé à monter monter monter, quadruplerait en un an, et dans le Parti Communiste de l'Inde la séparation entre la faction Dange prosoviétique et le P.C.I. de Namboodiripad était devenue infranchissable ; et moi Saleem Sinai, comme l'Inde, j'avais vingt-cinq ans, six mois et huit jours.

Les magiciens étaient communistes, presque jusqu'au dernier. C'est vrai : des rouges ! Des émeutiers, une menace publique, le rebut de la terre — une communauté impie vivant de façon blasphématoire dans l'ombre même de la maison de Dieu ! Et ce qui est pire, sans vergogne ; rouges en toute innocence, nés avec une âme corrompue ! Et permettez-moi de vous dire que, dès que j'eus découvert cela, moi qui avais été élevé dans l'autre vrai foi de l'Inde, à savoir le sens des affaires, moi qui avais abandonné, qui avais été abandonné par les médecins, je me sentis immédiatement à l'aise et chez moi. Affairiste renégat, je devins un rouge zélé, et de plus en plus rouge, aussi sûrement et complètement qu'autrefois mon père était devenu blanc, et ainsi ma mission consistant à sauver le pays put être considérée sous une lumière différente ; des méthodologies révolutionnaires me vinrent à l'esprit. A bas les oncles peu coopératifs et leurs chefs bien-aimés ! Rempli d'idées sur les communications directes avec les masses, je me suis installé dans le ghetto des magiciens, grappillant de quoi vivre en amusant les touristes étrangers ou nationaux avec les merveilleux talents de mon nez qui me permettaient de découvrir l'odeur de leurs secrets de touristes. Singh-la-Photo me demanda de partager sa cabane. Je dormais sur des sacs en lambeaux au milieu des paniers dans lesquels sifflaient des serpents ; mais je ne m'en occupais pas, j'essayais seulement de tolérer la faim la soif les moustiques et (au début) le froid de l'hiver à Delhi. Singh-la-Photo, l'Homme le Plus Charmeur du Monde, était également le chef incontesté du ghetto ; les querelles et les problèmes étaient résolus à l'ombre de son énorme parapluie noir, de modèle courant ; et moi, qui savais lire et écrire comme je savais sentir, je devins une sorte d'aide de camp de cet homme monumental qui invariablement ajoutait un discours sur le socialisme à tous ses tours et qui était célèbre dans les rues principales et les ruelles pour bien plus que l'art avec lequel il charmait les serpents. Je peux dire avec une certitude absolue que Singh-la-Photo était le plus grand homme que j'aie jamais rencontré.

Un après-midi, pendant le chaya, une autre copie de ce jeune homme à grosses lèvres, que j'avais vu chez mon oncle Mustapha, visita le ghetto. Debout sur les marches de la mosquée il déploya une banderole que tinrent deux assistants. On pouvait y lire : SUPPRIMER LA PAUVRETÉ ; à côté du symbole du Congrès d'Indira, un veau tétant une vache. L'homme avait le visage grassouillet d'un veau et quand il parla il libéra une haleine puante. « Frères-reeu ! Sœurs-reeu ! Que vous dit le Congrès ? Ceci : Tous les hommes sont égaux ! » Il n'alla pas plus loin ; la foule recula de dégoût à cause de son haleine à l'odeur de bouse chauffée au soleil, et Singh-la-Photo se mit à rire bruyamment. « Ho ! ho ! ho ! Capitaine, elle est bien bonne ! » Et Grosses-Lèvres sottement : « Frère ! Faites-nous participer à la plaisanterie ! » Singh-la-Photo secoua la tête en se tenant les côtes : « Vas-y, capitaine, parle ! Quel discours ! » Son rire dépassa le cercle de son parapluie et gagna la foule jusqu'à ce qu'on se roule tous par terre, en riant, en écrasant les fourmis, en se couvrant de poussière, et l'imbécile du Congrès s'écria effrayé : « Qu'est-ce que c'est ? Ce type ne croit pas que nous sommes égaux ? Quelle idée doit-il... » Mais Singh-la-Photo, le parapluie au-dessus de la tête s'en allait vers sa cabane. Grosses-Lèvres soulagé continua son discours... mais pas pour longtemps, parce que Singh-la-Photo revint en portant sous le bras gauche un petit panier rond fermé d'un couvercle, et sous l'aisselle droite une flûte en bois. Il déposa le panier sur une marche, aux pieds de l'homme du Congrès ; il souleva le couvercle ; il se mit la flûte aux lèvres. Parmi les rires qui reprenaient de plus belle, le jeune politicien fit un bond de dix-neuf pouces en voyant le cobra royal sortir du panier en se balançant... Grosses-Lèvres crie : « Qu'est-ce que vous faites ? Vous voulez me tuer ? » Et Singh-la-Photo, son parapluie refermé, l'ignore et joue jusqu'à ce que le son de la flûte emplisse le moindre renfoncement du bidonville et menace d'escalader les murs de la mosquée, et enfin le grand serpent, soutenu par le seul enchantement de la musique, se dresse sur ses neuf pieds de haut et danse sur sa queue... Singh-la-Photo se calme. Le cobra redescend et s'enroule. L'Homme le Plus Charmeur du Monde tend sa flûte au jeune homme du Congrès : « D'accord, capitaine, dit Singh-la-Photo d'un ton aimable, essaie. »

Mais Grosses-Lèvres : « Tu sais bien que j'en suis incapable ! » Sur quoi Singh-la-Photo saisit le cobra juste en dessous de la tête, ouvre la bouche grand grand grand, exhibant des chicots héroïques ; il fait un clin d'œil au jeune homme du Congrès et introduit la tête du serpent à la langue vibrante dans cet hideux orifice ! Une bonne minute s'écoule avant que Singh-la-Photo remette le cobra dans le panier. Il s'adresse au jeune homme : « Tu vois, capitaine, voici le vrai de l'affaire : certaines personnes sont meilleures que d'autres, certaines pas. Mais tu peux penser ce que tu veux. »

En regardant la scène, Saleem Sinai apprit que Singh-la-Photo et les magiciens avaient une prise parfaite sur la réalité ; ils la saisissaient avec une telle force qu'ils pouvaient la plier au service de leur art, mais ils n'oubliaient jamais ce qu'elle était vraiment.

Les problèmes du ghetto des magiciens étaient les problèmes du mouvement communiste en Inde ; on pouvait y trouver en miniature toutes les divisions et les dissensions qui épuisaient le parti dans ce pays. Je m'empresse d'ajouter que Singh-la-Photo était au-dessus de tout ça ; le patriarche du ghetto possédait un parapluie dont l'ombre pouvait rétablir l'harmonie entre les factions en conflit ; mais les disputes qu'on amenait dans l'ombre du parapluie du charmeur de serpents devenaient de plus en plus virulentes, alors que les prestidigitateurs, ceux qui tiraient des lapins de leur chapeau, s'alignaient derrière le P.C.I. de M. Dange, représentant la ligne officielle de Moscou, qui soutenait Mme Gandhi dans l'état d'urgence ; les contorsionnistes cependant penchaient plus à gauche, vers les complexités de l'aile gauche prochinoise. Les cracheurs de feu et les avaleurs de sabres applaudissaient à la tactique de guérilla du mouvement naxalite ; les hypnotiseurs et ceux qui marchaient sur des charbons ardents souscrivaient au manifeste de Namboodirapad (ni prosoviétique, ni prochinois) et condamnaient la violence des naxalites. Il y avait des tendances trotskistes parmi les tireurs de cartes et même un mouvement le communisme-par-le-bulletin-de-vote parmi les membres modérés de la section des ventriloques.

J'étais entré dans un monde dans lequel les fanatismes religieux et régionaux étaient totalement absents, mais où notre don national pour la division avait trouvé de nouveaux débouchés. Singh-la-Photo me dit avec peine que, pendant les élections générales de 1971, un meurtre bizarre avait été commis à la suite d'une querelle entre un cracheur de feu naxalite et un prestidigitateur prosoviétique qui, exaspéré par les conceptions du précédent, avait essayé de sortir un pistolet de son chapeau ; mais, dès qu'il avait vu l'arme, le partisan d'Hô Chi Min avait brûlé son adversaire à mort, en lui crachant dessus des flammes terrifiantes.

Sous son parapluie, Singh-la-Photo parlait d'un socialisme qui ne devait rien aux influences étrangères. « Ecoutez, mes capitaines, disait-il aux ventriloques et aux montreurs de marionnettes en guerre, est-ce que vous iriez dans vos villages parler de Staline et de Mao ? Est-ce que les paysans du Bihari ou de Tamil s'inquiètent de savoir qui a tué Trotski ? » Le chaya de son parapluie magique refroidissait les magiciens les plus ardents ; et cela arrivait à me convaincre qu'un jour prochain le charmeur de serpents Singh-la-Photo suivrait les pas de Mian Abdullah ; que comme le Bourdon légendaire, il quitterait le ghetto pour aller forger l'avenir avec la seule force de sa volonté ; et que, contrairement au héros de mon grand-père, on ne l'arrêterait pas avant que sa cause n'ait triomphé... mais, mais. Toujours des mais. Ce qui est arrivé, est arrivé. Nous savons tous ça.

Avant de revenir au récit de ma vie privée, j'aimerais qu'on sache que ce fut Singh-la-Photo qui me révéla la corruption du pays, le marché « noir » était devenu aussi important que l'officiel, le « blanc », ce qu'il fit en me montrant une photo de Mme Gandhi dans un journal. Ses cheveux, séparés au milieu, étaient d'un blanc de neige d'un côté, et d'un noir d'ébène de l'autre, et selon le profil qu'elle présentait elle ressemblait soit à l'hermine d'été, soit à l'hermine d'hiver. Retour de la raie au milieu dans l'histoire ; et aussi de l'économie comme analogie d'une coiffure de premier ministre... Je dois ces importantes perceptions à l'Homme le Plus Charmeur du Monde. Ce fut

Singh-la-Photo qui me dit que Mishra, le ministre des Chemins de fer, était également le ministre officiellement chargé de la corruption, c'est par lui que passaient les plus gros marchés de l'économie au noir, et c'est lui qui s'occupait de redistribuer l'argent aux ministres et aux fonctionnaires ; sans Singh-la-Photo, je n'aurais peut-être jamais entendu parler de l'organisation des élections dans l'Etat du Cachemire. Et pourtant, il n'aimait pas la démocratie : « Au diable ces histoires d'élections, capitaine, me disait-il. A chaque fois qu'il y en a il se passe quelque chose de mal ; et nos concitoyens se conduisent comme des clowns. » Moi, en proie à la fièvre révolutionnaire, je ne discutais pas avec mon mentor.

Evidemment, il y avait quelques exceptions aux règles du ghetto : un ou deux prestidigitateurs gardaient leur foi dans l'hindouisme, et en politique épousaient les idées du parti de la secte hindoue Jana Sangh, ou celles des extrémistes notoires d'Ananda Marg ; parmi les prestidigitateurs, il y en avait même qui votaient pour Swatantra. Sur un plan apolitique, la vieille Resham Bibi était un des rares membres d'une communauté qui restait incurablement fantaisiste, croyant (par exemple) à la superstition qui interdit aux femmes de grimper dans les manguiers, parce qu'un manguier qui a porté une fois le poids d'une femme donnera à jamais des fruits acides... et il y avait l'étrange fakir nommé Chishti Khan dont le visage était si lisse et si brillant que personne ne savait s'il avait dix-neuf ou quatre-vingt-dix ans, et qui avait entouré sa cabane de bambous et de bouts de papier aux couleurs vives, et sa demeure ressemblait à une réplique en miniature du Fort-Rouge. Ce n'est que lorsque vous passiez la porte crénelée que vous vous rendiez compte que derrière la façade avec mâchicoulis et bonnettes, se cachait un taudis de carton et de tôle. Chishti Khan avait commis la pire de toutes les fautes en laissant ses dons d'illusionniste contaminer sa vie réelle ; il n'était pas populaire dans le ghetto. Les magiciens gardaient leurs distances, de peur d'attraper la maladie de ses rêves.

Aussi vous comprendrez pourquoi Parvati-la-Sorcière, qui

possédait réellement des pouvoirs étonnants, les avait gardés secrets toute sa vie ; le secret de ses dons reçus à minuit ne lui aurait pas été facilement pardonné par une communauté qui avait toujours nié de telles possibilités.

Derrière la mosquée, là où on ne voyait pas les magiciens et où le seul danger était les chiffonniers, les chercheurs d'emballages, et les chasseurs de tôle ondulée... C'est là que Parvati-la-Sorcière, ardente comme du feu, me montra ce qu'elle savait faire. Dans un taudis construit avec les ruines d'une vingtaine d'autres, la sorcière de minuit me donna le spectacle, avec la verve et l'enthousiasme d'un enfant. Des yeux en boules de loto, une queue de cheval raide comme une corde, de jolies lèvres rouges. Je ne lui aurais jamais résisté aussi longtemps s'il n'y avait eu son visage, les yeux nez lèvres rongés par la maladie... Les capacités de Parvati semblaient sans limites. (Mais elles en avaient.) Très bien, voilà : les démons furent-ils conjurés ? Des djinns apparurent-ils, offrant des richesses et des voyages au-delà des mers et sur des tapis volants ? Des crapauds furent-ils transformés en princes et des pierres métamorphosées en joyaux ? Vendit-on des âmes et fit-on se lever des morts ? Pas le moins du monde ; la magie que me montra Parvati-la-Sorcière — la seule qu'elle voulut jamais me montrer — était du type connu sous le nom de « blanche ». C'était comme si le « Livre secret » des brahmanes, l'*Atharva-Veda,* lui avait révélé tous ses secrets ; elle pouvait guérir les maladies, et contrer les poisons (pour le prouver, elle se laissait mordre par des serpents et combattait les effets du venin par un étrange rituel : elle priait le dieu-serpent Takshasa, buvait de l'eau dans laquelle avait infusé la bonté de l'arbre Krimuka et les pouvoirs de vieux vêtements bouillis, et récitait une formule magique : *Guradamand, l'aigle, a bu le poison, mais il fut impuissant; de la même façon, j'ai détourné son pouvoir, comme on détourne une flèche*), elle savait soigner les blessures et consacrer des talismans, elle connaissait le sortilège de Sraktya et le rite de l'Arbre. Elle me révéla tout cela dans une suite de démonstrations nocturnes sous les murs de la mosquée — mais elle n'était toujours pas heureuse.

Comme toujours, je dois prendre la responsabilité ; le parfum de tristesse qui flottait autour de Parvati-la-Sorcière était ma création. Parce qu'elle avait vingt-cinq ans et qu'elle attendait de moi bien plus que ma bonne volonté de spectateur ; Dieu seul sait pourquoi, elle me voulait dans son lit — ou, pour être plus précis, elle voulait que je couche avec elle sur le tas de sacs qui lui servait de lit dans le taudis qu'elle partageait avec une famille de triplées contorsionnistes originaires de Kerala, trois orphelines exactement comme elle, exactement comme moi.

Ce qu'elle fit pour moi : grâce au pouvoir de sa magie, des cheveux se mirent à pousser là où aucun ne l'avait plus fait depuis que M. Zagallo avait tiré trop fort ; elle fit disparaître les taches de naissance de mon visage avec des applications de cataplasmes d'herbes ; même mes jambes torses semblaient se redresser grâce à ses soins. (Cependant, elle ne pouvait rien faire pour ma mauvaise oreille ; il n'existe aucune magie sur terre assez forte pour effacer ce que vous ont laissé vos parents.) Mais, quoi qu'elle me fît, j'étais incapable de lui faire ce qu'elle désirait le plus ; parce que, même couchés ensemble derrière la mosquée, le clair de lune me faisait voir son visage nocturne se transformer et devenir celui de ma sœur disparue... non, pas ma sœur... le visage pourrissant et horriblement défiguré de Jamila la chanteuse. Parvati enduisait son corps d'onguents pleins de charmes érotiques ; elle se peignait les cheveux mille fois avec un peigne fait en bois de cerf aphrodisiaque ; et (j'en suis sûr) pendant mon absence, elle dut essayer toute sorte de philtres d'amour ; mais j'étais sous l'emprise d'un ancien ensorcellement et je ne pouvais pas, apparemment, en être délivré ; j'étais destiné à voir le visage des femmes qui m'aimaient prendre les traits de... mais vous savez de qui étaient les traits en décomposition qui m'emplissaient les narines de leur puanteur profane.

« Pauvre fille », soupire Padma, et j'approuve ; mais jusqu'à ce que la Veuve me vide de passé présent avenir, je suis resté sous le charme du Singe.

Quand enfin Parvati admit son échec, une moue prononcée et inquiétante se développa dans son visage en une nuit. Elle s'endormit dans la hutte des contorsionnistes orphelines et se réveilla avec les lèvres dans une expression de bouderie sensuelle. Les triplées orphelines lui dirent en ricanant avec inquiétude ce qui lui était arrivé au visage ; elle essaya de reprendre son expression habituelle mais ni ses muscles ni la magie ne réussirent à lui rendre son ancienne apparence ; à la fin, se résignant à cette tragédie, Parvati abandonna et Resham Bibi dit à qui voulait l'entendre : « Cette pauvre fille... un dieu a dû souffler sur elle quand elle faisait une grimace. »

(Entre parenthèses, cette année-là, les dames chic de la ville arboraient toutes une expression semblable dans une intention érotique ; les mannequins hautains, lors de la présentation de mode Eleganza 73, faisaient toutes la moue en défilant sur leur passerelle. Dans la pauvreté horrible du bidonville des magiciens, Parvati-la-Sorcière avait un visage à la pointe de la mode.)

Les magiciens consacrèrent une grande partie de leur énergie à résoudre le problème de faire rire à nouveau Parvati. Prenant sur leur temps consacré au travail, ainsi que sur les tâches plus terre à terre consistant à reconstruire les cabanes de tôle et de carton que le vent avait fait tomber, ou de tuer les rats, ils faisaient leurs tours les plus difficiles pour lui faire plaisir ; mais la moue était toujours là. Resham Bibi fit un thé vert sentant le camphre et le fit boire de force à Parvati. Le thé eut comme effet de la constiper si parfaitement qu'on ne la vit pas déféquer derrière son taudis pendant neuf semaines. Deux jeunes jongleurs eurent l'idée qu'elle pouvait souffrir à nouveau de la mort de son père et ils se mirent à en faire le portrait sur un vieux bout de bâche qu'ils suspendirent au-dessus de son lit. Les triplées faisaient des plaisanteries et Singh-la-Photo, complètement désespéré, faisait faire des nœuds à ses cobras ; mais rien ne marchait parce que, si elle n'avait pas le pouvoir de se guérir de son amour déçu, qu'auraient pu faire les autres ? La moue de Parvati créa dans le ghetto une sorte de malaise indéfinissable, que l'animosité des magiciens pour tout ce qui était inconnu ne pouvait entièrement dissiper.

C'est alors que Resham Bibi eut une idée. « Imbéciles que nous sommes, dit-elle à Singh-la-Photo, nous ne voyons pas ce qui nous crève les yeux. Cette pauvre fille a vingt-cinq ans, baba — presque une vieille femme ! Elle a envie d'un mari ! » Singh-la-Photo fut impressionné. « Resham Bibi, lui dit-il d'un ton approbateur, ton cerveau n'est pas encore mort. »

Et Singh-la-Photo se mit en devoir de trouver un parti qui convienne à Parvati ; beaucoup parmi les plus jeunes hommes du ghetto furent cajolés, intimidés, menacés. On proposa un très grand nombre de candidats ; mais Parvati les repoussa tous. Le soir où elle dit à Bismillah Khan, le plus doué des cracheurs de feu du ghetto, d'aller souffler ailleurs son haleine aux piments rouges, même Singh-la-Photo désespéra. Ce soir-là, il me dit, « Capitaine, cette fille est pour moi une épreuve et une souffrance ; c'est ton amie, tu n'as pas une idée ? » Et il l'eut soudain, l'idée, une idée qui avait dû attendre qu'il sombre dans le désespoir, parce que même Singh-la-Photo était sensible aux rapports de classe — il me considérait automatiquement comme « trop bien » pour Parvati, à cause de ma prétendue « bonne » origine, ce vieux communiste n'avait pas pensé jusqu'alors que je pouvais être... « Dis-moi, capitaine, me demanda timidement Singh-la-Photo, tu as l'intention de te marier un jour ? »

Saleem Sinai sentit la panique le gagner.

« Hé ! Ecoute, capitaine, tu aimes bien cette fille, non ? » — Et moi incapable de le nier, « Bien sûr ! » Et Singh-la-Photo souriait d'une oreille à l'autre et les serpents sifflaient dans leurs paniers. « Tu l'aimes beaucoup, capitaine ? *Beaucoup* beaucoup ? » Mais je pensais au visage de Jamila dans la nuit ; et je pris une décision désespérée : « Photoji, je ne peux pas l'épouser. » Et lui, fronçant le sourcil : « Tu es déjà marié, capitaine ? T'as femme-enfants qui t'attendent quelque part ? » Il a bien fallu que je lui réponde ; calmement, honteusement, j'ai dit : « Je ne peux épouser personne, Photoji. Je ne peux pas avoir d'enfants. »

Le silence de la cabane était ponctué par le sifflement des serpents et des aboiements de chiens dans la nuit.

« C'est vrai, capitaine ? C'est médical ?

— Oui.

— Parce qu'il ne faut pas mentir sur des choses comme ça, capitaine. Mentir à propos de sa virilité c'est mal. Tout peut arriver, capitaine. »

Et, attirant sur moi la malédiction de Nadir Khan, qui avait aussi été celle de mon oncle Hanif Aziz, et pendant le gel et ses suites, celle de mon père Ahmed Sinai, je fus incité à m'enfoncer dans le mensonge :

« Je te le dis, hurla Saleem, c'est vrai, c'est comme ça !

— Alors, capitaine, dit tragiquement Photoji en faisant claquer son poignet contre son front, Dieu seul sait ce qu'il faut faire avec cette pauvre fille. »

UN MARIAGE

J'ai épousé Parvati-la-Sorcière le 23 février 1975, pour le second anniversaire de mon retour dans le ghetto des magiciens.

Raidissement de Padma : tendue comme une corde à linge, mon lotus demande : « Marié ? Mais hier soir seulement, tu as dit que tu ne voulais pas... et pourquoi est-ce que tu ne m'en as rien dit pendant tous ces jours, ces semaines, ces mois... ? » Je la regarde tristement, et je lui rappelle que j'ai déjà mentionné la mort de ma pauvre Parvati, qui ne fut pas une mort naturelle... Lentement, Padma se redresse, tandis que je continue : « Des femmes m'ont fait ; et aussi défait. Depuis la Révérende Mère jusqu'à la Veuve, et même au-delà, j'ai été à la merci du soi-disant (c'est une erreur à mon avis) sexe faible. C'est peut-être une question de rapports : l'Inde Mère, Bharat-Mata, n'est-elle pas généralement considérée comme une femme ? Et, comme tu le sais, il est impossible d'y échapper. »

Dans cette histoire, il y a eu trente-deux ans pendant lesquels je n'étais pas né ; bientôt, je vais achever mes trente-deux années. Pendant soixante-quatre ans avant et après minuit, des femmes ont donné le meilleur d'elles-mêmes ; et aussi, je dois le dire, le pire.

Dans la maison d'un propriétaire terrien aveugle, sur les bords d'un lac du Cachemire, Naseem Aziz me destina aux draps troués inévitables ; et, dans les eaux mêmes du lac, Ilse Lubin coula dans l'histoire, et je n'ai pas oublié cette mort qu'elle a désirée.

Avant que Nadir Khan se cache dans son univers souterrain, ma grand-mère avait, en devenant la Révérende Mère, inauguré une série de femmes qui changèrent de nom, une série qui continue encore aujourd'hui — et qui coula dans Nadir qui devint Qasim, et qui s'assit avec des mains qui dansaient au café du Pionnier ; et après le départ de Nadir, ma mère, Mumtaz Aziz, devint Amina Sinai ;

Et Alia, avec l'amertume de l'âge, qui m'habilla dans des vêtements d'enfants imprégnés de sa fureur de vieille fille ; et Emerald qui dressa la table où je fis défiler du ragoût au piment ;

Il y eut la rani de Cooch Naheem, dont l'argent mis au service d'un homme bourdonnant donna naissance à une épidémie d'optimisme qui depuis a toujours reparu par intervalles ; et dans le quartier musulman du vieux Delhi, une parente éloignée nommée Zohra dont le goût du flirt fit naître chez mon père cette faiblesse pour les Fernanda et les Flory ;

Même chose à Bombay. Où la Vanita de Winkie ne put résister à la raie au milieu de William Methwold, et Nussie-canard perdit la course aux bébés ; tandis que Mary Pereira, au nom de l'amour, changea les étiquettes des bébés de l'histoire et devint, pour moi, une seconde mère...

Des femmes des femmes des femmes : Toxy Catrack ouvrant d'un coup la lourde porte qui plus tard laisserait entrer les enfants de minuit ; les terreurs de sa nourrice Bi-Appah ; l'amour concurrent d'Amina et de Mary, et ce que ma mère me montra alors que j'étais caché dans un coffre à linge sale : Oui, la mangue noire, qui m'obligea à renifler et à libérer ce qui n'était pas des archanges !... Et Evelyn Lilith Burns, cause d'un accident de bicyclette qui me fit dévaler une colline de deux étages pour me plonger en plein dans l'histoire.

Et le Singe. Il ne faut pas que j'oublie le Singe.

Mais aussi, aussi, il y eut Masha Miovic, me poussant à des pertes de doigts, et ma tantine Pia, m'emplissant le cœur d'un désir de vengeance, et Lila Sabarmati dont les écarts de conduite rendirent possible ma terrible vengeance découpée dans des journaux.

Et Mme Dubash qui découvrit mon cadeau, une bande dessinée de *Superman,* et qui en fit, avec l'aide de son fils, le seigneur Khusro Khushrovand.

Et Mary qui vit un fantôme.

Au Pakistan, la terre de la soumission, le pays de la pureté, j'ai observé la transformation du Singe de Cuivre en Jamiia la chanteuse, et j'allais chercher du pain, et je suis tombé amoureux ; ce fut une femme, Tai Bibi, qui me révéla la vérité sur moi-même. Et, au cœur de ma nuit intérieure, je me suis tourné vers les Poufias, et je ne fus sauvé que de justesse de la menace d'une fiancée à la dentition en or.

Recommençant tout, en tant que bouddha, j'ai couché avec une laveuse de latrines et, comme résultat, je fus victime d'urinoirs électrifiés ; dans la partie orientale, la femme d'un fermier me tenta, et le Temps en fut assassiné ; et il y eut des houris dans un temple et nous nous sommes sauvés juste à temps.

Dans l'ombre d'une mosquée, Resham Bibi lança un avertissement.

Et j'ai épousé Parvati-la-Sorcière.

« Ouf ! Monsieur ! s'écrie Padma, ça fait trop de femmes ! »

Je ne le nie pas ; parce que je ne l'ai même pas comprise dans le lot, elle dont les rêves de mariage et de Cachemire ont inévitablement déteint sur moi, me faisant souhaiter, si-seulement, si-seulement, à tel point que m'étant auparavant résigné aux fissures, je suis maintenant en proie aux affres du mécontentement, de la colère, de la peur et du regret.

Mais, par-dessus tout, la Veuve.

Padma se frappe les genoux. « C'est trop, Monsieur ; beaucoup trop. »

Comment comprendre mes trop nombreuses femmes ? Comme les visages multiples de Bharat-Mata ? Ou plus...

comme l'aspect dynamique de maya, comme l'énergie cosmique qui est représentée sous l'aspect de ses organes sexuels féminins !

Maya, sous son aspect dynamique, est appelée Shakti ; ce n'est peut-être pas par hasard si, dans le panthéon hindou, le pouvoir actif d'une déité est dans sa reine ! Mères Maya-Shakti mais aussi « conscience voilée du tissu de ses rêves ». Trop de femmes : sont-elles toutes des aspects de Devi, la déesse — qui est Shakti, qui tua le buffle démon, qui réussit à vaincre l'ogre Mahisha, qui est Kali Durga Chamunda Una Sati et Parvati... et qui, quand elle est active, est rouge ?

« Je n'en sais rien », Padma me ramène sur terre. « Ce ne sont que des femmes, c'est tout. »

Descendant des hauteurs de mon imagination, on me rappelle l'importance de la vitesse ; entraîné par les impératifs de la fente larme fissure, j'abandonne mes méditations ; et je commence.

Voici comment cela se passa ; comment Parvati prit sa destinée dans ses mains ; comment un mensonge, en sortant de mes lèvres, la plongea en un profond désespoir dans lequel, une nuit, elle tira de ses pauvres vêtements la boucle de cheveux d'un héros, et se mit à parler d'une voix forte.

Aiguillonnée par Saleem, Parvati se souvint de celui qui avait été l'ennemi de Saleem ; et, prenant une tige de bambou à sept nœuds, avec un crochet de métal attaché à une extrémité, elle s'accroupit dans sa cabane et récita ; avec le crochet d'Indra dans la main droite et une boucle de cheveux dans la main gauche, elle lui ordonna de l'écouter. Parvati invoqua Shiva ; croyez-le, ne le croyez pas, mais Shiva vint.

Depuis le début, il y eut des genoux et un nez, un nez et des genoux ; mais d'un bout à l'autre de ce récit, je l'ai repoussé, l'autre, à l'arrière-plan (exactement comme autrefois je l'ai chassé des conseils des enfants). On ne peut plus le cacher plus longtemps, cependant ; parce qu'un matin, en mai 1974 — est-ce ma mémoire qui craque de toutes parts, ou ai-je raison de penser que c'était le 18, peut-être au moment même où les déserts du Rajasthan étaient secoués par l'explosion de la première bombe nucléaire indienne ? L'explosion de Shiva dans ma vie fut-elle parfaitement synchrone avec l'entrée de l'Inde, sans avertissement, dans l'ère nucléaire ? — il vint dans le bidonville des magiciens. Avec uniforme, galons et décorations, devenu commandant, Shiva descendit d'une moto de l'armée ; même à travers le simple tissu kaki de son pantalon militaire, il était aisé de se rendre compte des phénoménales boules jumelles de ses genoux mortels... Le héros indien le plus décoré, mais qui autrefois avait dirigé une bande d'apaches dans les rues de Bombay, autrefois, avant qu'il découvre la violence légale de la guerre, on retrouva des prostituées étranglées dans le ruisseau (je sais, je sais — pas de preuves) ; maintenant, le commandant Shiva, mais aussi le fils de Wee Willie Winkie, qui se souvenait encore des paroles de chansons qui s'étaient tues depuis longtemps : « Bonne nuit, mesdames », résonnait parfois à ses oreilles.

Il est des ironies qu'on ne peut pas ne pas remarquer ; Shiva ne s'était-il pas élevé alors que Saleem tombait ? Qui était l'habitant du bidonville, maintenant, et qui regardait des hauteurs du commandement ? Il n'y a rien de tel qu'une guerre pour réinventer les vies... Un jour qui pouvait bien être le 18 mai, le commandant Shiva vint au ghetto des magiciens et parcourut les rues du bidonville avec une étrange expression sur le visage, une expression dans laquelle le profond mépris du nouveau riche pour la pauvreté se mêlait à quelque chose de plus mystérieux ; parce que le commandant Shiva, attiré dans notre humble demeure par les incantations de Parvati-la-Sorcière, ne pouvait pas savoir quelle force l'obligeait à venir.

Ce qui suit est une reconstitution de la carrière récente du commandant Shiva ; j'en ai réuni les morceaux d'après des récits de Parvati qu'elle me fit après notre mariage. Il semble que mon grand rival adorait se vanter de ses exploits devant elle, aussi vous serez tolérants pour les entorses à la vérité que créent de telles fanfaronnades ; cependant, il semble n'y avoir aucune raison de croire que ce qu'il raconta à Parvati, et qu'elle me répéta, était très éloigné de la vérité.

A la fin de la guerre, dans la partie orientale, la légende des horribles exploits de Shiva courait les rues des villes, puis elle sauta dans les journaux et dans les magazines, s'introduisit dans les salons cossus, bourdonna aux oreilles des maîtresses de maison, et Shiva vit son statut social s'élever en même temps que son grade militaire, et on l'invita à mille et une réunions — banquets, soirées musicales ou de bridge, réceptions diplomatiques, congrès de partis politiques, fêtes locales, réunions sportives et bals à la mode — où il était applaudi et monopolisé par les femmes les plus nobles et les élégantes du pays, et les légendes de ses exploits s'accrochaient à elles comme des mouches, leur marchaient sur les yeux et elles ne voyaient plus le jeune homme que derrière la brume de sa légende, les mouches leur recouvraient le bout des doigts et elles ne le touchaient plus qu'à travers la pellicule magique de son mythe, les mouches se posaient sur leur langue et elles ne pouvaient plus lui parler comme elles l'auraient fait à quelqu'un d'ordinaire. L'armée indienne, qui à ce moment livrait une bataille contre une réduction de ses crédits, comprit la valeur du charisme d'un tel ambassadeur, et elle laissa le héros circuler parmi ses admiratrices influentes ; Shiva se prêta volontiers à cette nouvelle vie.

Il se laissa pousser une abondante moustache sur laquelle son ordonnance personnelle appliquait chaque matin une pommade à base d'huile de lin et de coriandre, toujours élégamment habillé dans les salons des puissants, il engageait des discussions politiques et se déclarait un ferme admirateur de Mme Gandhi, en grande partie à cause de sa haine pour son adversaire Morarji Desai, qui était intolérablement vieux, qui buvait son urine, qui avait une peau qui se froissait comme du papier de riz, et qui, comme gouverneur de Bombay, avait autrefois été responsable de l'interdiction de l'alcool et de la répression des jeunes *goondas,* c'est-à-dire des hooligans ou des apaches, ou, en d'autres termes, de Shiva enfant lui-même... Mais de tels bavardages n'occupaient que peu de place dans son esprit, le reste était entièrement consacré aux dames. Shiva était aussi abruti par un trop grand nombre de femmes et, dans ces jours grisants d'après la victoire militaire, il acquit une réputation secrète qui (il s'en vanta auprès de Parvati) grandit rapidement et rivalisa avec sa renommée publique et officielle — une légende « noire » à mettre à côté de la « blanche ». Que chuchotait-on aux réunions de ces dames et aux soirées de canasta du pays ? Que murmurait-on à chaque fois que deux ou trois femmes ricanantes se retrouvaient ? Ceci : le commandant Shiva devenait un séducteur notoire ; un homme à femmes ; le cocufieur des riches ; en bref, un étalon.

Il y avait des femmes — raconta-t-il à Parvati — partout où il allait : leurs corps souples et doux comme des oiseaux tremblaient sous le poids de leurs bijoux et de leur désir ; la brume de sa légende leur couvrait les yeux ; il aurait été difficile de les repousser même s'il l'avait souhaité. Mais le commandant n'avait aucune envie de les repousser. Il prêtait une oreille compatissante à leurs petites tragédies — des maris impuissants, des coups, un manque d'attention — à tous les prétextes que les adorables créatures voulaient offrir. Comme ma grand-mère dans sa station-service (mais avec des motifs moins nobles) il écoutait patiemment tous leurs chagrins ; il sirotait du whisky dans la splendeur des salles de bal éclairées de lustres, et les regardait battre des paupières et soupirer de façon suggestive tout en gémissant ; et, à la fin, elles s'arrangeaient pour faire tomber un sac à main ou son stick d'officier, ou renverser un verre, pour qu'il soit obligé de se pencher pour ramasser ce qui était tombé, et ainsi voir le billet glissé dans leurs sandales, sortant délicatement entre leurs doigts de pied aux ongles peints. A cette époque (si l'on doit en croire le commandant) les begums adorablement scandaleuses de l'Inde devinrent horriblement maladroites et leurs billets doux parlaient de rendez-vous-à-minuit, de treillages de bougainvillées sous la fenêtre de leur chambre, de maris commodément partis lancer des navires, exporter du thé ou acheter des roulements à billes suédois. Tandis que ces malheureux étaient absents, le commandant venait dans leur maison pour leur voler ce qu'ils avaient de plus précieux : leurs femmes qui lui tombaient dans les bras. Il est possible (et j'ai divisé les chiffres du commandant par deux) qu'au sommet de ses succès, pas moins de dix mille femmes étaient amoureuses de lui.

Et il y eut évidemment des enfants. La progéniture des minuits illégaux. De beaux enfants, bien à l'abri dans les berceaux des riches. Semant des bâtards sur toute la carte de l'Inde, le héros de la guerre poursuivait son chemin ; mais (et cela aussi, c'est ce qu'il raconta à Parvati) il était affligé d'un étrange défaut : il se désintéressait totalement de toutes celles qui étaient enceintes ; qu'importe qu'elles fussent belles, sensuelles, amoureuses, il fuyait les chambres de toutes celles qui portaient des enfants ; et d'adorables dames aux yeux rouges étaient obligées de persuader leurs maris cocus que, oui, bien sûr que c'est ton enfant, mon chéri, mon cœur, est-ce que ce n'est pas tout ton portrait, et bien sûr que je ne suis pas triste, pourquoi le serais-je, ce sont des larmes de joie.

Une des mères abandonnées s'appelait Roshanara, l'épouse-enfant du magnat de l'acier, S. P. Shetty ; et, sur le champ de courses de Mahalaxmi à Bombay, elle creva l'énorme baudruche de sa fierté. Il se promenait dans le pesage, en se baissant à chaque pas pour ramasser les châles et les ombrelles des dames, qui semblaient animés d'une vie indépendante et qui sautaient des mains de leurs propriétaires quand il passait ; c'est là que l'affronta Roshanara Shetty, en se mettant délibérément sur son chemin et en refusant de s'écarter, ses yeux de dix-sept ans remplis de la violente rancune de l'enfance. Il la salua froidement et essaya de s'éloigner ; mais elle lui enfonça ses ongles pointus comme des aiguilles dans le bras, avec un sourire de glace, et marcha à côté de lui. Tout en se promenant, elle déversa dans son oreille son dangereux poison d'enfant, et la haine qu'elle éprouvait pour son ancien amant fit qu'il la crut. Elle lui raconta sans pitié qu'il était drôle, mon Dieu, la façon dont il se pavanait dans la haute société comme une espèce de coq, tandis que les dames riaient derrière son dos, Oh ! oui, commandant sahib, ne vous méprenez pas, les femmes du monde ont toujours aimé coucher avec des animaux des paysans des brutes, mais voici ce qu'on pense de vous, mon Dieu, c'est dégoûtant de vous regarder manger, avec de la sauce sur le menton, vous croyez qu'on ne voit pas que vous ne prenez jamais votre tasse de thé par l'anse, vous imaginez qu'on ne vous entend jamais roter ou lâcher des vents, vous êtes pour nous comme un singe domestiqué, commandant sahib, très utile, mais fondamentalement un clown.

Après cette attaque de Roshanara Shetty, le jeune héros de la guerre se mit à voir le monde différemment. Il lui semblait que les femmes ricanaient derrière leurs éventails à chaque fois qu'il passait ; tous ses efforts pour modifier son comportement furent inutiles, il semblait que plus il essayait, plus il était maladroit, et la nourriture volait sur des tapis précieux de Kelim, des rots sortaient de sa gorge avec le fracas d'un train jaillissant d'un tunnel, et il lâchait des vents qui avaient la violence des typhons. Sa vie brillante devint pour lui une humiliation quotidienne ; et il se mit à voir différemment les avances que lui faisaient les belles dames, comprenant qu'en plaçant des billets doux entre leurs orteils, elles l'obligeaient à s'agenouiller de façon humiliante à leurs pieds... En apprenant qu'un homme pouvait posséder tous les attributs de la virilité et n'en être pas moins méprisé parce qu'il ne savait pas tenir une cuiller, il sentit une ancienne violence renaître en lui, une haine pour les gens de la haute et leur pouvoir, et je suis sûr — je le *sais* — que c'est pour cela que lorsqu'on offrit à Shiva-les-Genoux la possibilité de saisir un peu de pouvoir, il ne se le fit pas dire deux fois.

Le 15 mai, le commandant Shiva retourna dans son régiment à Delhi ; il prétendit que, trois jours plus tard, il fut soudain saisi du désir de revoir une fois encore la beauté aux yeux en boules de loto qu'il avait rencontrée au congrès des Enfants de Minuit ; la tentatrice à la queue de cheval qui à Dacca lui avait demandé une boucle de cheveux. Le commandant Shiva déclara à Parvati que sa venue au ghetto des magiciens avait été motivée par sa volonté d'en finir avec les putains de la haute société ; que, dès qu'il l'avait vue, il avait été envoûté par sa moue ; et que c'étaient les seules raisons pour lesquelles il lui demandait de partir avec lui. Mais j'ai déjà été trop généreux envers le commandant Shiva — dans ma relation personnelle de l'histoire, j'ai accordé trop d'importance à son récit ; aussi j'insiste sur le fait que, quoi qu'ait pu penser le commandant aux genoux frappeurs, ce qui l'a attiré dans le ghetto fut purement et simplement les pouvoirs magiques de Parvati-la-Sorcière.

Saleem n'était pas dans le ghetto quand le commandant Shiva arriva à moto ; tandis que des explosions nucléaires ébranlaient les immensités du Rajasthan, sous la surface du désert, l'explosion qui changea ma vie eut également lieu hors de ma vue. Quand Shiva saisit Parvati par le poignet, j'étais avec Singh-la-Photo à une réunion d'une des nombreuses cellules rouges de la ville, pour discuter des tenants et des aboutissants de la grève nationale des chemins de fer ; quand Parvati, sans soulever d'objection, s'assit sur le siège arrière de la Honda d'un héros, je dénonçais les arrestations des responsables syndicaux. En bref, tandis que j'étais occupé par la politique et par mon rêve de salut national, les pouvoirs de Parvati-la-Sorcière avaient mis en mouvement la machination qui se terminerait par des paumes passées au henné, des chansons et la signature d'un contrat.

... Je suis bien obligé de répondre aux récits des autres ; seul Shiva pouvait raconter ce qui lui était arrivé ; c'est Resham Bibi qui me décrivit le départ de Parvati quand je suis revenu, en disant, « Pauvre fille, laisse-la, il y a si longtemps qu'elle est triste, est-ce qu'on peut la condamner ? » ; et seule Parvati pouvait me raconter ce qui lui arriva pendant son absence.

Grâce à son statut de héros national, le commandant Shiva était autorisé à prendre certaines libertés avec les règlements militaires ; et personne ne lui reprocha d'avoir fait venir une femme dans ce qui n'était pas le quartier des hommes mariés ; et lui, sans connaître la cause de cette modification importante dans sa vie, s'assit comme on le lui demandait dans un fauteuil de rotin, tandis qu'elle lui enlevait ses bottes, lui massait les pieds, lui apportait un verre d'eau parfumée d'un jus de citron, renvoyait son ordonnance, lui huilait la moustache, lui caressait les genoux et après tout cela lui présentait un dîner de biriani tellement délicieux qu'il cessa de se demander ce qui lui arrivait et se mit à en jouir. Parvati-la-Sorcière transforma ce simple cantonnement militaire en palais, un *Kailasa* pour le dieu Shiva ; et le commandant Shiva, perdu dans l'eau stagnante de ses yeux, stimulé par la saillie érotique de ses lèvres, lui consacra tous ses soins pendant quatre mois : ou, pour être précis, pendant cent dix-sept nuits. Cependant, le 12 septembre, les choses changèrent : parce que Parvati, agenouillée à ses pieds, parfaitement consciente des idées de Shiva en la matière, lui dit qu'elle attendait un enfant.

A partir de ce moment, la liaison de Shiva et de Parvati devint orageuse, pleine de coups et d'assiettes cassées : un écho terrestre de cette éternelle scène de ménage des dieux qui se déroule, dit-on, au sommet du mont Kailasa dans l'Himalaya... A ce moment, le commandant Shiva se mit à boire ; ainsi qu'à fréquenter les putains. Les randonnées nocturnes du héros national dans la capitale de l'Inde ressemblaient étrangement à celles de Saleem Sinai en Lambretta dans les rues de Karachi ; le commandant Shiva, écœuré de la compagnie des riches par les révélations de Roshanara Shetty, payait pour ses plaisirs. Et sa fécondité phénoménale était telle (c'est lui qui le dit à Parvati-la-Sorcière tandis qu'il la battait) qu'il ruina la carrière de maintes filles perdues en leur laissant un enfant qu'elles aimeraient trop pour le mettre en danger ; il engendra dans toute la ville une armée de gosses des rues, miroir du régiment de bâtards qu'il avait faits aux begums des beaux salons.

De sombres nuages s'amassaient dans les cieux politiques : dans l'Etat du Bihar, où la corruption, la hausse des prix, la faim, l'analphabétisme, le manque de terres faisaient la loi, Jaya Prabash Narayan dirigea une coalition d'étudiants et d'ouvriers contre la direction du Congrès ; dans l'Etat du Gujurat, il y avait des émeutes, on brûlait des trains, et Morarji Desai entama une grève de la faim pour renverser le gouvernement corrompu de cet Etat dévasté par la sécheresse… il va sans dire qu'il réussit sans être obligé de mourir ; en un mot, tandis que l'esprit de Shiva bouillonnait de colère, la colère gagnait aussi le pays ; et qu'est-ce qui naissait tandis que quelque chose grossissait dans le ventre de Parvati ? Vous connaissez la réponse : à la fin de 1974, J. P. Narayan et Morarji Desai fondèrent le parti d'opposition connu sous le nom de Janata Morcha : le Front Populaire. Tandis que le commandant Shiva titubait de putain en putain, le Congrès titubait lui aussi.

A la fin, Parvati le libéra de l'envoûtement (aucune autre explication ne peut convenir. S'il n'avait pas été ensorcelé pourquoi ne fila-t-il pas dès qu'il sut qu'elle était enceinte ? Et, si l'envoûtement n'avait pas été levé, comment aurait-il pu le faire ?) Secouant la tête comme s'il s'éveillait d'un rêve, le commandant Shiva se retrouva en compagnie d'une fille enceinte des bas quartiers qui maintenant lui semblait représenter ce qu'il craignait le plus — elle devint la personnification des taudis de son enfance dont il s'était échappé et qui, maintenant, par son intermédiaire, par l'intermédiaire de ce maudit enfant, essayaient de le tirer à nouveau vers le bas bas bas… la tirant par les cheveux, il la précipita vers sa moto, et en un rien de temps, elle se retrouva abandonnée à l'entrée du ghetto des magiciens, retournant d'où elle venait, ne rapportant avec elle qu'une seule chose qu'elle n'avait pas en partant : cette chose cachée en elle, comme un homme invisible dans un panier d'osier, cette chose qui grossissait grossissait grossissait, exactement comme elle l'avait prévu.

Pourquoi est-ce que je dis cela ? Parce qu'il faut que ce soit vrai ; parce que ce qui suivit, suivit ; parce que je crois que Parvati-la-Sorcière ne s'est retrouvée enceinte que pour annuler ma seule excuse de ne pas l'épouser. Mais je me contenterai de décrire les faits, en laissant l'analyse à la postérité.

Par une froide journée de janvier, alors que les cris du muezzin au sommet du plus haut minaret de la mosquée du Vendredi gelaient en quittant ses lèvres et tombaient sur la ville en neige sacrée, Parvati revint. Elle avait attendu jusqu'à ce qu'on ne puisse plus avoir de doute sur son état ; son panier intérieur ballonnait sous les vêtements neufs et propres de l'engouement maintenant défunt de Shiva. Ses lèvres, sûres de leur triomphe, avaient perdu leur moue à la mode ; elle resta debout sur les marches de la mosquée du Vendredi afin de s'assurer que le plus grand nombre possible de gens voie les changements de son apparence, avec un éclair argenté de plaisir dans ses yeux en boules de loto. C'est ainsi que je l'ai trouvée quand je suis rentré dans le chaya de la mosquée avec Singh-la-Photo. Je me sentais tout triste, et la vue de Parvati-la-Sorcière sur les marches, les mains calmement croisées sur son ventre gonflé, ses longs cheveux qui volaient dans l'air pur, ne me releva pas le moral.

Photoji et moi, nous avions parcouru les rues étroites derrière la grande poste, où des souvenirs de diseurs de bonne aventure montreurs de kaléidoscope guérisseurs flottaient dans la brise ; Singh-la-Photo avait donné son petit spectacle qui devenait de plus en plus politique. Sa réputation attirait un nombreux public ; la musique de sa flûte s'enroulait autour des serpents et il leur faisait jouer son message politique. Pendant que moi, dans un rôle d'apprenti, je lisais une harangue, les serpents représentaient la scène. Je parlais des injustices flagrantes devant la répartition de la richesse ; deux cobras mimaient une petite scène dans laquelle un riche refusait de faire l'aumône à un mendiant. Les tracasseries policières, faim maladie analphabétisme, furent évoquées ainsi que dansées par les serpents ; Singh-la-Photo conclut son spectacle en parlant de la révolution des rouges, et les promesses commencèrent à s'élever, à tel point qu'avant même que la police jaillisse par les portes de service de la poste et mette fin à la réunion avec des matraques et des grenades lacrymogènes, des provocateurs apportèrent la contradiction à l'Homme le Plus Charmeur du Monde. Peu convaincu peut-être par les mimes ambigus des serpents, dont le contenu dramatique était quelque peu obscur, un jeune homme cria : « Oh ! Photoji, tu devrais être au gouvernement. Même Indira-mata ne fait pas d'aussi belles promesses que toi ! »

Puis il y eut des grenades lacrymogènes et nous avons dû

fuir, toussant crachant aveuglés, devant la police, comme des criminels, en pleurant de fausses larmes (exactement comme autrefois, à Jallianwalabagh — mais cette fois, il n'y eut pas de balles). Même si les larmes étaient dues aux gaz lacrymogènes, Singh-la-Photo n'en était pas moins totalement déprimé par la raillerie du contradicteur qui remettait en question sa prise sur la réalité, son plus grand motif de fierté ; et, après le gaz et les matraques, je fus moi aussi saisi par une grande tristesse, ayant soudain senti une sorte de malaise qui me rongeait l'estomac, et comprenant que quelque chose en moi récusait la description, par danse de serpents interposée, de l'ignominie des riches ; je me surpris à penser, « Il y a du bon et du mauvais en tout — ils m'ont élevé, ils ont veillé sur moi, Photoji ! » Après cela, je compris que le crime de Mary Pereira m'avait séparé de deux mondes, pas d'un seul ; qu'ayant été chassé de la maison de mon oncle, je ne pourrais jamais entrer entièrement dans le monde de Singh-la-Photo ; qu'en fait, mon rêve de sauver le pays n'était que miroirs et fumées ; imagination, divagations de fou.

Puis il y eut Parvati, avec sa silhouette modifiée, dans la dure clarté de ce jour d'hiver.

C'était — ou est-ce que je me trompe ? Il faut que je me dépêche ; les choses ne cessent de me fuir — un jour d'horreurs. Ce fut alors — à moins que ce fût un autre jour — que nous découvrîmes la vieille Resham Bibi morte de froid, allongée dans la cabane qu'elle avait construite avec des caisses de Dalda Vanaspati. Elle était devenue bleu clair, le bleu de Krishna, le bleu de Jésus, le bleu du ciel du Cachemire, qui parfois coule dans les yeux ; nous l'avons brûlée sur les bords du Jamuna, parmi la vase et les buffles, et elle rata mon mariage, qui fut triste, parce que la vieille femme aimait les mariages et, dans le passé, elle avait participé aux cérémonies du henné avec beaucoup d'entrain et avait conduit les chants traditionnels dans lesquels les amies de la fiancée insultent le fiancé et sa famille. Une fois, ses injures avaient été si justes et si finement calculées que le jeune homme s'était offensé et avait annulé le mariage ; mais Resham ne s'était pas laissé intimider et avait dit que ce n'était pas sa faute si les jeunes gens d'aujourd'hui étaient aussi peureux et inconsistants que des poulets.

J'étais absent quand Parvati était partie ; je n'étais pas là quand elle revint ; et il y eut encore une chose curieuse... à moins que j'aie oublié, à moins que ce fût un autre jour... de toute façon, je crois que le jour du retour de Parvati, un ministre du gouvernement indien était dans un train à Samastipur quand une explosion l'envoya dans les livres d'histoire ; que Parvati, qui était partie parmi les explosions de bombes atomiques, revint vers nous alors que M. L. N. Mishra, ministre des Chemins de fer chargé de la corruption quittait le monde pour de bon. Des présages, encore des présages... peut-être qu'à Bombay, des perches mortes flottaient le ventre en l'air dans la mer.

Le 26 janvier, fête nationale, est un bon jour pour les illusionnistes. Quand l'immense foule se réunit pour regarder les éléphants et les feux d'artifice, les voleurs sortent pour gagner leur vie. Pour moi, cependant, pour moi, ce jour a une autre signification ; c'est le jour de la fête nationale que mon destin conjugal a été scellé.

Dans les jours qui suivirent le retour de Parvati, les vieilles femmes du ghetto prirent l'habitude de se tenir les oreilles en signe de honte à chaque fois qu'elles la croisaient ; elle, qui portait son enfant illégitime sans avoir l'air d'être coupable, souriait innocemment et continuait son chemin. Mais le matin de la fête nationale, elle s'éveilla pour découvrir une vieille chaussure attachée à sa porte et elle se mit à pleurer de façon inconsolable, perdant tout son calme devant la pire des insultes. Singh-la-Photo et moi, laissant notre cabane pleine de serpents, nous sommes tombés (était-ce calculé ? Sincère ?) sur elle et sa détresse, et Singh-la-Photo serra les mâchoires dans une attitude de détermination. « Rentrons à la cabane, capitaine, m'ordonna l'Homme le Plus Charmeur du Monde, il faut qu'on parle. »

Et dans la cabane, « Excuse-moi, capitaine, mais il faut que je dise ce que je pense. Je pense que c'est une chose terrible pour un homme de traverser la vie sans enfant. Ne pas avoir de fils, capitaine : c'est triste, non ? » Et moi, piégé par le mensonge de l'impuissance, je restai silencieux tandis que Photoji disait que le mariage préserverait l'honneur de Parvati et résoudrait par la même occasion le problème de ma stérilité avouée ; et, malgré ma peur du visage de Jamila la chanteuse, qui surimposé sur celui de Parvati avait le pouvoir de me mettre hors de moi, je ne pus trouver en moi la force de refuser.

Parvati — exactement comme elle l'avait prévu, j'en suis sûr — m'accepta tout de suite et dit oui aussi facilement et aussi souvent qu'elle avait dit non autrefois ; et, ensuite, les cérémonies de la fête nationale eurent l'air d'avoir été organisées spécialement pour nous, mais ce que j'avais dans l'esprit c'était qu'à nouveau la destinée, l'inévitable, le contraire du choix dirigeait ma vie, à nouveau un enfant allait naître à un père qui n'était pas son père, bien que par une ironie terrible l'enfant serait le vrai petit-fils des parents de son père ; piégé dans la toile des généalogies entremêlées, j'aurais même pu me demander ce qui commençait, ce qui finissait et si un autre compte à rebours était en route, et ce qui naîtrait avec mon enfant.

Malgré l'absence de Resham Bibi, le mariage se déroula sans problèmes. La cérémonie de conversion à l'islam (qui irrita Singh-la-Photo mais pour laquelle j'avais beaucoup insisté, en souvenir d'une vie précédente) fut célébrée par un haji à barbe rousse qui semblait mal à l'aise en présence de tant d'infidèles farceurs et provocateurs ; sous le regard fuyant de cet homme qui ressemblait à un énorme djinn barbu, elle psalmodia sa croyance en affirmant qu'il n'y avait qu'un seul dieu et que Mahomet était son prophète ; elle prit un nom que je lui avais choisi dans le secret de mes rêves, elle devint Laylah, et fut aussi prise dans les cycles répétitifs de mon histoire en faisant écho à tous ceux qui avaient changé de nom... comme ma mère, Amina Sinai, Parvati-la-Sorcière devint quelqu'un d'autre afin d'avoir un enfant.

A la cérémonie du henné, la moitié des magiciens m'adopta et joua le rôle de ma « famille » ; l'autre moitié prit le parti de Parvati et on se lança d'heureuses insultes tard dans la nuit tandis que les délicats dessins de henné séchaient sur les paumes de ses mains et les plantes de ses pieds ; et, si l'absence de Resham Bibi enleva aux insultes un certain mordant, cela ne nous chagrina pas beaucoup. Pendant le *nibah,* le mariage proprement dit, l'heureux couple s'assit sous un dais rapidement construit avec les boîtes de Dalta de la cabane démolie de Resham Bibi, et les magiciens défilèrent solennellement devant lui, en jetant de petites pièces sur nos genoux ; et quand la nouvelle Laylah Sinai s'évanouit tout le monde sourit de plaisir, parce que toute bonne fiancée doit s'évanouir à son mariage, et personne ne signala la possibilité gênante qu'elle avait pu se trouver mal à cause de sa grossesse, ou des coups de pied de l'enfant qu'elle avait dans son panier. Le soir, les magiciens donnèrent un si beau spectacle que le bruit s'en répandit dans la vieille ville et que des gens s'amassèrent pour regarder, des hommes d'affaires musulmans venant d'un muhalla voisin dans lequel, autrefois, on avait fait une déclaration publique, et des orfèvres, des vendeurs de milk-shake venant de Chandai Chowk, des promeneurs nocturnes et des touristes japonais qui portaient tous des masques de chirurgiens, afin de ne pas nous transmettre leurs germes ; et il y avait des Européens roses qui parlaient appareils photo avec les Japonais, il y avait des diaphragmes qui claquaient et des ampoules de flashes qui pétaient, et un des touristes me dit que l'Inde était vraiment un pays merveilleux, avec des traditions remarquables, et que ce serait parfait si on n'était pas continuellement obligé de manger la cuisine indienne. Et pour le *valina,* la cérémonie de la consommation (pour laquelle on ne tendit aucun drap taché de sang, avec ou sans trou, parce que j'ai passé notre nuit de noces, les yeux bien clos et le corps éloigné de celui de ma femme, de peur que les traits insupportables de Jamila la chanteuse ne viennent me hanter dans le trouble de la nuit), les magiciens se surpassèrent.

Mais quand toute l'agitation eut cessé, j'entendis (avec une bonne et une mauvaise oreille) le bruit inexorable de l'avenir qui glissait furtivement sur nous : tic, tac, de plus en plus fort, jusqu'à ce que la naissance de Saleem Sinai — également père du bébé — se reflète dans les événements de la nuit du 25 juin.

Alors que de mystérieux assassins tuaient des fonctionnaires et réussissaient presque à se débarrasser du président de la Cour suprême, personnellement choisi par Mme Gandhi, A. N. Ray, les magiciens du ghetto se concentraient sur un autre mystère ; le panier gonflé de Parvati-la-Sorcière.

Tandis que Janata Morcha s'étendait dans toute sorte de directions bizarres, jusqu'à ce qu'il comprenne les communistes maoïstes (comme nos contorsionnistes, dont les triplées aux membres élastiques avec qui Parvati avait vécu jusqu'à notre mariage — nous habitions maintenant dans une cabane que le ghetto avait construite pour nous comme cadeau de mariage sur l'emplacement du taudis de Resham) et les membres de l'aide droitière d'Ananda Marg ; jusqu'à ce que les membres de la gauche socialiste et les conservateurs du Swatantra rejoignent ses rangs... tandis que le Front Populaire se développait de cette façon grossière, moi, Saleem, je ne cessais de me demander ce qui pouvait bien grossir derrière la façade en développement de ma femme.

Tandis que le mécontentement à propos du Congrès d'Indira menaçait d'écraser le gouvernement comme une mouche, la toute nouvelle Laylah Sinai, dont les yeux étaient plus grands que jamais, restait assise aussi immobile qu'une pierre, et le poids du bébé devenait tel qu'il menaçait de lui écraser les os et de les réduire en poudre.

Et ce fut le 12 juin.

Les livres d'histoire, les journaux, les programmes de radio nous disent qu'à 2 heures de l'après-midi, le 12 juin, le Premier ministre Indira Gandhi fut reconnue coupable par le président Jag Mohan Lal Sinha, de la Haute Cour d'Allahabad, de malversation pendant la campagne électorale de 1971 ; ce qui n'a jamais été révélé auparavant, c'est que ce fut précisément à 2 heures de l'après-midi que Parvati-la-Sorcière (maintenant Laylah Sinai) fut sûre que le travail avait commencé.

Le travail de Parvati-Laylah dura treize jours. Le premier jour, le Premier ministre refusa de donner sa démission, bien que les condamnations entraînent une peine lui interdisant toute fonction officielle pendant six ans, et le col de l'utérus, malgré des contractions aussi douloureuses que des coups de pied de mule, refusait obstinément de se dilater ; Saleem Sinai et Singh-la-Photo, à qui l'entrée de la cabane de ses douleurs était interdite par les triplées contorsionnistes qui assumaient la charge de sages-femmes, furent obligés d'écouter ses hurlements jusqu'à ce qu'un flot continu de cracheurs de feu de tireurs de cartes de marcheurs sur des charbons ardents viennent les voir et leur donnent de grandes claques dans le dos en faisant des plaisanteries grossières ; et ce n'est que dans mes oreilles qu'on put entendre le tic-tac... un compte à rebours pour Dieu sait quoi, jusqu'à ce que j'aie peur et je dise à Singh-la-Photo, « Je ne sais pas ce qui va sortir d'elle, mais ça ne sera pas quelque chose de bon... » Et Photoji, d'un ton rassurant : « Ne t'inquiète pas, capitaine ! Tout va bien se passer ! » Et Parvati, hurlant, hurlant, et la nuit s'enchaînant au jour, et le deuxième jour, alors que dans l'Etat du Gujurat les candidats de Mme Gandhi aux élections étaient battus par le Janata Morcha, ma Parvati était en proie à des douleurs si violentes qu'elle était raide comme de l'acier, et je refusai de manger jusqu'à ce que l'enfant soit né, ou que ce qui devait arriver arrive, je m'assis les jambes croisées devant le taudis de ses douleurs, tremblant de terreur dans la chaleur, en suppliant ne la laissez pas mourir ne la laissez pas mourir, bien que je ne lui aie jamais fait l'amour pendant tous les mois de notre mariage ; malgré ma peur du spectre de Jamila la chanteuse, je priai et jeûnai, malgré Singh-la-Photo, « Par pitié, capitaine », je refusai, et le neuvième jour un silence terrible s'abattit sur le ghetto, un silence si absolu que même l'appel du muezzin ne pouvait le pénétrer, un vide d'un tel pouvoir qu'il rejeta les rugissements des manifestants de Janata Morcha devant Rashtrapati Bhavan, le palais présidentiel, un mutisme saisi d'horreur, d'une magie aussi épouvantable que le grand silence qui autrefois avait plané au-dessus de la maison de mes grands-parents à Agra, et le neuvième jour on put entendre Morarji Desai demander au président Ahmad de limoger le Premier ministre déshonoré et les seuls bruits qui s'élevaient dans le monde étaient les plaintes lamentables de Parvati-Laylah, alors que les contractions s'amassaient sur elle comme des montagnes et ses cris résonnaient comme si elle nous avait appelés du fond d'un long tunnel de douleur, et je restais assis les jambes croisées écartelé par son martyre avec le bruit silencieux du tic-tac dans la tête, et dans la cabane les triplées contorsionnistes jetaient de l'eau sur le corps de Parvati pour en entretenir l'humidité qui s'écoulait comme des fontaines, lui coinçaient un bâton entre les dents pour l'empêcher de se couper la langue et essayaient de lui baisser de force les paupières car ses yeux sortaient de façon tellement effrayante qu'elles craignaient qu'ils tombent et se salissent sur le sol, et ce fut le douzième jour et j'étais à moitié mort de faim tandis qu'ailleurs dans la ville la Cour suprême informait Mme Gandhi qu'il n'était pas nécessaire qu'elle démissionne jusqu'au jugement en appel mais qu'elle ne pouvait ni voter au Lok Sabha ni toucher d'appointements, et tandis que le Premier ministre folle de joie devant cette victoire partielle injuriait ses adversaires avec des insultes dont les femmes de pêcheurs kolis auraient été fières, ma Parvati entra dans une phase du travail, dans laquelle malgré son épuisement total, elle trouva l'énergie de faire sortir de ses lèvres décolorées une série de jurons nauséabonds, et la puanteur de fosse à purin de ses obscénités nous emplit les narines et nous donna des haut-le-cœur, et les trois contorsionnistes s'enfuirent de la cabane en disant qu'elle était si raide, si décolorée qu'on pouvait presque voir à travers et que si le bébé ne naissait pas maintenant elle allait mourir, et dans mes oreilles tic-tac les coups tic-tac jusqu'à ce que je sois sûr, oui, bientôt, bientôt, bientôt, et quand les triplées retournèrent à son chevet le soir du treizième jour elles hurlèrent Oui oui elle a commencé à pousser, vas-y Parvati, pousse pousse pousse et tandis que

Parvati poussait dans le ghetto, J. P. Narayan et Morarji Desai poussaient également Indira Gandhi, les triplées glapissaient pousse pousse pousse et les chefs de Janata Morcha exhortaient la police et l'armée à désobéir aux ordres illégaux du Premier ministre disqualifié, et d'une certaine façon ils obligeaient Mme Gandhi à pousser, et alors que la nuit s'assombrissait aux alentours de minuit, parce que rien n'arrive à une autre heure, les triplées se mirent à hurler ça vient ça vient ça vient, et ailleurs, le Premier ministre donnait naissance à un enfant un peu particulier... dans le ghetto, dans la cabane à côté de laquelle j'étais assis les jambes croisées et presque mort de faim, mon fils venait venait venait, la tête est sortie crièrent les triplées, tandis que la police arrêtait les responsables du Janata Morcha, y compris les personnes anciennes et presque mythologiques de Morarji Desai et de J. P. Narayan, pousse pousse pousse, et au cœur de ce terrible minuit alors que le tic-tac résonnait dans mes oreilles un enfant naquit, jaillissant à la fin avec tellement de facilité qu'il était impossible de comprendre pourquoi il avait eu tous ces problèmes. Parvati poussa un dernier petit cri pitoyable, et hop il était là, et dans toute l'Inde des policiers arrêtaient des gens, tous les chefs de l'opposition sauf les communistes prosoviétiques, ainsi que des professeurs poètes journalistes syndicalistes, en fait tous ceux qui avaient fait l'erreur d'éternuer pendant les discours de la Dame, et quand les trois contorsionnistes eurent lavé le bébé, l'eurent enveloppé dans un vieux sari et l'eurent montré à son père, à cet instant précis, on entendit pour la première fois l'expression état-d'urgence, ainsi que suspension-des-droits-civiques, censure-de-la-presse, unités-blindées-en-état-d'alerte, et arrestation-des-éléments-subversifs ; quelque chose s'achevait, quelque chose naissait et, à l'instant précis de la naissance de la nouvelle Inde et du commencement d'un minuit qui durerait pendant deux longues années, mon fils, l'enfant d'un tic-tac renouvelé, sortit dans le monde.

Et il y a plus : parce que, quand dans les demi-ténèbres de ce minuit sans fin Saleem Sinai vit son fils pour la première fois, il se mit à rire sans pouvoir s'arrêter, le cerveau dévasté par la faim, oui, mais aussi parce qu'il savait que sa destinée implacable lui avait joué un autre de ses tours grotesques, et malgré Singh-la-Photo qui, scandalisé par mon rire ressemblant dans ma faiblesse à un ricanement d'écolière, ne cessait de répéter, « Allez, capitaine, ne te conduis pas comme un fou ! C'est un garçon, capitaine, tu dois être heureux ! », Saleem Sinai continuait à saluer la naissance en riant hystériquement devant le destin, parce que l'enfant, le garçon, mon fils, Aadam Sinai, était parfaitement formé — sauf les oreilles. De chaque côté de sa tête claquaient comme des voiles deux protubérances auditives, des oreilles si fantastiquement colossales que les triplées révélèrent par la suite que, quand la tête avait jailli, elles avaient pensé, un instant, que c'était la tête d'un tout petit éléphant.

... « Capitaine, capitaine Saleem ! suppliait Singh-la-Photo, sois gentil ! Il n'y a pas de quoi s'affoler pour des oreilles ! »

Il était une fois... il naquit dans le vieux Delhi. Non, ça ne marche pas, il ne faut pas perdre la date de vue : Aadam Sinai est né dans l'ombre nocturne d'un taudis le 25 juin 1975. Et l'heure ? L'heure a également de l'importance. Comme je l'ai dit : à minuit. Non, il est important d'être plus... A minuit sonnant exactement. Les bras de la pendule ont joint les mains... Il faut tout dire : A l'instant précis où l'Inde accédait à l'état d'urgence, il sortit. Il y avait des halètements ; et dans tout le pays des silences et des peurs. Et grâce aux tyrannies occultes de cette heure de ténèbres, il était mystérieusement enchaîné à l'histoire, et son destin indissolublement lié à celui de son pays. Il vint, non prophétisé, non fêté ; aucun Premier ministre ne lui écrivit de lettre ; mais, au moment où mon temps de connection approchait de sa fin, le sien commençait. Bien sûr, il n'eut pas son mot à dire ; après tout, il ne pouvait même pas s'essuyer le nez.

C'était l'enfant d'un père qui n'était pas son père ; mais l'enfant d'une époque qui esquinta tellement la réalité que personne ne réussit jamais à la réparer ;

C'était le vrai arrière-petit-fils de son arrière-grand-père, mais l'éléphantiasis le frappa aux oreilles et non au nez — parce qu'il était aussi le vrai fils de Shiva et de Parvati ; il était Ganesh à tête d'éléphant ;

Il était né avec des oreilles si hautes et si larges qu'elles durent entendre les coups de feu dans l'Etat du Bihar et les cris des dockers matraqués à Bombay... un enfant qui entendait trop et qui comme résultat ne parla jamais, un enfant rendu muet par une surabondance de sons, à tel point que depuis, du taudis à la fabrique de conserves, je ne l'ai jamais entendu prononcer un seul mot ;

Il possédait un nombril qui choisit de ressortir plutôt que de rentrer, et Singh-la-Photo sidéré s'écria, « Son bibi, capitaine ! Regarde son bibi ! » et il devint dès le premier jour, l'objet bienveillant de notre crainte ;

Un enfant d'une nature si bonne et si sérieuse que son refus absolu de pleurer ou de geindre séduisit son père adoptif qui cessa de rire de façon hystérique des oreilles grotesques de l'enfant et se mit à le bercer doucement dans ses bras ;

Un enfant qui, alors qu'on le berçait, entendit une chanson, une chanson chantée avec l'accent historique d'une ayah déshonorée : « Ce que tu veux être tu peux l'être, tu peux être ce que tu veux. »

Mais maintenant que j'ai donné naissance à mon fils silencieux aux grandes oreilles — il faut répondre à des questions concernant une autre naissance synchronisée. Des interrogations maladroites et désagréables : Est-ce que le rêve de Saleem consistant à sauver la nation coula, en traversant par osmose le tissu de l'histoire, dans les pensées du Premier ministre, elle-même ? Est-ce que ma croyance dans l'égalité entre l'Etat et moi se transmua dans l'esprit de la Dame, en cette sentence célèbre à l'époque : *L'Inde c'est Indira, Indira c'est l'Inde ?* Nous sommes concurrents en ce qui concerne le centralisme — était-elle en proie à un désir de signification aussi profond que le mien ? — et pourquoi... ?

Influence des coupes de cheveux sur le cours de l'histoire : autre histoire scabreuse. Si William Methwold n'avait pas eu de raie au milieu, je ne serais peut-être pas ici aujourd'hui ; et si la Mère de la nation avait eu des cheveux entièrement de la même couleur, l'état d'urgence qu'elle engendra n'aurait peut-être pas eu de côté sombre. Mais elle avait des cheveux blancs d'un côté et des cheveux noirs de l'autre ; l'état d'urgence avait également une partie blanche — publique, visible, documentée, une chose pour les historiens — et une partie noire, secrète macabre passée sous silence, qui nous était destinée.

Mme Indira Gandhi est née en novembre 1917 de Kamala et Jawaharlal Nehru. Son deuxième prénom était Priyadharshini. Elle n'avait pas de lien de parenté avec « Mahatma » M. K. Gandhi ; elle tenait son nom de famille de son mariage, en 1952, avec un certain Feroze Gandhi qui fut connu comme le « gendre de la nation ». Ils eurent deux fils, Rajiv et Sanjay, mais, en 1949, elle retourna chez son père et devint sa « maîtresse de maison officielle ». Feroze essaya d'y vivre lui aussi mais ce ne fut pas un succès. Il devint un critique féroce du gouvernement Nehru, dévoilant le scandale Mundhra et obligeant le ministre des Finances, T. T. Krishamachari — T. T. K. lui-même — à démissionner. M. Feroze Gandhi mourut d'une crise cardiaque en 1960, à l'âge de quarante-sept ans. On a souvent dit que Sanjay, le plus jeune fils de Mme Gandhi, accusait sa mère d'être responsable de la mort de son père parce qu'elle l'avait abandonné ; que cela lui donnait un grand pouvoir sur elle et qu'elle était incapable de rien lui refuser. Sanjay Gandhi et sa femme, l'ancien mannequin Menaka, jouèrent un rôle prépondérant pendant l'état d'urgence. Le Mouvement de la Jeunesse de Sanjay fut particulièrement efficace dans la campagne de stérilisation.

J'ai inclus ce résumé quelque peu rapide pour le cas où vous n'auriez pas remarqué qu'en 1975, le Premier ministre de l'Inde était veuve depuis quinze ans. Ou (parce que la majuscule peut être utile) : une Veuve.

Oui, Padma : Mère Indira m'en voulait vraiment.

MINUIT

Non ! — mais je dois.

Je ne veux pas le dire ! — mais j'ai juré de tout dire. — Non, je renonce, pas ça, il y a des choses qu'il vaut mieux garder… ? — Ça ne prend pas ; ce qui ne peut être soigné doit être enduré ! — mais sûrement pas les murs qui murmurent, la trahison, et clac clac, et les femmes avec les seins meurtris ? — Cela en particulier. — Mais comment pourrais-je, regardez-moi, je suis déchiré, je ne peux même pas être d'accord avec moi-même, je parle, je discute comme un fou, je m'effondre, ma mémoire s'en va, oui, ma mémoire plonge dans des gouffres et est engloutie par l'obscurité, il ne reste que des fragments, aucun d'eux n'a plus de sens ! — Mais je ne me permets pas de juger ; je dois simplement continuer (ayant commencé) jusqu'à la fin ; il ne m'appartient plus (ce ne l'a peut-être jamais été) de distinguer entre raison et déraison. — Mais l'horreur, je ne peux pas veux pas dois pas veux pas peux pas non ! — Suffit ; commence. — Non. — Si. Le rêve, alors ? Je pourrais peut-être le raconter comme un rêve. Oui, peut-être un cauchemar : verts et noirs, les cheveux de la Veuve et une main qui s'agrippe et des enfants mmff et des petites boules et un par un et déchirés en deux et des petites boules qui volent volent vertes et noires sa main est verte ses ongles sont noirs comme le noir. — Pas de rêves. Ce n'est ni le lieu ni le moment. Des faits, comme on s'en souvient. En faisant de son mieux. Comme c'était : commence. — Pas le choix ? — Aucun ; quand y en a-t-il jamais eu ? Il y a des impératifs, des conséquences logiques, des choses inévitables et des retours ; il y a des choses faites pour, des accidents et des coups du sort ; quand y a-t-il jamais eu un choix ? Des options ? Quand une décision a-t-elle été prise librement, d'être ceci, cela ou l'autre ? Pas le choix ; commence. — Oui.

Ecoutez :

Une nuit infinie, des jours semaines mois sans soleil, ou plutôt (parce qu'il est important d'être précis) sous un soleil aussi froid qu'une assiette lavée à grande eau, un soleil qui nous baignait d'une lumière folle de minuit ; je parle de l'hiver 1975-1976. Dans l'hiver, l'obscurité ; mais aussi la tuberculose.

Autrefois, dans une chambre bleue donnant sur la mer, sous le doigt tendu d'un pêcheur, j'avais combattu la typhoïde et j'avais été sauvé par du venin de serpent ; maintenant, pris au piège des voiles dynastiques des réapparitions, parce que j'avais reconnu sa filiation, notre Aadam Sinai fut également obligé de passer ses premiers mois à combattre les serpents invisibles d'une maladie. Les serpents de la tuberculose s'enroulaient autour de son cou et il suffoquait... mais c'était un enfant d'oreilles et de silence et quand il postillonnait il n'y avait aucun son ; quand il respirait comme un asthmatique aucun raclement ne sortait de sa gorge. En bref, mon fils tomba malade et, bien que sa mère, Parvati ou Laylah, aille rechercher les herbes de son don magique — bien qu'on lui administre continuellement des infusions d'herbes dans de l'eau bouillie, les vers de la tuberculose semblables à des spectres refusaient d'être chassés. Dès le début, je soupçonnai quelque chose de sombrement métaphorique dans cette maladie — croyant que, dans les mois de minuit quand mon temps de connection avec l'histoire recouvrait partiellement le sien, notre état d'urgence privé n'était pas sans rapport avec la maladie plus vaste, macrocosmique, sous l'influence de laquelle le soleil était devenu aussi pâle et malade que notre fils. La Parvati-d'alors (comme la Parvati-de-maintenant) rejetait ces ruminations abstraites, considérant comme pure sottise mon obsession croissante devant la lumière, et j'emplissais notre cabane de chandelles en plein midi... mais j'insiste sur l'exactitude de mon diagnostic ; « Je te le dis, notre fils ne guérira pas tant que durera l'état d'urgence. »

Mise hors d'elle par son incapacité à soigner cet enfant sérieux qui ne pleurait jamais, ma Parvati-Laylah refusait de croire en mes théories pessimistes ; mais elle devint sensible à toute histoire à dormir debout. Quand une des vieilles femmes du ghetto des magiciens lui disait — comme l'aurait fait Resham Bibi — que la maladie ne sortirait pas tant que l'enfant resterait muet, Parvati avait l'air de trouver cela plausible. « La maladie, c'est un chagrin du corps, me disait-elle d'un ton sentencieux, on doit s'en débarrasser avec des larmes et des gémissements. » Ce soir-là, elle revint à la cabane en serrant dans la main un petit paquet de poudre verte enveloppé dans du papier journal et attaché avec un ruban rose pâle, et me dit que c'était une préparation tellement forte que ça faisait hurler les pierres. Quand elle lui administra le médicament, les joues de l'enfant se mirent à gonfler, comme s'il avait eu la bouche pleine de nourriture ; les bruits longtemps contenus de l'enfance s'amassaient derrière ses lèvres et, de fureur, il fermait hermétiquement la bouche. Il devint évident que l'enfant était sur le point de s'étouffer en essayant de ravaler le vomi torrentiel des sons refoulés que la poudre verte avait mis en mouvement ; et c'est alors que nous comprîmes que nous étions en présence d'une des volontés les plus implacables de la terre. Au bout d'une heure, pendant laquelle mon fils était devenu tout d'abord jaune safran et vert pour finir de la couleur de l'herbe, je ne pus supporter cela plus longtemps et hurlai, « Femme, si ce petit veut tellement se taire, nous n'avons pas le droit de le tuer pour ça ! » Je pris Aadam dans mes bras pour le bercer et je sentis son petit corps qui se raidissait, les articulations des genoux des coudes du cou se remplissaient du tumulte des sons retenus, et Parvati finit par se laisser attendrir et prépara un antidote en pilant de la racine de maranta et de la camomille dans un bol en fer et en marmonnant dans sa barbe d'étranges imprécations. Par la suite, personne n'essaya plus jamais de forcer Aadam Sinai à faire quelque chose qu'il ne voulait pas ; nous l'avons regardé se battre contre la tuberculose et nous avons essayé de nous rassurer en pensant qu'une volonté d'acier comme la sienne ne se laisserait certainement pas vaincre par une simple maladie.

Dans les derniers jours, ma femme Laylah ou Parvati était également rongée à l'intérieur par les mites du désespoir, parce que, quand elle venait vers moi pour chercher un peu de chaleur et de réconfort dans la solitude de nos heures de sommeil, je voyais toujours, superposée à ses traits, la physionomie horrible et rongée de Jamila la chanteuse ; et, bien que j'eusse avoué à Parvati le secret du spectre pour la consoler en lui faisant remarquer que, vu son état de décomposition, il se serait totalement désagrégé avant longtemps, elle me dit tristement que les crachoirs et la guerre m'avaient ramolli le cerveau et qu'elle désespérait de notre mariage qui, comme il semblait, ne serait jamais consommé ; alors lentement lentement apparut sur ses lèvres la sinistre moue de son chagrin... mais que pouvais-je faire ? Quelle consolation pouvais-je offrir — moi, Saleem Morve-au-nez, qui avais été réduit à la misère par le retrait de la protection familiale, qui avais choisi (si c'était un choix) de vivre de mes dons olfactifs, en gagnant quelques paisa par jour, en découvrant par l'odorat ce que les gens avaient mangé la veille au soir et lesquels étaient amoureux ; quelle consolation pouvais-je lui apporter alors que j'étais déjà dans les mains glacées de ce minuit prolongé et que je pouvais sentir dans l'air quelque chose de définitif ?

Le nez de Saleem (vous ne pouvez l'avoir oublié) pouvait sentir des choses plus étranges que du crottin de cheval. Les parfums des émotions et des idées, les odeurs de comment-étaient-les-choses : tout cela mon nez pouvait et peut l'identifier facilement. Quand on changea la constitution pour donner au Premier ministre des pouvoirs quasi absolus, je sentis dans l'air des odeurs d'anciens empires... dans cette ville encombrée des fantômes des moghols, d'Aurangzeb l'impitoyable et des derniers conquérants roses, j'inhalais à nouveau l'arôme piquant du despotisme. Comme si l'on brûlait de vieux chiffons graisseux.

Mais même quelqu'un de tout à fait incompétent nasalement aurait découvert que pendant l'hiver 1975-1976, quelque chose sentait le pourri dans la capitale ; ce qui m'alarma ce fut une puanteur plus étrange et plus personnelle : le souffle du danger personnel dans lequel je discernai la présence d'une paire de genoux perfides et vengeurs... c'était la première fois que je pensais qu'un ancien conflit, qui avait commencé quand une vierge éperdue d'amour avait interverti des étiquettes, prendrait bientôt fin dans un délire de trahison et de coups de ciseaux.

Peut-être qu'avec un tel avertissement dans mes narines j'aurais dû fuir — prévenu par un nez, j'aurais pu prendre mes jambes à mon cou. Mais il y avait des obstacles pratiques : où serais-je allé ? Et avec à ma charge une femme et un enfant, à quelle vitesse aurais-je pu me sauver ? On ne doit pas oublier non plus que j'avais déjà fui une fois, et voyez où j'avais échoué : dans les Sundarbans, la jungle des fantasmes et du châtiment, dont je ne m'étais échappé que de justesse !... Je ne m'enfuierais pas, quoi qu'il arrive.

Cela n'avait certainement aucune importance ; Shiva — implacable, perfide, mon ennemi depuis notre naissance — aurait fini par me retrouver. Parce que, si un nez est sans pareil pour découvrir des choses, quand les choses entrent en action, il ne sert à rien de nier l'avantage d'une paire de genoux étrangleurs.

Je me permettrai de faire une dernière observation paradoxale sur ce sujet : si, comme je le crois, ce fut dans la maison des femmes gémissantes que j'ai appris la réponse à la question du but qui m'a harcelé toute ma vie, alors en m'enfuyant du palais des anéantissements, je me serais privé moi-même de la plus précieuse des découvertes. Sous une forme plus philosophique : chaque nuage est bordé d'or.

Saleem-et-Shiva, nez-et-genoux... nous n'avions que trois choses en commun : le moment (et ses conséquences) de notre naissance ; la faute de la perfidie ; et notre fils, Aadam, notre synthèse, grave, sérieux, avec des oreilles omnisensibles. A bien des égards, Aadam Sinai était exactement l'opposé de Saleem. Moi, à mes débuts, j'avais grandi à une vitesse vertigineuse ; Aadam, luttant contre les serpents de la maladie, grandissait à peine. Dès le début, Saleem souriait de façon prévenante ; Aadam avait plus de dignité et gardait ses sourires pour lui-même. Saleem avait soumis sa volonté aux tyrannies conjointes de sa famille et de son destin, mais Aadam se battait férocement et refusait même de céder à la coercition de la poudre verte. Alors que Saleem avait été tellement résolu à absorber l'univers que pendant quelque temps il avait été incapable de cligner des paupières, Aadam préférait garder les yeux bien fermés... Et quand, de temps en temps, il daignait les ouvrir, je voyais qu'ils étaient bleus. D'un bleu de glace, un bleu du souvenir, le bleu fatidique du ciel du Cachemire... mais il n'est pas nécessaire d'aller plus avant.

Nous, les enfants de l'indépendance, nous nous sommes précipités trop vite et trop violemment vers notre avenir ; lui, né dans l'état d'urgence, il était déjà plus prudent et attendait son heure ; mais, quand il agirait, il serait impossible de lui résister. Il est déjà plus fort, plus dur, plus résolu que moi : quand il dort, ses yeux sont immobiles sous ses paupières. Aadam Sinai, l'enfant des genoux-et-nez (autant que je peux le savoir) ne s'abandonne pas aux rêves.

Qu'entendaient ces oreilles battantes qui semblaient parfois enflammées par la chaleur de leur savoir ? S'il avait pu parler, m'aurait-il mis en garde contre la trahison et les bulldozers ? Dans un pays dominé par les multitudes jumelles des bruits et des odeurs, nous aurions pu former une équipe parfaite ; mais mon enfant repoussait toute parole, et je n'ai pas obéi aux commandements de mon nez.

« Arré baap, s'écrie Padma, contentez-vous de raconter ce qui s'est passé, Monsieur ! Qu'y a-t-il d'étonnant à ce qu'un bébé n'entretienne pas de conversation ? »

Et, à nouveau, ces fêlures en moi : je ne peux pas. — Tu dois. — Oui.

En avril 1976, je vivais toujours dans le ghetto des magiciens ; mon fils Aadam était toujours dans les griffes d'une tuberculose à évolution lente et sur laquelle aucun traitement ne semblait avoir d'effet. J'étais la proie de sombres pressentiments (et de désirs de fuite) ; mais si un homme expliquait que je reste dans le ghetto, cet homme c'était Singh-la-Photo.

Padma : Saleem partageait le sort des magiciens de Delhi en partie à cause d'un manque total d'à propos — je croyais à la justesse de cette descente tardive dans la pauvreté (je n'avais emporté de chez mon oncle que deux chemises blanches, deux pantalons également blancs, et un tee-shirt décoré de guitares roses, des chaussures noires, une paire) ; en partie parce que j'étais lié par gratitude à celle qui m'avait sauvé, Parvati-la-Sorcière ; mais je restais — alors que sachant lire et écrire j'aurais pu être au moins employé de banque ou instituteur pour cours du soir — parce que toute ma vie, consciemment ou inconsciemment, j'avais recherché des pères. Ahmed Sinai, Hanif Aziz, Couteau-pointu sahib, le général Zulfikar, avaient tous été sollicités dans l'absence de William Methwold ; Singh-la-Photo était le dernier de cette noble lignée. Et voulant à la fois trouver des pères et sauver mon pays, j'ai peut-être donné trop d'importance à Singh-la-Photo ; l'horrible possibilité existe que je l'aie déformé pour en faire (dans la vie et dans ces pages) une fiction de mon imagination... il est vrai que chaque fois que je lui demandais, « Quand est-ce que tu vas me conduire, Photoji — c'est pour quand le grand jour ? », il se dérobait maladroitement et répondait, « Ne te mets pas des choses comme ça en tête, capitaine ; je suis un pauvre homme du Rajasthan, et l'Homme le Plus Charmeur du Monde ; ne va pas faire autre chose de moi. » Mais je l'exhortais, « Il y a un précédent, Mian Abdullah, le Bourdon... » Ce à quoi la Photo, « Capitaine, t'es fou. »

Pendant les premiers mois de l'état d'urgence, Singh-la-Photo resta en proie à un silence mélancolique, souvenir (à nouveau !) du grand mutisme de la Révérende Mère (qui avait également coulé dans mon fils...), et il négligeait de faire des discours à son public dans les grandes avenues ou les ruelles misérables des vieille et nouvelle villes comme il n'avait cessé de le faire dans le passé ; mais bien qu'il dise, « C'est une époque pour le silence, capitaine », je restais convaincu qu'un jour, à la tête d'un grand *jooloos,* un défilé de dépossédés, jouant de la flûte, couronné de serpents effrayants, Singh-la-Photo nous conduirait vers la lumière... mais il ne fut peut-être jamais plus qu'un charmeur de serpents ; je ne nie pas cette possibilité. Je dis seulement que, pour moi, mon dernier père, grand décharné barbu, les cheveux tirés en arrière et attachés sur la nuque, semblait l'avatar même de Mian Abdullah ; mais ce n'était peut-être qu'une illusion, née de mes tentatives pour le rattacher aux fils de mon histoire par un effort de pure volonté ; il y a eu des choses illusoires dans ma vie ; ne croyez pas que je n'en sois pas conscient. Cependant, nous approchons d'un temps qui dépasse l'illusion ; n'ayant pas le choix, je dois rapporter, noir sur blanc, le comble que j'ai évité chaque soir.

Des lambeaux de souvenirs : ce n'est pas comme ça qu'on devrait raconter un comble. Cela devrait monter par vagues vers la cime himalayenne ; mais il ne me reste que des lambeaux, et je suis comme une marionnette dont on a cassé les fils. Ce n'est pas ce que j'avais prévu ; mais l'histoire qu'on achève n'est peut-être jamais celle qu'on avait commencée. (Autrefois, dans une chambre bleue, Ahmed Sinai inventait des fins pour des contes de fées dont on avait oublié depuis longtemps la conclusion ; tout au long des années, le Singe de Cuivre et moi, nous avons entendu toute sorte de versions du voyage de Sinbad et des aventures de Hatim Tai... Si moi je recommençais, est-ce que je finirais à un autre endroit ?) Je dois donc me contenter de bouts et de morceaux : comme si j'avais écrit il y a des siècles, le truc consiste à remplir des vides guidé par les quelques indications qu'on m'a données. La plupart des choses qui comptent dans notre vie ont lieu en notre absence ; je suis guidé par le souvenir d'un dossier entrevu, aux initiales révélatrices ; et par des fragments du passé qui traînent dans les souterrains dévastés de ma mémoire comme des tessons échoués sur une plage… comme des lambeaux de souvenirs, des feuilles imprimées traversaient le ghetto des magiciens portées par le vent silencieux de minuit.

Des journaux poussés par le vent vinrent dans mon taudis m'informer que mon oncle, Mustapha Aziz, avait été victime d'assassins inconnus ; je ne versai pas une larme. Mais il y avait d'autres informations ; et c'est à partir de cela que je dois construire la vérité.

Sur une page de journal (sentant les navets) je lus que le Premier ministre de l'Inde ne se déplaçait pas sans son astrologue personnel. Dans ce fragment, je discernai plus que l'odeur des navets ; mystérieusement, mon nez reconnut à nouveau la senteur du danger personnel. Ce que je dois déduire de cet arôme d'avertissement : des devins m'ont prophétisé ; est-ce qu'aucun devin n'a entraîné ma ruine ? Est-ce qu'une Veuve, obsédée par les étoiles, n'a pas appris des astrologues le potentiel secret de tout enfant né lors de ce lointain minuit ? Et est-ce pour cela qu'on demanda à un fonctionnaire expert en généalogies d'établir… et pourquoi le matin me regarda-t-il étrangement ? Oui, vous voyez, les morceaux commencent à s'assembler ! Padma, est-ce que tout ne devient pas clair ?

Indira c'est l'Inde et l'Inde c'est Indira… mais n'avait-elle pas pu lire une lettre de son père à un enfant de minuit, dans laquelle sa personnalité transformée en slogan était niée ; dans laquelle le rôle de miroir-de-la-nation m'était octroyé ? Vous voyez ? Vous *voyez ?…* Et il y a même des preuves supplémentaires et plus claires, parce que voici un autre morceau du *Times of India* dans lequel la propre agence de la Veuve, Samachar, la cite quand elle parle de sa « détermination à combattre cette conspiration profonde et largement répandue ». Elle ne parle pas du Janata Morcha, c'est moi qui vous le dis ! Non, l'état d'urgence avait sa partie noire, comme il avait une partie blanche, et voici le secret qui est resté caché trop longtemps sous le masque de cette période de répression : le véritable motif qui se cachait derrière l'établissement de l'état d'urgence, c'était la volonté d'écraser, de broyer, d'anéantir de façon irréversible les enfants de minuit. (Dont le congrès avait été évidemment dissous des années plus tôt ; mais la simple possibilité de notre réunification était suffisante pour déclencher l'alerte rouge.)

Des astrologues — j'en suis sûr — ont donné l'alarme ; dans un dossier noir, sur lequel était écrit C.E.M., on avait réuni des noms ; mais dedans, il y avait plus. Il y avait aussi des trahisons et des confessions ; il y avait des genoux et un nez — un nez et des genoux.

Des bouts, des fragments : il me semble que juste avant de me réveiller avec l'odeur du danger dans les narines, je rêvais que je dormais. Je m'éveillais du plus effrayant des rêves pour trouver un étranger dans ma cabane : un type à allure de poète avec des cheveux raides qui lui recouvraient les oreilles (mais qui étaient très clairsemés au sommet du crâne). Oui ; pendant mon dernier sommeil, précédant ce-qui-doit-être-décrit, l'ombre de Nadir Khan vint me rendre visite, Nadir Khan qui regardait perplexe un crachoir d'argent incrusté de lapis-lazuli, demanda stupidement, « Est-ce que tu l'as volé ?... parce qu'autrement tu dois être... est-ce possible ? Le petit garçon de Mumtaz ? » Et quand je confirmai, « Oui, personne d'autre, c'est moi... », le rêve du spectre de Nadir-Qasim me mit en garde, « Cache-toi. Il te reste peu de temps. Cache-toi pendant que tu le peux. »

Nadir, qui s'était caché sous le tapis de mon grand-père, vint m'avertir d'en faire autant ; mais trop tard, trop tard, parce que je me suis réveillé vraiment et j'ai humé la senteur du danger qui retentissait dans mon nez comme une fanfare... Effrayé sans savoir pourquoi, je me suis levé ; et, est-ce le fruit de mon imagination, ou est-ce qu'Aadam Aziz ouvrit effectivement ses yeux bleus pour me regarder ? Les yeux de mon fils étaient-ils eux aussi remplis d'alarme ? Est-ce que des oreilles battant au vent avaient entendu ce qu'un nez avait reniflé ? Le père et le fils communiquèrent-ils silencieusement avant que tout commence ? Je dois laisser les points d'interrogation en l'air, sans réponses ; mais ce qui est sûr c'est que ma Parvati, ma Laylah Sinai, s'éveilla elle aussi et demanda, « Qu'est-ce qui se passe ? » Et moi, sans en savoir vraiment la raison : « Cache-toi ; reste à l'intérieur et ne sors pas. »

Et je suis sorti.

Ç'aurait dû être le matin, mais les ténèbres d'un minuit sans bornes restaient suspendues au-dessus du ghetto comme un brouillard... à travers la pâle lumière de l'état d'urgence, j'ai vu des enfants qui jouaient et Singh-la-Photo, son parapluie refermé sous le bras, en train de pisser contre le mur de la mosquée du Vendredi ; un petit illusionniste chauve s'entraînait à traverser la gorge de son enfant de dix ans avec des couteaux, et un prestidigitateur qui avait déjà trouvé un public faisait sortir de grosses boules de laine de sous les aisselles des étrangers ; dans un autre coin du ghetto Chand Sahib, le musicien jouait de la trompette en posant l'embouchure d'un vieux cor bosselé contre son cou et il en faisait sortir des sons en bougeant seulement les muscles de sa gorge... Là-bas, il y avait les triplées contorsionnistes qui revenaient du seul point d'eau en portant un seau en équilibre sur leur tête... tout semblait en ordre. Je me suis reproché mes rêves et mes alarmes nasales ; mais c'est alors que tout a commencé.

Les camions et les bulldozers arrivèrent les premiers, en grondant sur l'avenue ; ils s'arrêtèrent en face du ghetto des magiciens. Un haut-parleur résonna : « Campagne municipale d'embellissement... opération du comité central des Jeunesses Sanjay... préparez-vous à évacuer immédiatement... Ce bidonville offense le regard, on ne peut le tolérer plus longtemps... tout le monde doit obéir sans discuter. » Et tandis que vibrait le haut-parleur, des silhouettes descendaient des camions : on dressa rapidement une tente aux couleurs vives, et on y mit des lits de camp et un équipement chirurgical... puis des camions s'écoula un flot de jeunes femmes très bien mises, de haute naissance et d'éducation étrangère, puis une seconde vague de jeunes gens également très bien mis : des volontaires du Mouvement de la Jeunesse Sanjay, faisant leur devoir pour la société... mais alors je compris que non, pas des volontaires, parce que tous les hommes avait les cheveux bouclés et de grosses lèvres féminines, et les jeunes femmes étaient toutes semblables elles aussi, elles ressemblaient parfaitement à la Menaka de Sanjay, que les bouts de journaux décrivaient comme une « beauté maigre », et qui autrefois avait été mannequin en vêtements de nuit pour une société de matelas... au milieu du chaos de la liquidation du bidonville, je vis une nouvelle fois que la dynastie qui régnait sur l'Inde avait appris à se reproduire ; mais ce n'était pas le moment de penser, les innombrables grosses-lèvres et beautés-maigres attrapaient les magiciens et les vieux mendiants, traînaient les gens vers les camions, et un bruit se répandit dans le ghetto des magiciens : « Ils font *nasbandi* — la stérilisation ! » et un second cri : « Sauvez vos femmes et vos enfants ! » — et une émeute commence, des enfants qui jouaient jettent des pierres aux élégants envahisseurs, et voici Singh-la-Photo qui bat le rappel des magiciens en secouant un parapluie furieux, qui autrefois était un gage d'harmonie mais qui maintenant est transformé en arme, en une lance chevaleresque, et les magiciens se sont transformés en armée, des cocktails Molotov apparaissent comme par magie, et on les jette, les prestidigitateurs sortent les briques de leurs sacs, l'air s'emplit de cris et de projectiles et les élégantes grosses-lèvres et beautés-maigres battent en retraite devant l'extraordinaire violence des illusionnistes ; et Singh-la-Photo mène l'assaut de la tente de la vasectomie... Parvati ou Laylah, désobéissant aux ordres, est près de moi et dit, « Mon Dieu qu'est-ce qu'ils... » et à ce moment précis, une contre-attaque formidable est lancée sur le bidonville : on envoie des soldats contre des magiciens, des femmes et des enfants.

Autrefois, des tireurs de cartes montreurs de marionnettes hypnotiseurs avaient défilé triomphalement près d'une armée conquérante ; mais, aujourd'hui, tout cela était oublié, et on essaie des fusils russes contre les habitants du ghetto. Quelle chance reste-t-il à des magiciens communistes contre des fusils socialistes ? Ils, nous courons maintenant dans toutes les directions, Parvati et moi nous sommes séparés par la charge des soldats, je perds de vue Singh-la-Photo, des crosses tapent, résonnent, je vois une des triplées contorsionnistes tomber devant la fureur des fusils, on traîne des gens en les tirant par les cheveux vers les camions béants qui attendent ; et moi aussi, je cours, trop tard, en regardant par-dessus mon épaule, je me prends les pieds dans des boîtes vides et dans les sacs abandonnés des illusionnistes effrayés, et par-dessus mon épaule, dans la nuit ténébreuse de l'état d'urgence, je vois que tout cela n'a été qu'un écran de fumée, une chose secondaire, parce que voici qu'une silhouette mythique jaillit de la confusion de l'émeute, l'incarnation du destin et de la destruction : le commandant Shiva a rejoint l'échauffourée et il ne recherche que moi. Tandis que je cours, voici les genoux de ma destinée...

... L'image d'un taudis me traverse l'esprit : mon fils ! Et pas seulement mon fils : un crachoir d'argent incrusté de lapis-lazuli ! Quelque part dans la confusion du ghetto, un enfant est resté seul... quelque part, on a abandonné un talisman gardé pendant si longtemps. La mosquée du Vendredi est impassible et me regarde faire un crochet entre les cabanes inclinées, et mes pieds me conduisent vers un fils-à-grandes-oreilles et un crachoir... mais quelle chance me reste-t-il devant de tels genoux ? Les genoux du héros de la guerre sont de plus en plus près près alors que je m'enfuis, les articulations de ma némésis grondent en s'approchant de moi et le commandant bondit, les jambes du héros de la guerre volent en l'air, elles se referment comme des mâchoires autour de mon cou, des genoux me coupent le souffle, je tombe en me tortillant mais les genoux tiennent bon, puis une voix — la voix de la perfidie trahison haine ! — dit, tandis que des genoux m'écrasent la poitrine et m'enfoncent dans l'épaisse poussière du bidonville : « Alors, gosse de riches ; on se retrouve. Bonjour. » J'ai bafouillé ; Shiva a souri.

Oh ! Les boutons brillants de l'uniforme d'un traître ! Papillotant, étincelant comme de l'argent... Pourquoi faisait-il cela ? Lui qui autrefois conduisait ses apaches anarchistes dans les bas-fonds de Bombay, pourquoi était-il devenu le champion de la tyrannie ? Pourquoi l'enfant de minuit trahit-il les enfants de minuit, et me conduisit-il vers mon destin ? Pour l'amour de la violence ou pour les boutons d'uniforme ? A cause de son ancienne antipathie à mon égard ? Ou — je trouve cela plus plausible — en échange qu'on lui épargne les châtiments imposés aux autres... Oui, ce doit être cela ; ô héros de la guerre au droit de naissance nié ! ô rival corrompu au potage de mess !... Mais non, je dois arrêter pour raconter l'histoire le plus simplement du monde : alors que les soldats pourchassaient arrêtaient traînaient des magiciens, le commandant Shiva se concentrait sur moi. Moi aussi, je fut traîné violemment vers un camion ; tandis que les bulldozers s'avançaient vers le bidonville, on referma une porte... dans l'obscurité je hurlai, « Mais mon fils !... et Parvati, où est-elle, ma Laylah ? Singh-la-Photo ! Au secours, Photoji ! » — mais il y avait les bulldozers, et personne ne m'entendit hurler.

En m'épousant Parvati-la-Sorcière devint victime de la malédiction de mort violente qui planait au-dessus de tous mes proches... je ne sais pas si Shiva, m'ayant enfermé dans un camion où il faisait tout noir, partit à sa recherche, ou s'il la laissa aux bulldozers... parce que maintenant les machines de destruction étaient dans leur élément, et les taudis du bidonville s'effondraient comme des châteaux de cartes sous les irrésistibles créatures, les cabanes étaient écrasées comme des brindilles, les petites boîtes de papiers des montreurs de marionnettes et les paniers magiques des illusionnistes étaient réduits en bouillie ; la ville était embellie, et s'il y avait quelques morts, si une fille avec des yeux en boules de loto et une moue boudeuse aux lèvres était sacrifiée, bien, et alors, on ôtait de l'ancienne capitale quelque chose qui blessait la vue... et la rumeur disait que pendant l'agonie du ghetto des magiciens, un géant barbu autour duquel s'enroulaient des serpents (mais c'est peut-être un peu exagéré) courait au milieu des décombres, devant les bulldozers, serrant dans sa main la poignée d'un parapluie irrémédiablement brisé, et cherchait cherchait quelque chose comme si sa vie en dépendait.

A la fin de la journée, le bidonville serré dans l'ombre de la mosquée du Vendredi avait disparu de la surface de la terre ; mais tous les magiciens n'avaient pas été capturés ; tous ne furent pas conduits derrière les barbelés d'un camp du nom de Khichripur ; un entassement invraisemblable sur la rive opposée du Jamuna ; ils n'attrapèrent jamais Singh-la-Photo, et le lendemain du passage des bulldozers dans le ghetto des magiciens, on parla d'un nouveau bidonville tout près de la gare de New Delhi. Des bulldozers se précipitèrent vers les taudis dont on parlait ; ils ne trouvèrent rien. Par la suite, le bidonville baladeur des illusionnistes devint un fait bien connu de tous les habitants de la ville, mais les démolisseurs ne le découvrirent jamais. On dit qu'il était à Mehrauli ; mais, quand les vasectomeurs et les soldats y allèrent, ils trouvèrent le Qutb Minar non sali par les taudis de la pauvreté. Des informateurs dirent qu'il était dans les jardins de Jantar Mantar, l'observatoire moghal de Jai Singh ; mais les machines de destruction qui arrivèrent en trombe ne virent que des perroquets et des cadrans solaires. Ce n'est qu'après la fin de l'état d'urgence que le bidonville se stabilisa ; mais cela doit attendre pour plus tard, parce que c'est le moment de parler, enfin, et en se maîtrisant, de ma captivité dans la pension des Veuves de Bénarès.

Autrefois, Resham Bibi avait gémi, « Aï-o-aï-o ! » — et elle avait raison : j'ai attiré la destruction sur le ghetto de mes sauveurs ; le commandant Shiva, agissant sans aucun doute sur les instructions explicites de la Veuve, vint au ghetto pour m'attraper ; et le fils de la Veuve organisait ses programmes d'embellissement de la ville et de vasectomie pour faire une manœuvre de diversion. Bien sûr, tout était prévu ainsi ; et (si je puis dire) très efficacement. Que réussit-on à faire pendant la révolte des magiciens : l'exploit de capturer sans qu'on s'en aperçoive la seule personne sur terre qui avait la clef pour localiser tous les enfants de minuit — parce que n'avais-je pas émis et reçu pour tous et chacun d'eux, nuit après nuit ? Est-ce que je n'avais pas dans la tête leurs noms et leur visage ? Je répondrai à ces questions : Oui. Et on m'attrapa.

Bien sûr, tout était prévu. Parvati-la-Sorcière m'avait tout dit sur mon rival ; est-il vraisemblable qu'elle ne lui ait pas parlé de moi ? Je répondrai aussi à cette question : ce n'est pas vraisemblable. Aussi notre héros de la guerre savait où se cachait dans la ville la personne que ses maîtres désiraient le plus arrêter (même mon oncle Mustapha ne savait pas où j'étais allé après l'avoir quitté ; mais Shiva savait !) — et, puisqu'il avait trahi, qu'on l'avait acheté, j'en suis sûr, il lui était facile de me livrer aux mains de sa maîtresse, la Dame, la Veuve, aux cheveux à deux couleurs.

Shiva et Saleem, vainqueur et victime ; si vous comprenez notre rivalité, vous comprendrez l'époque dans laquelle vous vivez. (Le contraire est également vrai.)

Ce jour-là, en plus de ma liberté, j'ai perdu quelque chose d'autre : les bulldozers ont avalé un crachoir d'argent. Privé du dernier objet qui me reliait à un passé historiquement vérifiable, je fus conduit à Bénarès pour affronter les conséquences de ma vie intérieure née à minuit.

Oui, c'est là que c'est arrivé, dans le palais des Veuves sur les bords du Gange, dans la plus vieille cité du monde, la ville qui était déjà ancienne quand le Bouddha était jeune, Kasi Benares Varanasi, cité de la lumière divine, séjour du Livre prophétique, l'horoscope des horoscopes, dans lequel chaque vie, passée présente future, est déjà notée. La déesse Ganga descendit sur la terre à travers les cheveux de Shiva... Bénarès tombeau sacré de Shiva-le-dieu, où je fus conduit par Shiva-le-héros pour affronter mon destin. Dans la maison des horoscopes, j'atteignis l'instant prophétisé sur une terrasse élevée, par Ramram Seth ; « Des soldats le jugeront... des tyrans le feront frire ! » avait psalmodié le diseur de bonne aventure ; il n'y eut pas de véritable procès — les genoux de Shiva autour du cou, et c'est tout — mais, un jour d'hiver, je sentis les odeurs de quelque chose en train de frire dans un poêlon.

Suivez le fleuve, passez devant Scindia-ghat où de jeunes gymnastes en bandes-culottes s'entraînent, devant Manikarnika-ghat, l'endroit des services funéraires, où on peut acheter le feu sacré aux gardiens de la flamme, devant les cadavres flottants de vaches et de chiens, de malheureux pour qui on n'a pas acheté de feu sacré, devant des brahmanes sous des parasols de paille à Dasashwamedh-ghat, habillés de jaune safran et distribuant des bénédictions... et maintenant, vous pouvez entendre un bruit étrange, comme des aboiements lointains... suivez suivez suivez le bruit, et il prend forme, vous comprenez que c'est un gémissement puissant et sans fin, sortant des fenêtres aveugles d'un palais au bord de l'eau : la pension des Veuves ! Autrefois c'était la résidence d'un maharadjah, mais aujourd'hui, l'Inde est un pays moderne, et ces endroits ont été expropriés par l'Etat. Aujourd'hui, le palais est une maison pour des veuves ; comprenant que leur vie a pris fin avec la mort de leur mari, mais n'étant plus autorisées à chercher le repos du Sati [1], elles viennent dans la ville sainte pour passer le reste de leurs jours désormais sans valeur, dans des gémissements de douleur. Dans le palais des veuves vit une tribu de femmes qui se meurtrissent la poitrine en se frappant, qui s'arrachent les cheveux et qui se déchirent la voix en exprimant violemment leur désespoir. C'est une grande bâtisse, un labyrinthe de petites chambres en haut, et de grandes salles de lamentations en dessous ; et, oui, c'est là que c'est arrivé, la Veuve m'a enfermé au cœur de son terrible empire, on m'a enfermé dans une petite chambre où les femmes en deuil m'ont apporté une nourriture de prison. Mais j'eus aussi d'autres visiteurs : le héros de la guerre invita deux de ses collègues pour discuter. En d'autres termes : on m'encouragea à parler. Un duo mal assorti, un gros, un maigre que j'ai appelé Abbott-et-Costello parce qu'ils n'ont jamais réussi à me faire rire.

Ici, je note un blanc dans mes souvenirs. Rien ne peut m'amener à me rappeler les conversations techniques des duettistes sans humour et en uniforme ; aucun chutney, aucune conserve ne peut ouvrir les portes derrière lesquelles

1. Sati : dans l'hindouisme, coutume qui voulait que la veuve s'immole sur le bûcher funéraire de son mari. (*N.d.T.*)

j'ai enfermé cette époque ! Non, j'ai oublié, je ne peux pas veux pas dire comment ils m'ont fait passer à table — mais je ne peux ignorer la honte, parce qu'en dépit de l'absence d'humour et des manières généralement peu amènes de mon inquisiteur à deux têtes, j'ai certainement parlé. Et plus que parlé : sous l'influence de leurs pressions innommables — et oubliées — je suis devenu extrêmement loquace. Ce qui se déversa de ma bouche alors que je pleurais comme un veau (et que je ne répéterai pas maintenant) : des noms des adresses des signalements. Oui, je leur ai tout dit, j'ai donné les noms des cinq cent soixante dix-huit (parce qu'ils m'informèrent gentiment que Parvati était morte, que Shiva était passé à l'ennemi, et que le cinq cent quatre-vingt-unième était en train de parler...) — poussé à la trahison par la trahison d'un autre, j'ai trahi les enfants de minuit. Moi, fondateur du congrès, j'ai présidé à sa fin, alors qu'Abbott-et-Costello me lançaient de temps en temps sans sourire, « Ha ! ha ! Très bien ! Jamais entendu parler d'elle ! », ou « T'es très coopératif ! »

De telles choses arrivent. Les statistiques peuvent replacer mon arrestation dans son contexte ; même si l'on n'est pas d'accord sur le nombre de prisonniers « politiques » pendant l'état d'urgence : de trente mille à deux cent cinquante mille personnes ont perdu leur liberté. La Veuve dit : « Ce n'est qu'un faible pourcentage par rapport à la population de l'Inde. » Toute sorte de choses arrivent pendant l'état d'urgence : les trains sont à l'heure, les trafiquants du marché noir ont peur, même la température se met au pas et on fait des récoltes magnifiques ; je le répète, il y a une partie blanche et une partie noire. Mais, dans la partie noire, j'étais enchaîné dans une pièce minuscule avec comme seul meuble une paillasse, et je partageais mon bol de riz quotidien avec les cafards et les fourmis. Quant aux enfants de minuit — cette effrayante conspiration qu'on devait briser à tout prix — cette bande d'escarpes devant qui l'astrologue d'un Premier ministre tremblait de peur — monstrueuse déviation de l'indépendance pour laquelle une nation moderne ne pouvait perdre de temps ni avoir de pitié — les enfants de minuit, donc, qui avaient maintenant vingt-neuf ans, on les amena à la pension des Veuves, entre avril et décembre, on les arrêta et leurs chuchotements emplirent les murs. Les murs de ma cellule (épais comme du papier, au plâtre écaillé, nus) se mirent à chuchoter dans une bonne et une mauvaise oreille, conséquence de mes honteux aveux. Un prisonnier au nez en concombre, encombré de tiges et d'anneaux de fer qui rendaient impossibles un certain nombre de fonctions naturelles — marcher, utiliser le pot de chambre en métal, s'accroupir, dormir — était pelotonné contre le plâtre écaillé et chuchotait à un mur.

C'était la fin ; Saleem donna libre cours à sa douleur. Toute ma vie, et dans la plus grande partie de ces souvenirs, j'ai essayé de tenir mes chagrins à l'écart pour les empêcher de salir mes phrases de leurs facilités salées et larmoyantes ; mais plus maintenant. On ne me donna aucune raison (jusqu'à ce que la Main de la Veuve...) pour mon incarcération : mais à qui, parmi les trente mille ou les deux cent cinquante mille, dit-on pourquoi et comment ? Qui avait besoin qu'on le lui dise ? Dans les murs j'entendais les voix muettes des enfants de minuit, n'ayant pas besoin de note en bas de page, je pleurnichais sur le plâtre écaillé.

Ce que Saleem murmura au mur entre avril et décembre 1976 :

... Chers enfants. Comment puis-je dire cela ? Qu'y a-t-il à dire ? Ma faute ma honte. Même s'il y a des excuses : je n'étais pas responsable de Shiva. Et on enferme toute sorte de gens, alors pourquoi pas nous ? Et la culpabilité est une chose complexe, parce que ne sommes-nous pas, chacun de nous, responsables d'une certaine façon — n'avons-nous pas les chefs que nous méritons ? Mais de telles excuses n'existent pas. C'est moi qui ai tout fait. Chers enfants : et ma Parvati est morte. Et ma Jamila a disparu. Et tout le monde. La disparition semble de ces caractéristiques qui reviennent continuellement dans ma propre histoire : Nadir Khan a disparu d'un sous-sol en laissant un petit billet ; Aadam Aziz a disparu lui aussi, avant que ma grand-mère se lève pour nourrir les oies ; et où est Mary Pereira ? Moi, j'ai disparu dans un panier ; mais Laylah ou Parvati a pfutt ! sans l'aide d'aucune formule magique. Et maintenant nous voici, disparus-de-la-surface-de-la-Terre. La malédiction de la disparition, chers enfants, a évidemment coulé en vous. Quant à la culpabilité, je refuse absolument d'avoir une vision plus large ; nous sommes trop proches de ce qui se passe, toute vue en perspective est impossible, plus tard peut-être, des exégètes diront pourquoi et comment, invoqueront des fondements économiques et des développements politiques, mais maintenant, nous sommes trop près de l'écran, l'image se décompose en points, seuls les jugements subjectifs sont possibles. Subjectivement donc, je baisse la tête de honte. Chers enfants : pardonnez-moi. Non, je n'attends même pas votre pardon.

La politique, chers enfants : dans le meilleur des cas, c'est une sale affaire. Nous aurions dû l'éviter, je n'aurais jamais dû rêver d'un but, j'en arrive à la conclusion que la vie privée, la petite vie individuelle des hommes, vaut mieux que cette activité macrocosmique bouffie d'orgueil. Mais trop tard. On n'y peut rien. Ce qui ne peut être soigné doit être enduré.

Bonne question, chers enfants : qu'est-ce qui doit être enduré ? Pourquoi sommes-nous réunis comme ça, un par un, pourquoi des tiges et des anneaux de fer nous pendent-ils autour du cou ? Et cet étrange emprisonnement (si on doit en croire le chuchotement d'un mur) : celui-qui-a-le-don-de-lévitation est attaché par les chevilles à des anneaux fixés dans le sol, et un loup-garou est obligé de porter une muselière ; celui-qui-traverse-les-miroirs ne peut boire d'eau que par un trou dans le couvercle d'une boîte, afin de ne pouvoir disparaître dans le reflet de l'eau ; et celle-dont-le-regard-peut-tuer a la tête enfermée dans un sac, ainsi que les beautés ensorcelantes de Baud. L'un d'entre nous peut manger du métal ; il a la tête coincée dans un collier qu'on n'ouvre qu'à l'heure des repas... qu'est-ce qu'on nous prépare ? Quelque chose de mauvais, chers enfants. Je ne sais pas encore ce que c'est, mais cela approche. Chers enfants : nous aussi, nous devons nous préparer.

Faites passer : certains se sont enfuis. Je sens des absences à travers les murs. Bonnes nouvelles, chers enfants ! Ils ne peuvent pas nous avoir tous. Soumitra, celui-qui-voyage-dans-le-temps, par exemple — Oh ! jeunesse folle ! Comme nous étions stupides de ne pas le croire ! — n'est pas là ; il se promène peut-être à une époque plus heureuse de sa vie et il évite ainsi les expéditions de secours. Non, je ne l'envie pas ; moi aussi je désire ardemment m'enfuir dans le passé, peut-être au temps où, prunelle de l'œil universel, je faisais des tournées triomphales dans les palais du domaine de Methwold — Oh ! insidieuse nostalgie des époques de grandes possibilités, avant l'histoire, comme une rue derrière la grande poste de New Delhi, qui va en se rétrécissant jusqu'à la fin ! — mais nous sommes ici ; de telles rétrospectives minent l'esprit ; réjouissons-nous simplement de savoir que certains d'entre nous sont libres.

Et certains d'entre nous sont morts. Ils n'ont pas Parvati. Dans les traits de qui, jusqu'à la fin, le visage fantomatique de. Non, nous ne sommes plus cinq cent quatre-vingt-un. Frissonnant dans le froid de décembre, combien d'entre nous sont assis, emmurés, et attendent ? J'interroge mon nez ; il me répond, quatre cent vingt, le chiffre de la tricherie et de la fraude. Quatre cent vingt, emprisonnés par des Veuves ; et il y en a un autre, qui se pavane autour de la pension — je sens son odeur nauséabonde qui s'approche et qui s'éloigne, la puanteur de la trahison ! — le commandant Shiva, le héros de la guerre, Shiva-les-Genoux, supervise notre captivité. Se contenteront-ils de quatre cent vingt ? Chers enfants : je ne sais pas combien de temps ils vont attendre.

... Non, ne vous moquez pas de moi, arrêtez, ne plaisantez pas. Pourquoi à cause de quoi cette bonhomie dans vos chuchotements à faire passer ? Non, vous devez me condamner, tout de suite et sans appel — ne me torturez pas avec vos joyeuses salutations, alors que vous êtes enfermés chacun dans une cellule ; est-ce le temps ou le lieu pour les bonjours, saluts, comment-ça-va ? Chers enfants, ne comprenez-vous pas qu'ils peuvent tout nous faire, tout — non, comment pouvez-vous dire cela, qu'est-ce que vous voulez dire avec vos Qu'est-ce-qu'ils-peuvent-faire ? Laissez-moi vous dire, mes amis, les tiges d'acier font mal aux chevilles ; les crosses des fusils laissent des bosses sur les fronts. Qu'est-ce qu'ils peuvent faire ? Brancher des fils électriques sur votre anus ; et ce n'est pas la seule possibilité, il y a aussi la pendaison par les pieds, et une bougie — Ah ! la lumière douce et romantique d'une bougie — n'est absolument pas agréable quand on vous l'applique allumée sur la peau ! Arrêtez maintenant, assez de ces marques d'amitié, vous n'avez pas peur ? N'avez-vous pas envie de me frapper piétiner écraser réduire en mille morceaux ? Pourquoi ces souvenirs constamment chuchotés, cette nostalgie des anciennes querelles, de la guerre des idées et des choses, pourquoi vous gausser de moi avec cette tranquillité, cette normalité, ce pouvoir de s'élever au-dessus de la crise ? Franchement, je suis stupéfait, chers enfants : comment pouvez-vous, à vingt-neuf ans, rester assis à chuchoter, à faire les coquettes ? Nom de Dieu, c'est pas une réunion de famille !

Enfants, chers enfants, je suis désolé. Je n'ai pas été moi-même ces temps-ci. J'ai été un bouddha, un esprit de panier, un prétendu sauveur de la nation... Saleem a foncé tête baissée dans des impasses, il a eu d'énormes problèmes avec la réalité, depuis qu'un crachoir est tombé comme... ayez pitié de moi : j'ai même perdu mon crachoir. Mais je me trompe à nouveau, je ne voulais pas qu'on s'apitoie sur moi, j'allais dire que peut-être je vois... c'est moi, pas vous, qui ai compris ce qui se passait. Incroyable, chers enfants : nous qui ne pouvons pas parler plus de cinq minutes sans être en désaccord : nous qui nous sommes querellés battus divisés méfiés séparés, soudain, nous sommes ensemble, unis comme un seul homme ! Oh ! merveilleuse ironie : la Veuve en nous amenant ici pour nous briser nous a en fait réunis ! Oh ! paranoïa satisfaite des tyrans... Car que peuvent-ils nous faire, maintenant que nous sommes tous du même côté, aucun affrontement en paroles, aucun préjugé religieux : après tout, nous avons vingt-neuf ans maintenant, je ne devrais pas vous dire « Enfants »... ! Oui, c'est de l'optimisme, comme une maladie : un jour, elle devra nous laisser sortir, et alors, et alors, attendez, nous pourrions peut-être former, je ne sais pas, un nouveau parti politique, oui, le parti de Minuit, quelles chances ont les politiciens contre les gens qui peuvent multiplier les poissons et transformer tout métal en or ? Chers enfants, quelque chose est en train de naître ici, aux heures sombres de notre captivité ; laissez faire les Veuves ; l'unité est invincible ! *Enfants : nous avons gagné !*

C'est trop douloureux. L'optimisme, comme une rose qui pousse sur un tas de fumier : cela me fait mal de m'en souvenir. Assez : j'oublie le reste. Non ! Non, je me rappelle... Qu'est-ce qui est pire que des chaînes et des bougies allumées sur la peau ? Qu'est-ce qui dépasse les ongles arrachés et la faim ? Voici la meilleure plaisanterie de la Veuve : au lieu de nous torturer, elle nous laissa espérer. Ce qui signifie qu'elle avait quelque chose — non, plus que quelque chose : la meilleure chose de toutes ! — à prendre. Et maintenant, très bientôt, je vais raconter comment elle l'a coupé.

Ectomie (qui, je crois, vient du grec) : ablation. A quoi la science médicale ajoute quantité de préfixes : appendicectomie amygdalectomie tubectomie mastectomie vasectomie testectomie hystérectomie. Saleem aimerait ajouter un terme à ce catalogue d'excisions, librement et pour rien ; cependant, c'est un terme qui appartient entièrement à l'histoire, bien que la science médicale soit impliquée :

L'espérectomie : l'ablation de l'espoir.

Le jour du nouvel an, j'ai reçu une visite. Grincement de la porte, froissement d'une robe de prix. Le dessin : noir et vert. Ses lunettes, vertes, ses chaussures, noires... dans les journaux on disait que cette femme était « une fille magnifique, avec des hanches larges et mouvantes... elle avait tenu une bijouterie avant de se consacrer à un travail social... pendant l'état d'urgence, elle était effectivement chargée de la stérilisation ». Mais je lui avais donné un nom : la Main de la Veuve. Chers enfants : ça commence. Préparez-vous. Restons unis. Laissez la Main de la Veuve faire le travail de la Veuve mais après, après... pensez-y. Maintenant ne mérite pas qu'on y pense..., et elle, doucement, raisonnablement, « fondamentalement, tout ça est une question de Dieu ».

(Vous écoutez, chers enfants ? Faites passer.)

« Les Indiens, expliqua la Main de la Veuve, adorent notre Dame comme un Dieu. Les Indiens ne peuvent adorer qu'un seul Dieu. »

Mais j'avais été élevé à Bombay, où Shiva Vishnou Ganesh Ahuramazda Allah et d'innombrables autres dieux avaient leurs fidèles... Je répliquai, « Et le Panthéon, les trois cent trente millions de dieux, rien que pour l'hindouisme ? Et l'islam, et les bodhisattvas... ? » Et la réponse : « Oh oui ! mon Dieu, des *millions* de dieux, tu as raison ! Mais ce sont des manifestations du même OM. Tu es musulman : tu sais ce qu'est l'OM[1] ? Très bien. Pour les masses, notre Dame est une manifestation de l'OM. »

Nous sommes quatre cent vingt ; à peine 0,00007 % des six cents millions de l'énorme population de l'Inde. Insignifiant sur le plan statistique ; même si on nous prend en compte comme pourcentage des trente (ou deux cent cinquante) mille, nous ne formions que 1,4 (ou 0,168) % ! Mais ce que la Main de la Veuve m'a appris, c'est que ceux qui voudraient devenir des dieux redoutent surtout les déités potentielles ; et c'est pour cela, pour cela et seulement pour cela, que les magiques enfants de minuit furent haïs craints détruits par la Veuve qui n'était pas seulement le Premier ministre de l'Inde, mais qui aspirait également à devenir Devi, la Déesse Mère, dans son aspect le plus terrible, une divinité aux membres multiples avec des cheveux schizophrènes séparés au milieu... Et c'est

1. OM : dans l'hindouisme, terme d'affirmation ou d'accord psalmodié comme symbole mystique pendant les méditations. (*N.d.T.*)

ainsi que j'ai appris ce que je faisais dans le palais en ruine des femmes aux poitrines meurtries.

Qui suis-je ? Qui étions-nous ? Nous étions sommes et serons les dieux que vous n'avez jamais eus. Mais nous sommes aussi quelque chose d'autre ; et, pour expliquer cela, je dois finalement raconter la partie la plus difficile.

Très rapidement alors, parce que sinon on ne s'en sortira jamais, je vous dis que le jour du nouvel an 1977, une femme magnifique, avec des hanches qui roulaient, me raconta que, oui, ils se contenteraient de quatre cent vingt, qu'ils avaient déjà vérifié, que cent trente-neuf étaient morts, seulement une poignée s'était échappée, et ça allait commencer, clac clac, il y aurait de l'anesthésique et comptez-jusqu'à-dix, les chiffres qui défilent un deux trois, et moi chuchotant au mur, laissez-les faire laissez-les faire, tant que nous sommes ensemble, qui peut s'opposer à nous ?... Et qui nous conduisit, un par un, dans la cave où, parce que nous ne sommes pas des sauvages, monsieur, il y a l'air conditionné, une table surmontée d'une lampe, et des infirmières et des médecins verts et noirs, ils avaient des blouses vertes et des yeux noirs... qui, avec des genoux noueux et irrésistibles, m'escorta jusqu'à la chambre de ma ruine ? Mais vous savez, vous devinez, il n'y a qu'un héros de la guerre dans cette histoire, incapable de discuter avec le venin de ses genoux, je suis allé où il me disait... et j'étais arrivé, et une fille magnifique avec des hanches larges et roulantes dit, « Après tout, tu ne peux pas te plaindre, tu ne pourras pas nier qu'autrefois tu t'es réclamé de prophéties », parce qu'ils savaient tout, Padma, tout tout, ils m'ont allongé sur la table, et le masque s'est approché et comptez jusqu'à dix et les chiffres résonnent sept huit neuf...

Dix.

Et, « Bon Dieu, il est encore conscient, sois gentil, va jusqu'à vingt... »

... Dix-huit dix-neuf vin

C'étaient de bons médecins : ils ne laissèrent rien au hasard. Pour nous, pas les simples vas- et tubectomies réservées aux foules grouillantes ; parce qu'il y avait une chance, une chance seulement que ces opérations soient renversées... on réalisa des ectomies, mais de façon irréversible : des testicules quittèrent des bourses, des matrices disparurent pour toujours.

Testec- et hystérectomisés, les enfants de minuit n'eurent pas la possibilité de se reproduire... mais ce n'était qu'un effet secondaire, parce que c'étaient vraiment des médecins extraordinaires, et ils nous enlevèrent bien plus que cela : ils excisèrent aussi l'espoir, et je ne sais pas comment ils finirent parce que les nombres n'étaient pas passés dessus, et j'étais au tapis, et tout ce que je peux vous dire c'est qu'au bout de dix-huit jours pendant lesquels on fit de vingt-deux à trente-trois opérations par jour, il ne nous manquait pas seulement des petites boules et des sacs intérieurs, mais aussi d'autres choses : à cet égard, je m'en suis tiré bien mieux que la plupart, parce que l'assèchement du haut m'avait dérobé ma télépathie-de-minuit, je n'avais rien à perdre, la sensibilité d'un nez ne peut être ôtée... mais pour tous les autres, pour tous ceux qui étaient venus dans le palais des femmes gémissantes avec leurs dons magiques intacts, le réveil de l'anesthésie fut vraiment cruel et le récit chuchoté de leur défaite traversa les murs, le cri d'angoisse des enfants qui avaient perdu leur pouvoir magique : elle nous l'avait ôté à tous, merveilleuse, avec de larges hanches roulantes, elle avait organisé notre anéantissement, et nous n'étions plus rien, qui étions-nous, 0,00007 %, maintenant que les poissons ne pouvaient plus être multipliés ni les métaux transmués ; parties à jamais les possibilités de vol, de lycanthropie, et les mille et une promesses merveilleuses d'un minuit surnaturel.

L'assèchement du bas : une opération irréversible.

Qui étions-nous ? des promesses brisées ; faites pour être brisées.

Et maintenant, je dois vous parler de l'odeur.

Oui, vous devez tout avoir : même si c'est pompeux, mélodramatique comme les films de Bombay, vous devez vous en imprégner, vous devez *voir !* Ce que Saleem sentit dans la soirée du 18 janvier 1977 : quelque chose en train de frire dans un poêlon, des choses sans nom assaisonnées au safran coriandre cumin et fenugrec... l'odeur lourde et inévitable de ce-qui-a-été-excisé cuisant à feu très, très doux.

Quand quatre cent vingt eurent supporté des ectomies, une déesse vengeresse s'assura que certaines parties ectomisées étaient préparées avec des oignons et des piments verts et données aux chiens sauvages de Bénarès. (On avait réalisé quatre cent vingt et une ectomies : parce que l'un d'entre nous, qui s'appelait Narada ou Markandaya, avait la possibilité de changer de sexe ; il ou elle avait dû être opéré(e) deux fois.)

Non, je ne peux rien prouver. L'évidence se dressa dans la fumée : certains furent donnés aux chiens sauvages ; et plus tard, le 20 mars, une mère aux cheveux à deux couleurs et son fils bien-aimé brûlèrent les dossiers.

Mais Padma sait ce que je ne peux plus faire ; Padma, qui autrefois, dans sa colère s'est écriée : « T'es bon à quoi comme *amant ?* » Cela au moins peut être vérifié : dans le taudis de Singh-la-Photo, j'ai attiré la malédiction sur moi avec le mensonge de l'impuissance ; je ne peux pas dire que je n'étais pas prévenu, parce qu'il m'avait dit : « Tout peut arriver, capitaine. » Et tout arriva.

Parfois, j'ai l'impression d'avoir mille ans : ou (parce que, même maintenant, je ne peux abandonner la forme) pour être exact, mille et un ans.

La Main de la Veuve avait des hanches qui se balançaient et avait autrefois possédé une bijouterie. J'ai commencé parmi les pierres précieuses : au Cachemire, en 1915, il y avait des rubis et des diamants. Mes arrière-grands-parents tenaient une boutique de pierres précieuses. La forme — à nouveau le souvenir et la forme ! — ne s'est pas enfuie.

Dans les murs, les chuchotements désespérés des quatre cent dix-neuf, abasourdis ; tandis que le quatre cent vingtième se laisse aller — une seule fois ; un moment d'épanchement est permis — à poser cette question... Je hurle aussi fort que ma voix me le permet : « Et lui ? Le commandant Shiva, le traître ? Vous ne vous occupez pas de lui ? » Et la réponse de la magnifique-aux-hanches-larges-qui-se-balancent : « Le commandant s'est soumis volontairement à une vasectomie. »

Et maintenant, dans cette cellule aveugle, Saleem se met à rire, de bon cœur, sans réserve : non, je ne riais pas méchamment de mon grand rival, et je ne remplaçais pas cyniquement le mot « volontairement » par un autre ; non, je me souvenais des histoires que m'avait racontées Parvati ou Laylah, les récits légendaires des aventures amoureuses d'un héros de la guerre, des légions de bâtards qui grossissaient dans les ventres non ectomisés des grandes dames et des putains ; je riais parce que Shiva, destructeur des enfants de minuit, avait aussi rempli l'autre rôle caché dans son nom, la fonction de Shiva-lingam, Shiva-le-Procréateur, et en ce moment même, dans les boudoirs et les taudis du pays, une nouvelle génération, engendrée par le plus sombre des enfants de minuit, était conduite vers l'avenir. Chaque Veuve oublie quelque chose d'important.

Fin mars 1977, je fus libéré de façon inattendue du palais des Veuves mugissantes, et je restai là à cligner des yeux comme un hibou au soleil, sans savoir comment quoi pourquoi. Par la suite, quand je me suis souvenu comment poser des questions, j'ai découvert que le 18 janvier (le jour même du clac clac et des trucs frits dans un poêlon : quelle autre preuve vous faut-il que nous, les quatre cent vingt, nous étions ce que la Veuve craignait par-dessus tout ?) le Premier ministre avait, à l'étonnement de tous, organisé des élections générales. (Mais maintenant que vous savez à notre sujet, vous comprendrez facilement sa trop grande confiance.) Mais, ce jour-là, je ne savais rien de son écrasante défaite ni des dossiers brûlés ; ce n'est que plus tard que j'ai appris comment les espoirs en lambeaux du pays avaient été confiés à la garde d'un vieux gâteux qui mangeait des pistaches et des noix de cajou et qui, chaque jour, prenait un verre de ses « eaux personnelles ». Les buveurs d'urine étaient arrivés au pouvoir. Le parti Janata, avec un de ses chefs coincé dans un rein artificicl, ne me semblait pas (quand j'en entendis parler) représenter une aube nouvelle ; mais j'avais peut-être enfin réussi à me guérir du virus de l'optimisme — peut-être que d'autres qui avaient toujours le virus dans leur sang réagirent autrement. Quoi qu'il en soit, j'en avais assez, et plus qu'assez de la politique.

Quatre cent vingt restaient là, à cligner des yeux devant le soleil et la foule de Bénarès ; quatre cent vingt se regardèrent et virent dans les yeux des autres le souvenir de leur hongrisation et, incapables de supporter ce spectacle, ils bafouillèrent des au revoir et disparurent pour la dernière fois dans l'intimité apaisante de la foule.

Et Shiva ? Le commandant Shiva fut mis aux arrêts de rigueur par le nouveau régime : mais il n'y resta pas longtemps, car on lui autorisa une visite : Roshanara Shetty paya séduisit se faufila dans sa cellule, la même Roshanara qui lui avait versé du poison dans l'oreille sur le champ de courses de Mahalaxmi et elle ne fit rien qu'il ne voulait qu'elle fît. La femme du magnat de l'acier sortit de son sac à main l'énorme pistolet allemand de son mari et lui tira une balle en plein cœur. La mort, comme ils dirent, fut instantanée.

Le commandant mourut sans savoir qu'autrefois, dans une maternité jaune safran et verte, au milieu du chaos mythique d'un minuit inoubliable, une petite femme affolée avait changé des étiquettes de bébés, lui refusant son droit de naissance, qui était ce monde au sommet d'une colline dans un cocon d'argent, des vêtements blancs amidonnés et des choses des choses des choses — un monde qu'il aurait tant aimé posséder.

Et Saleem ? N'étant plus lié à l'histoire, asséché en haut et en bas, je suis revenu dans la capitale, conscient qu'une époque qui avait commencé lors de ce minuit lointain était finie. Comment j'ai voyagé : j'ai attendu à l'extrémité des quais dans la gare de Bénarès avec seulement un ticket de quai dans la main, et j'ai sauté sur le marche-pied d'un wagon de première classe quand un train allant vers l'ouest est passé. Et maintenant, enfin, je sais ce que c'est que de s'accrocher pour vivre, avec des escarbilles et de la poussière plein les yeux, en tapant sur la portière et en criant, « Oh ! maharaj ! Ouvrez ! Laissez-moi entrer, monsieur, maharaj ! » Et à l'intérieur une voix familière : « Pas question d'ouvrir. Ce ne sont que des resquilleurs. »

A Delhi : Saleem pose des questions. Avez-vous vu où ? Savez-vous si les magiciens ? Connaissez-vous Singh-la-Photo ? Un facteur qui se souvient vaguement de charmeurs de serpents, indique le nord. Et plus tard un vendeur de bétel à la langue noire me renvoie d'où je viens. Puis, enfin, la route cesse de tourner dans tous les sens ; des amuseurs des rues me mettent sur la piste. Un montreur de kaléidoscope, un dompteur avec une mangouste et un cobra, qui porte un chapeau de papier comme un bateau d'enfant, une caissière de cinéma qui a gardé de son enfance la nostalgie de son apprentissage de sorcellerie… comme des pêcheurs, ils tendent le doigt. A l'ouest à l'ouest à l'ouest, jusqu'à ce que Saleem arrive au terminus d'autobus de Shadipur, dans la banlieue ouest. Affamé assoiffé affaibli malade, ayant du mal à éviter les bus qui entrent et qui sortent du dépôt — des bus peints de couleurs gaies, avec sur le capot des inscriptions comme *Si Dieu le veut,* et à l'arrière d'autres maximes, par exemple, *Merci mon Dieu !* — il arriva près d'un entassement de tentes en lambeaux, groupées sous le pont en béton du chemin de fer, et il vit dans l'ombre de béton, un charmeur de serpents géant avec un énorme sourire aux dents pourries, et dans les bras un petit garçon d'environ vingt et un mois, portant un tee-shirt décoré de guitares roses, avec des oreilles d'éléphant, des yeux en boules de loto, et un visage aussi sérieux que la tombe.

ABRACADABRA

Pour dire la vérité, j'ai menti à propos de la mort de Shiva. C'est la première fois que je me conduis en fieffé menteur — même si ma présentation de l'état d'urgence sous l'apparence d'un minuit long de six cent trente-cinq jours était peut-être un peu trop romantique, et en totale contradiction avec les bulletins météorologiques. Quoi qu'il en soit, et quoi qu'on puisse en penser, ce n'est pas sans peine que Saleem en arrive à mentir, et je baisse la tête de honte et j'avoue... Alors, pourquoi ce mensonge éhonté ? (Parce qu'en vérité, je ne sais absolument pas ce qu'est devenu mon rival après la pension des Veuves ; peut-être est-il en enfer ou dans le bordel en bas de la rue, et je ne verrais pas où est la différence.) Padma, essaie de comprendre : il me terrifie encore. Il y a une affaire en suspens entre nous et je n'ai cessé de trembler à l'idée que le héros de la guerre réussisse à découvrir le secret de sa naissance — lui a-t-on jamais fait voir un dossier portant trois initiales mouchardes ? — et que, mis en colère par la perte irréversible de son passé, il me recherche pour assouvir sa vengeance... est-ce ainsi que cela se terminera, est-ce qu'une paire de genoux impitoyables étouffera toute vie en moi ?

C'est pour ça que j'ai menti ; pour la première fois, j'ai été victime de la tentation de tous ceux qui écrivent une autobiographie, l'illusion que, puisque le passé n'existe que dans ses propres souvenirs et dans les mots qui s'efforcent vainement de les enfermer dans leur capsule, il est possible de créer des événements du passé, simplement en disant qu'ils ont eu lieu. Ma peur actuelle a mis une arme dans les mains de Roshanara ; avec le fantôme du commandant Sabarmati lisant par-dessus mon épaule, je lui ai permis de se faufiler jusqu'à sa cellule... bref, le souvenir d'un de mes premiers crimes a créé les circonstances (imaginaires) de mon dernier.

Fin des aveux : et maintenant, je m'approche dangereusement de la fin de mes souvenirs. C'est la nuit ; Padma est installée ; sur le mur, au-dessus de ma tête, un lézard vient de gober une mouche ; la chaleur suppurante d'août, qui est suffisante pour mettre le cerveau en conserve, glougloute joyeusement dans mes oreilles ; et il y a cinq minutes, le dernier train local a jaune-et-marronné bruyamment en sortant de Churchgate Station et je n'ai pas entendu ce que Padma disait avec une timidité masquant une détermination aussi puissante que de l'huile. J'ai dû lui demander de répéter et les muscles de l'incrédulité se sont mis à vibrer dans ses mollets. Je dois noter que notre lotus de la Bouse m'a proposé le mariage, « pour que je puisse prendre soin de toi sans me couvrir de honte devant tout le monde ».

Exactement ce que je craignais ! Mais maintenant, c'est dit, et Padma (je peux le dire) ne considérera pas que *non* est une réponse. J'ai protesté comme une vierge timide : « C'est tellement inattendu... ! Et l'ectomie, ce qu'on a donné à manger aux chiens sauvages : ça ne te fait rien ?... Et Padma, Padma, il y a ce qui ronge les os, tu seras veuve !... et pense à la malédiction de mort violente, pense à Parvati... es-tu sûre d'être sûre ?... » Mais Padma, les mâchoires serrées dans une expression majestueuse de résolution inébranlable, a répliqué : « Ecoutez, Monsieur... Y a pas de mais ! Qu'importe désormais toutes vos histoires. Maintenant, il faut penser à l'avenir. » La lune de miel aura lieu au Cachemire.

Dans la chaleur brûlante de la détermination de Padma, je suis agressé par cette idée folle que c'est peut-être possible après tout, qu'elle pourrait modifier la fin de mon histoire par la force phénoménale de sa volonté, que les fissures — et la mort elle-même — pourraient céder au pouvoir de sa sollicitude insatiable... « Il faut penser à l'avenir », m'a-t-elle prévenu — et peut-être (je me permets d'y penser pour la première fois depuis que j'ai commencé ce récit), peut-être y en a-t-il un ! Une infinité de fins nouvelles me tournent dans la tête, en bourdonnant comme des insectes de chaleur... « Marions-nous, Monsieur », proposa-t-elle, et les mites de la surexcitation me remuèrent dans les entrailles, comme si elle m'avait dit quelque formule cabalistique, quelque horrible abracadabra, comme si elle m'avait libéré de mon destin — mais la réalité me cherche querelle. L'amour n'arrive pas à tout vaincre, sauf dans les films de Bombay ; une simple cérémonie ne vaincra pas fissure larme craquement ; et l'optimisme est une maladie.

« Pour ton anniversaire, qu'est-ce que t'en penses ? propose-t-elle. A trente et un ans, un homme est un homme, et il doit avoir une femme. »

Comment lui dire ? Comment dire qu'il y a d'autres projets pour ce jour-là, que j'ai toujours été la proie d'un destin dément qui aime faire des ravages les jours qui sortent de l'ordinaire... en bref, comment vais-je lui parler de la mort ? Je ne peux pas ; à la place, humblement et avec l'apparence de la reconnaissance, j'accepte sa proposition. Ce soir, je suis nouvellement fiancé ; que personne ne me juge avec rigueur de me donner ce dernier et vain plaisir.

Padma, en me proposant le mariage, révéla sa volonté d'ignorer tout ce que je lui avais dit sur mon passé et mes histoires à dormir debout ; et quand je suis revenu et que j'ai trouvé Singh-la-Photo radieux dans l'ombre du pont du chemin de fer, il devint clair que les magiciens eux-mêmes perdaient la mémoire. Quelque part, au cours des nombreux déplacements des bidonvilles itinérants, ils avaient égaré leur possibilité de se souvenir, et maintenant ils étaient incapables de juger, n'ayant plus rien à quoi comparer ce qui leur arrivait. L'état d'urgence lui-même fut rapidement voué à l'oubli, et les magiciens se concentrèrent sur le présent avec une obstination d'escargots. Ils n'avaient pas remarqué non plus qu'ils avaient changé ; ils avaient oublié qu'ils avaient été autres. Le communisme avait coulé hors d'eux et avait été avalé par la terre assoiffée aussi rapide qu'un lézard ; ils commençaient à oublier leur art dans les troubles de la faim, de la maladie, de la soif et les tracasseries de la police. Pour moi, cependant, ce changement dans mes anciens compagnons me semblait quasiment obscène. Saleem avait traversé l'amnésie et en voyait le caractère immoral ; dans son esprit le passé devenait chaque jour plus net alors que le présent (dont des couteaux l'avaient séparé pour toujours) semblait terne, confus, une chose sans importance ; moi qui pouvais me souvenir de chaque cheveu sur la tête des geôliers et des chirurgiens, j'étais profondément choqué par la répugnance des magiciens à regarder derrière eux. « Les gens sont des chats, dis-je à mon fils, on peut tout leur apprendre. » Il me regarda avec le sérieux qui convenait mais tint sa langue.

Quand je retrouvai le groupe fantôme des illusionnistes, mon fils Aadam Sinai, avait perdu toute trace de la tuberculose qui avait affligé sa tendre enfance. Evidemment, j'étais persuadé que la maladie avait disparu avec la chute de la Veuve ; cependant, Singh-la-Photo me dit que la guérison était due à une laveuse, Durga, qui lui avait servi de nourrice pendant sa maladie, et qui chaque jour lui avait fait bénéficier de ses seins fantastiques et inépuisables. « Cette Durga, capitaine », me dit le charmeur de serpents, et sa voix montrait que dans ses vieux jours il était tombé sous le charme insinuant de la *dhoban*[1], « Quelle femme ! »

C'était une femme à la poitrine rebondie ; dont les seins surnaturels libéraient un torrent de lait capable de nourrir des régiments ; et qui, c'est ce qui se disait secrètement (mais je la soupçonnais d'être à l'origine de la rumeur), avait deux utérus. Elle débordait autant de bavardages et de cancans que de lait : une douzaine d'histoires jaillissaient chaque jour de ses lèvres. Elle avait l'énergie sans bornes des gens de sa profession et, tandis qu'elle battait les chemises et les saris sur la pierre, elle

1. *Dhoban* : laveuse. (*N.d.T.*)

semblait acquérir de nouvelles forces, comme si elle avait puisé de la vigueur dans les vêtements qui finissaient plats sans boutons et battus à mort. C'était un monstre qui oubliait à quel moment chaque journée s'achevait. Ce n'est qu'avec la plus grande répugnance que je l'ai acceptée dans ces pages. Même avant de la rencontrer, son nom avait l'odeur des choses nouvelles ; elle représentait la nouveauté, les commencements, l'avènement de nouveaux événements histoires complexités, et ce qui était nouveau ne m'intéressait plus. Cependant, quand Photoji m'eut informé qu'il voulait l'épouser, je n'eus pas le choix ; pourtant j'en parlerai aussi brièvement qu'il est possible.

Brièvement donc : Durga la laveuse était un succube ! Un lézard suceur de sang à forme humaine ! Et ce qu'elle faisait à Singh-la-Photo n'était comparable qu'à son pouvoir sur les chemises écrasées sur la pierre : en un mot, elle l'aplatissait. Après l'avoir rencontrée une fois, je compris pourquoi Singh-la-Photo semblait vieux et désespéré ; privé maintenant du parapluie de l'harmonie sous lequel les hommes et les femmes s'étaient réunis à la recherche de conseils et d'ombre, il semblait se ratatiner un peu plus chaque jour ; la possibilité qu'il devienne un second Bourdon disparaissait sous mes yeux. Cependant, Durga était florissante : ses bavardages devenaient de plus en plus scatologiques, sa voix de plus en plus forte et de plus en plus éraillée, jusqu'à ce qu'elle me rappelle la Révérende Mère à la fin de sa vie, quand elle se déployait et quand mon grand-père rétrécissait. Ce souvenir nostalgique de mes grands-parents était la seule chose qui me semblait intéressante dans la personnalité de la laveuse masculine.

Mais la générosité de ses glandes mammaires est un fait indéniable : à vingt et un mois, Aadam la tétait encore sans se plaindre. Au début, j'ai pensé qu'il fallait le sevrer, mais je me suis souvenu que mon fils ne faisait que ce qui lui plaisait et j'ai décidé de ne pas insister. (Et j'ai eu raison.) Quant à son prétendu double utérus, je n'avais aucun désir de connaître la vérité, et je ne fis aucune enquête.

Je parle de Durga, la dhoban, principalement parce que

c'est elle qui, un soir, alors que nous mangions un repas composé de vingt-sept grains de riz chacun, me prédit ma mort. Moi, exaspéré par son flot continuel de nouvelles et de commérages, je me suis écrié, « Durga Bibi, tes histoires n'intéressent personne ! » Et elle, imperturbable, « Saleem baba, j'ai été gentille avec toi parce que Photoji m'a dit qu'après ton arrestation tu devais être en petits morceaux ; mais, à parler franchement, on dirait que la seule chose qui t'intéresse c'est le présent. Il faut que tu comprennes que, quand un homme ne s'intéresse plus à de nouvelles choses, il ouvre la porte à l'Ange noir. »

Singh-la-Photo dit doucement, « Allez, capitainesse, sois pas dure avec lui », mais la flèche de Durga la dhoban avait atteint sa cible.

Dans l'épuisement de mon retour, je sentais que le vide des jours me recouvrait d'une pellicule gélatineuse ; et, bien que le lendemain matin Durga m'offrît, peut-être avec des remords sincères à cause de la dureté de ses paroles, de me redonner des forces en me laissant téter son sein gauche pendant que mon fils tirait sur le droit, « et peut-être qu'après tu recommenceras à penser normalement », l'idée de la mort se mit à occuper mes pensées ; et c'est alors que je découvris le miroir de l'humilité au dépôt d'autobus de Shadipur et je fus convaincu de l'approche imminente de ma mort.

C'était un miroir situé au-dessus de l'entrée du garage des autobus ; alors que je me promenais sans but dans la cour devant le dépôt, mon attention fut attirée par le soleil qui s'y reflétait. Je me rendis compte que je ne m'étais pas vu dans un miroir depuis des mois, peut-être des années, et je traversai pour aller me planter devant. Je levai les yeux vers le miroir et je me vis transformé en nain à grosse tête ; dans cette image en perspective et humiliante de moi-même, je vis que mes cheveux étaient maintenant gris comme des nuages de pluie ; le nain du miroir, avec son visage ridé et ses yeux fatigués, me rappela mon grand-père Aadam Aziz, le jour où il nous dit qu'il avait vu Dieu. Les infirmités qu'avait soignées Parvati-la-Sorcière étaient toutes revenues ; neuf doigts, tempes cornues, tonsuré, visage taché, jambes torses, nez en concombre, châtré, et maintenant vieilli prématurément, je vis dans le miroir de l'humilité un être humain à qui l'histoire ne pouvait rien faire de plus, une créature grotesque libérée de l'ordre du destin, qui l'avait tellement rouée de coups qu'elle en était devenue à moitié insensible ; avec une bonne et une mauvaise oreille, j'entendis les pas étouffés de l'Ange noir de la mort.

Dans le miroir, le visage vieux et jeune du nain avait une expression de profond soulagement.

Je m'assombris ; changeons de sujet... vingt-quatre heures exactement avant que la raillerie d'un vendeur de paan pousse Singh-la-Photo à se rendre à Bombay, mon fils Aadam Sinai prit une décision qui nous permit d'accompagner le charmeur de serpents : du jour au lendemain, sans prévenir et pour la plus grande consternation de sa nourrice qui fut obligée de déverser son lait dans des tonnelets de cinq litres, Aadam aux oreilles battantes se sevra lui-même en refusant le sein sans rien dire, et en exigeant (sans un mot) un régime solide : riz décortiqué, lentilles et gâteaux secs. C'était comme s'il avait décidé de me permettre d'atteindre ma ligne d'arrivée privée, et maintenant très proche.

Autocratie muette d'un bébé de moins de deux ans : Aadam ne nous disait pas quand il avait envie de manger, de dormir, ou de faire ses besoins. Il attendait qu'on le sache. L'attention perpétuelle qu'il nécessitait est peut-être une des raisons pour lesquelles, malgré toutes les prévisions contraires, j'ai réussi à rester en vie... incapable, à cette époque qui suivit ma libération de prison, de rien faire, je consacrai toute mon attention à observer mon fils. « Je te le dis, capitaine, c'est une chance que tu sois revenu, disait Singh-la-Photo en plaisantant, sinon celui-là nous aurait transformés en ayahs. » Je compris qu'Aadam faisait partie d'une seconde génération magique qui serait bien plus coriace que la première et qui ne chercherait pas son destin dans les prophéties ou les étoiles, mais qui le forgerait dans le feu de sa volonté. En regardant les yeux de cet enfant qui était à la fois pas-mon-fils et bien plus mon héritier qu'aurait pu l'être n'importe quel fils issu de ma chair, je découvris dans ses pupilles vides et limpides un second miroir d'humilité qui me montrait qu'à partir de maintenant mon rôle serait aussi secondaire que celui de n'importe quel vieillard encombrant : la fonction traditionnelle d'un raconteur d'histoires... je me demandai si dans tout le pays les bâtards de Shiva exerçaient des tyrannies semblables sur des adultes désemparés, et pour la seconde fois je vis cette tribu de gosses effrayants et puissants, grandissant attendant écoutant, imaginant cet instant où le monde deviendrait leur jouet. (Comment les enfants peuvent-ils être identifiés : leur bimbi ressort au lieu de rentrer.)

Mais il est temps de mettre les choses en mouvement : un sarcasme, un dernier train allant au sud sud sud, une bataille finale... le jour qui suivit le sevrage d'Aadam, Saleem accompagna Singh-la-Photo place Connaught pour l'aider dans son activité de charmeur de serpents. Durga la dhoban accepta d'emmener mon fils avec elle au dhobi-ghat[1] : Aadam passa toute la journée à regarder comment on chassait la puissance des vêtements des riches et fut absorbé par le succube. En ce jour fatal, alors que le temps chaud revenait sur la ville comme un essaim d'abeilles, j'étais dévoré par la nostalgie en pensant à mon crachoir d'argent bulldozérisé. Singh-la-Photo m'avait donné un crachoir de remplacement, une boîte de conserve vide, mais j'avais beau m'en servir pour amuser mon fils avec ma maîtrise dans l'art d'atteindre-le-crachoir, en envoyant de longs jets de jus de bétel dans l'atmosphère crasseuse du ghetto des magiciens, cela ne me consolait pas. Une question : pourquoi tant de chagrin pour un simple récipient de jus ? Je vous répondrai qu'il ne faut jamais sous-estimer un crachoir. Elégant dans le salon de la rani de Cooch Naheem, il permettait aux intellectuels de pratiquer l'art des masses ; miroitant dans une cave, il transforma le sous-sol de Nadir Khan en un second Taj Mahal ;

1. *Dhobi-ghat :* lavoir. *Ghat* signifie précisément escalier conduisant à un fleuve pour les bains rituels. (*N.d.T.*)

ramassant la poussière dans une vieille cantine en fer, il n'en fut pas moins présent tout au long de mon histoire, assimilant secrètement des incidents dans un coffre à linge sale, des visions fantomatiques, des gels et dégels, des assèchements, des exils ; tombant du ciel comme un quartier de lune, il perpétra une transformation. O crachoir talismanique ! O magnifique réceptacle perdu des souvenirs et des crachats ! Toute personne sensible ne pourra qu'éprouver de la sympathie devant l'horrible nostalgie que me cause sa disparition.

... A côté de moi, à l'arrière d'un bus débordant d'humanité, Singh-la-Photo est assis avec ses paniers de serpents posés innocemment sur ses genoux. Ferraillant et brinquebalant dans la ville pleine des fantômes des Delhis récents et mythologiques, l'Homme le Plus Charmeur du Monde avait l'air complètement découragé, comme si une bataille dans un lointain sous-sol obscur était déjà finie... jusqu'à mon retour, personne n'avait compris que la peur véritable et secrète de Photoji c'était qu'il vieillissait, que ses pouvoirs diminuaient, qu'il serait bientôt sur la touche et incapable, dans un monde qu'il ne comprendrait pas : comme moi, Singh-la-Photo s'accrochait à la présence du petit Aadam comme si l'enfant était une torche dans un long tunnel. « Un beau petit, capitaine, me disait-il, plein de dignité : on remarque à peine ses oreilles. »

Cependant, ce jour-là, mon fils n'était pas avec nous.

Je sentis quelque chose d'agressif place Connaught — le parfum de biscuit des affiches de J. B. Maugharam, la pâleur funèbre du plâtre qui s'écaille ; l'odeur tragique des conducteurs de rickshaws à moteur, réduits à la famine à cause de l'augmentation du prix de l'essence ; les senteurs d'herbe verte venant des parterres ronds au milieu de la circulation, qui se mêlaient au parfum des escrocs qui persuadaient des étrangers de changer de l'argent au marché noir dans l'ombre des porches. De la Maison du Café, sous les marquises de laquelle on pouvait entendre des commérages sans fin, venait l'odeur moins agréable de nouvelles histoires : intrigues mariages querelles dont les senteurs se mêlaient à celle du thé. Ce que j'ai humé place Connaught : la proximité d'une fille au visage balafré qui autrefois avait été Sundari-la-trop-belle ; parfums des souvenirs perdus, de regardons-vers-l'avenir, et de rien-ne-change-vraiment... me détourna de ces suggestions olfactives, et je me concentrai sur les odeurs toutes-puissantes et plus simples de l'urine (humaine) et de la bouse animale.

Sous les arcades du bâtiment F., place Connaught, près d'un kiosque, un vendeur de paan avait sa petite niche. Il était assis les jambes croisées derrière la vitre verte d'une guérite, comme une déité secondaire de la place : je l'admets dans ces dernières pages, parce que, bien qu'il dégageât les arômes de la pauvreté, c'était en fait un homme aisé, propriétaire d'une voiture de marque Lincoln-Continental, qu'il garait loin de Connaught et qu'il avait payée avec ce que lui avait rapporté la contrebande des cigarettes et des transistors ; tous les ans, il passait quinze jours de vacances en prison et, le reste du temps, il donnait un joli salaire à plusieurs policiers. En prison, on le traitait comme un roi, mais derrière la vitre verte de sa guérite il avait l'air inoffensif, ordinaire, et ce n'était pas facile (sans l'aide d'un nez aussi sensible que celui de Saleem) de se rendre compte que cet homme savait tout sur tout, que son réseau de contacts lui faisait connaître tous les secrets... il me rappela assez agréablement un personnage que j'avais connu à Karachi au temps de mes voyages en Lambretta ; j'étais tellement occupé à inhaler les parfums familiers de la nostalgie que j'ai été surpris quand il a parlé.

Nous nous étions installés près de sa guérite ; tandis que Photoji faisait briller ses flûtes et mettait un énorme turban jaune safran, je remplissais ma fonction d'aboyeur. « Approchez approchez... la seule occasion de votre vie... Mesdames et messieurs, venez voir venez voir venez voir ! Qui est parmi vous ? Pas n'importe quel banghi ; pas un quelconque dormeur des rues ; mesdames et messieurs, voici l'Homme le Plus Charmeur du Monde ! Oui, venez voir venez voir : Eastman-Kodak and C° l'a pris en photo ! Approchez n'ayez pas peur — Voici SINGH-LA-PHOTO ! »... et d'autres sottises du même genre ; mais alors, le vendeur de paan a parlé :

« Je connais un meilleur numéro. Ce type n'est pas le

numéro un. Oh non ! Sûrement pas ! A Bombay il y a un homme qui est plus fort. »

C'est ainsi que Singh-la-Photo apprit l'existence de son rival ; et c'est pourquoi, abandonnant toute intention de donner un spectacle, il s'avança sur le marchand de bétel au sourire mielleux, prit sa voix profonde de commandement et ordonna, « Tu vas me dire la vérité sur ce fakir, capitaine, ou je t'enfonce les dents dans la gorge jusqu'à ce qu'elles te mordent l'estomac. » Et le vendeur de paan, pas du tout effrayé, sachant très bien que trois policiers étaient prêts à bondir pour protéger leur salaire si besoin était, nous chuchota les secrets de son savoir universel, nous disant qui quand où, jusqu'à ce que Singh-la-Photo ajoute d'une voix dont la fermeté cachait la peur : « Je vais aller montrer à ce type de Bombay qui est le meilleur. Dans un seul monde, capitaine, il n'y a pas de place pour deux Hommes les Plus Charmeurs. » Le vendeur de bétel haussa les épaules et cracha à nos pieds.

Comme un charme magique, les railleries d'un vendeur de paan ouvrirent la porte par laquelle Saleem retourna dans la ville de sa naissance, le lieu de sa nostalgie la plus profonde. Oui, c'était un sésame-ouvre-toi et, quand nous sommes revenus aux tentes en lambeaux sous le pont du chemin de fer, Singh-la-Photo creusa la terre et en sortit le mouchoir noué de sa sécurité, le bout de tissu sans couleurs dans lequel il avait amassé quelques sous pour ses vieux jours ; et quand Durga la laveuse refusa de l'accompagner en disant, « Tu me prends pour une millionnaire, Photoji, une femme qui peut partir en vacances et quoi encore ? », il se tourna vers moi avec dans le regard quelque chose comme de la supplication et me demanda de faire le voyage avec lui, pour qu'il n'aille pas dans la pire des batailles qu'il eût menée sans l'aide d'un ami... Oui, et Aadam entendit lui aussi, avec ses grandes oreilles battantes, il entendit le rythme de la magie, je vis ses yeux s'éclairer quand j'acceptai, et quand nous fûmes dans un wagon de troisième classe qui allait au sud sud sud ; et dans les cinq syllabes monotones des roues j'entendis la formule secrète : abracadabra abracadabra abracadabra chantaient les roues en nous ramenant à Bombay.

Oui, j'avais quitté pour toujours le ghetto des magiciens, je me dirigeais abracadabra abracadabra abracadabra au cœur de la nostalgie qui me maintiendrait en vie assez longtemps pour écrire ces lignes (et pour créer un nombre correspondant de bocaux de conserves) ; Aadam Saleem et Singh-la-Photo serrés comme des sardines dans un wagon de troisième classe, emportant avec eux un grand nombre de paniers attachés avec de la ficelle, des paniers qui inquiétaient l'humanité entassée dans le compartiment à cause des sifflements continuels, et la foule reculait reculait reculait, loin de la menace des serpents, ce qui nous donnait plus de place ; et les roues chantaient abracadabra aux oreilles battantes d'Aadam.

Alors que nous allions à Bombay, le pessimisme de Singh-la-Photo prit une telle ampleur qu'il devint une entité physique qui ressemblait au vieux charmeur de serpents. A Mathura, un jeune Américain au menton boutonneux et à la tête rasée comme un œuf monta dans le wagon parmi la cacophonie des colporteurs vendant des animaux d'argile et des tasses de *chaloo-cahi ;* il s'éventait avec un éventail en plumes de paon, et ce mauvais présage déprima Singh-la-Photo au-delà de ce qu'on peut imaginer. Tandis que la platitude infinie de la plaine du Gange se déroulait de l'autre côté de la vitre et que des effluves malsains à odeur de chiottes venaient nous tourmenter, l'Américain rasé expliquait aux voyageurs les complexités de l'hindouisme et commençait à leur apprendre des mantras tout en mendiant avec une sébile ; Singh-la-Photo restait aveugle à ce spectacle admirable et sourd à l'abracadabra des roues. « Ce n'est pas bon, capitaine, me confia-t-il d'un air sinistre, ce type de Bombay doit être jeune et costaud et, à partir de maintenant, je suis condamné à n'être plus que le deuxième Homme le Plus Charmeur du Monde. » Quand nous sommes arrivés en gare de Kotah, les odeurs de malchance qui émanaient de l'éventail en plumes de paon possédaient totalement Photoji, et l'avaient tellement rongé que bien que tous ceux qui étaient dans le wagon aillent de l'autre côté pour pisser contre le train, il ne manifesta aucune envie d'en faire autant. A l'embranchement de Ratlam, alors que je devenais plus nerveux, il était tombé dans une sorte de catalepsie qui n'était pas du sommeil mais la paralysie montante du pessimisme. Je pensai, « A cette vitesse-là, il ne sera même pas capable d'affronter son rival. » On passa Baroda : pas de changement. A Surat, le dépôt de l'ancienne compagnie Joha, je compris que je devais faire quelque chose, très vite, parce que l'abracadabra nous rapprochait de Bombay et, à la fin, je pris la vieille flûte de Singh-la-Photo et je me mis à en jouer avec une telle maladresse que tous les serpents se mirent à se tordre de douleur et que le jeune Américain en resta pétrifié et silencieux. Je produisis un son si infernal que personne ne remarqua Bassein Road, Kurla, Mahim, et je réussis à venir à bout des miasmes des plumes de paon ; Singh-la-Photo sortit enfin de son découragement et dit avec un faible sourire, « Il vaut mieux que tu t'arrêtes, capitaine, et que tu me laisses jouer ; sinon il y en a qui vont mourir de douleur. »

Les serpents s'enfoncèrent dans les paniers ; les roues s'arrêtèrent de chanter ; nous étions arrivés.

En bus dans Bellasis Road et vers le rond-point de Tardeo, nous avons croisé des parsis aux yeux caves, des ateliers de réparation de bicyclettes et des cafés iraniens ; et Hornby Vellard fut sur notre droite — là où des promeneurs regardèrent crever Sherri, la chienne bâtarde ! Là où des effigies en carton de lutteuses dominaient toujours l'entrée du Stade Vallabhbhai Patel ! — et ferraillant et brinquebalant devant des flics sous des parasols, le temple Mahalaxmi — et Warden Road ! Les bains de Breach Candy ! Et là, regardez, les boutiques... mais les noms avaient changé : où était le Paradis du lecteur avec ses piles de bandes dessinées du Superman ? Où était le groom de Vit'net et Bombelli avec ses chocolats d'un mètre ? Et, mon Dieu, regardez, au sommet d'une colline de deux étages, là où autrefois les palais de William Methwold se nichaient dans les bougainvillées et dominaient fièrement la mer... regardez ça, un énorme immeuble, rose et monstrueux, le gratte-ciel des femmes de Narlikar, debout, ne laissant aucune place à la piste de cirque de l'enfance... Oui, c'était mon Bombay, et ce n'était plus le mien, parce qu'au coin de chez Kemp l'enfant Kolynos était parti, parti pour de bon, et Thomas Kemp lui-même avait disparu... Des routes se croisaient là où autrefois on avait vendu des médicaments et où un lutin avec une casquette vert chlorophylle avait regardé passer les voitures. Je me dis, comme si c'était une élégie : « Des dents propres, des dents blanches, pâte dentifrice Kolynos super-blanche ! » Mais malgré mon incantation, le passé ne revint pas ; nous avons ferraillé dans Gibbs Road et nous sommes descendus près de Chowpatty Beach.

Chowpatty au moins n'avait pas trop changé : une bande de sable crasseux grouillant de pickpockets de promeneurs et de marchands de chaud-le-channa-chaud, de kulfi, de bhelpuri et de *chutter-mutter ;* mais en bas de Marine Drive, je vis ce que les tétrapodes avaient accompli. De la terre prise sur la mer par le consortium Narlikar, d'énormes monstres se dressaient vers le ciel et portaient d'étranges noms étrangers : OBEROI SHERATON m'appelait de loin. Et où était l'enseigne au néon ?... « Allez, Photoji, dis-je enfin, en serrant Aadam contre ma poitrine, allons là où nous devons aller, et finissons-en ; la ville a changé. »

Que puis-je dire du club privé Minuit ? Qu'il est sous terre, secret (connu des vendeurs de paan omniscients) ; une porte sans aucun signe distinctif ; sa clientèle, la crème de Bombay. Quoi d'autre ? Ah oui : dirigé par un certain Anand « Andy » Shroff, homme d'affaires-playboy, qu'on trouve la plupart du temps en train de se faire bronzer à l'hôtel Sable and Soleil sur la plage Juhu, parmi les stars de cinéma et les princesses déchues. Et je vous le demande : un Indien, qui prend des bains de soleil ? Apparemment c'est tout à fait normal, les règles internationales des playboys doivent être respectées à la lettre, y compris, je suppose, celle qui stipule l'adoration quotidienne du soleil.

Comme je suis naïf (et j'avais l'habitude de dire que c'était

Sonny, marqué aux forceps, qui était innocent !), je n'avais pas soupçonné que des endroits comme le club privé Minuit existait ! Mais bien sûr ils existent ; et en serrant nos flûtes et nos paniers, nous avons frappé à la porte.

Des mouvements derrière une petite grille à hauteur des yeux : la voix doucereuse d'une femme nous demanda ce que nous voulions. Singh-la-Photo déclara : « Je suis l'Homme le Plus Charmeur du Monde. Vous employez un autre charmeur de serpents comme attraction ; je veux le défier pour prouver ma supériorité. Je ne demande pas à être payé. C'est, capitainesse, une question d'honneur. »

C'était le soir ; par chance. M. Anand « Andy » Shroff était là. Et, pour dire les choses tout à trac, on accepta le défi de Singh-la-Photo et nous sommes entrés dans cet endroit dont le nom m'avait quelque peu troublé, parce qu'il contenait le mot *Minuit.*

Le double problème de la jeunesse mondaine et cosmopolite de la ville : comment consommer de l'alcool dans un Etat où l'alcool est prohibé ; et comment faire la cour aux filles dans la meilleure tradition occidentale, où les emmener faire la noce, tout en gardant un secret total afin d'éviter la honte très orientale du scandale ? Le club privé Minuit était la solution que M. Shroff offrait aux douloureuses difficultés de la jeunesse dorée de la ville. Dans ce sous-sol de la licence, il avait créé un univers de ténèbres dignes du Styx, noir comme l'enfer ; dans le secret d'un minuit obscur, les amants de la cité se rencontraient, buvaient de l'alcool d'importation et se faisaient la cour ; bien à l'abri dans la nuit isolée et artificielle, ils se faisaient des mamours en toute impunité. L'enfer c'est une vision des autres : chaque roman réclame au moins une descente aux enfers et je suivis Singh-la-Photo dans le noir d'encre du club en tenant un bébé dans mes bras.

Nous avons marché sur un tapis noir — noir comme la nuit, noir comme le mensonge, noir corbeau, noir colère ; en bref, un tapis noir — précédés d'une serveuse aux charmes ravageurs qui portait son sari de façon érotique, très bas sur les hanches, et une fleur de jasmin dans le nombril ; mais tandis qu'on s'enfonçait dans les ténèbres, elle se retourna avec un sourire rassurant, et je vis qu'elle fermait les yeux ; elle avait des yeux d'une luminosité étrange peints sur les paupières. Je ne pus m'empêcher de lui demander « Pourquoi... » Ce à quoi, elle, simplement, « Je suis aveugle ; et en outre, parmi ceux qui viennent ici, personne ne veut être reconnu. Ici vous êtes dans un monde sans visages et sans noms ; ici, les gens n'ont ni souvenirs, ni famille, ni passé ; ici, c'est un lieu pour *maintenant,* pour rien d'autre que maintenant. »

Et les ténèbres nous ont engloutis ; elle nous fit traverser cette fosse de cauchemar dans laquelle la lumière était aux fers, cet endroit hors du temps, cette négation de l'histoire... « Asseyez-vous, dit-elle, l'autre charmeur de serpents va venir tout de suite. Quand ce sera l'heure, une lumière vous éclairera ; ce sera le moment de commencer le concours. »

Nous sommes restés assis pendant — quoi ? des minutes, des heures, des semaines ? — et les yeux lumineux des femmes aveugles conduisaient des clients invisibles à leurs sièges ; et, petit à petit, dans le noir, je me rendis compte que j'étais entouré par de doux susurrements amoureux, comme des accouplements de souris ; j'entendais le tintement des verres que tenaient des mains enlacées, et le doux froissement des lèvres ; avec une bonne et une mauvaise oreille, j'entendais les bruits de la sexualité illégale qui emplissaient l'air de minuit... mais non, je ne voulais pas savoir ce qui se passait ; mon nez pouvait sentir, dans le silence susurrant du club, toute sorte de nouvelles histoires et de commencements, d'amours exotiques et interdites, et de petits contretemps invisibles et de qui-va-trop-loin, en fait toute sorte de petites friandises juteuses, et pourtant je choisis de tout ignorer, parce que c'était un monde nouveau dans lequel je n'avais pas de place. Mon fils Aadam, cependant, était assis à côté de moi et ses oreilles brûlaient de fascination ; ses yeux brillaient dans l'obscurité tandis qu'il écoutait, mémorisait, se souvenait... et c'est alors qu'il y eut la lumière...

Un seul trait de lumière qui faisait une tache sur le sol du club privé. De l'ombre, au-delà des limites de la zone illuminée, Aadam et moi, nous vîmes Singh-la-Photo assis tout raide, les jambes croisées, près d'un jeune élégant et brillantiné ; chacun d'eux était entouré d'instruments de musique et de paniers fermés. Un haut-parleur annonça le début de ce légendaire concours pour le titre de l'Homme le Plus Charmeur du Monde ; mais qui écoutait ? Est-ce que quelqu'un y fit attention, ou étaient-ils trop occupés avec lèvres langues mains ? Voici le nom de l'adversaire de Photoji : le maharadjah de Cooch Naheem.

(Je ne sais pas : c'est facile de prendre un titre. Mais peut-être, peut-être que c'était vraiment le petit-fils de la vieille rani, qui autrefois, il y a longtemps, avait été l'amie du docteur Aziz ; peut-être que l'héritier du Partisan-du-Bourdon était opposé, ironiquement, à l'homme qui aurait pu devenir le second Mian Abdullah ! C'est toujours possible ; beaucoup de maharadjahs sont pauvres depuis que la Veuve a supprimé la liste civile.)

Pendant combien de temps luttèrent-ils dans cette caverne sans soleil ? Des mois, des années, des siècles ? Je ne peux pas le dire : j'observais, hypnotisé, tandis qu'ils essayaient de se surpasser l'un l'autre, en charmant toute sorte de serpents, en demandant qu'on envoie chercher des espèces rares dans des élevages de Bombay (là où autrefois le docteur Schaapsteker...) ; et le maharadjah défiait Singh-la-Photo, serpent contre serpent, réussissant même à charmer des constrictors, ce que seul auparavant Singh était parvenu à faire. Dans ce club infernal dont l'obscurité était un autre aspect de l'obsession du propriétaire pour la couleur noire (à cause de laquelle il se faisait bronzer, et sa peau devenait de plus en plus sombre, chaque jour, à l'hôtel Sable and Soleil), les deux virtuoses se poussaient à des exploits impossibles, obligeant les serpents à se faire des nœuds ensemble, ou à se mettre en arcs, à boire de l'eau dans des verres, à sauter dans des cercles enflammés... en niant fatigue faim âge, Singh-la-Photo mettait sa vie en jeu (mais est-ce que quelqu'un regardait ? Absolument personne ?) — et il devint évident que le plus jeune se fatiguait ; ses serpents cessèrent de danser au rythme de sa flûte ; et finalement, après une série de tours de passe-passe si rapides que son adversaire ne vit pas ce qui se passait, Singh-la-Photo réussit à nouer un cobra royal autour du cou du maharadjah.

Ce que dit Singh-la-Photo : « Dis-moi que j'ai gagné, capitaine, sinon je lui dis de mordre. »

Ce fut la fin du concours. Le prince humilié quitta le club et plus tard on dit qu'il s'était suicidé dans un taxi. Et, sur le lieu de sa dernière grande bataille, Singh-la-Photo s'effondra comme un banian... des serveuses aveugles (j'avais confié Aadam à l'une d'entre elles) m'aidèrent à le transporter.

Mais le club nous gardait un tour dans sa manche. Une fois par nuit — pour ajouter un peu de sel — un projecteur de poursuite éclairait un des couples illégaux et le révélait aux yeux dissimulés des autres : un petit goût de roulette russe qui, sans aucun doute, donnait un frisson supplémentaire aux jeunes de la ville... et qui fut la victime cette nuit-là ? Qui, tempes cornues visage taché nez en concombre, fut noyé dans la lumière du scandale ? Qui fut rendu aussi aveugle que les serveuses par le voyeurisme des lampes qui coupèrent presque les jambes de son ami inconscient ?

Saleem retourna dans la ville de sa naissance pour être illuminé dans une cave tandis que des Bombayotes se moquaient de lui dans le noir.

Vite, maintenant, parce que nous arrivons à la fin, je note que dans une salle obscure où la lumière était autorisée, Singh-la-Photo reprit connaissance ; et, tandis qu'Aadam dormait profondément, une des serveuses aveugles nous apporta un repas de félicitations pour nous rétablir : samosas, pakoras, riz, dal, puris ; et chutney vert. Oui, un petit bol d'aluminium de chutney vert, vert comme des sauterelles... et très vite un puri fut dans ma main ; et du chutney sur le puri ; et je goûtai et je faillis m'évanouir comme Singh-la-Photo, parce que cela me ramena en arrière, un jour où je sortais avec neuf doigts de l'hôpital et où je partais en exil chez Hanif Aziz, et on me donna le meilleur chutney du monde... Le goût du chutney était plus que l'écho de ce goût d'autrefois — c'était le goût lui-même, le même goût, qui avait le pouvoir de ramener le passé comme s'il avait toujours été là... Pris d'une véritable frénésie, je saisis la serveuse aveugle par le bras ; incapable de me contenir, je laissai échapper : « Le chutney ! Qui l'a fait ? » J'avais dû hurler parce que Photo, « Du calme, capitaine, tu vas réveiller le petit... Qu'est-ce qui se passe ? On dirait que tu as vu le fantôme de ton pire ennemi ! » Et la serveuse aveugle, un peu sèchement : « Vous n'aimez pas le chutney ? » Je dus retenir un meuglement puissant. « Je l'aime, dis-je d'une voix enfermée derrière des barreaux d'acier, je l'*aime* — maintenant dites-moi, d'où vient-il ? » Et elle, effrayée, voulant s'en aller, « Des conserveries Bragance, tout le monde sait ça. »

Je lui fis apporter le bocal ; et là, sur l'étiquette, il y avait l'adresse : celle d'un immeuble avec une déesse en néon jaune safran et vert, clignotant au-dessus de la porte, une usine gardée par une Mumbadevi en néon : Conserves Bragance and C°, dans la grande banlieue nord.

A nouveau, un abracadabra, un sésame-ouvre-toi : des mots imprimés sur un bocal de chutney ouvrirent la dernière porte de ma vie... je fus pris soudain d'une résolution irrésistible de trouver le fabriquant de cet impossible chutney du souvenir, et je dis, « Photoji, il faut que je parte... »

Je ne connais pas la fin de l'histoire de Singh-la-Photo ; il refusa de m'accompagner dans ma recherche et je vis dans ses yeux que les efforts de son combat avaient brisé quelque chose en lui, qu'en fait sa victoire était une défaite ; est-il toujours à Bombay (travaillant peut-être pour M. Shroff), ou est-il retourné auprès de sa laveuse ; est-il toujours en vie ou non, je suis incapable de le dire... « Comment puis-je t'abandonner ? » demandai-je, désespéré, mais il me répondit, « Ne sois pas stupide, capitaine ; tu as quelque chose à faire, alors fais-le. Vas-y, va, ça m'est égal. Comme t'a dit la vieille Resham : Va-t'en, va-t'en vite, va ! »

J'ai pris Aadam avec moi et je suis parti.

La fin du voyage : du sous-sol des serveuses aveugles, je suis allé vers le nord nord nord, en tenant mon fils dans mes bras ; et je suis enfin arrivé là où les lézards gobent les mouches, où les cuves bouillonnent et où des femmes aux gros bras font des plaisanteries obscènes ; un monde de contremaîtresses aux lèvres minces et aux seins coniques, un univers résonnant du cliquetis des bocaux dans la machine à embouteiller... et qui, au bout de ma route, se planta devant moi, les poings sur les hanches, les avant-bras poilus luisants de sueur ? Qui, directe comme toujours, me demanda, « Vous, là, monsieur, qu'est-ce que vous voulez ? »

« Moi ! hurle Padma tout excitée et un peu gênée. Bien sûr, qui d'autre ? Moi moi moi ! »

« Bonjour, begum », dis-je (Padma m'interrompt : « Oh ! toi — toujours si poli et tout ! »), « Bonjour, puis-je parler au directeur ? »

Oh ! Padma, sinistre, têtue, sur la défensive ! « Impossible, la directrice begum est occupée. Vous devez prendre rendez-vous, revenez plus tard, partez maintenant s'il vous plaît. »

Ecoutez : je serais resté, j'aurais persuadé, brutalisé, j'aurais même employé la force pour franchir les bras de Padma ; mais il y eut un cri sur la passerelle — cette même passerelle, Padma, qui est devant le bureau ! — cette passerelle sur laquelle quelqu'un, dont je n'ai pas encore voulu donner le nom, regardait les immenses cuves, et le chutney qui mijotait — quelqu'un qui se précipita en bas, en faisant claquer les marches de métal et en hurlant :

« Oh ! mon Dieu ! mon Dieu ! Oh ! Jésus, doux Jésus ! Baba, mon enfant, viens, viens que je t'embrasse, que je te donne du gâteau ! »

Comme je m'en doutais, Madame la directrice des conserveries Bragance and C°, qui se faisait appeler Mme Bragance, était bien évidemment mon ayah d'autrefois, la criminelle de minuit, Mlle Mary Pereira, la seule mère qui me restait au monde.

Minuit, ou à peu près. Un homme qui porte un parapluie noir (et neuf) marche vers ma fenêtre ; il vient de la voie ferrée, il s'arrête, s'accroupit, chie. Puis il me voit me découpant dans la fenêtre éclairée et, au lieu de s'offenser de mon voyeurisme, il crie : « Regarde ça ! » et il expulse le plus long étron que j'aie jamais vu. « Quinze pouces ! s'écrie-t-il. Ils font quelle longueur les tiens ? » Autrefois, quand j'avais plus d'énergie, j'aurais voulu raconter l'histoire de cet homme ; l'heure et son parapluie auraient été tout ce dont j'aurais eu besoin pour le relier à ma vie, et sans aucun doute j'aurais fini en démontrant qu'il était indispensable à quiconque voulait comprendre ma vie et mon époque de ténèbres ; mais, maintenant, je suis décontenancé, débranché, il ne me reste à écrire que des épitaphes. Aussi, faisant un signe au défécateur, je lui réponds : « Sept pouces, les bons jours », et je l'oublie.

Demain. Ou un autre jour. Les fissures attendront jusqu'au 15 août. Il reste encore un peu de temps. Je finirai demain.

Aujourd'hui, je me suis donné un jour de congé et je suis allé voir Mary. Un long trajet dans un bus chaud et poussiéreux, dans des rues qui commencent à s'animer dans l'attente de la fête nationale, et pourtant je peux sentir d'autres parfums moins brillants : la désillusion, la vénalité, le cynisme... A bientôt trente-deux ans, le mythe de la liberté n'est plus ce qu'il était. On a besoin de nouveaux mythes ; mais ce ne sont pas mes oignons.

Mary Pereira, qui maintenant s'appelle Mme Bragance, vit avec sa sœur Alice, maintenant Mme Fernandes, dans un appartement de l'obélisque rose des femmes de Narlikar, sur la colline de deux étages où, autrefois, dans un palais démoli, elle dormait sur une paillasse de servante. Sa chambre occupe à peu près le même espace dans lequel le doigt tendu du pêcheur dirigeait les yeux d'un enfant vers l'horizon ; dans un rocking-chair de teck, Mary berce mon fils en chantant, « Des voiles rouges dans le soleil couchant. » Les voiles rouges des dhows se découpent sur le ciel lointain.

Un jour assez agréable, dans lequel on se souvient des jours anciens. Le jour où j'ai compris qu'un vieux massif de cactus avait survécu à la révolution des femmes de Narlikar, j'ai emprunté une bêche au jardinier et j'ai sorti un monde enterré depuis longtemps : un globe de métal, contenant une photo de bébé, grande taille, mangée par les fourmis, signée Kalidas Gupta, et une lettre de Premier ministre. Et les jours s'écoulent : les douzaines de fois où nous avons bavardé des changements intervenus dans la vie de Mary Pereira. Comment elle devait tout à sa très chère Alice. Dont le pauvre M. Fernandes mourut de son incapacité à voir les couleurs, car il s'était trompé à l'un des rares feux rouges de la ville. Comment Alice alla lui rendre visite à Goa et lui dit que ses employeurs, les effrayantes et entreprenantes femmes de Narlikar, voulaient mettre l'argent des tétrapodes dans une conserverie. « Je leur ai dit, personne ne fait le chutney comme notre Mary, raconta Alice, parce qu'elle met dedans ses sentiments. » Ainsi, Alice finit par être une bonne fille. Et, baba, comment est-ce que j'aurais pu savoir que le monde entier voudrait manger mes conserves au vinaigre, même en Angleterre ? Et maintenant, je suis restée ici, où était ta chère maison, pendant qu'il t'arrivait Dieu sait quoi, en vivant pendant si longtemps comme un mendiant, quel monde, baapu-ré !

Et des lamentations douces-amères : Oh ! Tes pauvres papa-maman ! Madame, si bonne, morte ! Et ce pauvre monsieur qui ne savait jamais qui l'aimait ou comment aimer ! Et même le Singe... mais je l'arrête, non, non, pas morte ! Elle mange du pain en secret dans un couvent.

Mary, qui avait volé le nom de la pauvre reine Catherine qui avait donné ces îles aux Britanniques, m'enseigna le secret des conserves au vinaigre ! (terminant une éducation qui avait commencé dans le même espace quand je me tenais dans une cuisine alors qu'elle mélangeait culpabilité et chutney vert.) Maintenant, elle est à la maison, retirée dans sa vieillesse à cheveux blancs, à nouveau heureuse d'être ayah et d'avoir un bébé à élever. « Maintenant que tu as fini ton écriture, baba, tu vas avoir plus de temps pour t'occuper de ton fils. » Mais Mary, j'ai fait cela pour lui. Et elle, ignorant ma réponse parce qu'en ce moment son esprit fait des sauts dans toutes les directions : « Oh ! baba, regarde, comme tu es vieux déjà ! »

Mary la riche, qui n'avait jamais imaginé qu'elle serait riche, est toujours incapable de dormir dans un lit. Mais elle boit six Coca-Cola par jour, sans se soucier de ses dents qui de toute façon sont toutes tombées. Un saut de puce : « Pourquoi est-ce que tu te maries si vite ? » Parce que Padma le veut. Non, ça ne l'inquiète pas, comment cela se pourrait-il ? « D'accord, baba, je demandais, c'est tout. »

Et le jour s'est écoulé paisiblement, un jour crépusculaire près de la fin, sauf que maintenant, enfin, à trois ans, un mois et deux semaines, Aadam Sinai fait entendre un son. « Ab... » Arré, oh ! mon Dieu ! Ecoute, baba, le petit dit quelque chose ! Et Aadam, en s'appliquant, « Abba... » Papa, il m'appelle papa. Mais non, il n'a pas fini, son visage est tendu, et enfin mon fils, qui devra être magicien pour venir à bout d'un monde comme celui que je lui laisse, termine son premier mot impressionnant : « ... cadabba. »

Abracadabra ! Mais il ne se passe rien ! Nous ne sommes pas transformés en crapauds, des anges n'entrent pas par la fenêtre : il se fait les muscles. Je ne verrai pas ses miracles... Je laisse Mary fêter l'exploit d'Aadam et je reviens à Padma et à l'usine ; la première et énigmatique incursion de mon fils dans le langage m'a laissé un parfum d'inquiétude dans les narines.

Abracadabra : ce n'est pas du tout un mot indien, c'est une formule cabalistique dérivée du nom du Dieu suprême des gnostiques basilidiens, et qui contient le nombre 365, le nombre des jours de l'année, et des cieux, et des esprits émanant du Dieu Abraxas. Et je me demande, pas pour la première fois, « Qui croit-il qu'il *est ?* »

Des mélanges spéciaux : je les ai mis de côté. Valeur symbolique des conserves au vinaigre : les six cents millions d'œufs qui ont donné naissance à toute la population de l'Inde tiendraient dans un seul bocal de conserve ; six cents millions de spermatozoïdes tiendraient dans une cuiller. Chaque bocal de conserve (pardonnez-moi si j'utilise un style un peu fleuri) contient donc la plus exaltante des possibilités : la chutnification du temps ! D'ailleurs j'ai conservé des chapitres. Cette nuit, en vissant le couvercle sur un bocal portant en légende *Formule spéciale n° 33 : Abracadabra,* j'ai atteint la fin de ma longue autobiographie ; en mots et en conserve, j'ai immortalisé mes souvenirs, même si des déformations sont inévitables dans les deux méthodes. Nous devons vivre, j'en ai peur, avec l'ombre de l'imperfection.

Maintenant je dirige l'usine de conserves à la place de Mary. Alice — Mme Fernandes — contrôle la comptabilité ; j'ai la responsabilité des aspects créateurs de notre travail. (Bien sûr, j'ai pardonné son crime à Mary ; j'ai besoin autant de mères que de pères, et on ne peut accuser une mère.) Parmi la main-d'œuvre entièrement féminine des conserveries Bragance, sous le clignotement jaune safran et vert de la Mumbadevi de néon, je choisis des mangues des tomates des citrons dans les paniers que des femmes apportent à l'aube sur leur tête. Mary, avec sa haine ancienne des hommes, n'en accepte aucun, sauf moi, dans son nouvel univers confortable... Moi, et bien sûr, mon fils. Je soupçonne Alice d'avoir toujours de petites liaisons ; et Padma est tombée tout de suite amoureuse de moi, car elle m'a vu comme un exutoire à sa sollicitude trop longtemps refoulée ; je ne veux rien dire des autres, mais dans cette usine, l'extraordinaire compétence des femmes de Narlikar se reflète dans le dévouement des remueuses de cuves aux gros bras.

Qu'est-ce qui est nécessaire pour la chutnification ? Des matières premières, évidemment — fruits, légumes, poisson, vinaigre, épices. Des visites quotidiennes de femmes de kolis, leur sari remonté entre les jambes. Concombres, aubergines, menthe. Mais aussi : des yeux, bleus comme la glace, qui ne se laissent pas tromper par l'aspect flatteur et superficiel des fruits — qui peuvent voir la putréfaction sous l'écorce du citron ; des doigts qui, plus légers qu'une plume, peuvent tâter le cœur inconstant des tomates vertes ; et, par-dessus tout, un nez capable de discerner les langages cachés de ce-qui-doit-être-conservé, son humour, ses messages, ses émotions... Aux conserveries Bragance, je supervise la production des recettes légendaires de Mary ; mais il y a aussi mes mélanges spéciaux dans lesquels, grâce aux pouvoirs de mes fosses nasales asséchées, je peux inclure des souvenirs, des rêves, des idées, afin qu'une fois entrés dans la production, tous ceux qui les consomment sachent quel ragoût aux piments accomplit un exploit au Pakistan et ce qu'on ressentait dans les Sundarbans... Croyez-moi ne me croyez pas, mais c'est vrai. Trente bocaux rangés sur une étagère, attendant d'être lâchés dans la nation amnésique.

(Et, à côté, un bocal vide.)

La révision sera constante et sans fin ; ne croyez pas que je sois content de ce que j'ai fait ! parmi mes sujets d'inquiétude : un goût trop âpre dans les bocaux qui contiennent les souvenirs de mon père ; une certaine ambiguïté dans l'assaisonnement d'amour de « Jamila la chanteuse » (formule spéciale n° 22), ce qui peut conduire les gens peu sensibles à conclure que j'ai inventé toute l'histoire de l'échange de bébés pour justifier un amour incestueux ; des choses très peu plausibles dans le bocal intitulé « Un accident dans un coffre à linge » — l'assaisonnement pose des questions auxquelles on ne répond pas entièrement, telles que : pourquoi Saleem a besoin d'un accident pour acquérir ses pouvoirs ? Ce n'est pas le cas de la plupart des autres enfants... Ou encore, dans « Radio Inde » et d'autres, une note discordante dans l'équilibre des assaisonnements : est-ce que la confession de Mary aurait dû être un choc pour un télépathe ? Quelquefois, dans la version conservée de l'histoire, Saleem apparaît comme connaissant très peu de chose ; et, parfois, il en sait trop... Oui, je devrais réviser, améliorer, améliorer ; mais je n'ai ni le temps ni l'énergie. Je ne peux rien offrir d'autre que cette réponse un peu bornée : ça s'est passé de cette façon, parce que c'est de cette façon que ça s'est passé.

Il y a aussi la question des épices. La complexité du safran et du cumin, la subtilité du fenugrec, à quel moment mettre de la cardamome ; la multitude d'effets possibles de l'ail, du garam masala, de la cannelle, de la coriandre et du gingembre... sans parler des contributions parfumées et occasionnelles d'une petite goutte de boue (Saleem n'est plus obsédé par la pureté.) Avec les épices, je rattrape les inévitables distorsions dues à la conservation. Conserver, après tout, c'est donner l'immortalité ; poisson, légumes, fruits, sont embaumés dans le vinaigre et les épices ; une certaine altération, une légère intensification du goût ne sont sans doute pas bien graves. L'art consiste à changer la saveur en degré et non en nature ; et, par-dessus tout (dans mes trente et un bocaux), lui donner forme — c'est-à-dire sens. (J'ai déjà parlé de ma peur de l'absurdité.)

Un jour, peut-être, le monde goûtera mes conserves d'histoire. Elles pourront être trop fortes pour certains palais, leurs odeurs pourront être trop violentes, des larmes pourront en venir aux yeux ; j'espère cependant qu'il sera possible de dire d'elles qu'elles ont le goût authentique de la vérité... qu'elles sont, en dépit de tout, des actes d'amour.

Un bocal vide... comment finir ? Dans le bonheur, avec Mary dans son rocking-chair de teck et mon fils qui commence à parler ? Parmi les recettes et trente bocaux avec les titres de chapitres comme noms ? Dans la mélancolie, noyé dans les souvenirs de Jamila, de Parvati et même d'Evie Burns ? Ou avec les enfants magiques... Mais alors, est-ce que je serai content que certains se sauvent ou finissent tragiquement sous les effets désintégrants de l'assèchement ? (Parce que dans l'assèchement réside l'origine des fissures : mon malheureux corps pulvérisé, asséché en haut et en bas, a commencé à se fissurer parce qu'il était asséché. Et il a finalement cédé aux effets d'une vie entière de coups durs. Et maintenant, il y a des déchirures larmes craquements, et par les fissures sort une puanteur qui doit être l'odeur de la mort. Contrôle : je dois garder le contrôle aussi longtemps que possible.)

Ou avec des questions : maintenant que je peux, je le jure, voir les fissures sur le dos de ma main et entre mes doigts de pied, pourquoi est-ce que je ne saigne pas ? Suis-je déjà à ce point vidé, déshydraté, conservé ? Suis-je déjà la momie de moi-même ?

Ou avec des rêves : parce que la nuit dernière le fantôme de la Révérende Mère m'est apparu, elle me regardait par le trou d'un nuage, attendant que je meure afin de pouvoir pleurer une mousson de quarante jours... et moi, flottant hors de mon corps, j'ai regardé l'image en raccourci de moi-même, et j'ai vu un nain aux cheveux gris qui autrefois dans un miroir semblait soulagé.

Non, ça ne marche pas, il faudra que j'écrive l'avenir comme j'ai écrit le passé, que je le couche par écrit avec la certitude absolue d'un prophète. Mais l'avenir ne peut être conservé dans un bocal ; un bocal doit rester vide... Ce qui ne peut être mis en conserve, parce que ça n'a pas eu lieu, c'est que je dois atteindre mon anniversaire, trente et un ans aujourd'hui, et un mariage aura lieu, et Padma aura des dessins au henné sur les pieds et les mains, et aussi un nouveau nom, peut-être Naseem en honneur du fantôme de la Révérende Mère et de l'autre côté de la fenêtre il y aura des feux d'artifice et la foule, parce que ce sera la fête nationale et la multitude aux nombreuses têtes sera dans les rues, et le Cachemire attendra. J'aurai des tickets de train dans ma poche, il y aura un taxi conduit par un garçon de la campagne qui autrefois rêvait au café du Pionnier de devenir vedette de cinéma, nous irons au sud sud sud au cœur de la foule tumultueuse, les gens se jetteront de la peinture les uns sur les autres, sur les fenêtres fermées du taxi, comme si c'était la fête de la peinture de Holi ; dans Hornby Vellard, là où on avait laissé mourir une chienne, la foule, la foule dense, la foule sans limites, qui grossit à remplir le monde, rendra toute avancée impossible, nous abandonnerons notre taxi et les rêves de son conducteur, à pied dans la foule compacte, et, oui, je serai séparé de Padma, mon lotus de la Bouse, tendant un bras vers moi dans une mer en turbulence, jusqu'à ce qu'elle disparaisse dans la foule et je suis seul dans cette immensité, l'immensité qui marche, un deux trois, je reçois des coups à gauche et à droite, tandis que déchirure larme écrasement atteignent leur apogée, et mon corps hurle, il ne supporte plus ce genre de traitement, mais maintenant je vois des visages connus dans la foule, ils sont tous ici, mon grand-père Aadam et sa femme Naseem, et Alia et Mustapha et Hanif et Emerald et Amina qui fut Mumtaz et Nadir qui est devenu Qasim, et Pia et Zafar qui mouille son lit et aussi le général Zulfikar, ils se pressent autour de moi, poussent tassent écrasent et les fissures s'élargissent, des morceaux de mon corps tombent, voici Jamila qui a abandonné son couvent pour être présente en ce dernier jour, la nuit tombe est tombée, il y a un compte à rebours qui tiquetaque vers minuit, feux d'artifice et étoiles, les silhouettes découpées des lutteuses, et je vois que je n'atteindrai jamais le Cachemire, comme Jehangir l'empereur moghol, je mourrai avec le Cachemire sur les lèvres, incapable de voir la vallée des délices où les hommes vont pour jouir de la vie, ou pour la terminer, ou les deux à la fois ; parce que, maintenant, je vois d'autres visages dans la foule, le visage terrifiant d'un héros de la guerre avec des genoux mortels, qui a réussi à découvrir comment je l'avais escroqué de son droit de naissance, il se fraie un passage dans la foule qui est maintenant composée uniquement de visages connus, il y a Rashid le conducteur de rickshaw, bras dessus bras dessous avec la rani de Cooch Naheem, et Ayooba Shaheed Farooq avec Mutasim l'élégant, et venant d'une autre direction, la direction de l'île où se trouve la tombe de Haji Ali, je vois s'approcher une apparition mythologique, l'Ange noir, sauf que, quand il s'approche de moi, son visage est vert, ses yeux noirs, une raie au milieu, des cheveux verts à gauche, noirs à droite, ses yeux les yeux des Veuves ; Shiva et l'Ange s'approchent s'approchent s'approchent, j'entends des mensonges dans la nuit, tout ce que tu veux être tu peux l'être tu peux être ce que tu veux, le plus grand de tous les mensonges, des fissures maintenant, la fission de Saleem, je suis la Bombe de Bombay, regardez-moi exploser, des os qui éclatent se cassent sous la pression horrible de la foule, un sac d'os qui tombe tombe tombe, comme autrefois à Jallianwala, mais Dyer ne semble pas être là aujourd'hui, pas de mercurochrome, rien qu'une créature brisée qui perd des morceaux d'elle-même dans la rue, parce que j'ai été tant trop de gens, la vie contrairement à la syntaxe en autorise plus, et enfin quelque part le carillon d'une pendule, douze coups, délivrance.

Oui, ils vont me piétiner, la multitude marche un deux trois, quatre cents millions cinq cent six, me réduisant en petits grains de poussière sans voix, exactement comme au bon vieux temps, ils piétineront mon fils qui n'est pas mon fils, et son fils qui ne sera pas le sien, et le sien qui ne sera pas le sien, jusqu'à la mille et unième génération, jusqu'à ce que mille et un minuits aient octroyé leurs dons terribles, et mille et un enfants sont morts, parce que c'est le privilège et la malédiction des enfants de minuit d'être à la fois maîtres et victimes de leur époque, d'abandonner l'intimité et d'être complètement engloutis dans l'anéantissement du tourbillon des multitudes et d'être incapables de vivre ou de mourir en paix.

Table

LIVRE PREMIER

LIVRE DEUX

LIVRE TROIS

Composition réalisée par Saint Amand Montrond

IMPRIMÉ EN FRANCE PAR BRODARD ET TAUPIN
Usine de La Flèche (Sarthe).
LIBRAIRIE GÉNÉRALE FRANÇAISE - 6, rue Pierre-Sarrazin - 75006 Paris.

ISBN : 2 - 253 - 05040 - 7 42/3122/1